KURT TUCHOLSKY

Die Gedichte

Kurt
Tucholsky

Die
Gedichte

HERAUSGEGEBEN
VON
PETRA PANTER & TOBY TIGER

HAFFMANS VERLAG
BEI ZWEITAUSENDEINS

Erstausgabe

1. Auflage, Juni 2015

Copyright © 2015 by Haffmans Verlag bei Zweitausendeins
Versand-Dienst GmbH, Karl-Tauchnitz-Straße 6, D-04107 Leipzig.

Umschlagbild von Rudi Hurzlmeier.
Register von Claudia Mahmoud.
Gestaltung & Produktion von Urs Jakob,
Werkstatt im Grünen Winkel, CH-8400 Winterthur.
Satz: Fotosatz Amann, Memmingen.
Druck & Bindung: Ebner & Spiegel in Ulm.
Printed in Germany.

Dieses Buch gibt es nur bei Zweitausendeins im Versand,
Karl-Tauchnitz-Straße 6, D-04107 Leipzig,
Telefon 069-420-8000, Fax 069-415003.
Internet www.Zweitausendeins.de, E-Mail info@Zweitausendeins.de.
Oder in den Zweitausendeins-Läden in Augsburg, Berlin,
Bonn, Braunschweig, Bremen, Darmstadt, Dortmund, Dresden,
Erfurt, Frankfurt am Main, Freiburg, Göttingen, Hamburg, Hannover, Karlsruhe,
Koblenz, Mannheim, Marburg, Münster, Neustadt an der Weinstraße,
Oldenburg, Ulm & Weil am Rhein.

ISBN 978-3-86150-971-4

Die Zensur ist in Deutschland tot –
aber man merkt nichts davon.

KT

Die Sprache ist eine Waffe,
haltet sie scharf!

KT

INHALT

1927

1928

1929

Anhang

Fromme Gesänge

Von Theobald Tiger

FROMME GESÄNGE

Ich gucke freundlich um die Oecke
und greife voller Sellenrug
der Muse unter ihre Röcke ...
und dabei, Leser, siehst du zu –?

Sie Quietscht. Ich grinse. Sie verstehen:
Nicht immer gilt der Klassik Maß.
Denn was wir im Verborgnen drehn,
macht uns am allermeisten Spaß –!

Karlchen und Jakopp
zur Erinnerung an Rumänien

Vorrede

POLITISCHE SATIRE

Paul: Wir haben ja das Lächeln, Frau Konik ...
das erlösende Lächeln.
Frau Konik: Man kann doch nicht
über alles lächeln.
Paul und Konik (zugleich): Über alles! Über alles!
Frau Konik: Meint ihr nicht, daß das ein bißchen
gefährlich ist ...?
Konik: Ja, ... für die, denen es gilt!

Gustav Wied

Der echte Satiriker, dieser Mann, der keinen Spaß versteht, fühlt sich am wohlsten, wenn ihm ein Zensor nahm, zu sagen, was er leidet. Dann sagt ers doch, und wie er es sagt, ohne es zu sagen – das macht schon einen Hauptteil des Vergnügens aus, der von ihm ausstrahlt. Um dieses Reizes willen verzeiht man ihm vielleicht manches, und verzeiht ihm umso lieber, je ungefährlicher er ist, das heißt: je weiter die Erfüllung seiner Forderungen von der Wirklichkeit entfernt liegt.

Das war eine schöne Zeit, als der einzige ›Simplicissimus‹ – der alter Prägung – frech war, wie die Leute damals sagten. Die satirische Opposition lag im Hinterhalt, schoß ein Pfeilchen oder wohl auch einmal ein gutes Fuder Feldsteine aus dem Katapult ab, und wenn sich der Krämer in der Lederhose und der Ritter im starren Visier umsahen, weil sie einen wegbekommen hatten, gluckerte unterirdisches Gelächter durch den Busch: aber zu sehen war keiner.

Das ist vorbei. Die Satire ist heute – 1919 – gefährlich geworden, weil auf die spaßhaften Worte leicht ernste Taten folgen können, und dies umso eher, je volkstümlicher der Satiriker spricht.

Die Zensur ist in Deutschland tot – aber man merkt nichts davon. In den Varietés, auf den Vortragsbrettern der Vereine, in den Theatern, auf der Filmleinwand – wo ist die politische Satire? Noch ist der eingreifende Schutzmann eine Zwangsvorstellung, und daß ein kräftiges Wort und ein guter Witz gegen eine Regierungsmaßnahme aus Thaliens Munde dringt, da sei Gott vor! Denn noch wissen die Deutschen nicht, was das heißt: frei – und noch wissen sie nicht, daß ein gut gezielter Scherz ein besserer Blitzableiter für einen Volkszorn ist als ein häßlicher Krawall, den man nicht dämmen kann. Sie verstehen keinen Spaß. Und sie verstehen keine Satire.

Aber kann der Satiriker denn nicht beruhigend wirken? Kann er denn nicht die ›Übelstände auf allen Seiten‹ geißeln, kann er denn nicht hinwiederum ›das Gute durch Zuspruch fördern‹ – mit einem Wort: kann er nicht positiv sein?

Und wenn einer mit Engelszungen predigte und hätte des Hasses nicht –: er wäre kein Satiriker.

Politische Satire steht immer in der Opposition. Es ist das der Grund, weshalb es bis auf den heutigen Tag kein konservatives Witzblatt von Rang gibt und kein regierungstreues. Nicht etwa, weil die Herren keinen Humor hätten oder keinen Witz. Den hat keine Klasse gepachtet. Aber die kann ihn am wenigsten haben, die auf die Erhaltung des Bestehenden aus ist, die die Autorität und den Respekt mit hehrem Räuspern und hochgezogenen Augenbrauen zu schützen bestrebt ist. Der politische Witz ist ein respektloser Lausejunge.

Es gibt ja nun Satiriker so großen Formats, daß sie ihren Gegner überdauern, ja, der Gegner lebt nur noch, weil der Satiriker lebt. Ich werde nur das Mißtrauen nicht los, daß man den Ehrentitel ›großer Satiriker‹ erst dann verleiht, wenn der Mann nicht mehr gefährlich, wenn er tot ist.

Der gestorbene Satiriker hats gut. Denn nichts ist für den Leser süßer als das erbauliche Gefühl der eigenen Überlegenheit, vermischt mit dem amüsanten Bewußtsein, wie gar so dumm der Spießer von anno tuback war. Nun gehört aber zur Masse immer einer mehr, als jeder glaubt – und die Angelegenheit wird gleich weniger witzig, wenns um das Heute geht. Dem Kampf Heines mit den zweiunddreißig Monarchien sieht man schadenfroh und äußerst vergnügt zu – bei Liebknecht wird die Sache gleich ganz anders.

»Ja«, sagt Herr Müller, »das ist auch ganz was anders!« Ja, Bauer, das ist ganz was anders – und weils was anders ist, weil der Kampf gegen die Lebenden von Leidenschaften durchschüttelt ist, und weil die nahe Distanz das Auge trübt, und weil es überhaupt für den Kämpfer nicht darauf ankommt, Distanz zu halten, sondern zu kämpfen – deshalb ist der Satiriker ungerecht. Er kann nicht wägen – er muß schlagen. Und verallgemeinert und malt Fratzen an die Wand und sagt einem ganzen Stand die Sünden einzelner nach, weil sie typisch sind, und übertreibt und verkleinert – –

Und trifft, wenn er ein Kerl ist, zutiefst und zuletzt doch das Wahre und ist der Gerechtesten einer.

Jedes Ding hat zwei Seiten – der Satiriker sieht nur eine und will nur eine sehen. Er beschützt die Edlen mit Keulenschlägen und mit dem Pfeil, dem Bogen. Er ist der Landsknecht des Geistes. Seine Stellung ist vorgeschrieben: er kann nicht anders, Gott helfe ihm. Amen. Er und wir, die nie Zufriedenen, stehen da, wo die Männer stehen, die die Waffen gegen die Waffen erheben, stehen da, wo der Staat ein Moloch geheißen wird und die Priesterreligion ein Reif um die Stirnen. Und sind doch ordnungsliebender und frömmer als unsre Feinde, wollen aber, daß die Menschen glücklich sind – um ihrer selbst willen.

Ein Büchlein, zu dem dies hier die Vorrede ist, das ›*Fromme Gesänge*‹ heißt und von Theobald Tiger stammt (und das im Verlag Felix Lehmann zu Charlottenburg erscheint), gibt eine Reisebeschreibung der Route 1913–1919.

Was der Wochenbetrachter der ›*Weltbühne*‹ in diesen Jahren besungen hat, wurde einer Durchsicht unterzogen; bei der Sichtung entfernte ich, was für den Tag geschrieben wurde und mit ihm vergangen ist. Weil es aber das Bestreben der ›*Weltbühne*‹ ist, zwar für den Tag zu wirken, aber doch auch über ihn hinaus, so blieb eine ganze Reihe, vermehrt um anderswo erschienene Gedichte sowie um manche noch unveröffentlichte.

Im Grünen fings an und endete blutigrot. Und wenn sich der Verfasser mit offenen Armen in die Zeit gestürzt hat, so sah er nicht, wie der Historiker in hundert Jahren sehen wird, und wollte auch nicht so sehen. Er war den Dingen so nahe, daß sie ihn schnitten und er sie schlagen konnte. Und sie rissen ihm die Hände auf, und er blutete, und einige sprachen zu ihm:»Bist du gerecht?« Und er hob die blutigen Hände – blutig von seinem Blute – und zuckte die Achseln und lächelte. Denn man kann über alles lächeln …

Und daß inmitten dem Kampfeslärm und dem Wogen der Schlacht auch ein kleines Gras- und Rasenstück grünt, auf dem ein blaues Blümchen, ebenso sentimental wie ironisch, zart erblüht – das möge den geneigten Leser mit dem grimmigen Katerschnurrbart und dem zornig wedelnden Schweif des obgenannten Tigers freundlich versöhnen.

Ignaz Wrobel

AN LUCIANOS

Freund! Vetter! Bruder! Kampfgenosse!
Zweitausend Jahre – welche Zeit!
Du wandeltest im Fürstentrosse,
du kanntest die Athenergosse
und pfiffst auf alle Ehrbarkeit.
Du strichst beschwingt, graziös und eilig
durch euern kleinen Erdenrund –
Und Gott sei Dank: nichts war dir heilig,
du frecher Hund!

Du lebst, Lucian! Was da: Kulissen!
Wir haben zwar die Eisenbahn –
doch auch dieselben Hurenkissen,
dieselbe Seele, jäh zerrissen
von Geld und Geist – du lebst, Lucian!
Noch heut: das Pathos als Gewerbe
verdeckt die Flecke auf dem Kleid.
Wir brauchen dich. Und ist dein Erbe
noch frei, wirfs in die große Zeit.

Du warst nicht von den sanften Schreibern.
Du zogst sie splitternackend aus
und zeigtest flink an ihren Leibern:
es sieht bei Göttern und bei Weibern
noch allemal der Bürger raus.
Weil der, Lucian, weil der sie machte.
So schenk mir deinen Spöttermund!
Die Flamme gib, die sturmentfachte!
Heiß ich auch, weil ich immer lachte,
ein frecher Hund!

Aus kleiner Zeit

DIE KRONPRINZENBÜHNE

Sieh da, sieh da: am preuß'schen Hof
erblickt man einen Musenschwof.
Man spielt beim Sohn vom Vater
Theater.

Die kleine Zote, lieb und nett,
wird blank poliert für das Parkett –
und, was der Gallier schildert,
gemildert.

Auch fühlt man sich beträchtlich wohl
im reinlichen Salontirol.
Der Dichter schwingt im Gmüatl
's Hüatl.

Und auch die Tonkunst ist allhier:
da hinten trommelt am Klavier
für viele Pinke-Pinke
Paul Lincke.

Und alles ist im Ordensfrack ...
Nur leider fehlt der Kunstgeschmack.
Nun, man behilft sich ohne
beim Sohne, Sohne, Sohne –
beim Sohne.

STREIKJUSTIZ

Du siehst sie durchs Gefilde hupfen:
die Wangen angenehm verpudert,
frech, nicht mehr jung, und auch verludert,
verschminkt ... zwei rosarote Tupfen ...

Die Waage wackelt hin und her.
Das Schwert – mein Gott – es ist aus Pappe,
sie trägt es scherzhaft als Attrappe,
ein eisernes ist ihr zu schwer.

Sie richtet so! O ja – man siehts!
die schwarzen, hohen Stöckelschuhe
zertrampeln alles – schaffen Ruhe.
So tänzelt Fräulein Streikjustiz.

Es raschelt des Talars Frou-Frou ...
–»Du trugst doch früher eine Binde?«
–»Die hab ich noch! Dem, den ich finde,
schnür ich damit die Kehle zu!« –

SÄCKSCHE FESTSPIELE

In jeder Stadt streicht ein Nabolium sich die schwarze Locke
aus seiner Stirn –
jedweder Bürger prangt in prallem Waffenrocke
und einem blanken Pappmaché-Theaterhirn.

Zweihundert Pferde machen Staub und andre Sachen –
ein Böller kracht ...
Handlungsgehilfen, Handwerksmeister wachen
lang hingestreckt, auf Posten, in der Sommernacht.

Ein Orden winkt; laut klopfen aller Herzen –
bengalisch Feuer flammt ...
Ein Sängerchor greift tief erregt in falsche Terzen,
Nabolium schwitzt, und Yorckn rutscht die Hose – au verdammt!

Die Brücke fliegt! Gehulter und Gepulter ...
Ein lebend Bild – wer hätte das gedacht!
Und nachher kloppt der Zar dem Friedrich Wilhelm auf die Schulter:
»Das hammer ganz fermost gemacht!«

ROTUNDENZENSUR IN KÖNIGSBERG

Die hiesige Garnisonverwaltung –
(wir sind schon weit in der Kultur)
die brauchte zwecks Toilettegestaltung
Papier – und zwar Makulatur.

Doch darf kein Blatt von jener Sorte,
so roh, so rot und so verderbt
darunter sein –
              An solchem Orte
kann man nie wissen, ob das färbt.

Ertappt man etwa die Rekruten,
und lesen sie solch ein Traktat,
und grad, wenn sie – Reveille tuten:
das wäre glatter Hochverrat!

Wir dürfen dieses nicht beklagen! –
... ›Kreuzzeitung‹ ... ›Post‹ – nun – weg ist weg!
Und sie erreichen sozusagen
den eigentlichen Bestimmungszweck.

BUND DER LANDWIRTE

Des Morgens speit er auf die Berolina,
des Abends macht er sichs bei ihr bequem;
auf seiner Klitsche geht er mit die Hihna
zu Bett – und hier mit anderswem.

Und in den Sektlokälern stellen
sie sich wie Eichen auf, so fest und stark:
»Wat, Kuhlow, det sinn hier Marjellen?
Und Rasse ham se ...!« (Zwanzig Mark.)

Am nächsten Morgen sitzt er, stramm gerötet
und gut rasiert (die Äuglein noch verklebt),
im Zirkus, wo man seine Feinde tötet –
»Die roten Juden!« – und die Sitzbank bebt.

Der ganze Stall scharrt stürmisch mit den Hufen,
es schnaubt und wiehert jeder dicke Gaul,
und alles glotzt von jenen Zirkusstufen
dem alten Schimmel Oldenburg ins Maul.

… Des Morgens speit er auf die Berolina,
des Abends greift er ihr ans volle Bein.
Und das sind unsre Herrscher und Verdiener …
Ich bin ein Preuße, will ein Preuße sein!

KLEINES GESPRÄCH
MIT UNERWARTETEM AUSGANG

Der Herrgott saß auf Wolkenkissen
und sah sich seine Erde an.
Was braust herauf? Sieh da, das is'n
Aeroplan.

Ein Offizier grüßt freundlich lächelnd.
»Gestatten! Schwaben Nummer Vier!«
– und die Propeller surren fächelnd –
»Wir sind nu hier! –

Was sagen Sie zu unserm Siege?
Wir brachen spielend den Rekord.
Wozu? Wir brauchen das zum Kriege …«
»Zum Krieg? Zum Mord!«

»Erlauben Sie, Sie sind zu schwächlich …«
»Und wer gab euch das viele Geld –?«
»Das Volk! Das Volk war es hauptsächlich
vom Rhein zum Belt.«

»Das Volk? Hat es so krumme Nacken?
Ist denn bei euch das Volk so dumm?«
Hier lachte Gott aus vollen Backen.
Man kippte um.

VATERLÄNDISCHE RITORNELLE

Wer nimmt es mit mir auf in Ritornellen?
Im Vorrat hab ich noch sechs Pferdelasten.
Wer schönere weiß als ich, der mag sich stellen.
Ligurisch

Du bunter Blumenstrauß!
Hier, Leser, steck die Nase in die Pflanzen,
beriech sie, und die schönsten such heraus!

Blühende Geranien!
Ihr seid wohlfeil und ein billiger Schmuck
wie Königsthrone in dem Land Albanien.

Bescheidenes Veilchen!
Und wenn du denkst, ein neues Wahlrecht kommt,
wir sind in Preußen ... warte noch ein Weilchen!

Jelängerjelieber!
Ja, über unsern Kanzler und den Gardeflügelmann,
da geht nichts drieber.

Ihr Rosen, Tulpen und Narzissen!
Die Hitze ließ uns auf der Wiese rasten ...
Dort üben die Soldaten ... Horch, wer ruft?
»Einjähriger Rosenbaum, drei Tage Kasten!«

Du welkes Blatt!
Wenn du im trocknen Laube raschelst, muß ich denken,
daß unser Kanzler was geredet hat.

Süß duftende Banane!
Der Säugling heult. Die Misses legt ihn trocken.
Als Windel dient die Votes-for-womens-Fahne.

Vaterländisches Gartenland!
Ein fetter Humus, doch was wächst, ist ohne Reiz.
Fehlt wohl des guten Gärtners leichte Hand?
Da lohnte sich, es besser zu begießen
(mit Spucke nicht, mit Wasser!) – dann gedeihts.
Und tausend schönre Blumen werden darauf sprießen!

Aus großer Zeit

'S IST KRIEG!
Während des Krieges verboten gewesen

Die fetten Hände behaglich verschränkt
vorn über der bauchigen Weste,
steht einer am Lager und lächelt und denkt:
»'s ist der Krieg! Das ist doch das beste!
Das Leder geräumt, und der Friede ist weit.
Jetzt mach in anderen Chosen –
        Noch ist die blühende, goldene Zeit!
        Noch sind die Tage der Rosen!«

Franz von der Vaterlandspartei
klatscht Bravo zu donnernden Reden.
Ein ganzer Held – stets ist er dabei,
wenn sich Sprecher im Saale befehden.
Die Bezüge vom Staat, die Nahrung all right,
laß Stürme donnern und tosen –
        Noch ist die blühende, goldene Zeit!
        Noch sind die Tage der Rosen!

Tage der Rosen! Regierte sich je
so leicht und bequem wie heute?
Wir haben das Prae und das Portepee
und beherrschen geduckte Leute.
Wir denken an Frieden voll Ängstlichkeit
mit leider gefüllten Hosen –
                Noch …
        Noch ist die goldene, die blühende Zeit!
        Noch sind die Tage der Rosen!

MEMENTO

Uns Junge hat es umgerissen.
Wir stehen draußen so im Feld,
wir glaubten schon, zu halten und zu wissen –
und da versank die ganze Welt.

»Die Welt ist falsch!« Sie ist doch kein Exempel,
wozu der Lehrer seine Lösung hat –
sie ist real und warf uns alle Tempel
und, was wir lieb gehabt, um – wie ein Kartenblatt.

Ihr mahnt den Jüngling, tapfer durchzuhalten.
Gewiß, das scheint ja seine Pflicht –
doch was da in ihm war vom Guten, Alten,
das gibts in Zukunft alles nicht?

Der neue Wert, die neue Stufenleiter,
der oben und der unten – seltsam Spiel:
Hier gilt die Faust, der Säbel und der Reiter –
das was wir ehren, gilt nicht viel.

Muß das so sein? So darfs nicht bis zur Neige,
nicht bis zum Ende gehn. Wir bleiben rein.
Wir halten durch – es scheint mir gar nicht feige:
Soldat und doch ein Bürger sein!

Sprecht euerm Jungen von der Kriegertugend,
doch davon auch, wenn hart der Panzer klirrt:
Daß er den Träumen seiner Jugend
soll Achtung tragen, wenn er Mann sein wird!

WETTERHÄUSCHEN

Mal gehts uns gut. Dann brüllt der Chor der Rache.
Die Weltenunterjocher werden wild.
Der Bizeps steigt. Der Kluge ist der Schwache.
Nur Macht ist Recht, die Mannessehne schwillt –
        Mal gehts uns gut.

Mal klappts nicht so. Sieh da: die Idealen
zitieren Luther, Goethe und von Kleist.
Ein Krämervolk nur pocht auf seine Zahlen,
und man besinnt sich plötzlich auf den Geist –
        Mal klappts nicht so.

Und jenachdem der Stand schlecht oder bene,
drehn sich aus ihrem kleinen Haus von Holz
Mars aus Papiermaché, Pallas Athene,
ein jedes unumschränkt und stolz –
        Ganz jenachdem.

Sieh ohne Ehrfurcht auf die bunte Puppe;
sie ist beweglich, drum erkenn daraus:
Wer vorne steht, ist ja wohl gänzlich schnuppe –
der Himmel machts … und nicht das Wetterhaus!

SELBSTBESINNUNG

Fort mit der sonst so aktuellen Harfe!
Heut pfeif ich mir nach eigenem Bedarfe
        auf meiner Flöte einen in Cis-Moll
        von dem, was ist; von dem, was werden soll.

Von dem, was ist … Kaum kann uns etwas schrecken.
Mars schlägt mit Wucht auf sein verzinktes Becken –
        laß bluten, was da bluten mag –
        und er regiert die Stunde und den Tag.

Und er regiert die Stunde und das Jahr –
bedenk, wer damals noch am Leben war!
        Und leise spielt – wie waren wir doch jung! –
        der Leierkasten der Erinnerung.

Wie kannst du dich in all dem wiederfinden?
Du magst dich mühsam durch Systeme winden,
durch Pflichten, die es geben muß und gibt –
du siehst dahinter und wirst unbeliebt.

Laß dich von keinem Schlagwort kirren!
Von keinem Vollbart dich beirren!
Es schenkt dir niemand was dazu –
bleib, was du warst; bleib immer: Du!

Geheimrat Goethe sang nicht minder
vom höchsten Glück der Erdenkinder –
er war Ministerpräsident
und also sicher kompetent.

Man kehrt nach aller Schicksalstücke
doch immer auf sich selbst zurücke.
Drum wünsch ich dir nach dem Gebraus
dein altes, starkes, eignes Haus!

DER KRIEGSLIEFERANT

Du wohntest irgendwo am Friedrichshaine.
Auf deiner Ehe ruhte Gottes Segen
(sechs Kinder). Deine säuerlichen Weine
ernährten nebst Versicherungsverträgen,
den Renntips, auch wohl einem Spielchen ›Meine
und deine Tante‹ dich noch allerwegen.
Bald hattst du nichts, bald hattst du blaue Scheine.
Oft sah man deine Frau die Treppen fegen.

Doch als der Welt vor Angst die Pulse stocken,
wirfst du dich auf die Marke ›Suppenkraft‹ –
da stieg dein Stern! In der Gemahlin Locken
blitzt die Agraffe auf im Band von Taft.
Von Paulchen Thumann, Stöwer und van Gocken
hast du dir schnell das Nötigste errafft.
Und läuten einmal uns die Friedensglocken:
Was kost't Berlin? Du hast das Ding geschafft!

AN EINEN GARNISONDIENSTFÄHIGEN DICHTER

Du schlägst die kriegerisch-verstimmte Leier,
du singst von Haß und Blut und Pulverrauch –
und heißt vielleicht nur Gottlob Emil Meier,
sanft wölbt sich dir der Zwei-Terrassen-Bauch …
Du singst vom Sturmangriff, von roten Hosen,
von England-Haß, von Not und Schlachtengraus,
vom Panjefeind und von den Erzfranzosen –
Komm raus!

Komm einmal raus! Besieh dir das persönlich –
gewiß: es ist nicht immer ideal,
mitunter gehts im Kriege ganz gewöhnlich
und schmutzig zu – besiehs dir nur einmal.
Nein! das genügt noch nicht: du mußt es auch erleben,
zieh an die schlichte Farbe unsres Graus.
Mach mit! Wir wolln dir fünf Mark dreißig geben –
Komm raus!

Vielleicht wirst du dann endlich, endlich lernen:
Wer seine Pflicht tut, kämpft und steht und schweigt.
Steigt auch der Ruhm der Kameraden zu den Sternen –
sieh nur, wie lautlos und wie still das steigt!
Doch ziehn wir später einmal (Gott mag wissen,
wann das geschieht), zurück, sind Leid und Wirrsal aus:
dann, Meier, wollen wir dich gerne missen!
Dann bleib zu Haus!

AUF URLAUB

Die Residenz!
Gu'n Tag, du Metropole!
Da ist auch schon der Alexanderplatz …
Verstatte, daß ich mich das Schneuztuch hole,
das Herz schlägt stürmisch unterm Busenlatz.
Du gute Spree mit dem geduldigen Rücken,
der Ruderklubs und der Mamsells Entzücken –
ich seh dich still und mächtig dreckig ziehn …
Berlin!

Die Weiche knackt. Der Zug zischt an den Hallen
der Stadtbahn lang. Da liegt der dicke Dom.
Die pfui! die Friedrichstraße will mir recht gefallen,
am Charitéhaus grünt ein Appelboom.
Die Völker auf den Straßen sind nicht ohne:
dem Gang nach lauter Jrafens und Barone.
Es riecht nach Geld. Prozente, Mensch, verdien!
Berlin!

Charlottenburg. Da steht die lange Claire,
den Bastard meiner Liebe an der Hand.
Ob auch die Rationierung an uns zehre –
der Knochenbau hält allen Feinden stand.
Das wird die rechte Wiedersehensfeier!
Ich hab (im Rucksack) fünfundsiebzig Eier –
Da hält der Zug! Die Kümmernisse fliehn …
Berlin! Berlin!

DER ALTE POJAZ SPRICHT

Mein Kind, ich bin schon lange fern der Schminke,
gern denk ich dran, das war die bunte Zeit!
Ich gab dem Personal die letzten Winke,
dann trat ich auf: zwei Meter zwanzig breit,
auf meinem Hut sang ein Kanaripärchen,
auf Rollen zog ich nach ein kleines Licht …
Und doch: betracht ich mir die letzten Jährchen –
Nein! solche Purzelbäume schlug ich nicht!

Ich war gewiß mal eine dolle Nummer,
trieb meinen besten Freunden Nägel in den Bauch
und sang mir häufig meinen Liebeskummer
in einen präparierten Gartenschlauch.
Nun bin ich alt und bürgerlich geworden,
ich seh mich um, was hier zu Hause ficht,
seh mir die Leute an mit Titeln und mit Orden –
Nein! solche Purzelbäume schlug ich nicht!

Wenn ich die Ausschußpolitik betrachte,
dies Reklamiertenmundwerk – bin ich starr.
Denn, was ich auch in meiner Jugend machte:
ich war ein Clown, doch war ich niemals Narr.
Ich ließ die Pritsche und Pistole krachen,
ich tanzte manchen Wackelpolkaschritt …
Doch was die neuen Clowns für Sprünge machen:
Grüß Gott, mein Kind, da kann ich nicht mehr mit!

WÜNSCHE

Die gnädige Frau ist hell und blond,
von sommerlichem Licht durchsonnt –
    sie scheint sich schlechtgeraten.
Braun will sie sein, das dumme Kind,
braun, wie Zigeunerweiber sind –
    und läßt am Strand sich braten.

Jung-Deutschlands Dichter gehn zur Zeit
in Fritz von Schillers Schülerkleid –
    (der war nicht so behende).
Vom Recken wird man noch nicht groß;
bleibt ruhig noch auf Mutterns Schoß:
    sie hat die klügern Hände.

Alt-Deutschland macht in Politik
und zieht Bilanz aus diesem Krieg:
    Indien muß badisch werden!
Ägypten her! Die Ostsee auch!
Wir treten alle vor den Bauch
    mit sieghaften Gebärden!

Und so hat jeder was zu schrein.
Der Neger will ein Weißer sein,
    der Fußfantrist ein Reiter …
Wir wollen aufrecht stehn, mein Kind,
und bleiben, was wir selber sind!
    Ich glaub, das ist gescheiter.

AN PETER PANTER

Peter Panter, Mitarbeiter!
Steig doch auf die hohe Leiter!
Singe doch von aktuellen
Zeitgenossenzwischenfällen!

Laß die Liebe, laß die Damen
mit dem freundlich blonden Namen;
laß die bunten Busentücher –
und vor allem: laß die Bücher!

Laß sie Bücher schreiben, drucken –
wozu da hinuntergucken!
Frisch! hinein ins volle Leben!
Aktuell mußt du dich geben!

Sieh mich an! Fast jede Woche
pfeif ich auf dem Flötenloche:
Reichstag, Wahlrecht, Osten, Westen,
Presse, Orden, Schweinemästen –!

Tanz die nationale Runde!
Kennst du das Gebot der Stunde?
Höcker macht das viel gewandter,
Peter Panter, Peter Panter!

Du mußt aktueller schwätzen,
und man wird dich höher schätzen!
Lerne du im Hurraschrein:
man darf nicht beschaulich sein.

DENKMALSSCHMELZE

Da steht nun Gustav der Verstopfte,
aus Eisenguß, die Hand am Knauf.
Jedwedes brave Herze klopfte
und schlug zu jenem Standbild auf.

Und da –? Er wackelt auf dem Sockel,
man gab ihm einen kräftigen Schub.
Die Adler, seine Ruhmesgockel,
das kommt nun alles hin zu Krupp.

Ein kleiner Hund ist der Entente
vermutlich brüderlich gesinnt.
Er schnuppert an dem Postamente
und hebt das Bein. Die Träne rinnt.

Doch plötzlich sieht sein Aug nach oben.
Der Fürst ist weg! Wer weiß da Rat?
Sein Hinterbein bleibt zwar erhoben,
doch tut er nicht mehr, was er tat.

Du kleiner Hund, sei nicht verwundert.
Man kanns verstehn. Du bist verdutzt.
Denn seit dem Jahre Siebzehnhundert
hat ER zum ersten Mal genutzt.

FREUNDLICHE AUFFORDERUNG

Ich bin ein dicker, aber reiner Knabe,
von treuer, braver, biederer Ehrlichkeit;
ich freu mich an dem bißchen, das ich habe,
und geh in schmucklos grauem Bürgerkleid.
Doch würd auch ich das goldne Kalb umhuppen,
nennt mir ein Schieber eine große Zahl
und deutet auf den Kaffee tief im Schuppen:
»Na, wollen wir mal?«

Michel steht auswärts. Sei es in Rumänien,
sei es in Belgien, seis in der Türkei –.
Und in der Heimat sitzen nur die wenigen,
die gründen eine Vaterlandspartei.
Der Kammerherr reicht zierlich wie zum Tanze
die Fingerspitzen einem General;
stehn sie parat, dann fragt der Chef vons Ganze:
»Na, wollen wir mal?«

Der Friede ist ein junger, eleganter
Flaneur auf jenem Boulevard der Welt.
Von Tag zu Tag wird er nur noch charmanter,
doch scheints, daß er den Damen nicht gefällt.
Da gehn nun so viel, mit und ohne Schleier,
in Poirets Stoff, in Schottlands buntem Schal –
und keine, keine spricht zu ihm als Freier:
»Na, Kleiner? wollen wir mal?«

ERSTERBENDES GEMURMEL

Allherbstlich, wenn die braunen Blätter fallen,
fällt auch dem Dichter dies und jenes ein.
Er sieht, wie Wolken sich zusammenballen,
er hört der Völker wilde Streiterein ...
  Der deutsche Dichter kratzt sich an den Waden
  und fängt sich still den letzten Sommerfloh;
  und denkt: du könntst dich auch mal wieder baden
  und überhaupt und so ...

Ich bin ein Preuße. Pfui auf die Verneinung!
Ich lob die positive Position.
Und ich besitz das Recht der freien Meinung
in Wort und Bild und auch im Grammophon.
Ich sage, was ich will, und sag es feste,
am Stammtisch sag ichs und im Wahlbüro.
Stolz sag ichs und mit einer weiten Geste:
»... und überhaupt und so ...«

Ich wohnte schon in vielen, vielen Zimmern,
am Meer, in Bukarest, in Großenhain;
und immer hört ich eine Jöhre wimmern,
ein Schreihals muß in jeder Straße sein.
Dann mach ich mir so allerhand Gedanken,
zum Beispiel über unsern Reventlow –
Die kleinen Kinder haut man auf den blanken
und überhaupt und so ...

KÜMMERNIS

Frühmorgens beim Kaffee – mein faltiger Bauch,
wie baumelst du trübe und leer!
Gewiß, ohne Zucker und Milch geht es auch,
so reicht mir die Kanne nur her.
Kein Fleisch und kein Honig, kein Fett und kein Ei,
wie öd ist das Frühstücksgedeck!
Doch eines, mein Bauch, stört am meisten uns zwei:
Die Sahne ...
die Sahne ist weg!

Und nicht nur beim Kaffee – o Allegorie!
komm mit in den Musenhain.
Wie sehr auch der Kunstmarkt lärmte und schrie:
wer reich ist, der braucht nicht zu schrein.
Die Expressionisten im Kinderkleid
und die Kunst mit dem fünfstelligen Scheck –
und ich denke an Brahm und die alte Zeit –
Die Sahne ...
die Sahne ist weg!

So schau in die Zukunft! – Was kommt denn danach,
wenn die Große Zeit einst vorbei?
Was kommt nach den Tränen, dem Blut und der Schmach
und all dem Nationengeschrei?
Was kommt für die Kinder? die Generation
der Hoffnung?
Ich sehe da black –
Mein Jugendlicher, o Ludolf, mein Sohn:
Die Sahne ...
die Sahne ist weg!

ICH GING IM WALDE ...

Wie war das neulich eigentümlich!
Ich ging im Wald so für mich hin,
und alles, was durchaus nicht ziemlich,
drängt sich mir dauernd in den Sinn.

Da liegt, in heiterm Flug geboren,
ganz weiß, gekrümmt und weich wie Wachs
– das hat gewiß ein Spatz verloren –
ein kleiner Klacks.

Und tiefer in des Waldes Hallen
liegt hingerollt, soweit ich seh,
– das ließ wohl eine Ziege fallen –
ein halbes Pfund Kaffee.

Und wie sich das so weiter machte,
besah ich einen neuen Fund:
– hier stand einst eine Kuh und dachte –
ein Fladen, groß und rund.

Und hat denn alles sich verschworen?
Da liegt im Tümpel, als Tableau
– das hat gewiß ein Ochs verloren –
ein Buch von Reventlow.

PROFESSOREN

Er ging durch alte Winkelgäßchen,
im schlappen Hut, in faltigem Rock.
Ein kleines Bäuchlein wie ein Fäßchen
... nicht jung mehr ... graues Stirngelock ...
    Vergaß er auch sein Regendach,
    man raunte: »Der versteht sein Fach!«
Ein stilles, manchmal tiefes Gewässer:
    der alte Professor.

Und heut? Im lauten Weltgebrause
bewegt sich der Privatdozent.
Er redet in und außerm Hause
von Politik mit viel Talent.
    Beziehungen zur Industrie
    sind sehr beliebt, drum hat man sie.
Wild fuchtelnd fordert den Krieg bis aufs Messer
    der neue Professor.

Man sagt, weltfremd sei er gewesen.
Wie sind sie heute so gewandt!
Man sagt: er konnte nichts als lesen.
Wie wäscht sich heute Hand und Hand!
    Der lehrt nicht mehr. Der propagiert.
    Und wer erzieht den, der studiert?
Ich kann mir nicht helfen, er war doch viel besser:
    der alte, deutsche, zerstreute Professor.

BRIEFMARKEN

Germania, die was auf den bunten Marken
der Reichspost prangt, hat längst die Nase voll.
Sie ist ein Weib. Wir brauchen einen starken
und kräftigen Mann, der künftig prangen soll.
So leg ich denn den Finger an die Nase
und denke nach: Wer ist der Ehre wert?
Herr Chamberlain? Herr Oldenburg? Herr Haase?
auf einem Hoppe-Hoppe-Reiter-Pferd?

Doch nehmen wir die Götter aus den Tempeln
– zum Beispiel Herrn von Heydebrands Gesicht –,
dann traut sich der Beamte nicht zu stempeln;
so geht das also nicht.
Dieweil man aber jene kleinen Blättchen
mit zähem, weichem Klebestoff bestrich:
wie wäre es, samt seinen Ordenskettchen,
mit Helfferich?

Doch einer noch. Alldeutschlands Schafe bähen,
der Schäfer vorneweg:»Ein Bismarck fehlt!«
Wer weiß, wenn sie ihn heut regieren sähen ...
Nun gut. Wenn den die Reichspost wählt?
Der Kopf spricht. Horch! Wie sich die Brauen heben!
–»Ihr könnt mich alle auf die Briefe kleben!«

SPANISCHE KRANKHEIT?

Was schleicht durch alle kriegführenden Länder?
Welches Ding schleift die infizierten Gewänder
vom Schützengraben zur Residenz?
Wer hat es gesehn? Wer nennts? Wer erkennts?
Schmerzen im Hals, Schmerzen im Ohr –
die Sache kommt mir spanisch vor.

Aber wenn ichs genau betrachte
und hübsch auf alle Symptome achte,
bemerke ich es mit einem Mal:
das ist nicht international.
Und seh ich das ganze Krankenkorps:
kommts mir gar nicht mehr spanisch vor.

Ein bißchen Gefieber, ein bißchen Beschwerden,
Onkel Doktor sagt:»Morgen wirds besser werden!«
Nachts im Dunkel Transpirieren,
Herzangst, Schwindel und Phantasieren,
mittags Erhitzen, abends Erkalten,
morgen ist alles wieder beim Alten –
Das ist keine Grippe, kein Frost, keine Phthisis –
das ist eine deutsche politische Krisis.

BERLINER GERÜCHTE

Herr Meyer, Herr Meyer – und hörst du es nicht,
das wilde, das grause, das dumpfe Gerücht:
Ein Licht!
    Ein Licht in der russischen Botschaft!

Und da, wo ein Licht, da ist auch ein Mann,
und der sitzt an einem Vertrage dran,
    beim Licht in der russischen Botschaft.

Und das Licht geht manchem Politiker auf;
es strömet das Volk, es rennet zuhauf
    zum Licht in der russischen Botschaft.

Und einer zum andern geheimnisvoll spricht:
»Da ist was im Gange – ja, sehn Sies denn nicht,
    das Licht in der russischen Botschaft?«

Es erbrausen die Linden! »Berennt die Tür!«
Ein Schutzmann hält seinen Bauch dafür
vor das Licht,
    das Licht in der russischen Botschaft.

Sogar ein Geheimer Studienrat
sagt die Information, die er bei sich hat,
    vom Licht in der russischen Botschaft.

Und drin spricht der Klempner im öden Saal:
»Du hör mal, Maxe, du kannst mir mal
    die Ölkanne ribajehm!«

Dann gehen die beiden geruhig nach Haus,
nach dem Stralauer Tor – und das Licht löscht aus,
    das Licht in der russischen Botschaft.

WENN ERST ...

»Mein Sohn, was hör ich nur für Sachen?
Was schreibt mir Mutter da ins Feld?
Du willst die Schularbeit nicht machen,
du brauchst jetzt so viel Taschengeld?
Du sitzt jetzt manchmal schon beim Weine
(und warst doch sonst so brav und fromm!) –
Mein Sohn, ich sag dir nur das eine:
Laß Vatern bloß nach Hause komm'!«

Nachdem ich Fritzchen dies geschrieben,
hab ich mir manches überdacht.
Bei denen, die zu Hause blieben,
sind Furcht und Hoffnung aufgewacht.
Der Friede kommt auf Glücksgaloschen,
das Feuer sank, das Feuer glomm,
und einmal ist es ganz erloschen ...
Laß Vatern bloß nach Hause komm'!

Zum Beispiel Minchen spürt ein lindes
Gefühl in ihrem zart Gemüt.
Sie steht jetzt im Jahrzehnt des Kindes
und ist auch häufig drum bemüht.
Mama hat die und jene Sorgen,
manch Fellchen ihr von dannen schwomm –
der wuchert, und der will nicht borgen ...
Laß Vatern bloß nach Hause komm'!

Und auch mit unsrer Politike – –
da langt der Zensor nach dem Stift,
und aus ists mit der Versmusike.
Wir beten still: O Vater Swift!
Begrüßten doch nicht gar so späte
die an der Düna und der Somme
den Reichstag, die Geheimbderäte ...
Laßt Vatern bloß nach Hause komm'!

KRETHI UND PLETHI

Vater Liebert hat eine Rede vom Stapel gelassen,
in der er sagte, der Reichstag täte ihm nicht mehr passen.

Denn in diesen durchaus traurigen Verein
kämen ja sogar Krethi und Plethi hinein.

Ich weiß nun nicht genau, wer Krethi und Plethi sind;
vielleicht meint er damit meinen Vater oder dein Enkelkind.

Aber das weiß ich: die Schlacht bei Warschau und in den Argonnen,
die haben Deutschlands Krethi und Plethi gewonnen.

Vielleicht hat Vater Liebert in Hannover großen Applaus.
Ihm hängt aber nicht nur der Reichstag zum Halse heraus.

Da hängt auch ein hoher, preußischer, bunter Orden.
Der ist ihm für viel Blut deutscher Krethis und Plethis verliehen worden.

Und der eine Krethi ist Krüppel, und der andere Plethi ist krank.
Tausend blasse Lippen flüstern: »Dank, Herr General! Dank!«

FROHE ERWARTUNG

Vater Wrangel, jener alte gute
General von Anno dazumal,
zog beim Klange einer Aufstands-Tute
aus Berlin, weil man es so befahl.
  Und sie drohten ihm sein Haus zu sengen,
  seine Frau Gemahlin zu erhängen,
  bis er dann zu großem Gram
  der Rebellen wiederkam.
Heftig blasend ritt man durch die Linden,
voller Sehnsucht, seine Frau zu finden.
Weich und lind entfuhrs dem alten Knaben:
»Ob sie ihr wohl uffjehangen haben?«

Nimmer will mich dieses Wort verlassen.
Heut noch lebt die alte Reaktion.
Heute noch ist sie so schwer zu fassen –
Brennglas, der versuchte es ja schon.
  So viel Jahre steck ich schon im Kriege,
  denke an die Panke meiner Wiege,
  an mein Preußen, an Berlin
  und die Junker von Malchin.

Nie vergeß ich in dem fremden Lande
Mutter Reaktion und ihre Schande.
Voller Hoffnung sinn ich oft im Graben:
»Ob sie ihr wohl uffjehangen haben?«

Da zu Haus, bei Vatern auf dem Boden,
liegt ein großes buntes Fahnentuch,
mitten im Gerümpel der Kommoden,
in dem Schummer voller Staubgeruch …
  Und beim Urlaub sagte mir der Alte,
  oben hängt er durch die Bodenspalte
  seine Fahne in den Wind,
  wenn wir erst zu Hause sind.
Das war Fünfzehn. Und bei jedem frischen
Wechsel an den deutschen grünen Tischen
bitt ich um die schönste aller Gaben:
»Ob sie ihr wohl uffjehangen haben?«

NATIONALE VERTEIDIGUNG

Das paßt euch so. Ihr grölt und brüllt
von Friedensdemokraten;
in dicken Phrasenrauch gehüllt
ruft ihr nach mehr Soldaten.
    Obristenfrauen schrein und krähn
    mit euch: »Marsch-Marsch! nach Flandern!«
    Es sollen dorthin sterben gehn
      die andern, die andern!

Die Todespein der andern schwand
in Urlaubstag und -nächten.
Ihr liebt nicht euer Vaterland!
Ihr hängt an Vorzugsrechten!
    Das hamstert, schickt und schwatzt so nett
    bei braungebratenen Zandern.
    Die zwanzig Gramm vom Pflanzenfett
      den andern, den andern!

Die Zeit ist aus. Die andern stehn
und recken ihre Glieder.
So lang geduckt, und nunmehr sehn
sie sich als Menschen wieder.
    Der Friede kommt. Und ist er hier,
    dann kommt das Heimwärtswandern.
    Die Zeit ist aus. Jetzt kommen wir:
      Die andern! Die andern!

Revolutionsersatz

Ich habe mir mein Deutschland angesehen
in seiner großen, in der kleinen Zeit.
Ich sah den Kaiser in die Oper gehen;
der Hermelin war diesem Mann zu weit.
Und dann die Schranzen! und die Generäle!
Grau an Humor, am Rock indianerbunt ...
Und leicht enttäuscht fragt meine liebe Seele:
»Na und ...?«

Das wühlt und wimmelt in den großen Städten.
Der Proletarier schuftet wie ein Tier.
Der deutsche Bürger läßt sich ruhig treten,
er macht Geschäfte und schluckt biedres Bier.
Und Kunst und immer diese selben Jungen,
nur Not und Kummer hält die Brut gesund.
Erfolg? Dann haben sie bald ausgesungen.
Ich frage mich, wenn all der Lärm verklungen:
»Na und ...?«

Dann gab es Krieg und hohe Butterpreise.
Es deliriert das Land. Revolution!
Dem ganzen deutschen Bürgerstand geht leise
der Stuhl mit Grundeis, nun, man kennt das schon.
Es rufen hier und da Idealisten,
man gründet Räte, Gruppen, einen Bund ...
Ich sehe Bolschewiki, Spartakisten –
Na und ...?

Und steh ich einstmals vor dem Weltenrichter,
(der liebe Gott ist schließlich auch ein Mann),
streckt er sein Flammenschwert steil hoch und spricht er:
»Dich böses Mädchen seh ich nicht mehr an!
Hinweg, du sollst ins Fegefeuer pultern!
Werft sie mir in den tiefsten Höllenschlund!«
Dann sag ich leis und hebe müd die Schultern:
»Na und …?«

ACHTUNDVIERZIG

Siebzig Jahre ist das nun her.
Siebzig Jahre wiegen so schwer.
    Schwarz-rot-goldene Fahnen flatterten,
    Vater Wrangels Musketen knatterten –
        Wofür?

Wie glühten die Herzen! wie glühten die Köpfe!
Kampf! Kampf gegen die Bürgertröpfe,
    gegen die nickenden Zipfelmützen –
    Klatschen in trübe Fürstenpfützen –
        Und dann?

Der große Sieg in den siebziger Jahren
ist uns verdammt in die Krone gefahren.
    Die Krone gleißte. Die Bürger krochen.
    Die treusten deutschen Herzen pochen
        im Proletariat.

Und dann? Die versprochenen herrlichen Zeiten!
Und dann? Wir wollen gen Frankreich reiten!
    Und dann? Wir kämpfen gegen zwei Welten,
    Herz und Hirn haben den Deubel zu gelten –
        Jetzt sitzt er in Holland.

Wofür, mein Gott, hat die Freiheit geblutet?
Wofür wurden Männer und Mädchen geknutet?
Spartakus! Deutsche! So öffnet die Augen!
Sie warten, euch Blut aus den Adern zu saugen –
Der Feind steht rechts!

Zerfleischt euch nicht das eigene Herz!
Denkt an die Barrikaden im März –!
Wir litten so viel.
Wollen wir nicht endlich Weltbürger werden?
Wir haben nur einen Feind auf Erden:
den deutschen Schlemihl!

BERLINER KÄMPFE

Revolution? Aber kein Gedanke!
Es brodelt im Hexenkessel der Panke,
es hupen die Autos, es knattern die Flinten,
Demonstrationen vorne und hinten –
Tun sie auch so wie die Menschenfresser:
die Panke war stets ein stilles Gewässer.

Jahrelang – bängliches Zögern und Drehen.
Jahrelang – wir werden ja sehen!
Jahrelang – Krupp und Tirpitz sollen leben!
Jahrelang – rin in die Schützengräben!
Jahrelang – Reklamiertenschiß.
Kompromiß … und Kompromiß …
Jahrelang – Ausverkäufe an Sieg …
Sozialisierung? Krieg ist Krieg.

Und nun ist auf einmal Friede auf Erden.
Und nun soll das alles anders werden.
Wir hassen den bauchigen Kassenschrein.
Wir wollen alle glücklich sein!

Man kann sich über das Tempo zanken.
Nicht so bei uns an der blauen Panken.

Wenn die Regierung einen wie Liebknecht hätt!
Die Regierung aber sitzt auf dem Klosett
und berät wie früher in der Reichskanzlei,
was nunmehr und ob es zu tun sei.
Es erinnert an schlechteste alte Zeiten:
das Gesellschaftsspiel der Verantwortlichkeiten,
der deutsche Streit um die Kompetenz –
der alte politische Zirkus Renz.
Unterdessen schwillt der Spartakus
zur Macht empor, weil er will und muß.

Und der Bürger? Du liebe Güte!
Es wackeln im Wind die Zylinderhüte.
Er ist gegen jede Volksempörung.
Politik ist geschäftliche Störung.
Spartakus will seine Kasse bedrohn?
Das geht zu weit mit der Revolution.
Und wenn der Bürger noch zuschlagen wollte!
Es schläft Tante Minchen, es schläft Onkel Nolte …
Spartakus packt die Geschichte beim Schopf.
Der Bürger wackelt empört mit dem Kopf.

Und so stehn wir am Anfang und stehn am Ende.
Deutsches Blut floß über deutsche Hände.
»Lumpen! Deserteure! Proleten!«
So kann man dem Ding nicht entgegentreten.
Ist Ruhe die erste Bürgerpflicht,
die von Empörern ist es nicht.
Gewalt gegen Gewalt, Kraft gegen Kraft:
das ist die alte Wissenschaft.
Weißt du, Deutscher, wie die neue heißt?
     Gegen Gewalt den Geist!
Nur der Geist kann die Streitaxt begraben!

Aber freilich: man muß einen haben.

ZWEI ERSCHLAGENE
(Liebknecht und Rosa Luxemburg)
Der Garde-Kavallerie-Schützen-Division zu Berlin in Liebe und Verehrung

Märtyrer ...? Nein.
             Aber Pöbelsbeute.
Sie wagtens. Wie selten ist das heute.
Sie packten zu, und sie setzten sich ein:
sie wollten nicht nur Theoretiker sein.

Er: ein Wirrkopf von mittleren Maßen,
er suchte das Menschenheil in den Straßen.
Armer Kerl: es liegt nicht da.
Er tat das Seine, wie er es sah.
Er wollte die Unterdrückten heben,
er wollte für sie ein menschliches Leben.
Sie haben den Idealisten betrogen,
den Meergott verschlangen die eigenen Wogen.
Sie knackten die Kassen, der Aufruhr tollt –
Armer Kerl, hast du das gewollt?

Sie: der Mann von den zwei beiden.
Ein Leben voll Hatz und Gefängnisleiden.
Hohn und Spott und schwarz-weiße Schikane
und dennoch treu der Fahne, der Fahne!
Und immer wieder: Haft und Gefängnis
und Spitzeljagd und Landratsbedrängnis.
Und immer wieder: Gefängnis und Haft –
Sie hatte die stärkste Manneskraft.

Die Parze des Rinnsteins zerschnitt die Fäden.
Da liegen die beiden am Hotel Eden.
Bestellte Arbeit? Die Bourgeoisie?
So tatkräftig war die gute doch nie ...
Wehrlos wurden zwei Menschen erschlagen.

Und es kreischen Geier die Totenklagen:
Gott sei Dank! Vorbei ist die Not!
»Man schlug«, schreibt einer, »die Galizierin tot.«
Wir atmen auf! Hurra Bourgeoisie!
Jetzt spiele dein Spielchen ohne die!

Nicht ohne! Man kann die Körper zerschneiden.
Aber das eine bleibt von den beiden:

Wie man sich selber die Treue hält,
wie man gegen eine feindliche Welt
mit reinem Schilde streiten kann,
das vergißt den beiden kein ehrlicher Mann!

Wir sind, weiß Gott, keine Spartakiden.
Ehre zwei Kämpfern!
                    Sie ruhen in Frieden!

EISNER

Da war ein Mann, der noch an Ideale glaubte
und tatenkräftig war.
In Deutschland ist das tödlich. Denn wir haben
entweder rohe Kraft, die wir mißbrauchen,
die Gattung nennt man Patrioten – oder aber
wir haben feine Sinne und ein zart Gewissen
und richten gar nichts aus. Der aber, tatenfroh beflügelt,
hieb fest dazwischen – und daneben, freilich!
Jedoch er hieb, daß faule Späne flogen.
Welch eine Wohltat war das, zu erleben,
daß einer überhaupt den Degen zog,
ein Tapferer war und doch kein General.

Ein Lümmel, irgendeiner von den Schwarz-Weiß-Roten
(der letzte Zulukaffer steht uns andern näher),
schoß ihn von hinten übern Haufen.
Kurt Eisner starb – und lebt in unser aller Herzen!

Was aber Trauer bitter macht und schmerzlicher den Schmerz,
was über einer Gruft die Fäuste fester ballen läßt,
ist dies:
          Die Bürger nicken.
Es starb Jaurès, Karl Liebknecht, Luxemburg,
Kurt Eisner –.

Wir wissen wohl, wie jener groß war, dieser kleiner –
wer feilscht hier um Formate! Eine Reinheit
ging von den vieren aus,
die leuchtete auf ihren Stirnen und den Händen.
Und ihre Stimme sprach: Ihr sollt nicht leiden!
Vier Schüsse und vier Särge und vier Gräber.
Wir strecken unsre Arme in die Runde
und klagen:»Welt! schlägst du noch immer an die Kreuze
Die, die dich lieben?«
              Und die Bürger nicken.
Behaglich nicken sie, zufrieden, daß sie leben,
und froh, die Störenfriede los zu sein,
die Störenfriede ihrer Kontokasse.
Wo braust Empörung auf? Wo lodern Flammen,
die Unrat zehren, und die heilsam brennen?
Die Bürger nicken. Schlecht verhohlne Freude.
Sie wollen Ordnung – das heißt: Unterordnung.
Sie wollen Ruhe – das heißt: Kirchhofsstille.
Sie wollen Brot – das karge Brot der andern.
Und satt und schleimig-fett und vollgesogen
hockt über diesem Lande eine Spinne:
gelähmtes Leid, gelähmte deutsche Seelen.

Und doch: nach allem, was bergab gegangen,
nach dem, was uns enttäuscht und auch betrogen,
nach Kompromiß und braven Leisetretern – –
wir wissen ihre Werke, daß sie weder kalt noch warm
gewesen sind. Ach, wärt ihr kalt! Ach, wärt ihr warm!
Doch sie sind lau –
              Und dennoch, dennoch:
Wir glauben weiter unter grauem Himmel!
Wir warten deiner unter grauem Himmel!
Wir wissen, daß du kommst –
              Du sollst nicht rächen.
Doch du sollst flammen, schüren, leuchten, brennen.
Luft! Gib uns Luft, darin wir atmen können!
Wühl unsre Seelen auf, pflüg um die Herzen
und löse uns von unserm deutschen Elend
und nimm von uns das niederste der Leiden.
Die beiden mach gesund vor allen Dingen:
              gelähmtes Land und die gelähmten Schwingen!

OLLE KAMELLEN

Vor der Front ein junger Bengel.
Er moniert die Fehler, die Schlappheit, die Mängel.
Im Gliede lauter alte Leute.
... Schlechter Laune der Leutnant heute ...
»Das kann ich der Kompanie erklären:
Ich werde euch Kerls das Strammstehen schon lehren!
Nehmen Sie die Knochen zusammen, Sie Schwein!«
    Und das soll alles vergessen sein?

Drin im Kasino ist großer Trubel.
Gläserklingen. Hurragejubel.
Sieben Gänge, dreierlei Weine.
Der Posten draußen hat kalte Beine.
Er denkt an Muttern, an zu Haus;
die Kinder, schreibt sie, sehn elend aus.
Drin sind sie lustig und krähen und schrein –
    Und das soll alles vergessen sein?

Und das sei alles vergeben, vergessen?
Die Tritte nach unten? der Diebstahl am Essen?
Bei Gott! das sind keine alten Kamellen!
Es wimmelt noch heute von solchen Gesellen!
Eingedrillter Kadaverrespekt –
wie tief der noch heut in den Köpfen steckt!
Er riß uns in jenen Krieg hinein –
    Und das soll alles vergessen sein?

Nicht vergessen. Wir wollen das ändern.
Ein freies Land unter freien Ländern
sei Deutschland – mit freien Bewohnern drin,
ohne den knechtischen Dienersinn.
Wir wollen nicht Rache an Offizieren.
Wir wollen den deutschen Sinn reformieren.
Sei ein freier Deutscher – Bruder, schlag ein!
    Und dann soll alles vergessen sein!

SCHÄFERLIEDCHEN

Der Kaiser ist ein braver Mann,
doch leider nicht zu Haus,
und mancher gute Bürgersmann
zieht still sein Schnupftuch raus.
Und er beweint so tränennaß
den kaiserlichen Bann –
  und sonst noch was und sonst noch was,
  was ich nicht sagen kann.

Wie war sie schön, die große Zeit!
Man fühlte sich als Gott.
Man nutzte die Gelegenheit
ganz aus, bis zum Bankrott.
Der Orden reiches Übermaß
in manche Hände rann
  und sonst noch was und sonst noch was,
  was ich nicht sagen kann.

Sie standen tief im Flamenland
und tief im Russenreich.
Es herrschte dort die starke Hand;
bei Panjes galt das gleich.
Sie nahmen mit den tiefen Haß
von Weib und Kind und Mann
  und sonst noch was und sonst noch was,
  was ich nicht sagen kann.

Und das ist alles nun dahin.
Was Wunder, daß es klagt:
»Weh, daß ich ohne Kaiser bin!
Wie hat mir der behagt!«
Sie machen sich die Äuglein naß,
die Herren um Stresemann,
  und sonst noch was und sonst noch was,
  was ich nicht sagen kann.

KRIEGSGEFANGEN

Wer hat in Belgiens Etappen regiert?
  Offiziere! Offiziere!
Wer hat da im preußischen Ton kommandiert?
  Offiziere! Offiziere!
Sollen die Belgier die Schuhe putzen:
wir haben den Spaß, wir haben den Nutzen!
  Aktiver Leutnant – Rechnungsrat –
  einmal: Cäsar! Wie wohl das tat!
  »Wer nicht pariert, den stellt an die Wand!
  (gez.) Lehmann, Ortskommandant.«
Und die Belgier waren Menschen wie wir,
warteten ruhig der Jahre vier,
bis sich der fremde Spuk entfernt.
  Wen haben sie gründlich kennengelernt?
  Offiziere! Offiziere!

Kein Stroh auf dem Boden, kein Wasser, kein Bett,
es schlottern die dünnen Jacken
»Mutter!« Wer jetzt einen Heimatgruß hätt!
Will der Tod uns noch nicht packen?
»Travaillez! En avant, les boches! Vite! vite!«
Ein Kolbenstoß in den Rücken.
Ein Mann, der vorbeifährt und das sieht,
muß die Tränen unterdrücken.
  Wer frißt es aus, was für uns vergangen? –
  Kriesgefangen. Kriegsgefangen.

Wer frißt es aus, was scheinbar vorbei?
Die eigenen, unschuldigen Leute!
Deutschland, hörst du den Marterschrei?
Deutschland, tu dies noch heute:
  Stell die Burschen von damals vor ein Gericht!
  Sie sind noch frei. Sie büßen ja nicht!
Sieh, wie sie wohlgeborgen sitzen!

Mit ersparten Gehältern, mit Brüssler Spitzen –
Auge um Auge! Zahn um Zahn!
In die Hölle mit ihrem Cäsarenwahn!
  Deutschland, wo ist der Tag des Gerichts?
  Deutschland, was tust du?
  Nichts. Nichts. Nichts.

DAS HEIL VON AUSSEN

Was wir bereits gestorben glaubten,
ist, hols der Teufel, wieder da:
die alten achselstückberaupten
Kommis der Militaria.

Das wandelt wie in alten Tagen,
für alles Neue gänzlich taub:
man trägt nur manches auf dem Kragen
und ist ein Kerl mit Eichenlaub.

Das sind doch alles Kleidermoden:
der Ärmelschmuck und wie das heißt …
Man stellt sich einfach auf den Boden
der neuen Welt – im alten Geist.

Und haben wir den Krieg verloren:
die Herren, silberig besternt,
verschließen ihre langen Ohren –
sie haben nichts dazugelernt.

Und nur ein Friede kann uns retten,
ein Friede, der dies Heer zerbricht,
zerbricht die alten Eisenketten –
der Feind befreit uns von den Kletten.
Die Deutschen selber tun es nicht.

MIT EINEM BLAUEN AUGE

Die alten Kegelbrüder seh ich wieder.
Sie überlebten selbst des Krieges Lauf.
Sie schicken revolutionäre Lieder
gleich Taubenschwärmen in das Blau hinauf.
    Und locken sie zurück:
nun hängt ein Wenn und Aber im Gefieder
– ein Glück! Ein Glück!

Das Land im Elend. Wer ist schuld am Ganzen?
am Krieg, und daß man ihn so schwer verlor?
Man sieht die Wackern zierlich eiertanzen.
Sie schreiten voller Schwung drei Schritte vor
    und drei zurück.
Man braucht ja doch die blanken Söldnerlanzen
– welch Glück! Welch Glück!

Der Domestik liebt seine Offiziere.
Der gute, brave, liebe Ludendorff!
Das wütete vier Jahre wie die Stiere.
Reißt einer auf den alten Wundenschorf?
    Sanft holt man ihn zurück –
und bleibt hübsch maßvoll bei dem Stammtischbiere
– sein Glück! Sein Glück!

Du bunte Bestie mit den tausend Armen!
Wär dieses Volk politisch stark und reif:
es riß die Fenster auf im stubenwarmen
Gemach – Luft! Luft! und Frühjahrsreif!
    Du kehrtest nie zurück.
Und keiner hätte mit dir Vieh Erbarmen
– dein Glück! Dein Glück!

UNSER MILITÄR!

Einstmals, als ich ein kleiner Junge
und mit dem Ranzen zur Schule ging,
schrie ich mächtig, aus voller Lunge,
hört ich von fern das Tschingderingdsching.
Lief wohl mitten über den Damm,
stand vor dem Herrn Hauptmann stramm,
vor den Leutnants, den schlanken und steifen …
Und wenn dann die Trommeln und die Pfeifen
übergingen zum Preußenmarsch,
fiel ich vor Freuden fast auf den Boden –
die Augen glänzten – zum Himmel stieg
    Militärmusik! Militärmusik!

Die Jahre gingen. Was damals ein Kind
bejubelt aus kindlichem Herzen,
sah nun ein Jüngling im russischen Wind
von nahe, und unter Schmerzen.
Er sah die Roheit und sah den Betrug.
Ducken! ducken! noch nicht genug!
Tiefer ducken! Tiefer bücken!
Treten und Stoßen auf krumme Rücken!
Die Leutnants fressen und saufen und huren,
wenn sie nicht grade auf Urlaub fuhren.
Die Leutnants saufen und huren und fressen
das Fleisch und das Weizenbrot wessen? wessen?
Die Leutnants fressen und huren und saufen …
Der Mann kann sich kaum das Nötigste kaufen.
Und hungert. Und stürmt. Und schwitzt. Und marschiert.
Bis er krepiert.

Und das sah einer mit brennenden Augen
und glaubte, der Krempel könne nichts taugen.
Und glaubte, das müsse zusammenfallen
zum Heile von Deutschland, zum Heil von uns allen …
Aber noch übertönte den Jammer im Krieg
    Militärmusik! Militärmusik!

Und heute?
          Ach heute! Die Herren oben
tun ihren Pater Noske loben
und brauchen als Stütze für ihr Prinzip
den alten trostlosen Leutnantstyp.
Das verhaftet, regiert und vertobackt Leute,
damals wie heute, damals wie heute –
Und fällt einer wirklich mal herein,
setzt sich ein andrer für ihn ein.
Liebknecht ist tot. Vogel heidi.
Solchen Mörder straft Deutschland nie.

Na und –?
          Der Haß, der da unten sich sammelt,
hat euch den Weg zwar noch nicht verrammelt.
Aber das kann noch einmal kommen …!
Nicht alle Feuer, die tiefrot glommen
unter der Asche, gehen aus.
Achtung! Es ist Zündstoff im Haus!
Wir wollen nicht diese Nationalisten,
diese Ordnungsbolschewisten,
all das Gesindel, das uns geknutet,
unter dem Rosa Luxemburg verblutet.
Nennt ihr es auch Freiwilligenverbände:
es sind die alten schmutzigen Hände.
Wir kennen die Firma, wir kennen den Geist,
wir wissen, was ein Korpsbefehl heißt …

Fort damit –!
          Reißt ihre Achselstücke
in Fetzen – die Kultur kriegt keine Lücke,
wenn einmal im Lande der verschwindet,
dessen Druck kein Freier verwindet.
Es gibt zwei Deutschland – eins ist frei,
das andre knechtisch, wer es auch sei.
Laß endlich schweigen, o Republik,
Militärmusik! Militärmusik!

Jahreszeiten

NICHT! NOCH NICHT!

Ein leichter Suff umnebelt die Gedanken.
Verdammt! Der Frühling kommt zu früh.
Der Parapluie
steht tief im Schrank – die Zeitbegriffe
  schwanken.

Was wehen jetzt die warmen Frühlingslüfte?
Ein lauer Wind umsäuselt still
mich im April –
die Nase schnuppert ungewohnte Düfte.

Du lieber Gott, da ist doch nichts dahinter!
Und wie ein dicker Bär sich murrend schleckt,
zu früh geweckt,
so zieh ich mich zurück und träume Winter.

Ich bin zu schwach. Ich will am Ofen hocken –
die Animalität ist noch nicht wach.
Ich bin zu schwach.
Laternenschimmer will ich, trübe Dämmerung und
                          dichte Flocken.

VORFRÜHLING?

Sieh da: nun ist der fette Dichter wieder
von seinem Winterschläfchen aufgewacht,
und er entlockt der Harfe heitre Lieder,
ti püng – die Winde wehn, der Himmel lacht.

Er schauet sanft-verklärt, und eine Putte
hält über seinem Kopf den Lorbeerkranz.
Vorfrühling nähert sich, die junge Nutte,
und probt, noch schüchtern, einen kleinen Tanz.

Das Barometer droht mit seinem Zeiger:
»Nicht immer feste druff! Ich falle bald.«
Selbst Barometer schwätzen. Große Schweiger
sind selten in dem Land des Theobald.

Noch immer Zabern und Theaterpleiten,
und wie man wieder auf den Fasching geht,
Protestbeschlüsse, andere Lustbarkeiten –
und alles red't, und alles red't.

Und wenn man dieses Deutschland sieht und diese
mit Parsifallerei – und -fallerein
von Hammeln abgegraste Geisteswiese –
geh, Frühling! Hier soll immer Winter sein!

DER LENZ IST DA!

Das Lenzsymptom zeigt sich zuerst beim Hunde,
dann im Kalender und dann in der Luft,
und endlich hüllt auch Fräulein Adelgunde
sich in die frischgewaschene Frühlingskluft.

Ach ja, der Mensch! Was will er nur vom Lenze?
Ist er denn nicht das ganze Jahr in Brunst?
Doch seine Triebe kennen keine Grenze –
dies Uhrwerk hat der liebe Gott verhunzt.

Der Vorgang ist in jedem Jahr derselbe:
man schwelgt, wo man nur züchtig beten sollt,
und man zerdrückt dem Heiligtum das gelbe
geblümte Kleid – ja, hat das Gott gewollt?

Die ganze Fauna treibt es immer wieder:
da ist ein Spitz und eine Pudelmaid –
die feine Dame senkt die Augenlider,
der Arbeitsmann hingegen scheint voll Neid.

Durch rauh Gebrüll läßt sich das Paar nicht stören,
ein Fußtritt trifft den armen Romeo –
mich deucht, hier sollten zwei sich nicht gehören …
Und das geht alle, alle Jahre so.

Komm, Mutter, reich mir meine Mandoline,
stell mir den Kaffee auf den Küchentritt. –
Schon dröhnt mein Baß: Sabine, bine, bine …
Was will man tun? Man macht es schließlich mit.

FRÖHLICHE OSTERN

Da seht aufs neue dieses alte Wunder:
Der Osterhase kakelt wie ein Huhn
und fabriziert dort unter dem Holunder
ein Ei und noch ein Ei und hat zu tun.
Und auch der Mensch reckt frohbewegt die Glieder –
er zählt die Kinderchens: eins, zwei und drei …
Ja, was errötet denn die Gattin wieder?
                    Ei, ei, ei,
                      ei, ei,
                       ei!

Der fleißige Kaufherr aber packt die Ware
ins pappne Ei zum besseren Konsum:
Ein seidnes Schnupftuch, Nadeln für die Haare,
die Glitzerbrosche und das Riechparfuhm.
Das junge Volk, so Mädchen wie die Knaben,
sucht die voll Sinn versteckte Leckerei.
Man ruft beglückt, wenn sies gefunden haben:
                    Ei, ei, ei,
                      ei, ei,
                       ei!

Und Hans und Lene steckens in die Jacke,
das liebe Osterei – wen freut es nicht?
Glatt, wohlfeil, etwas süßlich im Geschmacke,
und ohne jedes innre Gleichgewicht.

Die deutsche Politik … Was wollt ich sagen?
Bei uns zu Lande ist das einerlei –
und kurz und gut: Verderbt euch nicht den Magen!
Vergnügtes Fest! Vergnügtes Osterei!

SAISONBESCHLUSS

Nun reibt der Heldenvater sich mit Margarine
die Schminke aus dem fetten Doppelkinn,
und auch im Silberhaar die Heroine
legt alles ab und hin.

Verstaubt und leer steht nun der Kassenschalter;
sie schieben alle nacheinander ab:
das Personal und der Konkursverwalter
und Herr von Glasenapp.

Und es erheben sich so manche Fragen:
Da Hollaender nicht immer schweigen kann,
– der Speichel rinnt auch in den warmen Tagen –
wo läßt es dieser Mann?

Wovon soll der Gerichtsvollzieher leben?
Es bleibt nicht immer, wie es einstens war …
und wohin soll er nun den Kuckuck kleben?
O einziger Lothar!

Und kurz und gut: Nicht immer gings dem süßen Kinde
Thaliens gut, und meistens nur so so …
Nun aber kommen Wiesen und die Sommerwinde –
    Rideau!
        Rideau!

DEUTSCHER ABEND

Nun gönnt die Firma stillen Abendfrieden
dem Arbeitsmann, den Mädels, dem Kommis –
nun sitzt ganz Deutschland um den runden, lieben
gedeckten Tisch und sieht aufs Visavis.

Da liegt das Land: ganz schwarz und blau und dunkel.
Es klirrt der Wind im Telegraphendraht.
Ein gelbes Fenster grüßt dich mit Gefunkel:
hier spielt der Förster seinen Dauerskat.

Man hebt die Zeitung, läßt sie wieder sinken,
die Welt, ihr Lieben, geht den alten Lauf –
hieraufbezüglich kann man einen trinken,
die Pfeife qualmt, nun steigt der Mond herauf.

Und hundert Mimen spreizen ihre Glieder,
und hundert Bürger füllen sich mit Bier …
Und hundert Mädchen summen kleine Lieder,
denn morgen, morgen muß er fort von hier.

O Herr, so wie wir hienieden krauchen,
so segne Land und Leute und Kompott.
Verlaß dich drauf: wir könnens brauchen,
wir könnens brauchen, lieber Gott!

AUFTAKT

Thalia stürzt sich in die Winterrobe
und macht sich bis zum Rückenwirbel bloß …
Ab wirft sie ihren Schmoddergown – ick jloobe,
jetzt geht es los.

Das Winterfieber packt die kleinsten Schmieren,
der Mime schwärzt den alten Schappohklapp,
der Direktöhr läßt das Theater renovieren
und staubt die Hypotheken ab.

Der Spielplan steigt: man wird Modernes geben,
Bongs Klassiker, Band eins bis hundertzehn,
und Ibsen, Shakespeare und Herrn Schönherrleben –
ihr werdets sehn!

Man ist erregt bis in die tiefsten Tiefen –
selbst nachts brennt Licht im Direktionsbüro.
Schon hört man unsern Holzbock interwiefen …
    Rideau!
          Rideau!

WEIHNACHTEN

So steh ich nun vor deutschen Trümmern
und sing mir still mein Weihnachtslied.
Ich brauch mich nicht mehr drum zu kümmern,
was weit in aller Welt geschieht.
Die ist den andern. Uns die Klage.
Ich summe leis, ich merk es kaum,
die Weise meiner Jugendtage:
    O Tannebaum!

Wenn ich so der Knecht Ruprecht wäre
und käm in dies Brimborium
– bei Deutschen fruchtet keine Lehre –
weiß Gott! ich kehrte wieder um.
Das letzte Brotkorn geht zur Neige.
Die Gasse grölt. Sie schlagen Schaum.
Ich hing sie gern in deine Zweige,
    o Tannebaum!

Ich starre in die Knisterkerzen:
Wer ist an all dem Jammer schuld?
Wer warf uns so in Blut und Schmerzen?
uns Deutsche mit der Lammsgeduld?
Die leiden nicht. Die warten bieder.
Ich träume meinen alten Traum:
Schlag, Volk, den Kastendünkel nieder!
Glaub diesen Burschen nie, nie wieder!
Dann sing du frei die Weihnachtslieder:
    O Tannebaum! O Tannebaum!

SILVESTER

Im niedern Zimmer
zieht sich der Pfeifenrauch in dicken, blauen Schwaden.
Der Nachtsturm rüttelt an den Fensterladen;
die brave Lampe leuchtet mir wie immer.

Wie stets glüht mir der rote Wein
im festen Glase mit dem Kaiserbilde;
ein stiller Wein – er mundet mir so milde –
ich träum ins Glas – was spiegelt sich darein?

Vier lange Jahre.
Es hieß sich immer wieder, wieder ducken
und schweigen und herunterschlucken.
Der Mensch war Material und Heeresware.

Das ist vorbei.
Was ist uns nun geblieben?
Wo ist das Deutschland, das wir ewig lieben?
Wofür die Plackerei?

Für nichts.
Ich tue einen Zug – die Pfeife knastert –
Was hat man uns gebetet und gepastert –
Tag des Gerichts!

Und wißt ihr, wer uns also traf?
Der Koksbaron und der Monokelträger,
das Bürgerlamm und der Karrierejäger –
ihr lagt im Schlaf.

So wacht heut auf!
Wir trugen unser Kreuz und jene ihre Orden –
wir sind gestoßen und getreten worden:
Muschkot, versauf!

Vergeßt ihr das?
Denkt stets daran, wie jene Alten sungen!
Ich aber komm euch in Erinnerungen
ein volles Glas –!

In der Stadt

HOME, SWEET HOME

Berliner Muse mit den runden Hüften,
den Tuchgamaschen und dem Samtbarett,
umgaukle du mich in den staubigen Lüften:
Komm, Göttin, sei mal nett!

Hier auf dem Rathausturm ists windig, Muse,
der kalte Zug reißt mir die Leier weg –
begleite mich, mein süßes Kind, halt du se:
Ich singe so freiweg.

Da liegt die Stadt – nur schön bei Regenstürmen –
teils an der Panke und teils an der Spree,
mit Synagogenkuppeln, Kirchentürmen
und einem Tanzpaleeh.

Und was da längs des grünen Bäumewalles
so gülden gleißt (ich weiß nicht, ob dus kennst):
das ist der Reichstag – doch es ist nicht alles
hienieden Gold, was glänzt.

In jener Gegend wohnt die große Presse –
sie macht erst unsre Zeit in Wort und Bild:
dort sättigt der Berliner sein Interesse,
nervös und injebildt.

Da hinten rechts, in jener dunstigen Weite,
liegt der Komödienhäuser dichter Hauf –
und gehn sie alle, alle langsam pleite:
dann macht man neue auf.

Und, siehst du, hier verbringt man so sein Leben.
Da draußen rauschen Wälder, Wolken ziehn –
Wir passen auf, was sie für Possen geben,
und wie sie vor den Uniformen beben! –
O du mein Heimatland, du mein Berlin!

BERLINER FASCHING

Nun spuckt sich der Berliner in die Hände
und macht sich an das Werk der Fröhlichkeit.
Er schuftet sich von Anfang bis zu Ende
durch diese Faschingszeit.

Da hört man plötzlich von den höchsten Stufen
der eleganten Weltgesellschaft längs
der Spree und den Kanälen lockend rufen:
»Rin in die Eskarpins!«

Und diese Laune, diese Grazie, weißte,
die hat natürlich alle angesteckt;
die Hand, die tagshindurch Satin verschleißte,
winkt ganz leschehr nach Sekt.

Die Dame faschingt so auf ihre Weise:
gibt man ihr einmal schon im Jahr Lizenz,
dann knutscht sie sich in streng geschlossnem Kreise,
fern jeder Konkurrenz.

Und auch der Mittelstand fühlts im Gemüte:
er macht den Bockbierfaßhahn nicht mehr zu,
umspannt das Haupt mit einer bunten Tüte
und rufet froh: »Juhu!«

Ja, selbst der Weise schätzt nicht nur die hehre
Philosophie: auch er bedarf des Weins!
Leicht angefüllt geht er bei seine Claire.
Berlin radaut, er lächelt …
          Jeder seins.

DIE MUSIK KOMMT

Nun zwängt, die sonst Musik die Töchter lehrte
sich ins Schwarzseidene mit dem Krachkorsett;
und daß man Haydn, Bach und Koschat ehrte,
beweist man durch Gesang und am Spinett.

Nun schlagen wieder löwenmähnige Meister
mit ihren Pranken auf die Flügel ein,
und fiedelt jemand Violin, dann heißt er
Mischka und soll erst sieben Jahre sein.

Du siehst mich lächelnd an, Eleonore –
auch du, Geliebte, seist ein Singtalent?
Doch jach entfleucht durch meinem rechten Ohre,
was dein Sopran mir in das linke flennt.

Ach ja, der Herbst! Die Blätter werden gelber,
und jedes Mädchen kriegt ein hohes C,
und auch der Muhsikpädagoge selber
stund auf und tremolieretee …

Du Stadt der Lieder, bist du nicht verwundert?
So jedes Jahr hast du um den Advent
Musikkonzerte Stücker achtzehnhundert –
doch mit Gewinn: nur sechseinhalb Prozent.

KRITIK

Da oben spielen sie ein schweres Drama
mit Weltanschauung, Kampf von Herz und Pflicht:
Susannen attackiert ein ganz infama
Patron und läßt sie nicht.

Ich sitze im Parkett und zück den Faber
und schreibe auf, ob alles richtig sei;
Exposition, geschürzter Knoten – aber
ich denk mir nichts dabei.

Mein Herz weilt fromm bei jenem lieben Kinde,
das lächelnd eine Kindermagd agiert:
ich streichle ihr im Geiste sehr gelinde,
was sie so lieblich ziert.

Nun sieh mal einer diese süßen Pfoten,
dies Seidenhaar mit einem Häubchen drauf –
es gibt da sicher manch geschürzten Knoten:
ich löst ihn gerne auf.

Wer sagte da, daß ich nicht sachlich bliebe?
(Nu sieh mal einer dieses schlanke Bein!)
Begeisterung, Freude am Beruf und ›Liebe‹ –:
So soll es sein!

PARKETT

Das Stück hat Weltanschauung. Neben mir Ottilchen
hat weit die grauen Augen aufgemacht:
Der, nach dem Spiel, erhofft ein Kartenspielchen,
der eine Nacht …

Der Diener meldet die Kommerzienräte,
die Gnädige empfängt, ein Sektglas klirrt.
Ich streichle ihre Hand, die sonst die Hüte nähte …
Ob das was wird?

Da oben gibt es Liebe und Entsetzen,
doch so gemäßigt, wie sichs eben schickt.
»Ottilie«, flüstre ich, »vermagst du mich zu schätzen?!«
Sieh da: sie nickt!

Nun läßt mich alles kalt: die ganze Tragik
ist jetzt für mich verhältnismäßig gleich.
Und nimmt Madameken ihr Gift, dann sag ick:
»Ich bin so reich …«

Was kümmern mich die blöden Bühnenränke!
Nu sieh mal, wie sie um die Leiche stehn!
Genug –
        … »Ottilie«, spreche ich, »ich denke –
wir wollen gehn …«

KINO

Wird Gustav, der Commis, entlassen?
Seit einer halben Stunde weiß ichs nicht ...
Die greise Mutter löffelt, was sie kricht,
aus dicken Untertassen.

Nun kommt der Chef! Mit schüttern Bartkoteletten
und einem Mimenmund und uhrgeschmücktem Bauch ...
Dumpf buchstabiert das Publikum: »Nee–ü-ber–Ihnen–a-ber–auch ...«
Da gibt es nichts zu retten.

Hier stehen Mutter, Tochter, Hund und Chef und seine Leiche!
Nun aber steigt auf einer Geige jählings himmelan
ein Lauf, der seinerseits im Baß begann ...
Die nächste Nummer: »Jacob auf der Eiche.«

Humor! Man lacht! Wes Auge blieb da trocken?!
Die Hose – denken Sie – zer-hi-zerriß!
Vergessen ist die Tränenkümmernis
und jene Totenglocken ...

Doch jetzt erblick ich einen Fürsten oben,
der weiht mit seinem Helmbusch etwas ein –
ja, sollt dies wirklich Herzog Albrecht sein?
Und kurz und gut: Hier fühl ich mich erhoben!

SEXUELLE AUFKLÄRUNG

Tritt ein, mein Sohn, in dieses Varieté!
Die heiligen Hallen füllt ein lieblich Odium
von Rauchtabak, Parfums und Eßbüffé.
Die blonde Emmy tänzelt auf das Podium,
der erste und der einzige Geiger schmiert ›Kollodium‹
auf seine Fiedel für das hohe C ...
So blieb es, und so ists seit dreißig Jahren –
drum ist dein alter Vater mit dir hergefahren.

Sieh jenes Mädchen! Erster Jugendblüte
leichtrosa Schimmer ziert das reizende Gesicht.
So war sie schon, als ich mich noch um sie bemühte,
und wahrlich: ich blamiert mich nicht!
Siehst du sie jetzt, wie sie voll Scham erglühte?
Was flüstert sie? »Det die de Motten kricht …!«
Wie klingt mir dieser Wahlspruch doch vertraut
aus jener Zeit, da ich den Referendar gebaut!

Sei mir gegrüßt, du meine Tugendlilie,
du altes Flitterkleid, du Tamburin!
Nimm du sie hin, mein Sohn – es bleibt in der Familie –
und lern bei ihr: es gibt nur ein Berlin!
Nun aber spitz die Ohren, denn gleich singt Ottilie
ihr Lieblingslied vom kleinen Zeppeliihn …
Kriegst du sie nicht, soll dich der Teufel holen!
Verhalt dich brav – und damit Gott befohlen!

SCHÖNER HERBST

Das ist ein sündhaft blauer Tag!
Die Luft ist klar und kalt und windig,
weiß Gott: ein Vormittag, so find ich,
wie man ihn oft erleben mag.

Das ist ein sündhaft blauer Tag!
Jetzt schlägt das Meer mit voller Welle
gewiß an eben diese Stelle,
wo dunnemals der Kurgast lag.

Ich hocke in der großen Stadt:
und siehe, durchs Mansardenfenster
bedräuen mich die Luftgespenster …
Und ich bin müde, satt und matt.

Dumpf stöhnend lieg ich auf dem Bett.
Am Strand wär es im Herbst viel schöner …
Ein Stimmungsbild, zwei Fölljetöner
und eine alte Operett!

Wenn ich nun aber nicht mehr mag!
Schon kratzt die Feder auf dem Bogen –
das Geld hat manches schon verbogen …
Das ist ein sündhaft blauer Tag!

IM KÄFIG

Hinter den dicken Stäben meiner Ideale
lauf ich von einer Wand zur andern Wand.
Da draußen gehen Kindermädchen, Generale,
Frau Lederhändlerswitwe mit dem Herrn Amant …

Manchmal sieht einer her. Mit leeren Blicken:
Ah so! ein Tiger – ja, das arme Tier …
Dann sprechen sie von »Tantchen auch was schicken
in Pergamentpapier«.

Ich möcht so gern hinaus. Ich streck und dehn mich –
die habens gut, mit ihrer großen Zeit!
Sie sind gewiß nicht rein, und doch: ich sehn mich
nach der Gemeinsamkeit.

Der Tiger gähnt. Er käm so gern geloffen …
Doch seines Käfigs Stäbe halten dicht.
Und ließ der Wärter selbst die Türe offen:
Man geht ja nicht.

MEDITATION, ZUM COUPÉFENSTER HINAUS

Wie die langen Telegraphenstangen
jene schwarzen, dünnen Drähte, die
grad sich zu erheben angefangen,
immer wieder niedergehen, wie

diese dunkeln regelmäßigen Stäbe,
die das Auf und Ab und Auf und Ab
stetig kontrollierend in der Schwebe
halten –:
                also von der Wiege bis zum Grab

drückt auch dich, o Mensch, bei allem Streben
(seist du Amme, Kanzler, Redakteur),
drückt auch dich, o Mensch, im ganzen Leben,
nieder, nieder, nieder –
       das Malheur.

DER ALTE FONTANE

Damals, so in den achtziger Jahren,
ist man noch nicht mit dem Auto gefahren;
alles ging seinen ruhigen Schritt,
und der alte Fontane ging ihn mit,
Ein stilles Antlitz hatten die Tage:
Frühmorgens bei Kroll, auf der Brunnenwage
dann die Tiergartenpromenade
(»Kannten Sie Strousberg? Schade, schade!«),
dann ins Geschäft oder ins Bureau,
und das ging alle Vormittage so.
Mittag zu Hause, friedliche Zeiten,
die Kinder machen Schularbeiten,
ein kleines Nickerchen mit der Zigarre,
und dann wieder in die geschäftliche Karre.
Und war der Tag besonders schön,
hieß es:»Ich habe den Kaiser gesehn!« –
Alles so sauber und preußisch und karg:
der alte Fontane und seine Mark.
Aber Fontane und alle die Alten
konnten sich auch nicht ewig halten.
Wollten noch so vieles erleben,
mußten doch gen Walhalla schweben.
Bis hin vor die Weltenesche sie ziehn,
da lagern sie sich um Vater Odin.

Tick, tick
dreißig Jahre sind ein Augenblick.

Und als nun Michaelis den Abschied nahm,
eine Sehnsucht über Fontane kam,
und er sprach:»Herr, laß mich auf Urlaub gehn,
ich möchte die Spree noch einmal sehn.

Die Spree, die Havel, die Nette, die Nuthe,
den Schlachtensee und die Räuberkuthe;
ich kenne mich aus, und habe ich Glück,
bis Donnerstag bin ich wieder zurück.«
Odin hat huldvoll sich verneigt –
der Alte zur Erde niedersteigt.

Und zunächst in der Neumark, in der Nähe von Bentschen,
landet er. »Himmel, was sind das für Menschen!«
Und er spricht hinter Schwiebus und hinter Zielenzig:
»Dickköpfe, Hamster! und so was nennt sich
nun Märker – wir wollen westwärts ziehn!«
Und so westwärts kommt er nach Berlin.
Da ist ein Schleichen und Drehen und Schieben,
wo ist das alte Berlin geblieben?
Einer drängt immer den andern weg:
»Ham Se nich greifbaren Schweinespeck?«
Und ein Dicker steht mitten auf dem Damm
und philosophiert über Pökelkamm.
Sie treten sich an die Schienenbeine,
die jüngeren Herren spielen »Meine – Deine«,
sie verkaufen Frauen und Gold und Eier
und alles um die paar lumpigen Dreier.
Golden leuchtet ein Kirchturmknopf – –
Und der Alte schüttelt schweigend den Kopf,
freiwillig kürzt er den Urlaub ab,
in wilde Karriere fällt sein Rückzugstrab.
Sein Rückmarsch ist ein verzweifeltes Fliehn.
»Wie war es?« fragt teilnahmsvoll Odin.
Und der alte Fontane stottert beklommen:
»Gott, ist die Gegend runtergekommen!«

Die blaue Blume

Leidige Politika!
Clementine, süßer Fetzen!
Laß mich mich an dir ergetzen –
bin so wild, seit ich dich sah,
Venus Amathusia!

Mädchen mit dem kleinen Ohr,
mit den maßvoll fetten Beinen,
sieh vor Lust mich leise weinen,
ein verliebter heißer Tor …
Hogarth nennt dies Bild: Before.

Aber eine Nacht darauf?
Schweigt dein Troubadour und schlaft er?
Hogarth nennt dies Bildchen: After.
Sieh, das ist der Welten Lauf –
hebst du die Gefühle auf?

Bald bin ich dir wieder nah.
Schau, ich kann nur manchmal lügen.
Du tusts stets in vollen Zügen.
Laß dir nur an mir genügen
zwischen Noske, Kahl und Spa –
Venus Amathusia!

AN DIE MEINIGE

Legt man die Hand jetzt auf die Gummiwaren?
Erinnre, Claire, dich an deine Pflicht!
Das geht nicht so wie in den letzten Jahren:
Du bist steril, und du vermehrst dich nicht!

Wohlauf! Wohlan! Zu Deutschlands Ruhm und Ehren!
Vorbei ist nun der Liebe grüner Mai –
da hilft nun nichts: du mußt etwas gebären,
einmal, vielleicht auch zweimal oder drei!

Wir Deutschen sind die Allerallerersten,
voran der Kronprinz als Eins-A-Papa.
Der Gallier faucht – wir haben doch die mehrsten,
und hungern sie, mein Gott, sie sind doch da!

Denn sieh: die Babys brauchen Medizinen
und manchmal auch ein weiß Getöpf aus Ton,
Gebäck, das Milchgetränk – man kauft es ihnen,
und dann vor allem, Kind, die Konfektion!

Und wer soll in des Kaisers Röcken dienen,
umbrüllt vom Leutnant und vom General?
Stell du das her: es muß nur maskulinen
Geschlechtes sein – der Schädel ist egal.

Ins Bett! Hier hast du deine Wickelbinden!
Schenk mir den Leo nebst der Annmarei!
Und zählt man nach, wird man voll Freude finden
sechzig Millionen, und von uns
                                       die zwei!

REVUE

Die Weiblichkeit laß ich vorüberrauschen,
Hilfsdienstmutwillige, Mädchen aus dem Land –
dem Schlagen eines Herzens will ich lauschen –
gib mir die Hand!

Ja, aber wer? In diesen Menschenwogen
schwimmt Tinchen, klein und blond, hin und zurück;
zwei linke Beine, zart und sanft gebogen –
ist das das Glück?

Wie ists mit der? Gott Eros schwingt die Fackel.
Die Stangen des Korsettes krachen leis,
die kurzen Finger ziehn an einem Dackel –
ein Traum in Weiß.

Und du? in schwärzlich finstrer Reife,
die Schatten dunkler Stunden im Gesicht?
Es gibt noch Menschen, die besitzen Seife –
du hamsterst nicht.

Ich denk an die gnädige Frau.
                              In Terzen
pfeif ich vergnügt: Mimi! von diesen Kindern keins.
Mein Wappenspruch, du Wort nach meinem Herzen:
      Jeder seins!

DIE ARME FRAU

Mein Mann? mein dicker Mann, der Dichter?
Du lieber Gott, da seid mir still!
Ein Don Juan? Ein braver, schlichter
Bourgeois – wie Gott ihn haben will.

Da steht in seinen schmalen Büchern,
wieviele Frauen er geküßt;
von seidenen Haaren, seidenen Tüchern,
Begehren, Kitzel, Brunst, Gelüst …

Liebwerte Schwestern, laßt die Briefe,
den anonymen Veilchenstrauß!
Es könnt ihn stören, wenn er schliefe.
Denn meist ruht sich der Dicke aus.

Und faul und fett und so gefräßig
ist er und immer reklamiert.
Und dabei gluckert er unmäßig
vom Rotwein, den er temperiert.

Ich sah euch wilder und erpichter
von Tag zu Tag – ach! laßt das sein!
Mein Mann? mein dicker Mann, der Dichter?
In Büchern: ja.
           Im Leben: nein.

GUTE NACHT!

Ich geh mit meinen Wanzen schlafen,
rotbraun und platt.
Quartiert bin ich bei einem Grafen,
der viele hat.

Des Nachts, wenn alle Sterne funkeln,
dann ziehen still
die fleißigen Scharen hin im Dunkeln,
wie Gott es will.

Sie kommen aus den schmalen Ritzen,
aus dem Parkett;
die feinern aber fastend sitzen
des Tags im Bett.

Sie pieken mich. Es schwillt zu riesigen
Fleischklümpchen an, was sie gepackt;
das macht die Beißekunst der Hiesigen –
die sind exakt.

Sie pieken mich. Es juckt. Zum Glücke
ist morgen alles wieder rein.
Und wenn ich eine sanft zerdrücke,
gedenk ich dein.

SCHWERE ZEIT

Die Jungfrau in der Nebenstuben –
ich frage mich, was tut sie nur?
Ich hör die Stimme eines Buben –
so spät am Abend? Um elf Uhr?

Wie er mutiert! Und ihre Stimmen
verklingen sacht – sie murmeln leis.
Bin ich der Zeuge einer schlimmen
Verbrechertat? Wer weiß! wer weiß!

Sie spricht ihm gütig zu. Belehrend
ertönt ihr lieblicher Sopran.
Er lacht: »Jawohl!« Dies ist erschwerend!
Was wird dem Knaben nur getan?

Sind das nicht halberstickte Küsse?

Ich frag sie später, was sie treibt …
Sie sagt: »Die geistigen Genüsse,
sie bringen nichts als Kümmernisse.
Es ist das einzige, was mir bleibt!«

DIE SCHWEIGENDE

Erst haben wir davon gesprochen
– du hörtest freundlich zu –,
ob unsre alten Männerknochen
sich jemals in den Hörselberg verkrochen …
Und du?

Er sagte: »Ach, ich bin ein böses Luder!
Die Frauen fehlen mir.
Ich fresse jedes Jahr ein halbes Fuder,
wild tobt mein Herz, stäubt nur ihr weißer Puder …«
Was klopft denn dir?

Er sagte: »Rausch! Nur Rausch vor allen Dingen!
Vor dem Verstand verblich
schon manche Göttin mit den Strahlenschwingen –
Mich packt es jäh, wenn meine Sinne singen …«
Und dich?

Ich sagte: »Rausch ist eine schöne Sache,
deckt er uns zu.
Doch geben Sie mir auch die eine wache
Sekunde nur, in der ich rauschlos lache …«
Und du?

Du sprichst kein Wort. Du siehst nur so auf jeden
von uns – und während alles weit verklingt,
und während wir voll Männerweisheit reden:
blitzt auf in einem dunkeln Garten Eden
dein sieghafter Instinkt.

SEHNSUCHT NACH DER SEHNSUCHT

Erst wollte ich mich dir in Keuschheit nahn.
Die Kette schmolz.
Ich bin doch schließlich, schließlich auch ein Mann,
und nicht von Holz.

Der Mai ist da. Der Vogel Pirol pfeift.
Es geht was um.
Und wer sich dies und wer sich das verkneift,
der ist schön dumm.

Denn mit der Seelenfreundschaft – liebste Frau,
hier dies Gedicht
zeigt mir und Ihnen treffend und genau:
es geht ja nicht.

Es geht nicht, wenn die linde Luft weht und
die Amsel singt –
wir brauchen alle einen roten Mund,
der uns beschwingt.

Wir brauchen alle etwas, das das Blut
rasch vorwärtstreibt –
es dichtet sich doch noch einmal so gut,
wenn man beweibt.

Doch heller noch tönt meiner Leier Klang,
wenn du versagst,
was ich entbehrte öde Jahre lang –
wenn du nicht magst.

So süß ist keine Liebesmelodie,
so frisch kein Bad,
so freundlich keine kleine Brust wie die,
die man nicht hat.

Die Wirklichkeit hat es noch nie gekonnt,
weil sie nichts hält.
Und strahlend überschleiert mir dein Blond
die ganze Welt.

MIT EINEM JAPANISCHEN GOTT

Da hockt der dicke Gott und grinst,
der schwere Bauch in düstern Falten ...
und über des Geschickes Walten
sitzt jener ruhig da und blinzt ...

O Wandrer, lüfte deinen Hut!
Denn dieser strebt zum Idealen.
Was weiß er von des Denkens Qualen?
Er existiert und damit gut!

VERSUNKENES TRÄUMEN

Lieblich ruht der Busen, auf dem Tisch,
jener Jungfrau, welche rosig ist und frisch.

Ach, er ist so kugelig und gerundet,
daß er mir schon in Gedanken mundet.

Heil und Sieg dereinst dem feinen Knaben,
dem es freisteht, sich daran zu laben.

Jener wird erst stöhnen und sich recken;
aber nachher bleibt er sicher stecken.

Heirat, Kinder und ein häusliches Frangssäh –
nichts von Liebesnacht und jenem Kanapee …

Ich hingegen sitz bei ihren Brüsten,
und – gedanklich – dient sie meinen Lüsten.

Doch dann steh ich auf und schlenkre froh mein Bein,
schiebe ab,
bin frei –
und lasse Jungfer Jungfer sein! –

PERSISCH

Omar Chab, der Hofflötiste,
auf dem Markt zu Teheran,
steht auf einer Eierkiste,
stimmt die neue Sure an:
    Oh kaleika, leika, leika –
    Oh kalcikalé –
    Oh kaleika, leika, leika –
    piddljué–éeeeeh! –

Und das Volk tanzt ganz begeistert
(wie es Brauch) auf einem Bein;
Forscher, die gefühlsbekleistert,
schreiben es in Bücher ein:
　　Oh kaleika, leika, leika –
　　Oh kaleikalé –
　　Oh kaleika, leika, leika –
　　piddljué–éeeeeh! –

Theobald, der dies gelesen,
kriecht bei Clairen tief herein –
wo er einst entzückt gewesen,
bläst er nunmehr tief und fein:
　　Oh kaleika, leika, leika –
　　Oh kaleikalé –
　　Oh kaleika, leika, leika –
　　piddljué–éeeeeehh! –
　　　Tje …

VERFEHLTE NACHT

Heute wollte die Gnädige bei mir schlafen –
und ich freute mich auf unsres Glückes Hafen.

Aber die, die längstens in den Gräbern ruhen,
weiß betogat und mit weißen Schuhen,

jene alten, weisen, würdigen Kirchenväter
wandern schaurig hinteinander durch den Äther …

Ach, ich muß sie alle, alle lernen,
und dann ziehn sie wieder in die nebelhaften Fernen.

Meine Nacht beim Teufel – die verfluchten Frommen!
Wirst du nächste Woche zu mir kommen? –

Sieh, dann sind sie fest in meinem Kopf gefangen.
Und ich will vergnügt nach deinen Brüsten langen!

AN IHREN PAPA

Amici! Plaudite! – Die bunten Bänder
und Wimpel flattern froh im Wind!
Wie danke ich dir gütigem Spender
für dieses Kind! –

Du würdiger Greis – vor so und so viel Jahren
erzeugtest dus in einer Nacht …
Ich weiß, daß dies bei ungebleichten Haaren
schon Mühe macht.

Und du, im rüstigen Mannesalter,
du produziertest dies *bébé* –
ein Frauenseufzer … leis verhallt er … –
Dir Evoë! –

Dir Evoë! – Ich gratuliere!
Dein denk ich, Autor, ist sie da –
Dein denk ich, wenn ich kokettiere –
Grüß Gott, Papa!

ER VERHEIRATET SIE

Reicht mir den Kranz, reicht mir den Myrtenschleier!
Der Unschuld grünes Kränzlein tragt herbei!
So schick ich Clairen an Direktor Meyer – –
(Mitgift anbei).

Bedenk: Du schreitest nun ins wilde Leben!
»Zum ersten Mal« – ein schwerer Schritt, mein Kind!
Was früher war, Gott, das vergißt man eben …
und er –
        ist blind.

Sein Tastsinn sei ein wenig unentwickelt,
und tobt er brüllend wie ein brünstiger Leu:
dann glänzt die liebe Unschuld frisch vernickelt
so gut wie neu …

So zeuch denn hin, du liebe Maculata!
Zart überhaucht von bräutlich rosa Glück …
Ich hätt gelacht? Todernst. Wie eine Fata
Morgana verschwindest du – –
                              ich grüße leicht zurück.

MIT DEM WEININGER

Ja … da sitzt du nun auf deines Bettes Rand,
und die ganze Welt scheint dir nicht recht …
Lies du nur in diesem Lederband,
     und erkenne dein Geschlecht!

Wisse, Mädchen, du bist null und nichtig!
bist ein subsidiäres Komplement!
Tier und Fraue! Nimmst nur eines wichtig:
     Wenn der Phallus dich erkennt.

Mit den sieben heimelichen Lüsten
beugst du klaren, starken Mannessinn –:
Wenn wir nur nicht mit euch schlafen müßten!

Er hat recht, und *du* bist Königin!

Schlußvignette

DAS KÖNIGSWORT

Dies ergötzte hoch und niedrig:
Als der edle König Friedrich,
August weiland von ganz Sachsen,
tat zum Hals herauß erwachsen
seinem Volk, das ihn geliebt,
so es billigen Rotwein gibt –
als der König, sag ich, merkte,
wie der innre Feind sich stärkte,
blickt er über die Heiducken,
und man hört ihn leise schlucken …
Und er murmelt durch die Zähne·
»Macht euch euern Dreck alleene!«

Welch ein Königswort! Wahrhaftig,
so wie er – so voll und saftig
ist sonst keiner weggegangen.
Wenn doch heute in der langen
langen Reihe unsrer Kleber,
Wichtigmacher, Ämterstreber,
Einer in der langen Kette
nur so viel Courage hätte,
trotz der Ehre und Moneten
schnell gebührend abzutreten!
Oh, wie ich sein Wort ersehne:
»Macht euch euern Dreck alleene!«

Edler König! Du warst weise!
Du verschwandest still und leise
in das nahrhafte Zivil.
Das hat Charme, und das hat Stil.
Aber, aber unsereiner!
Sieh, uns pensioniert ja keiner!
Und wir treten mit Gefühle
Tag für Tag die Tretemühle.
Ach, wie gern, in filzenen Schuhen
wollten wir gemächlich ruhen,
sprechend: »In exilio bene!
Macht euch euern Dreck alleene!«

1911

DAS HERZ VON PREUSSEN
(Ein wenig frei nach Strachwitz)

»Graf Theo, presse den Helm ins Haar,
Gürt um dein lichtblau Schwert,
Schnall an dein schärfstes Sporenpaar
Und sattle dein schnellstes Pferd!

Der Totenwurm pickt im Reichstagssaal,
Ganz Deutschland hört ihn hämmern,
Der schwarzblaue Block liegt in Todesqual,
Sieht nimmer den Morgen dämmern!« –

– – »Und stirbt er morgen, so lebe ich heut!
Man ist nur einmal jung!
Was kümmert mich Messe und Totengeläut –
Ich rede! – – Das ist genung!« –

»Graf Theo! zieh dir die Stiefeln an!
Graf Theo! du kannst nicht dafüre!
Graf Theo! fasse dich, sei ein Mann –
Der Henker steht vor der Türe!« –

– – »Der Henker steht zwar vor dem Hauptportal!
Doch gibt es auch Hinterpförtchen …
Ich werde entwischen all der Qual –
Auf – ein gewisses Örtchen!

O horch! wie sie toben! mir wird blümerant – –
Ich sehe die geifernden Rachen …
Bald sitz ich – im – Düstern und lese Kant,
Und denke: der Herr wird's schon machen!« –

PREUSSISCHE JUSTIZ

Unsre Justiz steht jetzt auf dem ersten
Platz in der Welt: es ist erreicht!
Die kompliziertesten und die schwersten
Rechtsfälle lösen wir spielend leicht!
Wir haben die allerdicksten Bände,
voll von Gesetzen und Ministerial-
verordnungsbestimmungen ohne Ende.
Wir haben Verbote ohne Zahl!
Wir haben tausend und abertausend
Verordnungen unserer Polizei –
auf weiße Tafeln gemalt – und grausend
gehen die Fremden daran vorbei ...
Wir haben in Heften, Broschüren und Bänden
Entscheidungen unseres Reichsgerichts –
ich will nicht behaupten, daß wir sie verständen,
doch klingen sie hübsch, und da macht das nichts.
Wir haben weißbärtige Professoren,
von denen der eine den andern auszischt.
Wir haben unzählige Kommentatoren –
na also! ... wie? ... was? ... Ist das immer noch nischt?
Wir haben mannigfaltige Strafen,
voll schneidiger Schärfe, nach altem Brauch.
Gesetze, Vorschriften, Paragraphen – – –
– Richter?! –
Ja! Richter haben wir auch ...

BLUMENTAG

Der dicke Bürger greift in seine Weste:
»Da nimm! mein Kind!« –
Er gibt den Sechser mit gerührter Geste –
die Träne rinnt! –

Das Auge tropft. Der dicke Bauch schlägt Wellen.
Er *schenkte* was!! – –
In solchen Patriotenrummelfällen
da tut er das!

Er sorgt für Veteranenpensionierung
von Stolz geschwellt –
Bei uns hat nämlich dafür die Regierung,
weiß Gott! kein Geld.

Denn sie muß eifrig auf die ††† Roten fahnden –
sie darf nicht ruhn.
Sie muß politische Verbrechen ahnden –
sie hat zu tun –!!

Das leert vor allem andern ihre Kassen. –
Fürs Kriegerpack
da betteln sie derweil auf allen Gassen –
Kornblumentag ...

Der Bürger denkt bei Tisch, nach süßen Torten
und blauem Aal,
(Hupp! stößt's ihm auf –): »Wie sind wir allerorten
christlich-sozial!« –

PST!

Es gibt so gewisse Dinge in Preußen,
davon wird nicht gerne gesprochen …
Ein jeder weiß zwar, wie bei Namen sie heißen,
doch nie wird das Schweigen gebrochen.
Da war mal ein Fürst, der schwor einst – daneben …
doch dann erkältet er sich,
und wurde krank und jetzt ist er eben …
Pst! Pst! Still!! – Lieber nich!

Da haben zum Beispiel zwei Uniformierte
den Arbeiter Herrmann erschlagen –
und wie man auch suchte und eruierte,
man kriegte sie nicht beim Kragen.
Der Berliner Präses der Polizisten,
der hat nämlich stark auf dem Strich
die roten Nörgler … weiß Gott! man müßt 'n … –
Pst! Pst! Still!! – Lieber nich!

Zum Beispiel die Klagen beim Militäre
die nehmen nun einmal kein Ende –
schon manchem zerquetschte im deutschen Heere
der grausame Drill die Hände. –
Beschwerden? Gerichte? Lirum, larum!
Der Untertan denkt nur bei sich:
Die halten so ruhig? – ja, Herrgott – warum …
Pst! Pst! Still!! – Lieber nich!

Da ist doch unsre Agrariersorte
aus ganz, ganz anderem Holze –
sie spielt sogar mit dem Fürstenworte …
Und sagt roh, gebläht von Stolze:
»Erlauben Sie mal! Bei uns ist der Fürst doch
der Hort der Treue –« so sprich:
»Du glaubst zu schieben, und ach! Du wirst doch … –
Pst! Pst! Still!! – Lieber nich!«

MECKLENBURG

»Mein Volk! –« so tönt es von dem Thron,
»hier hast du die Konstitution!« –
Die Junker und die Ritter
empfanden dieses bitter.

      Sie hörten das Kommuniqué,
      und brannten drauf, und sagten: »Nee! –
      Was sollen wir mit Wahlen?
      Wir herrschen, und die zahlen!«

Denn dieser mecklenburgsche Ferscht
ist Souverän, und er beherrscht
die Ochsen und die Knechte,
doch nicht die starre Rechte.

      Im Gegenteil: sie zwiebelt ihn –
      (ganz ähnlich so, wie in Berlin) –
      es hilft nichts: *sie* regieren,
      er darf repräsentieren.

Die Bürgerschaft? – hat keine Zeit,
sie hat die Reuterfestlichkeit –
man feiert (wie bei Jahnen)
mit Kränzen und mit Fahnen,

      So geht es seinen alten Trott:
      und ist die Wirtschaft mal bankrott,
      so kaufts der Russ' am Endchen – –
      es ist ein liebes Ländchen! –

»BEI DIE HITZE —«

Die Sonne glüht. Der Asphalt kommt ins Kochen,
daß jedes Pferd zusammenklappt.
Selbst Oldenburg hält seit acht Wochen
das Maul – es ist wie zugepappt.
Mißmutig, träge, ohne Eile
verzehren wir die karge Kost – –
und einer liest sogar aus Langeweile
die ›Post‹ –!

In Kirchen läßt sichs prächtig schlafen,
zumal am Sonntag, wenn man kommandiert …
So dachten neulich jene Braven;
ein Schläfchen haben sie riskiert.
Da plötzlich – Schreck der Itzenplitze:
»Der Pfarrer spricht im Gotteshaus
Von – Jatho? – wie?! – auch *hier* die Hitze?
Marsch! Raus! –«

Auch in den hohen Kabinetten
herrscht 35 Celsius –
Wenn doch die Herren Ferien hätten;
ist denn Marokko ein Genuß? –
Ein Waechter kühlt sich mit Essenzen
das heiße Köpfchen, denn das stärkts … –
Die Hitze hat oft böse Konsequenzen –
man merkts. –

SPIELE NICHT MIT SCHIESSGEWEHR!

Was kraucht denn da im Busch herum?
Ich glaub', es ist Napolium
   vom Alexanderplatze.

Ein äußerst kriegerischer Mann,
er hat den großen Sabel an,
   den Dreispitz auf der Glatze.

»Äh! – wer das Schießen unterläßt,
fliegt eine Woche in Arrest!« –
   Gleich schnappt die Stimme über …

Die linke Hand im Busenlatz
so steht er da, der Hosenmatz – –
   hier fehlt ein Nasenstüber.

Hier fehlt noch mehr!! – Uns wird sehr klamm –
der schießt die ganze Stadt zusamm':
   Verbrecher, Demokraten …

Die *Schutzmannmörder* sind gefeit –
denn dazu hat er keine Zeit –
   der Kleine spielt Soldaten! –

HERZLICHES BEILEID!

Ei sieh mal an: bei diesen Wahlen
da fielen unsre Liberalen
nicht wenig sanft auf den Popo –
selbst Rosenow! selbst Rosenow!

Mein Gott! wie sich die Zeiten wandeln!
Wer wird im Roten Haus jetzt handeln!
(klug, wie ein Börsenspekulant) –
und wo bleibt künftig Haberland? –

»Die Politik trübt den Charakter«,
so sagt ein kluger, ganz Vertrackter.
Und ob er auch die Wahrheit spricht –
bei diesen nicht! bei diesen nicht!

Indem: sie hatten nämlich keinen! –
Noch einmal leises Abschiedsweinen,
ein sehnsuchtsvoller Blick zurück …
Halloh! – jetzt kommt ein *neues* Stück!

1912

Wo habe ich denn meinen Kant gelassen? –
Ihr Heiligen helft! Ihr Heiligen helft! –
Ich kann das Wahlresultat noch nicht fassen,
ich armer Mann!

Wo sind denn die lauten Volksovationen?
Ihr Heiligen helft! – Ihr Heiligen helft! –
Ich spräche so gerne von hohen Balkonen …
ich langer Mann!

Wo ist denn mein Mut, meine Rednerpose?
Ihr Heiligen helft! – Ihr Heiligen helft! –
Ich kann nicht zu Hofe mit *dieser* Hose …
ich armer Mann!

Wo ist denn mein kleines Nachtstühlchen geblieben?
Ihr Heiligen helft! – Ihr Heiligen helft! –
Ich saß auf ihm trauernd von zehne bis sieben …
ich langer Mann!

Sie störten mir für ewige Zeiten –
(Ihr Heiligen helft! – Ihr Heiligen helft! –)
die gottgewollten Abhängigkeiten!
Was fang ich an?! –

Ich hab es von allen Beamten am schwersten –
selbst mein Diener fängt schon zu lächeln an …
Es ist wohl am besten, ich gehe am 1.
ich armer Mann! –

NACH DEN WAHLEN

Jetzt ist die wilde Zeit vorüber,
nun hat die liebe Seele Ruh – –
des Bürgers Blick wird wieder trüber,
ihm fallen beide Augen zu.

Im Wahlkampf blusen die Trompeten
mit Pflichtgefühl und viel Getös –
Attacken selten, meist Retraiten –
er meint es nämlich nicht so bös.

Den Braven schüttelt ein Gehuste,
er kann nicht mehr, er ist so matt;
schon fehlt es an der nötigen Puste,
weil er sich überanstrengt hat.

Wir wollen ihn ins Bettchen stecken.
Er schläft und die Regierung wacht …
So laßt ihn ruhen. Nur nicht wecken! –
Wir wünschen ihm 'ne

                              Gute Nacht!

VERGESSLICHKEIT

Erinnern wir uns doch bis dato:
wer weiß noch heut etwas von Hau?
Von Radbod und vom Pfarrer Jatho
und von dem letzten Wahlradau? –

Wer denkt noch an die schlechte Leitung
des Staatsschiffs? – (hält es oder bricht's?)
Jedwede liberale Zeitung
ist aktuell und weiß von nichts.

Wie rührend ist die Unschuldsgeste
des Schmocks, der nur des neuesten voll –:
Zum Beispiel gibt es Ordensfeste,
die man durchaus beachten soll.

Wie nichtig ist so eine Szene! –
und so vergißt man dann und wann …
Im Reichstag sitzen hundertzehne,
die denken dran! die denken dran!

BUMS!

Na Gottseidank! nun sind sie umgefallen! –
Das Echo tönt noch in den Reichstagshallen
von jenem herzhaft lauten Krach
des Sturzes – Ach!

Wen stören aber diese Kleinigkeiten? –
Ein jedes Ding hat schließlich stets zwei Seiten.
Und man bewegt den ratlos dicken Bauch
sowohl als auch.

Gebt acht! bald ist er wieder aufgestanden,
Prinzipien weichen, Sympathien schwanden,
Links biedert sich von neuem an
Klein-Bassermann.

So wackelt diese arme Gliederpuppe.
Das liebt die Klänge einer Huppe
und macht es nach: Trara! Trara! –
Bald hier, bald da! –

WARTEN IM SPEISEHAUS

Warum ist es so schön, zu warten? –
Die Leute gehen und kommen und schwatzen,
Die Trinker schlürfen, die Esser schmatzen –
Und du weißt, sie kommt.

Die Tür geht auf – ein Offizier
Kommt herein – er hat Hunger wie wir,
Hängt seinen Säbel an die Wand
Und hebt die weiße Lederhand –
Und du weißt, sie kommt.

Jeden Augenblick
Fliegt die Glastür auf, fliegt wieder zurück
Fremde Menschen gehen aus und ein,
Wann wird sie es sein?

Aber du bist so ruhig dabei,
Denn noch zwei Minuten oder drei –
Und nachdem du dich noch ein bißchen gedehnt hast –
Tritt die ein,
Nach der du dich so gesehnt hast.

DIE GUTE TANTE

Man kann der Charge selbst nichts tun –
sie ist immun.

Man hat sich wacker ausgepöbelt:
»Eidbrecher – Lügner!« – tja, der kanns!
nie kommt es, daß man ihn vermöbelt
dies Vorbild jedes tapfern Manns.

Doch Gottseidank! noch ist ja da
Justitia.

In ihre weiten Kleiderfalten
kriecht unser Kleiner und er weint.
Stets fand er Trost bei dieser Alten,
sie schenkt ihm Zucker, wenn er greint.

»Dein Näschen läuft, dein Aug ist naß?
wer tat dir was?« –

Die Tante hört den Knaben plappern
von einem bösen roten Mann,
sie hört das große Mundwerk klappern
und sieht sich die Bescherung an.

Die Tante ruft den Mann herein
und sperrt ihn ein.

Sie ist so treu, die Anverwandte,
er kommandiert, die Gute tuts …
Wär sie dagegen *nicht* die Tante
und nicht so sanft und milden Muts,

sie hieb dem Knaben ohne Groll
den Hintern voll.

DER HEHLERSTEHLERKRAKEHLER

Wie …? Was …? Na, dieser Sozialiste –!
Wie konnte er sich so vergessen!
Man liebt doch seine Futterkiste,
Zumal, wenn man sich vollgefressen.

»Mein Preußen!« seufzt es aus den Bänken,
»Mein Preußen!« … Schnupfen … Tränenfetzen …
»Wir lassen, Heimat, dich nicht kränken,
weiß Gott: *wir* wissen dich zu schätzen!

Wo gibt es solche Untertanen,
so treu, so brav, so voll der guten
Gesinnung? – wo die Veteranen,
die sich für uns verzückt verbluten? –

Wo gibt es solche Liberalen,
die immer schrei'n und niemals beißen? –
Wo solche Bürger, die nur zahlen?
Sie können uns ja sonst … gewogen bleiben!«

Warum so laut wie auf der Bühne? –
Sieht man ihn nur das Maul aufreußen,
so murmelt es auf der Tribüne:
»Der Zedlitz, ja – der ist aus Preußen!« –

ABER NEIN — !

Und es sprach an seines Thrones Stufen
Heydebrand: »Ja – wollen Sie denn sehn,
wie Herr Bethmann und sein Bote (unberufen!)
auf denselben Wahltopf gehn?« –

Bethmann und sein Bote … diesen beiden
gleiche Rechte bei der Landtagswahl? –
Aber nein –! wir wollen es nicht leiden,
diese beiden sind ja nicht egal.

Denn der Jüngling mit der Botenmütze
ist gewiß politisch informiert –
Bethmann aber ist
des Reiches Stütze,
Kanzler, lang und etwas angeschmiert.

HAASENBRATEN

Nunmehr klauben die Herren Verteidiger
für sich die 4000 Mark – Belohnungen –
und wer verhörte auch schließlich schneidiger
in den Moabiter Gefängniswohnungen?

Wer redete 24 Stunden,
bis der Defraudant beinah an Nervosität gestorben, –
und sagte schon: Ja! – und so wurde das Geld gefunden –
die 4000 Mark sind wirklich redlich erworben …

Nächstens wird auch noch der Staatsanwalt einen Preis ausschreiben,
und so bekommt es der Rechtsanwalt zu verschiedenen Malen –:
aber am Schlusse wird dieser doch der Gelackte bleiben –
denn wovon wird Haase nunmehr das Honorar bezahlen?? –

DIE STIMME DES BLUTES

Auf dem Frankfurter Bundesschießen,
allwo sie ihre Gewehre knallen ließen,
senkte Prinz Heinrich den rauchenden Lauf
und sagte folgende Rede auf:

»Untertanen! Stammesbrüder und Träger
des nationalen Gedankens – ihr seid die Jäger,
ihr seid die Schützen eichenumlaubt,
vaterländisch, gehorsam und überhaupt.

Wer uns im Geldverdienen will stören,
der tut ja woll nicht zu uns gehören! –
Darum rufen Sie Hurra – ich bitte Sie –
für Kaiser, Reich und Kompanie! –«

Wer wird nur so mit dem Feuer spielen
Hoheit blieben besser bei Ihren Automobilen,
denn erstensmal: dort bewundert man Sie,
und zweitens: wir kennen die Melodie! –

Gewiß: Sie sind schuldlos wie eine Lilie,
das liegt nun einmal so in der Familie ...
Aber wir wünschen durchaus keinen Chor:
das Solo kommt uns genügend vor. –

DER KOPFARBEITER

Bethmann Hollweg, der Kanzler des Reiches,
hielt in seiner Hand etwas Weiches,
und dies war ein abgeschältes Ei –
(um ein weniges Salz war auch dabei).

Und während er langsam die Eihäutchen lupfte,
und das Gelbe sorgsam mit Butter betupfte –
(mit grausig viel Butter – jedem andern wird mies –)
sprach der längliche Beamte dies:

»Wie schwer hat es doch so unsereiner!
Die andern haben es viel, viel feiner:
sie schuften ein Jahr lang mit Emsigkeit
und freuen sich auf die Ferienzeit...

Wohin *ich* aber mein Haupt auch lege:
ob ich in den Ferien der Ruhe pflege,
ob Deutschland in Rußland ein Vorteil entwischt,
ob im Parlament der Heydebrand zischt –

ich merke nischt!« –

KÖLNER KARNEVAL

In Köln, da stach ein buntbemützter Junge
in eine Dame, die er sich gekauft...
er stieß sie in die volle Brust, die Lunge, –
»roh« meinen Sie? – Mein Gott, er war besauft! –

Nun ja, er hatte eben einen kleenen –!
Und außerdem, auf medizinischem Gebiet:
litt seine Mutter nicht an heftigen Migränen?
Und sowas rächt sich bis ins zweite Glied! –

So spricht ein Universitätsprofesser,
erblich belastet, siehste wohl?
Nur daher sticht der Korpsstudent mits Messer –
(auch reagiert er stark auf Alkohol)...

LOGIK

Unter allseitigem, dreimaligem Hurra
sagte ein Professor zu Kalifornia,
man solle den Friedens-Nobelpreis dem deutschen Kaiser geben,
denn trotz seiner großen Armee lasse er alle Leute leben.

Er hätte so unzählig viele Menschen zum Schießen –
aber nichtsdestotrotz täte er kein Blut vergießen ...
Und überhaupt sei er ein Friedenslicht;
er könnte wohl, aber er tut es nicht.

Folgend diesen Ausführungen des geschätzten Gelehrten:
Wie wär's, wenn wir mit dem Preis auch Jagown beehrten –?
Denn schließlich könnte es dieser Beamte noch weit blutiger treiben ...
aber er ist friedlich und freut sich, wenn die Witzblätter über ihn schreiben.

Bliebe als dritter unser ›großer‹ Minister –.
Abgesehen von den beiden obenerwähnten Männern, ist er
nicht friedlich? – Früher, war der eine hungrig, der andere satt.
Heute ist dieser feindliche Gegensatz verschwunden, da niemand mehr
etwas zu essen hat ...

Ihm gebührt der Preis! – Von wegen dem mangelnden Fleischgericht:
Er könnte wohl, aber er tut es nicht.

JURISTENTAG IN WIEN

Das räuspert sich und speichelt Paragraphen
in Reden, Gegenreden, Kommentaren ein ...
Man ist gewissermaßen unter sich allein –
Der Redner spricht. Die andern Herren schlafen.

Das dünkt sich wohlerfahren, trotzt von Würden. –
Hier wird das Leben wissenschaftlich aufgefaßt: –
doch jeder Kerl, der eine schwere Last
zu Hafen trägt, weiß mehr als sie von unsern Lebensbürden.

Das glaubt noch an juristische Gewalten.
Und zwängt es sich nicht in Begriffe ein,
dann wird das Leben wohl nicht richtig sein …
Das schwätzt und alles bleibt beim Alten.

Der Schöffe ist ein Strohwisch, eine Puppe …
Was weiß der Landgerichtsdirektor mit der Atemnot
von Streik und Hunger und von Qual und Tod? –
Er urteilt ab, das andre ist ihm schnuppe.

Und geht nach Haus und deckt sich durch verdammte
Hochnäsigkeit und Akten und Papier
und Tinte … Wozu sind die Professoren hier? –
Juristen? – Wissenschaftler? –
                                    Richtbeamte! –

DIE SCHLÄCHTER

Wer wird bei uns noch über Fleischnot klagen? –
Der Bürger winkt bequem und faul:
schon wirft man ihm den fetten Schweinemagen
direkt ins Maul.

Hat Gott gewollt, daß man als Wurfgeschosse
benütze jenes Ochsen Hinterteil,
das brave Kalbshirn, Wurst vom Rosse,
und was da sonst noch feil? –

Das spielt und wettet und ist ganz versessen
auf ›Toto‹ und Karlshorst und Weißensee …
»Daweilen kennt ihr Bande Rieben fressen!
Wir ham den Speck – int Purtmonai!«

»Fangt euch doch eene dicke Katze!« –
Und wenn ihr Ärmsten noch so kläfft:
Am Balkan und am Alexanderplatze –
die Schlächter machen det Geschäft! –

1913

1913

KINO

Die Musik spielt: »Komm in meine Lie – bäs – lau – bee«, und auf dem Film
erscheint die Charlottenburger Chaussee vom Großen Stern aus gesehen.
Ganz hinten am Brandenburger Tor bewegt sich ein kleiner Punkt, er wird
größer, deutlicher, er ist ein laufender Mensch, und als dieser so groß geworden
ist, daß er die ganze Leinwand einnimmt und man schon seine Rockknöpfe
begutachten kann, durchbricht prasselnd ein lebender Schauspieler, etwa
Oskar Sabo, von hinten den aufgespannten Rahmen. Der Film erlischt, im
Zuschauerraum wird es hell. Tusch.

Wat sagste nu, o Publikum?
Ick schreite ins Reale!
Dahinten lief die Spule rum
Minütlich tausend Male.
Für Geld bekommen Sie nicht nur
Amüsement – nein, auch Kultur ...
Und alle kommen her –
Auch die,
Auch die,
Auch die Dramatiker ...
       O – ho!
    Ick bin dea Kintopp-Willem!
    Und komm grad aus dem Fillem!
    Denn schließlich ist es keine Schand,
    Zu tanzen auf der Leinewand!
    Der Kintopp zieht uns alle an –
    Selbst Bassermann, selbst Bassermann.
    Der Kintopp zieht uns an –
    Selbst den Bas – ser – mann.
        Tanz-Ballet (sprich: Ballé) solo allein.

Für Geld ist manchem manches feil,
So auch im Idealen.
Wir sind besonders hurtig, weil
Wir alles bar bezahlen.
Bald haben wir sie alle ganz
Von Bloem rauf bis zu Frida Schanz ...

Der Intelljente kläfft –
Wir ma –
Wir ma –
Wir machen det Geschäft.
       Ja – ha!
    Ich bin dea Kintopp-Willem!
    Und komm grad aus dem Fillem!
    Denn schließlich ist es keine Schand,
    Zu tanzen auf der Leinewand!
    Der Kintopp zieht uns alle an –
    Selbst Bassermann, selbst Bassermann.
    Der Kintopp zieht uns an –
    Selbst den Bas – ser – mann.
                Tanz-Ballé solo allein.

»Das graue Hemd des Generals.«
»Max färbt sich seine Locken.«
»Der Zeugungsakt des Zitteraals.«
»Rosaura badet trocken.«
Das ist so gar nicht rätselhaft:
Da weiß man doch und gafft und gafft …
Es gibt sich ganz umsunst
Die Mu –
Die Mu –
Die Muse unsrer Kunst! –
       I – hi!
    Ick bin dea Kintopp-Willem!
    Und komm grad aus dem Fillem!
    Denn schließlich ist es keine Schand,
    Zu tanzen auf der Leinewand!
    Der Kintopp zieht uns alle an –
    Selbst Bassermann, selbst Bassermann.
    Der Kintopp zieht uns an –
    Selbst den Bas – ser – mann.
            Nach exekutiertem Tanz ab durch die Mitte.

HERRN VON HÜLSEN
Nachträglich, aber nicht minder herzlich

Nachdem sich alle nun verlaufen haben,
nah ich mich Seiner Jubelexzellenz –
und gern erweise ich dem alten Knaben
auf meine Art die Glückwunschreverenz.

Er ist ein Vorbild aller Thespisjünger:
Er lächelt auf zu seinem hohen Herrn,
und lächelnd streut er den Theaterdünger –
er lächelt, und ein jeder hat ihn gern.

Da ist es nicht getan mit bloßen
Glückwünschen, Lobeshymnen – ach, i wo!
Wir machen es wie er und stoßen
ein wenig auf:
er mit dem Stab – wir so.

SCHIEBER!

Die Presse bringt Detalchnachrichten,
wie sie mit Sturm Skutari krichten.
Derweil schiebt Nikki im Café
drei Mark in Essads Portemonnaie. –

Für einen Café und die Krone
Albaniens ist das gar nicht ohne – –
Wer vorne brüllt und hinten schiebt,
den nimmt man ernst, der ist beliebt.

Muß man bei uns die Schieber suchen? –
Die Witwe wird dem Dinge fluchen,
für das ihr Mann ins Sterben zog:
dem Panzerplattenkatalog …

ER AUCH!

Nachdem sich nun der Papa im Lauf der Jahre etwas beruhigt
          hätten, –
beginnt jetzt – Gott behüte! – auch der Junge die Feder zu
          glätten.
So das ganze Jahr Rennen, Kasernenhof, Dienst, die Ställe,
                                                    Galopp
          und Trab –
da wird man schon ein bißchen weltfremd und rückt von dem
                                                    Leben
          ab ...

Zugegeben: Das Schreiben ist nicht so einfach, wie im Pennal, da
          gab es eben immer eine Drei;
aber Zivilisten sind keine Oberlehrer und kritisieren so allerlei.

Also nun soll alles noch einmal kommen: Krach, laute Reden,
          Trompetengeschmetter ...
Wut, Ärger, Schaden, wie damals – bis in die entferntesten
          Zeitungsblätter?

Dazu der Kampf, Proteste, Freude über die endlich errungene
          Ruhe ...?
Und nun alles noch mal: polternde Jugend und alles
                                                    zertrampelnde
          Kinderschuhe ...?

Liegt es im Blut? Wir hoffen nicht. Aber wenn er so will ...
          gibt es wieder ein sehr unmilitärisches Gezisch!
Er mit dem Säbel, – und wir mit der Faust auf den Tisch!

LANDTAGSWAHL

Nun tritt der Bürger offen vor die Listen
und offen spricht er frei: »Ich wähle blau!«
Denn wählt er etwa einen Sozialisten –
au, Bürger, au! au! au!

Und überhaupt: man hat nichts zu verstecken –
frei spricht man aus, wem man die Stimme gibt;
gewiß, wählt einer rot, läßt man ihn gern verrecken –
denn das ist unbeliebt.

Man nimmt ihm Brot und Bett ihm und den Kindern,
mit Stellung und Gehalt ist das vorbei …
Erlauben Sie! er konnt' es ja verhindern! –
Die Wahl ist frei.

So preßt das Pack denn heute diese armen
Urwähler aus, – die sind vor Furcht ganz stumm und dumm …
Die Schlotbarone und die Landgendarmen, –
blast sie doch um!! –

GIPS

Wenn der Landesvater Jubiläum feiert,
streicht der Bürger sein Berlin mit Bronze an –
die Fassaden werden liebevoll verschleiert,
daß man sie nicht sehen kann.

Prächtig gipsern steht die griech'sche Säule,
rot und gold erglänzt das simple Holz. –
Staunend sehen's alle Droschkengäule
und der Weise fragt sich: Nun, was solls? –

Unten grau und oben schwach vergoldet
gleichen wir der Säule, die da ragt;
und der Stadtrat, der dafür besoldet,
hats bewilligt und hat Ja gesagt …

Ja die weiß-rot-goldne Stadtverkleistrung
paßt für diesen Jubeltag:
Hurrarufe, Freudentaumel und Begeistrung –
Leinwand! Pappe! Lack!

BITTE AN HÜLSEN

*»Graf Hülsen will auf ein Jahr Urlaub nehmen. Es heißt, daß
er in seine Stellung nicht zurückkehren wird.«*

Zeitungsnotiz

Er will nicht wieder mit dem Stabe stoßen?
Wer schliddert denn wie er auf dem Parkett!
Er (Hülsen) präparierte doch so nett
legierte Eiersaucen …

Unmöglich dürfen wir ihn gehen lassen.
Das lief so alles seinen Zuckeltrab –
und nun auf einmal schiebt das Gräflein ab?
Das könnte ihm so passen!

Wie ging das früher ohne langes Schreiben!
Der Kritiker ergänzte sein Cliché –
nichts von Premieren, keine Nuwohtee …
Und nun will er nicht bleiben?!

Wer weiß, was kommt – vielleicht ein Revoluzzer?
Im ruh'gen Karpfenteich ein neuer Hecht?
Der engagiert – die Welt ist schlecht, ist schlecht –
'nen neuen Lampenputzer.

Ihm (Hülsen) gab die Muse manches Küßchen …
Er nahm das Schlechte, wo ers fand:
er war kein Fachmann – er war Intendant.
Ach, bleim Se noch 'n bißchen!

DER LANGE CLOWN

Im Varieté tritt auf als Nummer Sechs: Herr Byran.
Hier muß der Dichter diesbezüglich etwas leiern.

Er steht dort zwischen einem Clown und siem tiroler Madeln …
Muß man es billjen oder heftig tadeln?

Bei uns ist solches gänzlich ausgeschlossen –
wir haben unsern Dienst und brauchen nicht noch Possen.

Man denke sich nur unsern langen zarten
beliebten Kanzler auf dem Wintergarten!

Oho! Man ist versiert, geübt und kennt Trics
so gut wie die Kollegen, die Excentrics.

So wird er denn jonglieren und sich beugen
und schelmisch seine Unterwäsche zeugen.

Als Tänzerin, als Kanzler, Akrobat
vertritt er würdevoll den preuß'schen Staat.

Jedoch das Publikum langt frech nach faulen Eiern
und mag den nicht und lobt sich Mister Byran,

der immerhin ein Kerl ist und ein Mann –
und auf den Brettern nichts, jedoch im Amt was kann.

MYNHEER FELIX

Mynheer schüttelt die Pfeife von Ton:
Genug Berlin – ich kenne dich schon!
Immer dieselben Premieren und Cliquen –
da muß ja mein freier Geist ersticken.
Immer dieselben Cliquen, Premieren –
ich mag nichts mehr sehen, mag nichts mehr hören.
Lebt wohl! Ich pack meinen Kragen ein.
Lebt wohl! Ich geh nach Frankfurt am Main.

Mynheer schüttelt die Pfeife von Ton:
Frankfurt – genug! ich kenne dich schon!
Immer dieselben Handelsleute,
die Prosa des Alltags, morgen und heute.
Immer dieselben Budgetaufsteller,
das Tempo zu langsam – schneller! schneller!
Lebt wohl! Ich greife zu Kragen und Hut.
Über'n großen Teich – und damit gut!

Mynheer schüttelt – ich schüttle den Kopf:
Wenn dieser nervöse Jammertropf
die Absicht hegt, etwas zu projektieren,
dann setzt es ein Kom- und ein Dementieren,
und sie staunen ihn an, der noch alle Jahr
immer etwas anderes war:
Journalist, Romanschreiber, Regisseur –
war aber niemals so weit her.

Mynheer patzt – und die Presse bucht.
Mynheer verschwindet – die Presse sucht.
Sind aber hundert Bessere im Land,
die machen höhere Ehre dem Stand.
Laßt doch den sich endlich trollen.
Mag er immerhin sonst was wollen –
wir haben den Klatsch und den Mynheer satt:
Habeat sibi! Habeat!

ZARATHUSTRA UND APPELSCHNUT

»Otto Ernst wird im Choralionsaal zu Berlin drei Vorträge unter
dem Gesamttitel: ›Nietzsche, der falsche Prophet‹ halten.«
                                                              Zeitungsnotiz

Nicht immer sind die Philosophen wohlgelitten.
Es gärt schon lang bei Otto Ernest Schmidten.

Die Volksschullehrerkneifergläser beben:
Dem toten Nietschke wern wer det mal jeben!

Und selbst der Bart bleibt nicht ganz unbeteiligt –
man streicht ihn sich, wenn einem was entheiligt.

Bei Nietzsche sind die Werke seine Kinder –
bei Schmidten sind sie's umgekehrt nicht minder.

Lenore, Wolf und Inge, Senta, Gerda
vermeiden Nietzsche, diesen Seelenmerder.

Und überhaupt: das Leben ist so sonnig
und voll Familienliebe und voll Honnich.

Ach Tiger, laß den Dichtervater laufen!
Frißt du ihn auf, dann mußt du Cognac saufen.

Der eine peitscht die Schwäche als ein Laster,
der andre duftet mehr nach altem Knaster.

Was nütze es, wenn der Mensch nach Höherm strebt:
Das Große stirbt –
                    und sowas lebt ...

DIE ZÄRTLICHEN VERWANDTEN

Am zweiundzwanzigsten Oktober
(seit langer Zeit, jahraus, jahrein)
übt seiner Künstlerschar der Ober-
theaterintendant ein Stücklein ein,
weil man der Kaiserin Auguste
Viktoria gratulieren mußte.
Der Imperator billigt solches,
es freut sich das Geburtstagskind,
auch bei den Herren des Gefolches,
sind welche, die begeistert sind,
charmiert ist die Prinzeß Caecilie,
und auch der Kronprinz lächelt froh –:
ein Strahlen geht durch die Familie.
Man macht das alle Jahre so.

Man kann nicht immer äußerst weit sehn.
So plant man denn hinwiederum
im Jahre Neunzehnhundertdreizehn
ein Lustspiel, klein und nett und dumm:
es ist verfaßt von dem geschickten
Komödiendichter Benedikten.
Der Herrscher hörts geneigten Ohres,
es freut sich das Geburtstagskind,
die Mädchen seines Damenflores
sind heiter, wie so Mädchen sind,
charmiert ist die Prinzeß Caecilie,
und auch der Kronprinz lächelt froh –:
ein Strahlen geht durch die Familie.
Man macht das alle Jahre so.

Nun hat man – sinds die Titelworte? –
die ganze Arbeit euch zerfetzt:
ein Federstrich, zwei Kaiserworte,
und euer Stück ist abgesetzt.
Es waren jene wohlbekannten,
geschätzten ›Zärtlichen Verwandten‹.
Der Imperator billigts wenig,
es hüstelt das Geburtstagskind,
man denkt an einen alten Keenig,
der keineswegs so gänzlich blind,

pikiert ist die Prinzeß Caecilie,
und auch ihr Mann zieht ein Gesicht –
nicht häufig ists in der Familie:
doch diesmal leistet man Verzicht.

SCHALL UND RAUCH

Der Name ists, der Menschen zieret,
weil er das Erdenpack sortieret –
bist du auch dämlich, schief und krumm:
Du bist ein Individuum.

Hier sieht man nun den Dichter walten.
Er schafft nicht nur die Dichtgestalten,
nein, er benamset auch sein Kind –
und nennt es Borkman oder Gynt.

Wie aber, wenn er in den Dramen
gediegne bürgerliche Namen
benutzt und jener Bürger klagt,
damits der Richter untersagt?

»Du wirst dich von dem Namen trennen!
Mußt du ihn grade Barnhelm nennen?«
Der Richter schüttelt das Barett:
»Der Name macht den Kohl nicht fett!«

Und kurz: Wir werden was ertragen!
Schon sieht man Doktor Tassow klagen,
mit ihm in trautestem Verein
den Grünkramhändler Wallenstein.

Dem Dichter fällt in seine Leier
auch der Ap'theker Florian Geyer –
dem Dichter grausts mit einem Mal:
Er numeriert sein Personal.

Wie nennt man nun die Rechtsgelehrten,
die uns mit diesem Spruch beehrten?
Wie nennt man also dies Gericht?
Hier weiß ich keinen Namen nicht.

DER HELD VON ZABERN

Ein ›Mann‹ mit einem langen Messer,
und zwanzig Jahr –
ein Held, ein Heros und Schokladenesser,
und noch kein einzig Schnurrbarthaar.

Das stelzt in Zaberns langen Gassen
und kräht Sopran –
Wird man das Kind noch lange ohne Aufsicht lassen? –
Es ist die allerhöchste Eisenbahn! –

Das ist so einer, wie wir viele brauchen! –
Er führt das Korps!
Und tief bewegt sieht man die Seinen tauchen
nach Feinden tief in jedes Abtrittsrohr.

Denn schließlich macht man dabei seine Beute –
wer wagt, gewinnt!
Ein lahmer Schuster ist es heute,
und morgen ist's ein Waisenkind.

Kurz: er hat Mut, Kuhrasche oder besser:
ein ganzer Mann! –
Denn wehrt sich jemand, sticht er gleich mit's Messer,
schon, weil der andere sich nicht wehren kann.

SALUT AU MONDE!
Frei nach Walt Whitman

O nimm meine Hand, Walt Wrobel!
All das Gleiten solcher Wunder! All solche Gesichte und Töne!
All solche Verknüpfung unendlicher Glieder, ein jedes an das
    nächste gekettet;
Jedes allen andern entsprechend; jedes die Erde mit allen andern
    teilend!

Was hörst du, Walt Wrobel?
Ich höre den Mimen vor seinem Auftritt leise flöten, während
    er sich in die historischen Beinkleider stopft.
Ich höre die Hypothekenzinsen des Theaterdirektors auf den
    Tisch rollen und dazu den Gläubiger seufzen und sagen:
    »Sechzig Prozent – da sind Sie wieder billig weggekommen!«
Ich höre, wie in den Kammerspielen alle durcheinanderschreien
    und behaupten, es sei eine Generalprobe.
Ich höre, wie der gute alte Pariser vor Gericht vorwurfsvoll kreischt:
    »Herr Staatsanwalt, was fällt Ihnen ein? Bin ich vielleicht ein
    Wucherer?«
Ich höre, wie der Geisteskranke in seiner Zelle tobt, er wolle
    partout ins Deutsche Schauspielhaus gehen.
Ich höre, wie die alten Meistersinger-Dekorationen im Opernhaus
    knistern, und das ist ihr gutes Recht.
Ich höre in der ›Jungfrau von Orleans‹, wie die Dürjöh mit den
    Füßchen aufstampft, weil sie nicht alle Rollen zugleich
    spielen kann.

Was siehst du, Walt Wrobel? Wer sind die, die du grüßt?
Ich sehe, wie die Leute in den Kinos sehen, daß sie nichts sehen,
    was sie nicht schon anderswo gesehen hätten.
Ich sehe, wie die Telefondamen auf dem Amt Norden zittern
    und flüstern: »Der Hollaender kommt wieder!«
Ich sehe, daß er wiederkommt.
Wo sehe ich schon, daß er wiederkommt?
Wenn ich schon sehe, daß er wiederkommt!
Ich sehe noch immer viele auf den Zetteln des
    Deutschen Theaters, die gar nicht spielen.
Ich sehe, wie Reicher die Rolle von den Lippen der
    Souffleuse abliest, und das ist nicht so einfach.

Ich sehe, wie Holzbock'n drei Haare aus dem Kopfe
    herauswachsen.
Ich sehe die Reporter, die Philologen, die Nigger in den
    Goldminen und alle Sklaven der Erde.
Ich sehe, wie ein Theaterkassierer das Geld des Besuchers in der
    Hand hin- und herwendet und fragt: »Ist das Ihr Ernst?«
Ich sehe, wie aus dem Verlag Georg Müller die Büchers
    herausgespieen werden – den Verleger selbst gibt es gar
    nicht mehr, aber noch ist da kein Ende.

Salut au monde!
Ein jeder von uns unvermeidlich!
Ein jeder von uns, seis Mann oder sonst ein Weib, mit seinem
    Recht an die Erde!
Ein jeder von uns mit seinem Teil hier ebenso göttlich
    wie irgend einer!
Salut au monde!

ABZUG!

Tritt ab, mein Sohn, du hast nichts mehr zu suchen
im Kanzlerhaus – du hast dich arg blamiert!
Wir wollen schließlich keinen Reichseunuchen –
wir wollen Männer, die man respektiert! –

Nun seht den Armen, aufgerichtet steht er,
so lang wie schwach, und spricht sein Versehen her –
Kanzler des Reichs –! doch für den Hochverräter,
mein Gott, – da langt es nun nicht mehr!

Der jüngste Leutnant hat den Degen,
der Kanzler hat den Aktenband –
Der Leutnant kann dich in den Keller legen,
der Kanzler steckt das Köpfchen in den Sand.

Schieb ab, schieb ab, du sollst dich nicht mehr quälen –
Man sagt mir doch, du seist Major?
und kannst dem jüngsten Leutnant nichts befehlen? –
Schieb ab, schieb ab! Und laß 'nen andern vor! –

WIE HÄTTE BÜLOW ...

Wie hätte Bülow hier das Schmalz gemeistert!
Verbindlich, liebenswürdig, ein Friseur,
der auf die Glatzen noch Pomade kleistert ...
Und nun schickt man uns diesen Langen her!

Wie hätte Bülow eure Wut gemildert!
Er hätte süß und nett und amüsant
den »kleinen zaberner faux pas« geschildert –
und sieh, man hätte garnichts mehr erkannt.

»... Und ich persönlich bill'ge dies durchaus nicht ...
und von der Memel bis Schleiz-Greiz ...
doch ich verleugne meines Kaisers Haus nicht ...
und, meine Herren, ein- und andrerseits ...!«

Und kurz: das wär' nur so auf euch geprasselt,
Historie, Mots, Zitate, Eleganz.
Er hätt' ein bißchen mit dem Schwert gerasselt –
und dann: Heil, Willy, dir im Siegerkranz!

Und hätt' geschlossen wie in alten Tagen:
fortissimo, erregt und mit Bumbum;
und wie mit Büchmann vor den Kopf geschlagen
so hättet ihr gesessen: stumm und dumm.

Und dann wär' alles seinen Gang gegangen,
zerflossen wäre der Empörungsgischt,
das Militär hätt' ruhig Kinder eingefangen,
auch Forstnern macht' es weiter nischt.

Wie hätte Bülow ... ach, du meine Güte!
Nu sieh dir bloß den Bethmann Hollweg an!
Das ist so lang wie elf Zylinderhüte
und hat auch Hosen und ist doch kein Mann.

Er meldet, stolz und forsch extemporierend,
das, was ihm der Assessor aufgesetzt,
als Philosoph sich gänzlich abstrahierend
von dem Minister, welcher wacker hetzt.

Denn nun gehts los: die Bürger stehen dräuend
und finster und ein wenig ratlos da –
und wilde Phrasen furchtlos wiederkäuend
bewill'gen sie den Militär-Etat.

Und in dem lauten, streiterfüllten Tage
ergibt der Lange, ernst und voller Ruh,
sich in der Nase sinnend jener Frage:
»Wie hätte Bülow …?«
                              Schläuer, Mensch, als du!

GROSSTADT-WEIHNACHTEN

Nun senkt sich wieder auf die heim'schen Fluren
die Weihenacht! die Weihenacht!
Was die Mamas bepackt nach Hause fuhren,
wir kriegens jetzo freundlich dargebracht.

Der Asphalt glitscht. Kann Emil das gebrauchen?
Die Braut kramt schämig in dem Portemonnaie.
Sie schenkt ihm, teils zum Schmuck und teils zum Rauchen,
den Aschenbecher aus Emalch glasé.

Das Christkind kommt! Wir jungen Leute lauschen
auf einen stillen heiligen Grammophon.
Das Christkind kommt und ist bereit zu tauschen
den Schlips, die Puppe und das Lexikohn.

Und sitzt der wackre Bürger bei den Seinen,
voll Karpfen, still im Stuhl, um halber zehn,
dann ist er mit sich selbst zufrieden und im reinen:
»Ach ja, son Christfest is doch ooch janz scheen!«

Und frohgelaunt spricht er vom ›Weihnachtswetter‹,
mag es nun regnen oder mag es schnein.
Jovial und schmauchend liest er seine Morgenblätter,
die trächtig sind von süßen Plauderein.

So trifft denn nur auf eitel Glück hienieden
in dieser Residenz Christkindleins Flug?
Mein Gott, sie mimen eben Weihnachtsfrieden ...
»Wir spielen alle. Wer es weiß, ist klug.«

PROLOG UND KLEINER VORWURF.

Hier steht es nun drin aufgemalen,
wie einzeln und im Essentialen
ich, Kögen T. mit ihr, C. P.,
gar oftens harmonieretee – –

Sagt man gewisses, nun – es rächt sich:
sieh Seite acht- und neunundsechzig –
»sie« meint man, und man spricht vom ... Laub ...
nur mancher ist ein bischen taub.

Von allen hellen, blauen Tagen
ist nun mal weiter nichts zu sagen: – –
Du weißt es nicht. Die Luft ... die See ...
und Du, C. P.,
nur Du! C. P.! ...

1914

START

Das Auge hinterwärts gedreht: so sitzt der Weise
und überdenkt sich still-bewegt die Jahreskreise,
und wie sie so, und daß sie ohne Schluß ...
wo unsereins bestimmt mal abgehn muß.

Hier überkommen ihn die trüben Sentimenter:
er greift zum grünen Curaçao (denn den kennt er)
und schlürft das Gift und sieht das alte Jahr,
und wie es gar nicht allzu fröhlich war.

Da ist zum ersten immerhin die Balkanmesse,
zum zweiten – heu nos miseros! – die Börsenbaisse,
zum dritten, vierten ... Doch stets trostbereit
in aller Trübsal blieb der Gattin Zärtlichkeit.

Und du, mein Blatt, jährst dich zum zehnten Mal auf Erden!
Du brauchst nicht (auf dem Umschlag) dunkelrot zu werden!
Wir alle altern – du allein bleibst jung!
Begleite uns auf unsrer Wanderung!

Prost Neu ... ja, ja! Der Curaçao und Sylvester
bedrücken dich, mein Sohn – zieh dir den Leibgurt fester!
Verlaß Mama Philosophias Schoß:
Eins, zwei – und los!

WOCHEN-RAGOUT

So laßt uns denn zum Mahl die Hände heben!
Was wird wohl Mutter heute Leckres geben?
Die Schüssel dampft, das ist kein Küchenclou –
nur ein Ragout!

Da sind, zum ersten, noch vom Sonntagsbraten
die schäb'gen Reste von den Herrn Soldaten,
und auch vom Bürgerstolz blieb nur zurück
ein kleines Stück.

Zum zweiten können uns nur wenig locken
des Zentrums schimmlige Zerwürfnisbrocken,
teils sind sie faul, teils sind sie angebrannt –
nich in die Hand!

Damit der Speise nicht die Würze fehle,
durchdringt das Steuerpaprika die Seele:
wieviel der gute Bürger zahlen darf,
ist wirklich scharf.

Hier sollt' man so viel Öles nicht vermuten,
doch fleußen da des Fetts geschmeid'ge Fluten:
von Possart muß an einen russ'schen Ort –
man ruft ihn dort.

Und kurz, damit ich euch die Wahrheit sage:
dergleichen Fraß gibts bei uns alle Tage.
Der Deutsche würgt, doch speit er nie –
Bon appétit!

DER ALTE MUSTAPHA SINGT

Ich bin Eunuch und will es ewig bleiben!
Auch meine Enkel sollens grad so treiben.
   Ich bin ein Ha- Ha- Haremskind,
    Wie so Eunuchen sind,
    Wie so Eunuchen sind.
Die Jung-Türkei wird hier nicht reüssieren:
Ich bin bestimmt nicht mehr zu reformieren.
   Ich sage vornehm, daß als Oberbey
   Ich bei der Harems-Wach- und Schließgesellschaft sei.
        Bum bum!
Ich bin ein Eunuch
Und hier zu Besuch.
   Zu Hause, da sang ich Sopran.
Hier klingts wie Tenor –
Wie kommt mir das vor!
    Was ist das? Wer hat das getan?
      Ich fühl mich verwandelt!
      Ich fühl mich verschandelt!
    Was ist das? Wer hat das getan?

Vor kurzer Zeit kam ich auf den Gedanken:
Sieh dich mal um im Vaterland der Franken.
   Ich las im Zei- Zei- Zeitungsblatt,
    Was man in Preußen hat,
    Was man in Preußen hat.
Zum Abschied sang ich meinen höchsten Triller
Und ließ im Stich die große Sultansvilla,
   Wo es die schönen, dicken Frauen gibt:
   Ich war zwar ungefährlich, aber doch beliebt.
        Bum bum!
Ich bin ein Eunuch
Und hier zu Besuch.
   Zu Hause, da sang ich Sopran.
Hier klingts wie Tenor –
Wie kommt mir das vor!
    Was ist das? Wer hat das getan?
      Ich fühl mich verwandelt!
      Ich fühl mich verschandelt!
    Was ist das? Wer hat das getan?

Ich habs entdeckt: im Land der Klassenwähler
Fall ich nicht auf durch meinen kleinen Fehler.
    Der Mann der Po- Po- Politik
    Macht hier Sopranmusik,
    Macht hier Sopranmusik.
Jedweden Bürger könnt der Harem hegen:
Er ist genau so sanft wie die Kollegen.
    Wer merkt denn hier zu Lande mein Falsett?
    Ich mach mich wirkungsvoll und wieder ganz komplett.
        Bum bum!

Ich bin ein Eunuch
Und hier zu Besuch.
    Zu Hause, da sang ich Sopran.
Hier klingts wie Tenor –
Wie kommt mir das vor!
    Ich fühl mich noch einmal als Mann!
      Eunuchen, Eunuchen,
      Hier sollt ihr mich suchen!
    Ich fühl mich noch einmal als Mann!

DER SMARTE GROSSTADTDICHTER

Rollenden Auges betritt er das Zimmer –
Auf seinem Haar glänzt pomadiger Schimmer.
Hei! er wird es dem Pack schon zeigen,
Er wird der Mitwelt ein Liedlein geigen.
Kraft ist in ihm, ein gesunder Fond …
Vor ihm auf dem Tisch ein kleiner Karton –:
Kola.

Sieh, und die nervigte Hand setzt an
Zum Kampfe gegen den Jammermann,
Den Gegner, den Weichling, den Popanz, den Hund,
Den Dekadenten, – doch *er* ist gesund!
Da soll man ihn nur dagegen sehn! –
Frisch und kräftig wie eine Wachtel …
Vor ihm auf dem Tisch steht eine Schachtel –:
Sanatogen.

Draußen Geschrei, Gelärm und Getümmel,
Unrast, Toben und wildes Gewimmel,
Des Neids und der Habgier eifernde Chöre, –
Aber alles ohne ihn …
Vor ihm liegt eine kleine Röhre –:
Aspirin.

Biceps, Sport und solche Abstrakta …
Da hat *er* doch andere Prophylakta –!
Wie sagt doch eine alte Scharteke:
»Am besten ist Wasser?« – Wer geht auf *den* Leim –
Seine Muse bewohnt ein feineres Heim –:
Die Hausapotheke! die Hausapotheke! –

DIE SONNE

Kind, die Sonne ist nur für die reichen Leute,
unsereinen sengt sie, bis der Buckel schwitzt —
heller Himmel macht dich traurig so wie heute,
wenn du müde im Fabriksaal sitzt.

»Bietet denn das Leben nicht uns allen Wonne?«
spricht der bürgerliche Philosoph,
»Da ist euer Frühling, da ist eure Sonne!«
Euer Frühling ... Quergebäude, vierter Hof!

Zwischen diesen Furchen wächst ein fahles Pflänzchen,
Leierkasten spielt, und eine Schelle klirrt.
Kinder juchzen, und sie drehn ein Tänzchen — —
unser Frühling ... ob das jemals anders wird?

Über soviel weite Straßen möcht ich wandern,
soviel Felder liegen still im warmen Wind —
einmal möcht ich glücklich sein wie jene andern,
die jetzt an der See und in den Bergen sind.

Du und ich und alle kommen doch nicht weiter,
selbst der Enkel plackt sich noch als Arbeitsmann, —
jenen scheint die Sonne, und sie denken heiter:
Preußen, Kind, und Deutschland in der Welt voran!

Der Knabe, wo sich hier ausgeschleimt,
der hat es wahrhaftig gut gemeint.
Hats gemacht, wie es eben ging ...
aber das ist schon so ein eigen Ding:
Das Letzte kann man ja doch nicht sagen,
das muß man schon selber bei sich tragen,
im eignen Kopf und im eigenen Blute ...

Gott befohlen und alles Gute!

Und auch der Regenwurm in Polen
verkrümmt sich, wenn er angetippt –
Die Lehmwand soll der Teufel holen –
Der Schipper schippt. –

*

Sind wir denn »richtige« Soldaten,
so wie es 10 Millionen gibt? –
Was *richtig* ist, sind die Granaten –
Der Schipper schippt. –

*

Der Philosoph, mit Schopenhauer
und Busch und Raabe eng versippt,
bedenkt sich manches nicht genauer –
und schippt.

*

Nur eines kann er doch nicht lassen,
wenn auch die ganze Psyche kippt –
er denkt an Dr. Owlglassn
und schippt und grüßt
                              und schippt.

STAMMBUCHBLATT.

Seiner lieben

Schwester Hippel.

Eia popeia – was raschelt im Hemd?
Was raschelt in den Härchen, die wo niemand nischt kämmt?
Eia popäuschen –
    Das sind wohl die lieben Läuschen –
Meine und deine
    Haben viele, viele kleine Beine –
Eia popäuschen –
    Lieben Läuschen, lieben Läuschen –
Und eia popo!
    Ein Pulex – ein Floh! –
    Dies wünscht Dir Dein Bruder
        Kurt

1915

Wie wenn ich mit der Elektric-Lampe leuchte,
und die Kröten hupfen eilig in das feuchte
　　　Element im grünen Unkenteich – –
also hüpfen Sorgen mir und Klagen
vor den »ersten blassen Primeltagen«
　　　schleunigst fort ins dunkle Hadesreich.

　　　　　　*

Und der Seele zähen Trauerkleister
wärmen Sie, geehrter Zaubermeister,
　　　auf zu flüssig-honiggelbem Leim:
Und ich danke sehr für Ihre Karte,
und ich bin begierig und ich warte
　　　auf den ff. Dichter-Honigseim.

　　　　　　*

2 SYLVESTER

Bei Ihnen tickt die gute Bauernuhre –
»Prost Neujahr!« schreit der Kukuck aus dem Haus,
Duft von gebratenen Äpfeln liegt im Flure,
du hörst das Schnaufen des asthmatischen Baubaus.

Bei Ihnen taucht in jene Punschterrine
Mama den großen Silberlöffel ein
und schenkt mit seltsam frohbewegter Miene
den warmen funkelnd-roten Glühewein.

Bei Ihnen sitzt man vor den weißen Tasten.
Herrn Mozart gilts. Wo bleiben Gram, Verdruß?
Des blumigen Schlafrocks troddelige Quasten
(dem Hausherrn seine) baumeln vor Genuß.

Und auf den großen Händen von Alinen
schwankt rauchumkräuselt das Getränk von Zuntz – –
Das ist in Bruck/bei München, und bei Ihnen –
Bei uns?
           Du lieber Gott, bei uns …! –

1916

IN SACHEN ...

Wenn Professoren sich entzwein,
dann bleibt die Wäsche selten rein.
Und während draußen Männer bluten,
hört man sie in das Pusthorn tuten –
      Pereant professores!

Der hat es ganz genau gehört,
was jener andersrum beschwört;
der Geifer zischt, die Tinte spritzt,
jedweder Bleistift ist gespitzt –
      Pereant Stänkadores!

Die Erde dröhnt. Es brennt die Welt.
Ein Funzelchen ist aufgehellt.
Bei seinem trauten Dämmerschein
schlägt man sich den Zylinder ein –
      Pereant professores!

Und jeder hat sein Sondergrüppchen,
und jeder kocht sein Extrasüppchen.
Die Schlafmütz keck auf einem Ohr
kommt sich ein Paar historisch vor.
      Pereant – (siehe oben).

Ich aber spreche zu euch allen:
Tut ihnen doch nicht den Gefallen!
Und laßt die Herren lächelnd stehen –
Wir aber wollen weiter gehen
        zu den
      guten Professores!

AN EINE MARIE VOM LANDE

Marie – Du ringst die derben Hände:
»Du Sündenbabul! Pfui Berlin!«
So streust Du über das Gelände
den Dung und die Entrüstung hin.
So geußest Du ob dem gewellten
Asphaltreich den Kritikbericht …
Marie – es dürfen viele schelten!
Du nicht!

Bedenk, wir könnten Dir erschließen,
wie bei Dir draußen auf dem Land
– dem rechts der Elbe – Preise sprießen,
die vormals dort kein Mensch gekannt.
Wir könnten Dir so manches zeigen
von Polenarbeit, Menschenpflicht …
Es ist jetzt Krieg – und wir, wir schweigen.
Du nicht.

Wir sind durchaus nicht so begeistert,
von allem, was die Panke beut:
der Schieber, der die Wechsel meistert,
die Dame, die den Schieber freut;
das Kino-Café gegenüber,
der Händler, den der Hafer sticht …
Es gibt ja manche, die stehn drüber.
Du nicht.

Hör auf, uns sauer anzumucken –
bei uns hast Du damit kein Glück.
Man kann zwar leicht nach unten spucken,
nach oben nicht – das fällt zurück.
Hier ziehts! Du kannst Dich leicht erkälten –
und Du stehst selber vor Gericht.
Marie – es dürfen viele schelten!
Du nicht!

DIE ETAPPENSCHWEINE

Wer läuft geleckt und gebügelt einher,
Wem fällt das Grüßen entsetzlich schwer,
Wer schluckt unzähl'ges Kommandogeld,
Wer ist in Gesprächen und Briefen ein Held,
Wer stiehlt uns die besten Weine?

Das sind die Etappenschweine!

Wer hat weder Mut noch Grütze im Kopf,
Und trägt doch das schwarz-weiße Bändchen im Knopf,
Wer trippelt den deutschen Frauen zur Schmach
Geputzten, verseuchten Französinnen nach,
Wer schläft nur selten alleine?

Das sind die Etappenschweine!

Wer packt beim geringsten Schießen den Koffer,
Wer zittert vor einem Durchbruch von Joffre,
Wer schmiedet die dümmsten Latrinen-Gerüchte,
Wer macht unsere frohe Stimmung zu nichte
Durch Schwarzseherei und Gegreine?

Das sind die Etappenschweine!

Und doch, Ihr Wänste und Milchgesichter,
Ihr aufgeblasenes, schlappes Gelichter,
Wir möchten für euer erbärmliches Leben
Nicht eine der stolzen Erinnerungen geben.
Uns bindet die Liebe und Treue!

Ihr bleibt die Etappensäue!

Ein Frontschwein.

1917

AN META KUPFER

Du Asphaltgöttin! du Vierzimmer-Hera!
Du stille Sehnsucht unsres Mittelstands,
du kommandiertest – das wird immer schwerer –
ums goldne Kalb den alten Kontre-Tanz.
Du warst so mild. Du brauchtest keine Ruten,
es waren keine Sklaven, die du triebst;
und während draußen tausend, tausend bluten –
      Du schiebst.

Du warst nicht klug. Das braucht man an der Panke
wenn man nur schlau ist, gar nicht mal zu sein.
Du hattest ein Depot auf deiner Banke,
du hattest manchen Stempelbogenschein –
und damit alles. Denn sieh da, die frommen
Berliner nehmen gerne, wenn du gibst;
es war schon guter Ton, zu dir zu kommen –
      Du schiebst.

Und Meta rief, und alle, alle kamen:
Es kam der Offizier, der Bankkommis,
Herr Schulze kam, und auch erlauchte Namen
der Diploma- und Aristokratie.
Der junge Leutnant und der Kintoppfritze,
für die du stets die feine Dame bliebst,
gerieten an der Tochter scharf in Hitze –
      Du schiebst.

Ach nein, du ähnelst gar nicht der Therese –
der großen Madame Humbert aus Paris –
die führte ihre Kundschaft an der Neese,
die gab auch nicht, die nahm den goldenen Kies.
Berlin, dir zahlt die Kupfern eine Rente,
Berlin, hier hast du alles, was du liebst:
Die Frau, den Schwung, die Butter, die Prozente –
      Du schiebst.

ALS PROLOG

Der Flieger ist ein weiser Knabe –
er sieht die Welt von oben an.
Und das ist eine schöne Gabe:
wer einmal so weit schauen kann!

Da seht: es brennt an allen Ecken!
der eine löscht, der andere schürt;
John Bull auf seinen Pfeffersäcken
bekommt, was ihm schon lang gebührt.

Marianne muß Soldaten leihen,
weils ihr zu wenig Kinder gibt.
Doch wird man gerne ihr verzeihen
denn wahrlich: sie hat viel geliebt.

Sie liebte Panje, liebt den Briten,
halb zog man sie, halb sank sie hin;
dann ließ sie sich nicht lange bitten
nun ist nichts in der Kasse drin.

Da seht: den langen Friedens – b – engel,
er alarmiert das Weiße Haus
und zieht benebst dem Palmenstengel
das Hallelujaröckchen aus.

Auf Helden und auf Pfeffersäcke,
auf Wilson, auf Pariser Fraun,
laßt uns vergnügt an dieser Ecke
allwöchentlich herunterschaun.

Es gähnt des Krieges schwarzer Rachen.
Die Zeiten sind schon schwer genug …
Kopf hoch! Wir wolln der Welt eins lachen!
Wer klagt, ist dumm. Wer lacht, ist klug.

LENZ

Nun stecken schon die freche Frühlingsnase
die jungen Primeln in die laue Luft,
und auch auf Kurlands zartem Wiesengrase
verzittert jener ahnungsvolle Duft.
Die Kompanie wäscht ihre Drillichjacken,
der Pelz liegt in der Kammer irgendwo,
die Sehnsucht löst der Seele letzte Schlacken –
    Und überhaupt
    und so.

Der Lenz ist da! Die lieben kleinen Veilchen
erblühn allein, und keiner pflückt sie dann.
Das hilft nun nichts: so warten sie ein Weilchen.
Die Kompanie tritt schon mit Schnürschuhn an.
Der Feldsoldat durchwühlt die Hosentaschen,
er fängt sich still den letzten Winterfloh
und denkt: »du könntst dich auch mal wieder waschen —«
    und überhaupt
    und so.

Der Lenz ist da! Er hebt die bloßen Beine
und geht auf Zehenspitzen über Land.
Das starrt von Waffen, und der arme Kleine
hält scheu die Gasschutzmaske in der Hand.
Die Erde rüstet. In New Yorks Gefilden
schreibt man »k.-v.« den Mann auf dem Büro
behufs Verwendung in den Schützengilden –
    und überhaupt
    und so.

Die Knospen schwellen. Wie wird wohl die Blüte?
Ein Neugierschauer geht durch alle Welt.
Die Deutschen lüften ihre Eisenhüte
sie haben Mut und Gottvertraun – und Geld.
Hingegen läuft ein bänglich faules Schwanken
von Washington bis nach Bordeaux;
dort gibts wohl balde wieder auf den blanken
    und überhaupt
    und so –!

KLEINE WARNUNG

Zum Beispiel mit den Frauenzimmern –
da hat sich mancher schon verfranzt.
Du siehst, wie sie in Seide schimmern,
du siehst, ob dus bezahlen kannst – –

Du siehst noch manches und noch vieles,
du fühlst dich immerhin als Mann
auch auf der Höhe deines Zieles –
             und dann –?

Mein lieber Freund, laß deine Finger
von Evas überreifem Obst:
vollführe lieber kleine Dinger,
die du nur vor-, nicht nachher lobst.

Mach keine steifen Höhenflüge,
ein Bruch dabei ist gar nicht neu –
glaub nicht an der Panjeika-Lüge:
             bleib treu!

DAS VENTIL

So wie eine Dampfmaschine,
die man allzu stark geheizt,
also steht in der Kantine
Gottlieb, welcher schwer gereizt.
Wie in jenen Dampfmotoren
zischt der Qualm in seinen Rohren –
      und so schimpft der Feldsoldat
      morgens früh und abends spat:

Über seine alten Hosen,
über seinen Korporal,
über die Sardinendosen,
über jedes Mittagsmahl;
ferner darf er nicht vergessen:
er hat noch nicht seine Tressen!
        Und so schimpft der Feldsoldat
        morgens früh und abends spat.

Alles, was ihn je verletzte,
zieht er stürmisch ins Gericht:
Stäbe, höhere Vorgesetzte,
selbst Gefreite schont er nicht.
Rund ums Militär herummer
hat man seinen steifen Kummer!
    Und so schimpft der Feldsoldat
    morgens früh und abends spat.

Schimpfe, Gottlieb, unverdrossen!
Schimpfen macht gesund und froh.
Stehst du mal auf höheren Sprossen
machst dus später gerade so.
Stets besagt dein Wortgeriesel:
nur der andere war der Stiesel!
    Schimpfe früh und schimpfe spat –
    Schimpf! sonst bist du kein Soldat!

PFINGSTEN

Pfingstfeiertag!
    Der Lenz, der lange Lümmel
schlakst faul durch Kurlands feuchte Wiesen hin –
der Feldsoldat verpaßt sich einen Kümmel,
ihm ist so frischgewaschen-wehmutsvoll im Sinn.
Er überdenkt der Jahre wildes Tosen,
er überdenkt, was Deutschland schon erreicht,
und fragt, die Hände ruhig in den Hosen:
    Vielleicht …?

»Ein lieblich Fest« – so nannte einstmals Goethe
das grünlich-helle Pfingsten und mit Recht.
Im Frieden blus der Knabe seine Flöte
und schätzte jenes andere Geschlecht.
Heut rationiert man seine Brotportionen,
selbst Englands harter Geldsack scheint erweicht:
kein Plumpudding, kein Rumpsteak, keine Bohnen –
    Vielleicht …?

Und Rosalinde schrieb. Der Feldsoldat denkt heiter
an ihren Brief – mit 17 Fehlern drin –
sie schwört ihm Liebe, Treue usw.
ihm wird so frischgewaschen-wehmutsvoll im Sinn ...
Gott Mars geht schlafen. Amor reibt die Lider,
der Nebel steigt, der Pulverrauch entweicht –
und, Rosalinde, bald hast du uns wieder –
      Vielleicht ...!

PAPIERNOT

Gewiß – es ist nicht immer schön gewesen
das aberwitzige Echo unsrer Zeit:
man konnte rechtsrum, konnte linksrum lesen
und war zum Schluß meist ebenso gescheit.
Die Presse schmückte stets mit neuen Funkelthesen
ihr Morgen-, Mittags- und ihr Abendkleid ...
    Und doch: ein Quentchen blieb – es war nicht viel,
    ein Stückchen Bürgerfreiheit – kurz: ein Dampfventil.

Doch jetzt, im Krieg, schwillt des Geheimrats Weste,
er liebt die Einfachheit für die Nation,
und hilflos spricht er: »Es ist wohl das beste:
Ein Volk, Ein Heer, Ein Fölljetohn.
Spart nur Papier!« Doch mit empörter Geste
erhebt sich brüsk die Zeitungskonfektion:
    »Der Fortschritt ist bedroht! das Volk! der Staat!«
    Dahinter, riesengroß: das Inserat!

Das ist der deutsche Zustand. Und du, Zeitung,
du kleener Freiheitshut, wie stehst du da?
Noch hast du Platz – zum Beispiel zur Verbreitung
von Kintoppschwatz für ganz Christiania.
Es strömt bei Arras. Die Annoncen-Leitung
pflegt eifrig Gasthaus-Personalia ...
    Ob ihr genug Papier habt oder keins:
    Ihr helft dem Land nicht!
            Es ist alles eins.

DER MANN SEINER ZEIT

Es geht Europa gar nicht gut,
die dicke Luft ist schwüle;
doch einen gibts, dem ist das Blut
nur Wasser auf die Mühle.
Die Welt steht kopf, das Festland wankt,
sogar der Zar hat abgedankt:
drauf wartet wie im Fieber
    der Schieber, Schieber, Schieber,
      der Schieber.

Hier ist er recht im Element,
wenn alle Winde blasen,
wenn lichterloh der Erdball brennt,
wenn die Granaten rasen.
Die Welt sieht ängstlich auf Berlin,
drum achtet keiner mehr auf ihn,
und nichts ist ihm auch lieber
    dem Schieber, Schieber, Schieber,
      dem Schieber.

Es blüht sein Feld. Sein Kohl wird fett;
die Gänse, Schweine, Enten
verkauft er ruhig und honett
mit 110 Prozenten.
Es sitzt am Nordseebadestrand
mit einem Hühnereibrillant
die gnädige Frau in Biber
    vom Schieber, Schieber, Schieber,
      vom Schieber.

Es gibt in diesem großen Krieg
noch viele solche Helden.
Auch von der hohen Politik
läßt sich dergleichen melden.
Schon tun dem guten Poängkareh
vom vielen Stehn die Beine weh –
Vom Hudson bis zum Tiber
    's sind Schieber, Schieber, Schieber,
      holdrioh!
      nur Schieber!

»Ich esse meine Suppe nicht!
Nein! Meine Suppe ess ich nicht!« –

Sag ich grün, so sagst du blau –
will ich tanzen, möchtst du reiten –
ach! es gilt zu allen Zeiten:
Recht hat immer nur die Frau.
Will dich jemand leise küssen:
»Wie? Mich zwingen? Ich soll müssen?« –
Und dich stößt im Mädchenrock
immer nur der Bock
     Bock
      Bock.

Ach, du alter Eigensinn!
Siehst du nur den bösen Willen?
Willst du nie den Durst dir stillen,
atemlose Kämpferin?
Sieh, man ist in jungen Jahren
viel zu sanft mit dir verfahren:
Rutenklaps und kleiner Stock …
heute stieß dich nicht der Bock
      Bock
       Bock.

»Nein, ich will nicht – grade nicht!«
Kind, und deine Augen lachen –
Dickkopf, was sind das für Sachen?
Pust nicht aus das Liebeslicht!
Denn ich weiß aus jungen Tagen:
es ist so schwer, ja zu sagen –
schmilzt einmal der eisige Block,
stößt dich nimmermehr der Bock
      Bock
       Bock! –

MIT ZIGARETTEN

Du rauchst … Die feinen Gazewölkchen
umschleiern dich und spinnen ein …
Der Traumgedanken lustig Völkchen
tanzt sich im Rauch ein Ringelreihn.

Du rauchst … »Die Deutschen und die Frauen – –
Die Männer sind so selbstbewußt;
sie nehmen voller Selbstvertrauen
die kleinen Weibchen an die Brust.«

Du rauchst … »Man war dort viel galanter,
dort hinten – – denn man tanzte gern
nach unserer Pfeife – eleganter
hat sichs getanzt – –
                dort waren *wir* die Herrn!«

Die Asche glimmt. In jedem Land gibts Bären.
Ihr Tapsen kann man nicht verwehren.
Du hast nur eines nicht erkannt:
Man kann bei einer Frau im Bann sein –
Man kann mit fester Hand ein Mann sein –
und doch galant.

FLOCKEN

Jetzt blasen bald die kalten Winterstürme,
der Rabe kolkt, die schwarzen Krähen schrein;
es zieht fatal um alle Kirchentürme,
der Posten wickelt sich in seinen Pelz hinein.
Der Ofen knackt. Im bunten Weltgetümmel
wird eingeheizt von Riga bis zur Spree –
Sieh da – nun fällt vom weißen Winterhimmel
       der erste Schnee.

Das war ein Jahr! Der Zar fiel sanft vom Throne,
es fiel die Börse in Amerika;
es fielen Riga, Görz, und eine Krone
in Rom ist auch dem Fallen ziemlich nah.
Der Deutsche rückt sich seinen Stahlhelm fester
und kocht sich einen warmen Wintertee;
den U-Boot-Leuten klatscht auf den Südwester
       der erste Schnee.

Und auch der Frontsoldat, der gute Junge,
packt sich in seine Wintersachen ein;
er hat den Rumgeschmack schon auf der Zunge
und freut sich auf den braven Glühewein.
Elvira glaubt, es wird dem Knaben frommen
die warme Hülle für den großen Zeh – –
sie strickt.   Wir sind bereit.
          Nun kann er kommen
    der erste Schnee!

1918

Gibst du dich keinem –? Bist du nur blond und kühl?
Demütigt dich ein starkes, heißes Gefühl?
Wir sind allein. –

Jeder ist so vom andern durch Weiten getrennt,
daß er nicht weiß, wo es lodert und flammt und brennt –
Wir sind allein. –

Selten nur springt ein Funke von Blut zu Blut,
bringt zur Entfaltung, was sonst in der Stille ruht –
Wir sind allein. –

Aber einmal – kann es auch anders sein –
Einmal gib dich, – und, siehst du, dann wird aus zwein:
Wir beide –
Und keiner ist mehr allein. –

MIT EINEM KALENDER
Für M. G.

Zwar ist er schon ein bißchen angebrochen –
da fehlen Blätter, fast ein zwölftel Jahr –
allein was kümmern uns die wenigen Wochen,
wer schert sich lang um das, was *war*.
Da waren Mädchen, aber nicht die rechte
und Nächte – –
dumme, langwierige, dunkle Nächte …

Halloh! Tanz mit den jungen Beinen
in unsere heiße Gegenwart!
Wir sind uns, Blonde, doch im reinen:
ein Narr, wen Frau Moral noch narrt.
Nun kommen – aber spring und wage –
Tage
glückliche, frohe, liebe Tage –!

EINE FRAGE UND KEINE ANTWORT
Für M. G.

Der Tauber ruckt zur Taube,
der Herr Baubau liebt Frau Baubau;
es balzt auf grüner Laube
Frau Nachtigall im Abendblau.
Selbst die dicken fetten Kröten
krampfen sich in Liebesnöten –
Amor läßt sie nicht in Ruh –
Ja, wozu?
      wozu?
            wozu? –

Der Mensch, dies Lebewesen
(wies scheint, vom lieben GOtt gemacht),
macht nicht viel Federlesen
und küßt fast jede liebe Nacht.
Selbst Klein-Peter wird recht eitel,
bügelt sorgsam sich den Scheitel,
zwängt sich in die lacknen Schuh –
Ja, wozu?
      wozu?
            wozu? –

Wir sind doch Marionetten,
das Blut, es schreit, wir beugen uns
in goldene Liebesketten
bei Fräulein Hinz und Fräulein Kunz.
Warum denk ich nur das eine:
liebe, hohe, schlanke Beine –
warum fühl ich immer: Du …
Ja, wozu?
      wozu?
            wozu?

DIE KLEINE UNGEDULDIGE
Für Mary

Rosenketten. Heiße Augen.
Walzertakt und Geigenklang.
Lippen, die zum Küssen taugen.
Weißer Schnee und Wippwappgang.
Selbst in diesen grellen, kalten
Zeiten ist das Leben bunt …
doch du legst den Mund in Falten:
»Ist das alles? –
       Pe!
          Na und? –«

Sind die Ritter Marionetten?
Gliederpuppen, dumm und stumm?
Russen, Balten, Deutsche, Letten
nur dein braves Publikum?
Brunst, Verzückung, Haß, Emphase –
immer aus demselben Grund –
doch du bläst durch deine Nase:
»Ist das alles? –
       Pe!
          Na und? –«

Ist das alles? –
      Sieh, ein Schlauer
sieht sich erst das Ganze an:
Hinter jener dicken Mauer
demaskiert sich erst der Mann.
Und auf grünen Liebeswegen
fahre nur in schlankem Trab
mit Geduld zu Amors Segen – –
   Wart's nur ab!

FRÜHLING IM HOCHGEBIRGE

»Die Blonden sind sehr kalte Leute,
Die Liebe macht sie niemals heiß.
Was sonst die Damen so erfreute,
das läßt sie kalt. Sie sind von Eis.«

So spricht mein kluges Kind. – Indessen
ich glaube nicht, was sie da meint.
Man will und kann es nicht vergessen:
wie ists denn, wenn die Sonne scheint?

Im Schatten liegen Gletscherspalten
dumpf, finster und unnahbar da.
Man friert im Mark. In jene kalten
und frostigen Höhlen niemand sah.

Man friert im Mark … Da blasen Winde
die Wolken fort, die Sonne ruft –
leis tropft es schon, geschwind, geschwinde –
am Gletscher weht ein warmer Duft.

Ein warmer Duft aus andern Landen –
Es taut. Es schmilzt mit einem Mal:
Und was so lange widerstanden,
das schäumt als Quelle nun zu Tal. –

BEKEHRUNG
Für Mary

Du spukst und beißt und bist so böse
und runzelst Stirn und Augenbraun –
und wenn ich dir das Schuhband löse,
willst du mir nicht ins Auge schaun.
Du bist sonst lieb, ein weiches Schätzchen –
jetzt aber Feind im Séparée …
Und alles durch das eine Sätzchen:
On n'est jamais le premier.

Das ist kein Schimpf. Es gibt so viele,
so viele Männer auf der Welt,
und es gibt viele Liebesspiele
(was jedem Mädchen wohl gefällt).
Da reißt nun nichts. Man bleibt wie immer,
man weiß das Liebes A-B-C,
ein Jungfräulein … und doch ein Schimmer …
on n'est jamais le premier.

Man wills auch nicht.
               Von Blondheit trunken
will man vergessen, wer man ist.
In eine weiße Brust versunken
pfeift man auf alle Liebeslist.
Man hat dich lieb. Du sollst nicht grollen,
du Schrumpelhexe, Zauberfee –,
laß ab vom Mäulchenziehn, vom Schmollen:
Man glaubts.
            On est le premier. –

MIT EINEM SCHÄCHTELCHEN

Das ist das tiefste Wesen aller Frauen:
sich in das eigene Bildnis zu versenken,
sich spiegelnd zu genießen und zu denken:
Ich bin, ich wirke, und ich darf mir trauen –

Ich will dir einen kleinen Spiegel schenken.
Du sollst dich rasch-kokett darin beschauen;
wie prüft so schnell ein Blick aus deinen blauen
und lustigen Augen (die den Durstigen tränken)!

Du bist es anders, aber noch einmal.
Dich grüßt dein Bild – ganz kann es dir nicht gleichen –
wo rechts ist, ist dort links – und doch der Strahl
der so geliebten Linien, Züge, Zeichen …
Du Bildnis meiner selbst, du sollst nicht weichen:
Denn du bist ich, nur anders, noch einmal. –

AUF DEN TOD EINER GELIEBTEN GOUVERNANTE

Pikiert, mit säuerlichen Zügen,
so zog sie durch dein Leben hin –
zwei Erbsen auf der Brust genügen
dem öffentlichen Schönheitssinn.

Lorgnette, schwarzer Schirm, ganz hager,
und immer auf »Skandal« erpicht –
Herrgott! sind ihre Freuden mager,
Herrgott! welch kümmerlich Gesicht! –

Sie ging dahin. Wein keine Träne,
nicht eine einzige hinterher;
den Holzkopf auf Staketenbeene,
ihn brauchen zweie längst nicht mehr.

Sie hatte wohl ein zähes Leben.
Nun ist ein Pförtlein aufgeklinkt:
Bei dir solls nichts als Freude geben –
Es lacht der Tag.
                    Ein Frühling winkt.

DER TYRANN
Für Mary

Der fette Oberkönig Peter
sitzt stolz auf seinem Atlasthron;
der Bauch: ein dicker Gasometer,
das übrige: du weißt es schon.

Der Hofstaat flüstert: »Seine Hoheit
sind heute ganz besonders satt.
Es wäre eine Herzensroheit,
ihn zu bewegen. Er ist matt.«

Der fette Oberkönig Peter
bohrt sinnend in der Nase Grund.
Der Frühstücksschweinebraten, steht er
ihm schon am Hals? (Wie ungesund!)

Da rauscht durch eine Tür die Gattin,
ein Szepter poltert aufs Parkett –
und schwuppdiwupps! – die Blonde hat ihn
ganz aufgebracht aus Ruh und Fett.

Der fette Oberkönig Peter
schnauft emsig aus dem Herrscherbau.
Und klein, bescheiden, artig geht er
im Park an ihrer Seite später – –
Ich sag es ja: die Frau, die Frau …!

KARFREITAG

Dies ist ein ernster Tag der Buße,
des Rückwärtsschauns, der Runzelstirn;
ich überdenke mir in Muße
die letzte Zeit in meinem Hirn.

Was war denn da? Vielleicht ein Sündenbabel?
Ein Teufelsdienst? Ein Satanskult?
Ein Haß, wie Kain einst dem Abel
den Bauch zersägt in himmlischer Geduld?

Ein Mord? Ein Diebstahl? Eine Lügenzunge?
Ein Feuerbrand –?
         Ach, gar nichts solcherlei.
Er war so brav, der gute dicke Junge,
und nur ein helles Mädchen war dabei.

Wir haben leider keine Kirchenglocken.
Und ohne sichtbar-güldenen Heiligenschein
läut ich mir froh in blonden Locken
mein ganz privates Ostern ein! –

OSTERN

Da ist nun unser Osterhase –!
Er stellt das Schwänzchen in die Höh
und schnuppert hastig mit der Nase
und tanzt sich einen Pah de döh!

Dann geht er wichtig in die Hecken
und tut, was sonst nur Hennen tun.
Er möchte sein Produkt verstecken,
um sich dann etwas auszuruhn.

Das gute Tier –!
        Ein dicker Lümmel
nahm ihm die ganze Eierei
und trug beim Glockenbammelbimmel
sie zu der Liebsten nahebei.

Da sind sie nun. Bunt angemalen
sagt jedes Ei: »Ein frohes Fest!«
Doch unter ihren dünnen Schalen
liegt, was sich so nicht sagen läßt.

Iß du das Ei! Und laß dich küssen
zu Ostern und das ganze Jahr …
Iß nur das Ei! und du wirst wissen
was drinnen in den Eiern war –!

AUF DIE WELTBÜHNE

Mein gutes Blatt! Wie hast du dich verändert!
Den Musentempel schließt du beinah zu;
mit Politik, Kunst, Wirtschaft dicht bebändert,
so geht dein Vorhang auf: auch du, mein Kind, auch du?
Du willst dich gleichfalls in den Strudel stürzen?
Randstaaten? Westfront? Die Veränderungswahl?
Nur eines kann mir meinen Kummer würzen:
    Es war einmal …

Es war einmal … da glaubten wir noch Beide
an Kunst und an Kultur, an Menschentum –
an deine ziegelrote Wand schrieb ich mit Kreide
die Namen meiner Lieben an zum Ruhm.
Wir dachten: essen und organisieren
sind Selbstverständlichkeiten, tief im Tal –
und auf den Bergen gehen wir spazieren …
    Es war einmal …

Du lieber Gott, wie hat sich das gewandelt!
Wir schuften, bis dem Land die Schwarte knackt.
Und kein Professor, der nicht gerne handelt
mit weichem Klitschebrot, das er sich backt.
Es war einmal … Glück auf zur neuen Reise!
Eng wars einmal – heut bist du bunt und weit.
Doch kehr noch manchmal dich zurück im Kreise
    zur alten Zeit!

DIE INTERNATIONALE

Du sprichst in tiefen Gutturalen,
mein gutes Kind, aus dunklem Bauch:
die dicken Konsonanten malen
dein Wort, und deshalb ahnt mans auch.

»Wie chchckkkkkkchan man!« – »Hat Er gut gischlafen?« –
»Kaneel« – und »anken« – »Jampel nu?«
und wenn uns je zwei Leute trafen,
so sprichts: da gnatscht ein Kängeruh.

Ein wenig Russisch, Südhebräisch,
ein wenig Rigaisch (aber brääääit –),
so gleitest du, vergnügt-chaldäisch
(in einer Silbe) durch die Zäit.

Du Nasendick! – Nein, was für Sachen –!
Ein Engel einst durchs Zimmer schlich …
Erzählst du, muß ich manchmal lachen –
doch schweigst du still, versteht man dich. –

ERINNERUNG

Wie tanzt durch meine Träume Josephine!
Das gute Kind! wie war sie dick und rund!
In luftiger Seide und sonst sine-sine,
so satt, so frisch und so gesund!

Sie neigt sich und sie spricht: »Weißt du noch, Junge?
Die Havel blitzt, es rauscht der Wind im Schilf,
es gibt Tomaten, Eier, Pökelzunge,
du stopfst, bis du nur hauchst: Luft, Samiel, hilf!

Und dann das Bad und dann ein Schlaf im Freien!
und immer dieses helle, weiße Licht!
Ich glaub, du, das war Sünde mit uns zweien –
wir liebten uns, und das, das darf man nicht!«

Sprachs und verschwand. Durch graue Gazeschleier
der Zigarette schau ich in die Luft –
Ja damals! Damals gabs noch Spiegeleier
und Butter und den warmen Bratenduft …

Dahin, dahin. Ich seh auf den Kalender:
Eins, neun, eins, acht! wir haben unser Heer,
wir haben Belgien und Serbien als Pfänder –
doch das ist weg … und kommt nicht mehr.

ALT-WIENER COUPLET

»Den Menschen heutzutage ist nichts mehr recht, alles wollen sie besser
machen, und wenn einer ein Amt hat, da heißts gleich: Ah! das is alles nix,
jetzt werd ich euch mal zeigen, wies gemacht wird! Aber i hab das schon oft
gesehen; wenn so einer dann eine Weile da ist, da kehrt der neue Besen net
mehr so gut, er wurstelt auch halt so weiter, und dann bleibt doch alles
beim alten!«

(Orchester)

Da sagen die Leut: So gehts nimmer weiter,
nicht einmal die Sonne scheint heuer noch heiter,
und es st…aubt schon zum Himmel, so mißlich ist alls:
keine Butter, keine Eier, kein Fleisch und kein Schmalz.
   Die Herrn, die regieren,
   die sind ja strohdumm,
   man muß reformieren
   ganz umadum.
Und kommen dann die Neuen, die anders verwalten:
's bleibt alles beim alten!
's bleibt alles beim alten!

Ist einer benebelt und liegt in den Betten,
vormittags um zehn Uhr, noch gar bei der Metten,
dann schwört er sich leise: Jetzt, Franz, sei ein Mann!
von morgen da fang ich ein andres an!
   Da will ich schon schaffen
   frühmorgens um vier;
   und dann gibts kein' Affen,
   kein Branntwein und Bier …
Ein Maß, ein Versprechen – sie könnens nicht halten:
's bleibt alles beim alten!
's bleibt alles beim alten!

Wir haben in Deutschland gar mächtige Schreier,
die spitzen auf eine gewaltige Feier.
Europa und Asien, ja selbst Afrika,
das gehört fein den Preußen – für die ist es da.
   Mit dem Wahlrecht hienieden
   da wollens ihr Ruh;
   und kämen im Frieden
   die Chineser noch zu
und die Esten und die Polen und die Belgier und die Balten:
's bleibt alles beim alten!
's bleibt alles beim alten!

                         (Ab)

ZENSURDEBATTE

Im Reichstag haben sie über Zensur gesprochen
und alle Mißgriffe derselben fürchterlich gerochen.

Herr Gothein hat es ausführlich in den Saal hineingeredet,
groß sei das Debet derselben, aber klein ihr Kredit.

Und auch Herr Müller-Meiningen hat sich dahin ausgelassen:
neben England müsse man dieselbe am meisten hassen.

Dann haben sich aber die Vertreter der Regierung erhoben
und sagten: man müsse dieselbe ertragen, aber nicht loben.

Und wenn die Offiziersburschen mit den Dienstmädchen gingen,
so sei das geheim; über Truppenbewegungen dürfe man nichts bringen.

Und auch Herr von Tirpitz gehöre wie die Papierverteilung zu
denjenigen Sachen,
deren diskrete Geheimhaltung vor den Feinden uns viele Sorgen machen.

Und so wurde noch allerhand hin–, beziehungsweise herverhandelt.
Es steht aber nicht zu befürchten, daß sich in nächster Zeit etwas wandelt.

Und wie in alten Schultagen fühl ich beklommen:
Wir haben eine miserable Zensur bekommen!

Die Verse sind mir leider ausgegangen –
Es ist so heiß.
Ich habe nur ein lästerlich Verlangen
nach Blond und Weiß.
Beamte, Akten, Schieber, bunte Bauern –
ein dummes Land.
Wie lange nur soll dieser Spaß noch dauern?
Gib mir die Hand.

So weit, so weit weg mag ich nicht immer bleiben,
was nutzt Papier!
Und nach dem allerletzten Feldpostschreiben
bin ich bei Dir. –

KLEINE ANFRAGEN

In Bayern soll es noch viele Dörfer und Städte geben,
darinnen läßt sich äußerst vergnüglich und heiter leben.
Butter gibt es daselbst, Gemüse aller Sorten,
und Rahm- und Sand-, beziehungsweise Käsetorten ...
Und das alles zu lächerlich billigen Preisen –
(nur kann man leider nicht dahin reisen).
Dort klappt es mit der Ernährung – das läßt mich nicht ruhn:
Was gedenkt der Herr Reichskanzler dagegen zu tun?

Jetzunder führen sie Stücke auf auf den Bühnen,
darinnen will die Tugend die Untat durchaus nicht sühnen,
sondern im Gegenteil: sie, die Untat, verstehste, triumphiert,
ohne daß sie sich bei dieser Gelegenheit auch nur im mindesten geniert.
Hingegen ertönt mit Recht kerndeutscher und fetter Applaus
in dem sinnigen, öffentlichen Dreimäderlhaus.
Goethe, Hasenclever, Molnar aber und Sumurun ...
Was gedenkt der Herr Reichskanzler dagegen zu tun?

Mein Herr Sohn, Ludolf heißt er, ist eine dolle Nummer,
und macht mir derselbe leider wochen- und auch sonntags reichlichen
Kummer.
Offenbar hat er das leichte Blut von seiner Mama,
denn auch diese – von mir sonst so hochgeschätzte – Frau ist meistens
nicht da.
Beide amüsieren sich tanzend und mein Geld durch die Gurgel jagend
in berliner Laster- und Sumpfhöhlen bei schleichgehandeltem Fleisch
hervorragend.
Ich aber sitze allein und schiefbeinig zu Hause in gelieferten und
deshalb hölzernen Schuhn. –
Was gedenkt der Herr Reichskanzler dagegen zu tun?

AUF EINEN RING
Für Mary

Ring einer Frau, du funkelst an meiner Hand,
grüßt du herüber von ihr, aus dem weiten Land?
Zauberring, ich drehe dich nur ein Mal –
und da steht deine Herrin vor mir im Saal.

Zauberring, ich trage dich Nacht und Tag,
und wir lauschen auf jeden langsamen Glockenschlag.
Was ich las und lebte und sah und litt,
alles liest und erlebst und siehst du mit.

Peitscht der Hagel und pfeifen die Winde ums Haus,
gab ich hochatmend das Letzte der Kräfte aus,
fühl ich nur deinen kantig geschliffenen Stein,
und du läßt mich ruhig und ganz geborgen sein.

Einmal aber geb ich dich ihr zurück.
Was ist dann? Eine Ehe? Ein blondes Glück?
Du bist da und das, was ich nie verlor.
Tiefer glüht dein Rot, hell blitzt dein Gold empor.

ZUM ERSTEN AUGUST

Herr Krieg, du bist unsre Zuflucht für und für.

Ehe die Berge wurden und die Länder und die Welt geschaffen
wurden, warst du, Krieg, von Ewigkeit zu Ewigkeit.

Der du die andern Menschen lässest sterben und sprichst: Hinweg, Menschenkinder!

Denn vier Jahre sind vor dir wie der Tag, der gestern vergangen
ist, und wie eine Nachtwache.

Du lässest sie dahinfahren wie einen Strom, und sie sind zum
Glück wie ein Schlaf; gleichwie ein Gras, das doch bald welk wird.

Das machet dein Zorn, daß sie so vergehen, und dein Grimm,
daß sie, sie, sie so dahin müssen.

Denn ihre Missetaten stellest du vor dich, ihre Sünden ins Licht vor deinem Angesichte.

Ihr Leben währet zwanzig Jahre, und wenns hochkommt, so sinds fünfundzwanzig, und wenns köstlich gewesen ist, so ist es schnell dahingefahren, als flögen sie davon.

Wer glaubts noch nicht, daß du so sehr zürnest? und wer fürchtet sich noch nicht vor solchem deinem Grimm?

Lehre sie bedenken, daß sie sterben müssen, auf daß wir klug werden.

Zeige deinen Knechten deine Werke und deine Ehre ihren Kindern.

Und der KRIEG, unser Gott, sei uns freundlich und fördere das Werk unsrer Hände; ja, das Werk unsrer Hände wolle er fördern!

EIN A-B-C

Mit **A** fängt alles an, was recht.
Im **A**llgäu sagts der Bauernknecht.

Der **B**ulle ist kein Traubenfresser.
Der **B**ernhard, der weiß alles besser.

Die **C**enzi trägt das Einheitsbier.
Cisternen gibt es dort und hier.

Der **D**iplomat saß da und sann.
Der **D**epp ist meist kein kluger Mann.

Der störrische **E**sel geht nicht vom Fleck.
Rev**e**ntlow ist das **E**nde von weg.

Manch fettes Brot siehst du bei Nikisch.
Man **f**astet nicht nur katholikisch.

Getreide will manch Mal nicht wachsen.
Der **G**uguck ist ein Tier aus Sachsen.

Der **H**amsterer ist gar nicht dumm.
Das **H**ammelfleisch gibts hintenrum.

Nicht jede Frau ist eine Dame.
Justav ist ein berliner Name.

Der Kriegsverlängerer triumphiert.
Die Krise ist, wenn nichts passiert.

Prozesse führt der Herr Lohan.
Es liegt ein Wirtshaus an der Lahn.

Minister reden gut und wacker.
Der Mist dampft fröhlich auf dem Acker.

Der Nachttopf ist oft nicht aus Stahl.
Manch Nauke ist nationallibral.

Im Osten herrscht noch keine Ruh.
O-Beine machen nicht d. u.

Das Pfräulein ist die Frau vom Schieber.
Herr Pachnicke ist mir schon lieber.

Die Qualle quetscht man nicht leicht tot.
Der Querulant ist meistens rot.

Das Röllchen tut das Hemde schonen.
Der Reichstag faßt Resolutionen.

Dem Schwein sind Trüffeln lieb und teuer.
Die Börse kränkt die Stempelsteuer.

Die Treue ist kein leerer Wahn.
Beim Tank kommt man schon schwerer ran.

Die Unken lassen mich nicht schlaffen.
Herr Tirpitz hat das U-Boot gschaffen.

Mit der Verpflegung geht es schief.
Die Vaterlandspartei ist vif.

Der Krieg ist schön beim Stammtisch-Weine.
Die Wahlreform hat kurze Beine.

Xanthippe trieb es manchmal bunt.
Beim k. u. k. sind alle **x**und.

Die **Y**psilons vom A-B-C
gibts nur noch bei der Z. E. G.

In **Z**elle steht ein **Z**uchthaus nur.
Gott schenk uns gnädige **Z**ensur!

CHAMBERLAIN

Das kannst du dir nun gar nicht denken,
daß wer aus Überzeugung spricht.
Du mußt verleumden und mußt kränken
und suchst gleich, wer denn da besticht.

Du nicht. Nein, du bestichst wohl keinen,
mit Wissen nicht und nicht mit Mut.
Nach deiner Lehre sollt man meinen,
daß so kein edler Arier tut.

Laß nur den alten Bismarck schlafen
und drängel dich nicht an ihn an.
Sieh, deine pappenen Pfeile trafen
vorbei – denn noch lebt Sonnemann.

Willst du durchaus nach rückwärts blättern?
In deinem alten Vaterland,
da dienten deine Namensvettern
dem Staat mit kräftiger, flinker Hand.

Sie schlugen keine süße Sahne,
sie kochten keinen Kinderbrei.
Ach, Tschemberlenn, du lebst im Wahne:
Alldeutsch und deutsch sind zweierlei.

Die Chamberlains hast du beleidigt.
Du sprichst zu England: Nevermore!
Mit Stank wird Deutschland nicht verteidigt.
Ich zieh mir die Verwandtschaft vor.

DREISSIG GRAD

Das ist die Zeit der dicken Sommerhitze.
Das Thermometer kocht. Die Sonne strahlt.
Die gnädige Frau hats warm; ich Plebs, ich schwitze –
in blauem Badehöschen, eindrucksvoll bemalt.

Am hellen Strand läuft eine leichte Brise
und legt sich wieder – nein, das wird kein Wind.
Jetzt ist August, da hatten wir die Krise,
wie so die deutschen Sommerkrisen sind.

Da hinten badet eine fette Dame.
Es steigt das Meer, wenn sie ins selbe tritt.
Sag an, Sylphide, ist vielleicht dein Name
Germania? Nehm ich dich als Sinnbild mit?

Es rinnt der Sand. Da schleicht sich ein Vehikel –
wohl gar mit Butter? – übern Dünendamm.
Bei mir langts nur noch für den Leitartikel –
was Kluges bring ich heut nicht mehr zusamm.

Wie lang ists her – da war in diesen Wochen
in angenehmer Weise gar nichts los.
Man hat nur faul den faulen Tang gerochen …
Heut kommen Kunz und Hintze angekrochen –
    Du liebe Zeit, wie bist du heiß und groß!

WORTE

»So zum Beispiel diese Balten.
Deutsch der Adel, deutsch das Land.
Also laßt uns sie behalten,
Stammesbrüder, Hand in Hand.
    Denn es muß an deutschem Wesen
    einmal noch die Welt genesen.
Deutsch sei Eskimo und Mohr!«
    Goldene Worte, Herr Pastor.

»Mann und Weib sind nur zwei Äste,
Äste von demselben Baum.
Zweiheit ist für sie das beste:
gleicher Schlaf und gleicher Traum.
    Wenn sie auch zerrissen wandern,
    sie zu Hause, er in Flandern –
Halt ihn fest, der dich erkor!«
    Goldene Worte, Herr Pastor.

»Friede! Friede sei auf Erden!
Sieh, auch drüben schießt ein Christ.
Zwar, man wird schon selig werden,
wenn man nur gehorsam ist.
    Christi Worte gelten immer,
    selbst in Blut und Schmerzgewimmer,
gelten bis zum Himmelstor!«
    Goldene Worte – goldene Worte …
    Und die Taten, Herr Pastor?

TROTZDEM – !

*Aus unserem Wettbewerb zur Neunten Kriegsanleihe
zur Veröffentlichung angekauft.*

Du schimpfst das ganze Jahr, mein Lieber,
du sprühst von Spott und Witz und Hohn,
du schimpfst auf Hamster und auf Schieber,
auf Scheidemann, auf Reventlown.

Du schimpfst voll Fleiß auf die Regierung,
schimpfst auf die Presse, auf Zensur.
Es gibt gar keine Verschimpfierung,
die dir nicht aus den Zähnen fuhr.

Das Wahlrecht und die Stempelsteuer,
ein alldeutsch lautes Wortgefecht …
und auch das Mehl wird rar und teuer –
ja, siehst du, häufig hast du recht.

Und trotzdem —!
                    Laß dichs nicht verdrießen.
Die *Neunte* ruft! Zieh kein Gesicht!
Solange jene andern schießen,
solange hilft das alles nicht.

Seis eine Mark, seis der gebräunte
und heitere Schein — bemüh dich mal!
Bei Beethoven war's auch die Neunte.
Trotzalledem —!
                    Sei klug und zahl!

TANZVERBOT

Ihr habt das Tanzen ganz verboten,
das fröhliche Hopp-Eins-Zwei-Drei,
dies zarte Liebesspiel nach Noten —
        Was ist dabei?

Tanzt nicht sogar auch die Regierung
— und, Theobald, die kanns! die kanns! —
um die Parlamentarisierung
        den Eiertanz?

Tanzt nicht der Deutsche, sanft sich fächelnd
— im Takt nicht immer auf der Höh —
mit seinem Freunde, buttrig lächelnd,
        den Pah de döh?

Und ist am Markt der bunten Waren
der Tanz des Kaufmanns nicht beliebt?
Was tut er denn schon seit vier Jahren?
        Er schiebt, er schiebt.

So laßt die Bürger ruhig tanzen!
Sie tanzen doch. Nur nicht zu Haus.
Und hoffentlich ists mit dem ganzen
        Tanz einmal aus!

KOLONNE

Hochrädrige, überdachte Wagen,
Immer einer hinter dem andern.
Der Regen rieselt. Sie fahren seit Tagen,
Seit Wochen, im Schritt, ein endloses Wandern.
Die Fahrer dröseln auf ihren Böcken,
Vorne im Halbschlaf der Herr Sergeant;
Das Wasser rinnt an den schweren Röcken
Herunter – grau und glatt liegt das Land – –
Der Fahrer träumt auf seinem Sitze,
Nur manchmal schreckt ein Rufen den Mann.
Ein Ruf pflanzt sich fort von hinten zur Spitze:
            »Rechts ran!«

Ein Auto braust. Vorbei. Sie sinnen
Und träumen wieder im gleichen Trott.
Wie wird das draußen? Wie wird das drinnen?
Friede? Wandlung? Du lieber Gott!
So lange geschmäht – jetzt steht es kritisch –
Der Rote war stets ein schwarzer Mann –
Jäh fährt er auf. Wie klingt das politisch:
            »Rechts ran!«

Wird sich das ändern? In neuen Bahnen?
Es wäre die allerhöchste Zeit.
Nicht mehr: Obrigkeit, Untertanen,
Nur noch Deutsche – im gleichen Leid.
Die Pferde poltern ein wenig geschwinder,
Sein nasses Gesicht zieht sich lustig in Falten:
Nur noch Landsleute – und die Kinder
Habens besser als die Alten.
Neue Zeiten und neue Besen –
Besser, als er es je haben kann …
So ist es denn nicht umsonst gewesen:
            »Links ran!«

LANDRATSDÄMMERUNG

Herr Landrat, Herr Landrat! der Scheidemann
regiert neben Zepter und Krone!
Man denke: noch gestern im preußischen Bann
und heute am Königsthrone!
Wer gestern verboten und konfisziert,
ist heute Minister und herrscht und regiert –
Herr Landrat, die Welt geht unter!

Herr Landrat, Herr Landrat! der Pazifist,
der Erzberger, sitzt daneben!
Er produzierte »utopischen Mist«
und nun – o seltsames Leben!
Noch gestern verhöhnt – und jetzt, und jetzt –
ich glaube, nun ist er dir vorgesetzt –
Herr Landrat, die Welt geht unter!

Deine Welt geht unter. Eine andre auf.
Pack ein, als König der Klitsche.
Der Kräftige schwingt sich zum Sattel hinauf.
Du warst doch sonst so für Nietzsche!
Hör an: Im Kreise kein Autokrat,
nur Bürger mit Obliegenheiten.
Das war dein gesegneter Krieg, der das tat.
Pack ein! Wir ernten die junge Saat,
Herr Landrat, und neue Zeiten!

STROMAB

Auf dem Rhein
Schwimmen Häute still zu zweien oder drei'n.
Ja, was mögen das für Häute sein?

Auf der Elbe,
Ei! da ist es ganz dasselbe.
Schwimmen Häute, schwarze, braune, gelbe.

In der Weichsel
Schwimmen Häute, ja, potz Deichsel!
Hext in diesen Flüssen denn ein Teixel?

Diese Felle
Sind wohl alle aus derselben Quelle
Hergekommen.
Sie sind den Alldeutschen weggeschwommen.

DIE REIHENFOLGE

Wie war das neulich eigentümlich!
Ich ging im Wald so für mich hin,
und alles, was durchaus nicht ziemlich,
drängt sich mir dauernd in den Sinn.

Da liegt, in heiterm Flug geboren,
ganz weiß, gekrümmt und weich wie Wachs
– das hat gewiß ein Spatz verloren –
ein kleiner Klacks.

Und tiefer in des Waldes Hallen
liegt hingerollt, soweit ich seh,
– das ließ wohl eine Ziege fallen –
ein halbes Pfund Kaffee.

Und wie sich das so weiter machte,
besah ich einen neuen Fund:
– hier stand einst eine Kuh und dachte –
ein Fladen, groß und rund.

Und hat denn alles sich verschworen?
Da liegt im Tumpel, dran ich ging,
– das hat gewiß ein Ochs verloren –
ein Buch von Keyserling.

HELM AB — !

Da liegt die große Pickelhaube
im schwarzen, dunkeln Grabesloch.
Sie ruhe sanft … Sieh da, ich glaube,
sie wackelt noch.

Ein Landrat fletscht die großen Zähne:
»Am Grabe noch ein Spottgedicht?
De mortuis nil nisi bene!«
Ich weiß doch nicht.

Steigt unser Leid heut zu den Sternen
nach blutigem Kling-Klang-Gloria –
vergeßt es nicht: ihr sollt das lernen,
wie es geschah.

Vergeßt sie nicht: die Ordensritter,
den Heimatkistenoffizier,
die Jungs der Reklamiertenzither –
all das Getier.

Helm ab!
            Voll Pietät? Ja, Kuchen!
Er liegt auf wohlverdientem Mist.
Wir müssen erst dem Alten fluchen
und dann nach gutem Neuen suchen –
bis er vermodert ist.

NAMENSÄNDERUNG

Ich muß mir einen neuen Namen geben.
Mein Gott, wer ändert nicht in großer Zeit!
Man kann ja auch als Kaspar Hauser leben,
wie er war ich von aller Welt so weit.

Ich Menschenfremdling dacht in meiner Klause:
Ist ein Professor einmal Monarchist,
weht einmal Schwarz-Weiß-Rot von seinem Hause,
dann, dacht ich, bleibt er eben, was er ist.

Ich Kind! Da lebt ich so im frommen Wahne.
Der hat ja gar nicht jenen Thron gemeint!
Sein Banner ist die kleine Wetterfahne:
Zahlst du Pension? Wenn nicht, bist du der Feind.

Und flugs und flink hat er sich umgewandelt.
Man ändert seinen Namen, nicht das Herz.
Man lernt die neuen Worte, und man handelt
die Überzeugung nunmehr anderwärts.

So zeigt sich denn beim Leben und beim Schreiben:
die Reaktion ist alt – die Phrase neu.
Ich aber will gern euer Alter bleiben,
als Kaspar Hauser.
                    Bleibt mir weiter treu!

BRUCH

Was aber wird nun aus der Siegsallee?
Wird man dieselbe, weil zu royalistisch,
zu autokratisch und zu monarchistisch,
abfahren in den Neuen See?

Läßt man bei jedem Denkmal die Statur?
und setzt nur neue Köpfe auf die Hälse?
Nun, sagen wir mal, den von Lüders Else
und Brutus Molkenbuhr?

Weckt man den schönen, weißen Marmor ein?
Vor langen Jahren, damals, im Examen,
wußt ich, wie alle nach der Reihe kamen …
Soll das umsonst gewesen sein?

Und sie ist schön! – Laß uns vorübergehen
und lächeln – denn wir wissen ja Bescheid.
Ich glaub, wir lassen still die Puppen stehen
als Dokumente einer großen Zeit.

WEIHNACHTEN

In meiner Heimat, da oben im Norden,
sind wir als Kinder versammelt worden,
Anna stand hinter der Tür und hatte
einen Vollbart an aus furchtbar viel Watte.
Und während wir drin um den Weihnachtsbaum sangen,
hat sie ganz vorsichtig angefangen,
ein kleines Paket durch die Tür zu schieben,
da stand nun irgendwas drauf geschrieben:
Für Peter – Für Theo – Für Mary – Für Claire –
und wir platzten vor Neugier, was das wohl wäre – –
Und dann machte die Weihnachtsfrau draußen: Schwapp!
    Und warf den Packen und rief:
    »Julklapp!«

Ich werf euch nun so einige Packen
mit Spielzeug und Bildern und Nüssen zum Knacken:

Karl Liebknecht, wie bist du rein und fanatisch,
auf die Dauer wirkst du doch unsympathisch;
du bestärkst den Radau, treibst der Rechten die Mühlen –
ich glaube, du sitzt grade zwischen zwei Stühlen – –
    Julklapp!

Frau Schwerindustrie, da hockst du und wartest.
Weißt du, daß du uns vier Jahre lang narrtest?
Jetzt sind dir die Felle stromabwärts geschwommen –
Bei Thyssen! sie werden schon wiederkommen – –
    Julklapp!

Herr Major, die gesträubtesten Schnurrbarthaare
trösten uns nicht über die letzten Jahre.
Wo ist Ihr Glanz? Jetzt sitzt er und putscht.
Herr Major, Sie sind hinten runtergerutscht!
    Julklapp!

Fühlst du dich etwa vom Frieden betroffen?
Herr Schieber? Mein Lieber, ich will es nicht hoffen.
Denn darin seid ihr euch gleich geblieben:
Für den Tüchtigen gibt es stets was zu schieben – –
            Julklapp!

A und S – eine liebe Erscheinung!
Von jeher war das meine Meinung:
wir haben zu wenig Beamte im Haus.
A. u. S. Vielleicht heißt das: »aus«?
            Julklapp!

Die Kinder … das ist ein ernstes Kapitel:
Brotkarten, Vaterns Soldatenkittel –
die Schule fällt aus – unsre Hoffnung nicht minder –
ich glaube, ich habe zum Glück keine Kinder …
            Julklapp!

Der Tanz ist erwacht mit einem Male.
Der Foxtrott zieht durch alle Lokale;
und wer ihn nicht richtig tanzen kann,
der ist überhaupt kein deutscher Mann – –
            Julklapp!

Mein Kino, du hast jetzt gute Tage!
Keine Aufsicht mehr, keine Zensurenplage.
Man kann jetzt unverhüllt alles sehn –
und trotzdem bist du genau so schön – –
            Julklapp!

Ich hoffe, ich habe keinen vergessen.
Aber ihr geht nun gewiß zum Weihnachtsessen.
Und wenn wir das hier so alles lesen:
es ist eine schöne Bescherung gewesen!

SILVESTER

Da sitzt der Weise tief im Sessel
und braut sich einen Schlummerpunsch.
Die Nase glüht – es summt im Kessel –
und nachbedenklich hängt sein Flunsch.

Sieh da, Mamachen! Hoch geschäftig
eilt diese Gute hin und her.
Sie kocht und gießt und klappert heftig
und fragt mich schließlich, was es wär.

Denn schau: sie hat sich Blei geschmolzen,
es zischt, es plumpst – sie bringt es an.
Was ist das? Seh ich einen stolzen
Monarchenthron? mit Bommeln dran?

Ist das die Republikenmütze?
Ein Tirpitzbart? Ein voller Sack?
Ein Säbel, welcher zu nichts nütze,
und den man nicht mehr sehen mag?

Das alles wälz ich durchs Gemüte.
»Na, Theobald? wem sieht das gleich?«
so drängt mich meines Lebens Blüte.
Ich weiß doch nicht ... das Blei ist weich ...

Das soll es nicht. Es mag erstarren!
Seid hart, wie jener Landgraf war!
Umtost von Junkern und von Narren,
nur Männer ziehen unsern Karren –!
– – – – – – – – In diesem Sinne:
                    Prost Neujahr!

VIEL LÄRM UM WAS?

Wenn im Mai die Kater schreien,
wenn ein Blütenregen fällt,
gehn die Tiere meist zu zweien,
weil es ihnen wohlgefällt.
Und der Weise siehts und spricht:
Eigentlich – es lohnt sich nicht – –
Ist denn die Liebe gar so nett?
Tant de bruit –
tant de bruit pour une omelette? –

Kater haben ihre Zeiten:
Mai und Juni, dann ist Schluß.
Unsereiner hat bei weitem
mehr Wehweh und Überdruß.
Denn wir tun das ganze Jahr,
was noch stets »verboten« war …
Ist auch die Jungfrau dumm und fett:
tant de bruit,
tant de bruit pour une omelette –!

Sieh, es blühn am andern Ufer
bunte Tulpen, weiß und blau.
Höre auf den Liebesrufer,
sei kein Frosch, sei eine Frau!
Freundlich sagt dir dies Gedicht:
Kindchen, strample, zapple nicht –
Ein Haarschopf nur lugt aus dem Bett – –
Tant de bruit,
tant de bruit pour une omelette –?

MIT ETWAS SCHARFEM

Der sanfte bürgerliche Braten
schmeckt auf die Dauer etwas matt;
die gute Hausfrau nimmt Muskaten
und Salz, und was sie sonst noch hat.

Und sieh, der Kenner hebt die Nase:
»Was ist denn heut im Erbsenbrei?« –
Und lächelnd spricht die Küchenbase:
»Da ist nun Paprika dabei!« –

Und so verwandelt sich in Kürze
das Bürgerhackfleisch zu Ragout –
das macht ein kleines bißchen Würze,
die Prickelschärfe, der Haut-gout.

Es geht nun mal nicht ohne diese.
Gewürze sind das A und O.
Und die Moral, Du Strampelliese:
es ist nicht nur beim Essen so. –

EINLADUNG

Zwar ich habe nur ein Zimmer,
Und das Zimmer ist sehr klein,
Doch es können darin zweie
Ganz unbändig glücklich sein,
In dem einen kleinen Zimmer.
[Otto Julius Bierbaum]

Also komm und laß nicht warten!
Auf dem Tisch steht schon ein Strauß,
Und das kahle, kleine Zimmer
Sieht heut ganz verwegen aus.
Also komm und laß nicht warten!

HINTER DEM VORHANG

Du bist zwar nicht die Kolombine,
und ich bin schließlich kein Pierrot –
und doch: laß deine strenge Miene!
Sei froh! –

Der Vorhang senkt in weichen Falten
sich über eines Paars Tableau;
das war von je seit alten, alten
und längst verklungenen Zeiten so.

Der Vorhang fiel. Mit bunten Bändern
fiel auch, was Kolombinen ziert.
So strampele nicht. Du kannsts nicht ändern,
nur Gouvernanten sind piquiert.

Du aber bist die Kolombine.
Am Vorhang wartet ein Pierrot.
Komm mit! Komm hinter die Gardine –
Sei froh! –
        (Stimme aus dem Hintergrund:
         – »Es ist ja zum Lachen – –!«)

MIT EINER WEISSEN FAHNE

Wir bullern munter mit Kanonen,
die Truppen stehen vor der Stadt –
das Feuer derer, die drin wohnen,
klingt schon verhältnismäßig matt.

Es wankt … noch widersteht die Mauer …
es wankt … wie lange dauerts noch?
die Abwehr feuert lau und lauer –
wann setzt es wohl das erste Loch?

Zum Sturm! – Die gelben Hörner blasen
zum Sturm! – Da wogt ein ganzes Heer –
das Fußvolk tobt, die Pferde rasen –
wir siegen, denn wir wissen mehr.

Die Sieger kennen kein Erbarmen.
Nur einer drängt zur Burg sich hin
und hält in seinen ruhigen Armen
die junge, starke Königin! –

IMMER –

Das ist ein strahlend blauer Tag,
wie man sie gerne leiden mag
    mit allen guten Winden.
Es blitzt das Licht in seidigem Gold –
Fortunas Silberkugel rollt –:
    ich will dich bei mir finden. –

AUFKLÄRUNG BENEBST RATSCHLAG

Der Mensch, dies Ding auf Wackelbeinen,
er pflanzt sich nicht durch Knollen fort;
die Bälger, seine lieben Kleinen,
sind da nur durch ein Liebeswort.

Es lebt der Bettler und der Ritter
nur, weil sie damals sagte: Nimm! –
Und weil er nahm, und weil kein Dritter
dem zugesehn, was gar nicht schlimm.

In Büchern steht das nicht zu lesen,
auch wird es nicht durch Worte kund.
Doch sagt es ohne Federlesen
ein roter Mund dem andern Mund.

Du strahlst gleich einem hellen Lichte:
das Rechnen, Schreiben kannst du fein.
Nun lern auch noch Naturgeschichte –:
dann wirst du stets die erste sein! –

EIN LAUTENLIED!

Mädchen, liebst Du wen im Land,
Nimm Dir einen Leutenant.
Leutenant mit Kling-Klang-Sporen.
Hast Du den Dir auserkoren.
Läßt er sich die Lieb was kosten –
»Achtung« schreien alle Posten –
    Leutenant, – wen im Land –
    Ei, Du süßes Mädel! –

Mädchen, fängst Du's Küssen an,
Nimm Dir einen Hauptemann.
Hauptmann auf dem stolzen Pferde, –
Alles beugt sich bis zur Erde –
In der hellen Sonne blitzen –
Degen – Orden – Schnurrbartspitzen –
    – Hauptemann – Küssen an –
    Leutenant – wen im Land –
    Ei – Du süßes Mädcl!

Mädchen, hast Du mal was vor.
Nimm Dir einen Herrn Major.
Herr Major mit busch'gen Brauen –
Stürmt die Forts und stürmt die Frauen.
Und er schenkt Dir jungem Dinge
Spangen – Edelsteine – Ringe. –
    Herr Major – mal was vor –
    Hauptemann – Küssen an –
    Leutenant – wen im Land.
    Ei – Du süßes Mädel.

Madchen, uifTst Du Deine Wahl –
Nimm Dir einen General.
Excellenz im schnellen Wagen
Wird Dich rasch von dannen tragen.
Und Du lehnst in weichen Kissen –
Garnichts brauchst Du mehr zu missen.
    General – Deine Wahl –
    Herr Major – mal was vor –
    Hauptemann – Küssen an –
    Leutenant – wen im Land –
    Ei – Du süßes Mädel.

Mädchen, wenn Du Dich schon gibst –
Nimm Dir einen, den Du liebst.
Von den ganzen Kling-Klang-Schätzen –
Kann nicht einer dies ersetzen …
Venus segnet ohne Ende
Freundlich Deine lieben Hände –
    Ei, Du süßes Mädel.

Für Mary

Die Hühner krähn. Der Morgen dämmert.
Der Pegasus steht dick im Stall.
Es ging ihm tagelang belämmert,
jetzt lauscht er auf den Peitschenknall.

Es kommt der Grom und tätschelt seinen
hellweißen, muskulösen Hals
und an den dicken Hinterbeinen
klatscht er, was rundlich, ebenfalls.

Das Pferdchen wedelt mit dem Schwanze
und prustet und stampft dumpf im Stroh –
und bläht die Nüstern, denn das ganze
vergnügte Leben freut ihn so.

Die Türe knarrt. Es riecht nach Wiesen,
nach Morgenluft – der Grom steht stramm:
und frisch und hell steht auf den Fliesen
zu frohem Ritt, im Dress
        madame.

PALMARUM

Jetzt schlüpft Thalia aus dem decolletierten
dem lieblichen Gesellschaftsspitzenkleid –
die Mimen schminken ab, die engagierten
Jungfraun vom Chor – –
　　　　　　　　's ist Frühlingszeit.

Der Vorhang fällt. Der Winter ist vergangen,
bald legt der Osterhase Ei bei Ei.
Der Ehemann denkt zitternd und mit Bangen
an einen Frühjahrshut für diesen Mai.

Der Bursche faßt noch fester um sein Schätzchen,
er küßt sie keck und froh auch außerm Haus …
die Birken und der Teint vom lieben Mätzchen
sie schlagen beide gleich erfreulich aus.

Und wir? Du helles Kind, dahinter
steckt nicht der übliche grüne Lenzestrieb.
Was Frühling, Sommer, Herbst und Winter:
ich hab dich lieb. –

GEBET

Heilige Mutter Maria, mit Fliegen betragen,
Segne uns du in schlechten und guten Tagen!
Sei auch du gesegnet vom Kopf bis zum Knie,
Mutter Marie! –

Sieh! voller Ehrfurcht schlägt jeder vor dir drei Kreuze,
tief überwältigt von deinem bezaubernden Reuze;
und nur dein Näschen formte ein böses Geschick
etwas zu dick.

(Wahrscheinlich aber kommt dies vom häufigen Bohren …)

Heilige Mutter, so öffne uns gnädig die Ohren! –
Denn in der Brust deiner Gläubigen wohnte nur SIE:
Mutter Mary –!

MIT EIERN

Da sind nun zehn ovale Eichen! –
Wie hat der Gockel sich bemüht!
Er muß und muß sein Ziel erreichen,
bis daß sein Kamm rotpurpurn glüht.

Die Henne gakst und schlägt die Schwingen,
die Federn fliegen – welch ein Tanz!
Der Herr und Sultan täts erringen;
rings flüstert es: bei Gott! der kanns!

Der Weise sieht in die Kassette,
guckt sich den Inhalt an und sinnt:
Zehn Eierchen … ja, wer die hätte …!
Du lachst, mein Kind?

Zehn Eier sind für die, die lieben
zum Frühstück eine Leckerei.
Und im Vertrage, Ziffer 7,
steht von uns beiden unterschrieben:
Ein Ei – ein Kuß;
                    ein Kuß – ein Ei! –

ALS SIE ETWAS VON ZU HAUSE MITBRACHTE –

Ich lege dich zärtlich in meinen Schrank
in die allerunterste Ecke;
du bist so weich und dünn und lang:
was geb ich dir nur zum Verstecke? –

Und du bist so *weiß!* – Wie ungewohnt
ist mir diese Farbe der Reinheit!
So weiß scheint selbst nicht der liebe Mond
wie du in leuchtender Feinheit …

Und jedesmal, wenn SIE bei mir ist,
dann flattere am höchsten Maste –
damit ihr alle in Kurland wißt:
die Prinzessin ist heute zu Gaste! –

AN LORA.

(Ein Sonett.)

Du fährst im Sonderzug mit rohen Menschen,
Auf grobe Bänke legst Du Deine weißen Glieder;
Der Abend kommt, die Nacht senkt sich hernieder,
Und morgens wirst Du Käsestullen lunchen.
./.
Du schämst Dich nicht! Du sagst vielmehr: »Nu wenn schon!«
»Ich liebe meine Deutschen, treu und bieder,
Ich liebe ihren Schweiß und ihre Lieder!« –
O Lora! Laß zu meinem Gott mich benschen!
./.
Du bist nicht wert der süßen, schwarzen Locken,
Der roten Lippen und der andern
Notwendigen Requisiten, die Dir Gott gegeben!
./.
Vielleicht trägst Du ein Jägerhemd und dicke Socken …
Mein Ruh ist hin. Ich muß von dannen wandern,
Und ohne die Geliebte trüb mein Leben leben.

1919

EIN DEUTSCHLAND!

Feierlich treten wir nunmehr in das Jahr 1919,
und es freut uns, daß wir allhier versammelt Feind und Freund
                                        sehn;
unserm tierischen Gehaben entsprechend wollen wir sie be-
                        schnuppern und betrachten,
und, je nachdem, beißen oder auf den Popo klapsen oder
                                        schweigend achten.

Wie ist das zunächst mit Oberschlesien?
Sind da die Herren Schwarzröcke im Spiel gewesien?
Oder markieren alldort die lieben Polen
den Teufel, der die Deutschen will holen?

Es knistert aber nicht nur an dieser Stelle im Reiche;
im Rheinland beobachten wir ganz das gleiche:
auch hier möchte man sich selbständig machen, und nicht minder
partikularistisch erglänzt der Vereinszylinder.

Und es ertönt die alte deutsche Musike:
Wir wollen unsere eigene kleine Republike!
Zweitausend Jahre alt ist diese Melodie –
und es scheint fast so, als lernten die Deutschen es nie.

Haben sie denn nicht begriffen, was vor sich gegangen?
Fühlen sie nicht im Osten und Westen die klemmenden Zangen?
Müssen sich denn die Deutschen immer untereinander zanken
und von Kürassierstiefel zum Schlafrock hin und wieder wanken?

Ein Deutschland! Soll das niemals anders werden?
Ein Deutschland ohne diese lächerlichen Bürgergebärden –
Ein Deutschland! Freunde, seid klug und gebt euch die Hand!
Wir pfeifen auf schrilles Hurrageschrei. Wir brauchen
                                        ein Vaterland!

RELIGIONSUNTERRICHT

Berliner Pastöre und Zentrumsherren
durchziehen die Straßen und plärren
Choräle.

Denn die revolutionären Affen
wollen die Schulreligion abschaffen.

Wer garantiert nun der gutgläubigen Jugend
die garantiert echte christliche Tugend?

Denn was da geht in ein christlich Ohr,
fürs ganze Leben hält das vor.

Wer lehrt nun die Kleinen nach diesem Krieg
die Sätze der praktischen Metaphysik?

Als da sind: Du sollst nicht töten!
Außer, wenn die Fahne in Nöten.

Diese weisen Lehren – wie Paulus uralt …
Und was macht, nebenbei, das Pastorengehalt?

Das Pastorengehalt – Herr Gott in Gnaden!
wolle doch die Sünder zur Hölle laden!

Sieh, der Bürger zieht ein Gesicht.
Gegen den Priester? Er traut sich nicht.

Er gedenkt seiner Jugend und wird wieder kindlich.
Gegen den Priester? Er ist plötzlich empfindlich.

Kluge Gesichter lächeln in Rom:
Deutschland war stets ein einziger Dom.

Die Herren von der Konkurrenzfakultät
tun mit, weils um dem Gelde geht.

Friede, ihr Fakultäten, auf Erden!
Es wird mit dem Umsturz so schlimm nicht werden.

Man kann sich ja euer gar nicht entwöhnen!
Und paßt mal auf: meinen Herren Söhnen
werden im Schulunterricht wieder ertönen
  Choräle!

BERLINER DREHORGELLIED

Ich stehe hier am Leipziger Platz
wohl hinter meinem Kasten.
Wer mich in Feldgrau sieht, den hats
bedrückt mit schweren Lasten.
Geht auch das ganze Reich kaputt,
ich dreh die Kurbel rum –
Didel nut, nut, nut, didel nut, nut, nut,
Didi nutnut, nutnut –
            Schrumm!

Der Spartakus, der Spartakus,
der möcht uns gern regieren;
er will bei diesem Friedensschluß
die Leut noch kujonieren.
Im ganzen Kriege schoß er nicht
so viel um sich herum
wie hier, nut, nut, an einem Tag –
didel nut, nut, nut – Schrumm! schrumm!

Kamerad, weißt du noch? im August?
Man trieb uns in den Graben.
Glüht euch die Freiheit in der Brust?
Ich will Moneten haben.
Was achtundvierzig heilig war,
ist heut Spektakulum.
Ich will den Umsturz gleich in bar –
Didi nutnut, nutnut – Schrumm!

So steh ich hier am Leipziger Platz
und laß die Walzer klingen.
Wer mich in Feldgrau sah, den hats
gepackt: wer steht in Bingen?
Liegt auch mein Vaterland in Schutt,
bekümmert ihr euch drum? –
Didel nut, nut, nut, didel nut, nut, nut,
didi nutnut, nutnut –
        Schrumm!

AUSBLICK

Wenn ick mir so die Welt bekieke,
besonders die am Pankefluß,
den Straßenkampf mit Tanzmusike,
den Schiebetrott des Spartakus ...
Lieg ich des Morgens still im Bettchen,
und kommt Mama auf leisen Zehn
mit unserm guten Morgenblättchen –:
    Ick trau mir jar nich hinzusehn!

Der Pole stiehlt zu günstigen Zeiten,
in Rußland stiehlt der Bolschewik;
es stiehlt sich trotz der großen Pleiten
noch mancher in die Politik.
Im Kriege sah man ihn verfechten
das »Siegen oder Untergehn«!
Heut donnert er von Bürgerrechten –
    Ick trau mir jar nich hinzusehn!

Und wählt nicht auch die liebe Claire
(längst ist die Süße zwanzig Jahr!)
im großen deutschen Frauenheere?
Wie dünkt mich dieses wunderbar!
Was kümmert sie der ganze Bettel –
sie fragt mich ängstlich: Wähl ich den?
Und dann nimmt sie den falschen Zettel –
    Ick trau mir jar nich hinzusehn!

Und kurz und gut: Der ganze Rummel
hängt aller Welt zum Halse raus.
Sie schätzt den Schummel und den Bummel
und zieht sich keine Lehre draus.
Wir danken für des Aufruhrs Gaben!
So mußt es in die Binsen gehn.
Nur Arbeit füllt die leeren Waben!
Und wenn wir das begriffen haben,
    trau ick mir wieder hinzusehn!

GUTE NACHT?

Gute Nacht, mein Bürger, eiapopei!
Dreh dich nur wieder herum!
Die Wahlen sind nun glücklich vorbei,
vorbei das Spektakulum.
    Sie blasen dir schon eine Nachtmusik:
    Und willst du glücklich sein,
    kümmer dich nie mehr um Politik!
    Gute Nacht, mein Kind, schlaf ein!

Sieh, das Blättchen hat sich gewandt,
zum erstenmal zeigest du Kraft;
dein eigener Wille regiert das Land,
deine eigene Vertreterschaft.
    Vertrau ihr! Mit jenem General
    fielst du zwar mächtig rein.
    Aber vertraue nur noch einmal –
    und schlaf nie wieder ein!

Draußen klagt der politische Wind.
Du liegst in der Wiege und lutschst.
Du bist mein artiges, mein deutsches Kind,
so brav, weil du selten putschst.
    Es riß im November dir die Geduld.
    Das soll dir vergeben sein.
    Lauf nicht wieder in den Tumult –
    Schlafe, mein Kind, schlaf ein!

Kind, ich habe nur Spaß gemacht.
Ich sitze an deiner Wiege
die lange, finstere, deutsche Nacht ...
Was wird nach dem Wählersiege?
   Es dämmert. Ist das nun Untergang?
   oder Morgenschein?
   Die Weltgeschichte geht ihren Gang –
     Schläfst du wieder ein?

SPARTAKUS IN MOABIT

Sieh da: Justitia!
          Voll mit Paragraphen
behängt, so steht wie ehedem sie da.
Sie hat natürlich alles ganz verschlafen
und weiß nicht, was im Lande jetzt geschah.
»Was ist denn uns«, so spricht ein weiser Richter,
»die Politik und die Revolution!
Die Kerle sind Banditen und Gelichter,
Paßt auf, und wir besorgens ihnen schon!«

Ihr weisen und gerechten Richter fauchtet
auf die Empörer – nach mißlungener Tat.
Das Wahlrecht aber, das ihr eben brauchtet,
verdanktet ihr dem gleichen Hochverrat.
Justitia, Trauerweib, du hast geschlafen,
wie stets, wenn wir vom Fleck gekommen sind.
Wir pfeifen auf den Spruch und auf die Strafen!
Reiß deine Binde ab! Du bist ja blind!

Du armes Hascherl kannst nicht unterscheiden,
wer Räuber war und wer Idealist –
Du knobelst ernst und strafst gleich hart die beiden,
weil du zu faul zum Präzisieren bist.
»Noch gilt das Recht! Sie müssen eben hangen!«
Geschichte gilt – und nicht dein Tintenquark.
Willst du dir wegen Ruhestörung langen
die junge Mannschaft da von Langemarck?

Das sei was andres?
                    Ei, denkst du der Zeiten,
wo du die Adelsfrau im Schwesternkleid,
die stahl, wo du des Schutzmanns Grausamkeiten
fein legtest still bei Seiten –
sie wüßten nichts von der Rechtswidrigkeit?
Straf du die Lumpe bei den Spartakisten.
Steck die ins Zuchthaus, die beim Kampf geklaut.
Vergreif dich nicht an den Idealisten!
Wir kennen deine Paragraphenkisten!
    Nimm dich in acht, du alte, falsche Haut!

GEDANKEN UND ERINNERUNGEN

Da gibts zu jenem Bismarck-Werke
den dritten Band – er liegt versteckt –
den Band, in dem in alter Stärke
der Alte manches aufgedeckt.
Man will ihn jetzo publizieren.
Vergangenes wird noch einmal jung.
Und träumerisch führt uns spazieren
            Erinnerung …

Hoch Schwarzrotgold! Und Achtundvierzig!
Dann Olmütz, Petersburg und Wien.
Etatsverweigerung – man wird sich
mit Gott aus der Affaire ziehn.
Konflikt? Die Volksvertreter reden.
Der König zeigt die starke Hand.
Dies alles malt – verworrene Fäden –
            der erste Band.

Und dann die alten Ruhmesblätter!
Ein Bruderkrieg – Norddeutscher Bund.
Am Rhein die schweren, schwarzen Wetter.
Der Sieg. Versailles. Der Friede. Und –?
Und dann? Kongreß. Die Dreibundsware.
Im Innern schwelt sozialer Brand.
So reicht bis zum Dreikaiserjahre
            der zweite Band.

Und was wird nun der dritte bringen?
Wie einer still nach Hause zieht.
Er wird von Hofkabalen singen,
vom jungen Herrn das alte Lied.
Und vier, fünf Menschen hielten offen
des Reiches Schicksal in der Hand.
Und das ist nun, wir wollens hoffen,
     der letzte Band.

NIEDER, BZW. HOCH DIE FRAUEN!

Heute wollen wir ein Liedlein singen,
denn es muß einmal gesungen sein.
Pegasus, erhebe deine Schwingen –!
Wie wirds künftig mit den Frauen sein?
Sieh mal, allerorten sind sie drinnen
in dem weitverzweigten Tageslauf –
sie sind Ärzte und Budikerinnen –
     Hört das etwa auf?

Wenn die Arbeitslosen, vollgegessen,
eines Tags so fett geworden sind,
daß man schon aus sportlichen Interessen
die Saison der Arbeit froh beginnt –:
geht die Frau dann in den alten Rahmen,
pflegt sie wieder den Familiensinn?
Schalterfräulein und die Botendamen
und die schiefbemützte Schaffnerin?

Die macht Tigern mächtig großen Kummer.
Aber eines weiß er ganz genau:
daß da manche alte, dufte Nummer
ihm erhalten bleibt. Man braucht die Frau!
So zum Beispiel jene zur Verbreitung
unserer Presse an der Straßenbahn.
Sie verkauft die ›Deutsche Tageszeitung‹ –
Armes Weib – was hat man dir getan.

Und dann die, die schon alt eingesessen.
Eine, die besitzt ein kleines Haus
auf dem Magdeburger Platz. Indessen
keine Staatsumwälzung holt die raus.
Damen gibt es, die sind unentbehrlich
in dem großen deutschen Staatenbau.
Manchem ist dies manchmal recht beschwerlich.
Ach ja, ja … Zum Beispiel: meine Frau …

(Aber dafür einen Kerl – das wäre dumm.
Nur: ich tauschte sie ganz gerne um.)

O Maries! Rosalien! Josephinen!
Müßt ihr wirklich so viel Geld verdienen?
Kehrt zurück in der Familien Schöße!
Küßt dem Mann die Stirn und bratet Klöße,
daß uns armen Männern dies nicht länger fehle:
heile Strümpfe und die liebend warme Seele!

SPAZIERGÄNGE IN BERLIN

Ich kenne den Asphalt nun so lange Jahr.
Aber so, wie es im November war,
im November achtzehn, so war es noch nie.
Das ist eine neue Melodie.
Man hat immer früher davon gelesen:
»Damals ist Revolution gewesen …«
Nun spüren wir sie an der eigenen Haut –
Ich muß sagen: ich bin doch wenig erbaut.

Gemeint war es gut. Seien wir mal offen:
die Herren, die jetzt davongeloffen,
waren nicht die besten. Die breiten Massen,
zerteilt in Kasten, Grade und Klassen,
waren gut genug zum Steuerzahlen.
Man konnte ja dann bei den Reichstagswahlen
einen demokratischen Zettel dran wagen –
aber der Reichstag hatte nichts zu sagen.
Und so blieb alles beim schlechten Alten –
der Landrat wollte die Macht behalten.

Und so blieb alles beim alten Schlechten –
nun, wir wollen nicht mehr drüber rechten.
Jahrelang Lüge. Wahrheit in Wochen.
Der Kasten ist zusammengebrochen.
Nur leider: wir sind dabei mit die Dummen.
Und es muß unser Herz im Jammer verstummen.

Wie war das nun mit der Revolution?
»Freiheit! Freiheit!« – wir dachten schon,
endlich hätt' unsere Stunde geschlagen,
endlich wär' Schluß mit den nutzlosen Klagen,
endlich wird Deutschland sich selbst besinnen – –
Doch wir sitzen tief im Wurstkessel drinnen.
Da sind die Raffer und Straßenschreier,
da ist mit vollen Hosen Herr Meier –
Immer gleich so oder so übertrieben –
wo ist die gesunde Mitte geblieben?
Wo ist der aufrechte Bürgerstand?
der fehlt uns so sehr im deutschen Land!
Zwischen dem Bolschewist und dem Sklavenhalter
fehlt uns der brave, saubere Verwalter.

Pustekuchen! Die Welt steht kopf,
recht hat der übelste Schiebertropf –
nur Berlin – das steht auf den Beinen –
auf dem Tanzbein nämlich – und alle die kleinen
Jungfräulein und die Herren des Geschlechts,
foxtrotten links und walzern rechts.
Und es näselt beim Moselersatz in der Bar,
wer früher noch nicht einmal Nachtportier war …
Weißt du, wer am Boden liegt?
Volk! Wir sind doch besiegt! besiegt!
Ist es jetzt Zeit, dumme Witze zu reißen?
Ist es jetzt Zeit, in Brillanten zu gleißen?
Ist es jetzt Zeit, uns in Streiks zu zerfleischen?
Sinnlos den vierfachen Lohn zu heischen?
Heute? Heute?
          Spitzt doch die Ohren!
Im Osten und Westen der Feind vor den Toren!!
Räumt bei uns auf! Aber schließt die Reihn!
Wir wollen nicht nur Gehaltsjäger sein!

Geb's Gott, daß die Zeiten sich wieder ändern!
Und so laßt uns denn durch die Straßen schlendern,
über die Plätze und über die Brücken,
wir wollen uns in die Elektrische drücken,
wollen hören, was die Berliner sagen,
mit großem Mund und kleinem Magen:
»Mutter, eins fehlt mir auf die Dauer!
Son schönes, richtiges Gänseweißsauer!«
»Ja, Vater, ich mach's, aber gib mir das Moos!«
– »Mutter, na ja, ich meinte man bloß …«
Und er denkt an die Zeit vor der ›großen‹ Zeit –
Wie liegt das alles so weit, so weit …

Und wenn's mir gelingt, euch zu amüsieren:
gehn wir hier manchen Sonntag spazieren!

ZIRKUS BUSCH

Wenn man auf seinem Gut inmitten Polen
und alten Weibern als Inspektor herrscht,
wenn man das ungewaschene Volk versohlen
und ducken darf als angestammter Ferscht,

wenn unter hundert dummen Ochsenjungen
man jener einzige ist, der lesen kann,
wenn bei der Herrschaft, fett und machtdurchdrungen,
noch wie vor Jahren erst der Mensch begann –:

dann hat man Grund, Verflossenem nachzutrauern!
Wie schön war doch die hohe Wonnegans.
O neue Zeit! heut wollen niedere Bauern
auch Menschen sein! o alter Siegerkranz!

Im Zirkus Oldenburg sprang durch den Reifen
ein dicker Bauch, daß alles rings erbebt.
Und wenn sie noch so johlen und so pfeifen –
hilft ihnen nichts. Sie müssen jetzt begreifen:
Der Junker stirbt.
                    Der deutsche Landmann lebt.

GENERALSTREIK

Stinnes im Krieg: »Wer streikt oder muckt,
fliegt in den Schützengraben –!«
Und die Massen schweigen gequält und geduckt,
um das Leben, das Leben zu haben.

Die Räte heute: »Der Bürger mag
krepieren, und wir sind oben!«
Verloren ist jeder Arbeitstag.
Die Terroristen toben.

Es jubeln zu früh die Burschen von rechts.
Wir haben damit nichts zu schaffen:
Wir wollen die Freiheit des deutschen Geschlechts,
aber nicht der Freiheit Affen.

Wir kämpfen noch für den ärmsten Mann.
Wir wollen Neudeutschland erbauen.
Ihr alle aber seid drauf und dran,
die Revolution zu versauen!

SPAZIERGÄNGE EINES BERLINERS

Aujuste tanzt. Ihr Kavalier hat heute
verschoben zwei Waggons voll Sacharin.
Man ist bemüht, ihm seine fette Beute
so langsam aus dem Portemonnaie zu ziehn.
Er schmeißt Champagner für die lieben Bräute,
den Hut schief in der Stirn: »Wat kost Berlin?«
    »Zahl mir ein Beffstück!« haucht sie, »weil dus kannst!« –
        Aujuste tanzt.

Im Ballsaal schlängeln sich befrackte Schieber.
Der Lackschuh glänzt. (Ist er auch schon bezahlt?)
Die Weiblichkeit erglänzt in Nerz und Biber
und ist im ganzen Rosa angemalt.
Nur wenn sie sprechen … »Emmi! Komm ma riba!«
Der Piefke protzt, die kleine Nutte prahlt.
    Ist auch – wer siehts? – der Unterrock zerfranst –
        Aujuste tanzt.

Man tut wie lauter Jrafens und Barone.
Der Saal erstrahlt in goldlackiertem Stuck.
Die Preise für den Mosel sind nicht ohne –
es lebe hoch der heilige Neppomuck!
»Ich müde? Aber, Junge, nich die Bohne!«
Der Morgen graut. Sie kriegen nie genug.
   Ein Dicker hält vor Lachen sich den Wanst. –
      Aujuste tanzt.

Aujuste tanzt. Wer ist denn die Aujuste?
Wer ist die Holde, die voll Heiterkeit
im Kriege und auch später tanzen mußte?
Kanonen gibt es, die sind wie gefeit.
Da war die Schicht, die stets von gar nichts wußte,
sie machen sich in Nachtlokälern breit …
   Wer war sie wohl, die du dort nächtlich fandst?
      Aujuste tanzt.

DAS LIED VOM KOMPROMISS

Manche tanzen manchmal wohl ein Tänzchen
immer um den heißen Brei herum,
kleine Schweine mit dem Ringelschwänzchen,
Bullen mit erschrecklichem Gebrumm.
   Freundlich schaun die Schwarzen und die Roten,
   die sich früher feindlich oft bedrohten.
   Jeder wartet, wer zuerst es wagt,
   bis der eine zu dem andern sagt:
      (Volles Orchester)
     »Schließen wir 'nen kleinen Kompromiß!
     Davon hat man keine Kümmernis.
     Einerseits – und andrerseits –
     so ein Ding hat manchen Reiz …
     Sein Erfolg in Deutschland ist gewiß:
     Schließen wir nen kleinen Kompromiß!«

Seit November klingt nun dies Gavottchen.
Früher tanzte man die Carmagnole.
Doch Germania, das Erzkokottchen,
wünscht, daß diesen Tanz der Teufel hol.

Rechts wird ganz wie früher lang gefackelt,
links kommt Papa Ebert angewackelt.
Wasch den Pelz, doch mache mich nicht naß!
Und man sagt: »Du, Ebert, weißt du was:
    Schließen wir 'nen kleinen Kompromiß!
    Davon hat man keine Kümmernis.
    Einerseits – und andrerseits –
    so ein Ding hat manchen Reiz …
    Sein Erfolg in Deutschland ist gewiß:
    Schließen wir 'nen kleinen Kompromiß!«

Seit November tanzt man Menuettchen,
wo man schlagen, brennen, stürzen sollt.
Heiter liegt der Bürger in dem Bettchen,
die Regierung säuselt gar zu hold.
    Sind die alten Herrn auch rot bebändert,
    deshalb hat sich nichts bei uns geändert,
    Kommts, daß Ebert hin nach Holland geht,
    spricht er dort zu einer Majestät:
        »Schließen wir 'nen kleinen Kompromiß!
        Davon hat man keine Kümmernis.
        Einerseits – und andrerseits –
        So ein Ding hat manchen Reiz …«

Und durch Deutschland geht ein tiefer Riß.
Dafür gibt es keinen Kompromiß!

ARMES BERLIN!
(Nachdruck verboten.)

Und so muß das enden? Mit Straßenschlachten,
mit schweren Jungens, die die Geldschränke knacken?
Mit Rowdies, mit Deutschen, die Deutsche bewachen
wie fremdes Volk – mit Pankekosaken,
    mit Plünderern, die durch die Geschäfte ziehn?
    Armes Berlin!

Gewiß, wir sind auch nicht immer zufrieden!
Wir wissen, man könnte so vieles verbessern,
hätte manches besser in Weimar vermieden,
geht noch zu sanft um mit Drohnen und Fressern.
    Der Terror tobt. Gehts nicht ohne ihn?
    Armes Berlin!

Denkt ihr nicht an die andere Seite?
Sie grinsen auf ihren Rittergütern.
Sie warten auf eure große Pleite –
und sie warten mit ruhigen Gemütern.
    Die Brüder sind nach wie vor auf dem Kien –
    Armes Berlin!

Berauscht euch nicht an russischen Dämpfen!
Dergleichen wird nur von Asiaten geduldet.
Kämpft – aber in politischen Kämpfen!
und denkt an die, die den Krieg verschuldet!
    Sie leben und lachen dir straffrei Hohn –
    Arme Revolution!

EIN ALTES LIED

Fast jeder Hetzer
und Kriegesschwätzer
will heut vergessen sein
und drückt sich fein.
Er spricht von Würde
und deutscher Bürde
und gibt sich krumm und schief
noch positiv.

Die Generale
mit einem Male
sind alle mäuschenstill,
wenn Noske will.
Sie tun nicht mucken.
Sie tun sich ducken
und zanken nur zu Haus
die Alte aus.

Müßt drob nicht klagen.
In vierzehn Tagen
sind sie im Erdenlauf
wohl obenauf.
's ist nicht vermessen.
Denn wir vergessen
gewißlich dumm und schnell
des Krieges Höll.

Ihr bösen Deutschen
man sollt euch peitschen.
Ihr merkt noch immer nicht,
was euch geschicht.
Singt fromme Lieder,
erhöht sie wieder
in unserm Vaterland –
Pfui dich der Schand!

GEGEN RECHTS UND GEGEN LINKS

Die ihr die Häuser und die Läden
ausraubt und plündert und verdreckt,
die ihr mit Handgranaten jeden,
der grad passiert, aufs Pflaster streckt –
Ihr wollt noch Freiheitskämpfer heißen,
ihr schreit für andre nach Gericht?
Dürft ihr die Herrschaft an euch reißen?
        Ihr nicht!

Und ihr, die feinen Herrn da drüben,
ihr meine alten Freunde rechts,
ihr fischt nun heute still im trüben
und nutzt die Stürme des Gefechts.
Wir haben es noch nicht vergessen,
warum dem Land das Rückgrat bricht.
Ihr wollt zu tadeln euch vermessen?
        Ihr nicht!

Und rechts und links die Terroristen
und jeder, der Gewalt verehrt,
die Reventlows, die Spartakisten,
und wer von Unterdrückung zehrt –
Ihr sollt nicht raten und nicht taten.
Denn gegen jene Unterschicht,
da helfen wahre Demokraten.
        Ihr nicht!

KUSCH!

Und es öffnen sich die alten Mäuler:
»Hurra, Preußens Militärsoldat!«
Ging im Krieg es uns nicht faul und fäuler?
Ernten wir nicht blutigrote Saat?
Kehrt sich gegen jene Burschen keiner?
Und der Nationale schmunzelt still:
　　»Und mein Ludendorff, und das ist meiner,
　　den kann ich huppen lassen, wie ich will!«

Leben wir noch wie zu Wilhelms Zeiten?
Nur, wer lügt und brüllt, behielt da recht.
Könnt der Deutsche niemals sicher reiten
ohne Peitsche – so geschäh ihm recht.
Die Regierung lispelt fein und feiner.
Lustig klingts im angestammten Drill:
　　»Und mein Ludendorff, und das ist meiner,
　　den kann ich huppen lassen, wie ich will!«

Spaß beiseite! Was in langen Jahren
sich in unserm Herz gesammelt hat:
Scham und Wut bei jenem wunderbaren
Offizierkorps, stolz und immersatt …
Reinen Tisch!
　　　　　Und rührt sich jene Blase,
geige du ihr eine Tanzmusik!
Klapp den Hetzern auf die freche Nase.
Schlage! Schlage, junge Republik!

LEBENSMITTEL! LEBENSMITTEL!

Wenn nun die Ladung Korn und Fett
den Anfang macht zu besserm Leben,
wenn Deutschland erst zu essen hätt –:
mein Gott, was wird das alles geben!

Zum Beispiel, der, der Schinken schiebt,
wird tiefbekümmert ausverkaufen –
man wird, weil es Vergeltung gibt,
sich nicht um seine Schinken raufen.

Und Tante Malchens Eierschrank?
Und Onkel Maxens Butterkammer?
Wie ziehn sie die Gesichter lang!
In allen Häusern – welch ein Jammer!

Im Kurse fällt die Schlächterfrau,
das Butterfräulein gilt nur wenig,
der Kaufmann spricht nicht mehr so rauh –
Halli! hallo! voll Freuden dehn ich

befreit die Knochen. Dämmert es?
Dies Dasein war seit langen Jahren
in Wahrheit ein belämmertes –
Ach, wie wir einst so glücklich waren!

Kommt wirklich Brot und Speck herein?
Ich tanze einen frohen Ländler.
Die große Zeit wird wieder klein,
die große Zeit der Grünkramhändler.

WOHNUNGSSUCHE

Ich und meine liebe Ehefrau Amanda
– wir leben schon siebzehn Jahre miteinanda –
begaben uns am Freitag auf die Wohnungssuche.
Heiliger Wenzeslaus! daß ich dir nicht fluche!
Denn das war wie in der Hölle mit ihren Feuern und glühenden Zangen!
Und also ist's uns an diesem Tage ergangen:

Wir begaben uns zunächst in eine Straße des Westens;
unsere Nachbarn, die Brinkmanns, empfahlen uns diese bestens.
Und wir fanden daselbst auch ein hochherrschaftliches Haus,
aber nach fünf Minuten gingen wir eilends wieder heraus.
Denn man konnte dort nur möblierte Wohnungen mieten,
die zwar allen erdenklichen Komfort (Warmwassertoilette) bieten –
aber fünf Zimmer kosteten jährlich dreiundneunzigtausend Mark.
»Mann!« sagte meine Amanda. »Dies ist aber wirklich stark!«
Ich aber sprach: »Mein Kind! zieh nicht solch Gesicht!
Das ist das neue Berlin – das verstehst du nicht!«

Und wir gingen nunmehr in eine Straße im Osten,
wo, wie ich neulich hörte, die Wohnungen weniger kosten.
Und wir fanden auch ein ganz hübsches Logis.
Und es sprach der Wirt: »Hier gleich vis-à-vis
haben wir jeden Abend eine kleine Straßenschlacht.
Wenn das den Herrschaften weiter nichts macht?
Beim Portier steht aber ein eig'nes Maschinengewehr …«
»Nein!« schrie Amanda, »hier ziehn wir auf keinen Fall her!«
Ich aber sprach: »Mein Kind! zieh nicht solch Gesicht!
Das ist das neue Berlin – das verstehst du nicht!«

Und wir marschierten jetzo hinauf in den hohen Norden,
denn dort sind bisher nur wenige Schlachten geschlagen worden.
Und wir fanden auch eine ganz hübsche Etage.
Aber auf einmal geriet meine liebe Frau in Rage
und sagte: »Sieh mal!« – und da liefen die Wand entlang
Wänzchen – sieben Stück – im friedlich langsamen Gang!
Und der Wirt unterdrückte einen meterlangen Fluch
und murmelte düster: »Die sind hier nur zu Besuch!«
Und Amanda, mein Eheweib, schrie: »Huch!«
Ich aber sprach: »Mein Kind, zieh nicht solch Gesicht!
Das ist das neue Berlin – das verstehst du nicht!«

Und wir lenkten nunmehr unsere Beine, die müden,
in den ebenso beliebten wie erfreulichen Süden.
Und wir fanden auch ein sehr hübsches Haus.
Aber vor dem Kontraktabschluß fragte der Wirt uns aus.
»Wieviele Kinder?« – Ich sagte, der Wahrheit gemäß: »Einundzwanzig!«
Und der erschrockene Wirt machte: »Rehem!« – und wandt sich
ein wenig ab und sprach mit wieder gefaßten Mienen:
»Dann ist dies Haus wohl offenbar nichts for Ihnen!
Denn ich vermiete nur an kinderlose Ehepaare
oder aber an solche mit Kindern über dreißig Jahre!
Ja, wenn Sie lauter solche Kinder hätten!«
Ich sagte, für dieses Mal sei nichts mehr zu retten,
doch wollt ich fürs nächste Mal sehen, was sich tun läßt …

Dies aber gab meiner lieben Amanda den Rest.
Und sie fiel in Ohnmacht und fiel auch wieder zurück.
Und ich flüsterte leise: »Mein fettes, blondes Glück!
Komm wieder nach Haus! Eine Wohnung finden wir nie!
Wir bleiben in unserer alten wohnen –
                              in der Laubenkolonie!«

DIE KLEINE PUPPE

Im Modenhaus des Nachts. Aus der Vitrine,
am Eingang links, steigt auf gespensterhaft
ein schwarzer Pupperich mit bleicher Miene,
stelzt zu der Puppenmaid in weißem Taft,
lüpft den Zylinder, hüstelt in die Hand sich …
»Madame –«, sagt er.
                    Allein die Puppe sprach:
»Mein Herr! Ich koste sechzig Mark und zwanzig!
's steht hinten drauf! da sehen Sie nur nach!«

»Gnädige Frau!« sagt er. »Ich bin begeistert.
Sie sind so duftig, weiß und weich und zart.
Mich hat man etwas hager hingekleistert –
Jedoch mein Tanzbein ist von seltener Art.
Es geigt der Wind ums Haus … Den Foxtrott tanz ich
wie 'n Bar-Baron!«
                    Allein die Puppe sprach:
»Mein Herr! Ich koste sechzig Mark und zwanzig!
's steht hinten drauf! da sehen Sie nur nach!«

»Gnädige Frau!« sagt er. »Im Menschenleben
ist dies nicht immer so hübsch zweifellos.
Es soll da, hört ich, manche Damen geben,
bei denen ist der Kostenpunkt dubios.
Ich habe sechzig Mark, jedoch es fand sich
kein Groschen plus.« Die kleine Puppe sprach:
   »Mein Herr! Ich koste sechzig Mark und zwanzig!
   's steht hinten drauf! da sehen Sie nur nach!

Wir sind hier nicht im lauschigen Liebesgarten«,
so sagt sie und hat zierlich sich verneigt,
»heut muß man klug sein und geduldig warten,
bis unser Warenpreis noch weiter steigt.
Ich habe Zeit. – Kein Speck wird heut mehr ranzig.
Vielleicht naht bald ein Jüngelingverband sich
und kauft mich auf. Ich hab das lieber so.
Ich steige noch einmal bis hundertzwanzig!
Grüß Gott –!
       Auf Wiedersehn am Ultimo!«

SPIELER

Der Frühjahrswind macht die Finger klamm.
Aber da stehen am Rinnstein, auf dem Damm,
Tische, und um die Tische Leute –:
Alle der Karten wehrlose Beute.
Eine heis're Stimme ruft: »Hier noch fünf Mark!«
Das schiebt und stößt – der Andrang ist stark,
Sie wollen es alle einmal probieren;
Können gar nicht schnell genug verlieren!
Schieben von Karten. Erhitzte Gesichter.
Allerhand zweifelhaftes Gelichter.
In der Bank dicke Pinke: zweihundert Mark.
Und eine Hand streicht ein den ganzen Quark.
Damit ich auch dieses nicht versäume:
Abends im Klub. Elegante Räume.
Es taumeln wie um das Licht die Motten
Um den Spieltisch Anwälte und Kokotten,
Kommerzienräte und Herren der Bühne –
Die Bank hält grade ein blonder Hüne.

Schnapp – und er zahlt auf den Einsatz aus:
Für das Geld bekommst du ein kleines Haus;
Mit dem Geld kämst du weiter ein ganzes Stück,
Für manchen wär das ein Lebensglück.

Das Geld geht an eine pompöse Blondine.
Der Mann an der Bank verzieht keine Miene.
Weiter! Und weiter geht das Spiel.
Sie spielen und spielen und reden nicht viel.
Und unter den schwarzbefrackten Kerlen
Sitzt eine, bekannt wegen ihrer Perlen,
Und eine andre – (man sagt mirs verblümt)
Ist gerade mit einem Direktor – berühmt …
Weiter und weiter geht das Spiel,
Und sie spielen und spielen und reden nicht viel,
Und essen billig die besten Sachen.
Vom Nebenraum hörst du gedämpftes Lachen.
In der Bank dicke Pinke: Zweihunderttausend Mark.
Und eine Hand streicht ein den ganzen Quark.
Und alles ist sehr elegant und schick …

Beide Male dasselbe Stück.
Da hinten in der Weinmeisterstraße
Dasselbe, nur in vergröbertem Maße.
Da ziehn sie im Toreingang vorne am Haus
Dem kleinen Mann das Letzte heraus.
Fällts ihm auch schwer – er muß berappen.
Und hier gehts gleich um die braunen Lappen.
In Berlin O und in Berlin W:
Es ist beide Male derselbe Dreh.
Und in Berlin W und in Berlin O:
Sie verdienten alle auf den Popo.
Wer so verspielt, kann nicht redlich verdienen.
Das sind Drohnen – und keine Arbeitsbienen.
Und es kommt uns nicht nur moralisch teuer:
Der Staat verliert die dicke Steuer,
Das Geld rollt fort in nervöser Hast.
Und der Unternehmer lacht sich 'nen Ast.

Hier der Pachulke und da der Schaute –
Haute volée und Haute volaute …
Und wenn ich die beiden Typen betrachte,
Im Osten, im Westen, – dann murm'le ich sachte:
Verführte Dumme, Mutwillige, Schieber –:
Es ist doch immer dasselbe Kaliber!

DER ZWANZIGJÄHRIGEN ›FACKEL‹

Du hast zwanzig Jahr ins Land gestrahlt.
   Du hast manchen Schatten an die Wand gemalt –
      Rauchlos helle Flamme!
Und wir sprachen zu den feinen Röcken,
und wir sprachen zu den kleinen Schmöcken:
   »Daß dich Kraus verdamme!«

Gottseidank hast du noch nicht geendet!
Mancher schrie, von deinem Licht geblendet,
manches Equipagenpferd ward scheu.
Viele kippelten im bloßen Gleiten.
Du hingegen – auch in großen Zeiten –
   bliebst dir selber treu!

SCHLAGSAHNE

Wenn früher unsre kecken jungen Damen
im Café schwelgten, süß in Süßigkeit:
die Sahne war dabei. – Man kennt den Namen
davon heut nur noch aus der alten Zeit.
Ein klebrig übles Zeug vertritt die wichtige
Schlagsahne; jeder lutscht zwar ganz erpicht –
   Es sieht auch beinah aus wie jene richtige:
   allein die gute alte ist es nicht.

Die Politik und so … Ach ja, ihr Lieben!
Ich kratz mich tiefbekümmert auf dem Kopf.
Du siehst, wie alle, alle etwas schieben.
Du siehst, das Kind streikt schon auf seinem Topf.
Du siehst die Nebel auf und nieder wabern.

Dies Frühjahr macht uns wirklich keinen Spaß.
Denn zwischen Lichtenberg und Zabern
wankt man so hin und her – ohn Mittelmaß.

Der Friede kommt. Ja, kommt er diesem Lande?
Was birgt die Decke, die der Frühling lüpft?
Vielleicht gibts auf der Welt noch andre Bande
als jene nur, die unser Kaufmann knüpft.
Erlaubt, daß ich die dumme Zeit bezichtige:
sie hat und ist nicht Fisch noch Fleischgericht.
Sie sieht auch beinah aus wie eine richtige –
allein die gute alte ist es nicht!

FRÖHLICHE OSTERN!

Ei,   ei!
In   einer   Reih
legen   die   fleißigen   Hasen
wohl   auf   den   grünen   Rasen
hervorragend   bunte   Ostereier   –
denn   der   freie   Handel   wird   stets   freier,
und   so   legt   denn   heuer   das   Hasensyndikat
über   acht   Stunden   von   früh   bis   abends   spat.
Wenn   wir   Menschen   uns   aber   die   Eier   begucken:
ja,   was   haben   die   Hasen   nur   diesmal   für   Mucken?
Da   steht   »Räterepublik«   auf   einem   Ei   geschrieben,
das   ist   um   und   um   mit   brandroter   Farbe   eingerieben.
Auf   einem   steht: »Uns   Nationalen   gehts   zurzeit   sehr   mau!«
Und   dieses   Ei   ist   mit   Recht   ganz   und   gar   knallblau.
Und   auf   einem   ist   zu   lesen,   daß   so   weiß   wie   dies   Ei
auch   die   Unschuld   der   Herren   alldeutschen   Kriegspolitiker   sei.
Und   wieder   auf   einem   steht   groß   und   dick   und   kühn:
»Deutschlands   Zukunftshoffnung«   –   und   das   ist   grün.
Und   es   sagte   mir   eines   der   kleinen   Hasentierchen:
»Dir   und   deinen   lieben   Deutschen   zum   Pläsierchen
täte   ich   gern   etwas   gegen   den   innern   Krieg   –
denn   ich   kleiner   Hase,   ich   liebe   die   deutsche   Politik!«
Und   ich   sagte: »Herr   Hase,   meinetwegen!
Also: dann   müssen   Sie   Rühreier   legen!«
Na,   finden   Sie   vielleicht   was   dabei?
Allerseits: Fröhliche   Ostern!
Ei,   ei!   Ei,   ei!

OSTERSPAZIERGANG
Aus einer aufgefundenen ›*Faust*‹-Handschrift

Faust: Vom Eise befreit sind Strom und Bäche
durch des Frühlings holden, belebenden Blick;
das deutsche Volk zahlt des Krieges Zeche,
und keiner bringt das Verlorene zurück.
Die alten Monarchen, in ihrer Schwäche,
zogen sich in die Versenkung zurück.
Von dorther senden sie, fliehend nur,
ohnmächtige Schauer körniger Reden.
Und sie beschuldigen jeder jeden,
und schütten Memoiren auf die Flur.
Überall regt sich Gärung und Streben.
Alles will sich mit Rot beleben.
Doch an Blumen fehlts im Revier.
Nehmt kompromittierte Führer dafür!
Kehre dich um, von diesen Höhen
auf das Land zurück zu sehen.
Aus dem hohlen, finstern Tor
dringt ein buntes Gewimmel hervor.
Jeder sonnt sich heute so gern:
die Kriegsgesellschaft, der Stahlkonzern,
denn sie sind wieder auferstanden
aus Reklamierungs- und andern Banden,
aus niedriger Häuser dumpfen Gemächern,
aus dem Druck von mitunter beschossenen Dächern,
aus der Straßen quietschender Enge,
aus der Kirchen ehrwürdiger Nacht
sind sie wieder ans Licht gebracht.
Sieh nur, sieh! wie behend sich die Menge
durch die Dörfer zum Hamstern schlägt.
Mancher bezieht manchmal etwas Senge,
weil er zu wenig Geld hinlegt.
Hier fühl ich wahrhaft mich erhoben:
Was kümmert uns ein verlorener Krieg!
Amerikanisches Mehl wird verschoben –
nur der Schieber reitet den Sieg!
Hätten wir nur genug zu essen,
wär das Alte mit Gunst vergessen;
Ludendorffen entbieten wir Huld …

Keiner ist schuld! Keiner ist schuld!
Ich höre schon des Dorfs Getümmel,
hier ist des Volkes wahrer Himmel.
Zufrieden jauchzt die Reaktion:
Keine Angst! sie vergessen schon!

Wagner: Mit euch, Herr Doktor, zu spazieren
ist ehrenvoll und ist Gewinn;
Doch würd ich nicht allein mich her verlieren,
weil ich ein Feind von allem Rohen bin.
Das Schreien und Sozialisieren
ist mir ein gar verhaßter Klang;
das will ja nur das Volk verführen –
uns Reichen wird ganz angst und bang.
Wir wollen wieder die alten Zeiten,
wir wollen wieder die Menge leiten –
Zufrieden jauchzt dann Groß und Klein:
Ich bin kein Mensch! Ich darfs nicht sein!

SCHWARZROTGOLD

Das war damals, als Freiligrath
sang in die deutschen Ohren:
Was auch ein König für euch tat,
Toren bleibt ihr, Toren!
Sitzt so getreu in der Obrigkeit Hut,
artig, ein Kind bei der Amme –
Schwarz ist der Stahl,
rot ist das Blut.
Golden flackert die Flamme!

Das ist heute – und kein Fanal
leuchtet in Dunkelheiten.
Rostig der alte Burschenschaftsstahl,
weltfern die alten Zeiten.
Nirgends ein Fünkchen heiße Glut,
daß euch die Hölle verdamme!
Schwarz ist der Stahl,
rot ist das Blut.
Golden flackert die Flamme!

Hüben dicker Philister Bauch,
ganz wie damals, derselbe –
drüben kein Feuer, nur beißender Rauch:
»Schmeißt den Kerl in die Elbe!«
Was der eine, der andre tut,
wächst auf verkümmertem Stamme –
Schwarz ist der Stahl,
rot ist das Blut.
Golden flackert die Flamme!

Führt ihr im Banner das Portemonnaie?
Macht keine Revolutionen!
Deutsches Elend und deutsches Weh
kamen nicht nur von den Thronen.
Blickt zu den Sternen! Zeigt endlich Mut!
Auf aus dem alten Schlamme!
Schwarz ist der Stahl,
rot ist das Blut.
Golden flackert die Flamme!

DER ERSTE MAI

Ich falle lyrisch in die Saiten,
klim plum – es sprießt im Blumentopf.
Der Lenz rumort in diesen Zeiten
auch in dem ernsten Denkerkopf.
    Ists recht, wenn ich ein Liedlein quarre?
    So komm, du Trösterin, herbei,
    du buntbewimpelte Gitarre –
        am ersten Mai!

Der Tag, da jene bunte Rotte
klim plum – voll Freuden Mordio schrie,
scheint heute fern.
                Dem Rachegotte
bleibt treu die alte Kompanie.
    Wer im August so sehr versessen
    gewesen ist auf Kriegsgeschrei,
    den wollen wir doch nicht vergessen
        am ersten Mai!

Wir haben nun bei freien Eiern
klim plum – den neuen Feiertag.
Wir dürfen endlich jenen feiern,
den nie kein guter Landrat mag.
    Doch müßt ihr stets Programme stammeln!
    Laßt uns, was auch gewesen sei,
    zu neuer Arbeit Kräfte sammeln,
        am ersten Mai!

So horch, Auguste meiner Seele,
wie süß mein Lied die Luft durchzieht!
Was ich mir hier herunterquäle,
kommt aus dem weichesten Gemüd.
    Und was wir brauchen an Moneten
    verdienst du mit der Filmerei –:
    So laß uns in die Ehe treten
        am ersten Mai!
            Klim plum!
        Am ersten Mai!

VOLK IN NOT

Und während in Versailles die Würfel rollen –
das Spiel steht schlecht …
Und während in Versailles die Würfel rollen,
tanzt dieses Volk in nimmermüdem Foxtrott
um seine alten goldnen Kälbergötzen:

Der Spielklub stippevoll. Die feinen Leute,
die vormittags geschlummert, nachmittags
hingegen vierte Hypotheken sanft verschoben,
erblühn im hellen Schein der gelben Lampen
zu neuem Leben. Poker. Meistens Bac.
»Die Frau da drüben ist die Freundin
des großen Brauereibesitzers … Ja, die Perlen –!
Er kanns und hats, und sie verliert am Abend,
was er am Tag verdient. Ich bitte Sie! Er lacht!«
Ein großer Schlag – der Jüngling, der die Bank hält,
zahlt (Haltung! Haltung! Halt dir senkrecht, Karle!)
auf einem Sitz an einen hagern Alten
einhundertfünfzigtausend Mark.

Versailles? –
Ah! Versailles!

So rauscht der Ball. Das Ganze: dritter Klasse.
Hier tanzt das Glück auf ziemlich großen Füßen,
hier lacht das Glück von ziemlich dicken Lippen,
hier schiebt der Mann mit der Matrosenmütze –
und eine heisre Stimme ruft: »Du, Orje! Orje!
Schmeiß mir doch ma det schwachze Meechen riba!«
Und eine andre Stimme übertönt den Reigen,
Hart, im Kommandotone: »Bitte woiter!«

Versailles? –
Ah! Versailles!

Im Kino nicht ein Platz. Vorn, auf der Leinwand,
ist Mord und Totschlag. Seidne Betten kippen,
die Dirne hebt beschwörend dürre Arme,
der Ludewich zieht voller Hast ein Messer,
und hinten lauscht, im Cutaway, der Gent.
Ein Brief:
          »Da du mich nicht mehr liebst,
          schieß ich mir tott. Auf Wiedersehen! Luzie.«
Das Publikum: ein Tier mit tausend Köpfen –
kein Laut – die Frauen atmen schwerer –
der Regisseur legt einen kleinen Mord ein – –

Versailles? –
Ah! Versailles!

Und so beim Rennen, so bei Künstlerspielen,
und so im Café, in Hotels und Dielen …

Versailles? –
Ah! Versailles!

So sollt man also trauern? Und: es hilft nichts?
Es kommt ja alles, wie es kommen muß?
Und keiner achtete auf eure Haltung?
Ich weiß doch nicht.
                    Ein Volk in schweren Nöten,

ein Volk vor bitterster Entscheidungsstunde,
vergibt sich nichts, wenn es in Würde schweigt.
Ich hielt euch einen Spiegel vor. Saht ihr nur Fratzen?
Das Glas zerrt nicht – es wird wohl Wahrheit sein.
Bedenkt: der Panter mit den scharfen Tatzen
spielt jetzt mit uns. Er tastet nach dem Rhein …
    Wacht Deutschland noch? Dann soll es höher streben:
    Gebt uns das alte deutsche saubre Leben!

BILANZ

Deutsches Land geht in fremde Hände.
Goldablieferung. Weltenwende.
    Ratlos Weimar. Ratlos Berlin.
        Da habt ihr ihn!

Wir: nur Verlust. Sie: nur Gewinn.
Und in meinem patriotischen Sinn
tret ich vor Ludendorffs Bildnis hin:
        »Danke!«

Hat Wilson sich und uns verraten?
Die kapitalistischen Potentaten
läßt der Ruhm der Gekrönten nicht ruhn –
        Was nun?

Bis zum Ende grade stehen?
Lieber »in Ehren untergehen«?
Untergehn, wenn der Sturmwind braust?
    Ein Volk geht nicht unter –
        ein Volk verlaust.

Werden wir also nicht unterschreiben?
Wird uns was andres übrig bleiben?
    Aber habt ihr euch nun von dem Alten entfernt?
        Habt ihr gelernt?

Fühlt ihr, was dieser Friede bedeutet?
Eine große stählerne Glocke läutet
   neue, ganz neue Zeiten ein.
      Morgenschein?

Ich mag heute keinen Deutschen lästern.
Doch der Kompromiß ist ein Ding von gestern.
Kippeln – Wippeln – wie weit! wie weit!
Faust auf den Tisch!
        Eine neue Zeit!

KOPF HOCH!

Was auch immer kommen mag –
Schwerer Tag und dunkler Tag
Da uns Klauen fest umkrallten –:
   Stange halten! Stange halten!

Drüben spricht aus Clemenceau
jener trübe Reventlow.
Hetzer bleiben stets die alten –
   Stange halten! Stange halten!

Reißen sie dem deutschen Haus
auch den letzten Grenzpfahl aus:
Trotzt den feindlichen Gewalten –!
   Stange halten! Stange halten!

Wenn sie gierig Länder rafften,
denkt an jene Eigenschaften,
die noch stets bei uns was galten:
Deutsche Treue! – Stange halten!

EIN SAUBERER VOGEL

Fing ein Gericht ein Vögelein –
    Hm, hm – So, so –
Und steckt es in 'nen Käfig 'nein –
    Hm, hm – So so!

Man sagt, man weiß es nicht genau –
    Hm, hm – So, so –
Er schoß auf eine alte Frau –
    Hm, hm – So so!

So ein Kanal ist tief und naß –
    Hm, hm – So, so –
Wer tut denn einem Leutnant was –
    Hm, hm – So so!

Da flog das Vöglein aus dem Haus –
    Hm, hm – So, so –
Und lacht die dummen Deutschen aus –
    Hm, hm – So so!

PREUSSISCHE PROFESSOREN

Eigentlich solltet ihr Pallas dienen.
Aber Pallas kippt aus den Pantinen
und flieht,
wenn sie solche Magister sieht.

Damals, Vierzehn, Kanonengebrumm.
Und sie fielen alle, alle um.
Es beteten zum Himmel die Theologen,
daß sich die Kanzelverzierungen bogen.
Es bewiesen klipp und klar die Juristen
die englisch-französisch-belgischen Listen.
Der Generalstab bringt sie auf den Trab:
Philosophen schwören das Fremdländische ab.
Und kraucht auch ein Deutscher noch so mau:

die Mediziner riefen: »Kv.!«
So schreitet jede Fakultät
den Weg, der zum preußischen Himmel geht.

Aber sie waren auch geistig am Werk.
Seis nun Berlin oder Königsberg,
sei es Breslau oder Halle –
dieses nämlich taten sie alle:

Sie verliehen den Doktor, den häufig bezahlten,
den silbern und golden und rötlich bemalten Generalen –!
Und die brauchten nichts dafür zu bezahlen!
So wurde ohne alle Prämissen
der Doktor vor die Soldaten geschmissen.
Armes Diplom, schwarz-weiß umrändert,
armes Diplom! hast du dich verändert!
Und heute?
                Heute, wie ehedem.
Reden ist ja so bequem.
Da ist Roethe, der maulfeste Rufer,
ein Thersites im Bart vom Panke-Ufer,
und jener Birnenbauch Wilhelm Kahl –
und allen ist der Zusammenbruch egal.
Sie sehen nur die alten Fahnen,
die schlanken Leutnants von den Ulanen,
sie sehen die Prinzen und die Haubitzen,
sie sehen die preußischen Orden blitzen,
sie sehen die ganze schuldige Schicht –

Die neue Ära sehen sie nicht.

Deutschland, sind das deine geistigen Spitzen?
Sie haben einen Hintern zum Sitzen,
sie haben auch einen servilen Rücken,
um sich vor jeder Macht zu bücken –
Kopf hingegen ist nicht vorhanden.

Arme Jugend in deutschen Landen!
Diese hochgelahrten Nauken
sind gut genug zum Examenpauken.
Brauchst du aber klaren Wein –:
Komm, den kaufen wir anderswo ein!

FRIEDE?

Ihr schlagt den Besiegten kurz und klein
und laßt ihn verdorren und sticken.
Ihr raubt an der Weichsel und am Rhein,
wir sollen ein Amen euch nicken.
    Ihr sprecht vom Säbel und seiner Gefahr,
    von teuflischen deutschen Listen,
    die Schuld am Kriege sei klipp und klar –
    Und ihr?
    Die dicksten Imperialisten!

Ihr gebt den Polen, wie ihr sagt, ihr Recht.
Ihr beglückt sogar noch die Dänen.
Ihr rechnet nach bis ins sechste Geschlecht.
Ihr handelt in Kühen und Kähnen.
    Den andern gebt ihr, was ihnen gebührt,
    zum Heile wohl für Pazifisten …
    Ihr wollt nicht, daß je einer Kriege führt –
    Und ihr?
    Die dicksten Annexionisten!

Und ihr? Ihr spracht vom Völkerbund.
Wir trauten den vierzehn Punkten.
Wir dachten, ihr machtet Europa gesund,
als wir Waffenstillstand funkten.
    Jetzt hetzt ihr aufs neue Nation auf Nation
    und schiebt unglaubliche Kisten …
    Friede? Das ist der blanke Hohn!
    Und ihr?
    Die fettesten Nationalisten!

FLORA, DIE GÖTTIN DER BLÜTEN, SPRICHT:

Hier stehe ich mit meinem Blumenflor
und komme mir unsagbar dämlich vor.

Denn durch mein Körbchen geht ein Raunen:
Was nun? nach all den Kriegeslaunen?

Was nun? nach so viel widrig wilden Winden?
Wann werden wir uns selbst in Ruhe finden?

Wenn ich mir so den Weltenlauf betrachte,
so rief ich gerne: Sachte, Kinder, sachte!

Ihr tobt und kollert, speit und spukt und kakelt
und nennt euch gegenseitig schwer bemakelt;

ihr lebt so rasch und habt so viele Sorgen
und denkt nur immer hastig an das Morgen …

Blaublümelein? Ihr macht euch nichts daraus.
Ich glaub, drum seh ich etwas trübe aus.

Selbst jetzt im Lenze bin ich stark verschnupft.
Die großen Zeiten haben mich zerrupft.

Der Zephir krault mein seidenweiches Haar.
Ich aber beut euch eine Rose dar.

Ach! seit die ersten Biwakfeuer glommen,
fühlt ich mich immer mehr herunterkommen.

Mein Formenreichtum muß sich ja vermindern.
Was macht ihr aber auch aus meinen Kindern.

Ein dicker Protz schenkt seinem Cancanöschen
zum Namenstag im Mai ein zart Mimöschen.

Dem Wucherreichsamt schickt ein Schieber
– natürlich anonym – Jelängerjelieber!

Und unserm Volk schickt man ins Haus
den schwärzesten Tollkirschenstrauß.

Und Rosen, Tulpen und Narzissen – –
Das ganze Leben scheint mir jäh zerrissen.

Wie aus Pandoras Buchsen mag entfliehn
der Hoffnungsstrahl! – Ich danke ab!
Und werde Blumenmädchen in Berlin!

PREUSSISCHE PRESSE

Niemand hat eine so große Fresse
wie die preußische Presse.
Und ehe wir wieder mit bunten Aurikeln
die Harfe umschlingen
und leise singen –
laßt uns ein bißchen leitartikeln.

Vor dem Kriege waren sie da,
schrieen täglich zweimal Hurra,
rasselten mit dem glorreichen Säbel,
schimpften auf Auer und schimpften auf Bebel,
beteten Gott an und die Offiziere,
und rollten sich abends in Rudeln zum Biere.

Soweit war das schön und gut.
Aber Vierzehn, da schwoll ihr Mut!
Endlich war ihre Zeit gekommen,
auf die sie so viel Vorschuß genommen,
von der Bernhardi immer geschrieben –
nun hatten sie uns hineingetrieben.
Und von ihren Freunden, den Offizieren,
ließen sich alle reklamieren,
und schrieben dafür die hübschesten Sachen:
Wie weit da hinten die Mörser krachen,
wie die braven, lieben, ordentlichen, guten
Feldgrauen gar so gerne verbluten,
wie sogar manchmal die Herren Obersten schwitzen,
wenn sie beim Trinken im Stabsquartier sitzen,
und wie so freundlich und loyal
zu ihnen gesprochen der Herr General.
Und so ging das ein, zwei, drei, vier lange Jahre – – –

Aber auch diese wunderbare
große und erhabene Zeit
schien uns allen zu groß und weit ...
Und plötzlich wurde die Zeit wieder klein –
Ludendorff fiel mit allem herein
und besuchte plötzlich und eiligst Schweden.
(Übrigens, darüber ist nichts zu reden:
Er tat das nur aus Gesundheitsrücksichten.
Denn als hier zu Hause die tollen Geschichten
sich wieder beruhigt und gelegt,
kam er gleich wieder angefegt;
und jetzt sitzt er an einem Geschreibe dran
und wird zur Belohnung ein reicher Mann.)

Aber die Presse!
Daß ich die nicht vergesse!
Wir dachten doch nun, jetzt seis mit ihr aus!
Das überlebe sie nicht, dies Gebraus.
Denn nun liegt es doch klar am Tage:
Für wen ertönte die Totenklage?
Wer hat die Mannschaft aufs Blut geschunden?
Wer bereicherte sich noch an Todwunden?
Wer klaute in viereinhalb langen Jahren
Kantinenfonds, Marketenderwaren?
Wem verdanken wir diese Niederlage?
Nun, dachten wir, liegt es klar am Tage ...

Weit gefehlt!
Sie haben sich gar nicht lange gequält
und spotten schon heute voller Hohn
auf die Revolution!
Und wenn wir in Verhandlungen traten,
so geschah das nur wegen der lumpigen Soldaten,
diesen hundsgemeinen Halunken,
und überhaupt: deshalb sei alles gesunken ...
Die Kerls sind an allem, allem schuld – – –

Deutschland! hast du eine Lammsgeduld!
Läßt dir heute nach diesem allen
Frechheit von Metzgergesellen gefallen?
Lern ihre eiserne Energie!

Die vergessen nie.
Die setzen ihren verdammten Willen
durch – im lauten und im stillen
Kampf, und sie denken nur an sich.
Deutschland! wach auf und besinne dich!

Nur einen Feind hast du deines Geschlechts!
Der Feind steht rechts!

RHEINISCHE REPUBLIK

Hier offenbart sich erst die Größe:
Als es in Frankreich vorwärts ging,
aß man die dicken Stahltrustklöße
und warb für einen U-Boot-Ring.

Das hetzt und zetert, treibt und rummelt:
»Werft Bomben über ganz Paris!«
Und jene Presse schreibt und schummelt,
wie Ludendorff die Wege wies.

Nun aber steht doch schon bei Bölsche
vom Liebeswerk in der Natur –
So schnitt nun plötzlich unsre Köllsche
Volkszeitung der Entente die Cour.

Denn heute gehts uns nicht zum Besten.
Denn heute lohnt die Treue nicht.
Denn heute sinds nicht mehr die Gesten …
man muß auch tun, was man verspricht.

Dafür sind diese nicht zu haben.
Im Kriege krähen? Gern, es sei!
Doch nunmehr überkömmt die Knaben
verdammte Eigenbrödelei.

Ist das nicht alter deutscher Jammer?
Das spaltet dieses Land entzwei:
Ein jeder will 'ne eigne Kammer –
Verdammte Eigenbrödelei!

Und jeder hat Privatmeriten.
Und jeder spielt Zentralgewalt.
Sanft lächeln heimlich Jesuiten –
Wie alt ist dieses Lied! wie alt!

Sie schleichen in der Nacht gleich Dieben
sich von uns fort – wir sind allein.
Und nur ein Trost ist uns geblieben:
Es werden nicht die Besten sein.

AN DEN UNTEROFFIZIER NOSKE

Hör Er: alles, was Er da tut,
bewacht von Seinem Korps,
ist ja soweit ganz schön und gut –
nur eins nehm Er sich noch vor:
    Vergeß Er die Kameraden nicht,
    die von damals allerdings!
    Vernimmt Er die scharfe Stimme, die spricht:
    »Die Augen links!«?

Da stehen wir alle und sehen Ihn an
und warten auf unsre Zeit.
Er ist der brave Vertrauensmann
der Herren im blitzenden Kleid.
    Da kriecht Er ihnen nun hinten herein –
    was schiert Ihn Gesinnung und Ehr'?
    Nicht wahr, Er will doch ein Preuße sein?
    »Präsentiert das Gewehr!«

Da stehen wir alle, verfolgt vom Staat,
und bewahren nur mühsam die Ruh'.
Der übt im tiefsten Herzen Verrat,
der die Heimat verhetzt wie du.
    Konservativ nach Aufstandsgebärden,
    gegen die Arbeiter barsch ...
    Noske, Er sollte noch Feldwebel werden –
    und dann:
    »Kehrt, marsch!«

KRIEG DEM KRIEGE

Sie lagen vier Jahre im Schützengraben.
Zeit, große Zeit!
Sie froren und waren verlaust und haben
daheim eine Frau und zwei kleine Knaben,
weit, weit –!

Und keiner, der ihnen die Wahrheit sagt.
Und keiner, der aufzubegehren wagt.
Monat um Monat, Jahr um Jahr …

Und wenn mal einer auf Urlaub war,
sah er zu Haus die dicken Bäuche.
Und es fraßen dort um sich wie eine Seuche
der Tanz, die Gier, das Schiebergeschäft.
Und die Horde alldeutscher Skribenten kläfft:
»Krieg! Krieg!
Großer Sieg!
Sieg in Albanien und Sieg in Flandern!«
Und es starben die andern, die andern, die andern …

Sie sahen die Kameraden fallen.
Das war das Schicksal bei fast allen:
Verwundung, Qual wie ein Tier, und Tod.
Ein kleiner Fleck, schmutzigrot –
und man trug sie fort und scharrte sie ein.
Wer wird wohl der nächste sein?

Und ein Schrei von Millionen stieg auf zu den Sternen.
Werden die Menschen es niemals lernen?
Gibt es ein Ding, um das es sich lohnt?
Wer ist das, der da oben thront,
von oben bis unten bespickt mit Orden,
und nur immer befiehlt: Morden! Morden! –
Blut und zermalmte Knochen und Dreck …
Und dann hieß es plötzlich, das Schiff sei leck.
Der Kapitän hat den Abschied genommen
und ist etwas plötzlich von dannen geschwommen.
Ratlos stehen die Feldgrauen da.
Für wen das alles? Pro patria?

Brüder! Brüder! Schließt die Reihn!
Brüder! das darf nicht wieder sein!
Geben sie uns den Vernichtungsfrieden,
ist das gleiche Los beschieden
unsern Söhnen und euern Enkeln.
Sollen die wieder blutrot besprenkeln
die Ackergräben, das grüne Gras?
Brüder! Pfeift den Burschen was!
Es darf und soll so nicht weitergehn.
Wir haben alle, alle gesehn,
wohin ein solcher Wahnsinn führt –

Das Feuer brannte, das sie geschürt.
Löscht es aus! Die Imperialisten,
die da drüben bei jenen nisten,
schenken uns wieder Nationalisten.
Und nach abermals zwanzig Jahren
kommen neue Kanonen gefahren –
Das wäre kein Friede.

     Das wäre Wahn.
Der alte Tanz auf dem alten Vulkan.
Du sollst nicht töten! hat einer gesagt.
Und die Menschheit hörts, und die Menschheit klagt.
Will das niemals anders werden?
Krieg dem Kriege!
    Und Friede auf Erden.

ACH, SIND WIR UNBELIEBT!

Wenn man, wie wir, den Umsturz liebt,
macht man sich häufig unbeliebt.

Die Herren mit dem hohen Kragen,
die können dieses nicht vertragen.

Das Fräulein Ännchen reicht mir Tee.
Der Herr Assessor will Calais.

Wir sprechen auch vom Liebknecht-Mord.
Sie gleiten hurtig drüber fort.

Man denkt voll Freuden des Gerichts.
Ich räuspre mich und sage nichts.

Der Herr Assessor guckt mich an:
Ist das ein Bolschewistenmann?

Und auch das Fräulein Ännchen schaut.
Wie zart ist ihre weiße Haut!

Doch je auf meinen Kissen ruhn –
das wird sie ganz gewiß nicht tun.

Ich fühl es leider ganz genau,
sie ist wie jede kleine Frau:

Sie liebt nicht den, der revoltiert –
brav muß er sein, dem sie gebiert.

Wie ist sie süß! wie ist sie munter!
Ich falle langsam hinten runter.

So zeigt sichs wieder, Bruder – nämlich:
Gesinnung ist oft unbequemlich,

wenn man sich sozialistisch gibt …
Ach Gott, wie sind wir unbeliebt!

ICH DACHTE SCHON …

Ich dachte schon, als Willi türmte,
nun wärs für unsereinen aus.
Was mich, ich muß es sagen, würmte,
denn gern geht kein Akteur nach Haus.
  Ich schnallte schon die Harfe ab
  und wankte in ein frühes Grab.

Doch hundert Schritte vorm Portale –
was hört da mein entzündet Ohr?
Aus Phrasenlärm mit einem Male
schallt ein Kommando frisch hervor.
  Der Vater Noske … Ach, zum Speiben …
  Ich dachte mir: Da kannst du bleiben!

Ich blieb, und was ich nun erlebte,
gemahnt mich an die alte Zeit …
Wenn ich den Herren eine klebte,
geschahs aus liebem Zeitvertreib –
  Ich danke fröhlich Gott dem Herrn:
  Heut tu ich es noch mal so gern.

Da haben wir den alten Kummer,
den alten Dreh, den alten Wahn –
die beste wilhelminische Nummer
hat mir es nicht so angetan.
  Wenn Weimar singt, grins ich erbaut:
  Wie ist mir dieses Lied vertraut!

Ich dachte schon, ich sei erledigt …
Gott nahm mich unter seinen Hut.
So eine fette Fastenpredigt
ist nach wie vor für viele gut.
  So lang ihr diesen Schiebern borgt:
  Ich bleibe da –
                    Für mich ist ausgesorgt!

KINO

Das hat mir am Kino besonders gefallen,
und deshalb ist er auch unter allen
Künsten, die es im Leben gibt,
diejenige Kunst, die am meisten beliebt:
Er macht dem Gehirn so gar nichts zu schaffen!
Du brauchst nur zu gaffen.

Auf der Leinwand zucken Figuren, Gestalten:
Der Graf kann die schöne Ilona nicht halten,
die schöne Ilona sehnt sich heraus,
und sie verläßt, weiß Gott, das gräfliche Haus!
Ein Automobil hält an der Türe,
es wackelt Ilonas hohe Coiffüre –
der Graf sinkt zurück – ein gebrochener Mann. – –
Was geht mich das an?

Ilona führt ein sündhaftes Leben.
Sie liebt gradezu, und sie liebt daneben,
sie winkt von einem hohen Balkon,
sie trippelt durch einen kitschigen Salon. –
Sie verdient auf diese Weise viel Zaster –
und es seufzt im Saale: »Wie schön ist das Laster!«
Aber es tut doch schließlich nicht gut.
Und nun kommt der verkörperte Edelmut,
der Mann, für den alle Backfische schwärmen,
der Mann, um den sich die Frauen härmen –:
und während Ilona, die ruchlose, flennt –
erscheint der Gent!
Und er hebt den Zylinder, den spiegelblanken,
und er lenkt die Herzen, die lustentflammten,
und er löst Ilona aus unseligem Bann. – –
Was geht mich das an?

Und so jagt auf der Leinwand ein Gauner den andern.
Wir können mit ihnen durch Texas wandern,
es laufen die Pferdchen, die Büchse knallt –
(Texas liegt übrigens im Grunewald)
und wir sehen die allerfurchtbarsten Dinger:
die Heldin soupiert im Löwenzwinger –
die Heldin in furchtloser Attitüde –
(die Löwen sind sterbensmatt und müde) –
Mal geht die ganze Geschichte schief. –
Aber wozu ist man Filmdetektiv?
Verborgene Perlen, versteckte Pretiosen,
rollende Augen, gebügelte Hosen,
Diener mit Teebrett, verblühte Röschen,
Eisenbahnzüge und seidene Höschen. –
Ein schauriger Bildertext dann und wann – –
Was geht mich das an?

Und es drängt sich das Volk vor den Kinotüren:
da lernt man die allerfeinsten Allüren,
man braucht nicht zu sinnen, man braucht nicht zu denken,
man braucht sich nicht in die Kunst zu versenken. –
Man hat keine Skrupel, man hat keinen Einwand,
man sitzt einfach da und starrt auf die Leinwand.

Es gibt aber immerhin noch Leute,
die – denkt! – der Kino noch niemals erfreute.
Sie sagen:
                    Amüsement ist fein.
Aber muß es denn grade Stumpfsinn sein?

ERZBERGER

Du guter Mond aus Buttenhausen!
Du leuchtest durch den Wolkenflor.
Wenn auch die bösen Stürme brausen –
sanft strahlt dein mildes Rund empor.
Und ob der ganze Schnee verbrennt,
ob uns ein leiser Zephir fächelt –
wie immer auch das Firmament:
       Mathias lächelt.

Was hattest du im Krieg zu schuften!
Du reistest in und aus der Schweiz.
Tät wo ein kleines Stänklein duften,
du, Lieber, wußtest es bereits.
Gewiß, du hast den Zimt erkannt,
hast Tirpitz wacker durchgehechelt …
Ein Trost blieb uns im Weltenbrand:
       Mathias lächelt.

Was bist du alles schon gewesen!
Ein wilder Weltannexionist
(man kann es leider heut noch lesen),
dann, als es schief ging, Pazifist …
Man sah dich stets mit wem paktieren,
du machtest dich dem Reich bezahlt …
Wir wußten: Uns kann nichts passieren –
       Mathias strahlt.

Du sanft Gestirn stehst nun am Himmel
und – leider Gottes! – im Zenith.
Gewiß, du bist in dem Gewimmel
der schlimmste nicht, den man da sieht.
Die Sterne in der hohen Halle,
die übler Kriegsgewinst geeint,
du überstrahlst sie alle, alle – –
       Mathias grinst.
           Und Deutschland weint.

DIE FAHRT INS GLÜCK

Ich zum Beispiel mit meiner Frau
wohne weit draußen in Friedenau
und beschäftige mich in der Zeiten Wandel
am liebsten mit dem »freien Handel«
in Butter, in Leder, in Films und Kalendern. –
(Man muß das von Zeit zu Zeit verändern.)
Und wie jeden Morgen, seit fünfzehn Jahren,
wollt ich heute ins Städtchen fahren.

Die Straße ist leer. Die Straße schweigt.
Nämlich: die Elektrische streikt.
Sie hat eigentlich nicht gestrikken,
und darum markieren die Herren den Dicken –
und ich seh übern Park die Schwalben ziehn.
Also, wie komm ich heute rein nach Berlin?

Sieh da, sieh da! Ein Gemüsewagen!
Ich also werde den Kutscher fragen:
»Sagen Sie mal«, sag ich, »was kostet die Fahrt?«
Und der Wackre murmelt in seinen Bart:
»Achtzehn Märker! Steijen Se in!«
Und ich tu's – denn irgendwie muß ich hin!

Da saßen nun schon viele Personen,
die alle bei mir in der Nähe wohnen;
zwei alte Jungfern, ein Soldat,
ein Stück Oberregierungsrat,
eine Dame mit Anführungsstrichen,
und dieser Dame schenkte ich 'n
freundlichen Blick und setzte mich hin.
Und dachte in meinem arglosen Sinn,
nun ginge es sicherlich gleich los.
I! was denken wir Menschen bloß!
Der Kutscher wartete eine Stunde
auf alle Leute in der Runde.
Und dann war der Wagen zum Brechen voll.
Aber er brach nicht. Es rief: »Pascholl!«
Und dann gings los, und wir fuhren ab
in einem gemächlichen Zuckeltrab.

Und wir begegneten vielen Gefährten:
hübschen Wagen mit gut genährten
Gäulen mit breitem Hintergestell –
die liefen lustig und mächtig schnell,
und Kremsern mit achtzig Personen drauf, –
und viele standen auf Rollwagen drauf,
und manche waren ohne Schaden
für ihren Leib auf Kartoffeln geladen –
und einer – was soll ich Ihnen sagen? –
fuhr in einem Puppenwagen.

Und an jeder zweiten Straßenecke
bremste der Kutscher die edle Schecke,
und wem's nicht paßt, sagt er, könne spazieren,
er aber wolle nun wieder kassieren!
Und bezahlen müßten vor allen Dingen,
die da draußen am Wagen hingen!
Und dann stieg er auf, und dann fuhren wir ab
in einem gemächlichen Zuckeltrab.

Und so am Bahnhof Bülowstraße
wuchs das Getümmel in schlimmem Maße,
und die edle Schecke riß sich los,
und es gab einen kleinen Zusammenstoß.
Da hättet ihr aber was hören sollen!
– »Paß doch uff, do, mit deine ollen
Rennbahnjäule – die jib bei'n Schlächter!
Der Schimmel is Jauerscher! aber echter!«
Und der andere sprach von »dußligem Hund«,
und er sei wohl im Koppe nicht gesund –
und valleicht käme er mal runter vom Bock,
aber dann nähm' er seinen Peitschenstock …
Und dann fuhren wir weiter und fuhren ab
in einem gemächlichen Zuckeltrab.

Und so bin ich zweieinhalb Stunden gefahren.
Und es fuhren neben uns Wagen in Scharen –
Das kostet mich täglich ein dickes Geld.
Ich kann mir das leisten. Ich bin so gestellt.
Was macht aber der *kleine Mann* an den Tagen?

Da müßt ihr die Straßenbahner fragen.

NOCH IMMER

Zunächst einmal: der Deutsche schreibt,
wenn ihm nichts anders übrig bleibt. –
Er fertigt sich für jeden Krempel
als erstes einen blauen Stempel
und gründet um den Stempel froh
ein großes Direktionsbureau.
Und das Bureau beschäftigt Damen
und trägt auch einen schönen Namen
und hat auch einen Kalkulator
und einen braven Registrator
und einen Chef und Direktoren
und vierzehn Organisatoren
und einen Pförtner für die Nacht.

Ihr fragt, was so ein Amt nun macht?
Es macht zum Beispiel Schwierigkeiten.
Denn diese muß es ja bereiten,
zu zeigen, daß es auf der Welt,
und daß es andern überstellt.
(Und all das kostet wessen Geld?)
So schwitzt nun über wunderbaren
und komplizierten Formularen
und schreibt sie voll und füllt sie aus
und dann geht artig nur nach Haus!
Und damit ist die Sache richtig.

Was macht es noch? Es macht sich wichtig.
Und es erläßt mit Schwung Erlässe
und prüft Papiere und prüft Pässe.
Verordnung folgt auf Paragraphen
»betreffend Straßenhandel mit Schafen«,
»bezüglich Alligatorenfutter« –
aber die Butter
ist für den kleinen Mann verratzt
und leider offenbar zerplatzt,
und all dies hat das Amt verpatzt.

Von dieser Sorte gibts weit über hundert.
Ihr seid darüber so verwundert?
Ach Gott, ihr müßt nicht traurig sein:
Wir bilden uns noch immer ein,
mit §§ seis getan.

Der alte dumme deutsche Wahn.
Ein Amt kann keine Nüsse knacken.
Das Leben müßt ihr kräftig packen.
Denkt an die Wirtschaft! Denkt an morgen!

Aber ihr müßt euch ja mit Ämtern versorgen.

KAMMERSPIELE

Und vor mir saß ein dicker Mann.
Der schlürfte mit der Unterlippe
die Konstantin, die auf der Kippe
dem Bett entgegenrann.

Er schnauft behaglich voller Lust.
Und neben ihm grollt seine Olle …
Das ist mal eine Bombenrolle
für eine runde Brust!

Die Konstantin schmeißt ihren Kram.
Du hörst sie locken, pfeifen, balzen,
die liebe Frau spielt alle Walzen –
bis ach! das Unglück kam:

Sie wirft sich auf ein Ruhebett.
Der Held – Herr Loos – versetzt in Eile
ihr ihre längst verdiente Keile.
Und sie stöhnt: »Ei! wie nett!«

Dies ist uns aber doch zu dumm!
Das Sofa stäubt vor dicken Hieben –
So also soll man Frauen lieben?
Laut lacht das Publikum.

Und doch: wie eminent sie spricht!
Sie murmelt finster, zwitschert Frohsinn –
ich fühl: welch eine Virtuosin!
Das will ich aber nicht.

Ist außer Kleidern noch was da?
Und kurz und gut: wir haben Sommer
und – immerhin – noch andern Kommer …
Es war soso lala.

DIE ORDEN

Luise, geh mal in die gute Stube
und mach dich an das braune Vertiko –
da liegt gleich oben in dem linken Schube
ein schwarzer Kasten – den bring hinter – so!
    In dem sind alle, alle meine Orden,
    die mir so sachtechen verliehen worden –
    und voller Rührung seh ich alter Mann
    mir meinen Kasten mit den Orden an.

Da ist zum Beispiel in der bunten Masse
– es hat sich, Frau, doch mit der Zeit summiert –
der gute Kronenorden vierter Klasse,
den hat mir mein Ressortchef angeschmiert.
    Ich sollte ihn ja eigentlich nicht haben,
    doch damals waren alle andern Knaben
    auf Urlaub, und ich war grad in Berlin;
    und, siehst du, Kindchen, so bekam ich ihn.

Und dieses Kreuz am weiß und schwarzen Bande
verlieh man mir in unserm großen Krieg.
Ich war nicht mit. Ich saß im Hinterlande
und feierte recht tüchtig jeden Sieg.
    Ich hab doch aber schließlich nichts verbrochen
    und war beim Chef und hab mit ihm gesprochen
    und der Erfolg war prompt und ganz enorm –
    denn das gehört nun mal zur Uniform.

Und der – und dieser – und die hübschen Sterne!
Und hier das Kreuz – und dieses Glitzerstück –
Ich trug sie alle stolz und gar zu gerne …
nun lege ich sie traurig all zurück.
    Ich kann die Monarchie doch nicht vergessen.
    Ich hab sie mir erschoben und ersessen.
    Die schöne Zeit! Man war doch schließlich wer!
    Pack ein! Stell weg!
    's hat keinen Zweck!
    Mich freut der ganze Dienstkram nun nicht mehr!

DIE SCHULE

Wer die Schule hat, hat das Land.
Aber wer hat die bei uns in der Hand!

Du hörst schon von weitem die Schüler schnarchen.
Da sitzen noch immer die alten Scholarchen,
die alten Pauker mit blinden Brillen,
sie bändigen und töten den Schülerwillen.
Und lesen noch immer die alte Fibel
und lehren noch immer den alten Stiebel:

Wie in den alten Zeiten die wichtigen Schlachten
die großen Völkerentscheidungen brachten,
wie die Fürsten und die Söldnerlanzen
den großen blutigen Contre tanzen,
und ohne die heilige Monarchie
sei die Hölle auf Erden – und schließlich, wie
die Völker nur eigentlich Statisten seien.
Man müßte ihnen die Dumpfheit verzeihen.
Könnten eben nichts weiter dafür …

Und sie lernen vom Kupfercyanür.
Und von den braven Kohlehydraten.
Und von den beiden Koordinaten.
Und von der Verbindung mit dem Chrome.

Lernen auch allerhand fremde Idiome.
Ut regiert den Konjunktiv.
Polichinelle ist ein Diminutiv.
Und was so dergleichen an Stoff und an Wissen.

Himmelherrgott! ist die Schule beschmissen!
Seelenmord und Seelenraub!
Unter die Kruste von grauem Staub
drang auch kein Luftzug der neuen Zeit.
Der alte Schulrat im alten Kleid.
Wundert euch nicht! Was kommt aus dem Haus
schließlich nach Oberprima heraus?

Ein nationalistischer langer Lümmel.
Gut genug für den Ämterschimmel.
Gut genug für die alten Karrieren –
als ob die heute noch notwendig wären!

Türen auf und Fenster auf!
Lege deine Hand darauf,
lieber Herr Haenisch, und zeige den Jungen,
wie die alten Griechen sungen –
aber ohne die Philologie
und ohne die Kriegervereinsmelodie!

Wer die Jugend hat, hat das Land.
Unsre Kinder wachsen uns aus der Hand.
Und eh wir uns recht umgesehn,
im Handumdrehn,
sind durch die Schulen im Süden und Norden
aus ihnen rechte Spießbürger geworden.

DEUTSCHNATIONALER PARTEITAG

Das gibt es noch. Nach dieser Zeit,
nach so viel langen Jahren
stehn voller Schwung und voller Schneid
die Herrn, die schuldig waren.

Steig ab, steig ab vom Pegasus
und laß sie uns betrachten,
die all noch leben, bis zum Schluß,
nach soundso viel Schlachten:

Da ist zum ersten der würdige Gehrock von Herrn Trauben,
der bat den Herrn, ihm zu helfen von seinem Unglauben.

Aber der Herr sprach: »Nein, Gottlieb, das tu ich nicht;
ich kann dir nicht helfen bei so einem Gesicht!«

Da ist zum zweiten Herr Helfferich, ein feiner Finanzmann,
der unterschätzte den Angeln, den Jingo und den Franzmann.

Aber es kommt da leider kein Zivilist und kein Soldat rum:
diese beiden sind – weiß Gott – ein par nobile fratrum.

Auf deutsch: wir wollen uns freuen, daß wir zwei solcher Kerle haben!
Dann aber tät uns Freiherr von Lorringhoven erlaben.

Und er verübte eine kleine Katzenmusik
auf die verfluchte und gottverdammte Republik.

Weil man nicht einmal mehr – so geht das nicht weiter –
schinden dürfe seine geliebten Landarbeiter!

Und sie sprachen alle viel vom alten preußischen Geist.
Ich weiß nicht genau, was das eigentlich heißt.

Wahrscheinlich ist das so ein Ausdruck für Laien
für den Geist aus den guten pommerschen Schnapsbrennereien.

Und unter Absingung von verschiednen frumben Liedern
ging auseinander dieser Verein von Schützenbrüdern.

Steig auf, steig auf – der Pegasus
will laufen, laufen, laufen!
Er stand nur, weil er durchaus muß,
aus diesem Quell zu saufen.

Die Quelle ist ein trübes Loch.
Komm, neues deutsches Leben!
Die gibt es noch. Die gibt es noch.
Und soll es nicht mehr geben!

ZUEIGNUNG

Von J. W. Goethe unter freundlicher
Mitwirkung von Theobald Tiger

Ihr naht euch wieder, schwankende Gestalten,
Die früher sich dem trüben Blick gezeigt.
Versuch ich wohl, euch diesmal festzuhalten?
Fühl ich mein Herz noch jenem Wahn geneigt?
Ihr drängt euch zu! Nun gut, so mögt ihr walten,
Wie ihr aus Dunst und Nebel um mich steigt.
Mein Busen fühlt sich jugendlich erschüttert
Vom Zauberhauch, der euren Zug umwittert.

Ihr bringt mit euch die Bilder böser Tage,
Und tausend schwarze Schatten steigen auf;
Gleich einer alten, halbverklungnen Sage
Steigt U-Boot-Krieg und Brest-Litowsk herauf.
Der Schmerz wird neu, es wiederholt die Klage
Des Lebens labyrinthisch irren Lauf,
Mahnt an Millionen, die, um schöne Stunden
Vom Glück getäuscht, von uns hinweggeschwunden.

Du, Kahlkopf, und du, Bierbankredner Roethe,
Du, gläubiges Sonntagskind, mein Helfferich!
Und Bethmann, du – ich, dein Kollege Goethe,
Sag es dir schüchtern: Mir gefällste nich!
Ihr tanztet alle, alle nach der Flöte
Des großen Hasardeurs – das wundert mich …
Doch hat im Leichtsinn und frivolen Hoffen
Ein Admiral im Bart euch übertroffen.

Und mich ergreift ein längst entwöhntes Sehnen
Nach einem friedlich-freien Deutschen Reich,
Mit Mühe nur verkneif ich mir das Weenen,
Die Kehle knarrt, dem Grammophone gleich.
Ein Schauer faßt mich, Träne folgt den Tränen,
Auf steigt mein Beten, wehmutsvoll und weich:
O Herr, vergib den deutschen Diplomaten –
Sie wußten leider all nicht, was sie taten!

NACH FÜNF JAHREN

Und Vater tot und Bruder tot
und einer kriegsgefangen;
und Mutter sitzt in Rentennot:
Was essen meine Rangen …?
 So stehn wir da im schäbigen Kleid
 und denken an die alte Zeit.
  Und hassen.

Und hassen jenen Preußengeist,
der uns geduckt, betrogen.
Und hassen, was von Orden gleißt.
Ihr Aar ist fortgeflogen.
 Er hinterließ als armen Rest
 uns nur ein ganz beschmutztes Nest
 und graue Elendsmassen.
  Wir hassen.

Hör, Bruder, standest du nicht stramm
vor Knechten und vor Schiebern?
Du gingst zur Schlacht als Opferlamm.
Wir fiebern, fiebern, fiebern …
 Wach auf! Du warst so lange krank!
 Es dauert nicht ein Leben lang!
 Mußts nur nicht gehen lassen!
  Wir hassen.

Brenn aus! Brenn aus! Mit Stumpf und Stiel!
Greif mutig in den Himmel!
Die Oberschicht – sie zählt nicht viel –
versinkt in dem Gewimmel.
 In Dreck und Blut und Schlamm und Schmerz
 blieb uns ein warmes Menschenherz.
 Schlag zu mit wuchtigen Hieben!
  Wir lieben!

IM BADE

Die Welle bricht sich. Kann mans ihr verdenken?
Es taucht ins Meer ein feister Menschensack:
die Glieder badet dort, die ungelenken,
Frau Zademack.

Im Bademantel tritt mit hastigen, schnellen
Bewegungen Herr Baccer aus der Tür.
Neptun persönlich aus den tiefsten Wellen
sagt: »Ab dafür!«

Es rollt sich an das arme Seegestade
Lu Lora, mit 'nem ganzen kleinen Stich.
Und der Verehrer Chor spricht: »Schade, schade!
Heut filmt se nich!«

Es rudert wie beim Sprechen mit den Händen
Herr Moppelmann am deutschen Ostseekap.
Er denkt beim Wogenspiel an Dividenden:
Mal auf – mal ab!

Und der ist da und die. Von der Regierung
schwimmt dort ein Mann – pomadig, faul und schlapp …
Man bricht sich auch im Bade die Verzierung
nur ungern ab.

Und die ist da und der – in vollen Rudeln – –
O lieber Gott! willst du mal freundlich sein?
Dann laß mich schwimmen in den blauen Strudeln
allein, allein –!

STRAFGERICHT?

Sie sprachen Tage, lange, lange Tage –
und klagten an in bitterböser Klage.

Sie wiesen nach: der Krieg verschluckte brausend
und ohne Nutzen Sechsmalhunderttausend.

Sie wiesen nach: der Ludendorff, der große,
stieß Deutschland in die schmutzigrote Sauce.

Sie wiesen nach: Herr Tirpitz tats nicht minder.
Die Industrie besaß recht artige Kinder.

Sie wiesen nach … Und nun? Was wird geschehen?
Wir werden sie nach Hause schlurchen sehen.

Und schaut ein General noch so verrucht aus:
Man steckt ihn nie und nimmermehr ins Zuchthaus.

Also zum Tode? – Aber, Kind, mit nichten!
Die Weltgeschichte wird ihn einmal richten –!

Die Weltgeschichte aber richtet keinen.
Stumpf, ungerührt hört sie die Mütter weinen.

Und unterdessen freuen sich die Krieger
des rosigen Lichts – auch heute noch die Sieger.

Wir sind in Deutschland.
                    Da hat ein Paar Glück:
Die Großbank und ein buntes Achselstück.

AUFTRITTSLIED
Aus der tragikomischen
Originalposse »Deutsche Politik«

Wir Bürger in Deutschland, wir habens nicht leicht,
wir führen ein trauriges Leben.
Wir müssen, was irgend der Fiskus erreicht,
dem Steuerbureau übergeben.
Die goldnen Pretiosen,
getragene Hosen,
geräucherte Schweine,
gestempelte Scheine –
Zum Glück hab ich alles schon längst in Luzern –
Sonst wärs etwas viel für 'nen einzelnen Herrn!
Ja, sonst wärs etwas viel für 'nen einzelnen Herrn!

Es gab im November den riesigen Krach,
es stürzten die Kronen herunter.
Und wurd auch dem Volke so bang und so schwach,
die Rechte, sie bleibt doch stets munter.
Sie hetzte im Kriege,
erschwindelte Siege,
sie schiebt noch nach Flandern
die Schuld auf die andern –
So hörst du Herrn Graefe vom Vaterland plärrn …
Das ist etwas viel für 'nen einzelnen Herrn!
Ja, das ist etwas viel für 'nen einzelnen Herrn!

Matthias, mein Mond, o du Vater der Nacht!
Du leuchtest im silbrigen Scheine.
Was hast du schon alles im Leben gemacht
(du weißt schon, wie ich das meine).
Warst Annexioniste,
und mal Pazifiste.
Jetzt sprichst du die Wahrheit
in leuchtender Klarheit –
Mal bist du beliebt – mal hat man dich gern …
Das ist etwas viel für 'nen einzelnen Herrn!
Ja, das ist etwas viel für 'nen einzelnen Herrn!

O Lärm und Spektakel! O Reichsmilitär!
Ich ginge so gerne nach Hause –
Hier Streik und da wieder das alte Heer –
stumm stehe ich unter der Brause:
Es fehlen die Kohlen,
es schmälen die Polen,
Revolten am Tiber,
dumpf grollten die Schieber ...
Die Erde ist doch ein vergnüglicher Stern!
Es ist etwas viel für 'nen einzelnen Herrn!
Ja, es ist etwas viel für 'nen einzelnen Herrn!

WIR AUCH! (GOTT BEHÜTE !)

Dies aber reißt mir jach durchs Herz:
Die Ungarn haben einen König.
Wir auch! Denn, seht mal, ich gewöhn mich
so schwer an einen Freiheitsmärz.

Die habens fein. Da ist doch wer,
dem sie die Stiefel lecken dürfen,
und hundert dicke Lippen schlürfen
die hohe Gunst ... Und dann das Heer!

Die haben noch ein Ideal!
Wie blitzen Helm und Epauletten!
Und um die Monarchie zu retten,
trabt noch der älteste General.

(Und keiner wird nicht pensioniert.)
Und dann: wie hübsch sind jene Cliquen,
die den Monarchen fast ersticken –
Man hätt ihn gerne separiert ...

Kurz: da ist alles, alles da!
Die Schieber und auch ein Geschobener –
man fühlt sich wesentlich gehobener ...
Heil, Königreich Ungaria!

Wir auch! wir auch! –
        Ach, kleine Lieder
pfeif ich mir froh, daß es vorbei.
Doch käm er heute nochmal wieder –:
Es gibt noch welche, dumm und bieder –
Sie grüßten ihn, wie einst im Mai.

HEIMKEHR

Ich schüttle mir den Seesand aus der Hose.
Da rinnt er hin – und draußen tobt Berlin.
Ich spintisiere und ich lasse lose
die schöne Zeit an mir vorüberziehn.

Es rauschten freundlich blaue Meereswellen.
Der Schwarzwald grüßt. Ein spätes Sonnenlicht
färbt blutigrot im Wald die moosigen Stellen –
Und keine Morgenzeitung las ich nicht.

Ich las auch keine dumme Abendzeitung.
Ich lebte meins und dacht mir nichts dabei …
Nun hör ich wieder von der Streikverbreitung,
von Reinhards I–III.

Und Noskes Gustav wirkt noch immer, immer,
der arme, gute, ungediente Mann –
Mit seiner Reichswehr geht es schlimm und schlimmer,
weil er nicht pfeifen, sie nicht tanzen kann.

Der Schwarzwald grüßt … Nach solcher Waldesstille
erzählt mir was in Heften grün und blau
ein Proletarierfreund, ganz wie von Zille –:
Ach, Rathenau –!

Und all der Zimt … Die zagen Demokraten,
die leise Hand, ehs Generale trifft –
die Knäbchen, die in blasser Tinte waten –
Herr! Schenk mir für ’nen Sechser Rattengift!

Der Tanz geht los. Die Musen werden lüstern.
Rein ins Vergnügen! Ölt mir mein Klavier!
Doch, liebe Freunde, laßt mich eins noch flüstern:
Es war da draußen heiterer als hier.

KLEIN-PIEPENEICHEN

Alles, was seit dem November geschehen,
wird im Reiche nicht gern gesehen.
Besonders der Stammtisch der kleinen Stadt
furchtbar viel zu schimpfen hat.
Der neue Kurs, die neuen Leute,
das gloriose Gestern, das nüchterne Heute,
die Machtlosigkeit der Landratsfamilien,
die scheußlichen Revolutionsutensilien,
als da wäre: der Arbeiterrat – –
Wo ist der alte preußische Staat?
Umsturz, Krach und Thronverzicht:
Für Klein-Piepeneichen gilt das nicht.

In Klein-Piepeneichen ist Vater und Kind
Gott sei Dank stramm monarchisch gesinnt.
Da weiß man noch nichts von der Schuld am Kriege,
da feiert man noch die erträumten Siege,
lobt sich die gußeisernen Generale,
sonnt sich am alten Ruhmesstrahle,
glaubt noch immer die alten Lügen,
schlürft beseligt in vollen Zügen
den altwilhelminischen süßen Brei,
schimpft auf das Neue und denkt nichts dabei.
Abrechnung? Aufklärung? Staatsgericht?
Für Klein-Piepeneichen gilt das nicht.

Und wer will an alte Rechte rühren?
Wer wagt sich heran an die alten Gebühren?
Der gnädige Herr auf dem Rittergut
weiß, wie wohl ihm der Flitter tut;
er kann den Nimbus von falschen Ehren
durch seine Kerls nun mal nicht entbehren.

Soll nur der Herr Minister rügen,
sollen sie in Berlin verfügen –
Wir gehen unsern alten Schritt
und heizen uns unsre Stuben damit.
Tarifvertrag? Abgabe? Saatenbericht?
Für Klein-Piepeneichen gilt das nicht.

Der Haß der wildesten Kommunisten,
der menschenfressenden Bolschewisten
ist nicht so heiß und ist nicht so schlimm
wie des Stammtischs fürchterlicher Grimm.
Der stellte am liebsten das halbe Land,
das ihm nicht paßt, glatt an die Wand.
Da ist Blutdurst und da ist Roheit.
Das spürt noch immer die alte Hoheit
der Ritterkaste im engen Gemüt.
Wilhelm ist fort. Sein Unkraut blüht.
Sie hängen am Tand. Sie hängen an Bildern.
Ihre ohnmächtige Wut ist nicht zu schildern.
Mag die Regierung schalten und walten –
Ihr Herz hängt noch immer am schlechten Alten.
Nichts will ihnen vom Neuen passen.
Sie können vom Haby-Schnurrbart nicht lassen.
Und sehnen sich nach des Kaisers Segen.
Ihretwegen. Ihretwegen.
Sie wollen nicht, sie fügen sich nicht.
Bis einer ihren Willen bricht.

Revolution in Klein-Piepeneichen:
werden wir die in Deutschland erreichen?

ICH SCHNITT ES GERN ...

Wie schön ist doch des Pfolkes Neigung!
Wen es mal liebt, den liebt es ganz
und beut entflammt, in jäher Steigung,
dem Helden seinen Ruhmeskranz.

Die Männer des Paradeschrittes
umjubelt es tagaus, tagein –
es segnet auch ihr Haupt und schnitt es
sich gern in alle Rinden ein.

So auch der Knab dort.
                    Auf der Straße
steht er in Abendsonnenglut
und tut für sich in kleinem Maße,
was sonst die Straßenreinigung tut.

Zieht er auf dem Asphalt Figuren?
Liebt er das alte Ornament?
Sieh da: er zeigt des Fleißes Spuren
der Jugend, die dergleichen kennt.

Laßt uns noch einmal wiederkehren.
Wie ist dies Volk doch wohlgesinnt!
Ich lese voller Wehmutszähren:
»N. O. S. K. ...«
                    Du gutes Kind –!

DIE HISTÖRCHEN

Wir sitzen zusammen auf lustiger Bank.
Erzähle drum jeder einen Schwank.
Wer ausgetrunken hat, fängt an!
Das trifft mich selber – nun wohlan!
    »Die Nationalen ... es ist doch keiner am Tisch?«
– »Nein, noch ist er draußen, erzähl Er nur frisch!« –
– »Im Saal sitzt versammelt ein Areopag:
Die Plittwitz halten Familientag
im Jahre fünfzehn, es steigen die Chancen,

alle Welt macht den Plittwitz Avancen:
der Alte, Stadtkommandant bei Lille,
herrscht dort im alten Cäsarenstil
und schiebt seine Kisten und schickt seine Kisten …
Sein Bruder sitzt bei den Nationalisten
und läßt sich von denen reklamieren.
Die Söhne braucht niemand zu protegieren,
Jott sei Dank Jardekavallerie …
Und man ergreift das Glas mit dem Hennessy:
›Prösterchen!‹ Wir wissen Bescheid …
›Hurra, die große eiserne Zeit!‹
Die Nationalen … doch – da kommt einer herein,
da muß ich wahrhaftig stille sein.« –
»Guten Tag, Herr Nationaler, setzet Euch,
trinkt und erzählt ein Histörchen!« –
                                        »Gleich!
    Die Unabhängigen … es ist doch keiner am Tisch?«
– »Nein, noch sind sie draußen, erzähl Er nur frisch!« –
– »Die Unabhängigen sind nicht gerade dumm,
doch kommen sie oft ums Wahre herum.
Sie wünschen durchaus ein baldiges Ende
der neuen Freiwilligenverbände.
Kriechen aber selber herfür,
pochen bescheiden an deren Tür
und fragen höflich beim Führer an:
›Was kostet Ihr Heer, mein lieber Mann?‹
Der will aber gar nicht ausverkaufen,
und so tun sie wieder von dannen laufen.
Da kommt eben ein Unabhängiger an …
Heran, heran, nur immer heran,
Herr Unabhängiger, kommt und setzet Euch,
trinkt und erzählt ein Histörchen!« –
                                        »Gleich.
    Die Mehrheitler … es ist doch keiner am Tisch?«
– »Nein, noch sind sie draußen, erzähl Er nur frisch!« –
– »Die Mehrheitler kennen nur eine Plage:
das ist die unbequeme Frage,
wer am Kriege wohl schuldig sei;
die ist für sie ein Kolumbusei.
Fragt einer danach an des Tisches Rund:
sie legen den Finger an den Mund –
Pst … fein still …!

Wer nur davon reden will?
Doch da kommt ein Mann
von den Mehrheitlern. Still! – Heran, heran,
Herr Mehrheitler, kommt und setzet Euch,
trinkt und erzählt ein Histörchen!« –

»Gleich!
Die Klerikalen … es ist doch kein Klerikaler am Tisch?«
– »Nein, noch sind sie draußen, erzähl Er nur frisch!« –
– »Die Zentrumsleute sind im Land
als superkluge Leute bekannt.
Konfessionslose Einheitsschule?
Da wird den Herren aber mächtig schwule …
Und es spricht der Pfaffe zu seiner Stütze:
›Dies Teufelsding ist zu gar nichts nütze!
Ich bleibe fest im frommen Sinn:
Unsre Kinder gehn da nicht hin!‹
Die Klerikalen … still, wer tritt in die Tür?
Ein Zentrumsmann – schön willkommen hier,
Herr Klerikaler, kommt und setzet Euch,
trinkt und erzählt ein Histörchen!« –

»Gleich!
Die Demokraten … es ist doch kein Demokrat am Tisch?«
– »Nein, noch sind sie draußen, erzähl Er nur frisch!« –
– »Die Demokraten sind brave Leute,
doch vergleich ich das Gestern mit dem Heute,
muß ich doch manches recht beklagen
und sagen:
Wo sind die Tage der Lasker und Richter,
der Bamberger, Virchow … all die Gesichter
leuchten nicht mehr – diese aufrechten Herrn
säh ich heute gar zu gern.
Sie leben nur von Erinnerungen.
Es fehlt das Neue. Es fehlen die Jungen.
Platz! Macht Platz für die Generation
der Hoffnung … aber wo seh ich die schon?
Liebe Freunde, reicht euch die Hand,
uns brauchen sie alle im deutschen Land:
Seht zu, wen man in den Reichstag wählt!
Wir haben hier immer von andern erzählt.
Es geht der Krug die Reih herum!
Dankt Gott, daß keiner von uns so dumm!«

Frei nach August Kopisch

SAISONBEGINN

Nun schnüren sich die Musen in ihr Mieder.
Auf neu gebügelt wird der Kintopp-Beau.
Sogar den alten Holzbock kitzelts wieder –
Rideau!
        Rideau!

Es tauchen auf die ältsten braven Possen.
Vor jeder Bude gibts ein Mordsgeschrei.
Der Kritiker bei Ullstein, Scherl und Mossen
spitzt Ohr und Blei.

L. Fulda und der Knabe Hasenschiller,
sie schreiben monatlich ein neues Stück;
schon sitzen beide je in einer Villa –
ein Glück! ein Glück!

Beim Kino rast die Hausse in den Kassen.
Ich hoff, wenns wieder mal im Lande kracht,
daß die Regie bei den Verschwörermassen
Herr Lubitsch macht.

Schon steht der Inspizient an den Kulissen.
Die Orska bibbert: »Gredchen lahst mich sain!«
Die Rolle nimmt sich doch als fetten Bissen
das Pfräulein Pfein.

Thalia tingelt froh in jeder Scheune.
Ihr lieben Leute des Theaterbaus!
Gemach, gemach! Und denkt stets dran: Nach neune
ist alles aus …!

KINO-ATELIER

Da vorne klemmt ein Jraf sich das Monokel
platt ins Gesicht – die Bogenlampe zischt.
Ein Gazefräulein steht auf einem Sockel –
der dicke Regisseur brüllt: »Das is nischt!«

Zweihundertvierzig Mädchen trippeln zierlich
auf einer Treppe, steil bis unters Dach –
Ein kleines dickes Baby schluckt manierlich
die Milch –
            der Chef macht mit der Diva Krach.

In dieser Ecke stößt ein Intrigante
dem Helden – brr! – das Messer in den Bauch.
In jener Ecke spritzt die gute Tante
der böse Neffe mit dem Gartenschlauch.

Die Dirne lümmelt sich an ihren Buhlen.
Der Herr Beleuchter macht sich nichts daraus
und knipst behufs Erzeugung einer schwulen
Verführungsszene eine Lampe aus.

Und wenn ich mir dies Atelier bekieke,
voll Kitsch und Lärm und Rummel, Schmerz und Spaß –:
dann seh ich vor mir unsre Politike.
Da spielt auch jeder nur die eigene Musike –
und an das Ganze denkt kein Aas.

KANDIDATEN! KANDIDATEN!

Die Bodenreformer täten ihren Führer, den Herrn Damaschke,
neu anpellen
und denselben als Kandidaten für den Reichspräsidentenposten
aufstellen.
Und der Herr Damaschke sagte: Ja! – und er wäre der Mann.
Und wenn Vater Ebert gegangen wäre, käme er heran.

Dieses Beispiel tut mich zur Nacheiferung anfeuern.
Und ich schlage vor, daß wir alle unsere Vereinspräsidenten mit
Seife abscheuern
und ihnen einen reinen Kragen schenken und einen
Schappohklapp,
und dann bringen wir mal die Präsidentenwahl auf den Trab!

Zum Beispiel in der Vereinigung der westfälischen Groß-
industriellen
sitzen sicherlich in den diversen Aufsichtsratsstellen
solche Leute, die mächtig geschoben haben im Krieg.
Die sind richtig. Das braucht man in der Politik.

Oder aber der Verein gerichtlich vereidigter Bücherrevisoren
tut sich ein bißchen um, ob ihm nicht ein Kandidat geboren.
Lieben Herren, nur keine falsche Bescheidenheit! –
Sie wissen wenigstens mit einer Konkursmasse Bescheid!

Oder aber es wäre für uns vielleicht bequemer,
wir nähmen einen Mann aus dem Klub ehemaliger Spielklub-
unternehmer.
Spiel und Politik – das ist ja beinah derselbe Zimt,
indem es bei beiden gleich ist, wer grad den Zaster nimmt …

Oder aber – wir nehmen von den Deutschnationalen – –
Nein. Stehen wir schon einmal bei den Wahlen:
dann schon lieber vom Spielklub irgendein Galgengesicht.
Der ist zwar kein ehrlicher Mann.
Aber er sagt es auch nicht.

KURLÄNDISCHES LANDSKNECHTSLIED

Vier Jahr durch Blut und Dreck marschiert
und niemals nicht ein Ende.
Wen Achselstück und Tresse ziert –
's hat alles schmutzige Hände.
 Wir tragen einen Elendsrock
 und einen Knotenstock.

Nach Hause? Pah – das gehn wir nicht!
Wir wolln uns Weiber kaufen.
Wir fressen unser Leibgericht
und saufen, saufen, saufen.
 Ha, Kadja, welch ein schönes Land!
 Und reich mir deine Hand!

Ob Gustav lockt, ob Gustav ruft:
wir bleiben Grenadiere.
Als Truppe, die ihr selber schuft,
Muschkot und Offiziere.
 Wir fragen, wenn Herr Noske prahlt,
 wer uns am meisten zahlt.

Feinslieb, Feinslieb, so weine nicht!
Ich kauf dir goldne Ringe.
Die dickste Kirchentür, die bricht,
wenn ich mein Verslein singe.
 Ich bin, bei Gott, kein Kommunist –
 weiß gar nicht, was das ist.

Ich pfeif auch auf die Monarchie
und auf die Republike.
Und hungern in der Heimat die,
und kracht die Politike –:
 Ich schneuz mich fest bei aller Not
 in die Fahne Schwarz-Weiß-Rot.

SAURER TRAUB

Jener Gottfried, der zu wiederholten Malen,
gleichend einem Erzchamäleon,
Farbe wechselnd sprach in Bierlokalen:
»England stirbt!« – (es wußt nur nichts davon),

jener Gottfried, dessen sanfter Speichel
vorne über seine Bäffchen rann,
der die deutsche Eichel mit Geschmeichel
lobte als ein haussekundiger Mann …

Dieser Gottfried stund im Reichstagssaale
auf – gebügelt, platt und glatt,
und er donnert nun mit einem Male
von dem Bild, das er gesehen hat.

Hat dies Bild nicht einst im ›*Ulk*‹ gestanden?
Sah man drauf nicht Seine Majestät?
Der Respekt kommt leider ganz abhanden,
wenn heut so was in der Zeitung steht.

Und er rekelt sich aus dem Gestühle,
und er sagt es brav ins Stenogramm,
und er spricht von seinem Zartgefühle,
und er steht vor seinem Fürsten stramm.

Gottfried, hast du mal in langen Jahren
an die Krüppel, die jetzt blind und taub,
an die Mütter nur gedacht in grauen Haaren,
deren Söhne in den Krieg gezogen waren?
Und sie wurden *deines* Krieges Raub …
Deutschland ist nicht Wilhelm. –

                              Mahlzeit, Traub!

KLAGELIED EINES EINSAMEN

Nun schütteln wieder Mixer an den Tischen
den blank polierten Nickeltopf mit Eis.
Die Glastür geht. Die Droschkenautos zischen.
Man zahlt für alles den Valutapreis.
   Musik steigt auf. Auf plüschbelegten Treppen
   läßt sich der Zigarettenmann aus Frankfurt neppen.
   Um ein Uhr kommt die grüne Polizei …
   Und ich bin nicht dabei –!

Auf der Estrade steht im Reichstagssaale
ein Vollbartgreis im Gehrock – und er schwitzt.
Ein freier Mann – jedoch das Nationale
hält er steil in die Höh – der Speichel spritzt.
   Die Hörerschaft spürt zwischen Schlaf und Wachen:
   man muß – zur Volkswohlfahrt – Geschäfte machen.
   Und man verteilt die Posten, die noch frei …
   Und ich bin nicht dabei –!

Liane strahlt. Sie ist nur schwach bekleidet:
die Armbanduhr schmückt glitzernd ihr Gelenk.
Worum sie manche Frau so sehr beneidet,
beut sie den lieben Gästen als Geschenk.
   Weiß hebt die Haut sich ab von grünem Rupfen.
   Man sieht zwei Herrn ein Kokainchen schnupfen.
   Sie tanzt. Ganz leise haucht ein kleiner Schrei …
   Und ich bin nicht dabei –!

Im Kino huscht die Diva auf der Leinwand.
Ein Riesenauge, glotzt das Publikum.
Die Kohlennot ist für dies Fach kein Einwand.
Laut ist die Stadt und leider haltlos dumm …
   Da draußen schwankt ein Weidenbusch im Winde.
   Ein alter Herr träumt unter einer Linde,
   wer heut zum Skat noch einzuladen sei …
   Und ich bin nicht dabei –!
                noch nicht dabei!

SAISONBEGINN

Reicht mir den Frack! Reicht mir die schwarzen Buxen!
Aurelie, plätte mir den weißen Schlips!
Ich will nicht länger krumm am Schreibtisch drucksen;
auch Theobald gebührt ein kleiner Schwips.
    Der Schappohklapp – – wo ist das Dingrichs bloß?
    Jetzt geht es los –!

Jetzt geht es los –!
              Die ältsten jungen Mädchen
sind frisch auf neu gebügelt von Mama –
Sie lächeln hold. Es weiß das dümmste Gretchen:
Saisonbeginn! Nun ist die Heirat nah!
    Hervorgezaubert prangt auf manchem Kopf
    ein falscher Zopf.

Jetzt geht es los –!
              Der Dielenwirt dreht sachte
die Wasserleitung für den Weinverkauf.
Es wacht der Gent des Morgens früh um achte
in einem Treppenflur voll Kummer auf.
    Die Uhr, das Geld, der kleine, blonde Schneck
    sind leider weg.

Jetzt geht es los –!
              Der Kintopp schnattert heftig.
Die kleine Diva dreht sich lieb und nett.
Der dicke Regisseur verfilmt geschäftig
das Strafgesetzbuch sanft von A bis Z.
    Und läßt nicht nach, bis die Million erreicht,
    und hats nicht leicht.

Und in der Politik … Allmächtiger Schöpfer!
Da ist ja schon das ganze Jahr Saison.
Die liebe Zunft der Schuster und der Töpfer
gibt unsrer Wilhelmstraße die Fasson.
    Wenn wer den Teufel an die Wände malt –:
    Matthias strahlt.

Saisonbeginn –!
        Ich friere an den Beinen.
Das Thermometer fällt, die Miete steigt.
Aurelie, kümmre du dich um die Kleinen.
Hörst du, mein Kind? Hunyadi Janos geigt …!
    Dein lieber Mann muß fort. Steig mir vom Schoß –
Jetzt geht es los –!

MISSACHTUNG DER LIEBE

Ach, Tante Julla, du in Neu-Ruppin
liest schaudernd von berliner Scheußlichkeiten,
und wie die Damen ihre Glieder spreiten,
und denkst: Dies Sündenbabylon Berlin!
    Und deine Äuglein öffnen sich in Lüsten,
    weil deine Kaffeeschwestern gerne wüßten
    von einem Paar, gelagert Bein an Bein …
        Wie mag das sein?

Ach, Tante Julla – komm mal an die Spree.
Und sieh dir dieses Wogen aus der Nähe,
ganz aus der Nähe an, wie ich es sehe.
Und denk dir nur ein Chambre séparée.
    Sie quietscht. Der Kellner schummelt. Dünne Geigen
    verleiten sie, sich ziemlich ganz zu zeigen.
    Ein Mieder noch und noch ein Brüstchenlein …
        Was kann da sein –?

Ach, Tante Julla – wir sind nicht blasiert.
Und doch: wie eng ist dieser Markt der Liebe!
Der liebt die Knaben, jener schätzt die Hiebe,
und der ist nur von Zöpfen enchantiert.
    Die Themis bullert mit Moralgesetzen.
    Man muß Erotik nicht so überschätzen.
    Bleib nur in deinen bürgerlichen Träumen,
    du hast hier nämlich gar nichts zu versäumen.
    Bleib, Tante Julla, in dem Stübchen klein –
        Was kann da sein –?
            Was kann da wirklich sein –?

FAHRT MIT DER »BODENSEE«

»Und wenn vielleicht in hundert Jahren
ein Luftschiff hoch mit Griechenwein
durchs Morgenrot käm hergefahren –
Wer möchte da nicht Fährmann sein?

Dann bög ich mich, ein sel'ger Zecher,
wohl über Bord, von Kränzen schwer,
und gösse langsam meinen Becher
hinab in das verlaßne Meer.« –

So sang vor Jahren Meister Keller.
Es rinnt die Zeit. Es rinnt der Sand.
Bis man das Luftschiff mit Propeller,
bis man den Zeppelin erfand.

Ich steige ein. In sieben Stunden
fliegst du von Lindau nach Berlin.
Ich lasse unter Gondelkunden
die Welt an mir vorüberziehn.

Es steigt das Schiff. Und klein und kleiner
wird Wald und Feld und Bodensee.
Am Tische hinter mir trinkt einer,
weil ihm nicht wohl, Kamillentee.

Ich schaue abwärts. In der Tiefe,
gibts da wohl Riesen, deren Huld
und Kraft das Volk zum Himmel riefe –?
Fast scheint es, als ob alles schliefe …
Dran ist gewiß die Höhe schuld.

Ich schaue abwärts. Was so wichtig
da unten schien dem Tageskult –
hier oben sieht mans gar nicht richtig …
Dran ist gewiß die Höhe schuld.

Ich schaue abwärts. Weg sind jene
Krakeeler auf dem Rednerpult,
die reklamierten Heldenbeene …
Dran ist gewiß die Höhe schuld.

Wo ist der anoch nicht korrupte
Zollmensch im Westen? – Mit Geduld
späh ich, wann er sich uns entpuppte …
Dran ist gewiß die Höhe schuld.

Wo ist die Reichsversorgungsstelle,
die noch kein Schläfchen eingelullt?
Ich sehe nichts. Das Schiff fährt schnelle …
Dran ist gewiß die Höhe schuld.

Wo ist der Friede? Wo die Freude?
Wo ein Gemüt, das nicht verschrullt?
Wie kommts, daß ich die Zeit vergeude …?
Dran ist gewiß die Höhe schuld.

Nur einer tät sich nicht verstecken:
Auf dieser Fahrt, im Windeswehn,
im platten Land, in Stadt und Flecken,
am Bach, am Fluß, in grünen Hecken –:
Der Schieber war genau zu sehn –!

REVOLUTIONS-RÜCKBLICK

Ich schau zurück. Die Pressegenerale
ergriff vor einem Jahr der große Schreck.
Die OHL verstummt mit einem Male.
Vorbei. Die Phrase lag im Dreck.
Vorbei die Pläne und die dicken Thesen,
vorbei die plumpen Renommisterein –
 Behüt dich Gott, es wär zu schön gewesen,
 behüt dich Gott, es hat nicht sollen sein!

Soldaten vor! Der Kaiser hat verzichtet.
Nun wolltet ihr alleine weiter sehn.
Das ist im Leben häßlich eingerichtet,
daß bei den Eberts gleich die Noskes stehn.
Kaum ist das Land von einer Pest genesen,
fällt es mit Grazie in die nächste rein –
 Behüt dich Gott, es wär zu schön gewesen,
 behüt dich Gott, es hat nicht sollen sein!

Wir dachten schon: Jetzt gilts den Offizieren!
Wir dachten schon: Hier wird nun Ernst gemacht.
Wir dachten schon: Man wird sich nicht genieren,
das Feuer brennt einmal … es ist entfacht …
Wir dachten schon: Nun kommt der Eisenbesen …
Doch weicht der Deutsche sich die Hosen ein –
    Behüt dich Gott, es wär zu schön gewesen,
    behüt dich Gott, es hat nicht sollen sein!

Kommt diesem Lande niemals denn ein Retter?
Die graue Regenluft weht naß und fahl.
Zum Abschiednehmen just das rechte Wetter:
Fahr wohl, fahr wohl, November-Ideal!
Denn erstens kostest du zu hohe Spesen,
und zweitens singt ihr noch die Wacht am Rhein –
    Tatü-tata – es wär zu schön gewesen,
    behüt dich Gott, es hat nicht sollen sein!

AN UNSRE KLEINE

Da liegst du, Mädchen, in den Kissen,
du junge deutsche Republik.
Ein Jahr erst alt. Du kannst nichts wissen
von jenem grauenvollen Krieg,

der dich gebar. Du bist noch niedlich.
Doch eines Tages bist du groß.
Dann arbeit du und lebe friedlich
und mach dich von den Ammen los.

Es säugte diese dich und jene.
Die Milch war sauer. *Die* gesund.
Und bald kriegst du die ersten Zähne
und steckst den Beißring in den Mund.

Bald bist du groß. In späten Tagen
steh du einst stark und glücklich da!
Dann sollen alle Leute sagen:
Famoses Kind –!
       Und gar nicht der Papa!

GEDENKTAG

Vor einem Jahr ... Es traten die geduckten
und totgeweihten Männer schweigend an,
und jagten jene Herren, die sie bespuckten,
zum Tempel raus – da zeigte sich der Mann!
Klein, schäbig, feige krochen die Besternten
ins Mauseloch – und wenn es Schweden war –
    Da hofften wir aus blutiger Saat zu ernten –
        Vor einem Jahr.

Vor einem Jahr ... Die Hoffnung hat getrogen.
Rechts rappelt sich der schlimme Klüngel auf.
Es wächst der Mut, es wächst der hohe Kragen –
kein gutes Pöstchen steht mehr zum Verkauf.
Links spürst du keines Geistes Hauch. Die *Löhne*
sind alles, was man will, ideenbar –
    Dafür, Germania, schäumten deine Söhne
        vor einem Jahr?

Und in der Mitte die Parteischablone.
Die alte Innung und der alte Tanz.
Geht es beim Deutschen denn nun niemals ohne
den Vollbart und den Cliquenfirlefanz?

    Mit Krach gehts nicht und nicht mit
        Putschgebärden.
    Mit harter Arbeit – da erreicht man's
        schon!
        So war es nichts.
        Vielleicht kann's einmal werden:
            Revolution! –

ERWECKUNG

Heut, nach Jahren, sah ich Josephine.
Welch ein Schreck!
Ach, ich kannt sie mit der Unschuldsmiene –.
Die ist weg.
Kannte sie noch, als sie leise senkte
Lid und Wimper, wenn ein Mann sie kränkte.
Durft ihr niemals nach halb neune nahn ...
Wer hat diese Augen aufgetan?

Ihre Blicke waren einstmals züchtig.
Keusch und blind
küßte sie ihr gutes Muttchen flüchtig,
wie ein Kind.
Heute rufen ihre blauen Sterne:
Bleib! Ich sterbe küssend gar zu gerne –!
Wer geleitet sie auf süßer Bahn?
Wer hat diese Augen aufgetan?

Von der Liebe immer fortzugleiten,
ist mein Fluch.
Finster schreib ich Tagesneuigkeiten
in dies Buch.
Ach, Germania, sieh auf Josephinen!
Dir ist noch kein starker Mann erschienen.
Glaubst noch immer deinem Kinderwahn ...
Wann wird dir die Seele aufgetan?

TREUE

Der Kronprinz, dieser gute Mann,
schleppt neuerdings viel Zeugen an
und sagt: »Auf daß ihrs alle wißt!
Ich war von je ein Pazifist!«
  Der Weise fühlt sich froh gestärkt
  und denkt: Das ham wir nie bemerkt!

Jetzt aber tät man aus Papieren,
die schon vergilbt, was publizieren.
Drin steht: »Das Friedenspack ist doof.
Mein Reich ist der Kasernenhof!«
  Der Weise liest es voll Behagen
  und denkt: Was wern die Leute sagen?

Die Leute aber sagen nischt.
Der ›nationale‹ Speichel zischt
doch nur, wenn wir die Hohenzollern
mal nicht mit Lobgesang umkollern.
  Es hängt der Politikbanause
  am angestammten Herrscherhause.

Warum? tut sich der Weise fragen.
Ich will es, Freunde, gern euch sagen:
Man schätzte nämlich das System,
als welches nahrhaft und bequem
  und niemals nicht den Landrat kränkt.
  Das liebt den Fürsten, weil er schenkt.

MONARCHISTENKUNDGEBUNG?

So hat es Schiller eigentlich nicht gemeint.
Sein Drama, das man zu Berlin gegeben,
›Fiesco‹ heißt es, und es ist wohl neben
dem Kunstwerk durchaus revolutionär.
Und für die Republik von A bis Z.
Doch das Parkett
sah nur das eine, was es sehen wollte.
Und Fräulein Mudrigkeit und Hauptmann Nolte
versetzten sich im Geiste tief hinein
in den gesinnungstüchtigen Verein.
Und »Bravo!« schrie es fett aus hundert Kehlen.
Und »Bravo! Uns kann keiner nischt erzählen!« –
»Und Schiller! Bravo! Das ist unser Mann!« –
»Und einen Kaiser her! Der alles kann!«
So hat es Schiller eigentlich nicht gemeint.
Indem wir leider keinen Löwen hatten.
(O, teurer Leser, frag mich jetzt nicht: »Wat'n?«,
ich müßte dir sonst etwas Böses sagen.)
Gewiß: der Löwe hat nur einen Magen.
Doch in dem Stücke siegt die Republik.
Macht im Theater ihr schon Politik,
so macht das wenigstens an einer Stelle,
die paßt.
            Und die paßt nicht.
                    Auf alle Fälle:
Es dröhnt das Pathos und das fette Schmalz
in manchem braven deutschen Rednerhals –
hört man nur etwas von der Monarchie,
ertönt ein siegesfrohes: Kikriki!

Wenn ihr durchaus Zusammenhänge wittert:
Bis jetzt sind wir mit ihr nur reingeschliddert.
Und was da gut war, das war nicht durch sie –
gut war es trotz der Monarchie!
Was aber mancher nicht zu wissen scheint.

So hat es Schiller eigentlich nicht gemeint.

BADETAG

Wie munter ist das in Berlin!
Der Hauswirt, schwer gepeinigt,
läßt freitags warmes Wasser ziehn,
und jeder wird gereinigt.
    Es baden sich zu gleicher Zeit
    wohl hunderttausend Beine,
    die Bürgerschaft, die Obrigkeit
    und selbst Herrn Heine seine.
Fern Andra wäscht sich. Ebert auch.
Er spült sich heiter seinen Bauch
und denkt: Es kann nichts schaden –
du könntst mal wieder baden …
    Und nun sitzt er in der Wanne und nun wäscht er sich
    und bürstet nicht zu knapp.
    Und planscht und manscht und seift sich ein
    und schwemmt sich wieder ab!

Frau Durieux plätschert. Rauscher braust
(viel Strahlen – wenig Wasser).
Kahl fürchtet, daß sein Bart zerzaust –
er ist ein Badehasser.
    Die Orska wird im Bad rasiert.
    Bei Veidtens filmt es einer.
    Nur Mäxchen Pallenberg markiert –
    es sieht ja schließlich keiner!
Auch Noske spricht zum Adjutant:
»Verpatzen Sie derweil das Land!«
Und denkt: Es kann nichts schaden –
du könntst mal wieder baden …
    Und nun sitzt er in der Wanne und nun wäscht er sich
    und bürstet nicht zu knapp.
    Und planscht und manscht und seift sich ein –
    doch die Flecke gehn nicht ab!

Es baden Fuhr- und Bassermann,
frottiert wird zart Frau Porten.
Ein Fischer trieft als nasser Mann –
sie baden aller Orten.

Gar manche sehr bekannte Frau
montiert sich ab die Locken.
Auch Klöpfer nimmts nicht so genau –
er sitzt nicht gerne trocken.
Selbst Ludendorff steigt tapfer rein;
weil er das kann, seift er sich ein.
Und ganz Berlin denkt: Schaden
kanns nichts, wir wolln mal baden …
Und sie sitzen in der Wanne und sie waschen sich
und nehmen Bad an Bad.
Die Sintflut tät es schließlich auch!
Gott segne diese Stadt –!

DAS ERDOLCHTE HEER

Die Generale habens gesagt
und haben die Heimat angeklagt.

Die Heimat – heißt es – erdolchte das Heer.
Aber die Heimat litt viel zu sehr!

Sie schrie und ächzte unter der Faust.
Es würgt der Hunger, der Winterwind saust.

Ihr habt der Heimat erst alles genommen
und seid noch besiegt zurückgekommen.

Besiegt hat euch euer eigener Wahn.
Dreimal kräht jetzt der biblische Hahn.

Und nach so viel Fehlern und falschen Taten:
habt ihr nun auch die Heimat verraten.

Die Heimat, die Frauen, die Schwachen, die Kranken –
Wir danken, Generale, wir danken!

LAMENTO

Wenn ich bei meiner Marmeladenstulle
(tief liegt im Schrank die teure Gilkapulle) –
wenn ich als weiser und gereifter Mann
mir so den Weltenlauf genau betrachte,
und wer und was den großen Brand entfachte –:
kömmt mich ein tiefes Weh im Bauche an.
Und alle meine innern Sinne singen:
    Du guter Götz! Du Götz von Berlichingen!

Da stehn am Königsplatz vor Zivilisten
die Herren, die, in strammer Uniform,
verknackten damals alle Pazifisten. –
Was war der U-Boot-Krieg? »Na, janz enorm!«
So lang enorm, bis alle Kräfte splittern.
Und dennoch hörst du heut von diesen Rittern
das alte Lied genau so laut erklingen …
    Du guter Götz! Du Götz von Berlichingen!

Die Kohle fehlt. Die Arbeit stockt. Die Züge
sind auf der offnen Strecke eingeschneit.
Und doch – in dieser jämmerlichen Zeit –
steht auf der fixe Agitator mit der Lüge.
Ideen? Und Geist? I, nicht doch diese Töne!
Es geht durchaus und nur um höhre Löhne –
Wofür die Väter auf die Barrikaden gingen …
    Du guter Götz! Du Götz von Berlichingen!

Und doch, wenn alle dicken Stricke reißen –:
Der Kintopp spielt. Die bessern Stücke heißen
zum Beispiel: Schicksalsstunde im Bordell.
Und: Julchen in dem Lebemannshotel.
Es staunt das Volk. Da kann man noch was lernen.

Mein Sang steigt auf zu fühllos kalten Sternen:
Du lieber Gott! sag ich. Und dann, vor allen Dingen:
    Du guter Götz! Du Götz von Berlichingen!

DIE MORGENPOST

Was bringt mir morgens so die Post?
Da liegt ein kleines Häuflein Briefe –
ich tue noch, als ob ich schliefe
und dreh mich brummelnd wieder um ...
Noch nicht, du Tag! Noch kein Spektakulum!
Es tickt die Uhr. Da kommts aus West und Ost ...
Was bringt mir morgens so die Post?

Ganz oben liegt ein großes Dings.
Ich öffne. »Bürger!« muß ich lesen,
»Sie sind doch auch Soldat gewesen!
Einwohnerwehr! Schützt euer Haus!«
Ach, Spiegelberg, so siehst du aus!
Mein kleiner Tisch – er wackelt links –
ich stütz ihn nachher mit dem Dings.

Ein blaues Brieflein. Zarte Hand ...
O Minnie, ist es dir gelungen?
Verlobt? So fingst du dir den Jungen?
Mein Segen ruht auf diesem Paar.
Ich sage nichts von dem, was war.
Wie schön ist Hymenaios Band
(für andre). Liebe zarte Hand ...

Da nahts. Der Aufdruck so vertraut –
»Ich habe«, schreibt S. J., »gebeten
um ein Gedicht – Sie schickens nie!
Gebt ihr euch einmal für Poeten,
so kommandiert die Poesie!«
Und kommandiere ich auch noch so laut:
Die Muse ist doch schließlich keine Braut!

Ein Schreiben noch. Im Eifer des Gefechts
fiels auf den Boden. Viele Listen.
Verein der Antibolschewisten ...
Nun steh ich auf. Ich weiß Bescheid:
Nach jener winzigen, großen Zeit
sei dies der Wahrspruch des Geschlechts:
Der Feind steht rechts! Der Feind steht rechts!

UNTERSUCHUNGSAUSSCHUSS

Immer wieder: der alte Status.
Was ist Wahrheit? sprach Pontius Pilatus.
Was aber Helfferich da spricht:
Bei aller Liebe – das ist sie nicht.

Jeder schilt immer des andern Fach.
Schmerzend wird die Erinnerung wach.
Was Herr Ludendorff aber spricht:
Bei aller Liebe – so war es nicht.

Tannenberg steht auf der Creditseite.
Aber schließlich: wir haben die Pleite.
Doch daß die Heimat ein Heer erstcht:
Bei aller Liebe – so war das nicht!

Verfallen wir nicht in eure Methoden.
Zieht hin in Frieden. Wir liegen am Boden.
Lebt wohl, ihr Herren, ihr führtet uns nieder.
Mit euch niemals wieder!
                    Niemals wieder!

ENTREE MIT EINER ALTEN JUNGFER

Du gute, alte, liebe Holzschnittmuse!
Was? Wir zwei beide rolln ins Cabaret?
Dreh dir den Dutt! Zieh an die Seidenbluse!
Umschnür dich mit dem Feiertagscorsé!
    Komm mit, mein Kind! Heut gehn wir unter Leute –
    Zum ersten Mal – dein Ehrentag ist heute!
    Und tanzt mit dir dein lieber, fetter Mann –:
            Geh ran!

Und bleib mir treu! Da sitzt an kleinen Tischen
Das ganz moderne Volk – du Dunnerkiel!
Geh da nicht hin! Du künntest was erwischen,
Was sich nicht ziemet als Gesellschaftsspiel!
    Ich tue, was ich kann. Die andern Knaben
    Solln dich bewundern, doch nicht gerne haben.
    Bleib du, trotz Gent und Reichswehroffizier,
            Bei mir!

Und tanz! Sie wollen sich bei uns erheitern.
Sieh an, sie hatten so am Tag zu tun –
Mit ihren Schecks, mit ihren Hilfsarbeitern – –
Nun mögen sie des Abends lachend ruhn.
 Hilf deinem Theobald, du dickes Mädchen!
 Bei *jedem* drunten fehlt ein kleines Rädchen –
 Zieh sie durch den Kakao von A bis Z –
   Machs nett!

WENN DER ALTE MOTOR WIEDER TACKT ...
 – Blandine –

Schiebung! Schiebung!
Schiebung! Schiebung!
Schiebung! Schiebung!

Wohin du siehst, wohin du kuckst,
wohin du hörst, mein Lieber!
Sehr wichtig!
Wohin du trittst, wohin du spuckst:
nur Schieber! Schieber! Schieber!
Aber richtig!
Nur Noske ist uns lieb und wert,
der treibt es täglich bunter.
Wie lange noch und Justav fährt
die Linden rauf und runter.
O Publikum, ich frage bloß:
Wann werd'n wir den und andre los?
 Wenn der alte Motor wieder tackt,
 wenn die Räder roll'n, die Weiche knackt,
 wenn der Dreher in die Hände spuckt,
 wenn der Strom den Dynamo durchzuckt,
 wenn der Autobus für'n Sechser fährt,
 wenn das Grünkramfräulein uns beehrt,
  wenn die olle gute Rolle wieder wie gewöhnlich schnurrt,
  sitzt die Neese wieder vorne! Marke: »Neugeburt!«

Schiebung! Schiebung!
Schiebung! Schiebung!
Schiebung! Schiebung!

Ich drehe still am Wasserhahn,
das Ding ist kalt und krötig.
Verzicht' ich!
Das Baden ist ein schöner Wahn,
und doch hat's mancher nötig!
Aber richtig!
Denn viele Westen sind nicht weiß,
und tangofarbene Finger,
die drehn für den Valutapreis
die allertollsten Dinger!
Der Rubel rollt, der Schilling klirrt.
Wann das bei uns mal anders wird?
    Wenn der alte Motor wieder tackt,
    wenn die Räder roll'n, die Weiche knackt,
    wenn der Schweißer schwingt den Hammerstiel
    nicht für's Achselstück nein für's Civil!
    wenn der Hauswirt gern uns einquartiert,
    nicht als »Obersteiger« kostümiert,
       wenn die olle gute Rolle wieder wie gewöhnlich schnurrt,
       sitzt die Neese wieder vorne! Marke: »Neugeburt!«

Schiebung! Schiebung!
Schiebung! Schiebung!
Schiebung! Schiebung!

Man tanzt in London und Paris
den Tanz um gold'ne Kälber!
Verzicht' ich!
Da rauscht das Leben, spritzt der Kies, –
wir bleiben doch wir selber!
Aber richtig!
Man ist bei aller Politik
mal unten und mal oben,
drum merk dir, junge Republik:
Fortuna wird verschoben!
O Publikum, ich frage bloß:
Wann geht bei uns der Segen los?
    Wenn der alte Motor wieder tackt,
    wenn die Räder roll'n, die Weiche knackt,
    wenn der Dreher in die Hände spuckt,
    wenn der Strom den Dynamo durchzuckt,

wenn man wieder seine Ruhe hat,
steht nichts drin in ›Voß‹ und ›Tageblatt‹,
    wenn die olle gute Rolle wieder wie gewöhnlich schnurrt,
    sitzt die Neese wieder vorne! Marke: »Neugeburt!«

Sie rufen mich noch einmal raus
Und klatschen in die Hände.
Aber richtig.
Ich danke schön für den Applaus
Und auf die Blumenspende
verzicht ich.
Wer lacht, dem bleibt in seinem Bauch
Kein trauriger Gedanke;
Und schließlich liegt ja ›Schall und Rauch‹
Doch dichte bei der Panke.
Es wird schon wern mit die Mutter Bern
Mit die Mutter Horn is auch jeworn …
    Wenn der alte Motor wieder tackt,
    Wenn die Räder roll'n, die Weiche knackt,
    Wenn die letzte Kriegsgesellschaft kracht,
    Und der Kaufmann seins alleine macht,
    Wenn erst toi-toi-toi mal klappt die Post,
    Wenn Berlin nicht mehr 'n Dollar kost.
        Wenn die olle gute Rolle wieder wie gewöhnlich schnurrt,
        Sitzt die Neese wieder vorne – Marke: »Neujeburt!«

[FROMME GESÄNGE]

Ich gucke freundlich um die Oecke
und greife voller Seelenruh
der Muse unter ihre Röcke …
Und dabei, Leser, siehst du zu –?

Sie quietscht. Ich grinse. Sie verstehen:
Nicht immer gilt der Klassik Maß.
Denn was wir im Verborgnen drehen,
macht uns am allermeisten Spaß –!

KÖRPERKULTUR

Und wie sich auch die weißen Glieder ranken;
und wie sie sich, wenn die letzten Hüllen sanken,
wollüstig aalt –
es kann mich nicht von meiner Brunst erlösen.
Es ist doch alles, teure Voyeusen,
bezahlt! bezahlt!

Es rast die Polizei. Die Kommissare,
sie nutzen dies als eine wunderbare
Reklame aus.
»Die Orgje«. Und: »Entkleidet bis zum Nabel«
(von unten her) – und: »Welch ein Sündenbabel!
Welch Pfreudenhaus!«

Du Polizei vom Alexanderplätzchen!
Es liebt doch jeder gern sein eigenes Schätzchen
und sein Pläsir.
Dies Schauspiel war, zum Beispiel, für die Dümmern.
Du mußt dich aber nicht um alles kümmern –
wir schenkens dir.

Und, Presse, du! Laß das Moralgeflenne –
willst du, daß ich dir etwas Schlimmeres nenne
als dies Lokal?
Die gaben nackt sich hin im Lasterloche.
Das, Liebste, tust du schließlich jede Woche
wohl dreizehn Mal.

PHILOSOPHIE

Der Weise liest in einem Buch.
Und denkt: Dies ist ein Erdenfluch,
daß wir zwar mit dem Kopf im Blauen
den Zimt da unten überschauen;
jedoch die Beine haften klamm
hienieden auf dem Asphaltdamm.

So las ich jüngst in einem Blatte,
das meine Frau aus Pommern hatte:
»Der Mensch lebt nicht von Kunst allein –
es muß auch mal ein Foxtrott sein!«

Welch weises Wort! Der Mann, beseligt,
weil er das niedre Volk befehligt,
nimmt hier und da gelegentlich
ein Bad im Moor. Drin aalt er sich.
Es klebt die Konnexion wie Harz
(es reimt sich hierauf Brüder Sklarz).
    Der reinste Mann, am stillen Ort,
    befolgt er jenes weise Wort:
    »Der Mensch lebt nicht von Kunst allein –
    es muß auch mal ein Foxtrott sein!«

Und die Theater? Lieben Leute,
wie kommts, daß sich der Thespis scheute,
daß er am ganzen Leibe zittert,
wenn er die Kunst von fern nur wittert?
Er kennt die Kunst – doch auch die Masse
und denkt an die Theaterkasse.
    Und fern von Goethe winkt zum Glück
    das Operettenserienstück …
    »Der Mensch lebt nicht von Kunst allein –
    es muß auch mal ein Foxtrott sein!«

So wars im Frieden, wars im Krieg.
Und auch mit jener Politik –
Wer hat uns in den Sumpf gerudert?
Die Clowns sind mehlweiß überpudert:
Mal ein Genral, mal ein Professer,
und das kommt alle Tage besser.
    Für die Erheiterung sorgt doch schon
    der Tanz der lieben Reaktion …
    »Der Mensch lebt nicht von Kunst allein –
    es muß auch mal ein Foxtrott sein!«

DIE UNENTWEGTEN

Ein blinder Mann ist zu bedauern,
weil er die Welt nur hört und schmeckt.
Doch packt dich jäh ein Wehmutsschauern,
siehst du den preußischen Defekt.
    Historie kann noch so geschwind sein –
    die Leute *wollen* eben blind sein!
    Das singt noch heut auf jeden Fall:
    »Es braust ein Ruf wie Donnerhall!«

Trotz Marneschlacht, trotz der Etappe,
trotz Lille und andrer Schweinerei
reißt auf die alldeutsch-große Klappe
der Vogel Strauß und legt ein Ei.
    Schwarzweiß sind alle Straußenfedern,
    klein sein Gehirn, das Fleisch ist ledern …
    Er steckt den Kopf in Sand hinein –
    »Fest steht und treu die Wacht am Rhein!«

Das hat den Krieg erst angezettelt,
dann schlecht geführt und dann verratzt.
Und viel zu spät um Frieden bettelt
die OHL – die Bombe platzt.
    Erst schwere Fehler. Und dann heute
    beschimpft das uns und Land und Leute;
    vom »Dolch der Heimat« hörst du sagen –
    und dem geht keiner an den Kragen …!
    Da schlag doch gleich der Deubel rein!
    Wir pfeifen auf *die* Wacht am Rhein –!

DER VEREINSHUMORIST SINGT

Meine sehr verehrten Damen und Herren! Ich bitte Sie, den
Refrain mitsingen zu wollen! Die Hauskapelle spielt ihn einmal vor.
Musik!

Nun zieh ich mir, ach! zum wievielten Male
den Frack an und den guten Schappohklapp –
und stell mich auf das Podium vorn im Saale
und sing mir, wies kontraktlich, einen ab.
    Mir ist heut abend nicht zum Lachen –
    doch strenge kommandiert S. I.
    Da kannste gar nichts, gar nichts machen –
    da stehste machtlos vis-à-vis!
(Chor): Da kann er gar nichts, gar nichts machen –
        da steht er machtlos vis-à-vis!

Herr Oberst Reinhard ist ein doller Knabe.
Er pfeift auf Justav, auf die Republik.
Er pfeift noch froh auf einem Massengrabe
und bringt dann Hindenburg die Standmusik.
    Will Noske denn noch nicht erwachen?
    Herr Gilsa, der erlaubts ihm nie!
    Dann kann er gar nichts, gar nichts machen –
    da steht er machtlos vis-à-vis!
(Chor): Da kann er gar nichts, gar nichts machen –
        da steht er machtlos vis-à-vis!

O Mädchen, wie oft hab ich schon geschworen:
Ich lebe keusch. Du schwächst des Sängers Herz.
Die Kleine küßt mich kitzelnd in die Ohren …
Verflucht – schon detoniert die große Terz.
    Erst will das Feuer sie entfachen.
    Dann löscht sies. Und dann schlummert sie.
    Da kannste gar nichts, gar nichts machen –
    da stehste machtlos vis-à-vis!
(Chor, nur die Herren): Da kann er gar nichts, gar nichts machen –
        da steht er machtlos vis-à-vis!

Mentalität ist, wenn der Nationale
an Potemkinsche Ludendörffer glaubt.
Dem schwer geschlagenen lieben Generale
drückt er den Lorbeerkranz aufs Scheitelhaupt.
    Tät auch das Reich zusammenkrachen –
    das feiert seine Monarchie!
    Da kannste gar nichts, gar nichts machen –
    da stehste machtlos vis-à-vis!
(Chor): Da kannste gar nichts, gar nichts machen ...

Eine Gruppe Reichswehr ist in den Saal getreten. Der Führer:
»Meine Herren! Ich bitte Sie, antimonarchistische Kundgebungen
nach Möglichkeit zu unterlassen! Wir leben in einer Republik!«

(Chor): Da kannste gar nichts, gar nichts machen –
        da stehste machtlos vis-à-vis!

WENN DIE FLOCKEN FALLEN ...

Grübelnd ging ich heut in meinen Laden.
Und ich dachte mir: Es kann nichts schaden –
    Mach mal Inventur!
Oh, Matthias, wird das Leben aber teuer!
Jetzt kommt, Gott behüte, eine Umsatzsteuer –
    Wer bezahlt die nur?
Und ich frag mich: Mitten in Berlin?
Kann der Mensch da Steuern hinterziehn?
    Eben wars noch trocken.
    Plötzlich schneit es dichte, dichte Flocken ...
        Und mir fällt beim Wandern
        eine nach der andern
            leise auf den Hut.
        Denk im Schneegeriesel:
        Ich bin doch ein Stiesel –
            weil die ganze Welt dergleichen tut!

Welch ein gutes Kind ist Eveline!
Trägt das Kind mit Recht die Unschuldsmiene?
    Oder täusch ich mich?
Nein, sie läuft doch als verlobte Braut rum,
und der brave Ehrenmann, er schaut drum
    weg und schämet sich.
Und er fragt sich: Mitten in Berlin?
Nah ich solchem Mädchen auf den Knien –?
    Eben wars noch trocken.
    Plötzlich schneit es dichte, dichte Flocken …
      Und mir fällt beim Wandern
      eine nach der andern
        leise auf den Hut.
      Denk im Schneegeriesel:
      Ich bin doch ein Stiesel –
      weil die ganze Welt dergleichen tut!

Als in München neulich Kommunisten
schoben scheußlich-schauervolle Kisten,
    nannte man das: Mord.
Aber läßt bei uns, ganz kalt und steinhart,
dreißig Mann erschießen Oberst Reinhard –
    tönt kein Wort.
Und ich frag mich: Mitten in Berlin –
Wann, o Gustav, wann belangst du ihn?
    Eben wars noch trocken.
    Plötzlich schneit es dichte, dichte Flocken …
      Und mir fällt beim Wandern
      eine nach der andern
        leis auf den Schapoh.
      Denk im Schneegeriesel:
      Ich bin doch ein Stiesel –
      In der Republik, da ists mal so –

NACHT!

Wenn aus den Löchern und aus den Kaschemmen
Gesichter steigen, die man niemals sah –
wenn Spezialisten ganze Schränke klemmen,
wenn aus dem Skatvereine kommt Papa –
    wenn jene Mädchen mit dem falschen Busen
    von einem Gulasch zu zwölf fuffzig schmusen,
    wenn brav und treu die Schließgesellschaft wacht –:
    dann ist es Nacht, die Neu-Berliner Nacht …
        Der Asphalt glitscht. Die Bogenlampen funkeln.
        Der Regen rinnt. Die Nebelschwaden ziehn.
        Die Tugend wackelt – bis sie fällt – im Dunkeln …
        Wie hast du dich verändert, mein Berlin!

Wenn man für eine Fahrt vom Leipziger Platze
im Omnibus zwei lumpige Märker zahlt –
wenn Meta mit dem Portokassenschatze
sich in der (doch noch offnen) Bar beim Whisky aalt –
    wenn Ludewiche an den Ecken raufen,
    wo feine Leute billige Seife kaufen,
    wenn das Roulette noch schnell Geschäfte macht –:
    dann ist es Nacht, die Neu-Berliner Nacht …
        Der Asphalt glitscht. Die Bogenlampen funkeln.
        Der Regen rinnt. Die Nebelschwaden ziehn.
        Die Tugend wackelt – bis sie fällt – im Dunkeln …
        Wie hast du dich verändert, mein Berlin!

Wenn knackend voll und zischend durch die Hallen
der letzte Untergrundbahnzug mit Pfeifen saust –
wenn du den Mädchen, die dir sehr gefallen,
von wegen morgen früh nicht gerne traust –
    wenn sie diskret dich in die Bar verschleppen
    und dich dort neppen, neppen, neppen, neppen –
    bis ihr am Alexanderplatz erwacht –:
    dann ist es Nacht, die Neu-Berliner Nacht …
        Der Asphalt glitscht. Die Bogenlampen funkeln.
        Der Regen rinnt. Die Nebelschwaden ziehn.
        Die Tugend wackelt – bis sie fällt – im Dunkeln …
        Und schöner bist du nicht, du mein Berlin –!

NACH EINER NACHT

Wie sieht die Welt heut freundlich aus!
Du lachst vergnügt am Spiegel
und kratzt dir etwas Rouge heraus
aus dem Pomadentiegel.
  Ich lieg noch auf dem Tigerfell.
  Und alles ist so hell, so hell.

Die Morgenzeitung. Während du
mir sagst: »Du Dummer! Dummer!«,
les ich vom neusten deutschen Clou,
vom Krach der Baltikumer.
  Herr Winnig schützt noch die Bagasche.
  Ach! laßt mich allesamt zufrieden!

Das Sonnenlicht scheint abgeblaßt.
Du bastelst schwer geschäftig.
Was du da so zu schuften hast!
Jetzt planschst du, aber kräftig.
  Das Zeitungspodium betritt
  Herr Noske als ein Kesselschmied.

Gefangenenfrage und der Papst,
die Kleiderlausverbreitung –
was du mir liehst, was du mir gabst,
frißt gierig meine Zeitung.
    Ein Nachhall zittert und verklingt …
    Die Stimmung sinkt, die Stimmung sinkt.

Die Mark in Holland steht neun Cent.
Wie ist Germania billig!
Doch findet jeder Leutnantsgent
noch heut das Mädchen willig.
  Und les ich nun voll Kümmernis
  auch noch vom Zentrumskompromiß –:
  dann fall ich leise vons Gerüst.
  Wir haben ganz umsonst geküßt.

EINKÄUFE

Was schenke ich dem kleinen Michel
zu diesem kalten Weihnachtsfest?
Den Kullerball? Den Sabberpichel?
Ein Gummikissen, das nicht näßt?
    Ein kleines Seifensiederlicht?
    Das hat er noch nicht. Das hat er noch nicht!

Wähl ich den Wiederaufbaukasten?
Schenk ich ihm noch mehr Schreibpapier?
Ein Ding mit schwarzweißroten Tasten;
ein patriotisches Klavier?
    Ein objektives Kriegsgericht?
    Das hat er noch nicht. Das hat er noch nicht!

Schenk ich den Nachttopf ihm auf Rollen?
Schenk ich ein Moratorium?
Ein Sparschwein, kugelig geschwollen?
Ein Puppenkrematorium?
    Ein neues gescheites Reichsgericht?
    Das hat er noch nicht. Das hat er noch nicht!

Ach, liebe Basen, Onkels, Tanten –
Schenkt ihr ihm was. Ich find es kaum.
Ihr seid die Fixen und Gewandten,
hängt ihrs ihm untern Tannenbaum.
    Doch schenkt ihm keine Reaktion!
    Die hat er schon. Die hat er schon!

FRIEDENS-WEIHNACHTEN

Der Weihnachtsengel schwebt ins Zimmer,
Leise, ganz leis.
Es strahlt um ihn ein heller Schimmer
In Nacht und Eis.
  Er weht um die Kerzen. Er weht um den Baum.
  Es träumen die Kinder den Weihnachtstraum.

Der Weihnachtsengel prüft die Gaben.
Kinderlein, seht!
Und wer soll diesen Helm da haben,
Der blinkend steht?
  Er ist für den jüngsten Jungen im Haus.
  Der Himmlische zieht seine Stirne kraus.

Der Weihnachtsengel probt zum Scherze
Eben den Helm.
Der blitzt noch kurz im Glanz der Kerze.
Dann lacht der Schelm.
  Und spricht: »Von allen diesen Gaben –:
  Den Helm soll Michel nie mehr haben!«

WEIHNACHTEN

Nikolaus der Gute
kommt mit einer Rute,
greift in seinen vollen Sack –
dir ein Päckchen – mir ein Pack.
Ruth Maria kriegt ein Buch
und ein Baumwolltaschentuch,
Noske einen Ehrensäbel
und ein Buch vom alten Bebel,
sozusagen zur Erheiterung,
zur Gelehrsamkeitserweiterung …
Marloh kriegt ein Kaiserbild
und 'nen blanken Ehrenschild.
Oberst Reinhard kriegt zum Hohn
die gesetzliche Pension …
Tante Lo, die, wie ihr wißt,
immer, immer müde ist,
kriegt von mir ein dickes Kissen. –
Und auch hinter die Kulissen
kommt der gute Weihnachtsmann:
Nimmt sich mancher Leute an,
schenkt da einen ganzen Sack
guten alten Kunstgeschmack.
Schenkt der Orska alle Rollen
Wedekinder, kesse Bollen –
(Hosenrollen mag sie nicht:
dabei sieht man nur Gesicht …).
Der kriegt eine Bauerntruhe,
Fräulein Hippel neue Schuhe,
jener hält die liebste Hand –
Und das Land? Und das Land?
Bitt ich dich, so sehr ich kann:
Schenk ihm Ruhe –
                    lieber Weihnachtsmann!

THEOBALD TIGERS ALLERSCHÖNSTE STUNDE

Nach folgendem bewährten Rezept hergestellt: Man nehme
fünfzig Gramm Erotik, zwei Lot häuslichen Schimmer
(Marke Pfeife und Pfilzschuh) sowie eine Messerspitze Noske,
vermenge alles gründlich und lasse es bei mäßiger Hitze unter
dauernden Anschnauzern des Herausgebers schön braun backen.

Stell auf den Tisch das braune Kaffeekännchen
und rück mir näher, dickes Ännchen.
Die Sonne scheint, die Vöglein pfeifen,
man kann dich mollig in die Backen kneifen.
Wie schmeckt das Frühstück Mund an Munde!
Dies ist des Tages schönste Stunde.

Hüpf nur herein, o längliche Therese,
doch halt: ein Tröpfchen schwebt an deiner Neese.
Nicht auf das Fleisch, dann lieber in die Suppe!
'nen Kuß! Bei dir ist mir schon alles schnuppe.
Der Pferdebraten glitscht herab im Schlunde.
Das ist des Tages schönste Stunde.

Um Fünf, im Cut, eil ich zu Bankier Werner.
Dort gibt es Tee und Kuchen und gebackne Hörner.
Im neuen Gown harrt meiner Frau Alwine,
mit offnem Arm und frischgemalter Miene.
Mir heilte hier schon längst des Herzens Wunde,
doch ihr ists noch des Tages schönste Stunde.

Komm her, du kleines Mädchen großer Freude,
du trägst mit Recht den Namen Adelheide.
Nimm aus dem Schrank den Sekt und auch die Hummern!
Wir beide werden herrlich danach schlummern.
Darf ich mich erst an deiner Seite strecken,
Dann können alle andern ... sich verstecken.
Zehn Uhr, die Noske-Wehr stampft schwer die Runde.
Sie stört mir nicht die allerschönste Stunde.

SYLVESTER

So viel Tage zerronnen,
so viel Monate fliehn;
stets etwas Neues begonnen,
dorrt es unter der Sonnen …
  Hexenkessel Berlin!

Ich, der Kalendermacher,
blick nachdenklich zurück.
Mal ein Hieb auf den Schacher,
mal auf den Richter ein Lacher –
  Aber wo blieb das Glück?

Schau, sie sind kaum zu belehren.
Denken nur merkantil.
Halten den Dollar in Ehren,
können ihn nicht entbehren –:
  Liebliches Börsenspiel.

Mädchen – euch halten die Schieber!
Denn sie sind obenauf.
Geist –? Es ist euch viel lieber
Lack und Erfolg und Biber –
  Das ist der Welten Lauf.

Nur mit dem Armband bekleidet
wandelt Melpomene.
Börsenfaun, er entscheidet,
woran die Loge sich weidet –:
  kugeliges Dekolleté.

Wie verbring ich Sylvester?
Gib mir dein blondes Haar.
Fasse die Arme mir fester,
gib dich, du liebliche Schwester –
  woll aus deinen Händen
  Nacht und Entzücken mir spenden
  und ein besseres, anderes Jahr!

Wieder haben wir einen Kalender heruntergerissen –
o mein Herr Gott, ist dieses Leben beschmissen.
Wir bekamen auch nicht einen einzigen Orden –
aber sind wir etwa auch ansonsten klüger und reicher geworden?
Es ist immer dieselbe, dieselbe Geschichte –:
es bleiben die alten Bücher, die alten Gedichte –
Von Lichtmeß bis Dreikönig und der noch und dies und das:
Ein fröhliches neues Jahr für den lieben Dr. Owlglaß! –

WAHL

Du hast die Wahl!
Sieh, wie sie dich umgaukeln!
Sieh, wie im Wind Flugblätter schaukeln –
Du hast die Wahl!

Wer steht da links?
Sie lassen Barrikaden bauen.
Wie Zabern ist Berlin zu schauen –
Wer steht da links?

Wer steht da rechts?
Die alten, alten Unheilstifter,
die Machtanbeter, Volksvergifter –
Wer steht da rechts?

Wen wirst du wählen? den Flammenwerfer
oder den großmäuligen Säbelschärfer –
Beide umschmeicheln dich: Bitte! Bitte!

Auge um Auge! Tu ihnen ein Gleiches!
Denk an die Zukunft des Deutschen Reiches!
        Wir stehn in der Mitte!

DER ALLDEUTSCHE SINGT

Einen Adler ohne Krone
bringt dem Reich die neue Zeit.
Mit dem Zepter, mit dem Throne
schwand die alte Herrlichkeit.

Doch ob man im deutschen Walde
Stamm auf Stamm auch frech entlaubt –
unser Vogel bleibt der alte,
mit der Krone auf dem Haupt.

Dir allein gilt unser Sehnen!
Fern tönts wie Parademarsch.
Laß dich küssen unter Tränen,
edler Hohenzollernaar!

Du sollst mit allen zwölfen laufen
vor, nie zurück.
Sie bringen dir 'nen ganzen Haufen
verspieltes Glück.

Und sind verweht die Sommerfeste …
Das Jahr verblich:
Dann brachten sie das Allerbeste –:
Sie brachten dich.

1920

Ich gucke freundlich um die Oecke
und greife voller Seelenruh
der Muse unter ihre Röcke ...
Und dabei, Leser, siehst du zu –?

Sie quietscht. Ich grinse. Sie verstehen:
Nicht immer gilt der Klassik Maß.
Denn was wir im Verborgnen drehen,
macht uns am allermeisten Spaß –!

NEUJAHR

Bautsch! fällt der Dichter durch die Pforte,
die enge, die Sylvester heißt,
ins neue Jahr. Und Reimesworte
verleiht ihm gleich sein guter Geist.
    Die Muse, die er ästimiert,
    glänzt frisch poliert.

Besehn wir uns die neue Ära.
Es ist noch alles, alles da.
Der Kleinstaatklüngel Schleiz-Greiz-Gera,
die Sehnsucht nach Tatü-Tata;
    auch ein Generalissimus,
    der bleiben muß.

Nur sind heut alle leicht gebrochen.
Sklarz macht sich ein Kompresselein.
Ihm ist, als wär ihm was zerbrochen:
sollt das sein guter Ruf wohl sein?
    Matthias aber, weiß und fett,
    schnarcht noch im Bett.

Es ruht die ganze Wilhelmstraße.
Die Assessoren blieben aus.
Sie schlummern noch in hohem Maße
(und mancher nicht bei sich zu Haus).
    Auf einem Kissen er und sie –:
    Demokratie.

Das Kino schläft. Laßt mich verweilen
bei diesen Sternen, filmomorph.
Es schläft sogar in sieben Teilen
der Herr der Welt zu Woltersdorf.
    Herr Oswald geht bei Haenisch rauf
    und klärt ihn auf.

Und nur der Dichter strahlt erquicklich
Das macht: der Knabe schlief allein.
Er findet es nun mal nicht schicklich …
Es kann ja auch Euterpe sein.
    Die Muse steigt aus den Plumeaus.
    Nu los –!

ERINNERUNG

Gerold, der alte Weichensteller,
sitzt vor seinem Abendbrotteller
bei der gelben Lampe – am runden Tisch –
und liest in einem Zeitungswisch.
Er kaut und liest so zwischendurch
von Ludendorff und Hindenburg. –
Wie liegt das zurück! Ists schon verklungen?
Er liest: Kriegserinnerungen.
Liest und starrt. Starrt und liest.
»Der Oberleutnant erhebt sich und schießt
auf den Lümmel von Russen – –« Liest und starrt:
–»Von deutscher und von preußischer Art!«
–»Unsere braven wackern Grauen!«
–»Hei! wie wir den Franzmann verhauen!«
–»Unsre herrlichen blauen Jungen!«
–»Kriegs- und Sieges-Erinnerungen …«
–»Buntes und glänzendes Ehrenkleid!
O du herrliche große Zeit –!«

Gerold liest und spricht kein Wort.
Aber über den Tisch und die Lampe fort
schweift sein alter müder Sinn
in die verflossenen Jahre hin ...
Musterung. Schnauzen. Der Stabsarzt schreit:
»Na, seid ihr Kerls nun endlich so weit –?«
Brüllen. »Brust raus! Was? Atemnot?
Reif für den Schützengrabentod!«
Was wird aus den Kindern? Was wird aus der Frau?
– »K. v.!«

Kaserne. Stubendienst. Ausbildungszeit.
Der Feldwebel tobt. Der Spinner schreit.
»Von deutscher und von preußischer Art ...«
Der blutjunge Kompanieführer schnarrt:
»Das ist hier nicht so wie im Zivil!
Hier geltet ihr Burschen alle nicht viel!
Hier gilt die Tresse – hier gilt der Stern!
Hier sind *wir* die Herrn!«
Tritt ins Gesäß. Ein Kolbenschlag.
Ein Held, wer da ruhig bleiben mag ...

Und sie rücken ins Feld. Im dumpfen Gedräng
hocken hundert im Viehwagen eng.
Flüche. Getrampel. Wirres Erinnern.
Fahrt zum Tod oder zu noch Schlimmern ...
Er sieht die Felder vorüberwehn –
Für wen? Für wen?
Ansprache des Hauptmanns. Die Kompanie schwieg.
Und dann: in den Krieg!

Gerold streicht seine grauen Haare.
Wie lange ging das? Vier endlose Jahre.
Granaten und Schützengrabendreck.
»Mensch! jetzt ist meine Brieftasche weg!«
Marschieren mit todmüden Füßen im Lehm.
Der Tornister drückt, sitzt unbequem ...
Eine blitzende Hoheit – gepflegt glänzt sein Rappe –
Aber das Schlimmste war doch die Etappe.
Wenn sie nach hinten in Ruhe kamen,
wie da die Leutnants den Mund voll nahmen!

Wie sie da wuchsen und wie sie gediehn –!
Und sie hatten 'ne Bar – grade wie in Berlin!
Schimmernd wie die fürstlichsten Träume –
Und sie hatten Kasinos und Reitbahn und Räume –
(waren zum Teil nur kleine Beamte,
und wenn einer von einfachen Leuten stammte,
dann war er meist ganz besonders schlimm).
Und die Mannschaft packte der Grimm.
Stapften in des Dienstes Rade
und fraßen abends Marmelade
und lebten wie das liebe Vieh
– des Kaisers dritte Kompanie!
Kerls. Menschenmaterial.
Wenn sie nur parierten! Der Rest war egal.
Und war mal ein Hauptmann nicht so wie die andern,
konnte er bald nach Hause wandern.
Es gab auch gute. Das kam vor.
Galten aber nicht viel im Korps.
Und der Feldwebel tät den Urlaub versauen.
Sie sahen nur selten Kinder und Frauen.
Sahn halb Europa. Sahn Osten und Westen.
Nährten sich meist von armseligen Resten.
Doch wo sie die Knarren auch hingestellt –:
's war immer nur – Paradefeld.

Und dann war es aus. Der Zusammenbruch kam.
Ludendorff den Dampfer nach Schweden nahm.
Zurück. Nach Hause. Wieder Mensch – allein.
Und wieder bei Frau und Kindern sein.
Das Eiserne Kreuz von Ludendorffen
hat er längst in den Kohlenkasten geworfen ...

Und nun sitzt er wieder an seinem Tisch
und liest in jenem Zeitungswisch.
Und denkt an Flandern und Walachei.
Ja – er war ja wohl auch dabei –!
Vier lange Jahr –
Aber die Zeitung, die spricht nicht wahr!
Er weiß es besser. Heut ist er so weit –
»O du herrliche große Zeit –!«

ENTRÉE

Die Peitsche knallt. Es riecht scharf nach Pferden.
Sei mir gegrüßt, verehrtes Publikum!
Da sitzt du nun und fragst: Was will das werden?
Ich sehe mich in der Manege um.
Paß auf – ich führ dir unter Clownsgebärden
all unsere Nummern vor – und stell mich dumm …
    Ich will dir das Programm entrieren!
    Zirkus Berlin!
                Ihr sollt euch amüsieren!

Zuerst erscheint, im Sattel hoch und zierlich,
kunstreitend: Berolina – (Schwergewicht).
Schwankt auch der Gaul: sie sitzt fest und manierlich,
und niemand bringt sie aus dem Gleichgewicht.
Mal steht sie kopf, mal nicht – perpetuierlich
habt ihr zwar Angst, daß sie die Knochen bricht …
    Doch sie schreit: Hussa! – Und fällt nie herunter;
    die Jüngste ist sie nicht – doch ejal munter!

Wir haben dann den Mann mit bunten Bällen.
Er ist Jongleur – doch auch Ästhetikus.
Er schleudert die Prinzipien und die schnellen
Holzkugeln, daß euch schwindlig werden muß.
Euch flimmerts schon … Er weiß in allen Fällen,
woran er ist – ein wahrer Hochgenuß.
    Er wirbelt so mit seinen sieben Sachen –
    man sollte ihn zum Dramaturgen machen.

Und einen gibts, zweihundertzwanzig Pfunde,
der ist der allerstärkste Mann der Welt –:
ein Schieber nämlich – aus dem Löwenschlunde
zieht er das liebe Haupt, wenns euch gefällt.
    Und einen am Trapez – und in den Pausen
    seht ihr die dicken Clowns im Kreise sausen – –
        Die Peitsche knallt. Musik! Die Sorgen fliehn!
        Zirkus Berlin! –
                Zirkus Berlin! –

GUTEN MORGEN — !

Ich blick zurück. Das tu ich alle Jahre.
Und immer mit demselbigen Sükzeh.
Es überhingen deine blonden Haare
mir Blüten, Sommerstaub und Herbst und Schnee.

Oh, Publikum! So wars bei mir persönlich.
Und euch? Was hat denn euch das Jahr gebracht?
Wir waren guter Hoffnung – wie gewöhnlich –
wir warteten auf Dämmerung in der Nacht.

Wir warteten an Depositenkassen,
wir warteten beim Kohlenkommissar,
wir warteten in Volksversammlungsmassen –
wir warten, warten, warten – –
              welches Jahr!

Wir warteten auf unsre Kriegsgefangenen,
wir warteten auf neue Menschlichkeit,
wir warteten aufs Sterben des Vergangenen –
wir warteten auf Frieden –
              welche Zeit!

Bilanz: das Ding ist diesmal nichts geworden.
Prozente: Null. Der Stand des Ladens: flau.
Rechts: Reaktion – links: Bolschewistenhorden.
Bleibt, in der Mitte schließlich –: nur die Frau.

Ihr, die ihr guckt aus sanft verklebten Lidern
in diesen Neujahrstag – grüßt sie von mir! –
Wir warten weiter unter einem niedern
und grauen Weltenhimmel – wir sind wir!
    Wir warten weiter. Mag der Kosmos krachen:
    Prost Neujahr!
              Nur die Ruhe kann es machen.

PROST NEUJAHR!

Ich bin noch von gestern ein bißchen dhun –
ich kam nicht zum Schlafen und kam nicht zum ruh'n. –
Noch hör' ich der Punschgläser Klingen –
nun wollen wir mal hier einen Sc–bringen –!
       Prost Neujahr!

Mein Zylinder zum Teufel, die Schuhe proppenvoll.
Es zahlen die Leute Schtsteuer und Zoll –
Saccharin ist kein Zucker, das Wasser ist kein Wein –
Aber das merkt man erst meistens beim Dä–hämemerschein!
       Prost Neujahr!

Schwer behummelt ging's uns im vergangenen Jahr. –
Will uns Ludendorff erzählen, wer schuld daran war?
Ich glaube, der Kunde, er weiß es genau –
er sagt's aber niemand, nicht mal seiner Frau!
       Prost Neujahr!

Manche schreien sich 'nen Wolf nach Willi aus't Schloß
Den Deutschland ein Vierteljahrhundert genoß – –
Er macht sich aber schließlich, das hab' ich gelernt –
(Ist nämlich nichts Böses) von weitem entfernt!
       Prost Neujahr!

Ich hört am Silvester ein mächtiges Bum-Bum!
Ja, sind das die Meuterer aus dem Baltikum?
Was will nun die gußeiserne Division im Wald –?
Fressen, saufen und stehlen und ein hohes Gehalt!
       Prost Neujahr!

Und seh ich im Lande den alten Offizier,
Monokel im Auge – die Ma-hanneszier:
Und seh ich mal Justaf im tränenden Bart,
Dann sag ich: Mir bleibt aber gar nichts erspart!
       Prost Neujahr!

So wünsch' ich euch allen ein vergnügliches Jahr!
Vor allem viel besser, als das letzte es war!
Man hört es am liebsten: ihr haltet den Mund
Und zahlt eure Steuern und bleibt hübsch gesund!
       Prost Neujahr!

DIE JAHRESGÖTTIN SINGT

So komm ich über Nacht zu euch geschritten
mit Amor neben mir.
Ich bin hier etwas fremd und möchte bitten:
Macht mir nur viel Pläsier!
Ich bin das neue Jahr und will doch hoffen:
wir habens miteinander gut getroffen.

Ich will euch lieben. Seht in meine Augen –
Sie sind ein wenig schwül.
Ihr jammert? Die Regierung will nichts taugen?
Mich läßt das ziemlich kühl.
Hat man euch auch in Ost und West genommen:
Wenn ihr nur wollt –
das Glück kann wiederkommen!

Ich bin ein Weib, und ich versteh nur wenig
von eurer Politik.
Ich bin ein junges Weib – ihr Herrn, ich sehn mich
nach einer Republik.
Ihr seid doch schließlich mit den Fürsten allen
– verzeiht! – erheblich hinten abgefallen.

Die Herzen hoch! Erholt einmal das Land sich,
    wird alles besser sein.
Ich bin die Göttin 1920.
Ich bring das Glück herein.
    Komm, Amor! Zeig dich einmal rund im Kreise.
    Licht soll es werden, wie es einstmals war!
    Ich aber wünsch euch – sehr verliebt und leise
        ein frohes neues und ein beßres Jahr!

AN EINE FÜR VIELE

Spielst du Sudermann oder Maeterlinck,
oder spielst du Mietze Stuckert:
dann denk, es ist ein eigen Ding
das Herz, das unten puckert.
Es atmet klamm das Publikum,
es gäb was drum, es gäb was drum –
 Erhöre nur sein Flehen:
 Das Publikum will sehen …
  Zieh dich aus, Petronella, zieh dich aus!
  Denn du darfst nicht ennuyant sein,
  und nur so wirst du bekannt sein –
  Und es jubelt voller Lust das ganze Haus:
  Zieh dich aus, Petronella, zieh dich aus!

Nicht bei Lulu nur, nicht bei Wedekind,
ist der Platz für deine Reize.
Je nackter deine Schultern sind,
je mehr sagt man: »Das kleid se!«
Es aalt sich wohlig das Parkett:
Wie ist die nett! Wie ist die nett!
 Das Hemd kann sie vergessen –
 Das sind doch Kunstinteressen …
  Zieh dich aus, Petronella, zieh dich aus!
  Denn du darfst nicht ennuyant sein,
  und nur so wirst du bekannt sein –
  Und es jubelt voller Lust das ganze Haus:
  Zieh dich aus, Petronella, zieh dich aus –!

Was in alter Zeit nur ein einziger sah,
ja, das solln jetzt alle sehen!
Der Gymnasiast, die Großmama:
vom Kopf bis zu den Zehen!
Die Orléanssche gibts nicht mehr:
Zeig alles her! Zeig alles her!
 Trag du als Iphigenie
 Dessous, und zwar recht wenige …
  Zieh dich aus, Petronella, zieh dich aus!
  Denn du darfst nicht sündenbar sein,
  und nur so wirst du ein Star sein –
  Und es jubelt voller Lust das ganze Haus:
  Zieh dich aus, Petronella, zieh dich aus –!

ADAGIO CON BRIO

Dies aber macht mir vielen Kummer:
    Wenn du dich gabst,
Wenn du, verehrte dolle Nummer,
    Mich schweigend labst –

Daß dann trotz deiner Erzroutine,
    Trotz Witz und Trick,
Trotz der monströs beherrschten Miene,
    Trotz halbem Blick –:

Daß du – bei deines Busens Knöpfen! –
    Mir doch entfliehst.
Ich kann dich niemals ganz erschöpfen,
    Wenn du genießt.

Umsonst. Ich hab dich nicht gefunden.
    Komm! Halt mich fest!
Ich liebe nach all den wilden Stunden
    Den kleinen Rest.

Noch einmal denn! Vielleicht blüht morgen
    Der alte Stamm.
Sonst aber hab ich keine Sorgen!
    Grüß Gott, madame!

LAUTENLIED

Einem Offizier mit Namen Hiller
sei gewidmet dieser Sangestriller –
    weil der Gute den Muschkoten schund,
    ihn traktieret als ein Schweinehund.
        Schrumm! Bumm!

Und es dachten seine Kame-Kameradi-radien,
daß dies könnte aber gar nichts, gar nichts schadi-schadien.
    Li-la-leidet auch der Gardefüselier:
    Offizier bleibt eben Offizier.

Und er ließ die Leute an die Bäume bindi-bindien,
und er ließ die Leute voller Qual sich windi-windien.
    Mancher seiner Füseliere lewet noch –
    aber einer starb im Erdenloch.

Und man konnte erst nach langen, langen Jahren
diesen Stunk aus den Karpathen offenbaren.
    Als die gri-gra-große Zeit vorbei,
    wurde ruchbar jene Hille-Hillerei.
        Schrumm! Bumm!

Hier wird tragisch, tragisch, tragisch die Geschichte!
Wozu ham wir denn die Militärgerichte?
    Und es arrangiert der Militärverein
    ein gemütliches Zusammensein!
        Schrumm! Bumm!

Und die Sitzung, die verlief so weit ganz heiter.
Eine Krähe hackt der andern und so weiter.
    Auf der Festung seuf(z)t er nun siem Wochen lang.
    Und des Kaisers Rock ist wieder blank.

Ja, Justitia soll die Waage zwar nicht sehen,
aber mal vermag sie doch ein Ding zu drehen
    wie der erste beste Plattenbruder auf dem Kietz …
    Gott erhalte uns die Militärjustiz!

LAUTENLIED

Verdreckt, verwanzt, verflöht, verlaust
liegt die 12. Kompanie.
Karpathensturm. Der Regen braust
bei der 12. Kompanie.
Hat das Kommißbrot Maden,
die Jungens gehn weiter mit:
    »Ich hatt einen Kameraden –
    einen bessern findst du nit!«

Es schnauzt der Chef und schikaniert
seine 12. Kompanie.
»Rin in das Loch! Bis er krepiert!«
bei der 12. Kompanie …
Bis oben hin geladen,
der Kerl *schwieg,* wenn er litt –
    »Ich hatt einen Kameraden –
    einen bessern findst du nit!«

Und als vorbei die große Zeit
bei der 12. Kompanie,
kam die Militärgerichtsbarkeit
zu der 12. Kompanie.
Justitia stülpt den Helm sich auf
und stützt sich auf des Säbels Knauf.
    Justitia – nimm die Knochen zusamm!
    Justitia – steh mal stramm!

Die Binde sinkt. Die Waage schwankt
bei der 12. Kompanie.
Der Hiller seinem Schöpfer dankt
bei der 12. Kompanie.
Er spricht: »Justitias Waden
gehn im Paradeschritt –
    Ich habe Kameraden –
    bessere findst du nit!«

ZUR BEGRÜSSUNG

Nach so viel Tagen, Wochen, Jahreszeiten
ist eine da.
Ich fühl im Rhythmus ihre Glieder schreiten
nah, so nah.

blonde Seidenhaare schimmern milde
einst in Autz.
krächzt besänftigt grunzend selbst der wilde
dicke Kauz.

Krieges einzig freundlich-gute Spende –
warst doch du.
Und immer sehen deine lieben Hände
mir grüßend zu.

Da ist die Stadt. Und da bin ich. Wir warten.
Tritt nur herein
in diesen großen, bunten Zaubergarten –
denn wir sind dein.

Du bist noch jung. Die Feuer sind entglommen.
Biß. Kampf. Und Ruh.
Doch einmal, einmal sollst du leise kommen
vom Er zum Du. –

LUSTBARKEITSSTEUER

Will man das Leben uns verteuern?
Will man die Lustbarkeit versteuern?
  Recht marmorkalt bleibt mein Gesicht:
  wir ham ja keine Lüste nicht!

Seh ich die Schlanken und die Kessen,
die früher mächtig drin gesessen,
  sind die, die dicke Dinger drehn,
  als Lustbarkeiten anzusehn?

Und ist die Lektrische wohl eine?
Ich stehe nur auf einem Beine,
  und auf dem andern steht ein Mann – –
  Sehn wir das wohl als lustbar an?

Und dann streikt Wäschemann und Amme.
Und mal brennt keine Gaslichtflamme.
  Und diese nicht mehr große Zeit,
  ist sie vielleicht 'ne Lustbarkeit –?

Der Fiskus meint auch nur die Bühnen …
Er sollte sich das nicht erkühnen.
  Denn was da alles hüpft und schreit –:
  Ist das vielleicht 'ne Lustbarkeit?

Doch bläst im runden Zirkus Busch
der Landwirtsbund den Kaisertusch,
  begeistert von den ideöllen
  und äußerst lukrativen Zöllen,
  durchwärmt vom innern Rotweinfeuer –:
  dann zahl ich gern die ganze Steuer –!

ERINNERUNG UND ERFÜLLUNG

Ich denk an früher. Wie Lavendelduft,
ein wenig blaß, ein wenig wie verschollen,
steigt ein Parfumchen auf von jenen ollen
und weggelegten Sachen – eine Gruft?
  »Und leise spricht – wie waren wir doch jung –
  der Leierkasten der Erinnerung.«

Ich denk an früher. Raschelnd schwankt der Kranz.
Wie war sie weiß! Wie spielten ihre Hände!
Wie war sie zart! Warum war es zu Ende?
Und langsam bildet sich ein matter Glanz …
  Aus jenen Tagen, längst verglüht und fahl,
  steht auf ein neues Bild: das Ideal.

Ich denk an früher. War sie denn so schön?
Mit jedem Monat wird sie voller, reicher –
und zierlicher, noch rassiger, noch weicher –
brandrot die Lippen, und ein Blick, amön ..
  Und sie entwickelt sich, und vor mir steht
  ein Zauberding von seltner Qualität:

Ich denk an früher. – War sie wirklich so?
Wie wärs gefährlich, wenn sie heut erschiene –!
Vielleicht ists eine Fee nur, der ich diene?
Nur Königin im Lande Nirgendwo?
  Nun ist sie da – –.
                  Und spricht. Mein Herzblut schäumt.
  Und mehr als alles, was ich je geträumt. –

Auf diesen alten Büttenbogen,
so alt, daß ihn vielleicht, was weiß ich,
schon 1839
Großmama hat hervorgezogen,
schrieb ich für eine dies Gedicht.
(Sonst hab ich keinen Bogen nicht.)

FRAGE- UND ANTWORTSPIEL

»O holder Knabe, sag an! sag an!
Braucht Deutschland denn noch einen großen Mann?
Hat W. T. B. dich nicht eingelullt?
Das Wetter ist an allem schuld –
die Regierung aber beileibe nicht,
sondern tut dieselbe treu ihre Pflicht.
Die Noske-Rose entsendet nur Duft …«
»Dir ham se woll mit de Muffe jebufft?«

»O holder Knabe, sag an! sag an!
Was hat man mit Nicolai getan?
Der brave deutsche Studiker lärmt,
weil ihn des Professors Gesinnung härmt.
Den Deserteur von Amerongen
hat der Student nur angesongen.
Er ist national. Er ist nicht verludert …«
»Dir ham se woll mitn Klammerbeutel gepudert?«

»O holder Knabe, sag an! sag an!
Worüber ich oft schon vergeblich sann:
Kann man nicht, um nach links zu beschwichtigen,
den Kurs ein wenig, ein wenig berichtigen?
Schließlich, pardon (ich bin nicht spartakistisch!),
man munkelt, wir seien nicht mehr monarchistisch …
Aber ich bin des Vertrauens voll …«
»Manoli linksrum! Dir pipt er woll?«

»O holder Knabe, sag an! sag an!
Was ich durchaus nicht verstehen kann:
Links können sie nichts als alarmieren
und, wenn das Blut spritzt, retirieren.
Rechts warten sie auf die Konjunktur.
Was meinst du, tut die Regierung nur?
Sie steht zwischen Vorwärts und Klerisei
über (oder unter) jeder Partei …«
»Mensch, ich glaube, du bist aus die Reichskanzlei –!«

ABSAGE

Noch einmal? Ich dächte, wir hätten jetzt Frieden?
Über Gesetze wird friedlich entschieden …
    Ein Straßensturm auf ein Parlament
    ist kein Argument.

Diese Matrosen sind keine Matrosen.
Dazwischen Schwärme von Arbeitslosen.
    Kämpfer. Banausen. Neugierige. Mob.
    Nun aber stop –!

Das Parlament ist ein Spiegel des Landes.
Da sitzen Vertreter jeden Standes.
    Will euch die Politik verdrießen –:
    Wählen! Nicht schießen!

Eine Gasse der Freiheit – nicht eine Gosse!
Rückt ab von jenem Lärmmachertrosse!
    Wir brauchen Ruhezeit. So wird das nie
    eine Demokratie –!

NICOLAI

Einer, der in langen grausen Jahren
seinen Kopf stolz oben trug –
der im Flug
alle Patrioten überstieg,
der nicht tierisch brüllte: »Krieg ist Krieg!«

Einer, der aus Paragraphendickicht
seinen Weg ins Freie riß –
Finsternis
um und um, und nur in seinem Hirn
Kompaß, Ziel und Weg zu reinem Firn.

Einer, der viel mehr war als ›ein Deutscher‹ –
nicht, wie jener Kommandeur,
Deserteur.
Einer, der statt blanken Zierats Mut
hell sein eigen nannt' in all dem Blut.

Dieser wird von den Studiosen angeflegelt.
»Nieder!« brüllt der dicke Kneipenpatriot:
»Der ist rot!« –
bis sich Rektor und Senat verneigt.
Und die große Republik?
   Sie schweigt.

BILANZ

Jeden Pfennig, den ein hoher Offizier
sinnlos fortwarf in den Landetappen –
jeden Hammel, den in Monastir
unsre nahmen, ohne zu berappen –
jede Rede in dem Reichstagsbau
von den braven und geduldigen Liberalen –
jede überflüssige Truppenschau:
   müssen wir bezahlen –
         wir bezahlen.

Jede Pulle Sekt, die der Major
rot und krähend soff am frühen Morgen –
jeden Aufruf, den das Pressekorps
ohne Skrupel druckte, ohne Sorgen –
jeden Wisch der Vaterlandspartei,
jede Forderung der Nationalen,
jedes Reventlow- und Rathenau-Geschrei:
   müssen wir bezahlen –
         wir bezahlen.

Jedes Jahr, wo trotz der Warnungsrufe
Erich Ludendorff va banque gespielt –
jedes Jahr, wo wir von Stuf zu Stufe
sanken, bis kein Frontabschnitt mehr hielt ...
Müßt ihr heute Leid und Last erdulden:
Ei! bedankt euch bei dem wilden Stier!
Alter Sünden schwarz-weiß-rote Schulden –
   die bezahlen ich und du
         und wir.

AN IHN

Mutierst du noch?
                    Doch hast du schon gelesen
von Brutus und auch von Leonidas;
und wie das einst mit Möros schon gewesen –
Das wär doch was!

Und tapfer – grade so wie jene Zeitung
bei euch zu Hause, national und fair –
schießt du auf unsre Reichsfinanzenleitung
von hinten her.

Und deine Presse, deine Lehrer hetzen,
es hetzen Leutnant, Agitator, Patriot.
Genügt es denn, die Gegner zu verletzen?
Man schießt sie tot.

Ja, wenn zum Beispiel rote Bolschewisten
die Flinte laden –
                    welch ein Mordsgeschrei!
Doch tun das Arco und die Chauvinisten:
ist nichts dabei.

Häng dir die kleine Waffe in die Zelle.
Denn deiner Welt und deines Lebens Zier,
dein einziges Argument für alle Fälle –:
es ruht in ihr.

Soll ich dir deine geistigen Väter nennen? –
Mit diesem Sohne macht ihr keinen Staat.
An ihren Früchten sollt ihr sie erkennen –!
Das ist die Saat!

WIDER DIE LIEBE

Die brave Hausfrau liest im Blättchen
von Lastern selten dustrer Art,
vom Marktpreis fleißiger Erzkokettchen,
vom Lustgreis auch mit Fußsackbart.

Mein Gott, denkt sich die junge Gattin,
mein Gott! welch ein Spektakulum!
»Das schlanke Frauenzimmer hat ihn …«
Ja was? Sie bringt sich reinweg um.

O Frau! Die Phantasie hat Grenzen,
sie ist so eng – es gibt nicht viel.
Nach wenigen Touren, wenigen Tänzen
ists stets das alte, gleiche Spiel.

Der liebt die Knaben. Dieser Ziegen.
Die will die Männer laut und fett.
Die mag bei Seeoffizieren liegen.
Und der geht nur mit sich ins Bett.

Hausbacken schminkt sich selbst das Laster.
Sieh hin – und Illusionen fliehn.
Es gründen noch die Päderaster
›Verein für Unzucht, Sitz Berlin‹.

Was kann der Mensch denn mit sich machen!
Wie er sich anstellt und verrenkt:
Was Neues kann er nicht entfachen.
Es sind doch stets dieselben Sachen …
    Geschenkt! Geschenkt!

RITARDANDO

Der Sänger zügelt seinen Pegagaul.
Denn – fragt er sich in Kümmernissen –
wer kann denn um die Zukunft wissen?
Man ahnt nur dumpf: es scheint da etwas faul …
Der Tag vergeht.
Ich weiß ja gar nicht, was noch morgen steht!

Besing ich moll wohl den Valutastand?
Der Vogel singt. Die Mark sinkt auch. Wie lange
soll das so gehn? fragt sich der Sänger bange.
Beharfe ich die Mark im fremden Land?
Der Tag vergeht.
Ich weiß ja gar nicht, wie sie morgen steht!

Besing ich Polas, Sillis und pp?
Soll ich die letzten Flimmergrößen feiern?
Soll ich den neuen Sternen einen leiern,
den Sonnen aus dem Kinoatelier?
Der Tag vergeht.
Ich weiß ja gar nicht, wer da morgen steht!

Wisch ich den Narren links und rechts eins aus?
Den Rechten, weil sie an Gewehre glauben.
Den Linken, weil sie uns die Ruhe rauben.
Feg ich den Kehricht aus den Stuben raus?
Die Tage gehn.
Ich weiß: die bleiben immerdar bestehn –!

ZIRKUS DES LEBENS

In der Manege hat man sich versammelt.
Da unterrichtet wer sein Stachelschwein,
dieweil ein Herr auf einem Esel bammelt –
ein Nigger träuft sich etwas Whisky ein …
Na und?
Na und?
Das ist schon eben so – die Welt ist bunt.

O Publikum! Zu früh darfst du nicht lachen.
Daß du die Lebensregeln gar nicht lernst!
Die Logen tun dieselben dummen Sachen.
Der Unterschied ist nur: man nimmt sich ernst!
Na und?
Na und?
Das ist schon eben so – die Welt ist bunt.

Und siehst du um dich, siehst die wilde Meute,
die bösen Buben, trikolor bemalt,
da fragst du dich: Was haben nur die Leute?
Sind das auch Clowns? Und werden sie bezahlt?
Mein lie-
ber Mann:
Sie tun das gratis – und sie glauben dran!

AUSLIEFERUNG

Wenn einer fehlt, so soll man ihn bestrafen.
Doch Richter sollens tun,
die ohne Groll die Böcke von den Schafen
zu sondern wissen.
Und die Leidenschaften ruhn.

Wenn einer fehlt, so soll man ihn bestrafen.
Doch nicht vor einem fremden Kriegsgericht,
und nicht nach nationalen Paragraphen.
So geht das nicht.

Es rufen Hetzer, Schreier aus dem Kriege
mir viel zu laut.
Durch ihren Wahnsinn stürzt bis auf die Wiege,
was wir gebaut.

Ihr habt den Sieg. Müßt ihr euch in ihm wälzen?
Könnt ihr nicht menschlich sein?
Wir aber rufen euch, kommt ihr zu uns auf Stelzen:
ein glattes Nein!

RECHTS UND LINKS

Rechts sind Bäume, links sind Bäume,
und dazwischen Zwischenräume.
In der Mitte fließt ein Bach!
      Ach!

Rechts hat man die Industriellen,
welche eine Presse wellen,
eine, die den Abonnenten
nationale fette Enten
täglich aufzubinden hat.
Und so fällt denn Blatt auf Blatt
in die Hände von Kartellen
unsrer Großindustriellen.
Und man schiebt sich dies und jenes,
weils bequem is und gemeen is.

Und die Aktie kommandiert –
die Verwaltung salutiert.
Helfferich ruft Weh und Ach …
In der Mitte fließt ein Bach.

Links hat man die neuen Helden,
die sich schon seit 18 melden,
wenns was zu vermitteln gibt.
(Dies Geschäft ist so beliebt.)
Barmat, Parvus, Sklarz Gebrüder –
Ei, man ist so brav und büder.
Die Regierung ist schockiert
und wird mächtig angeschmiert.
Manches Silber ist vernickelt,
mancher Handel ist verwickelt.
Reine Finger hab, wer kann!
Schlimmstenfalls zieh Handschuh an!

Rechts sind Schieber, links sind Schieber,
Jedes Antlitz ein Kassiber.
In der weiland großen Zeit
schob man Seins im grauen Kleid.
Sieh die Rechten, sieh die Linken –

und es will mich schier bedünken,
...

Rechts sind Bäume, links sind Bäume,
und dazwischen Zwischenräume.
In der Mitte fließt ein Bach –
      Ach!

DANTONS TOD

Bei Reinhardt wogte der dritte Akt.
Es rasten sechshundert Statisten.
Sieh an – wie das die Berliner packt!
Es jubeln die Journalisten.
    Mir aber erschien das Ganze wie
    eine kleine Allegorie.

Es tost ein Volk: »Die Revolution!
Wir wollen die Freiheit gewinnen!«
Wir wollten es seit Jahrhunderten schon –
laßt Herzblut strömen und rinnen!
    Es dröhnt die Szene. Es dröhnt das Haus.
    Um neune ist alles aus.

Und ernüchtert seh ich den grauen Tag.
Wo ist der November geblieben?
Wo ist das Volk, das einst unten lag,
von Sehnsucht nach oben getrieben?
    Stille. Vorbei. Es war nicht viel.
    Ein Spiel. Ein Spiel.

DER HUMORIST SINGT

Fährt in Berlin die Straßenbahn,
dann ist sie proppenvoll.
Was da mit dir, o Mensch, getan
wird, das ist einfach doll.
Man rüttelt dich,
man schüttelt dich;
man drängt dich so
und engt dich so –
In einen Wagen gehen glatt
zweihundert Menschen rein ...
Wer ihn früher nicht gesehen hat,
der denkt, das muß so sein –!

New York sitzt an der Panke Strand.
Es kauft uns arm der Gent.
Er kriegt den ganzen Hektar Land
für sechseinhalben Cent.
Die Börse winkt.
Valuta sinkt.
Wirf weg die Mark!
Was soll der Quark!
Am Abend steht im Tageblatt:
»Der Geldwert ist so klein ...«
Wer ihn früher nicht gesehen hat,
der denkt, das muß so sein –!

Am Tische sitzt Herr Helfferich.
(Ab stehen seine Ohren.)
Er schimpft und schilt gar fürchterlich,
weil wir den Krieg verloren.
Wie er enthüllt
und schneidig brüllt!
Pfui Politik
der Republik!
»Die neuen Herrn sind mau und matt!«
So hörst du laut ihn schrein ...
Wer ihn früher nicht gesehen hat,
der denkt, das muß so sein –!

November Achtzehn schlug die Uhr
zwölfmal in deutschen Landen.
Die Nationalen hörtens nur,
als sie im Nu verschwanden.
Nun sind sie ja
all wieder da.
Es kam so weit
im Lauf der Zeit.
In jedem Dorf, in jeder Stadt,
da pöbeln sie allein ...
Wer sie früher nicht gesehen hat,
der denkt, das muß so sein –!

WILHELM VON ABFUNDIEN

»Herr Rechtsanwalt, presse den Helm ins Haar!
Gürt um dein lichtblau Schwert!
Zieh an den schwarzen Seidentalar!
Und schaffe dir Auto und Pferd –!«

Und der Rechtsanwalt rollt in die Reichshauptstadt.
Ganz Deutschland hört ihn handeln.
Mit der Instruktion, die er bei sich hat,
will er Schloß und Land und Gut und Stadt
in Privateigentum verwandeln.

Und sieh! es gelingt! Denn die Republik
ist doof im Prozessieren.
Gewiß, ER war etwas schuldig am Krieg –
aber das kann jedem passieren.

Nimm hin! Nimm hin! Den Genter Altar!
Nimm hin Million auf Million!
Das ist dein Land, wie es immer war:
es rackert für deinen Thron.

Nimm hin! Nimm hin! Es geht uns schlecht!
Es hungert der Ohnebein.
Du bist aus armem Burggrafengeschlecht –
du sollst unser Kaiser sein!

Herr Cassel verbeugt sich vor Majestät;
zur Verdauung tut er das gern.
Er lauscht mit dem Köpfchen schief gedreht
auf die Stimme seines Herrn.

Und es liegt ein Land in tiefster Not
in Blut und Tränen und Schmerz.
Doch im Portemonnaie, das schwarz-weiß-rot,
ruht Kaiser Wilhelms Herz.

JOCHIMKE, JOCHIMKE, HÜTE DI!

Ist dies das Adlon? Ist's ein Kino?
Ist's eine Kieler Hafenbar?
Ein Prinz fuhlt sich wie im Kasino
und müllert mit dem Mobiliar.

Ganz wie in großer Zeit: erst Brüllen,
dann »Deutschland! Deutschland!« – dann den Schnaps – –
und dann tut sich in Glanz enthüllen
die Preußenseele mit dem Klaps.

Als ihr in Brüssel Sekt gesoffen,
da durfte nachts kein Belgier raus,
Sie durften nichts als hoffen, hoffen …
Ihr lärmtet beim Kasinoschmaus …

Wie tapfer, Prinz! Auf Zivilisten,
die auch noch in der Minderzahl,
Hau'n unsere satten Monarchisten –
woher das Geld? – im Lichthofsaal.

Wer zahlt, geht's schief, Kontributionen?
Wer frißt die böse Suppe aus –?
Nicht die, die in Palästen wohnen –:
Der kleine Mann im Hinterhaus.

DIE DAME MIT 'N AVEC

Alle könn sie mir, könn sie mir, könn sie mir!
 Huch, die Männer!
Sie sind alle hier, alle hier, alle hier
 nischt wie Penner!
 Erst da tun sie mächtig fein,
 laden mich zum Abend ein.
Und ich kann mich dann nicht halten,
seh ich des Monokels Glanz –:
sag den Jungen und den Alten
grad heraus beim Foxtrott-Tanz:
 »Ich hab nu mal den Schwung
 ins Ordinäre!
 Ick bin die richtige
 Berliner Beere!
Und bei der Liebe hopps ick jrade wie bein Zeck
nur übern Rinnstein, Rinnstein, Rinnstein mit 'n Avec!«

Uffn Koppenplatz, Koppenplatz, Koppenplatz
 lief ick lange.
Mitn Sabberlatz, Sabberlatz, Sabberlatz –
 'ck wah 'ne Range –!
 Und mit vierzehn Jahren schon
 ging ich bei die Konfektion.
Das war eine feine Lehre
in dem großen Modenhaus;
und ich machte rasch Karriere,
aber manchmal kommt es raus – –
 Ich hab nu mal den Schwung
 ins Ordinäre!
 Ick bin die richtige
 Berliner Beere!
Und bei der Liebe hopps ick jrade wie bein Zeck
nur übern Rinnstein, Rinnstein, Rinnstein mit 'n Avec!

Fahr ick viere lang, viere lang, viere lang
 Eklipage,
sitz ich ersten Rang, ersten Rang, ersten Rang
 in Kleidage:
 Alle Leute drehn sich rum –
 Donner! die ist gar nicht dumm!

Züngelnd sitzt bei mir mein Hündchen.
Autsch! wie mein Brillantschmuck blitzt –
Aber spitze ich mein Mündchen,
weißte gleich, wer vor dir sitzt –!
    Ich hab nu mal den Schwung
                ins Ordinäre!
    Ick bin die richtige
                Berliner Beere!
Und bei der Liebe hopps ick jrade wie bein Zeck
nur übern Rinnstein, Rinnstein, Rinnstein mit 'n Avec!

DER NEUE POSTTARIF

Will uns die Post nun auch noch steigern?
Der Schwager bläst: Trari-trara!
Wir könnens ihm wohl kaum verweigern –
O Gott, was machen wir denn da?

Das Porto kostet einen Haufen.
Ich schrieb ihr täglich, lieb und lind.
Wovon soll ich die Marken kaufen?
Ach, Ernestine, süßes Kind!

Das waren nicht Geschäftspapiere,
auch keine Warenproben nicht.
Es war privat. Ich buhlt um ihre
Gefälligkeit im Versgedicht.

Ich fragt sie, wie und wo sie schliefe – –
Sie schwankte zwischen Ja und Nein.
Ich fühlte deutlich: Noch zwei Briefe –
und dieses Menschenkind ist dein.

Kaputt. Das Porto hats getötet,
die Marken rot und grün und braun.
Was Amor mal zusammenlötet,
soll Giesberts nicht in Stücke haun.

Und auch das Telephon will Zaster?
Und extra 1000 (tausend) Mark?
Gewiß, der Drahtschwatz ist ein Laster –
es bimmelt oft um jeden Quark …

Doch mit den ultrawilden Banden
nach rechts und links brauchts keinen Draht;
so recht ham wir uns nie verstanden,
weil nie uns was verbunden hat.

Was soll ich mit der Post mich plagen ...
Und Ernestine? Geht das schief?
Ich werds ihr einfach mündlich sagen!
Ätsch-bätsch – du neuer Posttarif –!

ABSCHIED VON NOSKE

Da gehst Du hin und singst nicht mehr.
Wir haben oft von Dir gesungen,
hell hat hier unser Lied geklungen.
Es ist uns stets vorbeigelungen:
Du bliebst und ruiniertest uns noch mehr.
Jetzt gehst Du hin und singst nicht mehr.

Du warst der Bürger starker Mann.
Du schliefst, indes die Adjutanten,
die den Proleten rasch erkannten,
die Trupps für ihren Zweck verwandten –
Landauer, Liebknecht! was lag Dir daran!
Du warst der Bürger starker Mann.

Du gehst. Koch Dir Kamillentee.
Und denk im Käppchen Du an Kappen.
Einst fuhrst Du mit den Landsknechtsknappen.
Jetzt hältst Du es mit Schusters Rappen –
vorbei Importen und Gesangssoiree ...
Du gehst. Koch Dir Kamillentee.

Gehst Du? Noch ist Dein Ungeist da.
Noch wollen alle sies nicht wissen:
Wir bleiben tief in Kümmernissen,
bis wir das Achselstück zerrissen.
Wie lange noch Tatü-tata?
Du gingst. Und bist noch immer da.

HABEN SIE SCHON MAL ...?

An allen Ecken kleben Plakate.
Überall gründen sich Dezernate,
Stellen, Vereine, Bünde, Gruppen –
Und schließlich: Unsere herrlichen Truppen ...
Was habt ihr denn, Kinder?
      Die Presse greint:
»Achtung! Gegen den innern Feind!«
Und ich frage verwundert bald diesen und den:
»Haben Sie schon mal 'n Bolschewisten gesehn –?«

Bolschewist: das ist jeder, der streikt,
Bolschewist: wer beim »Siegerkranz« schweigt,
Bolschewist: jeder Mann ohne Kragen,
Bolschewist: wer sich wehrt, wenn ihn Landsknechte schlagen.
Kommunisten! Spartacisten!
Aber einen richtigen Bolschewisten?
Wie sie um Lenin und um Trotzki stehn?
Haben Sie schon mal 'n Bolschewisten gesehn –?

Ich sah noch keinen.
      Aber ich sah Leute,
Die treu zu ihrer Regierung stehn – heute!
Gestern standen sie noch bei Kapp.
Mit wehenden Fahnen – aber nicht zu knapp!
Bolschewisten? Nein. Aber Hochverräter
Sah ich, und ihre geistigen Väter –
Laufen noch alle frei herum:
Ludendorff, Ehrhardt und Baltikum ...
Wer den Teufel da an die Wände malt,
Tut das, damit man ihn weiter bezahlt.

Kennt ihr die Spieler? Die Melodie?
Glaubt ihnen nie! –
Und laßt sie ab durch die Mitte gehn ...
Haben Sie schon mal 'n Bolschewisten gesehn –?

NAMENSÄNDERUNG

Ich darf nun wieder Theo Tiger heißen.
Die Maske fällt: kein nürenberger Kind
bin ich – laßt mich in Menschen beißen,
die gut genug zu meiner Fütterung sind.

Die Politik hat ihre Frühjahrsmoden.
Zur Zeit trägt man sich demokratisch – nicht zu knapp.
Man steht im Dress auf jenem Hängeboden
der Wirklichkeit und weiß nichts mehr von Kapp.

Der Tiger knurrt. Er spuckt die Emballage
der Opfer gähnend in sein Raubtierhaus.
Er sieht den Knaben gern in die Visage
und zieht sie alle splitternackend aus.

Nackt will ich sie. So kann ich sie verdauen.
Nackt will ich sie. Ich pfeif auf Uniform.
Nackt will ich Militärs und Kinofrauen –
ich weiß: die Tünche lügt enorm.

Sieh den Professor an! Er gibt sich fachlich
und spricht von Ramses und vom Erbschaftsstreit
und täglich infiltriert er, scheinbar sachlich,
den jungen Herrn die alte Kaiserzeit.

Sieh die Beamten! Sieh die Landratsbande!
Sie tun nur so. Dreht sich einmal das Rad?
Nackt will ich sie. Dann lieg ich still im Sande
und wünsche träumend diesem deutschen Lande …
Da knirscht die Tür.
                         Ich werde niemals satt.

BLICK IN DIE ZUKUNFT

Du schläfst bei mir. Da plötzlich, in der
   Nacht, du liebe Dame,
Bist du mit einem Laut mir jäh erwacht –
   War das ein Name?

Ich horche. Und du sagst es noch einmal –
   im Halbschlaf: »Leo …«
Bleib bei der Sache, Göttin meiner Wahl!
   Ich heiße Theo.

Noch bin ich bei dir. Wenn die Stunde
   naht, da wir uns trennen:
Vielleicht lernt dich dann ein Regierungsrat
   im Teeraum kennen.

Und gibst du seinen Armen nachts dich preis,
   den stolzen Siegern: –
Dann flüstre einmal meinen Namen leis
   und denk an Tigern.

CANZONETTA

Bellevue. Fahrt ihr einmal auf euern Wegen
durch das Gewirr der Häuser in Berlin –
es dampft der Zug durch grauen Großstadtregen,
ihr seht den Droschkentrott, die Bahnen ziehn –
fahrt ihr da oben, seht ihr in die Zimmer
der Hinterhäuser, seht die Wäsche wehn …
Doch wer da wohnt – da habt ihr keinen Schimmer …
Das kann man von der Stadtbahn aus nicht sehn –!

Fahrt ihr da oben, seht ihr die Paläste,
die goldene Kuppel unsres Reichstagbaus,
den Friedrichstrich … die Friedrichstraßengäste
und hier und da ein großes Pressehaus.
Da sitzt der Chef und informiert die Leute.
Er kann für Wilhelm, Kapp und Nosken grade stehn …
Und welche Überzeugung hat er heute …?
Das kann man von der Stadtbahn aus nicht sehn –!

Fahrt ihr da oben, seht ihr in die Stuben.
Ein Mädchen zieht sich scherzend grad herum
mit einem blonden, langen, frischen Buben –
vorbei! Nun gar nichts mehr. Wie ist das dumm!
Man sieht so gern, wenn andre Leute lieben.
Wie mag das wohl mit jener Kleinen gehn?
War sie noch keusch? War sie noch unbeschrieben?
Das kann man von der Stadtbahn aus nicht sehn –!

Da liegt Berlin. In öligen, bunten Flecken
zieht Mutter Spree, andante wie zumeist.
Wo mag sich Kapp & Lüttwitz wohl verstecken?
Und wo ist nun der neue saubre Geist?
»Wir bauen um«, hörst du den Kanzler sagen.
Was ist denn nur bis jetzt dazu geschehn?
Und wann wird man sich an die Achselstücke wagen ...?
Das kann man von der Stadtbahn aus nicht sehn –!

AN DEN DEUTSCHEN MOND

Guter Mond, du gehst so stille
Durch die Abendwolken hin!
Siehst die lange Äppelzille
Und die Venuspriesterin.
 Siehst Passanten und die Bummler
 Und die bösen Geldscheinschummler ...
  Bist das alles schon gewohnt,
  Guter Mond, guter Mond –!

Segelst langsam ob den Dächern,
Siehst in Fenster und Büros,
Wo die Akten in den Fächern
Flüstern: »Wir sind Nosken los!«
 Siehst in Fenster der Kasernen,
 Wo sie Schwarz-Rot-Gold entfernen ...
  Bist das alles schon gewohnt,
  Guter Mond, guter Mond –!

Kugelst dich am Firmamente
Über unsre große Stadt,
Siehst die dicke, schwere Rente,
Die der Ludendorff noch hat.
    Siehst auch nächstens, wenn es später,
    Manche freien Hochverräter …
        Bist das alles schon gewohnt,
        Guter Mond, guter Mond –!

Aber käme plötzlich einer,
Der trotz Lärmen und Gezisch
Schlüge – wie noch leider keiner –
Mit der Faust auf unsern Tisch –
    Sagt der: »Militär kann gehen!«
    Ei, dann bliebst du sicher stehen!
        Denn das bist du nicht gewohnt,
        Guter Mond, guter Mond –!

WORTE UND TATEN

Eine Sage ist keine Tue.
Betrachten wir das in aller Ruhe.

Da sind zum Beispiel die kleinen Damen.
Wenn wir denen mal näher kamen,
begegnet es uns wohl anfangs zumeist,
daß uns die Fürstin von dannen weist.
Und es spricht errötend die liebe Kleine:
»Was denken Sie denn? Ich bin nicht so eine!«
Dann aber rückt sie näher ran
und flüstert: »Was legen der Herr denn an?«
Und nach all dem Gerede und nach ein paar Schritt –
geht sie mit.

Worte und Taten – das ist so hienieden –
sind manchmal verschieden.

Da hätten wir Philipp Scheidemann.
Hört ihn immer nur fleißig an!
Spricht gescheit und klar und vernünftig –
gar nicht parteiisch, gar nicht zünftig –
sieht die Dinge so, wie sie sind –
kurz: ein begabtes kassler Kind.
Aber wie kann doch das bißchen Handeln
einen ganzen Menschen verwandeln!
Nun ist er nicht mehr wiederzuerkennen:
Kompromiß – Schweigen – Pennen …
Reden: gut. Tun: oh konträr …
Ach, daß es doch einmal umgekehrt wär –!

Worte und Taten … Als da ist die Regierung:
Da hat sie im Reichstag zur Redeverzierung
gewisse Floskeln, gewisse Phrasen,
tut großmächtig Posaune blasen –
und die Pressetribüne hört aufmerksam zu …
Und dann geht alles zu süßer Ruh.

Man werde – spricht man – den Kapp-Putsch bestrafen.
Man geht aber sachteken, sachteken schlafen.
Man werde – spricht man – das Heer reformieren.
Man steht aber stramm vor Stabsoffizieren.
Man erstrebe in der ganzen Verwaltung
eine neue, demokratische Haltung.
Man ändre Schule und Universität …
Aber wie das so geht:
Warum denn gleich tun? Das wäre schön dumm.
Reden genügt ja dem Publikum!
Wenn einer bei uns nur etwas sagt,
ists gar nicht mehr nötig, daß er was wagt.
Er muß nur reden, verkünden, bullern –
ihr werdet schon alle nach Hause kullern.
Er muß nur bombastisch prophezein –
nachzuprüfen fällt niemandem ein.
Mit einem Wort: das Grammophon!
Das Weitere – ach! das findet sich schon.
Wir: Demokratie!
                    Immer mit die Ruhe!
Eine Sage ist keine Tue.

FRÜHLING

Lenz! Dich hätten wir beinah vergessen!
  Frisch und kühn
sprießt inmitten dem Randal indessen
  junges Grün.

Blätter stecken ihre zarten Spitzen
  hastend aus.
Wie sie schmuck auf ihren Ästen sitzen!
  Feucht und kraus!

Und sie sehen: Bunte Tumultanten!
  Militär!
Sehen wildgewordene Adjutanten –
  Welch ein Heer!

Und sie sehen: Grad die falschen Leute
  packts Gericht.
Doch die großen Diebe … Heute?
  Heute nicht.

Und die jungen Blätter blitzen
und sie denken sich: Was mag das sein?
  Könnten sie: sie zögen ihre Spitzen
  schleunigst wieder ein –!

PREISSTURZ?

Amalie steht vorm Ehesegen.
Er naht sich legitim und leis.
Sie kauft sich noch kein Bett. Von wegen:
es fällt der Preis.

Sie wartet. Und die Tage eilen.
Die Preise falln zur Lenzsaison.
Sanft schläft ihr Bräutigam derweilen
aufs Chaiselongue.

Sie wartet. Und wir warten alle …
Kommt uns der Preissturz bloß so vor?
Die Dummheit in den Reichstagshallen
steht nach wie vor.

Kapp: dies Papier hat seine Nücken.
Herr Ludendorff wird nicht notiert.
Ein Grünhorn, wer in Achselstücken
nicht spekuliert.

Selbst Noske freut sich noch des Lebens,
die Stütze unsres Wallotbaus.
Wir offerierten ihn vergebens
ab Haus.

Wer will die Wilhelmstraße deuten,
für die man keinen Dollar bot?
Nachfrage ist nach tüchtgen Leuten ...
kein Angebot.

Ein Mädchen nur – auf jenem Striche,
wo man den Deutschen Mann sein läßt –
spricht froh: »Ich kenn die Börsenschliche.
Und wenn der ganze Markt entwiche –:
Ich bleibe fest –!«

SPIELER

Der Bürger an seinen Klavieren
Hämmert den ganzen Tag,
Zu zweit und auch zu vieren,
Bis man es nicht mehr mag.
    Die Kinder und dann die vielen
    Jungfrauen ohne Ei – ei ...
    Sie spielen, spielen und spielen
    Und denken sich nichts dabei –!

Im Klub sitzt die edelste Blüte.
Sie nennt sich die Creme der Nation.
Räte erster Güte
Und ein Industriellensohn.
    Sie kommen in Automobilen
    Und bleiben bis morgens um drei ...
    Sie spielen, spielen und spielen
    Und denken sich nichts dabei –!

Es gibt auch Hasardeure,
Die tragen die Uniform.
Es jubeln Landsknechtschöre:
»Munster gefällt uns enorm!«
    Sie jagen nach dunkeln Zielen
    Und schlagen ein Reich entzwei ...
    Sie spielen, spielen und spielen
    Und denken sich nichts dabei –!

ABSCHIED VON DER JUNGGESELLENZEIT

Agathe, wackel nicht mehr mit dem Busen!
Die letzten roten Astern trag herbei!
Laß die Verführungskünste bunter Blusen,
das Zwinkern laß, den kleinen Wollustschrei ...
Nicht mehr für dich foxtrotten meine Musen –
vorbei – vorbei ...
Es schminkt sich ab der Junggesellenmime:
Leb wohl! Ich nehm mir eine Legitime!

Leb, Magdalene, wohl! Du konntest packen,
wenn du mich mochtest, bis ich grün und blau.
Geliebtendämmerung. Der Mond der weißen Backen
verdämmert sacht. Jetzt hab ich eine Frau.
Leb, Lotte, wohl! Dein kleiner fester Nacken
ruht itzt in einem andern Liebesbau ...
Lebt alle wohl! Muß ich von Kindern lesen:
Ich schwör sie ab. Ich bin es nicht gewesen.

Nur eine bleibt mir noch in Ehezeiten –
in dieser Hinsicht ist die Gattin blind –,
dein denk ich noch in allen Landespleiten:
Germania! gutes, dickes, dummes Kind!
Wir lieben uns und maulen und wir streiten
und sind uns doch au fond recht wohlgesinnt ...
Schlaf nicht bei den Soldaten! Das setzt Hiebe!
Komm, bleib bei uns! Du meine alte Liebe –!

SENTIMENTALES LIED

Das war in Kurland, in leuchtender Luft –
weit hinten in stiller Etappe,
(der Muschkot in alter, verwitterter Kluft,
der Leutnant mit großer Klappe –).
Kommandowechsel. Wir feierten ihn
beim Inspektor vom Proviantmagazin.
Die Dame vom Hilfsdienst, die Tag und Nacht
dem Inspektor den Dienst erträglicher macht,
stand fett am Klavier. Ich spielte dazu:
»Servus du!« ...
Und dann ein Lied voll Schmalz und Dramatik,
voll wilden Geschehens, voll Seelenbatik –
noch klingt mir, was sie da gesungen hat:
»Im Sumpfe der Großstadt – ein sinkendes Blatt!«

Es leuchten die Lampen. Es summt in der Bar,
grad so, wies im vorigen Frieden war.
Zigeuner fiedeln im gelben Licht
(eigentlich sinds gar keine Zigeuner nicht,
sondern Musiker mit dem Reichstarif).
Eine blonde Dame lacht sich schief.
Sie kommt vom Film und geht ins Bett
und steht heute mittag in der ›B. Z.‹
Gestern war eine Filmpremiere ...
Alle am Tisch hatten schon die Ehre ...
Sie verdient auf der einen Leinwand im Spiel
täglich tausend –
und auf der andern beinah ebensoviel.
Der Papa war Portier. Ihre Perle glänzt matt.
»Im Sumpfe der Großstadt – ein sinkendes Blatt!«

Im Zeitungsviertel die Redaktion
ist aufgeregt seit dem Morgen schon.
Gesinnung? Gesinnung? Alles gestorben.
Das Blatt wurde gestern nachmittag erworben
von einem Industriesyndikat,
das furchtbar viele Millionen hat.
Bis heute: gemäßigt reaktionär.
Von heute an: national – aber sehr!
Ansprache des Chefs: »Wer nicht mitwill, fliegt!«
Jeder das Köpfchen zweifelnd wiegt ...

Eine Frau, vier Kinder, tausend Mark –
wer bleibt da stark?
Ein Engel fliegt leise durch den Raum.
Stinnes Traum …
Das ist so im menschlichen Leben und Treiben:
Die meisten bleiben, die meisten schreiben.
Keiner merkt was. Die Abonnenten
pennen, so wie sie von jeher pennten.
Wie sind die glücklich! Nicht jeder hat
im Sumpfe der Großstadt – ein sinkendes Blatt!

VORSICHT BEI GESPRÄCHEN!

Daß manche Dame tugendsam
mit scheuen Augenlidern
zur Unzeit in die Wochen kam –
das wundert manchen Biedern.
    Und daß man solchen Braten roch
    seit ihren Mädchentagen –:
    Das denk dir nur, mein Kind, jedoch
    du darfst es niemals sagen!

Daß seit dem Kapp-Putsch (ach, wie schad,
daß er vorbeigelungen!),
der Staatsanwalt, der Schießsoldat,
die Alten und die Jungen –
    daß vieles stille sich verkroch,
    bis schönre Stunden schlagen –:
    das denk dir nur, mein Kind, jedoch
    du darfst es niemals sagen!

Daß seit dem Putsch die Republik
bedroht wird leis und leiser,
und jene, deren Politik
so viel taugt wie ihr Kaiser – –
    Daß sie nach solchem Kriege noch
    die Sabotage wagen –:
    das denk dir nur, mein Kind, jedoch
    du darfst es niemals sagen.

ZUM NÄCHSTEN PUTSCH!

Sie sitzen vorn am Steuerrad
und fahren, fahren, fahren.
Der Fahrschein, den der Fahrer hat,
der wechselt schon seit Jahren.

Die Bahn scheint glatt. Der Weidenstumpf
erzählt von Feuchtigkeiten.
Die ganze Gegend ist ein Sumpf!
Sie sitzen da und gleiten.

Die Bahn scheint glatt. Des Volkes Ruf –
sie nehmen ihn für Jubel.
Am Wege blitzt ein Pferdehuf –
sie sehns nicht in dem Trubel.

Sie sehn nicht Roß und Reisige,
nicht Ehrhardt und Gesellen.
Sie glitschen hart am schwarzen See …
Die Hupe hörst du gellen.

Halt ein, Chauffeur, du fährst in den Tod!
Hör zu auf der Unken Gesang!
Die falsche Warnungstafel schreit: Rot!
Und du fährst den vierten Gang.

Da knattert dein Wagen und stöhnt und biegt
in die letzte Kurve hinein.
Und wenn die Karre dann unten liegt,
wills keiner gewesen sein.

MIKROKOSMOS

Daß man nicht alle haben kann –!
Wie gerne möcht ich Ernestinen
als Schemel ihrer Lüste dienen!
Und warum macht mir Magdalene,
wenn ich sie frage, eine Szene?
Von jener Lotte ganz zu schweigen –
ich tät mich ihr als Halbgott zeigen.

Doch bin ich schließlich 1 Stück Mann ...
Daß man nicht alle haben kann –!

Gewiß: das Spiel ist etwas alt.
Ich weiß, daß zwischen Spree und Elbe
das Dramolet ja stets dasselbe,
doch denk ich alle, alle Male:
entfern ich diesmal nur die Schale –
was wird sich deinen Blicken zeigen?
Was ist, wenn diese Lippen schweigen?
Nur diesmal greifts mich mit Gewalt ...
(Gewiß: das Spiel ist etwas alt.)

Daß man nicht alle haben kann –!
Das läßt sich zeitlich auch nicht machen ...
Ich weiß, jetzt wirst du wieder lachen!
Ich komm doch stets nach den Exzessen
zu dir und kann dich nicht vergessen.
So gib mir denn nach langem Wandern
die Summe aller jener andern.
Sei du die Welt für einen Mann ...
weil er nicht alle haben kann.

PAASCHE

Wieder Einer.
                Das ist nun im Reich
Gewohnheit schon. Es gilt ihnen gleich.
So geht das alle, alle Tage.
Hierzuland löst die soziale Frage
ein Leutnant, zehn Mann. Pazifist ist der Hund?
Schießt ihm nicht erst die Knochen wund!
Die Kugel ins Herz!
                Und die Dienststellen logen:
Er hat sich seiner Verhaftung entzogen.
Leitartikel. Dementi. Geschrei.
Und in vierzehn Tagen ist alles vorbei.

Wieder Einer. Ein müder Mann,
der müde über die Deutschen sann.
Den preußischen Geist – er kannte ihn
aus dem Heer und aus den Kolonien,

aus der großen Zeit – er mochte nicht mehr.
Er haßte dieses höllische Heer.
Er liebte die Menschen. Er haßte Sergeanten
(das taten alle, die beide kannten).
Saß still auf dem Land und angelte Fische.
Las ein paar harmlose Zeitungswische …

Spitzelmeldung. Da rücken heran
zwei Offiziere und sechzig Mann.
(Tapfer sind sie immer gewesen,
das kann man schon bei Herrn Schäfer lesen.)
Das Opfer im Badeanzug … Schuß. In den Dreck.
Wieder son Bolschewiste weg –!
Verbeugung. Kommandos, hart und knapp.
Dann rückt die Heldengarde ab.
Ein toter Mann. Ein Stiller. Ein Reiner.
Wieder Einer. Wieder Einer.

Und nun –?
          Die Regierung wird was tun?
Die Regierung ist gegen Empörung immun.
Schlafen. Zucken die Achseln. Glauben
verlogenen Berichten der Pickelhauben.
Und du liest am nächsten Tag in der Zeitung:
Unschuldig der Mörder – unschuldig die Leitung.
Hausen genau wie damals in Flandern.
Menschen? Tiere sind die andern.
Spielen noch immer herrliche Zeiten
der militärischen Notwendigkeiten.
Und nun –? Die Regierung läßt sie machen …

Flamm auf, du Volk! Feg sie hinweg.
Da sitzt der Bolschewistenschreck!
Da sitzt Aufruhr. Da die Gefahr.
Alles noch so, wie es früher war …
Morgen tun sies grad so wieder …

Und Jesus steigt vom Himmel hernieder.
Breitet segnend die leuchtenden Hände,
tritt vor den Soldatenlümmel hin
und sagt: »Du, es ist Zeitenwende.«

Wandle deinen harten Sinn!
Du sollst nicht töten, was euch auch trennt.
Eine Kugel ist kein Argument.
Du sollst nicht töten.   Er war dein Bruder –!«

Und der Offizier spricht: »Dummes Luder!«
Und wendet sich: »Notieren Sie den Mann!
Der kommt nächste Woche ran –!«

ZUM 6. JUNI

Wir haben viereinhalb Jahr geschwiegen,
geduckt und dumpf.
Wir mußten wehrlos am Boden liegen.
Feldgrau und stumpf.
Und ein Beben ging hin von Polen zum Rhein:
    Wir wollen einmal Menschen sein –!

November. Ein Thron fiel auseinander.
Ludendorff floh.
Der eiserne Erich zog auf die Wander –
das macht der so …
Und ein Schrei stieg auf durch alle Reihn!
    Wir wollen wieder Menschen sein!

Die Monate gingen. Enttäuscht und belogen …
Revolution?
Sie haben uns um unser Bestes betrogen.
Reaktion! Reaktion!
Und es schützte des Bürgers Portemonnaie
Noske mit der alten Armee.

Blickt rückwärts. Wir wollen noch einmal hoffen.
In eurer Hand
liegt eure ganze Zukunft offen –
liegt unser Land.
Blickt vorwärts! Und fester schließt die Reihn – –
    Wir wollen freie Menschen sein –!
        Zur Wahl –!

SOMMERLIED

Wenn der Sommer blaut,
   wenn der Penner klaut,
      wenn der Gastwirt stellt den Garten raus:
Pflanzt im Bumslokal
   sich mit einem Mal
      der beliebte Humorist vors volle Haus.
        Und er tut als wie besoffen,
        und er murmelt schwer betroffen –
        Schnedderedeng – den Refrain:
»Und ick immer mitn mit, mitn Schmidt, mitn mit,
und ick immer mitn mit, mitn mit, mitn Schmidt!«

Mancher Journalist
   weiß genau, wies ist,
      wenn der Umsturz alle Seelen faßt.
Und er sichert sich
   leis und vorsichtig,
      daß er nur den letzten Anschluß nicht verpaßt.
        Der Zeitgeist pfeift. Der Zeitgeist lockt.
        Und ganz gesiegt ist halb geschmockt. –
        Schnedderedeng – im Refrain:
Und sie immer mitn mit, mitn Schmidt, mitn mit,
und sie immer mitn mit, mitn mit, mitn Schmidt!

Manches Volk ist blind,
   Fahnen wehn im Wind,
      Idealen geht die Farbe ab.
Doch sie hängen dran –
   alle, Mann für Mann –
      haben nichts gelernt von Wilhelm bis zu Kapp.
        Führt auch Ludendorff sie in den Scheibenkleister:
        er bleibt doch der große deutsche Meister –
        Schnedderedeng – im Refrain:
Und sie alle mitn mit, mitn Schmidt, mitn mit,
und sie alle mitn mit, mitn mit, mitn Schmidt!

DIE WÄHLENDE FAMILIE

Der Vater las in seiner Zeitung
von Greul und Bolschewistenschreck.
Er wünscht sich eine starke Leitung –
er wünscht die Demokraten weg.
Er hing an Ludendorffens Ruhme
und an dem bessern Bürgertume ...
    Der Rest war ihm ganz einerlei –
    drum wählt er Deutsche Volkspartei.

Die Mutter ärgert sich voll Kummer:
die Köchin Anna ist so frech!
Durch Zufall sah sie eine Nummer
der ›Freiheit‹ – äh! wer glaubt so'n Blech!
Zwei fünfzig kosten jetzt die Schoten –
Wer schuld ist? Die verfluchten Roten!
    Der Rest war ihr ganz einerlei –
    drum wählt sie Deutsche Volkspartei.

Der Sohn ist ein noch junger Richter.
Er prostet mit dem Staatsanwalt.
Aufglühen die Mensurgesichter:
»Der große Umschwung kommt nun bald!
Der Teufel hol die Reichstagsbude!
Erzberger ... der verfluchte Jude ...!«
    Der Rest war ihm ganz einerlei –
    drum wählt er Deutsche Volkspartei.

Die Tochter war Seminaristin.
Sie probt den neuen Frühjahrshut
und sagte freundlich zur Modistin:
»Dem niedern Volk geht's viel zu gut!«
Ihr Bräutigam kriegt in vollem Maße
den Zaster aus der Bendlerstraße ...
    Der Rest war ihr ganz einerlei –
    drum wählt sie Deutsche Volkspartei.

Das ist der Bürger, den wir haben,
von Bolschewikenfurcht zerknüllt.
Selbst Juden wählen jene Knaben,
die eben noch »Hep-Hep« gebrüllt.
Die Jungen denken wie die Alten:

»Wenn wir nur unser Geld behalten!«
Der Rest ist Neese wie noch nie.
Gott segne Deutschlands Bourgeoisie!

HEIMG'FUNDEN

Der Bürger zieht die vollen Hosen
sich höher rauf und eilt zur Wahl.
Ihm ist nach der Revolte Tosen
alles ejal.

Nach diesem Krieg, nach diesen Putschen,
nach Kapp – nach Willys starker Hand:
du siehst ihm Herz und Büchsen rutschen.
Er denkt an seinen Barbestand.

Nach diesem Preußen, diesem Morden,
dem Tod, den noch Hans Paasche fand –
nach bunten Soldateskahorden:
Er denkt an seinen Barbestand.

»Flamm auf, du Volk!« Du liebe Güte!
Tritt ihnen ruhig ins Gesicht.
Es wackeln die Zylinderhüte.
Er will ja nicht.

Hebammen und die Professoren,
die Schieberbraut, der Referendar –
sie haben ihren Herrn verloren;
jedoch das Herz bleibt, wie es war.

Wie war es denn?
                    Bei dem Getue,
bei Streik und bei Revoltenbrand –
sie wollten Ruhe, Ruhe, Ruhe
und ihren Polizeisergeant.

So heilt der Deutsche seine Wunden.
Ein Herz aus Wachs, Gesäß aus Stahl …
Der Bürger hat sich heimgefunden.
Ihm ist auch in den Schicksalsstunden
alles ejal – alles ejal!

DIE MARBURGER

»Herr Kamerad? –
                Die fuffzehn Leute?
Was soll damit?« – »Na so – –, das muß noch heute – –,
am besten gleich.« – Und eine Handbewegung. Fünfzehn trotten,
vom Kolbenschlag getrieben, vorwärts.
Junge Herren, in knapper Uniform der Offiziere,
mit Orden, Ehrenzeichen und Monokel,
daneben her. Die Leute schleppen
sich mühsam weiter. Einer blutet. Viele stöhnen.
Die Herren rauchen, lärmen, lachen, sprechen.
Und leise, einer, von den Offizieren: »An den Straßengraben!«
Und: »Sechste Kompanie nach vorne!
Der Trupp mit den Gefangenen an den Schluß!«
ruft eine Stimme. Aufgerissene Augen …
Sie wehren sich, die Zivilisten. Fliehn?
Sie kennen das. Sie wollen nicht. Und die Studenten
haun mit den Kolben auf gekrümmte Rücken.
»Marsch an den Straßenrand! Ihr wollt nicht? Hunde –!«
Den Korpsstudenten, die, als Offiziere kostümiert,
den Zug begleiten, wird der Kram zu bunt.
»Na, los doch, Kinder! Macht doch Schluß!« –
Und Schüsse hallen durch den Morgennebel.
Geschrei. Gestöhn. Die blutigen Körper rollen
im Staub. Die Leutnants lachen. »So, die sind wir los!
Die sind erledigt –!«

Ihr werdet sie nicht los.
                Die Korporalschaft,
die da korrekt und kameradschaftlich
Gericht markierte, ändert nichts daran:
Ihr habt gemordet!
                Und ihr habt gekniffen!
Ihr müßt dem Pack Autorität beweisen?
Und hätte einer nun von denen blind-fanatisch
den General und einen nur von euch
erschossen oder auch verwundet –: ein Gericht
wär über diesen Mann hereingebrochen,
daß er gewußt hätt, was er da getan.
Zu Tode! – Zuchthaus! – Zuchthaus! – Glatt zum Tode! –

Und ihr –?

       Ihr habt gekniffen.
Besinnt euch plötzlich, daß ihr eigentlich Soldaten,
und daß ein Kriegsgericht da kompetent.
Ein Standgericht? Standesgericht sollts heißen.

Feg sie hinweg, wenn du noch Atem hast!
Volk!
Das werden deine Richter und Beamte!
Volk!
Das darf dich einmal richten und verwalten,
wenns ausstudiert hat!
Volk!
Feg sie hinweg!
       Das bunte Öl, das glitzernd
auf deinem Wasser oben schwimmt, ist Dreck.
Und hältst du wieder still und läßt sie schalten:
Sie lachen. Töten. Werden was.
       Und alles bleibt beim alten.

DER MARBURGER STUDENTEN-WANDERSCHAFT

von Josef von Eichendorff und Theobald Tiger

1. Nach Süden nun sich lenken die Vöglein allzumal: viel Wandrer lustig schwenken die Hüt im Morgenstrahl. Das sind die Herrn Studenten, zum Tor hinaus es geht; auf ihren Instrumenten sie blasen zum Valet: Ade in die Läng und Breite, o Marburg, wir ziehn ins Weite! Gen pumpampir die Roten! Denn wir sind Patrioten!

2. Nachts wir durchs Städtlein schweifen, die Fenster schimmern weit, wir sind nicht faul und greifen uns fünfzehn Arbeitsleut. Wir tun nicht lange fragen, warum, wohin, woher – das Pack ohn steifen Kragen ist revolutionär. Dann tippeln wir über die Wege; es hageln Kolbenschläge auf pumpampir die Roten! Denn wir sind Patrioten!

3. Das war ein feiner Fillem vorm Dorfe Mechterstädt. Wir rächten uns für Willem, wir brachten sie zu Bett. Da lagen sie und pennten im Dreck und ruhten aus. Das sind die Herrn Studenten, die reden sich schon raus. Wir haben die feinen Genossen beim Fluchtversuch erschossen, – die pumpampir die Roten! Denn wir sind Patrioten!

4. Nun weht durch Haus und Halle der warme Sommerwind. Wir
freun uns, weil wir alle glatt freigesprochen sind. Wir reden uns
den Mund heiß und halten auch mal dicht: geht uns der Arsch
mit Grundeis, dann hilft ein Kriegsgericht. Im Volk der Denker
und Dichter werdn Ärzte wir und Richter. Wir sind trotz Krieg
und Rebellion – die Blüte der Nation!

DIE INSEL

Ich konnte kaum die Nacht erwarten,
nun war sie da.
Eintrat ich in den Liebesgarten –
und bin dir nah.

Die Skala der Gefühle spielen wir:
ein Duett.
Du exzellierst in allen Stilen –
adrett … kokett …

Scham. Abwehr. Weichen. Überfließen.
Ermattung. Schlaf.
Wie wir uns lose treiben ließen …
Du schlummerst brav.

Der Morgen graut. Da rutscht die Zeitung
leis durch den Spalt,
Die böse Mittlerin, die Leitung –
Das Schlagwort knallt.

Im Dämmern les ich eine Zeile:
»Herr Müller spricht.«
Hart tickt die Uhr in dummer Eile.
Wir bleiben nicht.

Wir treiben fort. In das Gerinsel
blick ich zurück.
Du gabst auf einer kleinen Insel
ein kleines Stundenglück.

SPENGLER

Der Preuße hat nicht nur Popo –
(den trägt er als Gesicht) –; hingegen
kann er sich auch auf Pallas legen,
auf Schreibmaschine und Büro.

Der Schriftgelehrte sah ins Land.
Er sah das Reis vom alten Fritzen
auf lausbesäten Bäumchen sitzen:
»Hier«, sprach er, »fehlt ein neuer Kant!«

Der neue Kant beginnt das Werk.
»Der liebe Gott erschuf die Erde,
damit es Licht und Preußen werde.«
Halts Maul, du Tepp aus Königsberg –!

Marx, Buddha, Jesus, Kung-Fut-Se:
die jungen Leute sind veraltet,
ihr Schaffen dünkt uns längst erkaltet –
sie trugen ja kein Portepee.

Hoch schwillt die Professorenbrust.
Nur der Germane ist ein Riese!
Ihr wohntet längst im Paradiese,
Ihr habt es nur noch nicht gewußt!

Begeistert liests der deutsche Schmock.
Man streut bei Stinnes und bei Scherlen
gar bald die schönsten Spengler-Perlen.
Die Herde läuft stets mit dem Bock.

Hier die Gloriole – Maß für Maß!
Dich sollen von den höchsten Thronen
Gott und die OHL belohnen –
Professor, der nach alten Traditionen
die Klugheit und den Charme vergaß.

LÖWENLIEBE

Als jener junge Schopenhauer
am Löwenkäfig in Berlin
der gelben Bestien Wollustschauer
sah stumm an sich vorüberziehn –

da schrieb er auf in seinem Büchlein:
»Der Löwe liebt nicht vehement.
Von Leidenschaft auch nicht ein Rüchlein;
der schwächste Mann scheint mehr potent.«

Der Wille macht noch kein Gewitter.
Gehirn! Gehirn gehört dazu.
Der muskelstarke Eisenritter
gibt bald im Frauenschoße Ruh.

Du liebst. Und heller noch und wacher
fühlt dein Gehirn und denkt dein Herz.
Der Phallus ist ein Lustentfacher –
du stehst und schwingst dich höhenwärts.

Du liebst. Wo andre dumpf versinken,
bist du erst tausendfältig da.
Laß mich aus tausend Quellen trinken,
du Venus Reflectoria –!

Berauscht – ach, daß ichs stets so bliebe!
Getönt, bewußt, erhöht, gestuft –
Das ist die wahre Löwenliebe.
Du Raubtierfrau!
        Es ruft. Es ruft.

OBERPRÄSIDENT NOSKE

Nun soll er also wieder mal.
Nach der Blamage, diesem Rummel,
Nach all dem Bolschewistenschummel –
Nach seiner Flucht und Kapp-Skandal:
Nun soll er also wieder mal.

Hat er sich nicht famos bewährt?
Er gab den Monarchisten Ämter.
Die Republik hat bis aufs Hemd er
Kompromittiert – sie blieb entehrt …
Hat er sich nicht famos bewährt?

Was weiß denn der vom neuen Geist!
Wenn nur den alten Achselstücken
Die Zeit bleibt, Gelder zu verdrücken.
(Was man dann »deutsche Treue« heißt …)
Was weiß denn der vom neuen Geist!

Nach Kapp und Marloh: welch ein Hohn!
Die Politik wird täglich doofer.
Warum denn Ober in Hannover?
Er ist so lang. Stellt ihn doch an
In Potsdam als ein Flügelmann!

Auch paßt er recht zu jeder Frist
Auf unsre Oper als Statist.
Am besten aber wär's, mein Sohn,
Du gingst für immer in Pension!

MARBURGER STUDENTENLIED

Stimmt an mit hellem, hohem Klang,
stimmt an das Lied der Lieder!
Des Vaterlandes Hochgesang,
das Waldtal hallt ihn wi-hi-der!

Der alten Barden Kriegsgericht,
dem Kriegsgericht der Treue –
wir wissen, du verknackst uns nicht –
dir weihn wir uns aufs Neue!

Wir fingen fuffzehn von dem Pack,
das unser Preußen schädigt.
Es war ein schöner Märzentag.
Wir haben sie erledigt.

Sie sind von uns erschossen worn.
Doch ganz in Recht und Züchten.
Zwar sitzen ihre Wunden vorn …
Man kann auch rückwärts flüchten.

Wir wissen jeden krummen Weg.
Uns kann man nicht erweichen.
Der Mediziner im Kolleg
braucht Leichen, Leichen, Leichen!

Uns tut kein deutscher Richter nichts
und auch kein Staatsanwalte.
Die Schranken unsres Kriegsgerichts
der liebe Gott erhalte!

Zur Ahnentugend wir uns weihn,
zum Schutze deiner Hütten!
Wir lieben deutsches Fröhlichsein
und echte deutsche Sitten!
Ad exercitium executionis parati estisne?
Sumus!

ERINNERUNG, WIEDERAUFBAU
UND BLICK IN DIE ZUKUNFT

Wie war es denn?
                    Die Ludendorffschen Kunden
marschierten schnell durch Frankreichs Land;
es schlugen diesem Lande tiefe Wunden
– auf ihrer Flucht – die Herrn im Ordensband.
Die Brunnen zugeschüttet, Obstspaliere
zertreten, junge Bäume umgehaun.

Die Mannschaft: willenlos. Anstifter: Offiziere.
Im Dreck kampierten Kinder und die Fraun.
Das stolze Heer der Preußen mußte fliehn.
Aus Wut darüber und aus Preußentrieben
hat Ludendorff sich in das Buch der Welt geschrieben …
Fluch über ihn –!

Und nun?
                    Nun ist wieder Friede auf Erden.
Was soll da werden?
Alles, was die da zusammengehauen,
wollen wir alle wieder erbaun.
Aber nicht auf die alte Art!
Habt noch nicht genügend zusammengescharrt?
Machts wieder, wie sie's damals machten?
Wollt wieder das Werk an andre verpachten?
An Kapitalisten, Unternehmer?
Freilich: so ist es ja viel bequemer …
Steckt die Köpfe zusammen zu zweit und zu dritt …
Aber da tun wir nicht mit! –

Wir sprechen nicht zu den Kapitalisten,
nicht zu den französischen Imperialisten.
Wir sprechen zu *euch* – Arbeiter! Brüder!
Matter wird unser Land und müder
von Tag zu Tag. Laßt uns nur Zeit.
Gebt Luft und Raum uns! Dann sind wir bereit.
Wir wollen. Ihr müßt uns nur nicht schnüren,
wir wollen euch alles wiedergeben.
Aber laßt uns leben! –

Deutsche Arbeit für französisches Land.
Und dann: unsere ausgestreckte Hand! –

KLEINES COUPLET

Der Schmerbauch, der im Reichstag sitzt,
trieft von des »Volkes Würde«.
Die Brille rutscht. Der Brave schwitzt.
Trägt schwer an seiner Bürde.
    Zum Teufel mit den Räten!
    Wir brauchen nur Diäten!
    Und Herrn im steifen Oberhemd
    Im Pi-Pa-Parlament!
Was tut man da? Was braucht man da?
Mein Sohn, da kann genügen
der Spruch von deutscher Gloria
und ein kleines bißchen Lügen.

Das Mädchen sitzt im Omnibus
und liest auf ihrem Schoße
in ihrer Zeitung mit Genuß
die aktuelle Sauce.
    Das gute, liebe Kind   es hat
    ein bürgerlich Annoncenblatt.
    Darinnen schreibt Herr Weismann schnell
    ganz i-a-offiziell.
Die Frauen und das Druckpapier
uns beide oft betrügen …
Denn wovon leben sie wohl hier? –
Vom kleinen bißchen Lügen.

In Spa sitzt Seeckt im Sonnenschein
(die Finger sanft gerötet:
er ist der Chef von dem Verein,
der Pazifisten tötet).
    Dort hat er seine liebe Not.
    Es geht um Leben oder Tod.
    Um Preußen und um seinen Aar
    und ums Hi-Ha-Honorar.
Was tut man da? Was braucht man da?
Courage, Seeckt und Klarheit –
Und einmal hört der Marspapa
die ganze volle Wahrheit! –

STEUERABZUG

Die Dame, die im kleinen Häuschen
dort residiert am Lützowplatz,
den Männern dient, den kleinen Mäuschen
(in Klasse I und II), die hats
   von nun an schwer in ihrem Leben:
   Sie muß dem Staat an Steuern geben
   von ihrem Geld am Monatsend
      10% –! 10% –!

Die Jungfrau liegt in ihrem Bettchen.
Nicht weit davon der Kavalier.
Sie ist ein emsig-braves Mättchen
(sie denkt: Wie du mir, so ich dir …)
   Er blecht. Sie seufzt. Sie muß es lassen.
   Auch sie zahlt in die Steuerkassen
   von dem, was man das Strumpfgeld nennt,
      10% –! 10% –!

Herr Weismann setzt in seine Presse
den bösen Bolschewistenspuk.
Aufreißt der Redakteur die Fresse.
Herrn Weismann ists noch nicht genug.
   Laßt euch nur nicht die Ruhe rauben!
   Ist das auch wahr? Muß man das glauben,
   was uns erzählt ein Spitzelgent?
      10% –! 10% –!

Der Fiskus lüpft die Steuerlarve.
Dem Dichter zieht man auch was ab?
Ich fall vor Schreck in meine Harfe.
Das ist der Stein zu meinem Grab!
   Die Sorgen nagen täglich schlimmer.
   Verdient denn unsereiner immer
   als Obermusenpräsident
      10% –? 10%?

IN DIE FERIEN!

Der Dichter stiert auf seine Leier.
Dieselbe scheint ihm angebufft.
Selbst zu der kleinsten Reichswehrfeier
bekommt der Knabe keine Luft.
    Nach all den bösen Kümmernissen
    wird er sich wohl erholen müssen.
    Ihm steht der Rummel bis zum Rand –:
        Ich muß aufs Land! Ich muß aufs Land!

Die Gnädige, die von den Premieren
im Februar schon müde war,
liegt längst auf Schwedens schönen Schären
und bleicht dort ihr geforbenes Haar.
    Auch andre möchten es nicht minder.
    Die bleiche Schar der Großstadtkinder –
    sie brauchte so den Nordseestrand …
        Die muß aufs Land! Die muß aufs Land!

Wir brauchen alle, alle Ruhe.
Nur mancher geht und geht nicht weg.
Zum Beispiel bleibt nach dem Getue
uns Noske noch, der Kinderschreck.
    Herr Seeckt, Herr Geßler und so weiter,
    die Richter, diese ›Schwerarbeiter‹ –
    der ganze alte Preußenstand:
        der muß aufs Land –! der muß aufs Land –!

DIE ALTE WASCHFRAU
Von Chamisso und Theobald Tiger

Du siehst geschäftig bei den Linnen
Bernhards Georg im Lockenhaar,
die rüstigste der Wäscherinnen
mit fünfundvierzig Lebensjahr.
So hat er stets mit sauerm Schweiß
sein Brot in Ehr und Zucht gegessen
und ausgefüllt mit treuem Fleiß
den Kreis, den Gott ihm zugemessen.

Er hat in seinen jungen Tagen
den Sozialisten sich vermählt;
er hat der Roten Leid getragen,
auch Bebel hat ihm nicht gefehlt.
Er hat den Auer noch gepflegt;
er hat den Plutus uns geboren –
er hat ihn sogar selbst verlegt
und Glaub und Hoffnung nicht verloren.

Da galts den Ludendorff zu feiern!
Er griff es an mit munterm Blut.
Du hörst ihn fröhlich prophezeiern,
er machte Tirpitz frischen Mut.
Zu suchen seinen Unterhalt,
hat er so manches Ding geschrieben;
Britannien blies: Das Ganze halt!
Ihm war sein heiterer Mut geblieben.

Er hat gespart so manchen Groschen
und Heu gekauft und nachts gewacht,
das Heu zu besserm Stroh gedroschen,
das Stroh dem Leser dargebracht;
ob Lille, ob Räte-Republik:
er spielte gut im deutschen Lotto;
ob Willy, Lenin oder Krieg:
»Ran an die Macht!« war stets sein Motto.

Und ich, an meinem Abend, wollte,
ich hätte, diesem Manne gleich,
erfüllt, was ich erfüllen sollte –
ich wär wie er an Ehren reich.
Ich wollt, ich hätte so gewußt,
am Konjunkturkelch mich zu laben,
und könnt am Ende gleiche Lust
an meinem Herrn Verleger haben –!

I. AUGUST 1914

Dies ist der Tag des Herrn! –
                    Die Gasse heulte.
Durch hundert Bürgerblätter aufgehetzt,
verleitet, angeschmiert, gejagt, belogen
schob schreiend sich Alldeutschland durch die Straßen –
und aus Millionen stieg *ein* Schrei:
»Die große Zeit –!«
Die Städte summten. Hexenkessel brodelten.
Bezirkskommandos schluckten Menschen. Die Fabriken dröhnten.
Jeder glaubte, nun käm's auf ihn an, er
erlebe so Großes, wie die Welt noch nicht gesehn.
Die *›Woche‹* malte ab, was alle fühlten:
wie sich der Oberlehrer die Geschichte vorstellt:
die wackern Braven, sauber und in Feldgrau,
die schneidigen Offiziere, unsern Kaiser,
das deutsche Heer, die deutsche Frau, den deutschen Schutzmann – –
Schmöcke und Huren hatten nie
so gute Zeit wie 1914 ...

Und die Zeiger rückten langsam,
die Zeiger an der Uhr der Weltgeschichte.
Sturm brach auf Sturm. Die Eisenschädel
der Generale wankten, weil sie auf Gehirne stießen.
Gehirn? Was war das? Konnte man das einziehen?
Gehirn war nicht k.v.
Es kam der U-Boot-Krieg. Das Blut in Flandern
floß mit der trüben Flut der Yser meerwärts.
Und in den Alpen, an der See, in den Karpathen
in Ackergräben lagen sie und faulten,
die fahlen Glieder noch im Tode stramm.

Die Stäbe soffen. Fette Prediger
bepredigten sich ihre Uniform
vom Christus, der kein Schwächling war –
»Nein, Kameraden, Christus hatte Preußen
und grade Preußen recht und treu geliebt ...!
Drum zeichnet Kriegsanleihe –!«
Die Christusbilder, starr aus Holz, sie hingen unbeweglich
in ganz Europa an den Kreuzen. Sahen.
                                        Litten. Schwiegen.

Die Stäbe soffen.
         Und die Schmöcke logen.
Stumpf starben Völker. Hier und dort
hört man es knistern. Kleine Flämmchen leckten
heiß in den Höllen des Proletariats.
Und tief im Boden fraß und glomm die Glut ...

Bis sie emporschlug. Bis der Kessel barst.
Wir dachten: Freiheit! Dachten: Endlich! Endlich!
Ihr wißt, wie man uns da belogen und betrogen.
Ihr wißt: *wer* da gewichen und gekniffen.
Ihr wißt: nicht eine Hoffnung hat sich uns erfüllt.

Denkt an den Tag, den heißen Sommertag,
da dieser Erde Schande sich vollendet.
Der Bursche Ludendorff, lebt heiter weiter.
Karl Liebknecht fiel. Es lebt Herr Helfferich.
Es leben alle jene dicken Recken,
die hinten schrieben, wenn sie vorne starben.
Und was das schlimmste ist von allem:
Es lebt ihr Geist –!

Denkt an den Tag –!
         In eurer Hand liegt Welt und Waage.
In eurer Hand liegt Schicksal und Gewinn.
Ihr färbt die blauen und die roten Tage.
Ihr könnt ihn töten, jenen Preußensinn.
Und habt ihr Joch und Achselstück genommen –:
Denkt an den Tag –!
         Er soll nicht wiederkommen.

KRIEGSANDENKEN

Daran mag keiner mehr denken, nicht wahr –?
Daß achtzig Millionen als Sklaven des Schwerts
sinnlos über die Erde stampften,
schossen, räuberten, plünderten, feilschten,
schlugen und geschlagen wurden,
soffen, um das Leid zu vergessen,
Heimat und Menschtum zu vergessen ...

Daran mag keiner mehr denken, nicht wahr –?

Was ist denn in den Kästen geblieben –?
Münzen, bunte Medaillen und Tand.
Seidenbänder, von deutschen Fürsten
braven Untertanen gespendet:
Seide für Blut.

Photographien liegen in den Kästen.
»Das war mein Stabsquartier in Flandern.«
»Hier, diese Ferme wurde beschossen.«
»Das ist ein Weibsstück aus Lomscha – 'ne Polin.«

Was ist denn in den Kästen geblieben –?

Was ist denn in den Seelen geblieben?
Habt ihr die Läuse, den Durst auch vergessen –:
denkt an den Mord an Leibern und Seelen –
denkt an die Unterdrückung des Mannes,
denkt an die Reden der Feldpastoren,
denkt an die Jahre, die ihr verloren,
denkt an die Frauen, die drinnen verdarben,
während die Söhne im Trichter starben – –
denkt an die große, die herrliche Zeit – –!

Vorbei? Vorüber? Vergangenheit?

Laßt ihrs treiben bei alten Standarten,
lobt ihr, die euch vier Jahre lang narrten,
legt ihr euch wieder schläfrig aufs Ohr,
seht ihr euch wieder so wenig vor
vor dem schlimmsten Feind und seinen Taten –
vor dem Soldaten –
singt ihr die alten, verderblichen Lieder –:
morgen habt ihr die große Zeit wieder –!

Fluch dem ersten August –! Fluch der Ludendorff-Zeit –!
Freund des Friedens!
                    Sei immer bereit!

DIE NEUEN SOLDATEN
Von Conrad Ferdinand Meyer und Theobald Tiger

Sie kommen mit dröhnenden Schritten entlang
Den alten historischen Lindengang
In der aufgedonnerten bunten Tracht
Als riefe das Horn sie zur Straßenschlacht:

»Herr heiliger Ebert, der Gläubigen Hort,
So kann es nicht gehen und so geht es nicht fort!
Du sparst an den Kohlen, Du knickerst am Licht –
An Deinen Soldaten knausre Du nicht!

Wenn das Reich einen neuen Reichstag gewann,
Ergibt das elf Taler für jeglichen Mann!
So galts und so gilts von Geschlecht zu Geschlecht
Wir pochen auf unser historisches Recht.

Herr, heiliger Ebert, Du weißt wer wir sind!
Bescheidene Leute von Ahne zu Kind!
Doch werden wir an den Moneten gekürzt,
Wir kommen wie brüllende Löwen gestürzt!

Herr heiliger Ebert, die Taler heraus,
Sonst räumen wir Kisten und Kasten im Haus.
Potz Donner und Hagel und höllischer Pfuhl!
Wir versteigern den Präsidentenstuhl!«

Der heilige Ebert bekreuzt sich entsetzt
Und zaudert und langt in die Tasche zuletzt –
Da werden die Löwen zu Lämmern im Nu:
»Herr heiliger Ebert, jetzt segne uns Du!«

DIE AUSGESTORBENEN

Früher war das nämlich so:
alle Jungfraun, die bei Jahren
und schon nicht mehr saftig waren,
pflegten unter dem Plumeau
    fett wie'n Klops
     einen Mops.
Und sie nannten ihn ihr Hänschen,
und er ringelt faul das Schwänzchen,
und er bellt und schnauft gar sehr …
Schöne Zeit der Lannertänzchen …
Möpse? Möpse gibts nicht mehr.

Heute lächelt rouge der Mund.
Hat ein Mädchen etwas Zaster,
hält sich bald das süße Laster
tief im Schoß den kleinsten Hund.
    Für die Snobs
     wie von Rops.
Wie dich deine Wege führten:
bitte! sie dient dem Verkehr.
Küsse, die sich nie gebührten …
Und man denkt der Unberührten …
Möpse? Möpse gibts nicht mehr.

Hoch die Flagge weht vom Mast.
Zagend ziehn da unsre holden
Bürger, die so schwarz-rot-golden …
Und du lachst dir einen Ast.
    Konsequent
     ist kein Gent.
Väter: fett und sehr asthmatisch.
Söhne: faul und außen fair.
Einmal hielten sie emphatisch
Barrikaden – demokratisch …
Möpse? Die gibts längst nicht mehr –!

AUF EIN KIND

Du lebst noch nicht.
Ich seh dich so lebendig:
ein kleiner gelber Schopf, die Augen blau;
ich seh dich an und such beständig
die Züge einer lieben Frau.

Du kreischst und jauchzt schon laut in deinen Kissen;
du bist so frisch und klar und erdenhaft.
Du brauchst es nicht wie ich zu wissen,
was Zwiespalt ist, der Leiden schafft.

Der ist dahin. Schrei du aus voller Lunge
und schüttle deine runde, kleine Faust!
Sei froh! Sieh auf die Mutter, Junge –
sie ist so hell, auch wenn ein Sturmwind braust.

Hör ihre Stimme nur: gleich wehts gelinder.
Setz du sie fort. Was bin denn ich allein?
Wir Menschen sind doch stets die alten Kinder:
ich war es nicht – mein Sohn, der soll es sein.

Du sollst es sein!
Und kommst du einst zum Leben:
Du sollst es sein! Ich hab es nicht gekonnt.
Gib du, was deiner Mutter Arme geben:
Leucht uns voran!
               Du bist so blond.

HAMBURGER ABSCHIEDSESSEN

Der Herr sind wohlgefüllt.
                    Der Magen
hat dem Gehirn sehr viel zu sagen.
In sanften Schlägen klopft ein Herz.
Die Seele schwingt sich himmelwärts.
      Berlin ist weit …
Wenn Götter solche Stunden schenken:
      dann ist es Zeit,
der Heimat liebend zu gedenken.

Dick liegt sie da, die gute Metropole,
noch immer glaubend, sie sei Mittelpunkt,
und ohne Ahnung von der Unglücksbowle,
in die sie Erich Ludendorff getunkt.
     Nur er allein?
Das ganze Deutschland mußt' es sein –!

Und Operetten schlingen ihren Reigen.
Euterpe! kannst du noch? Sie hebt das Bein,
um dir die ganze Inventur zu zeigen.
Und alle steigen in das Moorbad ein.
     Der Autor grinst,
weil sich der Walzerpuff so gut verzinst.

»Und Bolschewisten krauchen durch die Gassen …!«
(So meldets schaudernd jeder Journalist.)
Ihr Guten! müßt die Hoffnung fahren lassen:
Dies Deutschland bleibt nun einmal, wie es ist.
In der Provinz beharren breite Massen –
es ist das Herz, das den Konkurs vergißt ..

Und doch: Kein Kampf mehr?
                   Aber kein Gedanke.
Die Rechnung, Ober! Ich muß an die Panke –!

DIE WAFFEN NIEDER!
Dem lieben kleinen Peters-Mann,
weil er die Orgesch halten kann.

Ein armer Mann geht Waffen sammeln
und ruft »Alt Eisen!« auf dem Hof.
Siehst du dort die Plakate bammeln?
     Na, Mensch, so doof!

Ich seh im Geist sie alle geben:
Der Wulle gibt die Schnauze ab.
Wird er auch ohne solche leben?
     O frühes Grab!

Herr Bernhard gibt ein Schaukelpferdchen,
Frau Orska gibt das letzte Hemd,
der Bayer gibt ein Königsschwertchen,
    das er geklemmt.

Max Reinhardt liefert eine Pauke,
der Sowjet einige Phrasen ab.
Herr Steinach, der Verjüngungsnauke,
    den Eierstab.

Des Zentrums massige Gestalten,
sie haben nur des Geistes Licht.
Das dürfen sie denn auch behalten.
    Es lohnt sich nicht.

Und jeder gibt, womit er kämpfte.
Nur zweierlei bleibt auf der Welt
— was meine Freude leise dämpfte —:
    die Dummheit und das Geld.

WENN DIE MUSE KÜSST ...!

Daß du mich nicht erhörst, o Ernestine,
das macht, daß meine Dichtkunst stockt.
Apollo mit der Versturbine
kommt nicht mehr angesockt.

Woraus entsteigen unsre Prachtsonette?
Das Drama, wo ekstatisch stelzt?
Dem Tintenfaß? O Mädchen, dette
die Neese ins Gesicht behältst!

Des Dichters Aug, in schönem Wahnsinn rollend,
blickt schwärmerisch auf das, was rund.
Couplet, flieg auf! Er kann nur: wollend
und auf die Damens furibund.

Heut abend ... Und die Schreibmaschine klappert.
Das edle Maß der alten Poesie
fließt her von Weimar, bis es überschwappert ...
Im Hintergrund sitzt sie.

Der Morgen schwiemelt. Müde, an den Wänden,
kraucht Theobald – wer weiß, woher – ins Zelt.
Jetzt hat die keusche Leserin in Händen,
was er vor jener Nachtschlacht hergestellt.

Du Liebe! Löse dich und tu den Rock aus!
Auf deinen Schultern ruht es voll und ganz:
Gibst du dich mir, dann steh ich einst im Brockhaus
            Schalmei bis Tigerschwanz.

JUBELGESANG DES BÜRGERS

Früher hatte ich *einen* Feind:
Die verdammten Proleten!
Wie waren die Luder feste geeint –
Spitze – kurz treten!
Ein Stand – ein Kommando –
Ein Wille – ein Schritt –
Und alle mit –

Im November hing ich an einem Haar.
Die verdammten Proleten!
Meine Bank, mein Heiligstes, war in Gefahr –
Kopf ab – zum Beten ...?
Ein Tag – eine Welle –
Ein Volk – ein Riß – –
Und ich hatte Schiß.

Heute gibt es viele Sozialistenpartein,
Die dummen Proleten!
Laß sie doch durcheinander schrein,
Dann kann ich sie besser treten!
Ein Chaos – ein Kampf –
Ein Krach – ein Gerauf – Gottseidank:
Und ich obenauf! –

ZEITUNGSSTREIK

Mal nicht!
Mal nicht den Leitartikel
mit Schmus und mit Zitatenschatz.
Unkommentiert fährt das Vehikel
des Chronos auf den Erdenplatz.

Mal nicht die W. T. B.-Frisuren,
mal nicht Havas aus Uruguay;
mal nicht Porträts der Kinodamen –
und nichts von Bayerns Biergeschrei.

Nun weiß ich nicht, ob Rütt am Start ist,
weiß nicht, wo Wilson kränklich ist;
weiß nicht, wo Ebert mit dem Bart ist,
bei Lubitsch und auch sonst: Statist.

Nicht Kunst, nicht sonstige Handelsteile –
kein Schrauben-, Kneipen-, Heiratsmarkt.
Vom Kitschroman nicht eine Zeile,
kein Muck, wie Escherich erstarkt.

Gewiß: es läuft ja alles weiter.
Der Richter wütet in Moabit
und faßt sich den Metallarbeiter,
weil Themis durch die Binde sieht.

Gewiß: die Welt geht fort hienieden.
Doch wächst der Zimt incognito …
Mal nicht –!
                Und ich merk stillzufrieden:
Es geht auch so! Es geht auch so –!

KLEINES TRÄLLERLIED

Nahe der Oase
lief mit Judennase
ein Löwin namens Annmarie.
Sie war vierzehn Jahre,
und nur wenig Haare
und nur wenig Busen zierte sie.
Doch sie warf im Schwunge
jährlich sieben Junge –
und ihr Vater spricht zur Mutter schlicht:
»Hat sie was gegessen,
was nicht angemessen
oder glaubst du etwa, daß sie
                    stricht –?«
Alle Beuteltiere
spielen gern Klaviere –
so auch die in Nikaragua.
Eine war darunter,
die triebs täglich bunter –
die Korallen hingen ihr bis da!
Edle Otternpelze
in den Beinen hält se –
manchmal gibts 'ne kleine Fehlgeburt …
Hat sie was gegessen,
was nicht angemessen –
oder glaubst du etwa, daß sie
                    filmt –?

Selbst bei Vater Hermes
ist die Epidermis
nicht zu dünn zu nennen – eher dick.
Aus den Geldermassen,
aus den Stickstoffkassen –
fährt ein Auto in die Republik.
Wer bezahlt den Wagen?
Niemand mag es sagen –
Alles schweigt, nur Vater Hermes redt.
Hat er was gegessen,
was nicht angemessen –
oder glaubst du etwa, daß er
                    geht –?

FRAGE AN DAS SCHICKSAL

Wenn ich den Erdenlauf so seh –
die feinen Kinodamen,
die Leutnants mit dem Pochtepeeh,
die Herren mit großem Namen ...
Wie sind sie alle rund und stark –
und dabei kostet heute
das Pfündchen Butter 40 Mark –
    Wie machen das die Leute –?

Der Pupp-Katsch – nein, der Kapp-Putsch ist
schon beinah ganz vergessen.
Doch keiner bis zu dieser Frist
hat in Moabit gesessen.
Der Staatsanwalt, das Reichsgericht –
sie finden sonst die Beute ...
Nur diesmal klappt es leider nicht –
    Wie machen das die Leute –?

Der Arbeitsmann zahlt 10 Prozent
in leere Steuerkassen.
Wie er auch schuftet, wie er rennt –
er kann das Ding nicht fassen.
Der Unternehmer schiebt Finanz,
Millionen, die er kläute –
Am Schluß des Jahres steht er ganz
im Dalles da (nach der Bilanz) –
    Wie machen das die Leute –?

WELTEN-KINO

In Berlin, im märkschen Sande –
auf dem Lande –
filmt die Kino-Industrie
Compagnie an Compagnie.
Ritterburgen – Mohrenstädte –
Mondgebirge – Römerfête –

Nero – Louis – Helsingör –
Fett zu Pferd ein Regisseur …
    Kurbelkasten!
    Jupp – da hast'n!
    Operateur! Statisten her!
    Diva, deine Seidenbeine
    sind heut Rolle wegen meine –
    bis zur Arbeitsniederlegung –
        Großaufnahme! Licht! Bewegung!

In den deutschen Käsestaaten
stehn Soldaten.
Orgesch drillt im Skatverein
sich die Putschrekruten ein.
Geßler schloft. Offziere grienen –
weil sie dickes Geld verdienen.
Hoch zu Gaul mit Zubehör
Escherich, der Regisseur …
    Kurbelkasten!
    Jupp – da hast'n!
    Redakteur! Statisten her!
    Germania, deine Bauernbeine
    sind heut Falle halber meine!
    Löhnung – Orden – Freiverpflegung –
        Großaufnahme! Licht! Bewegung!

Dichter, komm! Pfeif süßre Töne!
Das ist schöne.
Sieh, wie sie nach Menschern fauchen,
krumm-gebückt zu Weibern krauchen!
In den halls der schweizer Kästen,
nächtens auf Kaschemmenfesten –
Spielste Mauscheln? Trumpf ist Cœur …
Phallus steht als Regisseur …
    Kurbelkasten!
    Jupp – da hast'n!
    Operateur! Quecksilber her!
    Frauen – eure Seidenbeine
    sind heut Kindern wegen meine –
    Überlegung? Nur Erregung!
        Großaufnahme! Licht! Bewegung!

REVOLUTIONS-RÜCKBLICK

Das war eine *deutsche* Revolution:
Eine mit Organisation,
eine mit Stempeln und Kompetenzen –
beileibe nicht mit wilden Tänzen
um Guillotinen –
Nee, über Ihnen
aber auch! Das ist des Landes nicht der Brauch!
Denn »das Aufstellen solcher Maschinen ist allen Roten
auf öffentlichen Plätzen bei Strafe verboten!
(gez.) Piesecke. Kommissar.«

Alles so, wie es einstmals war.
Eigentlich: noch viel schlimmer.
Offiziere im alten Waffenschimmer.
Jeder: 1 Pferd. Die Höhern: 2.
Die Republik hats ja – dideldumdei!

Alles so, wie es immer gewesen.
Ins Gefängnis ohne viel Federlesen
mit all dem Volk, das unbequem.
Staatsgerichtshof? Es ist nicht an dem.
Unsere Führer ermordet. Schläge … Geschrei …
Helfferich wünscht sich den Kaiser herbei.
Über all dem der Ausreißer Ludendorff schwebt.
Liebknecht ist tot.
                    Und sowas lebt.

KLEINER STREIK

Seit gestern streiken nun die Stadtarbeiter …
Komm, Ernestine! Sei mein gutes Kind!
Mein Haus ist meine Burg – na, und so weiter.
Die Lampe blakt. Die liebe Panke rinnt.

's wird keinen Strom und keine Bahnen geben.
Zieh den Pyjama an – wir sind allein.
Wir spielen heute mal Familienleben.
Es muß nicht immer ausgegangen sein.

Da liegt die Stadt. Sie brodelt im Getue.
Sie glaubt an sich – das gute, große Nest!
Halb Osten und halb Potsdam –
                                          deine Schuhe
benötigst du wohl nicht zu diesem Fest …?

Laß ihre Bürger, die ein Gott im Zorne
nun alle, alle zu Beamten schuf –!
Du kriegst sie schnell von hinten und von vorne …
Regieren ist ein herrlicher Beruf –!

Vergiß die Reichswehr mit der Stirn von Eisen.
Vergiß Herrn Weismanns Amt G. m. b. H.
Sie müssen sich die Existenz beweisen –
Ein Staat ist stets um seinetwillen da.

Vergiß die Stadt – du meine blonde Gabe!
Trink mich und spritzig-kalten Wein!
Leih mir die Brust!
                              Und wird das Kind ein Knabe –
(so etwas doof, wie ich sie gerne habe):
Er soll ein Preuße, soll ein Preuße sein –!

LITERATUR-WALZER

Wenn Mutter abends zu Bette geht
und Papa in den (blonden) Verein,
liest Lieschen noch bei der Kerze spät
von Ewers Schweinigelein.
          Der Autor ersetzt einem anständigen Kind
          das erotische A-B-C.
          Ein Teufelsjäger! Er kitzelt so lind –
          ein lebendiger Gaudemiché.
                    Er kam jetzt aus Amerika
                    mit einem neuen Band –
                    Was steht darin?
                    Was weht darin?
                    Die Weise ist bekannt …

Das hat kein Goethe g'schrieben, das hat ka Schiller dicht –
das is a Tantiemensadiste, der zu den Backfischen spricht!
Das is von ka Klassiehker – das is von kein Genie –
Und 's klingt doch, halten zu Gnaden, so voller Poesie –!

Der Kriegsgewinnler, der auf sich hält,
macht hin in die dicken Premieren.
Da sitzt die literarische Welt
Walter Hasenclever zu Ehren.
    Und kürzer wird immer der Sätze Bau
    und dunkler, o Herr, der Sinn …
    »Wat hat er jesacht?« Man weiß nicht genau.
    Da steckt Metaphysike drin!
        Wenn dir nur der Artikel fehlt,
        das andre machen schon
        die Wallungen,
        die Ballungen
        – o ungeratener ›Sohn‹!
Das hat kein Goethe g'schrieben, ka junger Schiller dicht –
das is a lyrischer Reporter, der zu den Logen spricht!
Das is von ka Klassiehker – das is von kein Genie –
Und 's klingt doch, halten zu Gnaden, so voller Poesie –!

Und es schreiben Edschmid und Otto Ernst
(in jeder Beziehung Schmidt) –
Paß auf, mein Lieber, daß du was lernst,
und geh mit den Strömungen mit!
    Auch du mußt dichten mehr als genug.
    Üb dich beizeiten, mein Sohn!
    Es kommt die Stunde, da schreibst du im Druck
    deine Steuerdeklaration.
        Verschieb, solang du schieben kannst,
        gib nur ein Viertel an.
        Dicht in Finanz
        wie Müllers Hans –
        und lächelnd summst du dann:
»Das hat kein Goethe g'schriebn – das hat ka Schiller dicht –
Das is a armer Preuße, der zum Finanzamt spricht.
Das is von ka Klassiehker – das is von an Genie!
Drum klingts auch – halten zu Gnaden – so voller Poesie –!«

DER HOSENSCHNÜFFLER

In einem Stück von Sudermann
fällt baß ein Herr in Liebesbann.
　Das kann vorkommen.

Der Schauspieler als alter Rasch-
hoff faßt sich in die Hosentasch.
　Das kann auch vorkommen.

So hätten wir den brünstigen Vater
als Taschenspieler im Theater …
　Das darf nicht vorkommen!

Herr Brunner, der dergleichen sah,
war eines Tages plötzlich da.

Er staunte murrend: Was is diss?
Und nahm ein Happen Ärgernis.

Und es erregten ihre Geister
mit ihm zwei Kriminalwachtmeister.
　Das kann vorkommen.

Man schleppt die Hose vors Gericht:
Ist dies nun Unzucht oder nicht?

Der Richter sah recht tief hinein
und sagt zu Brunnern: »Leider nein!«

So sprach man jenen Mimen frei.
Der lachte froh und rief: »Ei, ei!«

O Brunner! Stecke deine Nose
nicht in des Künstlers Lodenhose!

O Brunner! daß es stets so bliebe:
Kurz ist die Kunst –
　und ewig lang die Liebe!

HULDIGUNG IN DOORN

Vor dem Schloß zu Doorn
– hinten und vorn –
tät sich allerlei Volks ansammeln.
Kaftane siehst du und Locken bammeln.
Pferdediebe aus Bukarest.
Galgenvögel aus polnischem Nest.
Ungarische Spieler. Lettische Schieber.
Marke: Pokern – je länger je lieber …
Und ein kleiner Jud aus der Krakauer Gegend
hebt die Hand.

   Oben, sich niederlegend,
auf dem Balkon, erscheint mit Gewackel:
ein Dackel.
   Unten die Menge lauscht.
Und ein Jauchzen durch all die Leute rauscht.
Oben auf dem Balkon, in schimmernder Wehr –:
ER.

Ein knappes Nicken. Das Jüdchen tritt vor:
»Majestätleben, leihen uns gnädig das Ohr!
Wir treten zum Beten vor unsern Meister:
Wilhelm heißt er!
Du und dein Haus – ihr habt es verstanden!
Ihr holtet aus den bankrotten Landen
noch den letzten Pfennig heraus!
Hoch! rufen wir Schieber – du und dein Haus!
Ihr verschobt euer Geld über alle Grenzen –
Eure Notare und Anwälte glänzen
vor lauter Gelehrsamkeit, zu erklären,
daß ihr könntet kein Grundstück entbehren.
Schlösser, Bibliotheken, Paläste –
die halbe Wilhelmstraße – die Reste
der Monarchie – all das sei euer.
Für die Hohenzollern ist nichts zu teuer!
Ihr schenktet der Republik in Gnaden
den kleinen Schaden
für die plötzliche Reise vom Kriegsschauplatz …
Für alles andere: Ersatz! Ersatz!

Die Konkursverwalter an der Spree
behielten nur die Siegesallee.
Im übrigen klemmt ihr den ganzen Kitt!

Hoher Herrscher! Da könn' wir nich mit!
Die Gauner von Warschau bis Adrianopel
sind gegen Ihnen nur kleine Popel –!
Wir bitten Sie sehr – treten Sie ein –
als Ehrenpräses in unsern Verein!«

Doch der Kaiser sprach: »Mein kleiner Jud!
Dein Vorschlag ist freundlich – deine Rede ist gut.
Aber merke:
Unsere Familienstärke
braucht keine Innung und keinen Verein.
Wir legen die Republik weiter hinein.
(Das will nicht viel heißen. Sie ist etwas doof) –
Aber nun verlaßt alle Meinen Hof.
Ich kenne zwar keine Parteien mehr,
Ich kenne nur noch den Giroverkehr …
Ihr ehrt Mich.
                Doch ihr seid bürgerlich.
Hohenzollern –?
                Eine Klasse für sich –!«

MARKE: ESSIG
Dem Chef der Heeresleitung

Was des Nachts in Nepplokalen
dir die Kellner leis empfahlen –
    was dir scheußlich süßlich schmeckt:
das ist – Mumm ist allzu teuer –
das ist mit der Stempelsteuer
    deutscher Sekt, deutscher Sekt.

Was aus Scham vorm Etikette
in die weißliche Serviette
    scheu der Oberkellner steckt –
das ist – weiß man denn, was drin is? –
Leibgetränk vom Hause Stinnes:
    deutscher Sekt, deutscher Sekt.

Eisgekühlt und innen hitzig.
Falsche Kohlensäure. Spritzig.
  Hinterhältig. Aufgeregt.
Das ist nicht nur ein Getränke.
Das ist in der Reichswehrschänke
  deutscher Seeckt. Deutscher Seeckt.

SORRENT

Wie die Tage so golden verfliegen,
wie die Nacht sich so selig verträumt –
wenn am Abend bechiffonte Ziegen
vor der Theke sich wogen und wiegen –
wo der Sekt Gottbehüte noch schäumt …
Wo im Schleier – ich danke, Herr Franke –
junge Nutten den Beifox vollziehn …
O du schimmernde Blüte der Panke!
Sei gegrüßt, du mein schönes Berlin –!

Und die Nacht, wenn bei Rotters sie toben,
dem Claqueure der Handschuh zerplatzt –
wenn Annoncen, so bilderdurchwoben,
ihre Herren preisen und loben –
wenn die Loge futtert und schmatzt …
»Wat is denn det hier forn Jestanke?
Wer eßt hier Käse? Ham Sien?« …
O du schimmernde Blüte der Panke!
Sei gegrüßt, du mein schönes Berlin –!

Wo mit müde verzogenen Lippen
junger Gent kalten Schleichhändler frißt –
wo Chauffeure die schweinernen Rippen
in die fettige Brihsuppe stippen –
wo der Fahrgast die Taxe vergißt …
Da begrabt mich mit Efeugeranke,
mit Ranunkeln und weißem Jasmin – –
Hier leben? Mensch, welch Gedanke!
O du schimmernde Blüte der Panke!
Sei gegrüßt, du mein schönes Berlin –!

MECHTERSTÄDT

Justitia spricht:
Reicht mir Frottiertuch und Pomadentiegel!
Putzt mir die Waage! Ist die Binde weiß?
Mein Richtschwert! Licht vorm großen Spiegel!
Den Puder! Ist das Badewasser heiß?
 Deck zu den Flitter und das Lotterbett –
 Heut schmink ich mich für Mechterstädt!

Wie haben wir gelacht! Wir soffen lustig
und waren wie die Strandhaubitzen voll.
Die braven Burschenschafter – ja, das wußt ich,
daß so ein deutscher Bursche fechten soll.
 Reserveoffizier von A bis Z –
 Heut schmink ich mich für Mechterstädt!

Spektakel links. Recht peinlich, die Geschichte.
Das Strumpfband, Mädchen! Zittert deine Hand?
Die ganzen Jungens, die ich heute richte,
sie sind in tiefster Seele mir verwandt.
 Wie oft griff mir solch Bursch in das Korsett –
 Heut schmink ich mich für Mechterstädt!

Mein Herz – o Wunder! – fühle rechts ich schlagen.
(So wars auch, als man mich zu Paasche rief.)
Die fünfzehn Roten! Warum soll ich klagen?
Gib mir für heute einen hohen Kragen:
das – hup – das hebt mir. Ich bin objektiv.
 Il y a des juges … Na, bin ich adrett?
 Heut tanze ich für Mechterstädt –!

SYLVESTER

Was fange ich Sylvester an?
Geh ich in Frack und meinen kessen
blausanen Strümpfen zu dem Essen,
das Herr Generaldirektor gibt?
Wo man heut nur beim Tanzen schiebt?
   Die Hausfrau dehnt sich wild im Sessel –
   der Hausherr tut das sonst bei Dressel –,
   das junge Volk verdrückt sich bald.
   Der Sekt ist warm. Der Kaffee kalt –
       Prost Neujahr!
      Ach, ich armer Mann!
     Was fange ich Sylvester an?

Wälz ich mich im Familienschoße?
Erst gibt es Hecht mit süßer Sauce,
dann gibts Gelee. Dann gibt es Krach.
Der greise Männe selbst wird schwach.
   Aufsteigen üble Knatschgerüche.
   Der Hans knutscht Minna in der Küche.
   Um zwölf steht Rührung auf der Uhr.
   Die Bowle –! (›Leichter Mosel‹ nur –).
       Prost Neujahr!
      Ach, ich armer Mann!
     Was fange ich Sylvester an?

Mach ich ins Amüsiervergnügen?
Drück ich mich in den Stadtbahnzügen?
Schrei ich in einer schwulen Bar:
»Huch, Schneeballblüte! Prost Neujahr –!«
   Geh ich zur Firma Sklarz Geschwister –
   (Nein, nein – ich bin ja kein Minister!)
   Bleigießen? Ists ein Fladen klein:
   Dies wird wohl Deutschlands Zukunft sein …
       Prost Neujahr!
      Helft mir armem Mann!
     Was fang ich bloß Sylvester an –?

(Einladungen dankend verbeten.)

IMMER UM DIE LITFASSÄULE RUM ...

Muß am Vormittag mein dicker kurzer Mann
an der Börse speculiren,
seh ich mir die Hauptstadt an der Panke an,
dann gehe ich spazieren.
Bleibt der ganze Haushalt stecken,
ja mich reizen die Berliner Ecken.
Schau ich rechts und schau ich links,
immer steht so'n rundes Dings,
voll von Noske, Henny Porten, Sarrasate: –
nichts wie Zettel, Zettel, Zettel und Plakate.
Geh auf meinen Wegen
bei Sonnenschein und Regen
immer um die Litfaßsäule rum. –
Seh auf den Reklamen
Busen ohne Damen,
immer um die Litfaßsäule rum. –
Wer das alles glaubt, der ist schön dumm!
Dideldideldideldideldum! –
Immer um die Litfaßsäule,
immer um die Litfaßsäule,
immer um die Litfaßsäule rum!

Ist es nicht zu kalt und weht kein böser Wind,
na dann nehm' ich meinen Pudel,
und der geht mit mir, wie so die Hundchen sind,
begleitet von 'nem Rudel.
Und er amüsiert sich heftig
und er ist auch sehr geschäftig;
schaut er rechts und schaut er links,
immer steht so'n rundes Dings,
voll von Noske, Henny Porten, Sarrasate: –
nichts wie Zettel, Zettel, Zettel und Plakate.
Er geht auf seinen Wegen
bei Sonnenschein und Regen
immer um die Litfaßsäule rum. –
Und es hebt das Kleinchen
ab und zu ein Beinchen
immer um die Litfaßsäule rum. –
Ja, solch kleiner Hund ist garnicht dumm!
Dideldideldideldideldum! –

Immer um die Litfaßsäule,
immer um die Litfaßsäule,
immer um die Litfaßsäule rum!

Kinder hört mal zu: Was klebt da alles dran:
»Ausverkauf von *einem* Teppich«.
Eine Bar zeigt die Eröffnungsfeier an,
da sag ich nichts, als: Nepp ich!
Und es kleben Busch und Meinhardt
und es klebt auch Maxe Reinhardt!
Die Besetzung die ich sah,
abends war ja keiner da,
und es wundern sich die Mamme und der Tate:
nichts wie Zettel, Zettel, Zettel und Plakate.
Geh auf meinen Wegen
bei Sonnenschein und Regen
immer um die Litfaßsäule rum. –
Seh vom Film die Damen
mit den blöden Namen
immer um die Litfaßsäule rum. –
Ja, solch kleiner Hund ist garnicht dumm!
Pola, Mia, Lia, Ria Schrumm!
Immer um die Litfaßsäule,
immer um die Litfaßsäule,
immer um die Litfaßsäule rum!

WENN DER MOND, WENN DER MOND

Es zittert dumpf zwölfmal der Turmuhr Klang,
Wind, der pfeift, die Nebel weh'n!
Das Auto saust im Hui die Straßen lang,
aber nur für Taxe zehn!
Den Josef liebte seine Potiphar!
Chauffeur! So fahren Sie in eine Bar!
Nanu! Nanu!
Da ist doch alles zu!
Das kann nicht sein, das ist doch gar zu dumm!
Na Kinder, geh'n wir einfach hintenrum!
    Wenn der Mond, wenn der Mond, wenn der Mond scheint schön
    dann geh ich rauf und runter
    wenn der Mond, wenn der Mond, wenn der Mond scheint schön
    werd' ich erst richtig munter!
    Der Schatten liegt auf Mann und Frau
    ganz dunkelblau ganz dunkelblau!
    Wenn der Mond, wenn der Mond, wenn der Mond, wenn der Mond,
    wenn der Mond, wenn der Mond vom Himmel lacht,
    bei der Nacht, bei der Nacht, bei der Nacht!

Gar manchen Menschen schlägt der Mond auf's Hirn,
so zum Beispiel auch Herrn Krause!
Steigt auf zum dunklen Himmel das Gestirn,
ja dann muß er aus dem Hause!
Und mitten in der Mondgespensternacht
Herr Krause plötzlich auf das Fenster macht!
Nanu! Nanu!
Da steht er ohne Schuh!
Er klettert auf dem Dach. O frühes Grab!
Und staubt da seine Hypotheken ab!
    Wenn der Mond, wenn der Mond, wenn der Mond scheint schön
    dann steigt er rauf und runter
    wenn der Mond, wenn der Mond, wenn der Mond scheint schön
    wird der erst richtig munter!
    Es strahlt im Licht ein Hinterbau
    ganz dunkelblau ganz dunkelblau!
    Wenn der Mond, wenn der Mond, wenn der Mond, wenn der Mond,
    wenn der Mond, wenn der Mond vom Himmel lacht,
    bei der Nacht, bei der Nacht, bei der Nacht!

Die Plätze liegen leer man schuftet nicht,
jeder Mann hat Ruh und Ferien!
Nur in der Wilhelmstraße brennt noch Licht
in den deutschen Ministerien!
Was man am Tage demokratisch macht,
wird leise umgewandelt in der Nacht!
Nanu! Nanu!
Herr Ebert möcht' sei Ruh'!
Die rote Mütze die Germania trägt,
sie nächstens gerne rechts vom Bette legt!
   Wenn der Mond, wenn der Mond, wenn der Mond scheint schön
   dann geh da rauf und runter
   wenn der Mond, wenn der Mond, wenn der Mond scheint schön
   werd'n die erst richtig munter!
   Es bleibt das Blut im deutschen Bau
   ganz dunkelblau ganz dunkelblau!
   Wenn der Mond, wenn der Mond, wenn der Mond, wenn der Mond,
   wenn der Mond, wenn der Mond vom Himmel lacht,
   bei der Nacht, bei der Nacht, bei der Nacht!

Es bringt die Nacht, das ist nun einmal so
die Erotik oft in Rage!
Frau Venus zeigt sich gerne dos-à-dos,
an der Ecke der Passage!
Du siehst da selbst kein süßes Mädchending,
nur Jüngeling siehst du an Jüngeling!
Nanu! Nanu!
»Ach liebst Du mich, Jou-jou?«
Doch mitten in der Liebe spricht das Biest:
Dir laß ick hochgehn, eh Du Dir versiehst!
   Wenn der Mond, wenn der Mond, wenn der Mond scheint schön
   dann geh'n die rauf und runter
   wenn der Mond, wenn der Mond, wenn der Mond scheint schön
   werd'n die erst richtig munter!
   Umrändert strahlt manch Auge flau
   ganz dunkelblau ganz dunkelblau!
   Wenn der Mond, wenn der Mond, wenn der Mond, wenn der Mond
   wenn der Mond, wenn der Mond vom Himmel lacht,
   bei der Nacht, bei der Nacht, bei der Nacht!

In seiner Wohnung schläft Herr Helfferich,
leicht gesträubt sind seine Haare!
Denn grade träumt er schwer und fühlet sich
als Untersuchungsausschußware!
Da plötzlich schlägt ein Ständchen an sein Ohr,
er hört im Garten einen Sängerchor!
Nanu! Nanu!
Wer stört da Karlchens Ruh'?
's steht auf der Hitzigstraße ei, wie nett!
Ein nationales Huldigungsquartett!

    Wenn der Mond, wenn der Mond, wenn der Mond scheint schön
    dann sing'n sie rauf und runter
    wenn der Mond, wenn der Mond, wenn der Mond scheint schön
    werd'n die erst richtig munter!
    Ein kleiner Hund bellt leis: Wau, wau!
    Die sind ja alle mächtig blau!
    Wenn der Mond, wenn der Mond, wenn der Mond, wenn der Mond,
    wenn der Mond, wenn der Mond vom Himmel lacht,
    bei der Nacht, bei der Nacht, bei der Nacht!

Es schnarcht der Detektiv. Die Hähne schrei'n.
Und die Nacht ist tief und kalt!
Klamottenede bricht bei Meiers ein,
Horch! der dicke Geldschrank knallt!
Die Blendlaterne blinkt, Herr Ede schwitzt,
bis ihm die Mütze tief im Nacken sitzt!
Nanu! Nanu!
Ist das ein Erzfilou!
Da liegt ein Zettel: »Sie! Ich hab' bereits
mein ganzes Geld seit gestern in der Schweiz!«

    Wenn der Mond, wenn der Mond, wenn der Mond scheint schön
    dann geht er rauf und runter
    wenn der Mond, wenn der Mond, wenn der Mond scheint schön
    wird er erst richtig munter!
    Die Lappen zählt er sehr genau
    ganz dunkelblau ganz dunkelblau!
    Wenn der Mond, wenn der Mond, wenn der Mond, wenn der Mond,
    wenn der Mond, wenn der Mond vom Himmel lacht,
    bei der Nacht, bei der Nacht, bei der Nacht!

DAS IST DER HERZSCHLAG

Geh ich durch die Straßen um die Berolina,
seh' ich die Visagen dicker Geldverdiener,
in dem wilden Gaukelspiel,
Geld besagt heut gar nicht viel,
jeder zählt die braunen Scheine,
eins zwei drei vier.
Wie die Kavaliere mit den Nutten tanzen,
Rußland importiert die Händler und die Wanzen,
in den Lokalen,
sieh, wie sie zahlen,
der Lockenkopp die Schmalzfrisur,
's ist alles nur Glasur!
Und ob auch fiebernd tobt ein ganzes Land,
was hilft uns über all den Unverstand?
    Das ist der Herzschlag, der zusammenhält,
    trotz Rebellion in einer Flammenwelt!
    Wenn auch die Nachtbar schwimmt in süßem
    Sekt und Rauch bis nachts um vier,
    und klettert hoch und immer höher noch das Überseepapier!
    Solang die Kiefern stehn im Grunewald,
    solang die Sonne auf den Asphalt knallt,
    solang wir noch auf Arbeit geh'n:
    Da sag' ich
    Nein! 'Ne solche Stadt, die darf nicht untergeh'n!

Ach, ich Unschuldsengel, dacht November achtzehn:
Endlich, endlich werde ich's einmal vollbracht sehn –
's blieb wie einst Paradefeld –
Republik war abgemeld't!
Noske ließ Kommis marschieren –
eins zwei drei vier.
Alle hatten nur die Augen links gewendet,
alle hat der Glanz des Achselstücks geblendet –
bis die ertappten
glänzend verkappten,
Jagow, Traub und Bredereck
uns zogen in den Dreck.
Doch siehe da die Zeit war nicht mehr groß –
und warum zog das ab, ganz lüttwitzlos?

Das war der Herzschlag, der zusammenhält,
trotz Kapp und Pack in einer Flammenwelt!
Setzt eure Flinten, eure Säbel, eure Panzerautos ab!
Wir kommen besser ohne euch in unsern guten alten Trab!
Solang in unsern Wäldern rauscht der Wind,
die Ähren golden in der Ernte sind
sich Mühlen flott im Winde dreh'n:
Da sag' ich
Nein! Ein solches Land, das darf nicht untergeh'n!

Unabhängige gibt's und Mehrheitssozialisten –
Militärs und andre dufte Bolschewisten –
wer nicht hört, wird abgeknallt.
Jeder glaubt nur der Gewalt –
jeder Mann hat Ideale –
eins zwei drei vier.
Jeder Stand und jedes Land hat Sondergruppen –
unsre ganze Erde wimmelt voller Truppen!
Immer mit der Ruhe!
Ohne dies Getue
kommt die Welt vielleicht zurück
zum kleinen bißchen Glück.
Und mitten im Spektakel und Gerauf –
Herrgott! Ich geb die Hoffnung doch nicht auf:
    Das ist der Herzschlag, der zusammenhält,
    die Republik in einer Flammenwelt!
    Vertragt euch, Kinder, reicht euch wieder mal die alte Bruderhand!
    Auch übern Schlagbaum weg – die ganze Welt ist doch ein einzges Land!
    Solang für alle eine Sonne scheint
    das Menschenherz auf Erden lacht und weint
    solang wir Mensch zum Menschen steh'n:
    Da sag' ich
    Ja! Ein solches Land, das kann nicht untergeh'n!

Jetzt im Lenz, wenn alle kleinen Knospen springen,
in Grünau die ersten Finken leise singen:
Zuckt es durch die Großstadt hin,
Tippmamsell und Schneiderin –
jeder Mann hat seine Brautens,
eins zwei drei vier.
Kleine Mädchen kommen in die Lenzeswochen.

Strohhut raus! Hier können Familien Kaffee kochen –
Lenchens weiße Fahne
in der Vorortbahne –
wird zerknautscht, wie kam das bloß
auf einem fremden Schoß.
Der Chef im Auto – Maxe auf dem Rad –
was eint dann schließlich doch die ganze Stadt?
  Das ist der Herzschlag, der zusammenhält,
  süß eingehakt in einer Flammenwelt!
  Steigt der Tarif und steigt der Streuselkuchen und das helle
                                                    Bier –
  die Nase hoch! Denn uns kann keiner – Mensch!
                                      Vastehste: wir sind wir!
  Solang der Dampfer puckert zur Abtei,
  sich Pärchen knutschen im April und Mai
  wir Arm in Arm in's Freibad geh'n:
  Da sag' ich
  Nein! Ein' solche Stadt, die darf nicht untergeh'n!

DAS LIED VOM PIEPMATZ

In ihrem Zimmer stand ein Bauer klein,
darin hüpft auf und ab ein Vögelein.
Die Federn sind schneeweiß, der Schnabel rot,
die Jungfrau ihm ein Stückchen Zucker bot.
Weil sie nun öfter mit was Süßem kam,
so wurd' ihr Vogel langsam lieb und zahm –
er hüpft im Zimmer, zierlich und gewandt
auf ihre Hand.
Läßt er was fallen nonchalant und weiß,
so droht sie mit dem Finger und spricht leis:
  Piepmatz, du kleines Tier!
  Du kannst ja nichts dafür!
  Putz deine Feder,
  mal muß ja jeder;
  fällt auch von dir weg
  ein dünner Kleck, Kleck
  Piepmatz, du kleines Tier.
  Du kannst ja nichts dafür!
  Ich seh' dir's an:
  dir fehlt ein Mann!
  Ach Piepmatz, du kleines Tier!

Die Jungfrau hatte nicht nur ihren Matz,
die Jungfrau hatt' auch leider einen Schatz.
Der Schatz war richtig ein Kommerzienrat,
der furchtbar viele dicke Gelder hat.
In jener sagenhaften großen Zeit
gab man ihm auf sein schlichtes Bürgerkleid
für die »Verdienste« um das Vaterland
ein Ordensband!
Weil man dergleichen heute nicht mehr kriegt,
sieht er sein Knopfloch öfter an und spricht:
  Piepmatz, du kleines Tier!
  Du kannst ja nichts dafür!
  Jetzt kommt kein neuer,
  du warst mir teuer,
  warst doch der Klack
  auf meinem Frack, Frack
  Piepmatz, du kleines Tier.

Du kannst ja nichts dafür!
Reiche vergehn!
Orden bestehn!
Ach Piepmatz, du kleines Tier!

Die Jungfrau hatte leider noch 'nen Schatz,
auch dieser hatt' in ihrem Herzen Platz.
Und wie das manchesmal im Leben geht:
als sie es sah, da war es schon zu spät.
Wie sie nun Morgens in ihr Bauer sah,
auf ihren Vogel mal genauer sah,
sitzt er in seinem Käfig mit Geschrei
auf einem Ei!
Und weil er drauf gemütlich sitzen blieb,
spricht seine Herrin, die so vogellieb:
Piepmatz, du kleines Tier!
Du kannst ja nichts dafür!
Putz dir die Feder,
mal muß ja jeder,
fällt auch von dir weg
ein kleiner Kleck, Kleck
Piepmatz, du kleines Tier.
Wir könn'n ja nichts dafür!
Ahnen wir zwei,
woher das Ei?
Ach, Piepmatz, du kleines Tier!

DAME IN WEISS

Auf einer Redoute, des nachts um halb eins,
da wogten der Masken gar viele.
Es tanzten die Farben, ein jeder trug seins
im eignen historischen Stile.
Die freundlichen Gruppen
der Roccocopuppen,
es tanzt der Pierrot
im fetten oho,
es tanzen die Pritzelgestalten
in weichen und seidigen Falten.
Nur eine, nur eine,
sie hatte die schlankesten Beine …
Nur sie sah ich, immer nur sie,
denn sie trug sich so gänzlich uni.
    Dame in Weiß, Dame in Weiß,
    was kann das Leben denn kosten?
    Dreh dich im Kreis, Dame in Weiß,
    dreh dich im ruhigen Boston!
    Gabst mir dein Haar,
    blond, wie es war,
    immerdar sollst du mir tanzen,
    dreh dich im Kreis,
    nimm's nicht so heiß –
    reizende Dame in Weiß!

Sie kam zu mir gerne. Kam zu mir nach Haus.
Sie mochte nur tanzen und küssen.
Sie sprang aus den lästigen Hüllen heraus
und hat vor mir tanzen müssen.
Wie weiß lag das Zimmer
in milchigem Schimmer.
Die Sonne, sie sengt,
die Fenster verhängt –
hell stand sie da vor mir, die Traute –
und ich spielte für sie auf der Laute.
Es packte die Nackte
die Tanzmelodie nach dem Takte.
Nur sie sah ich, immer nur sie,
denn nun trug sie sich gänzlich uni.

Dame in Weiß, Dame in Weiß,
was kann das Leben denn kosten?
Dreh dich im Kreis, Dame in Weiß,
dreh dich im ruhigen Boston!
Gabst mir dein Haar,
blond, wie es war,
immerdar sollst du mir tanzen,
dreh dich im Kreis,
nimm's nicht so heiß –
reizende Dame in Weiß!

Wie lang ist das her! Wie oft denk ich dran.
Es hat sich so vieles gewandelt.
Man bot mir so oft schon was Ähnliches an,
heut wird ja mit allem gehandelt.
Man tanzt, was verboten,
für teure Banknoten,
nach jeder Façon
in manchem Salon …
Und doch, bei den letzten Finessen,
kann eine ich niemals vergessen.
Die Glieder, das Mieder –
das war einst und kommt niemals wieder.
Du tanztest so arglos im Scherz,
denn es tanzte ja schließlich dein Herz.
Dame in Weiß, Dame in Weiß,
was kann das Leben denn kosten?
Dreh dich im Kreis, Dame in Weiß,
dreh dich im ruhigen Boston!
Gabst mir dein Haar,
blond, wie es war,
immerdar sollst du mir tanzen,
dreh dich im Kreis,
nimm's nicht so heiß –
reizende Dame in Weiß!

ZUM ERSTEN MAL ...

Eines Tags in Chemie
schloß ich eine Wette
und ich raucht' fröhlich die
erste Cigarette.
Ach! Da wurde mir so weh und krank –
und da – verschwand ich plötzlich stundenlang;
mir schien,
ich platzt' vor Nikotin,
ich hört' im Bauch die Dämpfe ziehn!
  Zum ersten Mal, zum ersten Mal,
  da langt's nicht her noch hin!
  Mir war so schwül im Sinn!
  Weil ich noch ein Anfänger bin!

Eines Nachts kam ich leis
an die Mädchenstube,
und ich guckt', denn ich weiß:
Anna ist kein Bube
Ach! Das hab ich gar zu gern gemocht –
und da – da hab ich an die Tür gepocht.
Die Maus,
sie sagt: »Da wird was draus!«
Doch gleich warf sie mich wieder raus!
  Zum ersten Mal, zum ersten Mal,
  da langt's nicht her noch hin!
  Mir war so schwül im Sinn!
  Weil ich noch ein Anfänger bin!

Neulich macht' meine Lo
eine kleine Reise,
und ich rutsch' ebenso
auf ein Nebengleise!
Ach! Da packte mich die große Scham, –
weil ich vom Regen in die Traufe kam.
Und doch,
die Liebe kriegt ein Loch,
an diesem Mädchen krank' ich noch!
  Zum ersten Mal, zum ersten Mal,
  da langt's nicht her noch hin!
  Mir war so schwül im Sinn!
  Weil ich noch ein Anfänger bin!

ERINNERUNG AUS DER ETAPPE

Lille ist eine wunderschöne Stadt!
Darin lag meine Kompagnie!
Bis der Zapfenstreich geblasen hat,
ging ich in die Brasserie!
Darinnen saß ein blondes Kind,
grad so, wie unsre Mädeln sind,
ich fragte leis: Wie heißen Sie?
Sie sagt': »Marie.«
Doch da rief mich die Kompagnie!

Unser Pisang hatte sein Quartier,
wo die großen Bäume stehn.
Und am schwarzen Abend waren wir
in den Schatten nicht zu sehn.
Ich faßt sie um den runden Leib –
sie lachte froh – das junge Weib …
Ich drückt sie und ich bat sie sacht
um eine Nacht …
Und sie sagt: »Ja, auf Wiedersehn!«

Der ihr Schatz war schon ein Praktikant
des Pariser Stadtgerichts.
Meine Grete saß im Pommernland –
und wir hatten nun beide nichts …
Ich fragt sie: »Hast du keine Reu?
Ich bin nicht treu! Du bist nicht treu!« –
Da sagt sie, und sie küßte mich:
»Jetzt lieb ich dich!« –
Und der Rest war uns einerlei!

Lille ist eine wunderschöne Stadt!
Manchmal denk, manchmal denk ich dran.
Wenn die Kleine mich gestreichelt hat,
fing sie leis zu singen an.
Der Sternenhimmel spannte sich –
»Mon petit jou-jou«
so nannt sie mich …
Und lieb ich auch mein Gretelein –
ich denke dein …
Einen Gruß, einen Gruß! übern Rhein!

DAS TAUENTZIENMÄDEL

Ich gehe um die Ecken;
die Männer, diese kecken,
sie sind mir alle gänzlich einerlei!
Ich zähle fünfzehn Lenze
und bin dicht an der Grenze,
wo man noch sagt: »Da ist doch nichts dabei!«
Ich bin die kleine Kitty!
Papa sitzt in der City,
Mamachen ist mit drin in dem Komplott!
Kann entwischen,
ich liege grade zwischen
Unschuldsengel und Kokott'!
 Und ich geh', und ich geh', und ich geh'
 und probier es mal ein bißchen,
 ein kleines bißchen;
 kommt der Mann
 aber dann näher ran,
 wisch ich aus und rufe: »Stopp!
 Fauler Kopp!
 Blonder Zopp!
 Kühler Kopp!«
 Was ich auch noch im Munde führe,
 ich bleib' stets bei der Ouvertüre!
 Das macht, weil ich alles seh
 in den Straßen rings um's K.d.W.

Ein Hauptmann fand mich neulich
gewandt und recht erfreulich
und lud mich zu sich in die Wohnung ein.
Ich ging – man muß doch lernen! –
ich ging in die internen
Gemächer seiner Löwenhöhle rein.
Die Ampel mit Gefunkel
ließ uns in halbem Dunkel,
so las ich es so oft bei Sudermann.
Und er küßte
und fragt mich, ob ich wüßte,
wie und wo und was und wann.

    Und ich geh', und ich geh', und ich geh'
    und probier es mal ein bißchen,
    ein kleines bißchen;
    kommt der Mann
    aber dann näher ran,
    wisch ich aus und rufe: »Stopp!
    Fauler Kopp!
    Blonder Zopp!
    Kühler Kopp!«
    Was ich auch noch im Munde führe,
    ich bleib' stets bei der Ouvertüre!
    Das macht, weil ich alles seh
    in den Straßen rings um's K.d.W.

Auf allen Bällen tanz ich
mit Herrn, die über zwanzig –
Wo Kinder herkomm'n, Gott, wer weiß das nicht!
Da muß ich schon sehr bitten!
Wir sind doch fortgeschritten –
Ich weiß sogar schon, wie man keine kriegt.
Ich weiß die tollsten Sachen.
Ich weiß, wie sie es machen.
Ich kenn die Bilder mit den Akten drauf –
Steht im Blättchen
was von Erzkokottchen,
klär ich meine Mama auf.
    Und ich geh', und ich geh', und ich geh'
    und probier es mal ein bißchen,
    ein kleines bißchen;
    kommt der Mann
    aber dann näher ran,
    wisch ich aus und rufe: »Stopp!
    Fauler Kopp!
    Blonder Zopp!
    Kühler Kopp!«
    Was ich auch noch im Munde führe,
    ich bleib' stets bei der Ouvertüre!
    Das macht, weil ich alles seh
    in den Straßen rings um's K.d.W.

ES LEBE DIE GLEICHHEIT
Frau GUSSY HOLL in Verehrung gewidmet

Der Mond flirrt durch die Gassen
er kann es nicht fassen.
Warum nur hängt denn ganz Berlin des Nachts die Fenster zu?
Der Mond schickt seine Strahlen
die hellen und fahlen
durch Jalousie und Spitzenstor und sagt dann nur: Na-nu?
In der Nacht, in der Falle weich – Falle weich
in der Nacht sind sie alle gleich – alle gleich!
Mit den Röllchen und der Miederschnur
fällt die ganze Tagespolitur …
In der Nacht, in der Falle weich – Falle weich –
in der Nacht sind sie alle gleich – alle gleich!
Börse und die Politik o Graus
wie sehn die all im Nachthemd aus! –

Herr Ebert prustet nächtig –
sein Bauch stört ihn mächtig,
er nimmt sich die Bandagen ab, die ihm der Arzt empfahl …
Und wenn die Herrn Kollegen
zu Bette sich legen,
dann träumt das ganze Kabinett in Ängsten von der Wahl …
In der Nacht, in der Falle weich – Falle weich
in der Nacht sind sie alle gleich – alle gleich!
Mit dem Gehrock und dem Schappoklapp
fällt die ganze Reichstagswürde ab – –
In der Nacht, in der Falle weich – Falle weich –
in der Nacht sind sie alle gleich – alle gleich!
Ebert! Menschenskind, du altes Haus!
wie siehste bloß im Nachthemd aus! –

Der schwarze Balkanschieber –
im Adlon im Biber –
an seines Königs Namenstag, da wäscht er sich gar sehr.
Das Mädchen seiner Lüste –
sieht abends – die Kiste –
seit der da keinen König hat, da wäscht er sich nicht mehr …
In der Nacht, in der Falle weich – Falle weich
in der Nacht sind sie alle gleich – alle gleich!
Mit dem Gehpelz und dem Kuttaiwaih
bricht gar oft der schöne Wahn entzwei …

In der Nacht, in der Falle weich – Falle weich –
in der Nacht sind sie alle gleich – alle gleich!
»O mein werter Herr!« so spricht die Maus,
»wie sehn Sie bloß im Nachthemd aus!« –

Der große Filmdirektor –
des abends – da steckt er
den Schlüssel in der Diva Tür, die nimmts nicht so genau – –
Doch unter ihren Decken
da sagt er voll Schrecken:
»Na, wenn ich so was haben will, geh ich zu meiner Frau!«
In der Nacht, in der Falle weich – Falle weich
in der Nacht sind sie alle gleich – alle gleich!
Abends werd'n die Menschen weich und schlapp, –
das hängt alles von der Dame ab …
In der Nacht, in der Falle weich – Falle weich –
in der Nacht sind sie alle gleich – alle gleich!
Gehn sie heute abend nun nach Haus:
wie sehn sie all im Nachthemd aus! –

DIE ROTE MELODIE

Ich war allein,
es sollt' so sein,
mein Sohn stand bei den Russen;
da fuhr man sie
wie's liebe Vieh
zur Front in Omnibussen.
Und da, da blieb die Feldpost weg.
Ha – ho! Er lag im Dreck!
Die Jahre, die Jahre,
sie gingen träg und stumm;
die Haare, die Haare
sind grau vom Baltikum!
    General! General!
    Wag'es nur nicht noch einmal!
    Es schrei'n die Toten:
    Denk' an die Roten!
    Sieh dich vor!
    Hör' den brausend dumpfen Chor!
    Wir rücken näher ran, du Knochenmann
    vom Grab, schieb ab!

Ich sah durchs Land,
ein Weltenbrand,
da weinten tausend Frauen.
Der Mäher schnitt,
wir litten mit,
mit hunderttausend Grauen!
Und wozu Todesangst und Schreck?
Ha – ho! Für einen Dreck!
Die Leiber, die Leiber,
sie liegen in der Erd;
wir Weiber, wir Weiber,
wir sind nun nichts mehr wert!
 General! General!
 Wag' es nur nicht noch einmal!
 Es schrei'n die Toten:
 Denk' an die Roten!
 Sieh dich vor!
 Hör' den brausend dumpfen Chor!
 Wir rücken näher ran, du Knochenmann
 vom Grab, schieb ab!

In dunkler Nacht,
wenn niemand wacht,
dann steigen aus dem Graben
der Füsilier,
der Musketier,
die keine Ruhe haben!
Das Totenbataillon entschwebt,
Ha – ho! zu dem, der lebt!
Verschwommen, verschwommen
siehst du's im Windgebraus:
Sie kommen, sie kommen
und wehen um dein Haus!
 General! General!
 Wag' es nur nicht noch einmal!
 Es schrei'n die Toten:
 Denk' an die Roten!
 Sieh dich vor!
 Hör' den brausend dumpfen Chor!
 Wir rücken näher ran, du Knochenmann
 im Schritt,
  komm' mit!

PRESSE-WALZER

Die Presse, die Presse – die hat es nicht leicht:
Ihr wollt doch am Kaffeetisch lesen
vom Standpunkt, den unsere Valuta erreicht,
und ob eine Baisse gewesen.
Die Kenner, sie flüstern,
die Blätter, sie knistern –
es drahten die Enten
die Korrespondenten –
Und es rattern die großen Maschinen –
es geht ja doch nicht ohne ihnen …

Hält Bauer 'ne Rede, grollt Spartakus,
gibt's mal eine Grippeverbreitung,
huscht hin durch den Zirkus Polonius –:
ihr sucht es tags drauf in der Zeitung.
Es stechen und piken
die bösen Kritiken –
drum schlingt sich der Reigen
der Heiratsanzeigen –
Und ihr sprecht zu uns, die wir euch dienen:
»Es geht ja doch nicht ohne Ihnen –!«

Refrain des Presse-Walzers

Wir schreiben und schreiben, damit jeder hat
ein Morgenblatt und ein Abendblatt!
Wir schreiben und schreiben, damit jeder hat
ein Morgenblatt und ein Abendblatt.
Und leis unser Auge nur weint,
und leis unser Auge nur weint,
weil nachts, weil nachts, weil nachts, weil nachts keine Zeitung
    erscheint!
Weil nachts, weil nachts, weil nachts, weil nachts keine Zeitung
    erscheint!

TOTAL MANOLI

Mensch, sieh dich um!
Sag' mal, warum
ringen sich die Hände?
Weil diese Zeit
fiebert und schreit,
wackeln alle Wände.
Ein Taler ist kein Taler mehr,
ein Konkubist kein Maler mehr.
Es fehlt dem Welttheater
die Reinhardt-Regie.
Total Manoli! Total Manoli!
  Die meisten Menschen haben heut ein kleines Rad.
  Total Manoli! Total Manoli!
  Such dir mal wen in ganz Berlin, der das nicht hat.
  Tanz des Geschlechts um Manoli rechtsrum,
  die ganze Erde tanzt von früh bis abends spät
  stets um das Dings rum, Manoli linksrum!
  Ihr seid doch alle, alle, alle etwas durchgedreht.

Mensch, bist du reich,
laß dich nur gleich
mit Musik begraben:
Neunzig Prozent
will doch am End
das Finanzamt haben.
Das Beste und das Teuerste
versteuerste, versteuerste,
und nur die Kinderkriegerei
ist steuerfrei.
Total Manoli! Total Manoli!
  Die meisten Menschen haben heut ein kleines Rad.
  Total Manoli! Total Manoli!
  Such dir mal wen in ganz Berlin, der das nicht hat.
  Tanz des Geschlechts um Manoli rechtsrum,
  die ganze Erde tanzt von früh bis abends spät
  stets um das Dings rum, Manoli linksrum!
  Ihr seid doch alle, alle, alle etwas durchgedreht.

UNTERM STADTBAHNBOGEN

Hör'n Se mal! ich liefer' doch
Butter, Gold und noch und noch
Scheine, Schweine per sofort und Ultimo.
Hör'n Se mal! Nu is er weg!
Alles geb ich gegen Scheck:
Wurst ab London, ich bin gar nicht so.
Und fragt ihr mich: Wo hast du sie,
die Kisten mit dem Vieh?
    Ich hab' sie unterm Stadtbahnbogen,
    wo alle Züge donnernd ziehn,
    die Bars, die hab'n bei mir bezogen
    und drum herum läuft ganz Berlin.
    Ich fürcht' mich nicht,
    denn mir kann nichts passieren.
    Ja auf der Eisenbahn da muß man schmieren.
    Ich hab' sie unterm Stadtbahnbogen,
    du weißt es nur noch nicht, Berlin.

Schließlich bin ich auch ein Mann.
Manchmal geh ich mächtig ran:
Feine Beine, fesseln mich in stiller Nacht.
Eine Fürstin kannte ich,
sie ging auf und wider'n Strich,
dämlich, nämlich: Meine Alte wacht.
Und fragt ihr mich: Wo küßt du sie,
die Fürstin mit dem Pli?
    Ich hab' sie unterm Stadtbahnbogen,
    wo donnernd alle Züge ziehn,
    ich war ein bißchen ungezogen
    und drum herum lief ganz Berlin.
    Es ging nicht mehr expreß
    in meinen Jahren
    dann macht ich so, dann ist sie abgefahren.
    Ich hab' sie unterm Stadtbahnbogen,
    du weißt es nur noch nicht, Berlin.

Jede Abendzeitung zeigt,
wer bei uns wohl morgen streikt.
Ofte hoffte ick mir: ne Demonstration.

Vorne der Beamten Hauf,
dann die lieben Sowjets drauf
und zum Schluß die Ententekommission.
Und fragt ihr mich: Wann streiken die,
die ganze Kompagnie?
    Ich hätt' sie unterm Stadtbahnbogen,
    wo donnernd alle Züge ziehn,
    so gern geseh'n, wie sie da zogen,
    und drum herum steht ganz Berlin.
Wir seh'n euch gerne gehn,
ihr edlen Recken,
ihr könnt uns alle mal nicht länger necken.
Ging'n die da unterm Stadtbahnbogen,
dann wär's uns wohler in Berlin.

POLNISCHES HEXENLIED

Hier nachts an der Grenze ist's nicht mehr geheuer –!
Wir springen und tanzen um Kessel und Feuer – –!
        Wir polnischen Hexen!

Wir kochen und braun auf dem Holz, dem gereiften,
Lügenschnaps und die Verleumdungs-Gestreiften …!
        Wir polnischen Hexen!

Wir gießen die höllischen Suppen zusammen
und schüren die polnischen giftigen Flammen –!
        Wir polnischen Hexen –!

Wir polnischen Hexen – wir spein auf den Frieden –
Wir säen die Hetze – wir sind nie zufrieden!

Wir polnischen Hexen – wir wollen's dir sagen:
Wir ließen den Kupka, den Kupka erschlagen!
        Wir polnischen Hexen – !

Wir tranken sein Blut! Mord ist uns ein Trost!
Der tote Kupka – er lebe! – Prost!
        So rufen die Hexen.

So sitzen wir polnischen Hexen zusammen
und schüren die polnischen, giftigen Flammen –
　　　Wir Hexen! Wir Hexen –!

Wir haben das Land in den Aufruhr gebracht –
　　　Wir Hexen – –

Wann sinken wir einmal zurück in die Nacht – –!
　　　Wir polnischen, polnischen Hexen?

Die Pfeife ist am Mann das Beste.
Auf deine hört die ganze Welt.
Ich lauscht als einer deiner Gäste
auf ein Konzert, das mir gefällt.

In Hameln pfiff einst ein Kollege.
Die Flöte lockt. Es juchzt die Schar. –
Dies Heft, das ich hier niederlege,
sei Ihm geweiht, der allerwege
gleich dir ein Rattenfänger war. –

ERINNERUNG

Du hast im Traum mich böse angesehn
Es rauscht mein Blut
Ich ließ Dich einmal schon vorübergehn …
Sei (in Gedanken) gut.

1921

AN IHR

Auf deinen großen Füßen, Ernestine,
Führ' ich dich auf den neuen Presseball.
Du trägst Chiffon. Und deine Fragemiene
Ist überall.

»Der Legationsrat?« – Ja, mein Kind, das ist er!
»Du, der da? mit dem goldenen Knopflochdings?
Und, Theo, wo – wo tanzt der Herr Minister?«
Von rechts nach links.

»Und, Theo, ist die Presse auch am Platze?«
Ja, Kind – der Handelsteil steht am Balkon.
Da die Kritik – und der da, mit der Glatze –
Das ist das Feuilleton!

»Und, Theo, kommt der Film auch in den Saal hin?
Auf Conny Veidt bin ich ganz scharf und toll!«
Pst! Nicht so laut! Da steht doch die Gemahlin:
Die Gussy Holl!

So muß ich dich belehren, liebste Perle.
Und voller Neugier siehst du manch Gesicht.
Ach, Ernestine – du liebst lauter fremde Kerle –
Nur Tigern nicht.

SCHICKSALSLIED

»Bald fehlt uns der Wein –
Bald fehlt uns der Becher.«
Hebbel

Gehst du abends spät nach Hause,
naßkalt, müde nach der Klause –
    mußt du heimwärts hinken?
Dafür hast du keinen Faible,
und du lugst durch blauen Nebel,
    wo zwei Lichter blinken.
Und da ratterts. »Holla, Kutscher!« Der sieht gar nicht hin.
Kommt schon mal 'ne leere Droschke – dann sitzt Einer drin!

Dieses scheint mir allegorisch.
Eine liebt ich dilatorisch.
    Wartete sechs Wochen.
Endlich kehrt sie heim zu Muttern.
Darf ich dich mit Liebe futtern?
    Hör mein Herzlein pochen!
Doch sie lächelt. »In acht Monden bin ich Wöchnerin!«
Kommt schon mal 'ne leere Droschke – dann sitzt Einer drin!

Neuer Chef im Amt. Wie ist er?
Kabinettssturz. Die Minister
    gehen, kommen, wechseln.
Heut auf schwarz-weiß-roten Kissen,
morgen durch die Brust geschossen –
    Laß sie Noten drechseln!
Dies, mein Sohn, in einem Satze ist des Lebens Sinn:
Kommt schon mal 'ne leere Droschke – dann sitzt Einer drin!

DER ROCK

Ein Kerl vom Schlage Ehrhardt
vom Freikorps Anno Kapp –
das Freikorps, das war sehr hart,
die Republik war schlapp –,
der hat ein Buch geschrieben
nach blutigem five o' clock …
Nur eins ist ihm geblieben:
»Was macht man mit dem Rock?«

»Ich häng ihn auf die Stange«,
so liest du in dem Buch,
»Blutspritzer halten lange,
du schneidiges graues Tuch!
Blutspritzer – sind das Flecken?
Ich hab allein ein Schock
erledigt – laß verrecken! …
Was macht man mit dem Rock?«

Gib her den Fetzen Feldgrau!
Da unten friert ein Kind,
dess Eltern, als die Welt grau,
durch euch gestorben sind.
Weg mit den Epauletten!
Wie wirkt das Zeug barock!
Mit euern Mordtoiletten
soll man die Kinder retten:
das macht man mit dem Rock –!

DIE OBJEKTIVEN
Beleidigungsklagen dankend verbeten

Wenn so fünf Männer Sonnabend abends
um einen runden Tisch herum
den Bierskat kloppen – und sie habens
auch niemals über (wegen dumm) –;
wenn sie von Politike brummeln,
im Maule die Zigarrenstummeln,
von Hindenburg und Ludendorffen,

und wie wir fast Paris geworfen,
vom Präsidenten in der Stadt,
der keinen Bohrt wie Wilhelm hat;
wenn sie so zwischen As und Trümpfen
— (»Wer jibt?«) — auf Kommunisten schimpfen —
   die Welt ist eine Kinderfibel,
   das Morgenblatt ist ihre Bibel —;
wenn Lehmann ansagt: »Knautschke hats!« —:
   Das nennt man einen Stammtischschwatz.

Doch wenn fünf Männer in Talaren
an einem langen Sitzungstisch
ein Menschenkind da im Verfahren
verknacken frisch und künstlerisch —
was sie als Studios schon forcierten,
geführt von ihren Erstchargierten;
was sie als Referendare lernten:
den Glauben an die reich Besternten;
was der Assessor, scheu geduckt,
dem Staatsanwalte abgeguckt —
wenn diese fünf bei den Prozessen
ihr ganzes Leben glatt vergessen,
   weil Orgeschmann und Sozialist
   für das Gericht dasselbe ist!
wenn da was fällt wie'n Donnerkeil —:
   Das nennt man ein Gerichtsurteil.

Justitia! Ich wein bitterlich:
Du gehst auf einen langen _____

DAS FIRMENSCHILD

Ist wo ein frisches Schweineschlachten
und hat man also Wurst im Haus,
dann stellt der Schlächter zum Nachachten
den Stuhl mit seiner Schürze raus.

Bedienen wo in einer Stampe
statt Kellner Mädchen, voll und heiß:
siehst du das an der roten Lampe —
damit der Ehemann es weiß.

Weil wir von Firmenschildern sprechen:
Die ›Kreuzzeitung‹ trug – wie bekannt –
an ihrem Kopfe das Versprechen:
»Mit Gott für König und Vaterland!«

Seit Achtzehn war der Satz verschwunden,
seit eines Fürsten Dauerlauf.
Doch nun, vor vierundzwanzig Stunden,
da stand der Wahlspruch wieder auf.

Der gute Spruch? Wo war er in den Wirren?
Wo ließest du ihn zweimal überwintern?
Du liebes Blatt! Du trugst nicht auf der Stirn
den Preußenspruch – du trugst ihn ■ ■ ■

Nicht genehmigt: Brunner

DEUTSCHE RICHTERGENERATION 1940

Zum Hakenkreuz erzogen,
das damals Mode war,
vom Rektor angelogen –
So wurdst du Referendar.

Du warst im tiefen Flandern
Etappenkommandant.
Du spucktest auf die andern
auch hier, im Vaterland.

Ihr spieltet Wilhelms Stützen;
das Korps ersetzt das Heer.
Gäbs keine ohne Mützen:
ihr wäret gar nichts mehr.

Nach steifen Amtsvisiten,
der Landgerichtsstation
kam dann nach alten Riten
die Doktorpromotion.

Es kam das Staatsexamen.
Ihr seid emporgerückt.
Ihr setzt nun vor den Namen
den Titel, der euch schmückt.

Nun, deutsche Jugend, richte!
Hier Waage! Da das Schwert!
Räch dich für die Geschichte!
Zeig dich des Kaisers wert!

Würg mit dem Paragraphen!
Benutz den Kommentar!
Du mußt den Landsmann strafen,
der kein Teutone war.

Setz auf das Samtbarettchen!
Das Volk es glaubt an dich.
Justitia, das Kokettchen,
schläft gern beim Ludewich.

Du gibst dich unparteilich
am Strafgesetzbuchband …
Du bist es nicht. Nur freilich:
Juristen sind gewandt.

Du wirst des Rechtes Künder.
Dich kriegt man nicht – für Geld.
Gott gnade dem armen Sünder,
der dir in die Finger fällt!

Ich grüße dich, wunderbare
Zukunft der Richterbank!
Du nennst das einzig Wahre:
Rechtspruch nach Stand und Rang!

Ihr wählt euch eure Zeugen!
Ihr sichert den Bestand!
Wo sich euch Rechte beugen,
ist euer Vaterland!

ABSCHIEDSGESANG

Dies siehst du häufig auf den Straßen:
Im Auto vor den Sektterrassen
schwimmt mild ein Fettkloß in dem Wagen –
Beruf: Nie sollst du mich befragen.
Der Motor surrt. Das Fett, es zittert.
Sieh da: es hat sich ausgewittert
mit Bolschewismus, mit Verträgen –
es wird sich alles wieder legen.
Der Dicke strahlt. Er ist der Alte …
    Der ganze Bauch ist eine Falte!

Und kennst du seine Weiblichkeiten?
Wer wagt, den Liebreiz zu bestreiten
der jungen Mädchen aus dem Osten,
indem, daß sie so ville kosten?
»Der Stein is Tineff!« haucht sie lind.
»Und der – der will mein Schklave sind?«
Als deiner anderswo gefeiert,
mein Kind, hast du dich entgeschleiert,
so tief, daß ich nach hinten prallte …
    Der ganze Bauch war eine Falte!

Und das soll alles ich verlassen?
Berlin – ich kann es noch nicht fassen!
Du süße Stadt – ich komme wieder
und pfeif aufs neue deine Lieder.
Inzwischen, Liebste, laß mich gehn,
bleib hübsch gesund und laß mir stehn
die Lektrische, die Schutzmannschaft,
den Reichstag, die Germanenkraft,
die Kinos und die Landgerichte,
die Presse mit dem Weisheitslichte.
        Ich ab.
Und griene: »Daß dich Gott erhalte –!«
    Der ganze Bauch ist eine Falte.

FÜHRERHUNDE
Zum ersten August

Kluge Hunde führen über die Straßen den tastenden Blinden.
Wittern und suchen und wissen den richtigen Weg zu finden.

Einmal, Blinde, haben euch andre viereinhalb Jahre geführt.
Haben geknurrt und gebellt und lebende Menschen dressiert.

Einmal, Blinde, führten euch Wölfe in schmutzige Gräben,
legten euch an die Kette und ließen euch Tierfraß geben.

Liefen davon, als es wankte. Nach blutigem Trunk
tragen sie heute jenseits der Grenzen die schwere
                                        Verantwortung ...

Vorsichtig zerrt euer Hund an seinem leitenden Strick.
Wachsam die Ohren gespitzt und gute Treue im Blick.

Blinde! Keiner, keiner der Führer, aufgeblasen und bunt,
steht vor Gott so menschlich und hoch wie euer Hund!

NACHRUF

Gehaßt, weil du Konkursverwalter
der Pleitefirma Deutsches Reich,
liegst du zerschossen als ein kalter
und toter Mann – und Deutschland ist das gleich.

Es kostet nichts. In Blutkapiteln
erlebten wirs – was kriegt solch Vieh?
Den Auslandspaß – ›Nichts zu ermitteln‹:
so kämpft der Geist der Monarchie.

Gehaßt, weil du Zivilcourage
den Herren vom Monokel zeigst –
weil du schon Siebzehn die Blamage
der Ludendörffer nicht verschweigst …

Das kann der Deutsche nicht vertragen:
daß einer ihm die Wahrheit sagt,
daß einer ohne Leutnantskragen
den Landsknechtgeist von dannen jagt.

So fielst du.
      Hinter deiner Bahre
gehn grinsend, die den Mord gewollt:
in Uniform und im Talare
der wildgewordne Teutobold.

Und wie dein Blut die Steine netzte,
da atmet auf das Militär.
Es kondoliert, wer grad noch hetzte …
Du warst der Erste nicht – bist nicht der Letzte.
Prost Helfferich!
      Der kommt nicht mehr.

KLANTE

Hier spricht die Seele deines Volkes.
Von wegen: Macht ers? 7 : 10!
Ja, junger Mann: so, wie der Holk es
gekonnt, das – hab ich noch gesehn.

Zart überwölbt der Frühlingshimmel
Knaatsch und Tumult, den Schiebe-Ritt,
den Schnelligkeits- und Pferde-Fimmel
und alle mit und alle mit.

Und da kam Klante.
                    Klar zum Tippen!
Die Völker, so er ausgemist't,
sie hängen an des Herrschers Lippen …
Schon einer war, was der jetzt ist.

Denn das ist Wilhelm.
                    Jede Geste
ist ganz S. M., der große Mann:
die Heldenbrust, die Kleckerweste
nur, daß es Klante schöner kann.

Das ist noch immer so gegangen:
Der kleine Wetter, recht und schlecht,
kann eines für sein Geld verlangen:
er will Verpackung, wenn er blecht.

Hier das Genie, das man verkannte,
und dort das Volk, das Hurra schrie.
Die Deutschen brauchen immer einen Klante.
Und ferner liefen: Germany.

DER PARTEITAG IN GÖRLITZ

GEFÜHLSKRITIK

Wir saßen einst in Zuchthaus und in Ketten,
wir opferten, um ein Mandat zu retten,
  Geld, Freiheit, Stellung und Bequemlichkeit.
Wir waren die Gefahr der Eisenwerke,
wir hatten Glut im Herzen – unsre Stärke
  war unsre Sehnsucht, rein und erdenweit.
Uns haßten Kaiser, Landrat und die Richter:
Idee wird Macht – das fühlte das Gelichter …
    Long long ago –
    Das ist nun heute alles nicht mehr so.

Wir sehn blasiert auf den Ideennebel.
Wir husten auf den alten, starken Bebel –
  Wir schmunzeln, wenn die Jugend revoltiert.
Und während man in hundert Konventikeln
mit Fangschuß uns bekämpft und Leitartikeln,
  sind wir realpolitisch orientiert.
Ein Klassenkampf ist gut für Bolschewisten.
Einst pfiffen wir auf die Ministerlisten …
    Long long ago –
    Das ist nun heute alles nicht mehr so.

Uns imponieren schrecklich die enormen
Zigarren, Autos und die Umgangsformen –
  Man ist ja schließlich doch kein Nihilist.
Wir geben uns auch ohne jede Freite.
Und unser Scheidemann hat keine Seite,
  nach der er nicht schon umgefallen ist.
Herr Stinnes grinst, und alle Englein lachen.
Wir sehen nicht, was sie da mit uns machen,
  nicht die Gefahren all' …
Skatbrüder sind wir, die den Marx gelesen.
Wir sind noch nie so weit entfernt gewesen,
  von jener Bahn, die uns geführt Lassall'!

BERLINER LIEBE

Steht dir der Sinn nach Liebe in den Orten
Westend bis Köpenick:
dann senk den Blick
und unterscheide im Objekte die drei Sorten:

Da gibt es Frauen mit den Scheitelhaaren,
gepunztes Silber auf dem falschen Busen,
teils im Reformkleid, teils in Eigenblusen,
die einmal – ach, wie weit! – fast reinlich waren
(jetzt dunkelweiß).
       Bei Sturm und Regen
gehn diese gern durch Wald und Flur allein,
das Lodenhütchen keck auf einem Ohre,
und sprechen mit sich selbst und mit Tagore …
Soll die es sein –?
Sie sagen Feuilletons, eh man sie legt.
Sie sind sehr edel.
       Aber nicht gepflegt.

Da gibt es solche, unten rum aus Seide,
im samtnen Mantel mit dem Waschbärkragen –
nach ihren Eltern mußt du sie nicht fragen.
Sie ist euch treu – und so liebt ihr drei beide.
Groß ausgehn nennt der Fachmann dein Getue.
Führ sie ins Kino, ins Theater ein!
Sie tanzt den neusten Schritt, kennt alle Paare,
hat jeden Monat frisch gefärbte Haare …
Soll die es sein –?
Sie spricht nicht viel.
Doch was sie spricht, ist Kitt.
Und sie nimmt alle süßen Ecken mit.

Willst du die Jüngerin Thaliens küren?
Sie offenbart, wenn sie mit dir im Bund ist,
was ihr Direktor für ein Schweinehund ist:
er wollt sie alle in Versuchung führen –
Das tät sie nie. (Fast nie.)
       Es rinnt die Rede:
Von Proben, Premerieen, Klatscherein –
sie meistere Spiel und Sprache wie nur wenige,

sie spiele Olala und Iphigenie …
Soll die es sein –?
Beim Papa Rickelt! Süß in allen Phasen:
Sie liebt.
       Und bringt dich zeitig untern Rasen.

So geh, du Liebeswanderer, von Haus zu Haus.
Berlin ist groß.
       Nun such dir eine aus!

DISSEPLIN MUSS SIND!

Bei uns uff de Wache herrscht eine hehre
und durchaus preußische Atmosphäre.
    Klopf du nur ganz schüchtern – wir sehn dich bloß an!
Wir sind deine Herrscher – da gibts nichts zu mucken.
Du hast dich bescheiden vor uns zu ducken.
    Den möchten wir sehen, der uns was kann!
      Beschwerden? Verfassung? Mensch, daß ich nicht lache!
      Bei uns uff de Wache?

Wir lassen alle Dienstmädchen zittern
bei uns uff de Wache – in Zornesgewittern
    fühlen wir, wie süß eine Amtsgewalt ist.
Wie schön, wenn vor Furcht aller Herzen pochen.
Wir haben noch Potsdam in den Knochen –
    Rekrut ist uns jeder Zivilist.
      Der preußische Aar? Schon schrein wir: Na Sache!
      Bei uns uff de Wache –!

Ob Sipo, ob Schupo, ob Hundertschaften –
wenn wir uff de Wache mal einen verhaften,
    der hat nichts zu lachen. Wir rühren ihn nicht an!
Wir sind korrekt, muß einer mal sitzen –
korrekt bis in unsre Fingerspitzen,
    indem man uns nichts beweisen kann.
      Und ist unser Chef noch so sozialistisch:
      wir sitzen an unserm alten Kommißtisch
        und sind eine Welt unter traulichem Dache
        bei uns uff de Wache!

ZEITUNGSSTREIK

Bumsstill stehn alle Rotationsmaschinen.
Der Abonnent ist mächtig konsterniert.
»Mama, ist denn kein Morgenblatt erschienen?«
Was nicht gedruckt ist, das ist nicht passiert.
Der Setzer schnupft. Und im Verhandlungssaal
palawern mit entsetzlich ernsten Mienen
die Syndikate Reden ohne Zahl.
Bernhard stirbt an versetzten Leitartikeln,
die er schon alle, alle fertig hat –
    Stell auf den Tisch die duftenden Aurikeln!
        Heut kommt kein Blatt!

Wie sind die Kritikieker zu bedauern!
Der Mime mimt. Die Rampenlampe zuckt.
Und aller Geist muß nun im Schub versauern,
indem den Mostrich leider keiner druckt.
Der Jhering kann den Rotters nun nicht wehren,
kein Engel singt, kein Falke legt ein Ei –
    Stell auf den Tisch die schönen Preißelbeeren!
        Wie einst im Mai!

Und alle, alle harren dumpf im Ruhstand.
Auf ein Mal ist die Welt so freundlich still.
Wie lange währt der himmlisch-schöne Zustand?
Bis der Maschinensetzer wieder will.
Dann geht es los, und alles rast im Fieber,
und unser Haushalt kriegt Papier, zu seinem Glück ...
Stell auf das Tischlein den Jelängerjelieber!
    Und ist die kleine Pause mal vorieber,
        denk ich noch oft, noch oft an sie zurück –!

KARLS LETZTER PUTSCH

Ein fescher Trottel mit der samtnen Kappen,
so möcht das durch die Weltgeschichte tappen –
denn außer Kaiser hat er nichts gelernt.
Am liebsten tät er alleweil regieren.
Geh her – man muß ihm gar net ignorieren!
Nur schade, daß kein Henker ihn entfernt.
Das schickt Millionen in die Schützengräben,
schreibt faule Briefe und bleibt selber leben
und zappelt heute noch dem Throne zu ...
Servus du –!

Die Majestät kam leider stark herunter.
Einst ging die Sonne in dem Reich nicht unter.
Heut steht ein Dollar hoch am Firmament.
Die Krone fiel. Und fällt und fällt aufs neue.
Der Wiener hält der Republik die Treue –
und Horthy kämpft als Karlchens Konkurrent.
Das Zepter, das einst so viel Macht verlieh
schwingt Habsburgs letzter reisender Kommis.

Karl Huckebein – Sie sind gewiß dramatisch.
Ach, lieber Herr, du bist uns so sympathisch,
und du hast tausend Freunde auf der Welt:
Das ganze Volk der Schlächter und Soldaten,
Blutspekulanten, arbeitslose Potentaten –
sie warten alle, wie dein Würfel fällt.
Sie warten alle auf die großen Zeiten,
wo Generale übers Brachfeld reiten,
wo Proletarier wieder stumm verrecken,
wo Taschen wieder voll von Geldern stecken,
wo Reklamierte Siegestore meißeln,
wo Stäbe wirken wie die Gottesgeißeln ...
Was sich heut grollend ins Zivil geduckt hat,
weils Gott der Herr im Zorne ausgespuckt hat:
das alles winkte dir voll Hoffnung zu.
Heil dir im Siegerkranze!
Servus du –!

BRUNNER

Ein Amor klopfte an ein Hosentürchen,
    doch niemand rief: »Herein!«
Und nun entflattert leise das Figürchen
    und ließ den Mann allein.
    Der sieht die Nacktheit und geniert sich.
    Er möcht ja gern der Venus nahn,
    doch was sich liebt, das konfisziert sich.
    Es liegt ein Brunner an der Lahn.

Als Knäblein hat er schon – wie an mein Ohr kam –
    in seinem Bibelband,
gezählt, wie oft da ›zeugen‹ vorkam –
    und was er sonst noch fand.
    Die Bilder, die dem Reinen rein sind,
    verwehrt er heut dem Untertan,
    stellt fest, wofür wir noch zu klein sind –
    und denkt, ganz Deutschland liege an der Lahn.

Wer seine Nase nur in Schweinerein steckt,
    verliert das Gleichgewicht.
Wenn auf den Blättern auch die Frau das Bein streckt:
    uns stört das weiter nicht.
    Was schert uns frohe und gesunde Esser
    denn Seine Impotenz, der Herr Professor!
    Da soll doch gleich …!
                   Die Putten fliegen.
    Hell seh ich Aphroditen liegen.
Sie lächelt: »Tiger, laß ihn gehn!
Er kennt mich nicht. Er hat mich nie gesehn!«

BERLINER SONNTAG

Und Gott schickt über uns das Wochenende.
Da legt Berlin in manchen Schoß die Hände
        und ruht sich aus.
Herr Stegerwald dehnt sich in seinen Kissen –
heut braucht er weniger noch als einst zu wissen
        vom Landtagshaus.
    Nur Geßler will die Wochenarbeit machen:
    und schlummert sanft. Und alle Leutnants lachen.
In eine Judenfahne siehst du schneuzen
Herrn Wulle – und er ruht auf Hakenkreuzen.
        Kein Pressechef hat heut zu tun.
        Die Enten quaken fern:
        Am heiligen Sonntag sollst du ruhn –
        Dies ist der Tag des Herrn!

Und alle Rotters sind zum Lunch versammelt.
Denn ihre Läden sind mit Recht gerammelt
        und proppenvoll.
Wer möchte sonntags Mime in Berlin sein?
Selbst Bassermann muß zwei Mal auf dem Kean sein –
        verdammt, Apoll!
    Hollaender spricht, bis sich Amt Norden heiß läuft.
    Der dicke Nelson spielt, bis ihm der Schweiß läuft.
    Die Kinos schnurrn, daß sich die Kassen biegen.
    Die blonde Emmy bleibt im Bett gleich liegen.
        Denn zuviel Liebe macht immun,
        und deshalb schläft sie gern.
        Am heiligen Sonntag sollst du ruhn –
        Dies ist der Tag des Herrn!

In allen Häusern pruzzelt Mittagessen.
Das Stück Emilie hat das Obst vergessen –
        die Hausfrau tobt.
Und unter ihren Tisch mit Sauersüße
streckt die Familie ihre großen Füße
        Gott sei gelobt!
    Max schreit, weil Susi Onkel Hans verteidigt,
    die Tante Lo ist überhaupt beleidigt ...
    Die Stimmung wächst mit jedem Widerstande;
    hier siehst du, was das heißt: Familienbande.

So feiert diese Menschheit nun
auf unserm Erdenstern …
Am heiligen Sonntag sollst du ruhn –
Dies ist der Tag des Herrn!

AUSVERKAUF

Aus Liverpool ein Kindermädchen,
aus Dijon ein Herr Sous-Präfekt,
ein Arzt aus einem Belgierstädtchen,
aus Lund ein Mann, der Kuchen bäckt –:
    So strömt herbei, ihr Völkerscharen,
    gelockt durch Deutschlands Plackerei,
    und kauft die besten Luxuswaren …
    't kost' ja nischt –!
            Good bye!

Wer in Stockholm ein Heringsfischer,
puppt hier die Jöhren propper an;
in Boston noch ein kleiner Pischer –
und hier bei Horcher feiner Mann.
    Der Balkan speit die Menschenmassen,
    sie kaufen Tietz und Wertheim leer
    und trinken Sekt aus Untertassen …
    't kost' ja nischt –!
            Goeden dag, Mynheer!

Doch wie sie fahren, fliegen, laufen –
(an sie die Waren – uns Papier!)
sie wollen alles, alles kaufen …
Nur eines lassen sie uns hier:
    Holst du den Preußengeist hervor,
    dann ruft es aus dem Käuferchor,
    bei voller Konsumentensperre:
    »Mais non, monsieur! God dag, min herre!
    Behaltet die Kommißtornister!
    Die Staatsanwälte, Wehrminister!
    Buon giorno, signorina!«
Und schließlich – unter uns Berliner:
Wie recht haben sie, uns das zu lassen!

Der Stiefel will sonst keinem passen.
Die Welt bläkt ihre Zunge: Bö –!
't doogt ja nischt –!
    Good morning, Sir!

JAGOW VORM REICHSGERICHT

Wer hier in Deutschland etwas Protektion hat,
dem wird kein Sträflings-Kahlkopf je rasiert.
Paß auf: man läßt ihm einundzwanzig Monat,
damit er den Justizschwank gut probiert.
    Der Kommunisten Posten, Wasserträger
    sperrt man am liebsten vorm Delikte ein;
    die Toller-Leute leben wie die Neger ...
    Ich bin ein Preuße, will ein Preuße sein –!

Das klönt von Bolschewismus, der nicht da war,
das hat auf Ebert den Patrizierzorn;
wenn da nur Drahtverhau und viel Hurra war:
sie in Büros – und die Soldaten vorn.
    Auch Ludendorff – bei welchem Reinfall darf der fehlen! –
    ergänzt den Männerbund der frumben Seelen;
    und heute kannst du im Berichte lesen:
    Wie Lausejungen – keiner ists gewesen.
    Nicht mal zum Lügen hat das viel Talent!
    Und sowas war Regierungspräsident!

Was da verhandelt wird, ist ganz belanglos.
Sie hatten so viel Zeit – die armen drei!
Sie konnten eindreiviertel Jahre zwanglos
vertuschen – denn sie waren frei.
    Wenn von der kleinsten Nutte sie was munkeln,
    dann sperrt man Nutte, Louis, Kundschaft ein:
    es könnte sonst den Tatbestand verdunkeln –
    das muß beim Kapp-Putsch wohl nicht nötig sein.
    Und keiner traut sich, Ludendorff zu fassen,
    und Lüttwitz nicht und Kapp und Traub – die Massen,
    sie bleiben frei.

Nachtwächterstaat –!
Du säst dir eine schwarz-weiß-rote Saat.
Und die geht auf.
            Sie höhnen dich mit Recht.
Du bist durchaus von zwittrigem Geschlecht!
Der Leviné ist tot. Und Jagow meckert.
Du hast dich stets nur links mit Blut bekleckert –
die wirklichen Verbrecher henkst du nicht …
Was Leipzig! Kinderspiel und Reichsgericht!
Wir haben feste Monarchistenreihn –
und dann im Reichstag den Gesangverein.
Und so viel kluge Männer in der Politik.
Zufällig keinen Rex.
            Und keine Republik.

MEETING

Das ist nun so.
            Je freier und je nackter,
je mehr enthüllt das Herz sich. Offen liegt
beim Boxen und beim Lieben der Charakter
des Partners, der dich hüllenlos besiegt.

Die Trainer schreien. »Zeit!« Ihr streckt die Hände.
Ihr seid ein Knäul. Ein Wille. Ein Duett.
Die strengen Regeln treibens bis zum Ende
beim Boxen, liebe Frau, und auch im Bett.

Wie schön zu kämpfen und sich zu umfassen.
Da noch ein Druck und da ein Untergriff.
Und dann betäubt sich leise treiben lassen …
Der Richter gibt den ersten Pausenpfiff.

Der nächste Gang. So gib, du, gib dein Letztes.
Ich fühle lebensnahe, glatte Haut …
Aus Tiefen springt dein Herzblut, und dann netzt es
mich weich – wie bist du mir vertraut!

Wo bist du, Welt?
            Die Erde soll versinken.
Es hüllt der Kampf uns, tief bewußtlos, ein.
Und meine trocknen Lippen wollen trinken.
Ich hasse dich. Doch du mußt bei mir sein.

Die Gruppe löst sich.
                    Und die Trainer wettern.
Der Richter winkt. Das Publikum kann gehn.
Und morgen stehts in allen großen Blättern:
»Jolanthe / Tiger –
                    Ausgang: 10 zu 10.«

ALLALAH
TÜRKISCHE WACHTPARADE

Mittags ist's, am Bosporus, da schmort die Türkenstadt.
Allalah! Allalah!
Jeder Moslem löffelt Eis und liest sein Mittagsblatt.
Allalah! Allalah!
Die Haremsdamen sielen sich, die Herrn Eunuchen fühlen sich.
Ei ei, ei ei, ei ei, ei ei!
Du siehst auf jedem Deeze die dunkelroten Feeze.
Wer den längsten hat, wer den längsten hat, der ist ein Bey.
Was gibts da auf den Gassen, welch Lärm auf allen Straßen?
Und Trommeln, und Trommeln,
und Trommeln, Trommeln, Trommeln.

Allalah! wer tommt denn da?
Wer tommt denn da marschiert?
Mädchen, geh mir nicht so nah,
bleib auf dem Trottoir, daß nichts passiert!
Allalah! Wer tommt denn da?
Wer tommt denn da marschiert?
So kommen sie kurz getreten
und ziehn von Sieg zu Sieg
mit Pauken und Trompeten,
die türkische Musik!

Von den Klängen ganz begeistert strömt das Volk zu Hauf.
Allalah! Allalah!
Selbst der dicke Pascha Pinkus hört zu pokern auf.
Allalah! Allalah!
Die Autobusse stauen sich, die Straßenjungen hauen sich.
Klipp-klapp, klipp-klapp, klipp-klapp, klipp-klapp!
Der Dieb auf seiner Toure ist scharf auf Pompadoure.

Wer den längsten hat, wer den längsten hat, dem schneidt er'n ab.
Und selbst auf den Behörden die Beamten munter werden
von den Trommeln, den Trommeln,
den Trommeln, Trommeln, Trommeln.

Allalah! wer tommt denn da?
Wer tommt denn da marschiert?
Mädchen, geh mir nicht so nah,
bleib auf dem Trottoir, daß nichts passiert!
Allalah! Wer tommt denn da?
Wer tommt denn da marschiert?
So kommen sie kurz getreten
und ziehn von Sieg zu Sieg
mit Pauken und Trompeten,
die türkische Musik!

So marschiert durch Stambuls Straßen buntes Militär.
Allalah! Allalah!
Und durch Zufall geht ihr Weg am Amtsgericht daher.
Allalah! Allalah!
Da oben führt ein Mägdlein keß 'nen Alimentationsprozeß
um ein Kind, um ein Kind, um ein Kind, um'n Kind.
Und die Parteien beide, die schwören dicke Eide.
Wer den längsten hat, wer den längsten hat, na, der gewinnt.
Der Richter sagt: Kein Theater! Wer ist denn hier der Vater
und trommeln, und trommeln,
und trommeln, trommeln, trommeln.

Allalah! wer tommt denn da?
Wer tommt denn da marschiert?
Die ganze Kompanie ist hier Papa,
o Mädchen, bliebst du lieber da, wär's nicht passiert!
Allalah! Wer tommt denn da?
Wer tommt denn da marschiert?
Wo die mal hingetreten,
gewinnen sie den Sieg
mit Pauken und Trompeten,
die türkische Musik!

DIRNDL-LIED

Heute, da wechseln die Damenmoden gar so schnell,
was ein tücht'ger Schneider sieht, das wird ihm zum Modell.
Wer hat im Sommer die neueste Mode für Deutschland uns kreiert?
Na, meine Herren, was meint ihr wohl, wen hat man da kopiert?
Hoch auf den Bergen, da gibt's keine Sünd' und keine neue Zeit,
da trägt die Senn'rin, das liebliche Kind, ihr altes und schlichtes Kleid!

Juhu! Juhu, mein Kind, das kannst auch du.
Zieh doch dein Dirndel an vom Tegernsee,
daß ich dich küssen kann im grünen Klee!
Denn so ein Dirndelkleid ist angenehm:
Das sitzt dir vornerum,
das sitzt dir hintenrum,
das sitzt dir überall bequem.
Juhu!

Hast du ein älteres Sofakissen, hüt es sehr!
Und ein Stück Gardinenstoff, gib her, gib alles her!
Hast du noch einen Kindbetthimmel, heb' ihn ordentlich auf
und nen gebatikten Lampenschirm, näh ihn drauf, näh ihn oben drauf!
Setze nur munter so Flicken an Fleck und ein Mieder irgendwo.
Lachen die Leute, dann sage nur: Heute, da gehn die Bauern so!
Juhu! Juhu, mein Kind, das kannst auch du.
Zieh doch dein Dirndel an vom Tegernsee,
daß ich dich küssen kann im grünen Klee!
Denn so ein Dirndelkleid ist angenehm:
Das sitzt dir vornerum,
das sitzt dir hintenrum,
das sitzt dir überall bequem.
Juhu!

Geht mal die fette Kommerzienrätin nach Saint Maurice,
zieht sie sich ein Dirndel an, da wird selbst den Bergen mies.
Alle die Mädels vom Ort, die gehn natürlich in Zivil,
nur die dicke Kommerzienrätin geht im echten Bauernstil.
Auf solchen Busen der älteste Mann im Dorf sich nicht besinnt,
vorne die Perlen verkünden den Kerlen ein echt's Tirolerkind!
Juhu! Juhu, mein Kind, das kannst auch du.
Zieh doch dein Dirndel an vom Tegernsee,
daß ich dich küssen kann im grünen Klee!

Denn so ein Dirndelkleid ist angenehm:
Das sitzt dir vornerum,
das sitzt dir hintenrum,
das sitzt dir überall bequem.
Juhu!

FANG NIE WAS MIT VERWANDTSCHAFT AN!
Zur Erinnerung an die Sonntage meiner Jugend!

Alles ist schon dagewesen:
Zulukaffern, Filmchinesen,
Asien, Amerika.
Die Geschäfte sind dieselben
bei den Schwarzen wie den Gelben;
bist du flink,
dann drehst du jedes Ding
und stehst als Obermime da.
Nur einen Volksstamm gibt es hier auf Erden
mit dem kann kein Mensch richtig fertig werden.
Fang' nie was mit Verwandtschaft an,
denn das geht schief, denn das geht schief!
Sieh lieber dir 'ne fremde Landschaft an,
denn die Familie wird gleich so massiv.
Und seist du auch ein Landesfürst,
du sollst mal sehn, mein Sohn, wie klein du wirst.
Fang' nie was mit Verwandtschaft an,
dann bist du wirklich glücklich dran.

Deine Frau hat, Gott behüte,
zwei garnierte Winterhüte.
Schon platzt deine Schwägerin.
Onkel Max und Tante Fiechen
können sich nun mal nicht riechen.
Großmama
sitzt alle Tage da,
du stehst im Testamente drin.
Siehst du den Nachlaß voller ernster Weihe,
dann hast du nichts wie lauter Kriegsanleihe.

Fang' nie was mit Verwandtschaft an,
denn das geht schief, denn das geht schief!
Sieh lieber dir 'ne fremde Landschaft an,
denn die Familie wird gleich so massiv.
Du sitzt in der Mischpoche Schoß,
die lieben Leute wirst du niemals los.
Fang' nie was mit Verwandtschaft an,
dann bist du wirklich glücklich dran.

Geht die ganze Welt auch unter,
die Familie frisch und munter
bleibt uns, wie man erzählt.
Alle sitzen am Äquator,
Schwiegermutter als Diktator,
Großpapa
mit allen Babys da,
und nur ein einz'ges Mitglied fehlt,
denn auf dem Nordpol im kleinen Stübel
sitzt die Tante und nimmt übel.
Fang' nie was mit Verwandtschaft an,
denn das geht schief, denn das geht schief!
Sieh lieber dir 'ne fremde Landschaft an,
denn die Familie wird gleich so massiv.
Denn so von Herzen hundsgemein,
kann auf der ganzen Welt kein Fremder sein.
Fang' nie was mit Verwandtschaft an,
dann bist du wirklich glücklich dran.

MIR IS SO MULMIG UM DIE BRUST

Sah ich im vorchten Jahr im Rinnstein mal zwei Dackeln,
die sich beschnuppern und mit ihre Schwänzchens wackeln –
wat is denn det? Wat is denn det?
Ick hatte keinen Schimmer von jeheime Sachen –
ick wußte jahnich, was die kleinen Hundchens machen,
nu weeß ick et, nu weeß ick et.
Denn da kam die lange Frieda,
die Frieda, die Frieda,
die weiß immer sone Lieda,

sone Lieda, sone Lieda,
weil ihr schon ein Herr beehrt,
und die hat mir uffgeklärt.
Mir is so mulmig um die Brust,
seit gestern Nacht,
mir is so zittrig um die Knie
seit heute früh,
mir is so komisch um die Hüften,
und die wern schon rund,
und manchmal ween ick wie
son kleener Schnullerhund.
Vielleicht ein Jahr, dann bin ick schon so weit,
verborgnes Veilchen in der Blütezeit.
In unse Stube wohnt Logis son langer Bengel,
der spielt mit meine Schwester immer Badeengel –
wat is denn det? Zu zweit ins Bett?
Doch Mutta sagt zu mir, ick soll ma man vakrauchen,
weil wir die Miete von den Schlafbursch nötig brauchen,
nu wußt ick et, nu wußt ick et.
Nachts träum ick von unserm Lehrer,
unserm Lehrer, unserm Lehrer,
der begehrt mir als Verehrer,
als Verehrer, als Verehrer,
und er hat nischt an wien Hemd
und denn fühl ick mir so fremd.
Mir is so mulmig um die Brust,
seit gestern Nacht,
mir is so zittrig um die Knie
seit heute früh,
mir is so komisch um die Hüften,
und die wern schon rund,
und manchmal ween ick wie
son kleener Schnullerhund.
Vielleicht ein Jahr, dann bin ick schon so weit,
verborgnes Veilchen in der Blütezeit.

Mein kleener Keesetäng is jahnich mehr vapickelt
und Frieda sagt, ick hätt zum Weibe mir entwickelt –
wat is denn det? Wat is denn det?
Ja, bei uns Fraun is diss die Zeit der vollen Reife,
und meine Schwester klau ick ihre Rosenseife,

un det Korsett, un det Korsett.
Lieber Gott, machs wie bei Susen,
bei Susen, bei Susen,
schenke mir 'nen dicken Busen,
'nen Busen, 'nen Busen.
Lieber Gott, ach mach mich schön,
ick soll uff' de Straße jehn.
Mir is so mulmig um die Brust,
seit gestern Nacht,
mir is so zittrig um die Knie
seit heute früh,
mir is so komisch um die Hüften,
und die wern schon rund,
und manchmal ween ick wie
son kleener Schnullerhund.
Vielleicht ein Jahr, dann bin ick schon so weit,
verborgnes Veilchen in der Blütezeit.

RASCHLE, RASCHLE, SEID'NER KIMONO

Glänzt der Fushijama nachts in Weiß,
bete ich zu Brahma heimlich leis'.
Mond scheint auf die Dächer still in Ruh,
unser bunter Fächer winkt ihm zu.
Raschle, raschle, seidner Kimono,
deine kleine Geisha sehnt sich so,
sie sitzt im Teehaus
und steckt den kleinen Zeh raus.
Singe, singe, kleiner Kolibri,
ferner Liebster, warum kommst du nie?
Kleine Geisha sehnt sich so,
und sie wäre wieder froh,
bist du bei ihr unterm Kimono!

Horch, wie durch die Bäume Windhauch lief,
Liebster, und ich träume opiumtief.
Yoshiwaras Gassen warten dein,
wollen dich nicht lassen, komm, sei mein!
Raschle, raschle, seidner Kimono,
deine kleine Geisha sehnt sich so,

in Nagasaki
nach ihren Kerls in Khaki.
Singe, singe, kleiner Kolibri,
ferner Liebster, warum kommst du nie?
Kleine Geisha sehnt sich so,
und sie wäre wieder froh,
bist du bei ihr unterm Kimono!

HYMNE AUF MEINEN HALBEN NAMENSVETTER FRIEDRICH

von Walter Hasenschiller

O, Fremdling, dunkler, klassischen Gemütes,
wie bin ich deiner Klassik zugetan!
Ich brenne im Schein deines Dichtergeblütes,
ich nenne dich Onkel, Vetter und Ahn!

Dich trug die Wolke – o schimmernder Name!
Manches Mädchen zerkrümelt an deinem Gefühl!
Wer machte dir seligste Zeitungsreklame?
O Wollust! O Rausch! O Premierengewühl!
Betäubender Beifall, zerstäubend zu Tropfen!
Unendlich im Raume vom Jubel umtost!
Ich möchte dir auf die Schulter klopfen,
ich protegiere dich, sei getrost!
Der Äther flammt von meinem Blute rosa.
Ein Schutzmann deklamiert den Monolog.
Ein Gymnasiast erscheint als Marquis Posa.
Wann war es, daß ich noch auf Jamben flog?
Ich schlinge mich um Himmel, Mond und Erde.
Ein jegliches erscheint mir als Symbol.
Ich bin, ich ward, ich wurde, und ich werde,
ich gurgele mit kosmischem Odol,
ich putze mir die Zähne metaphysisch.
Mein Fühlen überschwemmt den Horizont.
Das Caféhaus erscheint mir sanft elysisch.
Vor mir die Welt liegt da in schwarzem Blond.
Ich greife zur ekstatischen Gebärde,
ich stoße hymnisch hoch in steiler Bahn.
Wir Dichter sind das Salz, das Schmalz der Erde!
Ich grüße, Vetter, dich im Aeroplan.

1922

NEUJAHRSGRUSS
AN DIE GEISTIGEN DEUTSCHLANDS

Blickt her!
      Ihr kamt ins leise Gleiten –
die alte Zeit, sie winkt und winkt …
Ihr dürft euch über Stile streiten,
indes ihr immer tiefer sinkt.

Im Schrank hängt noch ein guter Sakko,
im Bord steht noch ein Lederband.
Einst saht ihr noch die Sadda Yacco,
ihr wußtet, wo Mentone stand.

Und immer kleiner wird die Wohnung,
und immer kleiner wird der Kreis.
Uns alle fleddert ohne Schonung
des Unternehmers Hungerpreis.

Wann habt ihr aus den stickigen Lüften
zum letzten Male ausgespäht?
Was wissen wir von fremden Düften,
von dem, was draußen vor sich geht?

Kommiß. Kommiß. Und Bürokraten.
Er hats geschafft, der Militär:
Vom Volk der Denker und Soldaten
nimmt keiner einen Knochen mehr.

Ihr repetiert die alten Lieder
zum Überdruß. Die Muse schielt.
Ein sanfter Balkan senkt sich nieder,
in dem ihr keine Rolle spielt.

Der starke Händler sitzt am Ruder,
die Finger dick, den Nacken feist.
Du bist ein, bleibst ein armes Luder,
auch wenn du hübsch zu schreiben weißt.

Und Frauen, Blumen, Weltenräume,
sie blühn für den, der stärker war.
Schlag, Künstler, deine Purzelbäume!
Du bist nicht mehr. Es fliehn die Träume …
In diesem Sinn:
        Ein frohes Jahr –!

DER KLEINE HUND AN DER ECKE

Da stehst du wie ein kleines Gummischweinchen
und gehst auf deinen dicken Batterbeinchen
    recht zittrig um den großen Mann herum.
Mama war Ziehhund. Doch du seist von Rasse,
sagt jener (er ist schlecht bei Kasse) –
    du bist so klein … man gab dir so viel Rum …
        Und manchmal nimmt er dich an sein Jackett.
        Nachts liegst du ganz bescheiden unterm Bett.

Du kommst, wenns gut geht, zu der feinen Dame,
die so schön riecht; Frau Mimi ist ihr Name.
    Sie liebkost dich – besonders süß vor Herrn.
Und du hörst alles, was sich da vollziehn wird,
und wie zum Hahn auf einmal ganz Berlin wird,
    denn ganz Berlin hat deine Herrin gern.
        Wie sie auch haucht, verlöschend, im Falsett …
        Du liegst bescheiden unter ihrem Bett.

Und du hörst abends, wenn Madame zur Ruh geht,
von ihren Herrn, wie es im Leben zugeht –:
    wie man dem Regisseur ein Ding gedreht.
Du hörst von düstern Polizeimysterien,
von allem Klatsch aus allen Ministerien,
    und wer zu Haniel konferieren geht.
        Da staunste, Kleener? Siehste, so fluscht det …!
        Und du liegst ganz bescheiden unterm Bett.

Merks dir genau! Spitz deine kleinen Ohren!
Sonst geht dir noch der letzte Tip verloren –
    hoch auf dem Nachttisch raschelt ein Papier …

Der Reichstag und die Presse? Liebes Kleinchen,
guck sie verächtlich an und heb ein Beinchen!
   Das wahre Leben hast du nur bei ihr.
      Fassaden sind nur Falle und nie wichtig.
      Mit einer klugen Frau spricht jeder richtig.
      Du hörst im Dunkel leis die beiden Stimmen …
      Du witterst, daß da Zigaretten glimmen …
      Da, da lügt keiner. Da ist jeder ganz honett.
      Das Ding an sich: du hörst es.
                      Unterm Bett.

DER SELIGE NOSKE

Es ist ja beinah Leichenschändung,
wenn man dir, Gustav, eine klebt.
Du sprichst von deiner neuen Sendung …
Eisner ist tot.
        Und sowas lebt.

Die Hände in den Hosentaschen,
hältst du noch einmal Instruktion.
Hast du die Finger dir gewaschen?
Sie sind noch rot … Du weißt, wovon.

Nochmal? Nach dieser Kapp-Blamage?
Nochmal? Und wieder mit Hurra?
Die Unteroffiziersvisage
hat jeder dick – Mensch, bleib bloß da!

Blamier nicht die Parteikollegen!
Du Bendlerstraßensozialist!
Geh in Pension mit Gottes Segen!
Wohl dir, daß du Beamter bist!

Brutal und roh zu den Genossen,
beschubst von jedem Lieutenant –
so hast du deutsches Blut vergossen.
Das Maul: dein Rex. Format: Sergeant.

Dann wurden die Kadetten tätlich.
Und Gustav fuhr ums Morgenrot ...
Bleib in Hannover. Nähr dich redlich.
Und iß nur, garantiert unschädlich,
dein wohlverdientes Gnadenbrot –!

EISENBAHNERSTREIK

Unnötig.
　　　　　Aber ohne jedes Recht.
Die Frau, die Kinder wollen Schuhe.
Wißt ihr, wie solcher Dienst den Körper schwächt?
Tag-, Nachtschicht und das bißchen Ruhe.

Ja, standet ihr schon mal am Führerstand?
Der Kessel glüht – es ziehn die Winde.
Heiß-kalt, kalt-heiß wird seine Führerhand ...
Wo ist sein Sinn? Bei seinem Kinde?

Wo ist sein Sinn? Die Augen spähn: »Fahrt frei!«
Er darf nicht einen Griff versäumen.
Er sieht das Vorsignal und Weiche III –
Ihr könnt auf weichen Polstern träumen.

Wollt ihr nicht sichere Fahrt durch euer Land?
Wie soll der Dienst tun mit den Sorgen?
Zweihundert Leben in der einen Hand –
und dieser Hand will keiner, keiner borgen?

Er hats nicht leicht der Mann vom Flügelrad.
Stets droht der Tod. Er soll nicht ein Mal fehlen.
Ihr tuts für euch. Macht seine Kinder satt!
Wer fünf Milliarden für die Reichswehr hat:
der darf uns nichts von Sparsamkeit erzählen!

PROPHEZEIUNG

Natürlich kommt noch mal die Stinnes-Zeit:
mit Streikverboten, Posten an den Ecken,
mit Schwarz-Weiß-Rot und den Etappenrecken –
das kommt bestimmt. Nur ists noch nicht so weit.

Hoch oben Landwirtschaft und Industrie.
Handlangerdienste tut der kleine Bürger.
Der Großknecht war noch stets ein guter Würger
(nach unten hin) – er liebt die Monarchie.

Wie bläht sich dann der kleine Mittelstand!
Geschwollen blickt er auf zum Reichsverweser.
»Die Pazifisten? Und die ›Vorwärts‹-Leser?
Die Kerle müssen alle an die Wand!«

Potsdam steht auf. Hervor kraucht Prinz an Prinz.
Wer nicht pariert, der fliegt. Und es setzt Hiebe!
Jetzt bin ich Gottseidank Herr im Betriebe!
Der kleinste Koofmich fühlt: Ich bins! Ich bins!

Hol aus dem Mottenschrank die Uniform!
Für Klassenurteil, Haft, für feiles Morden
gibts Titel, Stellen, Rang und schöne Orden …
»Der Adler Erster« – so was hebt enorm!

Du, Proletarier, bist der tiefste Stein.
Auf dir wird immer feste druff getreten.
Das putzt die Stiefel sich an dem Proleten –
Und jeder, jeder will ein Cäsar sein.

Poincaré? Wir ziehen übern Rhein!
Und über die Verfassung (altes Möbel!)
grinst bayerisch-preußischer Soldatenpöbel.
Und dann das schöne Plus, das da erzielt wird!

Wann, Deutschland, siehst du ein, was hier gespielt wird?
He, Republik –!
    Sie fährt empor, nickt, döst und schlummert wieder ein.

FRIDERICUS REX

Fridericus Rex, unser König und Herr,
der rief uns noch einmal in das Kino daher.
Zweitausend Meter lang ist der ganze Quark –
und jeder Parkettplatz, der kostet sechzehn Mark.

»Ihr verfluchten Kerls!« sprach seine Majestät,
»daß jeder hier im Kino seinen Mann mir steht!«
Sie sitzen alle stramm und können nichts dafür
und freuen sich übern König und über Gebühr.

Wir sind doch eine alte Unteroffiziernation
und wir brauchen unsre Potsdorfer Prügeltradition.
Kotz Mohren, Blitz und Kreuz-Element,
wer den Tritt ins Gesäß bei der Ausbildung nicht kennt –!

Da fliegen hundert Beine im Parademarsch.
Und das kitzelt unsre Schenkel, und das juckt uns im Gehirn.
Die langen Kerls marschieren vorbei in zwei Reihn –
Wir wollen, wir wollen geprügelt sein!

Sieh hin, Lowise, wisch ab dein Gesicht!
Eine jede Kugel, die trifft ja nicht.
Die Kugeln sind alle von Eisen und Blei –
und er kannte nur den Dolchstoß und keine Partei.

Fridericus tut fragend auf der Leinwand gehn.
»Wo ist denn mein Nachfahr? – ich kann ihn gar nicht sehn.«
Wie du fuhr nach Holland dein gutes Enkelkind,
weil die Hohenzollern erblich belastet sind.

Fridericus, unser König, den der Lorbeerkranz ziert,
du wirst für eine kolossale Pleite plakatiert.
Dreh still dich im Grabe, verbirg dein Gesicht:
Sie haben deinen Krückstock.
            Deinen Kopf haben sie nicht.

VORN AN DER RAMPE

Man ist sehr streng in unsern Orten,
dem Staatsanwalt kann nichts entgehn ...
Drum sprech ich nur in halben Worten –
wer Bildung hat, wird mir verstehn!

Herr Edschmid, eins der größten Lichter,
tut stark an der Grammatik drehn.
Doch gibts noch ville schönre Dichter ...
Wer Sternheim kennt, wird mir verstehn.

Ein Sprichwort ist in jedem Falle
gut angebracht und wunderschön:
»Die Dummen werden niemals alle.«
Wer Consols hat, wird mir verstehn.

Der falsche Wilhelm ziert die Haare
der Damens, die auf Bälle gehn.
Und doch ist Einfachheit das Wahre.
Wer Holzbock kennt, wird mir verstehn.

Wie keusch war früher die Soubrette!
Heut kannste so viel Akte sehn –!
Ich lieb nur noch in Balltoilette ...
Wer Cellyn kennt, wird mir verstehn.

Wenn einer eigne Ideen hat,
dann schreit bestimmt ein Knickebeen,
daß es das alles schon gesehn hat –
wer Jeßner kennt, wird mir verstehn.

Ein Frauenarzt, der nichts verratzt hat,
kann sich ne Villa kaufen gehn,
weil er sein Geld zusammengekratzt hat.
Wer Bildung hat, wird mir verstehn.

Soll ich von Polletike singen
und sagt S. J.: »Nu mach mal een!« –:
denk ich an Götz von Berlichingen.
Wer Bildung hat, wird mir verstehn –!

KÄHNE

Du dämlicher Hund liegst blutend im Wald.
Ein preußischer Adliger machte dich kalt.
Zitternd stand dein Junge dabei –
Mensch, du warst Nummer 103!
Wälz dich im Dreck – aber mach keine Szene.
Auf dich schoß nicht schlecht
waidgerecht
            Kähne.

Das treibt er seit fünfzehn Jahren so.
Die braven Sonntagsausflügler sind froh,
wenn sie an seinem Anstand vorbei.
Einen Schritt zu weit – Schuß, Fall, Geschrei.
Der schießt aus Notwehr den Fraun in die Beene.
Weil er bedroht wär.
Immer in Notwehr.
            Kähne.

Mit Landrat und Richtern im Amtsgestühl
Zusammengehörigkeitsgefühl.
Kein Gendarm, kein Landjäger siehts.
Herr Hauptmann schießt auf die ganze Justiz.
Hat Waffen, Freiheit, Helfershelfer
von Potsdam bis Petzow …
Wozu das Gebelfer?

Ihr laßt euch peitschen von solchem Kujon?
Versammelt euch. Redet. Resolution.
Macht Justizreformierungspläne …
Gibt es im ganzen Lande so weit
keine, keine Gerechtigkeit –?
            Kähne.

AN DIE BERLINERIN

Mädchen, kein Casanova
    hätte dir je imponiert.
  Glaubst du vielleicht, was ein doofer
Schwärmer von dir phantasiert?
Sänge mit wogenden Nüstern
Romeo, liebesbesiegt,
würdest du leise flüstern:
»Woll mit die Pauke jepiekt –?«
Willst du romantische Feste,
gehst du beis Kino hin …
    Du bist doch Mutterns Beste,
    du, die Berlinerin –!

Venus der Spree – wie so fleißig
liebst du, wie pünktlich dabei!
Zieren bis zwölf Uhr dreißig,
Küssen bis nachts um zwei.
Alles erledigst du fachlich,
bleibst noch im Liebesschwur
ordentlich, sauber und sachlich:
Lebende Registratur!
Wie dich sein Arm auch preßte:
gibst dich nur her und nicht hin.
    Bist ja doch Mutterns Beste,
    du, die Berlinerin –!

Wochentags führst du ja gerne
Nadel und Lineal.
Sonntags leuchten die Sterne
preußisch-sentimental.
Denkst du der Maulwurfstola,
die dir dein Freund spendiert?
Leuchtendes Vorbild der Pola!
Wackle wie sie geziert.
Älter wirst du. Die Reste
gehn mit den Jahren dahin.
Laß die mondäne Geste!
    Bist ja doch Mutterns Beste,
    du süße Berlinerin –!

BÜRGERLICHES ZEITALTER

Ach, Muse, pack die rote Fahne ein!
Und roll sie säuberlich zusammen.
Die alten Ideale tu darein –
die können keinen mehr entflammen.
Die Barrikade und der Aufruhrschrei:
das ist vorbei.

Die Internationalen prügeln sich.
Ums Marx-Bild flicht die Immortellen.
Revolutionen werden bürgerlich,
der Geist fuhr in die Lohntabellen.
Es kloppen viele fürs Proletariat
den Danton-Skat.

Und während mild sich kabbeln die Partein
und Weltreformer teutsch und indisch quarren:
schluckt ein Kartell den ganzen Laden ein
und lächelt über hunderttausend Narren.
Dem Staate bleibt ein Pleitemonopol
und das Symbol.

Pust, großer Heros, deine Fackel aus!
Die Zeit braucht keine Helden – nur Beamte.
Verkriech dich in dein Mietskasernenhaus,
zu dem dich Gott (und ein Konzern) verdammte.
In Überlebensgröße schreiten
hoch über uns die Mittelmäßigkeiten …
Chronos, zurück! Mit deinen Horenschwestern!
Der Stil von morgen ist der Stil von gestern.
Adieu, adieu – Geist, Weimar und Idol!
Lebt wohl! Lebt wohl.

RUSSISCHE KONKURRENZ

Ein Opfer ohne Waffen auf dem Podium,
davor ein Kerl von zweifelhaftem Odium,
Revolverzielen wie auf eine Scheibe,
danach ein Fangschuß bei lebendigem Leibe:
Ein solcher Auftritt und sein Held –
das wird bei uns im Hause hergestellt.

Die Russen auch?
                          Der Monarchismus streckt die Hand vor ...
Der Staatsanwalt besichtigt rote Flecken:
er kann nur Totschlag – keinen Mord entdecken.
Die jungen Helden werden sehr beliebt sein.
Und die Geschworenen werden sehr gesiebt sein.
   Geringe Strafe. Freispruch. Mordshallo.
   Das machen wir zu Hause grade so.

Nur eines will ich keineswegs begreifen:
Ein Monarchist, der schießt, muß doch wohl kneifen –!
Und der da stellt sich dem Gericht!
Er flieht nicht – und er leugnet nicht!
Und er gesteht die ganze Tat!
Tut so ein Offizierssoldat?
O Russe mit den Zarenorden!
Lern du bei unsern Deutschen morden!
Wir brachten viele um die Ecke:
318 ist die Strecke.
Der Monarchist schießt, lügt, reißt aus
und kauft in Bayern sich ein Haus.
Das hast du nicht so schön gekonnt ...
Totschlag gefällig?
                          Germans to the Front –!

SCHAUFENSTERMORAL

Wir haben im Land eine Polizei,
die hat weiter nichts zu tun,
als nachzuschnuppern, wie das wohl sei
unter Seide und unter Kattun.
Sie konfisziert, damit nichts entschlüpft,
Gummi-Zeug, Tizian und Film.
Der Brunner pfeift, und der Richter hüpft –
ganz wie unter Kaiser Wilm.

Vor dem Schaufenster steht ein einsamer Mann,
ein moralischer Fetischist.
Die ganze Erotik geht ihn nichts an,
weil er Selbstversorger ist.
Und er sieht da Zigarettenetuis
mit Busen und sonst noch was
und kitschigen Damen im Paradies …
Und der Mann hat Sehnsucht und keinen Kies –
und daher ärgert ihn das.

Und er meldets.
        Und aus den Gebüschen bricht
Staatsanwalt, Akademie,
Polizeipräsidium und Amtsgericht –:
alles von wegens Etui.
In Berlin brechen nächtlich hundert Mann ein,
und der Wucher ist völlig immun.
Aber darum bekümmert sich kein Schwein …
O Herr! Vergib den Behörden dein!
Denn sie wissen nicht, was sie tun –!
        Amen.

EIN BLICK ...

Du latscht auf deinen langen Storchenbeinen
durchs Zimmer hin. Was hast du, Conrad, heut?
Guckst auf die Uhr. Willst unbefangen scheinen.
Und siehst mich nicht. Und bist so sehr zerstreut.
Du putzt dir deine Zähne ... Reiner Kragen ...
Du manikürst dich mit Genauigkeit ...
Ein Blick sagt mehr, als tausend Worte sagen:
ich seh dich einmal an und weiß Bescheid.

Und bleib allein.
          Und kram in meinen Taschen
und finde deutsches Reichsbanknotengeld,
und auch ein Fetzchen tut mich überraschen
von dem Papier, das eine Rolle hält.
Zwei Sorten von Papier ... Ich will sie fragen:
»Ob ihr wohl beide so verschieden seid –?
Ein Blick sagt mehr, als tausend Worte sagen:
ich seh euch einmal an und weiß Bescheid!«

Und der du dies hier liest, du wohlgesinnter
und guter Leser:
          Steuern nehmen zu.
Der eine zieht sie vor, der andre hinter.
Was, Abonnent und Käufer, tust nun du –?
Verdienst du auch: du brauchst nicht zu verzagen.
Du deklarierst nach Recht. Und Billigkeit.
Ein Blick sagt mehr, als tausend Worte sagen:
ich seh dich einmal an und weiß Bescheid.

FRÜHLING

Wir wandeln frühlingswindumfächelt.
Mein Freund, der Kritikaster, lächelt
und spricht: »Sieh in den Avenuen
            das junge Grün –!«

Ich sehs. Und seh dazu verwundert
zwei Mann aus der besondern Hundertschaft,
die so sipolitisch kühn –
            Das junge Grün!

Der Vater spricht, indes beim Kindel
sich mit der frischgefärbten Windel
die treuen Mutterhände mühn:
            »Das junge Grün –!«

Und draußen spielen junge Nuttchen
mit Emiln Vaterchen und Muttchen.
Nie kann die Liebe sich verfrühn
            beim jungen Grün.

Du hörst die preuß'schen Assessoren
im Wohnungsamte rumrumoren
und sich die Schnauze mild verbrühn …
            Das junge Grün –!

Auguste tief im Benz-Verdeckchen
hat hinten auf dem Kleid ein Fleckchen.
Vom Autowind die Bäckchen glühn …
            Das junge Grün –!

Und was ein Dollar und ein Pfund schafft,
das wünsch ich meiner alten Kundschaft:
Aus allen euern Käseläden
der größte Rebbach blüh für jeden,
so, wie die Heckenrosen blühn
            im jungen Grün –!

AUF EIN FROLLEIN

Gott Amor zieht die Pfeile aus dem Köcher,
er schießt. Ich bleib betroffen stehn.
Und du machst so verliebte Nasenlöcher …
Da muß ich wohl zum Angriff übergehn.

»Gestatten Sie …!« Du kokettierst verständig.
Dein Auge prüft den dicken Knaben stumm.
Der ganze Kino wird in dir lebendig,
du wackelst vorn und wackelst hinten rum.

In deinem Blick sind alle Bumskapellen
der Sonnabendabende, wo was geschieht.
Ich hör dich Butterbrot zum Aal bestellen –
Gott segne deinen lieben Appetit!

Ich führ dich durch Theater und Lokale,
durch Paradiese in der Liebe Land;
du gibst im Auto mir mit einem Male
die manikürte, kleine, dicke Hand.

Aus weiten Hosen seh ich dich entblättern,
halb keusche Jungfrau noch und halb Madame.
Ich laß dich sachte auf die Walstatt klettern …
Du liebst gediegen, fest und preußisch-stramm.

Und hinterher bereden wir im Dunkeln
die kleinen Kümmernisse vom Büro.
Durch Jalousien die Bogenlampen funkeln …
Du mußt nach Haus. Das ist nun einmal so.

Ich weiß. Ich weiß. Schon will ich weiterschieben –.
Ich weiß, wie die berliner Venus labt.
Und doch: noch einmal laß mich lieben
dich
    wie gehabt.

MERKT IHR NISCHT —?

Eine ganze Industrie
schluckt die dicken Gelder,
treibt die Preise hoch – denn sie
hat die Kohlenfelder.
  Sie kann schröpfen und sie schröpft
  euch, die Konsumenten;
  von dem Geld, euch abgeknöpft,
  zahlt sie die Agenten …
    Presse, Kinos, süß gemischt –
    Merkt ihr nischt?

Käseblätter schelten brav
auf die Republike.
Und es tapst das deutsche Schaf
nach der Preßmusike.
  Weil der Bauer profitiert
  von den Feldgewächsen:
  loben Filme – wie geschmiert! –
  Fridericus Rexn.
    Warum wird das aufgetischt?
    Merkt ihr nischt –?

Was mit offnen Mäulern prahlt:
»Wir – wir sind die Stärkern!«
Das ist alles bar bezahlt –
und von euern Märkern!
  Vorn der Militärsoldat
  und die Ideale –
  hinten steht ein Syndikat:
  Zahle, Dummkopf, zahle!
    Von der Welt könnt ihr nichts wissen.
    Ach, wie seid ihr angelogen!
    Und sie zahlen blutige Zinsen.
    Und die Bauernfänger grinsen,
    weil ihr alldeutsch aufgefrischt …
      Merkt ihr nischt –?

DIE WEINENDEN HOHENZOLLERN

Sie sitzen in den Niederlanden
und gucken in die blaue Luft,
Der Alte mit den hohen Granden,
der Junge in der Tenniskluft.
  Wer fuhr denn – töff-töff-töff – nach Holland,
  woraus man heut sich traurig sehnt?
  Sie klagen, ihre Welt sei Moll-Land …
    Vater hat jeweent, Willy hat jeweent –
    Alle ham se jeweent!

Das geht nun seit vier langen Jahren.
Es trieft das Schmalz. Die Zähre rinnt:
»Der biedere Greis in Silberhaaren –
das arme, so verfolgte Kind …«
  Und selbst im Kino blüht die Lilie.
  Das Fridericus-Auge tränt …
  Das liegt nun mal in der Familie …
    Vater hat jeweent, Willy hat jeweent –
    Alle ham se jeweent!

Sie schreiben Fibeln für die Kleinen –
drin steht: »Ich hab es nicht gewollt!«
Die Krone fiel. Wer wird denn weinen!
Das ganze Geld kam nachgerollt.
  Ein ewig Gestern – nie ein Morgen.
  Mein Gott, die Welt hat andre Sorgen!
  Es trägt ein Volk die schwersten Lasten …
  Mit Melodien, dem Kitsch entlehnt,
  drehn die an ihrem Leierkasten:
    Vater hat jeweent, Willy hat jeweent –
    Alle ham se jeweent!

UNSER TÄGLICH BROT

An deinem Brot für fünfzehn Mark und achtzig
hängt, wenn du hinsiehst, allerlei –:
Der Landmann läßt sich neue Ställe bauen,
behängt mit Pelz und Perlen seine Frauen;
er zählt das Geld nicht mehr – er muß es wiegen –
wo soll er nur den Krempel unterkriegen?
Im Flusse treibt ein neues Segelboot –
          von deinem Brot.

Die Mühlen mahlen. Unternehmer grinsen.
Die Werke tragen unerhörte Zinsen.
Kein Käufer streikt. Er kann und muß es tragen.
In den Garagen summen neue Wagen,
weil man die besten Dividenden bot
          von deinem Brot.

Der Bäcker backt. Die Löhne steigen munter,
doch vom Gewinne geht kein Pfennig runter.
Die Menschen leben vom Gehalte in den Mund.
Der Bäcker backt. Und macht sich sehr gesund.
Er ist der Preisekönig, der Despot –
          von deinem Brot.

So geht der Kreis: kein Landbetrieb geniert sich.
Die Industrie hingegen revanchiert sich.
Wer hat, der hat. Nun seht ihr andern zu.
Sie teilen sichs. Wer unten liegt, bist du.
Sie klopfen auf die Waren ihres Baus.
Das ist noch drin. Und das muß noch heraus!
Sie wollen alle leben, fett und reich:
in Villen, Autos, teppichwarm und weich …
Goldtaschen, Zobel und der Frauen Lippenrot –:
          Das, Deutscher, ist dein Brot.

MUTTER DER BLUMEN

Wie hielten deine schlanken Hände
– als schönste Vase, die es gibt –
den Strauß.
      Ich konnte ohne Ende
nur zusehn, wie ihr euch geliebt.
Kann Blütenduft die Sehnsucht lindern –?
Geh an das fertige Spalier
und sage deinen Blumenkindern
am Abend einen Gruß von mir. –

BERLINER ABEND

Berlin setzt an.
        Es speien die Geschäfte
die wackern Knaben und die Mädchen aus.
Jetzt kommt der Feierabend – aber defte!
Wir springen nur noch eben rasch nach Haus.
  Die großen Fraun sind ganz auf neu gemalen.
  Wer wird heut abend wohl den Zimt bezahlen?
  Sie lächeln lieb. Das Auto summt heran.
        Berlin setzt an.

Berlin braust auf.
        Wo ich die Paare anseh:
Hier wird ein harter Dienst straff absolviert.
Ein Riesenrummel von Grünau bis Wannsee –
und alles tadellos organisiert.
  Um jeden Schnapstisch fühlst du es bestätigt:
  Marie stark Geld – heut wird das Ding getätigt!
  Die Spesen fest. Planmäßig der Verlauf –
        Berlin braust auf.

Berlin klingt ab.
        In rammelvollen Zügen
aus allen Orten flutet das zurück.
Und pflückt sich nach dem Amüsiervergnügen
sein wohlverdientes, kleines Stundenglück.

In tausend Stuben liegt das gleiche Schätzchen
in hundert Häusern um das Bayerisch Plätzchen;
die Nachttisch-Lämpchen sehen tausend Male
das Ewig-Weibliche und Süß-Triviale …
Es strahlt der Mond vor all den Jalousien …
    Schlaf ein, schlaf ein, du mein Berlin –!

NICHT VERWELKT

Zu früh –?
        Ein Strauß hat hier gewartet,
still und allein auf einem Tisch.
Die Blumen sind nun so geartet:
Sie bleiben einen Tag nur frisch.

Verwelkt? Es lösen sich die losen
und weichen Blätter zögernd-schwer …
Verblüht. Nimm neue frische Rosen –!
Und welken die, du erste der Mimosen –:
Es bleibt ein Duft.
                Und es bleibt mehr.

AN PHILIPP SCHEIDEMANN

Wir haben dich hier öfters angepfiffen
von wegen deiner leicht verdorrten Hand.
Doch nun ein feiger Lump dich angegriffen,
hat sich das Blättchen jäh für dich gewandt.
    Wenn einer Gift spritzt aus dem Schießklistier:
    dann, Philipp, stehn wir alle hinter dir!

Was wollte denn der nationale Affe?
Versailles rächen? Bist du General?
Für ihn war das Klistier die einzige Waffe
aus seinem reichen Geistes-Arsenal.
    Denn was ein richtiger, tapfrer, teutscher Mann,
    der fängt ein jedes Ding von hinten an.

Und hat wer irgend etwas zu riskieren?
Vom Sipo bis herab zum Staatsanwalt
wird solchen Mörder keiner arretieren –
sie hören nichts, wenn es in Griesbach knallt …
    Durch die Provinzen hallt ein einziger Schrei:
    »Wie schade, schade – diesmal gings vorbei!«

Von Liebknecht bis zu dir heut.
                              So verworfen
wie solche Mörder ist nur noch ein Stand.
Nimm an, es schießt mal wer auf Ludendorffen:
Was, meinst du wohl, blüht dem in unserm Land –?
    »Die Republik fängt an, mir lächerlich zu werden!«
    Erhol dich, Philipp! Leb noch lang auf Erden!

SOLDATEN DER REPUBLIK
Herrn Dr. Otto Geßler in tiefem Mitgefühl

Unter Wilhelm, mußt du wissen,
war das nämlich so:
Rote Fahnen konnte hissen
Jeder – frisch und froh.
    Wenn im Laufe der Debatte
    Bebel mal Geburtstag hatte,
    bracht der Landrat ihm ein Ständchen,
    Generale gaben Händchen …
Vor dem Haus des Jubilares
– lach nicht, Otto, denn so war es! –
stand die ganze Kompanie
stramm und rief: »Gott segne Sie!«

Heut hat sich das nicht geändert.
Wir sind mächtig frei!
Ziehn sie schwarz-weiß-rot bebändert?
Was ist da dabei –?
    Alle Herrn Hochwohlgeboren,
    die den kleinen Krieg verloren,
    läßt man durch die Städte wandern
    von der einen zu der andern.

Läßt sie putschen, feiern, hetzen.
Bürgerblut fließt auf den Plätzen …
Und in festem Schritt und Tritt
Geßlers Reichswehr immer mit.

Abgesang
Den Otto Geßler kann ich leiden –
Denn macht die Reichswehr einen Coup:
dann hält er schalkhaft und bescheiden
sich fest die beiden Augen zu.
  Wir andern bleiben auf dem Kien.
  Und wünschen leis: »Gott segne ihn –!«

RATHENAU

Du bist doch schon daran gewöhnt!
Du weißt doch, wie das ist, wenn deinen jungen
Deutschnationalen so ein Ding gelungen.
Sie schießen. Karlchen Helfferich, der höhnt.
Das ist seit Jahren deine Politik –
Du Republik!

Du hast doch darin Übung, junge Frau!
Glatt gehn dir von der Hand die Totenfeiern.
Proteste gellen. Nekrologe leiern.
Und hinterher bist du genau so schlau.

Wie lange siehst du Helfferich noch zu?
Derselbe, der aus Moskau, als man putschte,
mit vollen Hosen in die Heimat rutschte,
hat jetzt den zweiten Menschen ungerochen
ins Grab gehetzt, geflucht, gesprochen.
Und während eine alte Mutter bebt,
sitzt das im Parlament.
                    Und lebt.

Das war doch nicht das erste Mal!
Du hörst die Bonzen der Partein
im Reichstag und im Landtag schrein:
»So geht das nicht mehr weiter! Ein Skandal!«
War es das letzte Mal?

Steht einmal auf! Schlag mit der Faust darein!
Schlaf nicht nach vierzehn Tagen wieder ein!
Heraus mit deinem Monarchistenrichter,
mit Offizieren – und mit dem Gelichter,
das von dir lebt, und das dich sabotiert,
an deine Häuser Hakenkreuze schmiert.
Schlag du in Stücke die Geheimverbände!
Bind Ludendorff und Escherich die Hände!
Laß dich nicht von der Reichswehr höhnen!
Sie muß sich an die Republik gewöhnen.
Schlag zu! Schlag zu! Pack sie gehörig an!
Sie kneifen alle. Denn da ist kein Mann.
Da sind nur Heckenschützen. Pack sie fest –
dein Haus verbrennt, wenn dus jetzt glimmen läßt.
Zerreiß die Paragraphenschlingen.
Fall nicht darein. Es muß gelingen!
Vier Jahre Mord – das sind, weiß Gott, genug.
Du stehst vor deinem letzten Atemzug.
Zeig, was du bist. Halt mit dir selbst Gericht.
Stirb oder kämpfe!
                          Drittes gibt es nicht.

HÄNDLER UND HELDEN
Für Emil Rabold

»Alte Memoiren? Alte Memoiren?«
Die reisigen Helden der Wotans-Eiche,
die Erzgepanzerten aus dem Reiche,
die deutschen Führer der glorreichen Zeit –
sie zückten das Schwert. Nun war es so weit.
Zuerst aber zückten die Paladine
eine amerikanische Schreibmaschine
sowie eine freundliche Tippmamsell:
»Bitte, Fräulein, schreiben Sie schnell!«
Das Fleisch ist willig. Das Hirn ist weich.
O du geliebtes deutsches Reich! …
Alte Memoiren! Alte Memoiren!

Alte Memoiren? Alte Memoiren?
Die Bände liegen fertig verpackt.
Darein ist alles hineinversackt:
Entschuldigung, Beschönigung, Material –
oh, du geduldige, statistische Zahl!
Kartenpläne, ein artig Ragout –
und ein bißchen Beschimpfung der Heimat dazu.

Alte Memoiren? Alte Memoiren?
Dann ziehen sie die Pistole voll Lust
und setzen sie auf die Verlegerbrust.
Und sprechen, gestützt auf das mannhafte Schwert:
»Suum cuique. Was ist das wert –?«
Und sie handeln mit englischen Insulanern,
mit dollarbesitzenden Amerikanern …
Der Feindbund scheint ihnen auf einmal verwandelt.
Und sie handeln, wie man nur in Galizien handelt.
Alte Memoiren? Alte Memoiren?

Einer aber von München bis Zossen
hat von allen den Vogel abgeschossen.
Wem flog wohl am höchsten der preußische Aar?
Unser Kaiser bekam das Rekordhonorar!
Zween Juden haben ihn unterstützt;
so hat ihm doch Zion einmal genützt …!
Potz Hakenkreuz und Feindesschreck:
Bis zum letzten Hauch von Verleger und Scheck!
      Und dies ist der Wahlspruch des Hohenzollers:
      »Keine Partein mehr. Nur noch Dollars –!«

HARDEN

Ich kann nicht mehr – Sie werden das begreifen –
bei jedem Attentat ein Trauerliedchen pfeifen –
      es sind zu viel.
Es gibt da ehemalige Offiziere,
die schießen wöchentlich, wie ich taxiere,
      auf das Zivil.
      Es bietet kaum der feine Mann
      zum Gruße den Revolver an.

Sie kannten die internen Personalien,
Geschichte und die Materialien –
    Sie kennens gut.
Kein Auslandsweg war Ihnen je beschwerlich.
Und deshalb waren Sie dem Pack gefährlich.
    Daher die Wut.
    Wer schwarz-weiß-rote Farben wählt,
    zeigt, daß ihm jeder Kunstsinn fehlt.

Sie schlug ein Untertan, ein geistiger Krüppel.
Der eine hat den Kopf – der andre hat den Knüppel.
    Nur sie hat nichts:
Die Republik hat weder den noch jenen.
Und freundlich lauscht sie diesen blutigen Szenen
    verdösten Angesichts.
    Laßt hier uns edles Blut vergießen:
    Im Himmel gibt es nichts zu schießen –!
    Nur ungern nimmt der deutsche Mann
    statt Monarchismus Wahrheit an.

JA FRÜHER ...!

Daß ein Kriminalwachtmeister
einen faßte wie den Dieb,
weil er beim Begeisterungs-Kleister
»Hoch der Kaiser!« – sitzen blieb;
daß die Schutzmannsfaust ihn packte,
bis den armen Kerl verknackte
dann ein hohes Amtsgericht –:
    Unterm Kaiser war das nicht.

Daß der Landrat den Kanzlisten
aber schleunigst denunziert,
weil er bei den Sozialisten
eine Zeitung abonniert;
daß man ihn dann rausgeschmissen
und um die Pension beschummelt
wie den schlimmsten Bösewicht –:
    Unterm Kaiser war das nicht.

Heute, was sind das für Zeiten –!
Sieh mal bloß die Politik!
Schuld an allen Scheußlichkeiten
ist doch nur die Republik.

   Wenn die Kurse unten liegen,
wenn die Mädchen Kinder kriegen,
wenn ein junges Pferd sich losmacht,
wenn sich Fritzchen in die Hos' macht
gibt es irgendwo Tumult:
    Nur die Republik hat schuld.
      Wie es früher mal gewesen,
      kriegst du nirgendwo zu lesen.
      Und der ganze Laden spricht:
      »Unterm Kaiser gabs das nicht –!«

ZUSCHAUER

          Aber wir lassen es andre machen.
                 Fontane

In Oberammergau in weiter Halle
sitzt ebenso erschüttert wie geneppt,
die Menschenschar bei dem Posaunenschalle
und sieht, wie man den Christ zu Kreuze schleppt.
Sie lauschen jenem großen Oratorium.
Ungläubige spenden Gläubigen Applaus.
Ein paar acteurs. Ein Riesen-Auditorium.
Sie sehn nur zu. Tun nichts. Und gehn nach Haus.

Es dampft Berlin. Bei schönstem Sommerwetter
ist knackend voll der ganze Sportpalast.
Das macht: Es boxt doch heute Breitensträter!
Na Mensch, wenn du das nicht gesehen hast!
Die Frauen schaun verzückt ein Suspensorium.
Die Männer boxen nicht. So sehn sie aus –!
Ein paar acteurs. Ein Riesen-Auditorium.
Sie sehn nur zu. Tun nichts. Und gehn nach Haus.

Wir sind zweihundert.
              Seit vier deutschen Jahren
schießt man uns einen nach dem andern ab.
Allein in Krach und Not und in Gefahren.
Schon liegen unsre Besten still im Grab.
Wo seid ihr, Freunde? Müssens nur wir tragen?

Für wen wird eigentlich dieser Kampf geschlagen.
Bleibt das nun so? Ists nur ein Provisorium?
Wir stellen immer uns allein heraus.
Ein paar acteurs. Ein Riesen-Auditorium.
Sie sehn nur zu. Tun nichts.
                    Und gehn nach Haus.

COUPLET FÜR DIE BIER-ABTEILUNG

In den berliner Straßen
da siehst du heut, mein Kind,
wie über alle Maßen
besetzt die Autos sind.
    Der Chef mit Prokuristen,
    Agenten und Juristen –
sie quetschen sich zwecks Billigkeit
eng aneinander an:
    Acht Mann in einem Auto –
    ein Auto und acht Mann.

Emilie, süßes Töpfchen
der Suppe meiner Lust:
ich lege gern mein Köpfchen
an deine linke Brust.
    Du schwörst, ich sei alleine.
    Ich glaub es gern, du Kleine!
Denn kämen alle, die du liebst:
dann rückten da heran
    acht Mann in einem Auto –
    ein Auto und acht Mann!

Wenn diese Republike
den Zimt so weitermacht,
wird eines Tags sie stike
von hinten umgebracht.
    Herrn Geßlers Reichsgardisten
    erziehn dann Monarchisten.
    Man wird ein bißchen schreiben ...
    Die meisten werden bleiben.
Der Rest, der fährt zum Tor hinaus
mit Schwarz-Rot-Gold voran.
    Es wird die Herrn begleiten:
    Ein Leutnant und zehn Mann –!

DREI MINUTEN GEHÖR!

Drei Minuten Gehör will ich von Euch, die ihr arbeitet –!

Von Euch, die ihr den Hammer schwingt,
von Euch, die ihr auf Krücken hinkt,
von Euch, die ihr die Feder führt,
von Euch, die ihr die Kessel schürt,
von Euch, die mit den treuen Händen
dem Manne ihre Liebe spenden –
von euch, den Jungen und den Alten –:
Ihr sollt drei Minuten innehalten.
Wir sind ja nicht unter Kriegsgewinnern.
Wir wollen uns einmal erinnern.

Die erste Minute gehöre dem Mann.
Wer trat vor 8 Jahren in Feldgrau an?
Zuhause die Kinder – Zuhause weint Mutter …
Ihr: feldgraues Kanonenfutter –!
Ihr zogt in den lehmigen Ackergraben.
Da saht ihr keinen Fürstenknaben:
der soff sich einen in der Etappe
und ging mit den Damen in die Klappe.
Ihr wurdet geschliffen. Ihr wurdet gedrillt.
Wart Ihr noch Gottes Ebenbild?
In der Kaserne – im Schilderhaus
wart Ihr niedriger als die schmutzigste Laus.
Der Offizier war eine Perle,
aber ihr wart nur »Kerle«!
Ein elender Schieß- und Grüß-Automat.
»Sie Schwein! Hände an die Hosennaht –!«
Verwundete mochten sich krümmen und biegen:
kam ein Prinz, dann hattet ihr stramm zu liegen.
Und noch im Massengrab wart ihr die Schweine:
Die Offiziere lagen alleine!
Ihr wart des Todes billige Ware …
So ging das vier lange blutige Jahre.
Erinnert Ihr Euch –?

Die zweite Minute gehöre der Frau.
Wem wurden zu Haus die Haare grau?
Wer schreckte, wenn der Tag vorbei,

in den Nächten auf mit einem Schrei?
Wer ist es vier Jahre hindurch gewesen,
der anstand in langen Polonaisen,
indessen Prinzessinnen und ihre Gatten
alles, alles, alles hatten —?
Wem schrieben sie einen kurzen Brief,
daß wieder einer in Flandern schlief?
Dazu ein Formular mit zwei Zetteln …
wer mußte hier um die Renten betteln?
Tränen und Krämpfe und wildes Schrein.
Er hatte Ruhe. Ihr wart allein.
Oder sie schickten ihn, hinkend am Knüppel,
euch in die Arme zurück als Krüppel.
So sah sie aus, die wunderbare
große Zeit – vier lange Jahre …
Erinnert Ihr Euch –?

Die dritte Minute gehört den Jungen!
Euch haben sie nicht in die Jacken gezwungen!
Ihr wart noch frei! Ihr seid heute frei!
Sorgt dafür, daß es immer so sei!
An euch hängt die Hoffnung. An euch das Vertraun
von Millionen deutschen Männern und Fraun.
Ihr sollt nicht strammstehn. *Ihr* sollt nicht dienen!
Ihr sollt frei sein! Zeigt es ihnen!
Und wenn sie euch kommen und drohn mit Pistolen –:
Geht nicht! Sie sollen euch erst mal holen!
Keine Wehrpflicht! *Keine* Soldaten!
Keine Monokel-Potentaten!
Keine Orden! *Keine* Spaliere!
Keine Reserveoffiziere!
Ihr seid die Zukunft!
                                Euer das Land!
Schüttelt es ab, das Knechtschaftsband –!
Und zum Schlusse von den drei Minuten:
Denkt aller deren, die damals bluten,
bluten mußten und elend sterben
und elend in fremdem Lande verderben.
Ein Gruß allen toten Kameraden!
Ein Gruß den Opfern der Kriegsparaden!
Ein Gruß an die da draußen in Flandern,

in Polen, in Frankreich und an alle die andern!
Denkmäler – Tafeln – das ist nichts.
Wir geloben am Tage des Gerichts:
Die Kameraden aus *allen* Heeren –
die Toten wollen wir anders ehren!
Wie alle wollen – heute und morgen –
für Frieden – für ewigen Frieden sorgen!
Das sei unser Kampf. Das sei unser Sieg.
Ich rufe für Euch: *»Nie wieder Krieg!«*

ROTE MELODIE

Für Erich Ludendorff
Gesungen von Rosa Valetti

Die Frau singt:
Ich bin allein.
Es sollt nicht sein.
Mein Sohn stand bei den Russen.
Da fuhr man sie,
wies liebe Vieh,
zur Front – in Omnibussen.
Und da – da blieb die Feldpost weg –
Haho! Er lag im Dreck.
Die Jahre, die Jahre,
sie gingen träg und stumm.
Die Haare, die Haare
sind grau vom Baltikum …
    General! General!
    Wag es nur nicht noch einmal!
    Es schrein die Toten!
    Denk an die Roten!
    Sieh dich vor! Sieh dich vor!
    Hör den brausend dumpfen Chor!
    Wir rücken näher ran – Kanonenmann!
    Vom Grab – Schieb ab –!

Ich sah durchs Land
im Weltenbrand –
da weinten tausend Frauen.
Der Mäher schnitt.

Sie litten mit
mit hunderttausend Grauen.
Und wozu Todesangst und Schreck?
Haho! Für einen Dreck!
Die Leiber – die Leiber –
sie liegen in der Erd.
Wir Weiber – wir Weiber –
wir sind nun nichts mehr wert ...
   General! General!
   Wag es nur nicht noch einmal!
   Es schrein die Toten!
   Denk an die Roten!
   Sieh dich vor! Sieh dich vor!
   Hör den brausend dumpfen Chor!
   Wir rücken näher ran, Kanonenmann,
   zum Grab! – Schieb ab –!

In dunkler Nacht,
wenn keiner wacht –:
dann steigen aus dem Graben
der Füselier,
der Musketier,
die keine Ruhe haben.
Das Totenbataillon entschwebt –
Haho! zu dem, der lebt.
Verschwommen, verschwommen
hörst dus im Windgebraus.
Sie kommen! Sie kommen!
und wehen um sein Haus ...
   General! General!
   Wag es nur nicht noch einmal!
   Es schrein die Toten!
   Denk an die Roten!
   Sieh dich vor! Sieh dich vor!
   Hör den unterirdischen Chor!
   Wir rücken näher ran – du Knochenmann! –
   im Schritt!
        Komm mit –!

LICHTREKLAME

Jetzt kannst du wieder Leuchtreklame treiben,
mit Osram-Licht auf alle Dächer schreiben.
Es zuckt der Schein. Die Lampen blitzen.
Ein Sekt. Ein Schnaps. Die Augen flitzen.
Der Asphalt spiegelt es. Die Birnen glühn.
Und wie in alter Zeit liest ganz Berlin:
    »Manoli linksrum –!«
Es werde Licht!
                                    Nur nicht in den Gehirnen.
Die Monarchisten knipsen ihre Birnen
in den an sich schon düstern Köpfen aus.
Schwarz wie ein Unteroffiziersfuß wirds im Haus.
Mit Lichtreklame ist hier nischt.
Die letzte Funzel, Helfferich, erlischt …
Nur Stinnes liebt es, um das Land zu zieren,
die Ministerien zu illuminieren.
Ein brauner Schein erfüllt das ganze Haus.
Und alle Ämter drehn sich mit Gebraus
    Manoli rechtsrum –!

O Mitmensch, hast du sowas schon gesehn –?
Ja, wolln die mit Gewalt zu Grunde gehn?
Die Republik schläft sanft und wird nicht wach.
Der schwarz-weiß-rote Hahn sitzt auf dem Dach!
Und unten im Parterre die junge Dame
denkt froh: Das ist die Lichtreklame!
    Das Haus brennt über ihrem Kopf an:
    sie steckt sich einen neuen Zopf an.
    Was hältst du wohl von der Illuminierung?
    Und was von dieser weichlichen Regierung –?
        Total Manoli.

RÜCKKEHR ZUR NATUR

Man darf schon wieder Stiefel vor die Türe stellen –
   sie werden nicht geklaut.
Man darf auch ruhig nach der Butter schellen
   zu seiner Schale Haut.
   Man kann sich auch zum Trinkgeld schon bequemen.
   Nur wenig Kellner schießen, wenn sies nehmen.
      Das ist ein Glück.
   Wir kehren langsam zur Natur zurück.

Man darf schon wieder den Artikel schreiben
   vor manches Substantiv.
Man braucht es nicht mehr so geballt zu treiben
   und krumm und schief.
   Man muß auch nicht mehr langen nach Tagoren,
   den haben wir im Werfelspiel verloren ...
      Das ist ein Glück.
   Wir kehren langsam zur Natur zurück.

Man darf schon wieder feste kommandieren,
   wenn man Beamter ist.
Der Untertan darf stramm stehn und parieren,
   weil er ein Deutscher ist.
   Die neue Republik ist uns kein Jokus,
   und die Verfassung hängt auf jedem Lokus.
   Wir haben noch die alten Bürokraten,
   die alten Richter und die Traditions-Soldaten ...
      Das ist ein Glück.
   Wir kehren still zur Monarchie zurück.

ALT-BERLINER COUPLET

Dreiundneunzig. »Ja, wo soll man
heute abend mal ...?«
Der Berliner ging zu Bollmann,
  der sang im ›Central‹.
Emil Thomas – heilige Hallen!
Bollmann ließ ein Lied erschallen:
  »Und der Mond, der stille, bleiche,
  Blickt mit seinem Silberlicht
  Auf die Welt, die tränenreiche –
  Aber ändern kann ers nicht!«

Bollmann sangs. Und die Berliner
  strahlten im Gesicht.
Unsre heutigen Großverdiener
  lieben Lunan nicht.
Denn der Mond hat einen blauen
Schein, und den kann man nicht klauen ...
  Und der Mond, der stille, bleiche,
  Blickt mit seinem Silberlicht
  Auf die Welt, die schieberreiche –
  Aber ändern kann ers nicht!

Bei uns ist er masculinisch.
  Doch man sagt: La lune.
Sollte er auch medizinisch
  doppelseitig glühn –?
Wie modern! Auch er ein echter
Jüngling: er hat zwei Geschlechter!
  Und der Mond, der stille, bleiche,
  Blickt mit seinem Oberlicht
  Auf die Welt, die warme, weiche –
  Aber runter kann er nicht!

Flirrt der Mondschein durch die Gassen:
  wandelt mancher nacht.
Und sie können es nicht lassen,
  was sie glücklich macht.

Denn der Mond hat einen großen
Hof – und unsrer ist verstoßen …
  Und der Mond, der stille, bleiche,
  Blickt mit seinem Silberlicht
  Auf die Welt und Deutschlands Eiche –
  Aber ändern kann ers nicht!

DIE HERDE

Ob im Sturm die Königsfahnen flattern,
ob vorm Schloß Salutkanonen rattern,
ob Herr Lehmann mit dem Marschallstabe
vor den Truppen schaukelt, sanft im Trabe,
ob die Kriegsbegeisterung befohlen,
ob sie einen Prinzen einkarriolen:
Immer ziehn sie, unter Laubgewinden,
  durch die Linden, Junge, durch die Linden –!

Ob Parteien sachte kommandieren,
ob wir für die Freiheit demonstrieren,
ob wir schrein: »Nie wieder Krieg! Ihr kennt'n!«
(Manche hören immer: Renten! Renten!);
ob die Mieter ein Gesetz begrunzen,
ob die Bürger brülln für Knüppel-Kunzen:
Alle ziehen voller Lustempfinden
  durch die Linden, Junge, durch die Linden –!

Während unten sich die Massen ballen,
sitzen oben, herrschend über allen,
jene wenigen, die das befummeln,
wofür unten sich die Armen tummeln.
Bei dem Rebbach muß man stets dabei sein;
nur nicht denken lassen – nur nicht frei sein!
  Wann, o Volk, wird das einmal verschwinden
      untern Linden – –?

DIE MÜHLE
Für Gussy Holl

Zum erhabenen Brahma
betet jeder Lama
weit in Tibet ein Gebet.
Sitzt da im Gestühle
und dreht an einer Mühle,
die zum Beten vor ihm steht.
Uralt Wort vom Priestertum:
    »Om – mani – padme – hum!«

Hier bei uns zu Lande
am unsichtbaren Bande
jeder solche Mühle schleppt.
Mancher will nur beten
zu den Papiermoneten,
bis ihn die Devise neppt.
Stets zählt er sein Eigentum …
    Om – mani – padme – hum!

Mancher sieht nur Weiber
Brüste nur und Leiber –
keine, keine läßt ihn still.
Taumelt durch die Nächte,
daß er die Frauen schwächte,
weil die Mühle es so will.
Der kennt nur ein Heiligtum …
    Om – mani – padme – hum –

Mancher stelzt wie'n Gockel
und klemmt sich das Monokel
ein – und betet nur zum Heer.
Will den Kerls was pfeifen
und seine Deutschen schleifen
und wünscht sich einen Weltkrieg her.
»Nieder mit dem Judentum!
    Om – mani – padme – hum!«

Also drehn verdrossen
alle Zeitgenossen
immer ihre Mühle rum.
Jeder hat die seine,
und jeder dreht nur eine
Walze lebenslänglich um.
Was sind Schönheit, Geld und Ruhm –?
  Om – mani – padme – hum.

LETZTE FAHRT

An meinem Todestag – ich werd ihn nicht erleben –
da soll es mittags Rote Grütze geben,
mit einer fetten, weißen Sahneschicht …
Von wegen: Leibgericht.

Mein Kind, der Ludolf, bohrt sich kleine Dinger
aus seiner Nase – niemand haut ihm auf die Finger.
Er strahlt, als einziger, im Trauerhaus.
Und ich lieg da und denk: »Ach, polk dich aus!«

Dann tragen Männer mich vors Haus hinunter.
Nun faßt der Karlchen die Blondine unter,
die mir zuletzt noch dies und jenes lieh …
Sie findet: Trauer kleidet sie.

Der Zug ruckt an. Und alle Damen,
die jemals, wenn was fehlte, zu mir kamen:
vollzählig sind sie heut noch einmal da …
Und vorne rollt Papa.

Da fährt die erste, die ich damals ohne
die leiseste Erfahrung küßte – die Matrone
sitzt schlicht im Fond, mit kleinem Trauerhut.
Altmodisch war sie – aber sie war gut.

Und Lotte! Lottchen mit dem kleinen Jungen!
Briefträger jetzt! Wie ist mir der gelungen?
Ich sah ihn nie. Doch wo er immer schritt:
mein Postscheck ging durch sechzehn Jahre mit.

Auf rotem samtnen Kissen, im Spaliere,
da tragen feierlich zwei Reichswehroffiziere
die Orden durch die ganze Stadt
die mir mein Kaiser einst verliehen hat.

Und hinterm Sarg mit seinen Silberputten,
da schreiten zwoundzwanzig Nutten –
sie schluchzen innig und mit viel System.
Ich war zuletzt als Kunde sehr bequem.

Das Ganze halt! Jetzt wird es dionysisch!
Nun singt ein Chor: Ich lächle metaphysisch.
Wie wird die schwarzgestrichne Kiste groß!
Ich schweige tief.
                    Und bin mich endlich los.

ZU EINIGEN DIESER PROZESSE

Auf Universitäten forsch gesoffen,
in Kaiser-Fackelzügen mitgeloffen,
    so wuchs das auf zum Referendar.
Hinaus aufs Land, wo brave Bauern wohnen.
Und auf den ersten Amtsgerichtsstationen
    krümmt sich, was nie ein Recke war.
        Sie können alle Paragraphen nennen
        und lernen Menschen nur aus Akten kennen.
        Examenspaukerei. Das Stammtisch-Schnitzel.
        Der Staatsanwalt erzieht zum Herrschaftskitzel.
        »Was heult die Frau? Ich brauch ein Protokoll!
        Ich schreibe fleißig meine Akten voll:
            Im Namen des Königs –!«

Auf seinem Armesünderstühlchen droben
sitzt das in seidenen, faltenreichen Roben –
    darunter grauer Spießerrock.
Die Herzen schlagen rechts. In den Prozessen,
in denen sich ein Freiheitsmann vergessen,
    zuckt durch den Saal der Büttelstock.
      Der Staatsanwalt amtiert im selben Hause;
      man spricht mit ihm, so in der Frühstückspause.
      Der Rechtsanwalt scheint eine Art Komplice.
      Der Staatsanwalt monokelt voll Malice.
      Die Richter kennen ihn, und er kennt sie:
      Und was er nicht besorgt, besorgen die.
        Im Namen des Volkes –!

So hat die Urteilsformel sich gewandelt.
Doch wird im alten Ungeist fortverhandelt,
    ganz wie in jener Kaiserzeit.
Und Vorvernehmung und Geschworenensiebung
und Fragestellung und die Strafverschiebung –
    Wo steckt da die Parteilichkeit?
Wo, deutsche Richter? Tief in euern Herzen!
Wir kennen euch und eurer Opfer Schmerzen!
Wir glauben euch nicht mehr und eurer Waage –
Das Ding hängt schief! Das sehn wir alle Tage.
Die Binde der Justitia – welch ein Bruch!
Steht auf!
      Und dies sei euer Urteilsspruch:
Sehn wir euch an, packt uns ein tiefes Graun –
Wir haben zu euch Richtern kein Vertraun!
      Im Namen des Volkes –!

IHR

Sie malen heut expressionistisch
und streiten sich dabei herum,
ob realistisch – ob kubistisch …
Mir scheint das alles heftig dumm.
  Ich send Ihm als das einzig Wahre:
  das schönste Bild der letzten Jahre –!

        1918. –
        1920. –
        1923?

Ich blättre so in diesen Seiten
und seh vor mir ein blondes Haar.
Vor meinen Augen laß ich weiten
ein neues Jahr.

Auf allen Blättern *eine* Frage.
Ich seh der Wochen lange Reihn …
Ich könnt an jedem dieser Tage
einst glücklich sein.

MANJA
RUSSISCHES LIED

Wo magst du sein, mein Lieb?
Die Sterne möcht' ich fragen.
Seh dich vor mir so hold,
wie einst in schönern Tagen.
Da, wo die Newa friert, wo der Student flaniert,
da wo die Troika saust vom Flockentanz umbraust.
Wo magst du sein, mein Lieb?
Fragt meine Seele immer.
Hast du vergessen ganz der weißen Nächte Schimmer?
Fern tönt der Chor, der eine fromme Mette singt.
Ein Sternlein blinkt. Das Glöcklein klingt,
unendlich tiefer Friede Herz und Herz umschlingt.
Manja, denkst du daran wie einst es war!
Manja, noch lacht dein Blick mir sternenklar.
Denkst zurück an fernes Glück?
Leise summt, leise summt der Samowar.

Im wilden Steppenland erbrausen Winterstürme.
In hellem Golde leuchten Moskaus runde Türme.
Wo der Kosak befiehlt, die Balaleika spielt,
da wo der Kreml steht in alter Majestät.
Ertönt dir niemals mehr der Klang der schönen Lieder?
Bringt diese Weisen nie ein Traum dem Herzen wieder?
Das alte Heimatlied vom roten Sarafan.
Wenn es erklang so sehnsuchtsbang,
die Welt versank, wenn wir uns in die Augen sah'n.
Manja, denkst du daran wie einst es war!
Manja, noch lacht dein Blick mir sternenklar.
Denkst zurück an fernes Glück?
Leise summt, leise summt der Samowar.

EIN SMOKING ALLEINE MACHT ES NICHT

Eh heut ein Herr mal ausgeht,
und eh er aus dem Haus geht,
was hat er da für Schererein.
Er denkt es kann nichts schaden:
Du nimmst noch vor dem Baden
mal was zum Maniküren ein.
Weg ist das Kragenknöpfchen,
und auf dem Wasserköpfchen
hat er das wundervolle
Frisurnetz für die Tolle.
Am Lackschuh sitzt das Bändel,
der Schlips ist nicht zu groß.
Er spritzt noch rasch Lavendel,
und denkt, jetzt geht es los.
Ein Smoking, ein Smoking alleine
macht es nicht und auch kein Décolleté!
Die Tasche, die Tasche für Scheine
macht es nicht, wenn ich zum Bummeln geh.
Und tut ihr euch auch noch so fein,
so gehts nicht ins Vergnügen rein.
Ein Smoking, ein Smoking alleine
macht es nicht, man muß in Stimmung sein!

Es sitzen in den Logen
nur wenig alte Dogen,
was man da für Gesichter sieht.
Das Antlitz voller Pose
gehört in eine Hose,
das ist so gar nichts fürs Gemüt.
Und muß man schon so mies sein,
dann soll man voller Kies sein,
das sind sie auch und denken:
Man ja dem Wirt nichts schenken.
Und trotz der glatten Tollen
bleibt das Vergnügen weg;
denn was sie haben wollen,
das gibts nicht für 'nen Scheck.
Ein Smoking, ein Smoking alleine
macht es nicht und auch kein Décolleté!

Die Tasche, die Tasche für Scheine
macht es nicht, wenn ich zum Bummeln geh.
Und tut ihr euch auch noch so fein,
so gehts nicht ins Vergnügen rein.
Ein Smoking, ein Smoking alleine
macht es nicht, man muß in Stimmung sein!

JEDE LANDPARTIE HAT MAL EIN ENDE

Der »großen Frau« Käthe Erlholz
in herzlicher Verehrung.

Wenn in der Maienzeit alles grünt auf weiter Flur,
schiebt Jüngeling und Maid an den Busen der Natur.
Wie schön küßt so ein Mann in dem weichen Blumenflor.
Am Abend nimmt er Abschied dann und singt ihr leis ins Ohr:
Jede Landpartie hat mal ein Ende,
jede Extratour hat einen Schluß.
Kleines Mädchen, gib mir deine Hände,
kleines Mädchen, schenk mir einen Kuß.
Einmal muß der Herrgott schlafen gehen,
einmal löscht er alle Lichter aus.
Scheint die Sonne noch so schön,
einmal muß sie untergehn.
Sag, 's war hübsch, und geh nach Haus.

Trinkt eine Frau zuviel, ja, dann sag ich dir voraus:
Sie fällt im Liebesspiel für den Abend völlig aus.
Schon nach dem sechsten Schnaps hat die Zärtlichkeit ein End,
denn sie hat ihren Schwips, und du sitzt da mit dem Talent.
Jede Landpartie hat mal ein Ende,
jede Extratour hat einen Schluß.
Kleines Mädchen, gib mir deine Hände,
kleines Mädchen, schenk mir einen Kuß.
Einmal muß der Herrgott schlafen gehen,
einmal löscht er alle Lichter aus.
Scheint die Sonne noch so schön,
einmal muß sie untergehn.
Sag, 's war hübsch, und geh nach Haus.

Wies heut hienieden ist, so verdreht war es noch nie.
Kein Mensch zufrieden ist, ob im Land, ob Industrie.
Muß schon schlecht Wetter sein, sollten wir uns doch verstehn,
zu einander etwas netter sein, denn so kanns nicht weiter gehn.
Jede Landpartie hat mal ein Ende,
jede Extratour hat einen Schluß.
Kinder, reicht euch doch nur mal die Hände,
weil man ja zusammen halten muß.
Mit dem Kopf kann keiner durch die Wand gehn,
darum laßt das Schelten, laßt das Schrein.
Liebe Leute, merkt euch dies:
auch in Moskau und Paris,
da gibts wieder Sonnenschein.

IN DER KAHLBAUM-DIELE

In der Nacht, wenns uns Vergnügen macht,
und wenn der Mond, der alte Bummler, runterlacht,
ziehn wir los mit einer Menge Moos
und wissen ganz genau, die Stimmung wird famos.
In der Nacht, wenn jede Jazzband kracht,
und wenn die heiße Liebe brennt, die wir entfacht.
Na gehn wir mal mit mächtigem Skandal
von einem in das andre Nachtlokal.
In der Kahlbaum-Diele hab ich sie gefragt,
ob ich ihr gefiele, hat sie Nein gesagt.
Doch ich wußt gleich weiter und gab ihr zwei Drinks
mit 'nem kleinen Hm-ta-ta, Hm-ta-ta, Hm-ta-ta,
und da sagte sie gleich Ja, und wupp – dann gings!

In Berlin, wo Nachts die Autos ziehn,
da blühen überall Vergnügungs-Industrien.
Der Asphalt von unsern Schritten hallt,
wir sind noch jung, wir sind noch jung, und noch nicht alt!
Denn Berlin, das ist nicht zu erziehn,
da hörst du jede Nacht die neuen Melodien.

Na gehn wir mal mit mächtigem Skandal
von einem in das andre Nachtlokal.
In der Kahlbaum-Diele hab ich sie gefragt,
ob ich ihr gefiele, hat sie Nein gesagt.
Doch ich wußt gleich weiter und gab ihr zwei Drinks
mit 'nem kleinen Hm-ta-ta, Hm-ta-ta, Hm-ta-ta,
und da sagte sie gleich Ja, und wupp – dann gings!

MEERESLEUCHTEN

Wenn die Nacht um die Palmen sinkt,
gehn zur Ruh die nackten Fraun.
Abendsonne die Schönheit trinkt
von den Brüsten glänzend und braun.
Tropennacht zündet Stern an Stern,
und kein Vogel singt mehr am Strand …
Leuchte, Meer, weit im Abendschein!
Hüll mich du in den Zauber ein!
Um mein Boot fließt ein Silberband
durch die Hand.

Bleib ich an deinem Ufer stehn,
strahlst du glitzernd, leuchtendes Meer.
Aber ach, will ich näher gehn,
sind die Wellen farblos und leer.
So betrügt euch die schönste Frau,
ihre Treue ist nichts als Tand …
Leuchte, Meer, in der Abendruh!
Frauen sind grade so wie du!
In der Näh all der Glanz entschwand
durch die Hand.

MIR IST HEUT SO NACH TAMERLAN!
Für Fritzi Massary

Tamerlan war Herzog der Kirgisen,
und jeder Mensch in Asien wußte wohl das.
Tamerlan ritt über grüne Wiesen
und wo der Junge einmal hintrat wuchs kein Gras.
Und alle Frauen lauschten angstvoll seinem Schritt
und fiel'n die Städte, fiel'n die Mädchen alle mit.
Er war auch stets zu einem wilden Kampf bereit,
das war in Asien eine schöne Zeit.
Mir ist heut so nach Tamerlan, nach Tamerlan zu Mut!
Ein kleines bißchen Tamerlan, ja Tamerlan wär gut.
Es wäre ja, geniert mich das, geniert mich das, gelacht.
Ich glaube, es passiert noch was, passiert noch was heut Nacht.
Mir ist heut so nach Tamerlan, nach Tamerlan zu Mut,
ein kleines bißchen Tamerlan, ja Tamerlan wär gut.
Und sehe ich ins Publikum,
da liegt heut so ein Fludium.
Ach Mensch gehn Sie weg,
es hat ja nur Zweck
mit dem Tamerlan.

Tamerlan, mein liebes Kind, ja Kuchen!
so einen Tamerlan, den möcht' ich wohl auch.
Tamerlan, da kannst du lange suchen,
wer mit Devisen handelt, der hat einen Bauch.
Und wenn 'ne kleine Frau 'ne große Glatze küßt,
dann weiß sie, daß das alles für die Katze ist.
Du suchst dir hier vergeblich einen Tamerlan,
nu guck mal runter, sieh sie dir mal an.
Hier ist doch gar kein Tamerlan, kein Tamerlan zu sehn,
ein kleines bißchen Tamerlan, ja Tamerlan wär schön.
Seh ich mir hier die Männer an, die Männer an, eih weih!
Da ist ja gar kein Tamerlan, kein Tamerlan dabei!
Mir ist heut so nach Tamerlan, nach Tamerlan zu Mut,
ein kleines bißchen Tamerlan, ja Tamerlan wär gut!
Die sind ja nichts für dich und mich,
die haben alle einen Stich!
Ach weine nicht sehr,
den gibts ja nicht mehr,
solchen Tamerlan.

RAFFKE
COUPLET
Für Kurt Korff

Ick bin die allerneuste Zeiterscheinung,
Sie treffen mir an alle Orte an –
ick pfeife uff die öffentliche Meinung,
weil ick als Raffke mir det leisten kann.
Ick bin die feinste von die feinen Nummern,
ick steh schon in die Illustrierte drin;
denn ob Jeschäfte oder Sekt und Hummern:
Ick knie mir rin, ick knie mir richtig rin!

Mein Vata war ein kleiner Weichenstella,
und meine Jugend, die war sehr bewegt –
ick stand doch damals in'n Jemisekella,
wo meine Frau die Jurken einjelegt.
Denn stieg ick uff. Und wurde richtig Raffke.
Und steckt die janze Welt in'n Dalles drin: –
Det macht mir nischt, denn ick vadiene daffke.
Ick knie mir rin, ick knie mir richtig rin!

Von wejen Kunst un so – ick kenn Tosellin!
Ick weiß, der Strauß, der singt det hohe Fis.
Nur weiß ick nich jenau von Boticellin,
ob det nun 'n Cognak oder 'n Keese is,
'n Bild in Auftrag jeben dhu ick imma,
weil ick nu mal 'n jroßa Meez'n* bin –
Jefällt mirs nich, häng icks ins Badezimma:
Ick knie mir rin, ick knie mir richtig rin!

In der Jeschäfte wüsten Lärm und Hasten
vajeß ick auch die süße Liebe nicht.
Sie, meine Olle is valleicht 'n Kasten,
die hat so zweihalb Zentner Schwerjewicht!
Aus meinen Schloß mit seine Silberputten,
da mach ick raus, wenn ick alleene bin –
Et jibt ja Jott sei Dank noch so viel Nutten –
Ick knie mir rin, ick knie mir richtig rin!

Wat Sie hier sehn an meinen dicken Händen,
den janzen Perlen- und Brillant-Salat –
Sie, det sin alles meine Dividenden,
denn ick bin dreißigfacher Aufsichtsrat.
Und in den alljemeinen Weltenkoller,
da schieb ick still zur Bank von England hin:
Und machts ihrs doll – ick mache immer Dollar!
Ick knie mir rin, ick knie mir richtig rin!

* statt Mäcaen

SIE SEHN HEUT ABEND GLÄNZEND AUS!

So ist das hienieden. Das ist kein Problem:
Frauen sind verschieden, sie sind je nachdem.
Manches Herz verirrt sich in Begeisterung,
gestern sind sie vierzig; heute sind sie jung.
Was ich hier verkünde, daran kann man sehn:
Das hat seine Gründe, Liebe, die macht schön.
Schmeicheln mir die Leute, liegt's an einem Mann,
und zum Beispiel heute: schau'n Sie mich mal an!
Sie sehn heut Abend glänzend aus!
So schön, so jugendfrisch und so verführerisch.
Die schönste in dem ganzen Haus!
Sie sehn heut Abend glänzend aus!

Kann da ein Verlaß sein? Schminke her! Husch! Husch!
Gestern kann sie blaß sein, heute ist sie rouge.
Manche ist ein Luder, ändert sich im Hui:
Oben drauf ist Puder, untendrunter: pfui.
Schminkstift ist ein Zeichner, den man brauchen kann.
Doch der beste Leichner ist ein junger Mann.
Vibrationsmassage soll bekömmlich sein.
Wolln Sie mit Courage mein Verjüngrer sein?
Sie sehn heut Abend glänzend aus!
So schön, so jugendfrisch und so verführerisch.
Ich bring Sie sicher noch nach Haus!
Sie sehn heut Abend glänzend aus!

WAS KLEINE KINDER SEHN
Für Herbert Nelson

Ach, wie sieht es manchmal in der Kinderstube aus,
wenn Mama, o Graus! einmal nicht zu Haus!
Mit dem Finger in der Nase liegt Fritzchen auf dem Bauch,
Gretchen nach altem Brauch, die popelt auch!
Erich hat mit der Trompete sich was ausgeheckt,
ein neues Spiel entdeckt, sie sich wo reingesteckt;
Kurtchen spielt Soldat und reitet um den Tisch Galopp
und trägt auf seinem Kopp 'nen Henkeltopp!
Was kleine Kinder sehn, das wollen sie haben,
sie stecken alles gleich in ihren Mund!
Das machen so die Mädchen und die Knaben,
doch, Kinder, allzuviel ist ungesund!
Wir sind nicht so, wir geben euch ja gerne,
was man nur irgend Kindern geben kann.
Zuerst da wollt ihr Sonne, Mond und Sterne,
und wenn ihr's habt, dann guckt ihr's nicht mehr an!

Die Gesellschaft von Berlin, die kenn ich vom vorigen Jahr,
weiß, wie das damals war, kenn jedes einz'ge Paar!
Kenn den Hausfreund und die Kinder und auch den Opapa,
und sie sind schließlich ja noch alle da!
Aber ach! seh ich mir alle die Damen an
und geh mal näher ran, hat jed' 'nen andern Mann!
Wer was auf sich hält von unserm feineren Publikum,
heiratet still und stumm die Reihe rum!
Was kleine Kinder sehn, das wolln sie haben,
sie stecken alles gleich in ihren Mund!
Und dabei könnten sies doch billger haben,
doch nein, sie schließen gleich 'nen Ehebund!
Wir sind nicht so, wir scheiden euch ja gerne,
wen man nur irgend von euch scheiden kann.
Zuerst da wollt ihr Sonne, Mond und Sterne,
und wenn ihr's habt, dann guckt ihr's nicht mehr an!

ZIEH DIR'N RING DURCH DIE NASE

Da stand am Kongo einmal
ein braunes Mädchen am Kraal.
Die Sonne brennt so fürchterlich,
drum ging sie heut nicht auf den ————.
Da kam der Häuptling und sprach:
»Du braunes Kind, folg' mir nach!«
Sie sieht ihn von der Seite an
und spricht zum Hottentottenmann:
Zieh' dir'n Ring, zieh' dir'n Ring,
zieh' dir'n süßen kleinen Ring durch die Nase,
jum jum!
Alle Frau'n werden schau'n:
Nein, was kommt denn da für'n Clown der Oase?
jum jum!
So ein Ring, so ein Ring,
der bedeutet allerlei,
denn das Ding, denn das Ding
ist der Mode letzter Schrei!
Mit dem Ring wirst du's schon schaffen,
da wundern sich sogar die Affen.
Sei nicht dumm, nimm's nicht krumm,
Männer zieht man an der Nase rum!
Die Jungfrau sagt: »Wie du glühst!
Dir ist vor Sand wohl ganz wüst?«
Er lüftet seinen Hut aus Stroh
und er klopft sie leis auf den ————.
Das junge Paar geht voll Glück
in seinen Urwald zurück,
und tief in dem Bananenhain
da hört man leis ein Stimmchen klein:
Zieh' dir'n Ring, zieh' dir'n Ring
zieh' dir'n süßen kleinen Ring durch die Nase,
jum jum!
Hier im Nest, süß gepreßt,
ja, da halt ich mich dran fest, wenn ich rase,
jum jum!
So ein Ring, so ein Ring,
der bedeutet allerlei,
denn das Ding, denn das Ding

ist der Mode letzter Schrei!
Mit dem Ring kommst du zum Ziele,
da wundern sich die Krokodile.
Sei nicht dumm, nimm's nicht krumm,
Männer zieht man an der Nase rum!

Das ist alles aus zweiter Hand.
Aber vieles ist so gewesen.
Und weil diese Zeit für immer entschwand
und mit ihr (für uns) ein glückliches Land –:
deshalb mag Er's lesen. –

SIE SPRICHT:

Ich bin die kleine week-end=Torte
und mache weiter keine Worte.
Ich wink Dir appetitlich zu.
Und bin doch lange, lange, lange
noch lange nicht so süß wie Du –!

EIN WEIHNACHTSWUNSCH

Die Zeit vergeht.
              Die kleinen Lichter flammen.
Ein Duft von Knistertannen weht.
Ich reim mir dies und das zusammen …
Die Zeit vergeht.

Wie festtags Seine Augen glänzen,
wie Er leis lacht vor Wohlergehn
inmitten Tannennadelkränzen –
Ich weiß es nicht. Ich hab es nie gesehn.

Ich seh nur durch das Lichtgeflimmer
ein seidenweiches blondes Haar.
Und auf mich sieht im Kerzenschimmer
ein unvergeßlich Augenpaar.

1923

AN EINEN BONZEN

Einmal waren wir beide gleich.
Beide: Proleten im deutschen Kaiserreich.
Beide in derselben Luft,
beide in gleicher verschwitzter Kluft;
dieselbe Werkstatt – derselbe Lohn –
derselbe Meister – dieselbe Fron –
beide dasselbe elende Küchenloch …
    Genosse, erinnerst du dich noch?

Aber du, Genosse, warst flinker als ich.
Dich drehen – das konntest du meisterlich.
Wir mußten leiden, ohne zu klagen,
aber du – du konntest es sagen.
Kanntest die Bücher und die Broschüren,
wußtest besser die Feder zu führen.
Treue um Treue – wir glaubten dir doch!
    Genosse, erinnerst du dich noch?

Heute ist das alles vergangen.
Man kann nur durchs Vorzimmer zu dir gelangen.
Du rauchst nach Tisch die dicken Zigarren,
du lachst über Straßenhetzer und Narren.
Weißt nichts mehr von alten Kameraden,
wirst aber überall eingeladen.
Du zuckst die Achseln beim Hennessy
und vertrittst die deutsche Sozialdemokratie.
Du hast mit der Welt deinen Frieden gemacht.

Hörst du nicht manchmal in dunkler Nacht
eine leise Stimme, die mahnend spricht:
    »Genosse, schämst du dich nicht –?«

DEUTSCHES LIED

Blasse Kinder auf dem Hof
(Nebenstraße – Westen)
machen einen kleinen Schwof
neben Müllschuttkästen.
Käse-Teint und bleicher Schopf.
Dürftiges Grün im Blumentopf
auf zwei Fensterbrettern.
Und die Stimmchen klettern:
    »Kaserne! Kaserne!
    Sonne, Mond und Sterne!
    Achtung! Richtung! Vordermann!
    Du – bist – dran –!«

Tief geduckt im Ziegelbau
hinter wuchtigen Laden
sitzen krumm, in Kitteln blau,
unsre Kameraden.
Staatsanwalt, der schikaniert,
Wärter, der sie malträtiert.
Ihre Stimmen leiern
in Preußen und in Bayern:
    »Kaserne! Kaserne!
    Sonne, Mond und Sterne!
    Achtung! Richtung! Vordermann!
    Du – bist – dran –!«

Deutscher Gram und deutsches Leid.
Ämter ohne Ende.
Wucher, den ein Staat gefeit,
und immer graue Wände.
Wir sind schuld. Ein Schrei, der gellt.
Aber draußen liegt die Welt.
Wir sind ganz alleine.
Und hören nur dies eine.
    »Kaserne! Kaserne!
    Sonne, Mond und Sterne!
    Achtung! Richtung! Vordermann!
    Du – bist – dran –!«

BERGMANNSLIED

Wir klopfen in der Erde –
Wozu? Warum?
Damit die Kohle werde –
Wozu? Warum?
Wir trotzen bösen Wettern,
Damit die Kurse klettern.
Und in dem Börsentaumel schreit es:
Komm ans Licht!
Und vergiß die Seele nicht!
Hammerschlag –
Wir sehnen uns nach hellem Tag!
Glückauf! Glückauf! Glückauf!

Es grollt in allen Ländern,
Wozu? Warum?
Man kann ja doch nichts ändern.
Wozu? Warum?
Wir wissen, was wir sollen,
In unserm finstern Stollen.
Doch einmal, Brüder, denkt an uns!
O komm ans Licht! –
Und vergiß die Seele nicht!
Hammerschlag –
Wir sehnen uns nach hellem Tag!
Glückauf! Glückauf! Glückauf!

Der Arme und der Reiche,
Wozu? Warum?
's ist überall das gleiche.
Wozu? Warum?
Damit die anderen leben,
Wir tausend Tode geben
Dem Stein, der dröhnt – die Erde zittert – horch dem Chor.
Auf zum Licht!
Und vergiß die Seele nicht!
Hammerschlag –
Wir harren auf den neuen Tag –
    Glück auf!

TOBAK

Tief im Walde drin
bei der Indianerin
wächst ein rätselhaftes Kraut,
wo die Lianen steh'n
wo die Elefanten geh'n,
hat's kein Weißer noch erschaut
farbige Brüder fanden einst es wieder,
wußten in der Urwaldnacht gleich
was man damit macht!
Ah! Ah! Ah! Ah! Ah!
   O du Tubuco
   Von Pernambuco!
   O wie schön wenn ich so blase
   blauen Rauch durch meine Nase
   O du Trabuco
   alles andre ist mir schnuppo
   aber was wir rauchen,
   aber was wir schmauchen,
   aber was wir brauchen,
   ist Tobak.

Da in Mexiko
Rauchte jeder frisch und froh.
Und nun raucht die ganze Welt.
Selbst die Uckermark
ist heut' an Importen stark,
Doch keen Mensch weiß, was sie enthält.
Tobak hat verholfen
Zu Löser und zu Wolfen,
Selbst der Quartaner mit Genuß
Raucht, bis er plötzlich muß …
Ah! Ah! Ah! Ah! Ah!
   O du Trabuco
   Von Pernambuco!
   Mancher raucht nur eine Sorte,
   Nämlich immer nur geschnorrte!
   O du Trabuco,
   alles andre ist mir schnuppo
   aber was wir rauchen,
   aber was wir schmauchen,
   aber was wir brauchen,
   ist Tobak.

Wird in der Liebesnacht
Ein kleines Feuer angemacht,
Siehst du nur zwei Pünktchen glüh'n.
Dein süß Dingelchen
Bläst aus Rauch die Ringelchen,
Und bunte Herzenswünsche zieh'n.
Es raucht die Amazone
Mit Mundstück und mit ohne,
Und schlaft ihr beide müd' und heiß,
Dann summt ihr still und leis:
Ah! Ah! Ah! Ah! Ah!
   O du Trabuco
   Von Pernambuco!
   Süß bekleidet ist Rinnette
   Nur mit einer Zigarette,
   O du Trabuco,
   alles andre ist mir schnuppo
   aber was wir rauchen,
   aber was wir schmauchen,
   aber was wir brauchen,
   ist Tobak.

FRAGE

Auf vielen Reisen hab ich's mitgetragen –
Und dacht an Ihn. Und fuhr dann auf, verstört …
Jetzt soll das Büchlein Ihm was sagen –
      Ob Ers noch hört –?

AN IHR

Ich kann Dir keine Locke von mir geben.
   's sind keine da.
Auch keine Probe aus dem Dichterleben –
   's ist keins mehr da.

        *

Glaub ja nicht an die Literatenlichter,
    die feinen Herrn.
Ich bin ein kleiner aufgehörter Dichter
    und hab Sie gern.

         *

In diesem engen, so bornierten Lande
    denk ich zur Zeit
an Sie und silbern-dünne Freundschaftsbande …
    Sie sind so weit –!

Inmitten dieses Zeitenkollers
gedenk ich zwischen Cent und $
und grade, wenn der Dienst am nettsten,
des einen meiner Vorgesetzten.
Er hat Geburtstag – Herz, sei still! –
Valuta Medio April.
Und das, worauf mein Auge fällt,
das wünsch ich ihm in dieser Welt:
    Ganz Holland soll ihm immer schulden
    die Knisterscheine echter Gulden!
    Und immerdar soll er gesunden
    an guten dicken englisch Pfunden!

Bedeckt vom Kopf bis zu der Zeh
sei er von Franken und von Lei!
Vom Zeh bis zu den Scheitelhaaren
von Lire, Schillings und Dinaren!
    Und wenn er dieses alles hat,
    dann soll er raus aus dieser Stadt:
    Das Schönste sei ihm dann beschieden:
    Der Credit-Saldo und der Seelenfrieden!
        Von beidem wünscht ihm eine Masse
        der
            Tiger
                aus der Sortenkasse. –
        = = = = =

1924

»SCHLAGER«

Überall, wo Räder rollen,
in den Autos, in den vollen –
in der Handelskompanie.
In den Wäldern unter Fichten,
in den Oberlandgerichten –
gibts nur eine Melodie.
Gents, die ihre Wagen lenken –
Mädchen, die den Beutel schwenken –
wo das deutsche Leben zieht –
singen wir das kleine Lied:

>>Wer bezahlt denn meine Steuern?
Bezahl sie *ich* vielleicht? – Bezahlst sie *du* vielleicht?
Bei den Zeiten, bei den teuern –
da muß man froh sein, wenns fürn kleinen Cognak reicht!<<

Wälder blaß erdunkeln.
Silberteiche funkeln.
Schwer empor steigt Nickelmann,
fängt ein bißchen mit den Elfen an.   (Wabblige
Waldesgeister weben.   Musik)
Elfen nebbich schweben –
auf dem Pfad, wo Mondschein geht –
weil das so bei Richard Wagner steht …
Und während Poesie die Luft durchzieht,
singt die kleine Elfe leis ihr Lied:
            (Husch   husch – die Waldfee!)

>>Wer bezahlt denn meine Steuern?
Bezahl sie ich vielleicht? – Bezahlst sie du vielleicht?
Bei den Zeiten, bei den teuern –
da muß man froh sein, wenns fürn kleinen *Nektar* reicht!<<

Das Militär ist große Mode (Striktes
in der Politik und auf dem Varieté. Marschtempo)
Da hetzen sie das Ding zu Tode –
in Revuen und auf dem Cabaret.
Und kannst du mal nicht weiter –
dann sei nicht bös und barsch –
dann spielste einfach heiter
den Fridericus-Marsch.
Und dann fällt alles – und dann fällt alles
vor Begeistrung auf den Fridericus-Marsch (Hurra!)
auf den Fridericus-Marsch.
(Achtung! Tritt geeee-faßt! Die Augen – licks!)

»Wer bezahlt denn meine Steuern?
Bezahl sie ich vielleicht? – Bezahlst sie du vielleicht?
Bei den Zeiten, bei den teuern –
da muß man froh sein, wenns fürn kleinen Kognak reicht!«

KLEINE FINGERÜBUNG

Wenn früher ein Kind, als Kadett verkleidet,
zu seinem Herrn Onkel zu Mittag fuhr,
dann wurde er von Kameraden beneidet
wegen der tahllosen Tour.
    Er pfropfte sich voll. Unbeschadet der Ehre.
    Denn fragte man ihn, so sagt er, er wäre
        injeladen – nich uffgefordert.

In Thüringen fliegt sofort in den Kahn,
wer die Roßäpfel von der Reichswehr nicht grüßt.
So mancher Arbeiter hat, wie wir sahn,
die Treue zu Weimar mit Kittchen gebüßt.
    Nur die Jungens in München mit dem Prälat
    Ludendorff sind wegen Hochverrat
        injeladen – nich uffgefordert.

Keiner kann keinem hier böse mehr sein.
Zur Bestechung genügt ein Zigarrchen schon.
Mirjam, mein Leben, mein Kind, schlaf ein –
man nennt das bei uns nicht mehr Korruption.
   Die Großindustrie hat Chefredakteure,
   Sozis und Ministerialsekretäre
     injeladen – nich uffgefordert.

Wenn ich sie mir so Alle beseh:
die unbeirrbar braven Genossen,
meinen Landesvater, die SPD,
auf ihren lahmgeprügelten Zossen –
   Ich will mir auch mal was Gutes gönnen:
   Sie glauben gar nicht, was die mir können …
     injeladen – nich uffgefordert!

AUF WIEDERSEH'N MARIE
EIN WANDERLIED

Wir drei – wir gehn hier auf die Walze!
Gradeaus – wohl in die weite Welt.
Die Tippelei – Herrgott erhalt' se! –
Weil uns – das Tippeln wohl gefällt.
Ein Schuster
Und ein Schneider –
Und auch ein Stadtkoch
Leider!
Mit der Leber – Leberwurst –
Gute Nacht, auf Wiedersehn, Marie!

Links rechts – links rechts –
Rechts – links – rechts – links –
Falschen Tritt, falschen Tritt –
Die ganze Kompagnie
Falschen Tritt, falschen Tritt
Die ganze Kompagnie
Und nur vom Fox die Beine
Die trudeln, trudeln, trudeln, ganz alleine
Gute Nacht, auf Wiedersehn, Marie!

Und kommen wir in einen Flecken –
Dann geht, ja geht das Fechten an.
Da schultern wir den Wanderstecken
Und klopfen bei den Bauern an.
»Herr«, wir sind drei Verdammte
Drei abgebaute Staatsbeamte.
Mit der Leber – Leberwurst
Gute Nacht, auf Wiedersehn, Marie!

Rechts – links –
Falschen Tritt – falschen Tritt –
Die ganze Kompagnie
Falschen Tritt – falschen Tritt –
Die ganze Kompagnie
Bei uns da brennts inwendig
Wir saufen wertbeständig
Gute Nacht, auf Wiedersehn, Marie!

Am Queis, am Queis und auch am Bober,
Erwischt uns manchmal der Gendarm
Fix kriechen wir in einen Schober,
Sonst kriegt uns noch der Kerl am Arm.
Wir sehn's ja stets aufs neue
Der schwur dem Staat die Treue
Wegen der Leber – Leberwurst –
Gute Nacht, auf Wiedersehn, Marie!

Rechts – links –
Falschen Tritt, falschen Tritt
Die Militärmusik
Falschen Tritt, falschen Tritt
Die ganze Republik
Wir könn'n des Nachts nicht schlafen
Wegen Flöhn und Paragraphen –
Gute Nacht, auf Wiedersehn, Marie!

PARC MONCEAU

Hier ist es hübsch. Hier kann ich ruhig träumen.
Hier bin ich Mensch – und nicht nur Zivilist.
Hier darf ich links gehn. Unter grünen Bäumen
sagt keine Tafel, was verboten ist.

Ein dicker Kullerball liegt auf dem Rasen.
Ein Vogel zupft an einem hellen Blatt.
Ein kleiner Junge gräbt sich in der Nasen
und freut sich, wenn er was gefunden hat.

Es prüfen vier Amerikanerinnen,
ob Cook auch recht hat und hier Bäume stehn.
Paris von außen und Paris von innen:
sie sehen nichts und müssen alles sehn.

Die Kinder lärmen auf den bunten Steinen.
Die Sonne scheint und glitzert auf ein Haus.
Ich sitze still und lasse mich bescheinen
und ruh von meinem Vaterlande aus.

NACH DER SCHLACHT

Wenns mir mal schlecht geht, wird mich keiner kennen.
Ein fremder Hunger langweilt fürchterlich.
Und mancher sagt, hört er den Namen nennen:
»Ja, ich erinnre mich …«

An allen Türen klingle ich vergebens.
Ich schlucke so, wenn ich da draußen steh.
Es bleibt als Fazit eines ganzen Lebens:
»Mein Gott, das ist passé –!«

Es kommt ein Freund aus frühern bessern Tagen,
der spricht mit mir ein gutes Männerwort
und spricht und schenkt mir einen alten Kragen
und macht rasch wieder fort.

Wenns mir mal schlecht geht, will ich mich verstecken.
Da sind ja andre noch viel schlimmer dran:
Da gibt es welche bettelnd an den Ecken.
Die stehen Mann für Mann.

Was klag denn ich, wenn ich einst nicht mehr tauge?
Den andern ward, nach blutigem Höllentanz,
mit Holzbein und mit ausgelaufnem Auge
der Dank des Vaterlands.

IMMER RAUS MIT DER MUTTER ...!
Für Paul Graetz

Verdumpft, verengt, verpennt, blockiert,
so geht das seit zehn Jahren.
Wie sind die Deutschen dezimiert,
die einst von Goethe waren!
    Ein Mittel gibts – und das ist rar.
    Das Mittel das ist dies:
    Mensch, ein Mal auf dem Buhlewar!
    Mensch, ein Mal in Paris!

Als Ludendorff einst Lüttich nahm
und nachher nicht mehr rausfand –
Welch Tag für ihn! Der Brave kam
zum ersten Mal ins Ausland.
    Man denk ihn sich mit Schnurrbarthaar,
    mit Orden, Helm und Spieß,
    Mensch, ein Mal auf dem Buhlewar!
    Mensch, ein Mal in Paris!

Hannover-Süd und Franken-Nord.
Der Horizont wird kleiner.
Von Hause kommen wenige fort
und in die Welt fast keiner.
    Ich wünsch der Angestelltenschar
    statt brandenburger Kies:
    nur ein Mal auf dem Buhlewar!
    nur ein Mal in Paris!

Da draußen kümmert sich kein Bein
um eure Fahrdienstleiter.
Ihr könnt Hep-Hep und Hurra schrein:
die Welt geht ruhig weiter.
Die Völker leben. Freude lacht.
Wir stehn in letzter Reihe.
Was sich bei uns so mausig macht,
das sollte mal ins Freie!
    Den Richtern, Bonzen, ja, sogar
    Herrn Hitler wünsch ich dies:
    Mensch, ein Mal auf dem Buhlewar!
    Mensch, ein Mal nach Paris –!

DIE DEPLACIERTEN

Uns haben sie, glaub ich, falsch geboren.
Von wegen Ort und wegen Zeit
sind wir vertattert und verloren
und fluchen unsrer Einsamkeit.

Warum, Mama, grad an der Panke?
Warum nicht fünfzig Jahr zurück?
Wie schlecht placiert wuchs der Gedanke
zu euerm jungen Liebesglück!

Warum nicht lieber auf den Sunda-
Eiländchen 1810?
Doch hier und heut? Das ist kein Wunder –
das kann ja nicht in Ordnung gehn!

Warum nicht in Australien hausend?
Warum nicht Fürst von Erzerum?
Warum nicht erst im Jahr Zweitausend?
Weshalb? Wieso? Woher? Warum?

Der Weltkrieg. Lebensgroße Zeiten.
Der Bankkommis als Offizier.
Brotkarten. Morde. Grenzen. Pleiten.
Und alles ausgerechnet wir.

Schraub hoch dein Karma wie die Inder.
Bleibt auch für uns nur noch Verzicht:
Wenn meine und sie kriegt mal Kinder –
in Deutschland darf sie nicht.

STIMMEN IN DER NACHT

Einer liegt nach gutem Mahle
tief im Bett als Hosenmatz.
In dem Bauch die Bierkaltschale,
auf dem Nachttisch Rudolf Stratz.
    Wohlig blüht das Fett, das weiche,
    populär im ganzen Reiche …
        Knackten Möbel –?
Und er träumt von einem blassen
Grand-Ouvert mit lauter Assen …
        Sprach da einer –?
In der Ecke zirpt es schwach.
Und man hört die Schränke knistern
und ein kleines Stimmchen flüstern:
        »Fechenbach.«

Leicht gestörte Augenblicke
in dem Traum des Schlafgefechts.
Tiefer atmend wälzt der Dicke
sich behaglich-schwer nach rechts.
    Seine Hand will sich verstecken
    unter Kissen, unter Decken …
        Ging da einer –?
Träume, Schlaf und Ruhe schwinden.
Und er kann sie nicht mehr finden …
        Klappten Türen –?
Schläft er oder ist er wach –?
Aus den Fenstern, aus den Wänden
immer klingt es allerenden:
        »Fechenbach! Fechenbach!«

Aufgerichtet, unruhvollen
Auges lauscht er in die Zeit.
Stimmen, die dem Nichts entquollen,
rufen aus der Dunkelheit:
>>Während du auf bunten Messen
redetest, saß er vergessen
in der Zelle!
Legtest ab den Papagei-Eid:
Einigkeit und Recht und Freiheit ...
Und die Zelle –?
Hör sein Weinen tausendfach!
Mensch, das Recht ist in Bedrängnis!
Gib ihn frei aus dem Gefängnis –!
Fechenbach!
Fechenbach!
Fechenbach!<<

Aber er hatte immer, was das betraf,
eine gute Verdauung und guten Schlaf.

FIGURINEN

Einmal war ich schon achtzig Jahr.
Einmal, in einem frühern Leben,
da hat sich dieses mit mir begeben
– und ich hatte ganz weißes Haar –:

Ich saß im Lehnstuhl, nett und beschaulich,
so kurz nach Tisch – mir war so verdaulich.
Blumen im Fenster. Im Käfig ein Matz –
auf dem Tisch eine Tasse mit Untersatz ...
Und vor mir hielt ich auf meinen Knien
ein Album mit alten Photographien.
Und ich machte ein Nickerchen ...
                              Aus ihren Rahmen
stiegen alle vergessenen Damen.

Eine war schlank und klug und bescheiden.
Die mochte ich immer am liebsten leiden.
Sie roch die Menschen. Sie wußte immer,
betrat sie nur einmal ein fremdes Zimmer:
die hat mit dem da – der ist stolz –
und die Frau ist falsch wie Galgenholz.
    Sie erschien, wie im Nebel. Ich streckte die Hand
    nach ihr – sie wich zurück und verschwand.
    Und sie sprach, indes ich, wie verträumt,
    ein Glück zerschlagen – ein Leben versäumt:
        »Ich war die Nettste.«

Dann kam eine, ein dickes Paket,
wie es gar nicht in eine Corsage geht.
Wenn sie mir abends entgegenschwoll,
war das ganze Schlafzimmer voll.
Und sie trank zwischendurch –
                wie ich das noch seh! –
immer Kaffee und Selter und Tee.
    Und während in weichen Kissen sie kraucht,
    hat das Schwergewicht mir entgegengehaucht:
        »Ich war die Fettste.«

Dann hört ich im Halbschlaf einen Chor
von Stimmen. Und eine tauchte empor,
ein ganz junges Mädchen, weiß, ganz weich –
sie zögerte, näherte sich nicht gleich …
Ich streckte nach ihr die Arme aus.
Sie stand vor einem Schifferhaus.
    Und man hörte das Meer …
    Und sie sprach und sah mich dabei an –
        und da weinte ich alter Mann –:
           »Ich war die Letzte.«

Auf den Tod zu warten, ist so schwer …
Aber das ist schon lange her.

NUR DIE RUHE ...

> Wenn diese dürren Bambusrohre blühen,
> Und wenn die Schwalben in den Bienen nisten,
> Wenn dieser Stein das Schwimmen je erlernt –
> Mags möglich sein, vielleicht, daß ich dich liebe!
>
> Amuru

Wenn ein Beamter einmal höflich ist,
und wenn die Deutschen keine Titel tragen,
wenn Redakteure dicke Gelder kriegen –
mags möglich sein, vielleicht, daß ich dich liebe!

Wenn Kinohelden nicht in Fräcken weinen,
und wenn die Edschmids nicht mit Weibern protzen,
wenn Paul Cassirer immer billiger wird –
mags möglich sein, vielleicht, daß ich dich liebe!

Wenn unsre Richter wie die Menschen richten,
und wenn Herr Geßler merkt, was um ihn vorgeht,
wenn Ebert sich besinnt, was er gewesen –
mags möglich sein, vielleicht, daß ich dich liebe!

Mags möglich sein, vielleicht, daß ich dich liebe ...
Doch bis das Land den Anschluß wiederfindet
an Welt, Vernunft und an die Kontinente –:
Hält Stresemann noch manche wilde Rede,
fällt um die SPD noch manches Mal,
verliert so manche Jungfrau manche Sachen,
brüllt mancher deutsche Mann: »Wir waren nicht schuld –!«
Drum hab geliebtes Wesen, bis Ermatten
erfolgt, das, was die preußischen Soldaten hatten:
Geduld.

ZU TUN! ZU TUN!

Heute lese ich da in der Zeitung:
In Los Angeles gibts einen Schnapsverein,
und man befürchtet seine Verbreitung
in dem übrigen Land – dabei fällt mir ein:
Ich sollte mal wieder an Edith schreiben
(in Kalifornien) – seit Januar
liegt der Brief da, und ich laß es bleiben
und verschieb es nun schon ein halbes Jahr.
    Das ist nicht richtig. Es nimmt mir die Ruh.
    Aber … ich komme nicht dazu.

Der Arzt sagt, ich soll mir Bewegung machen.
Da gibt es so eine Schule für Sport …
Auf dem Boden liegen noch alte Sachen,
die sollten doch längst für die Armen fort!
Bin ich an Vaterns Grab gewesen?
Ich nehm es mir vor – und dabei wirds nie.
Das Gelbbuch wollte ich immer mal lesen,
das und Simmels Soziologie.
    Wie oft wollt ich schon nach Friedrichsruh!
    Aber … ich komme nicht dazu.

Einstmals, wenn die Posaunen schallen,
steigt auf der Berliner aus seinem Grab.
Und er steht in der ersten Reihe vor allen –
(»Weil ich doch meine Beziehungen hab!«)
Gott, der Herr, mild und voll Frieden,
der über allen Gewässern schwebt,
spricht: »Berliner! Was tatst du hienieden?
Menschenskind! Wie hast du gelebt –?«

Und der Berliner sagt darauf verschwommen:
»Ich … bin leider nicht dazu gekommen.«

PLACE DES VOSGES

Viereckig liegt der Platz. Die Bäume, Gitter
und Häuser rings sehn mich quadratisch an,
und in der Mitte trabt ein Marmorritter,
ein unbeschreiblich kaiserlicher Mann.
Ich sitz und knack an Papageiennüssen
und bin schon bis zur dreißigsten gediehn –
da hab ich plötzlich daran denken müssen:
Was macht wohl jetzt, im Augenblick, Berlin?

Vor Josty staut sich hier und da ein Wagen.
Ein Dicker kauft ein ›*Acht-Uhr-Abendblatt*‹
(um Viertel sechs) – zwei dünne Kellner tragen
das Eis, das jeder zu verzehren hat.
Und in der Untergrundbahn Kellerräumen
ruft einer: »Wolln Sie nich den Korb wechziehn?«
»Sie Lümmel!« hallt es noch in meinen Träumen …
Was macht wohl jetzt, im Augenblick, Berlin?

Kaufleute schuften. Alle Uhren treiben.
Und alle Welt hat Dienst. Kein Mensch flaniert.
Ein Redakteur darf einen Aufsatz schreiben
auf Poincaré, der doch nicht inseriert.
Die Damen gehen shopping voller Eile
und wackeln emsig mit dem Hinterteile …
  Auch dieser Platz war einmal ohne Tadel;
  hier wohnte früher guter, alter Adel.
  Jetzt kümmert sich kein feiner Mann um ihn.
  Vielleicht aus Neugier jener oder dieser …
  Ich aber denk als alter Spree-Pariser:
  Wie lieb ich dich! Von weitem. Mein Berlin –!

GEBET NACH DEM SCHLACHTEN

Kopf ab zum Gebet!

Herrgott! Wir alten vermoderten Knochen
sind aus den Kalkgräbern noch einmal hervorgekrochen.
Wir treten zum Beten vor dich und bleiben nicht stumm.
Und fragen dich, Gott:
     Warum –?

Warum haben wir unser rotes Herzblut dahingegeben?
Bei unserm Kaiser blieben alle sechs am Leben.
Wir haben einmal geglaubt ... Wir waren schön dumm ...!
Uns haben sie besoffen gemacht ...
     Warum –?

Einer hat noch sechs Monate im Lazarett geschrien.
Erst das Dörrgemüse und zwei Stabsärzte erledigten ihn.
Einer wurde blind und nahm heimlich Opium.
Drei von uns haben zusammen nur einen Arm ...
     Warum –?

Wir haben Glauben, Krieg, Leben und alles verloren.
Uns trieben sie hinein wie im Kino die Gladiatoren.
Wir hatten das allerbeste Publikum.
Das starb aber nicht mit ...
     Warum –? Warum –?

Herrgott!
    Wenn du wirklich der bist, als den wir dich lernten:
Steig herunter von deinem Himmel, dem besternten!
Fahr hernieder oder schick deinen Sohn!
Reiß ab die Fahnen, die Helme, die Ordensdekoration!
Verkünde den Staaten der Erde, wie wir gelitten,
wie uns Hunger, Läuse, Schrapnells und Lügen den Leib zerschnitten!
Feldprediger haben uns in deinem Namen zu Grabe getragen.
Erkläre, daß sie gelogen haben! Läßt du dir das sagen?
Jag uns zurück in unsre Gräber, aber antworte zuvor!
Soweit wir das noch können, knien wir vor dir – aber leih uns dein Ohr
Wenn unser Sterben nicht völlig sinnlos war,
verhüte wie 1914 ein Jahr!

Sag es den Menschen! Treib sie zur Desertion!
Wir stehen vor dir: ein Totenbataillon.
Dies blieb uns: zu dir kommen und beten!
      Weggetreten!

AN ERNST TOLLER

Du bist fein raus.
          Nicht einen Tag geschenkt.
Wobei man an Herrn von Arco denkt.

Sei gegrüßt! Du kamst ans Licht!
Herr Ebert kümmert sich um dich nicht.

Er mag sich nicht mit Bayern schlagen.
Und da hat er auch nichts zu sagen.

Vor den Rechtsausschuß gingst du? Gar nicht schlecht.
Da findest du alles – nur kein Recht.

Wer Gefangene schindet, ist der nicht ehrlos?
Herr Held ist ein Held; die sind ja wehrlos.

Sag es laut! Gott gab dir den Schrei.
Sag es – du warst ja mit dabei!

Und denk auch an ihn, der im Ungemach,
an ihn:
      an Felix Fechenbach.

DEUTSCHE ZEITSCHRIFTEN
In der Schule aufzusagen

Mädchenhafte Treue
und ein lieber Blick
fesseln stets aufs neue,
Leser, dein Geschick.

Auf der Titelseite
sitzt ein junges Kind,
zeigt in voller Breite
dir ihr Angebind.

Lieblich ist und labend
Flammri-Kochrezept,
Deutsches Dorf am Abend,
und wie man Höschen steppt.

Finder und Entdöcker,
Deutschlands Saft und Kraft,
ein Roman von Höcker
und Kunst und Wissenschaft.

Abonnier und wandre!
Solche Blätter gehn.
Doch es gibt auch andre,
die sind ganz mondän.

Bremen, Köln und Husum
lesen sich halb dumm.
Die sind mehr in usum
masturbantium.

Gents und ihr Kokettchen,
eine Welt: eisfein.
Mädchen im Korsettchen
und ein Kitzelbein.

Letzter Schrei der Moden.
Nutten im Trikot.
Leser liests in Loden,
und er sehnt sich so.

Kerls in Bügelfalten,
Autohandgepäck.
Welt bleibt stets beim Alten:
wünscht den Alltag weg.

Seidenweiche Kissen,
Butzenscheibenzeit –:
Beide Mal Kulissen
vor der Wirklichkeit.

DEM GEHEGE DER ZÄHNE

Vor dem Richter stehn zwei Partein,
die reden zu gleicher Zeit.
Man hört Frau Schnufke: »Na sowas!« schrein.
»Das nehm ich glatt auf mein' Eid –!«
    Da sagt der Richter: »Erzählen Sie mal:
    Wie war das am Sonntag mit Ihrem Skandal?«
Und Frau Schnufke erzählt unter Tränengewimmer;
und aus allem, was sie berichtend klagt,
hört der ganze Gerichtssaal nur immer:
»Und da hab ich gesagt … und da hat sie gesagt …
                                    und da hab ich gesagt …«

Vor Deutschland stehen achtzehn Partein,
die reden zu gleicher Zeit.
Man hört Herrn Jarres »Revanche!« schrein
und Hergt nach der Kaiserzeit.
    Da sagt sich der Deutsche: »Erzählt mir mal:
    Wie komm ich aus diesem Jammertal?
Es wird doch täglich schlimmer und schlimmer.
Wir sind isoliert. Bewuchert. Geplagt!«
Doch von den Politikern klingt es nur immer:
»… Und da hab ich gesagt … Und da hat er gesagt …
                                    Und da hat der gesagt …!«

In den Landwehrkanal fällt ein Mann hinein,
der furchtbar um Hilfe schreit.
Auf der Potsdamer Brücke stehn zwei Partein,
die reden zu gleicher Zeit.
    Sie zerfleischen sich fast in wildem Zwist:
    Ob dieser Mann ein Jude ist?
Die einen sagen: »Nich in die Hand!
Ich hab seine braven Eltern gekannt!«
Die andern sagen: »Sein Sie doch still!
Das hört man doch schon an seinem Gebrüll –!«
Und da hab ich gesagt … und da hast du gesagt …
                                    und da hat er gesagt …
Dann wurde die Debatte vertagt.

Und dann sind alle ans Gitter geloffen.
Der Mann war unterdessen versoffen.

DER GESCHLECHTSLOSE

Ich habe keine Zeugungsglieder.
Ich bin kein Mann – das steht mal fest.
Mir ist der Umsturz sehr zuwider –
ich hasse Lenin wie die Pest.

Was auch geschieht, ich respektiere
die Uniform voll Bürgersinn.
Und treten mich die Untroffziere,
so schmerzt mich nur, daß ich es bin.

Mich zieren keine runden Brüste.
Ich bin kein Weib – das ist mal klar.
Wer mich im Kompromiß auch küßte:
noch nie geschahs, daß ich gebar.

An alle hab ich mich verloren,
ich gab mich allen einmal hin.
Wie kommts, daß die zum Sieg erkoren,
und daß ich stets der Dumme bin?

Was ist es nur –?
                    Ich seh mein Leibchen
im Spiegel an, und in der Tat:
Ich bin kein Männchen und kein Weibchen –
ich bin ein deutscher Demokrat.

SONNABEND ABEND

Könntest du, Geliebte, mit mir gehn,
einen kleinen Kuller-Pfirsich trinken?
An der Ecke, wo die Autos stehn,
wolln wir wie die Grafens winken.

Obenrum bist du heut mächtig fein,
unten fällt an deinem Strumpf die Masche.
Sieh, ich klemme mein Monokel ein –
im Büro ruhts in der Westentasche.

»Halten Sie –!« Was sagst du zu dem Ton?
Laß mich vornehm langsam dich geleiten.
Rennbahnrestaurant. Nun komm doch schon!
Denn wir wollen durch die Tische schreiten.

Nimmst du Butter? Ober, hopp, hopp, hopp!
Sieh doch, Levychen mit seiner Ziege!
Frau in Garmisch. So ein fauler Kopp.
Guck nicht hin, weil ich die Platze kriege!

Da – die Börse tanzt. Es wiegen sich
die Popos zum Klang der Niggerlieder.
Rechnung! Wohin willst du eigentlich?
Hast du kleines Geld? Und komm bald wieder!

Aufbruch. Tischerücken. Bleib nicht stehn,
daß ich leise weinend hier verdufte.
Aller Augen auf uns beide sehn.
Mit Besitzermiene laß mich gehn,
denn nun weiß ich doch, wofür ich schufte!

JENER

»Was haben Sie eigentlich gegen ihn?
Er ist diskret und stets bescheiden.
Er hat doch alle Sympathien –
was wolln Sie uns den Mann verleiden?«

Ja, gegen Wilhelm ist er Gold.
Das will nun aber nichts besagen.
Daß jedermann ihm Achtung zollt,
bedeutet: er ist leicht zu tragen.

Und so bequem. Ist das ein Mann
der Republik? Ein Mann der Massen,
daraus er stammt? Sehn Sie sichs an:
Er kann von aller Herkunft lassen.

Ich weiß: man kann nicht immer so.
Ich weiß: er soll repräsentieren.
Ich weiß: abhängig vom Büro ...
die Position ... er muß paktieren ...

Der Arbeiter sah hoffnungsvoll
auf seinen Mann. Dem wollt er dienen.
In langen Jahren wuchs der Groll:
»Einer von uns? Einer von ihnen!«

Vergessen, was man lebenslang
für die Genossen schön gepredigt?
Ein Gang die Reichswehrfront entlang –
und Marx und Bebel sind erledigt.

Sechs Jahr kein Wort, das uns bewegt.
Kein Wort für die in den Fabriken.
Kein Wort, das unsre Zeit erregt –
nur Gehrock, Messen und Musiken.

Ein wahres Herz verliert sich nie.
Der ist den breiten Weg gegangen.
Wie die Partei. Er ist wie sie.
Man darf wohl nicht zu viel verlangen.

MEDITATION

Möchtest du, mein Goldkind, einen Knaben?
Hier im Buche steht, daß man bestimmt
sie so kriegen kann, wie man sie haben
will, wenn mans methodisch unternimmt.

Gott, ein Junge hat ja viel auf Erden.
Er wird mannbar und Regierungsrat.
Geht es schief, dann kann er Richter werden
oder gutgesinnter Demokrat.

Halt! Tus nicht! Du nimmst da eine Nährpflicht
auf dich ohne jeden Hoffnungsstrahl.
Bald hat Deutschland seine alte Wehrpflicht,
und dann wird er Menschenmaterial.

Oder möchtest du eine Knabine –?
Abdenitten? Immer so dewest?
Sucht ein Bankdirektor nach Titine,
erntest du doch, was du heute säest.

Halt! Tus nicht! Mit fünfundfünfzig Jahren
da verknallt sie sich in den Chauffeur.
Scheidung, Krach, Tragödie … wir ersparen
ihr und ihm wohl lieber das Malheur.

Ja, was nun? Ich bleibe gern im Ruhstand.
Kriege keine! Laß sie lieber da!
Laß es ruhig bei dem alten Zustand!
Und bleib kinderlos!
                    Wie dein Papa!

DER »UHU«

Wenn einer und er will was lesen,
Nimmt er sich einen Leihroman.
Man seufzt, wenn es recht schön gewesen,
Und fängt sofort den nächsten an.

Der Zweite will vom Mars was wissen.
Die Dritte liebt die Modenschau.
Der Vierte ist ganz hingerissen
Vom Bildnis einer schönen Frau.

Die Pickford, Jannings und Max Landa,
Mars, Mode, Bildnis und Roman,
Nebst Walfischfang bei Haparanda:
Hier ist's vereinigt, sieh Dir's an!

Bald siehst Du mich in allen Gauen!
Gib acht, gib acht, – Du merkst es bald:
Was *Deine* unter allen Frauen,
Das ist dies Blatt im Zeitungswald!

ALL RIGHT!

Tausend englische Gentlemen nehmen wieder in Ruhe ihr Break-
                    fast und ihren Lunch.
denn es hat sich ausgemacdonaldt – gefallen ist endlich der ekel-
                    hafte Mensch …
          All right –!

Das Gleichgewicht ist wieder hergestellt. Unten bleibt unten, und
                    oben ist oben –
darum laßt uns alle den lieben Gott und den Provinzkomiker
                    Churchill loben!
          Hipp hipp …

So hätten wir denn für längere Zeit vor dem bösen Sozialismus
                    Ruh.
Moskau ist und bleibt doch ein himmlisch praktischer Bubu …
          All right –!

Tausend deutsche Schentelmen wittern ihrerseits frische Morgen-
                    luft:
Noch einen Ruck, und wir haben die letzten Novemberkerls her-
                    untergepufft.
          Aber feste!

Tausend deutsche Bankiers und Reeder fühlten sich schon als
                    Tories, als sie die Resultate lasen.
Aber der Unterschied ist wie zwischen einem Beefsteak und
                    einem falschen Hasen.
          Denn was uns so der Herrgott als herrschende Klasse
                    geschickt …
          All rickt –!

Ein englischer Tory mit allen seinen Kriegsschiffen, Kolonien und
                    Soldaten
ist immer noch tausendmal demokratischer als unsre Demo- und
                    Sozialdemokraten!
Ein geschlagener Macdonald und ein siegreicher Breit-
                    scheid – nur kein Neid!
          All right –!

MAL SINGEN, LEUTE —!
Für Kate Kühl

Der Seemann schifft ins Meer hinaus,
ihm ist so leicht zu Sinn.
Marie weint sich die Augen aus –
er segelt rasch dahin.
Er sitzt in der Kombüse
und stochert im Gemüse
und denkt sich: Wenns Marie nicht ist, na, dann ists eine Negerin …
Der hat
in jeder Stadt 'ne Braut –!
Die erste für die Seele,
die zweite fürs Gemüt;
die dritte wegen Hoppeldibopp –
auf Nacht, wenns keiner sieht!

Mein Freund, daß du geheirat hast,
das will mir gar nicht ein.
Dein Stück Malheur ist eine Last!
Komm, wirf sie in den Rhein!
Er sagt: »Ich wünscht, ich kann es!
Wem sagst du das, Johannes!
Ich denk so oft, wenn die Alte schnarcht: Ach, wär ich jetzt allein!«
Ich hätt
in jeder Stadt 'ne Braut –!
Die erste für die Seele,
die zweite fürs Gemüt;
die dritte für das Hoppeldibopp –
auf Nacht, wenns keiner sieht!

Mensch, unser Gustav Stresemann
das ist wohl ein Filou!
Er meiert sich bei jedem an
und singt was Schöns dazu.
Er steht am Wasserglase
und redet durch die Nase,
mal rechts durchs Loch, mal links durchs Loch – der Junge ist atout!
Der hat
in jeder Stadt 'ne Braut –!
Die erste für die Seele,

>   die zweite fürs Gemüt;
>   die dritte für das Hoppeldibopp –
>   auf Nacht, wenns keiner sieht!
>   Das macht der Reiz seines Angesichts!
>   Und die eine weiß von der andern nichts,
>   daß er ihr Programm geklaut!
>   In jeder Stadt
>   in jeder Stadt
>   in jeder Stadt 'ne Braut –!

DAS STÜCKCHEN UNGLÜCK

Ich bin ein Deutscher und bald darf ich wählen.
Ich lasse mir von keinem was erzählen.
Gescheh, was will: ich glaube, was ich glaub.
          Ich bin taub.

Ich lese nur die eine – meine Zeitung.
Die orientiert mich über die Verbreitung
meiner Partei – und was die andern sind …
          Ich bin blind.

Wenn nur die Propaganda viel Skandal macht!
Was die Partei dann nachher, nach der Wahl, macht,
was sie bewilligt – scher ich mich nicht drum.
          Ich bin stumm.

Im großen Kriege trug ich meine Tressen.
Ich habe nichts gelernt – den Rest vergessen.
Versailles? Die Ruhr? Ich weiß nicht, wie es kam.
          Ich bin lahm.

Am Stammtisch leg ich abends Pique und Cœur hin.
Wenn ich auch sonst ein kleines Stück Malheur bin:
Ich wähle meinen Stiefel – und am End:
          Ich bin taub, blind, stumm, lahm, verstopft –
          und eine ganze Kleinigkeit impotent.

DIE PÄCHTER

Frauen sind eitel? I bewahre.
Das ist nichts gegen männliche Exemplare.

Einer versteht was von Pferderennen.
Einer kann Falsifikate erkennen
in Briefmarken ... Einer ist Tourist.
Einer weiß, was Romantik ist.
Einer ist mal in Japan gewesen.
Einer kann fließend Kontrapunkt lesen.
Einer reist in Amerika.
Einer brilliert in Algebra.
Einer macht in Illustrationen.
Einer weiß, wie die Sowjets wohnen.
Einer bearbeitet alles von Liszt,
und einer ist Original-Pazifist.

Und Jeder hat, was er treibt und betrachtet,
ein für alle Mal gepachtet.
Was er da tut, ist tabu und immun –
und das darf nie wieder ein andrer tun.

Amerika, Gleitflug, Berlin und Franzosen –
besetzt! Die Falsifikats-Diagnosen –
besetzt! Die Sowjets, Photographien –
besetzt! Es geht ja nicht ohne IHN!
Das ist für deinen Lebenslauf
besetzt. Es sitzt nämlich schon einer drauf.
Paris, Japan, das Rhône-Tal:
Erledigt. Ein für alle Mal.

Du hast nur um Entschuldigung zu stammeln.
Und es bleibt dir nichts übrig, als Menschen zu sammeln.

ZUM SECHZIGSTEN

Sechzig Jahre …? Warten Sie mal …
    Stahl –?

Eine ganze Zeit aus der Taufe gehoben,
leise im Tadel, leise im Loben,
immer für alles Gute gekämpft,
immer fein, immer gedämpft.
Immer erfrischend die Wahrheit gesagt,
nie nach Helden und Händlern gefragt.
Blick für Gesichter, für Material –
    Stahl.

Jahre vergehen. Die Jungen rücken
an mit neuen, mit ihren Stücken.
Mit ihren Augen. Mit ihren Bildern.
Wollen die Welt ganz anders schildern.
Er: immer unbeirrt.
Sieht, was einer ist – was einer wird.
Verlangt aber: Handwerk. Verlangt aber: Könner.
Kreischen der Snobs und Kreischen der Gönner.
Polemik. Hin- und Hergezottel.
»Wissen Se, Stahl ist eigentlich 'n Trottel –!«
Der lächelt leise und bleibt im Skandal
    Stahl.

Lasse man, die mit den runden Brillen …!
Ich aber lieb ihn um dessentwillen:
Dieser Charme, dieser Stil –
leider, davon gibts nicht viel.
Diese leichte, feine Hand –
wer hat die noch im Panke-Land?
Millionen haben dich gelesen.
Stehst du heut unterm Baldachin?
Du bist uns, was du immer gewesen:
    bestes altes Berlin.

DIE EKSTATISCHEN

Ach, sind wir jung –!
                    Noch Mitte Dreißig
ziehn wir uns kurze Hosen an.
Die Brille blitzt. Wir schäumen fleißig
und ballen feste, Mann für Mann.
    Im Hals sitzt uns ein Syntaxkloß.
    Wenn man uns reizt, dann geht es los:
        »Mein spöttisches Profil liegt in dem Schlafzimmer meiner
        Mutter blau tapeziert
        ich fühle Lercheln gurgeln in meiner Kehle
        Sing
        Sing
        333 Neger werden wegen Negerismus verfolgt
        Tropfeke
        Klopfeke
        Tropfeke.«

Privatim sind wir ganz vernünftig
und reden, wie man eben spricht.
Nur unsre Litratur ist zünftig.
Wir kreißen. Anders tun wirs nicht.
    Und wenn uns ein Verleger naht,
    dann quillt bei uns der Wortsalat:
        »Ha geiler Scharlieh Schapplin!
        Ich abonniere mich auf meiner Mutter Schoß
        in Guadeloupe
        Süßer Vater
        Wie lieblich macht die Trompe meines Autos
        Hup
              (im Kosmos)«

Herr Whitman war einst unsre Amme.
Kalt treten wir zum Toben an.
Bei einem von uns brennt die Flamme,
und hundert kochen Suppe dran.
    Früher: Skat. Heute: Bridge.
    Früher: süßer, heut: saurer Kitsch.
        (siehe oben)

Von einem nur können wir nicht genesen:
Wir sind immer Jugend –
                        nie jung gewesen.

LUFTVERÄNDERUNG

Fahre mit der Eisenbahn,
fahre, Junge, fahre!
Auf dem Deck vom Wasserkahn
wehen deine Haare.

Tauch in fremde Städte ein,
lauf in fremden Gassen;
höre fremde Menschen schrein,
trink aus fremden Tassen.

Flieh Betrieb und Telephon,
grab in alten Schmökern,
sieh am Seinekai, mein Sohn,
Weisheit still verhökern.

Lauf in Afrika umher,
reite durch Oasen;
lausche auf ein blaues Meer,
hör den Mistral blasen!

Wie du auch die Welt durchflitzt
ohne Rast und Ruh –:
Hinten auf dem Puffer sitzt
du.

GEBET FÜR DIE GEFANGENEN

Herrgott!
Wenn du zufällig Zeit hast, dich zwischen zwei Börsenbaissen
und einer dämlichen Feldschlacht in Marokko auch einmal um die
Armen zu kümmern:
Hörst du siebentausend Kommunisten in deutschen Gefängnissen
wimmern?
            Kyrie eleison –!

Da sind arme Jungen darunter, die sind so mitgelaufen,
und nun sind sie den Richtern in die Finger gefallen;
auf sie ist der Polizeiknüppel niedergesaust,
der da ewiglich hängt über uns allen ...
            Kyrie eleison –!

Da sind aber auch alte Kerls dabei, die hatten Überzeugung,
Herz und Mut –
das ist aber vor diesen Richtern nicht beliebt,
und das bekam ihnen nicht gut …
             Kyrie eleison –!

Da haben auch manche geglaubt, eine Republik zu schützen –
aber die hat das gar nicht gewollt.
Fritz Ebert hatte vor seinen Freunden viel mehr Angst
als vor seinen Feinden – in diesem Sinne: Schwarz-Rot-Gold!
             Kyrie eleison –!

Herrgott! Sie sitzen seit Jahren in kleinen Stuben
und sind krank, blaß und ohne Fraun;
sie werden von Herrn Aufseher Maschke schikaniert und
                    angebrüllt,
in den Keller geschickt und mitunter verhaun …
             Kyrie eleison –!

Manche haben eine Spinne, die ist ihr Freund;
viele sind verzankt, alle verzweifelt und sehnsuchtskrank –
Ein Tag, du Gütiger, ist mitunter tausend Jahre lang!
             Kyrie …

Vielleicht hast du die Freundlichkeit und guckst einmal
ins Neue Testament?
Bei uns lesen das die Pastoren, aber nur sonntags –,
in der Woche regiert das Strafgesetzbuch und der Landgerichts-
                    präsident.
             … eleison –!

Weißt du vielleicht, lieber Gott, warum diese Siebentausend
in deutsche Gefängnisse kamen?
Ich weiß es. Aber ich sags nicht. Du kannst dirs ja denken.
             Amen.

Wenn dich nur der Hafer sticht,
hat das garnichs zu bedeuten,
Andre aber solln dich nicht –
geh du nicht bei fremden Leuten!

Das Spielzeug braucht das Kind zum Leben.
Am Speckstein bleibt oft mancher kleben.

Der Nachen hält am Kohlenbunker.
Der Nungo macht gern Klunter-kluntä
+
Die Maus beschleunigt ihren Lauf.
Das Malchen macht das Maul nicht auf!
+
Die meisten Menschen wollen schieben.
Das Malchen sieht, wo »Er« geblieben …
+
Des Noahs Schiff war die Oase.
Der Nungo bohrt gern in der Nase.
+
Die Memme Meier geht auf Freite.
Das Mätzchen liebt mehr die Trumpeite.
+
Der Goj ist golden, gut und mutig.
Herr Gollmann ist oft weidenrutig.
                    Leider!

1925

ABEND

Jetzt ziehen zwanzig Männer
die Unterhosen aus.
Gute Nacht, Marie – ein Kenner
von Pechstein sitzt zu Haus

und schreibt auf lange Bogen
von wegen: ›steht im Raum‹;
sein Bett wird frisch bezogen.
Sie ruft – er hört es kaum.

Verleger ruft: »Ich fahre!«
und steigt ins Auto schlicht.
Bezahlte er Honorare,
dann hätte er das nicht.

Jetzt sagt Charlotte grade:
»Liebst du mich wegen so?«
Er streichelt ihre Wade
und klopft sie …

Zu Bette geht ein Dichter,
die Nachttischtür macht: schnapp.
Sogar der deutsche Richter
montiert die Würde ab.

Und morgen wieder:
                Treten
von Armen und Verdrehten –
lohnt sich das Ganze? Nein.
Lieber Gott, hör du mein Beten:
Laß ewig Abend sein!

RUHE UND ORDNUNG

Wenn Millionen arbeiten, ohne zu leben,
wenn Mütter den Kindern nur Milchwasser geben –
   das ist Ordnung.
Wenn Werkleute rufen: »Laßt uns ans Licht!
Wer Arbeit stiehlt, der muß vors Gericht!«
   Das ist Unordnung.

Wenn Tuberkulöse zur Drehbank rennen,
wenn dreizehn in einer Stube pennen –
   das ist Ordnung.
Wenn einer ausbricht mit Gebrüll,
weil er sein Alter sichern will –
   das ist Unordnung.

Wenn reiche Erben im Schweizer Schnee
jubeln – und sommers am Comer See –
   dann herrscht Ruhe.
Wenn Gefahr besteht, daß sich Dinge wandeln,
wenn verboten wird, mit dem Boden zu handeln –
   dann herrscht Unordnung.

Die Hauptsache ist: Nicht auf Hungernde hören.
Die Hauptsache ist: Nicht das Straßenbild stören.
   Nur nicht schrein.
             Mit der Zeit wird das schon.
   Alles bringt euch die Evolution.

So hats euer Volksvertreter entdeckt.
Seid ihr bis dahin alle verreckt?
So wird man auf euern Gräbern doch lesen:
   Sie sind immer ruhig und ordentlich gewesen.

ZWEIFEL

Ich sitz auf einem falschen Schiff.
Von allem, was wir tun und treiben,
und was wir in den Blättern schreiben,
stimmt etwas nicht: Wort und Begriff.

Der Boden schwankt. Wozu? Wofür?
Kunst. Nicht Kunst. Lauf durch viele Zimmer.
Nie ist das Ende da. Und immer
stößt du an eine neue Tür.

Es gibt ja keine Wiederkehr.
Ich mag mich sträuben und mich bäumen,
es klingt in allen meinen Träumen:
Nicht mehr.

Wie gut hat es die neue Schicht.
Sie glauben. Glauben unter Schmerzen.
Es klingt aus allen tapfern Herzen:
Noch nicht.

Ist es schon aus? Ich warte stumm.
Wer sind Die, die da unten singen?
Aus seiner Zeit kann Keiner springen.
Und wie beneid ich Die, die gar nicht ringen
Die habens gut.
                    Die sind schön dumm.

GEFÜHLE

Kennen Sie das Gefühl: ›déjà vu‹ –?
Sie gehen zum Beispiel morgens früh,
auf der Reise, in einem fremden Ort
von der kleinen Hotelterrasse fort,
wo die andern alle noch Zeitungen lesen
Sie sind niemals in dem Dorf gewesen.
Da gackert ein Huhn, da steht eine Leiter,
und Sie fragen – denn Sie wissen nicht weiter –
eine Bauersfrau mit riesiger Schute …
Und plötzlich ist Ihnen so zumute
– wie Erinnerung, die leise entschwebt –:
    Das habe ich alles schon mal erlebt.

Kennen Sie das Hotelgefühl –?
Sie sitzen zu Hause. Das Zimmer ist kühl.
Der Tee ist warm. Die Reihen der Bücher
schimmern matt. Das sind Ihre Leinentücher,
Ihre Tassen, Ihre Kronen –
Sie wissen genau, daß Sie hier wohnen.
Da sind Ihre Kinder, Ihre Alte, die gute –
Und plötzlich ist Ihnen so fremd zumute:
    Das gehört ja alles gar nicht mir ...
    Ich bin nur vorübergehend hier.

Kennen Sie ... das ist schwer zu sagen.
Nicht das Hungergefühl. Nicht den leeren Magen.
Sie haben ja eben erst Frühstück gegessen.
Sie dürfen arbeiten, für die Interessen
des andern, um sich Brot zu kaufen
und wieder ins Büro zu laufen.
Hunger nicht.
         Aber ein tiefes Hungern
nach allem, was schön ist: nicht immer so lungern –
auch einmal ausschlafen – reisen können –
sich auch einmal Überflüssiges gönnen.
Nicht immer nur Tag-für-Tag-Arbeiter,
ein bißchen mehr, ein bißchen weiter ...
Sein Auskommen haben, jahraus, jahrein ...?
Es ist alles eine Nummer zu klein.
Hunger nach Farben, nach der Welt, die so weit –
Kurz: das Gefühl der Popligkeit.

Eine alte, ewig böse Geschichte.
Aber darüber macht man keine Gedichte.

TRÄUME

Vorgestern nacht habe ich von zwei Mädchen geträumt,
die waren furchtbar kregel und aufgeräumt.
Die eine hatte einen schwarzen Bubikopf und die andre einen braunen,
und sie hatten einander so lieb, das war einfach zum Staunen.
Sie waren leicht gekleidet – glatt zum Erkälten,
und sie taten einander immer Gleiches mit Gleichem vergelten.
    Ich erwachte. Was war das gewesen?
    In meinem großen ägyptischen Traumbuch steht zu lesen:
        »Glückliches Familienleben.«

Gestern habe ich von lauter Umhängebärten geträumt.
Die hatten alle ein Glas, mit etwas, das schäumt.
Darauf stand: »Kochende Volksseele« – aber sie machten Niemand naß,
und der Sturm blieb im Wasserglas.
Darauf kam ein Reichswehrgeneral mit einem Wehrpflichtprogramm;
da rissen sie alle die Knochen vor ihm zusamm'.
    Ich erwachte. Was war das gewesen?
    In meinem großen ägyptischen Traumbuch ist zu lesen:
        »Ihnen steht eine Republik ins Haus.«

Heute nacht habe ich von einem Mann geträumt,
der hatte sich seinen Talar schwarz-reiß-rot umsäumt.
Er rollte seine kleinen Kalmückenaugen und hackte auf mir herum –
ich stand hinter einer Schranke, und er redete laut und dumm.
Er sagte: »Was? Sie wollen über einen Generalfeldmarschall etwas dichten?
Über diesen großen Mann hat nur die Geschichte zu richten!
Ich lasse den Saal räumen! Sind Sie Kommunist? Jetzt rede ich!
Ich nehme Sie in eine Ordnungsstrafe! Was denken Sie sich eigentlich! –«

    Und da wollte ich meine Meinung nicht länger verstecken.
    Ich sage:
        »Herr«, sage ich, »..........................!«
    Aber wie das so ist in der Welten Lauf –:
    grade, wenns am schönsten wird, dann wacht man auf.

ARBEIT TUT NOT — !

Es raucht der Schlot. Sirene gellt.
Arbeit tobt durch die deutsche Welt:
    Noch mehr Tender —!

Graumorgens taumelt, lungenkrank,
der Mann aus seinem Menschenschrank.
Die Pfeife hetzt zum Eingangstor,
Kontrolluhr, Wächter und Hund davor ...
    Noch mehr Tender! Noch mehr Automobile!

Der Stumpfsinn treibt die Transmission.
Wir haben auch einen Leitspruch schon:
Arbeit tut not!
                        Die Fräser surren,
    Hämmer hämmern, die Sägen schnurren ...
    Noch mehr Tender! Noch mehr Automobile!
    Noch mehr Zangen! Noch mehr Spatenstiele!

Grau stickt Büroluft alle Lungen.
Hier hockt die Jugend; hier sitzen die Jungen.
Rabatte gellen durchs Telephon –
es klappert Underwood und Cohn:
    Noch mehr Tender! Noch mehr Automobile!
    Noch mehr Zangen! Noch mehr Spatenstiele!
    Noch mehr Aktien! Noch mehr Industrie!
    Und alles made in Germany!

Waren! An Waren profitieren!
Waren sinnlos produzieren!
Will einer sie haben? Kann einer kaufen?
Unser Land soll in Waren versaufen!
Klopfen, hämmern, schneiden und weben –
eine Kleinigkeit fehlt: das Leben.
Kleben, kochen, färben und braten –
Kinder, macht Kinder! der Staat braucht Soldaten!
Sind die Gräben einst voll, sinds die Gräber auch –
das ist des Landes so der Brauch.
Produziert Kinder! Unentwegt!
Sie werden euch später in Kalk gelegt.

Das ist Wirtschaftspolitik.
Und es bläst die Militärmusik:
    Noch mehr Granaten! Noch mehr Automobile!
    Noch mehr Kinder! Noch mehr Spatenstiele!
    Noch mehr Bleche! Noch mehr Krane!
    Noch mehr Werften! Noch mehr Vulkane!
    In die Welt gepreßt bis zum Börsensieg –
    Und wenn sie nicht wollen, macht Deutschland Krieg!

Wer wird uns den rasenden Kaufmann bezwingen –?
Arbeit tut not:
                Die Masse wirds bringen.

AUF DEN UNBEKANNTEN SOLDATEN

von J.-René Darnys
Freie Übertragung von Theobald Tiger

Du hast die Nächte nur zum Schlafen.

Soldat! Du weißt doch, wo du liegst!
Der kalte Stein, wo du dich schmiegst,
ist so ein Ort, wohin man geht,
wenn man nicht weiß, was anzufangen.

Da kommen deine Freunde an in langen
und dichten Scharen. Regenwolken ziehn –
heut ist nichts mit den Tuilerien.
Na, gehn wir hierher …

Ins Kino gingen sie, du armer Junge,
wärs da umsonst … Sieh! Sie ziehn Trauerfalten.
Für dich. Und weil auf ihrer Zunge
sich noch von Mittag her ein schlechter Nachgeschmack erhalten.

An manchen Tagen wirst du schön bepredigt
von großen Tieren, Herrn vom Parlament –
(und alle Welt ist froh, wenn das erledigt).
Die Flamme brennt …

Du bist der ihre, armer Junge!
Dich mit dem einen Bein, mit etwas Lunge,
dich, Opfer, namenlose Nummer:
dich brauchen sie – und desto stummer
du bist, je besser ists.
                    Für ihr Geschäft, Soldat:
Dich brauchen sie als ein Plakat –!

Du bist ihr Mann – der Mann der Generale!
Du bist ihr Mann – der Mann der Financiers!
Du bist ihr Mann – der Mann der Prinzipale,
der Hausbesitzer und der Ehrenkomitees!

Sie stehn umher auf deinen Knochen.
Weit öffnet sich der Rednermund.
Tagsüber kommt das angekrochen
und schreit sich seine Kehle wund.
Minister, Offiziere, Grafen …
Du hast die Nächte nur zum Schlafen.

Und kommt die Nacht, gehn sie mit schnellen Beinen
in ihre Kneipe, nehmen einen …
Nachtschatten steigt. Du liegst allein.
So still ist es hier nie gewesen.

Schon kann man nicht mehr alle Namen lesen:
Eylau und Wagram – da im Stein …
Auch da ist so viel Blut geflossen.
Für wen verströmt? Für wen vergossen?

Dunkel um dich. Und endlich hast du Ruh.
Alles ist fort. Die Schwärze deckt dich zu.
Es ging in blauer Dämmerung Schwaden
der letzte Kunde aus dem Laden …
Für heute ist dein Leidenstag geendet.
                    Im Sternenlicht
                    unhörbar spricht
ein toter Mann:

                    »Ich hab vollendet.«

LEDEBOUR
Zum Fünfundsiebzigsten

In manchem Saal hast Du gestanden
und hast die Leute uffjeklärt;
und unter Bockbierfestjirlanden,
da ham sie alle zugehört.

In manchem Saal, da, wo sie hocken,
da hatten sie zu Dir Vertraun;
und wenn die Brieder wollten bocken,
Du hast sie an die Wand jehaun.

Du standst als Mann vor preuß'schen Richtern,
als Mann im Parlamentsskandal;
von weitem sah Dich ein Gesicht an:
Genosse … in so manchem Saal.

Laß mich es Dir auf Hochdeutsch sagen:
Du gingst den graden Weg der Pflicht.
Umfielen die aus alten Tagen –
Du nicht!

Es strahlt Genosse Schulz und Lehmann,
wenn Exzellenz zu ihnen spricht.
Du warst kein richtiger SPD-Mann –
Du nicht!

Da lehnen sie, die weichen Besen.
So fegt man nicht. Du stehst allein.
Du bist ein Sozialist gewesen.
Und das hieß einst: ein Kämpfer sein.

OLLE GERMANEN

Papa ist Oberförster,
Mama ist pinselblond;
Georg ist Klassen-Oerster,
Johann steht an der Front
   der Burschenschaft
   ›Teutonenkraft‹.
Bezahlen tut der Olle.
Was Wotan weihen wolle!

Verjudet sind die Wälder,
verjudet Jesus Christ.
Wir singen über die Felder,
wie das so üblich ist,
   in Reih und Glied
   das Deutschland-Lied.
Nachts funkelt durch das Dunkel
Frau Friggas Frost-Furunkel.

Die Vorhaut, die soll wachsen,
in Köln und Halberstadt;
wir achten selbst in Sachsen,
daß jeder eine hat.
   Ganz judenrein
   muß Deutschland sein.
Und haben wir zu saufen:
Laß Loki luhig laufen!

Wer uns verlacht, der irrt sich.
Uns bildet früh und spät
für 1940
die Universität.
   Wer waren unsre Ahnen?
   Kaschubische Germanen.
   Die zeugten zur Erfrischung
   uns Promenadenmischung.
     Drum drehten wir
     zum Beten hier
     die nationale Rolle.
     Was Wotan weihen wolle –!

STIMME AUS DEN KALKGRUBEN

Unser Leib ist längst zerfallen.
Ehemalige Hände krallen
    in den Kopf des Nebenmanns
    nach dem Tanz.
Hoch am Licht, da sind zum Beten
tausend Kreuze angetreten.
    Ein Gezischel läuft umher:
        »Der –?«

Dafür faulen ausgewaschen
Köpfe und Patronentaschen?
    Hände an die Hosennaht
        steht ein Staat.
Die Genossen, Demokraten,
keiner wagt sich an Soldaten.
    »Siegreich führte er das Heer!«
        Der –?

Freikorps gießt sich auf die Lampe
einen Stahlhelm voller Mampe.
    Kaufmann steht dabei und kläfft:
        »Das Geschäft …!«
Marsch – marsch! Ärmel aufgekrempelt!
Vor der Welt sind wir gestempelt.
    Der Extrakt von uns ist wer –?
        Der.

PARISER VORORT

Von bunten Hühnern sanft umgackert,
weht still am Fenster der Kattun.
Ich hab mich so viel abgerackert.
Jetzt will ich ruhn.

Die Hundehütte bellt und winselt.
Schildkröten stolpern auf dem Kies.
Ich hab sie schwarz-weiß-rot gepinselt,
denn die Franzosen lieben dies.

Der Kater klimmt, der Obersteiger,
auf das Regal zwecks Übersicht.
Doch da liegt der ›Lokalanzeiger‹ –
er schüttelt sich. Das frißt er nicht.

Und hier, inmitten des Krawalles,
ist auch ein zahmer Rabe da.
Er kann schon: »Deutschland über alles!«,
sitzt auf dem Mist und schreit Hurra.

Nun fehlt mir noch ein hehres Bildnis,
ein Hakenkreuz im Kabinett:
dann bin ich in der welschen Wildnis
                    komplett.

IN WEISSENSEE

Da, wo Chamottefabriken stehn
    – Motorgebrumm –
da kannst du einen Friedhof sehn,
    mit Mauern drum.
Jedweder hat hier seine Welt:
    ein Feld.
Und so ein Feld heißt irgendwie:
    O oder I …

Sie kamen hierher aus den Betten,
aus Kellern, Wagen und Toiletten,
und manche aus der Charité
nach Weißensee,
            nach Weißensee.

Wird einer frisch dort eingepflanzt
      nach frommem Brauch,
dann kommen viele angetanzt –
      das muß man auch.
Harmonium singt Adagio
      – Feld O –
das Auto wartet – Taxe drei –
      – Feld Ei –
Ein Geistlicher kann seins nicht lesen.
Und was er für ein Herz gewesen,
      hört stolz im Sarge der Bankier
          in Weißensee,
                  in Weißensee.

Da, wo ich oft gewesen bin,
      zwecks Trauerei,
da kommst du hin, da komm ich hin,
      wenns mal vorbei.
Du liebst. Du reist. Du freust dich, du –
      Feld U –
Es wartet in absentia
      Feld A.
Es tickt die Uhr. Dein Grab hat Zeit,
drei Meter lang, ein Meter breit.
      Du siehst noch drei, vier fremde Städte,
      du siehst noch eine nackte Grete,
      noch zwanzig-, dreißigmal den Schnee –
          Und dann:
          Feld P – in Weißensee –
          in Weißensee.

PROLET VOR GERICHT

Stehst du in dem Menschenschrank?
Die da wolln dich strafen.
Du bist müde, bleich und krank;
die sind voller Tatendrang,
satt und ausgeschlafen.
       Zum Justizwerk, wohl vertraut,
       wird man sich vereinen:
       Junge! Wehr dich deiner Haut!
              Dreie gegen einen!

Der Direktor, fein mit Ei,
hackt mit kurzen Fragen.
Auf die schlimmste Pflaumerei
darfst du gar nichts sagen.
       Spitzel kann mit Vorbehalt
       unter Schutz erscheinen.
       Protokoll und Staatsanwalt:
              Fünfe gegen einen!

Staatsanwalt und Plädoyer.
Kommst du noch nach Hause?
Antrag. Die Justiz-AG
macht erst Frühstückspause.
       Vier Jahr Zuchthaus.
                     »Abführn den …!«
       Leis zwei Frauen weinen.
       Wirst du je sie wiedersehn?
              Alle gegen einen –!

In Zellen bricht man euer Leben
für etwas, das ihr niemals saht:
Für Freiheit müßt ihr Tüten kleben,
ein jeglicher ein Volkssoldat.
       Herauf ihr! Aus den Kohlenzechen!
       Baut in Betrieben Stein auf Stein!
       Es kommt der Tag, da wir uns rächen:
       Da werdet ihr die Richter sein –!

DIE FREIEN DEUTSCHEN

Wenn der Papst abends durch seine Gemächer geht,
leise, vorsichtig wandelnd, es ist schon spät,
bleibt er am Bücherbord ein bißchen stehn,
läßt den Blick über mattschimmernde Titel gehn …
Herders Werke – ist da zu lesen …
          »Ah – Deutschland –« denkt er, »ein gutes Land.
Das ist uns sicher. Das haben wir fest in der Hand.
Da ist nichts zu fürchten … Übrigens ist das sein Glück –!«
          Und dann geht er ein Stück
und zieht sich gänzlich in seine Gemächer zurück.

Wenn ein Bankdirektor am Adriatischen Meer
badet – frischen Wind bringt die Luft von Süden her,
die Wellen glitzern … draußen treibt ein Boot …
Der Bankmann frottiert sich mit seinem Bademantel, der ist weiß
                                        und rot …
»Übrigens«, sagt er zu seinem Schwager, der neben ihm sitzt
und dumpfbrütend schwitzt,
»diesmal bin ich direkt ruhig auf Urlaub gefahren.
Alles ist still. Im Reichstag liegen se sich in den Haaren.
Laß se liegen. Kein Bolschewismus. Kein Experiment.
Unberufen … Bei so einem Präsident –!«
Und der Schwager schwitzt und hockt kalbsdämlich da.
Schöner Sonnenfriede liegt über der Adria.

Gutsbesitzer. Militärs. Stahlhelmkommis. Richter. Polizei.
Eine himmlische Ruhe und Gewißheit ist in ihnen.
          Die Revolution ist endgültig vorbei.

Aber im ganzen Lande – das hätte ich beinah vergessen –
klappen sich auf die gewaltigsten Schnurrbartfressen:
»Ein freies Deutschland! Anschluß an Österreich!
Frei von dem welschen Joch! Frei wolln wir sein! Aber gleich –!«

Innerlich stramm stehn. Versklavt von tausend Gewalten.
Im übrigen: »Weg mit Wersalch!«
          Gott liebt es, sowas zu erhalten.

BESETZT! BITTE, SPÄTER RUFEN — !

Die weißen, weiten Gletscherfelder, wo die Luft
kühl anhaucht und das Eis grünlich schimmert –
     Wem gehören die?

Der helle kilometerlange Strand, die halbfeuchte Strecke zwischen
dem Wasser und dem trocknen Seesand, Muscheln liegen da vergraben,
Möwen hüpfen auf und ab, reingefegt vom Wind sind die Dünen –
     Wem gehören die?

Die zitternde Blumenwiese mit den hohen saftigen Stengeln,
die Käfer, die summsen, die Berge, die herüberdämmern,
an der Waldlichtung mäht ein Mäher, die Felder liegen satt –
     Wem gehören die?

     Die Erde über tausend Meter
       ist reserviert.
     Das Meer, die frische Luft, der Äther
       sind reserviert.
     Den andern mahnen: Voll Geduld sein!
     Und noch an allem Elend schuld sein
     und alles Beste für sich nehmen,
     den Armen, weil er riecht, verfemen,
     ihn schuften lassen, bis er sanft krepiert –:
     Dir, Proletarier, ist der Himmel reserviert.
     Das Himmelreich bleibt dir zuletzt …
     Die schöne Erde –?
       Leider schon besetzt.

AMERIKANER IN PARIS

Du grinst so dumm wie ein Primaner,
der mit Marie am Torweg steht;
Yvonne nimmt auch den Puritaner,
wenn der mit ihr nach oben geht.

Hier bist du nicht mehr fromm und trocken,
ganz leicht wird dein Moralgepäck.
Du hängst auf ihren Stuhl die Socken
und grinst … Es spritzt um dich der Dreck.

Paris ist schön. Hier kennt dich keiner.
Hier ist die Frau nicht süß und rein.
Hier bist du Mensch – und was für einer!
Hier holst du alles, alles ein!

Es seufzt Yvonne. Am Strumpfband knistern
die Scheine (übrigens nicht viel).
Das gibt man ihr. Sie gibt den Mistern
meist mit, was keinem noch gefiel.

Nach Frisco einmal Casanova …
Wie schnell verfliegt die schöne Zeit!
Week-end kommt deine Frau aus Dover.
Dann, Billy, bete zu Jehova
und ehre deine Weiblichkeit.

1000 WORTE RHEINLAND

Weil wir nämlich eure Kohlen brauchen,
weil wir wollen, daß die Schlote rauchen
   für das Wohl des Heldenvaterlands:
darum Jubiläen und Gelage,
darum Frack am hellerlichten Tage –
   darum dieser Tanz.

Fahnen, Reden, Oberbürgermeister,
Fritz von Unruhs frischer Versekleister,
   Männerchöre grollen Loreleyn …
Damals, als die bösen Winde bliesen,
kaufte man in Köln leicht Devisen,
   und ein Hagen weckte Rheingold ein.

Nur nicht autonom!
               Es ist vergessen.
Nur nicht autonom!
               Die Gala-Essen
   jagen durch die Bäuche wie noch nie …
Ob im Erzgebirge Weber hungern,
ob Millionen Arbeitslose lungern,
   brausend steigt empor die Melodie:

Die Rheinischen Werke, ostelbisches Schwein:
das muß ja der Himmel auf Erden sein –!

FARBENKLAVIER

Rot ist die Leidenschaft,
blau ist das Meer,
grün der Chef vom Hakenkreuz,
schwarz-weiß-rot das Heer.

Rosa ist die Heckenros,
blausa mancher Kreis;
Oberst Nicolai seine
Weste – ist sie weiß?

Grünblau ist der Arrestant
bei der Polizei,
reisgelb Fritz von Unruhs
Bücherschreiberei.

Blauweiß ist bayerisch,
grün macht die Gans,
gelb färbt der Wasserstoff …
Wenn Sie meinen, daß das stundenlang so weitergeht …

FRAUEN VON FREUNDEN

Frauen von Freunden zerstören die Freundschaft.
Schüchtern erst besetzen sie einen Teil des Freundes,
nisten sich in ihm ein,
warten,
beobachten,
und nehmen scheinbar teil am Freundesbund.

Dies Stück des Freundes hat uns nie gehört –
wir merken nichts.
Aber bald ändert sich das:
Sie nehmen einen Hausflügel nach dem andern,
dringen tiefer ein,
haben bald den ganzen Freund.

Der ist verändert; es ist, als schäme er sich seiner Freundschaft.
So, wie er sich früher der Liebe vor uns geschämt hat,
schämt er sich jetzt der Freundschaft vor ihr.
Er gehört uns nicht mehr.
Sie steht nicht zwischen uns – sie hat ihn weggezogen.

Er ist nicht mehr unser Freund:
er ist ihr Mann.

Eine leise Verletzlichkeit bleibt übrig.
Traurig blicken wir ihm nach.

Die im Bett behält immer recht.

DEUTSCHE PLEITE

»Die Geschäfte gehn nicht. Kein Mensch hat Geld.
Es ist ein Elend auf der Welt!
Keine Kredite und keine Kunden!
Wie soll Deutschland dabei gesunden?
Geschäfte machen hat gar keinen Sinn.
Herzliche Grüße! Wir sitzen hier in
Lugano.«

»Heut habe ich wieder welche entlassen.
Wissen Sie, eins kann ich gar nicht fassen,
ununterbrochen frage ich mich:
Wovon leben die Leute eigentlich?
Kredite … Aufwertung … Großindustrie …
Agrarpolitik … Wo wohnen Sie?
Ich im Palace.«

Alle klagen und alle stöhnen;
keiner kann sich an Friede gewöhnen.
Alle stöhnen und alle klagen
und jammern nach alten Dollartagen.
Manche hört man aber nicht jammern.
Zu sechsen und zehnen in engen Kammern.
Ausgesperrt. Arbeitslos. Ohne Zeitung,
ohne Leitartikel zur Klagenverbreitung.
Die Tuberkulose sei ihnen gnädig …
    Die andern jammern in Rom und Venedig.
    »Kein Geld!« in den Bergen. »Kein Kredit!« am Strand.
        Armes Land.
            Armes Land.

AUF EIN SOLDATENBILD

Hoher Kragen, eingezwängt
in die Affenjacke;
der Zivilleib, angestrengt,
weicht dem Zeitgeschmacke.
   Fremd und leer blickt dein Gesicht.
   Du verstehst das Ganze nicht.

Letztes Bild und letzter Klang –
du bist weggegangen.
Und ich muß nun lebenslang
mich nach beiden bangen.
   Um dich pflügt der Bauernpflug.
   Du bist Lehm und hast genug.

Lieber, seh ich heut dich an,
häßlich und verkleidet,
hab ich oft dich toten Mann
grüßend sehr beneidet.
   Läuse, Leutnant, blutiges Gras –
   Sage, wofür tatst du das?

Auf uns sieht derselbe Mond,
sehn dieselben Sterne –
Deutschland, ewig knechtgewohnt,
lechzt nach der Kaserne.
   Qual, vier Jahr, gestohlnes Fressen
   sind vergessen – sind vergessen ...
   Brüllend rufen Rottenlieder:
   »Morgen wieder! Morgen wieder!«
Gruß dir –!
         Du bist dran zerschellt:
an dem letzten Dreck der Welt.

ALLE WELT SUCHT
An Walt Whitman

Von oben gesehen, sieht das ungefähr so aus:

Alle gehen um einander herum und suchen.

Fressen.
Der Bär tappt nachts durch den Wald und brummt, weil er hungrig
  ist – er sucht ein Bienenloch oder etwas andres zur Aufplusterung
  seiner Speckhülle;
der Arbeitslose wickelt mit frostzitternden Händen ein zerfetztes
  Zeitungspapier auseinander – vielleicht ist ein angebissenes Brot
  darin?
der Japaner rülpst höflich und nimmt noch ein hochwohlgebornes
  Schüsselchen Reis – mit den Augen sucht er das minder schöne,
  weil er wohlerzogen ist;
der Säugling stößt ungeduldig an der Mutter Brust.

Liebe.
Der Bankprokurist schwätzt schon zwei Stunden über Picasso und
  überhaupt die moderne Kunst – dabei zieht er sie mit den Augen
  aus;
Feldwebel greifen dem Bauernmädchen unter die Röcke;
ein Herr fragt zwinkernd den Hotelportier, wo man denn hier mal
  repunsieren könne;
ein Weicher sucht einen Weichen;
die harrende Lehrerin bestellt ihren inzwischen erwachsenen Schüler
  auf Dienstag abend;
die Tänzerin wirft während des Tanzes merkwürdige Blicke in die Loge,
  wo die Frau des Warenhausbesitzers geschmückt strahlt;
Hans sucht Grete;
Mätzchen, der Kanarienvogel, hüpft aufgeregt auf der Stange hin und
  her und schlägt mit den kleinen Flügeln, er muß mal.

Geld.
Millionen strömen morgens aus den grauen, rußigen Vorortbahnhöfen
  in die Stadt, ihre Schritte schlurren, eine Wolke von Menschendunst
  liegt auf ihnen;
Freunde verraten ihre Freunde, während sie suchen;
der Rentier entfaltet die Gewinnliste;

der Bettler sucht einen, der ihm glaubt, daß er blind ist;
Spieler suchen, halbirr, einen Pump unterzubringen;
der Bankier sucht fremdes Geld.

Alle suchen.

Das vom Sessel herunterrutschende Geldstück und das abstürzende
  Flugzeug suchen die Erde – geliebte Schwerkraft!
ein Mann sucht seinen Hund und der ihn;
meine Mama sucht ihren Schlüsselkorb;
Familien suchen eine Wohnung;
ein Verzweifelter sucht einen Grund, weshalb er auf der Welt ist.

Von oben gesehen, sieht das ungefähr so aus:

Niemand hat das, was er eigentlich braucht.

Alle Welt sucht.

MONOLOG MIT CHÖREN

Ich bin so menschenmüde und wie ohne Haut.
Die andern mag ich nicht – sie tun mir wehe.
Wenn ich nur fremde Menschen sehe,
lauf ich davon – wie sind sie derb und laut!
Ich bin so müde und wie ohne Haut!
(Chor der Arbeitslosen): Das ist ja hervorragend interessant,
    Herr Tiger!

Ich spinn mich selig in die Schönheit ein.
Schönheit ist Einsamkeit. Ein stiller Morgen
im feuchten Park, allein und ohne Sorgen,
durchs Blattgrün schimmert eine Mauer, grau im Stein.
Ich spinn mich selig in die Schönheit ein ...
(Chor der Proletariermütter): Wir wüßten nicht, was uns mehr zu
    Herzen ginge, Herr Tiger!

Ich dichte leis und sachte vor mich hin.
Wie fein analysier ich Seelenfäden,
zart psychologisch schildere ich jeden
und leg in die Nuance letzten Sinn ...
(Chor der Tuberkulösen): Sie glauben nicht, wie wohl Sie uns damit tun,
    Herr Tiger!

Ich dichte leis und sachte vor mich hin ...

(Alle Chöre): Wir haben keine Zeit, Nuancen zu betrachten!
Wir müssen in muffigen Löchern und Gasröhren übernachten!
Wir haben keine Lust, zu warten und immer zu warten!
Unsre Not schafft erst deine Einsamkeit, deine Stille und deinen Garten!
Wir: Arbeitslose, welke Mütter, Tuberkelkranke wollen heraus
aus euerm Dreck in unser neues Haus!
Wir singen auch ein Lied. Das ist nicht fein.
Darauf kommts auch gar nicht an. Und wir stampfen es euch in die
    Ohren hinein:

Völker, hört die Signale!
Auf zum letzten Gefecht!
Die Internationale
Erkämpft das Menschenrecht –!

DIE FÜNF SINNE

Fünf Sinne hat mir Gott, der Herr, verliehen, mit denen ich mich
    zurechtfinden darf hienieden:
Fünf blanke Laternen, die mir den dunkeln Weg beleuchten;
bald leuchtet die eine, bald die andre –
niemals sind alle fünf auf dasselbe Ding gerichtet …
Gebt Licht, Laternen –!

Was siehst du, Walt Wrobel –?
Ich sehe die entsetzliche obere Häuserfront der berliner Straßen,
    unerbittlich, scharf liniiert, schwärzlich kasernenhaft;
ich sehe neben dem unfreundlichen Mann am Schalter die kleine
    schmutzige Kaffeekanne, aus der er ab und zu einen Zivil-
    schluck genehmigt;
ich sehe das Skelett des Tauchers, ausgestreckt auf dem Meeres-
    grund, der Taucherhelm ist aufgeplatzt, und durch die Luken
    des untergegangenen Schiffs fliegt ein Schwarm Fische an die
    ehemalige Bar, sie rufen: »Sherry-Cobler –!«;
ich sehe den ehrenwerten Herrn Appleton aus Janesville
    (Wisconsin) auf der Terrasse des Boulevard-Cafés sitzen,
    lachende Kokotten bewerfen ihn mit Bällchen, er aber steckt
    seinen hölzernen Unterkiefer hart in die Luft;
ich sehe das blonde Gesicht des jungen Diplomaten, der mit
    nachlässigem Monokel erzählt: »Seinerzeit, während der
    sojenannten Revolution …«;
ich sehe den kleinen Jungen vor der Obsthandlung stehen und
    sein Pipichen machen, nachher stippt er den Finger hinein und
    malt Männerchen aufs Trottoir, das ist nicht hübsch von dem
    Kind –
Das sieht mein Gesicht.

Was hörst du, Walt Wrobel –?
Ich höre den Küchenchef in der französischen Restaurantküche
    rufen: »Ils marchent: deux bifteks aux pommes! Une sole
    meunière!« Und vier Stimmen unter den hohen weißen Mützen
    antworten: »Et c'est bon!«;
ich höre einen Ton in meinen Ohren klingen, mitten im Gespräch,
    wie eine Mahnung, wie eine Erinnerung, wie einen Trost;
ich höre vor den Fenstern des deutschen Stammtischlokals unter-
    irdisch dumpf die Kegelbahnen donnern;

ich höre nachts die Lokomotiven pfeifen, sehnsüchtig schreit die
   Ferne, und ich drehe mich im Bett herum und denke: »Reisen ...«;
ich höre, wie über mir die Hausfrau, die Megäre, trampelt, sie
   macht die Wohnung rein und sich schmutzig, sie führt Krieg mit
   den Polstern;
ich höre, wie in Mitau Claire Waldoff aus dem Grammophon
   herausknarrte:

> Als das Pauline hörte,
> da rief sie überlaut:
> »Viktoria! Viktoria!
> Meine Mutter ist schon Braut –!«

Das hört mein Gehör.

Was schmeckst du, Walt Wrobel –?
Ich schmecke die untere Kruste der Obsttorte, die meine Tante
   gebacken hat; was die Torte anbetrifft, so hat sie unten ein paar
   schwarze Plättchen, da ist der Teig angebrannt, das knirscht im
   Mund wie Sand;
ich schmecke den kalten Tabak der Zigarre, die ausgegangen ist,
   und an der ich herumzutsche, weil ich es nicht weiß – die
   Zigarre lacht sich einen;
ich schmecke den Satz des türkischen Kaffees, die pulverdünn
   gemahlenen Körner bleiben zwischen den Zähnen sitzen;
ich schmecke den scharfen Geschmack von Kresseblättern; der
   preußische Kunstreferent im Ministerium kann das nicht
   schmecken, denn er hat keinen Geschmack;
ich schmecke die rauchige Würze alten Viktoria-Whiskys –
Das schmeckt mein Geschmack.

Was riechst du, Walt Wrobel –?
Ich rieche die warme, wassergeschwängerte Luft der öffentlichen
   Schwimmhallen, untermischt mit der Ausdünstung von nackten
   Leibern;
ich rieche an mir selbst und finde mich durchaus sympathisch
   riechend;
ich rieche die frische Stube im Gebirge, es riecht nach Sonne,
   Holz und Thymian;
ich rieche die kräftige Mannesatmosphäre des Kaufmanns, der es
   gut meint, mir aber zu nahe auf den Hals rückt;

ich rieche den Teer- und Wassergeruch im Hafen von Rostock,
    das Wasser steht still, und die Luft spricht plattdeutsch;
ich rieche den realpolitischen Redner in der Deutschen
    Demokratischen Gesellschaft, aber ich kann ihn nicht riechen –
Das riecht mein Geruch.

Was fühlst du, Walt Wrobel –?
Ich fühle in meinem Nabel eine kleine Wollkugel, die sich da weiß
    und dick aufhält, liebevoll grabe ich sie hervor;
ich fühle ein neues Gefühl an ungeahnten Orten, wenn mir der
    witzige Nasenarzt mit einer Stricknadel ins Ohr fährt;
ich fühle im Unterfutter einen Bleistift, den ich lange verloren
    wähnte, ein rundes Geldstück und ein unbekanntes Ding;
ich fühle den vertrauten Widerstand einer alten, bekannten Klinke;
ich fühle das harte Messingteil des Strumpfbandes meiner
    Geliebten auf meiner Backe, die ich daran gepreßt habe, als das
    Band auf dem Tisch lag;
ich fühle die Wollust, aber ich kann sie nicht beschreiben, denn in
    meinem Konversationslexikon steht: ›Wollust (siehe Zeugung),
    nicht näher zu beschreibendes Gefühl …‹ –
Dies fühlt mein Gefühl.

Fünf Sinne hat mir Gott, der Herr, verliehen, mit denen ich mich
    zurechtfinden darf hienieden:
Gesicht, Gehör, Geschmack, Geruch, Gefühl.

Fünf Sinne für die Unermeßlichkeit aller Erscheinungen.
Unvollkommen ist diese Welt, unvollkommen ihre Beleuchtung.
Bei dem einen blakt die eine Laterne, bei dem andern die andere.
Sieht ein Maulwurf? Hört ein Dackel? Schmeckt ein Sachse?
    Riecht eine Schlange? Fühlt ein preußischer Richter?
Gebt Licht, Laternen!

Stolpernd sucht mein Fuß den Weg, es blitzen die Laternen.
Mit allen fünf Sinnen nehme ich auf, sie können nichts dafür:
    meist ist es
Schmerz.

DER SCHLAFLOSE TOTE

Da, wo das Grab war, schlief er nicht,
er konnte da nicht schlafen;
denn rechts war eine Zuckerfabrik
und links ein Treidelhafen.
  So spukte er denn überall umher.

Er spukte an der Kasernenwand,
da stand ein Fenster offen –
doch weil es nach Leder und Leutnants roch,
so ist er davongeloffen.
  Und das von Rechts wegen.

Er spukte im Kirchenchor. Da begann
der Pfaff auf den Knien zu krauchen:
»Bist du vielleicht Christus, du weißer Mann?
Dann können wir dich nicht gebrauchen.
    Was haben wir aus dir gemacht –!«

Er spukte auf einer Redaktion.
Da erhob sich der Hauptschriftleiter
und sagte: »Ich verstehe Sie schon –
aber gehen Sie ein Haus weiter!
    Unser erstklassiges Publikum besteht leider
    aus lauter Idioten!«

Er ließ die Gewänder im Reichstag wehn,
da hatte ers gut getroffen:
Einen Geist, einen Geist, den kannten sie nicht,
das Maul stand ihnen offen.
    Haben Sie übrigens die feinpointierte Rede
    des Abgeordneten Breitscheid gelesen –?

Er spukte im Landgericht III zu Berlin.
Was bot sich da seinem Blicke:
Die deutsche Themis – welch ein Schreck·
Eine alte gespenstische Zicke.
    In den Zellen winselten Zehntausende.

Er spukte in der Wilhelmstraße:
Rayonchefs und Bürokraten,
sowie die Kommis der Diplomatie
und ehemalige Soldaten.
    Dafür bluten nachher sechzig Millionen.

Dies alles sowie Addalin
wirkten nichts gegen sein Getue.
Ein schlafloser Toter weht durch die Welt –
Gott gebe ihm ewige Ruhe!
    Amen.

DIE ORDONNANZ
Für Emil Ludwig

Da hat man einem vorgeworfen
ein kleines bißchen Sympathie
mit Rupprecht und mit Ludendorffen
und eine kleine Putschpartie.
    Und alles sieht nun auf den Biedern,
    den artigen Chef der Tradition:
    Was hat er darauf zu erwidern?
        Was –?
        »Cohn«.

Das hat man häufig: Umgang bildet.
Charmant ist der Kasino-Stil.
Der feine Kreis verlangt und will det –
der Junge ist ja nur Zivil.
    Kann er auch kein Monokel tragen,
    so übernimmt er doch den Ton;
    und darf auch schnöselnd-näselnd sagen:
        »Cohn«.

Laß, Emil Ludwig! Es wäre schade,
wenn du mit dem dich streiten willst,
dem schon seit Jahren statt Pomade
die Butter auf dem Kopfe schmilzt.
    Er darf nur auf der Stelle treten.
    Laß, Emil Ludwig, laß ihn schon.
    den mutigen Gemütsathleten,
    die Hände an den Hosennähten …
        »Kommen Sie, Cohn –!«

400 000 INVALIDEN
UND 1 GESUNDER

Dein eines Bein ist in Flandern,
das andre mit dir in Berlin;
du kannst aber mit dem andern
nicht die Bettelwege ziehn.
    Du hast keine gute Prothese.

Deine Lungen sind dir zerschossen
du brauchtest eine Kur,
auf Inseln, meerumflossen,
und sei es auf Monate nur ...
    Du hast aber kein Geld.

Du tastest dich tappend weiter,
Blinder. Du lachst nie mehr, und
du ersehnst so einen Begleiter –
du hast nur deinen Hund.
    Mit dem sprichst du.

Eure Gesundheit, Kuren, Prothesen
frißt einer für sich allein.
Er ist euer Kaiser gewesen
und (von hinten) die Wacht am Rhein.

Hört ihr die Zahl, Verdammte?
Sechshunderttausend im Jahr
zahlen kaisertreue Beamte
dem Feigling mit Kaiseraar!

Er führt sein altes Leben,
er ist der alte Fex,
von teuern Nullen umgeben:
Imperator Rex.

Er kann sich Pelze kaufen,
sein Vermögen steigt hoch, hoch, hoch!
Ist einer von euch entlaufen,
der sitzt im Zuchthausloch.

Ihr und eure Frauen,
elender Abfall vom Krieg –:
Bedankt euch bei dieser flauen
bei dieser Republik –!

PSYCHOANALYSE

Drei Irre gingen in den Garten
und wollten auf die Antwort warten.

Der 1. Irre sprach:
                    »O Freud!
Hat dich noch niemals nicht gereut,
daß du Schüler hast? Und was für welche –?
Sie gehen an keinem vorüber, die Kelche.
Ich kenne ja wirklich allerhand
als Mitglied vom Deutschen Reichsirrenverband –
aber die alten Doktoren sind mir beinah lieber
als das Getue dieser
                                        Ja.«

Der 2. Irre sprach:
                    »Schmecks.
Ich habe hinten einen Komplex.
Den hab ich nicht richtig abreagiert,
jetzt ist mir die Unterhose fixiert.
Und ich verspüre mit großer Beklemmung
rechts eine Hemmung und links eine Hemmung.
Vorn hängt meine ältere Schwester und
in der Mitte bin ich ziemlich gesund.
                                        Ja.«

Der 3. Irre sprach:
                    »Wenn
heut einer mal muß, dann sagt ers nicht, denn
er umwickelt sich mit düstern Neurosen,
mit Analfunktionen und Stumpfdiagnosen –«

(»Ha! – Stumpf!« riefen die beiden andern Irren,
konnten den dritten aber nicht verwirren.
Der fuhr fort:)
»Vorlust, Nachlust und nächtliches Zaudern –
es macht so viel Spaß, darüber zu plaudern!
Die Fachdebatte – welch ein Genuß! –
ist beinah so schön wie ein

Ja.«

Die 3 Irren sangen nun im Verein:
»Wir wollen keine Freudisten sein!
Die jungen Leute, die davon kohlen,
denen sollte man kräftig das Fell versohlen.
Erreichen sie jemals das Genie?
O na nie –!

Jeder Jüngling von etwas guten Manieren
geht heute mal Muttern deflorieren.
Jede Frau, die in die Epoche paßt,
hat schon mal ihren Vater gehaßt.
Und die ganze Geschichte stammt aus Wien,
und darum ist sie besonders schien –!

Wir 3 Irre sehen, wie Liebespaare
sich gegenseitig die schönsten Haare
spalten – und rufen jetzt rund und nett:
Rein ins Bett oder raus aus dem Bett!

Keine Tischkante ohne Symbol und kein Loch …
Wie lange noch –? Wie lange noch –?«

3 Irre standen in dem Garten
und täten auf die Antwort warten.

GEFILMT MUSST DU SEIN —!

Hier steht Herr Eastmann (Winnipeg)
auf einem grünen Gartenfleck.
Zwei Knickebeine hat er auch,
der Kneifer baumelt auf dem Bauch —
    Er ist nicht mehr ganz neu. Indessen
    man darf das eine nicht vergessen:
»Herr Eastmann, Vater des Erfinders der Kunstbutter.«

Er lächelt da im Gartenhof
(auf einer Backe etwas doof);
der Photograph dreht heiter-mild:
Die Firma braucht ein neues Bild!
    Die Kinos wird er amüsieren;
    die Sesselreihen buchstabieren:
»Herr Eastmann, Vater des Erfinders der Kunstbutter!«

O Mensch!
        Alleine bist du nichts,
fehlt dir der Ruhm des Kinolichts.
    Du kannst den Nordpol ganz erklettern,
    du kannst die Mädchen lebensrettern,
    du kannst den Wassersekt erfinden
    den Stehbauch ohne Gummibinden —
Was nützt dir aber alles das —?
Dich gibt es nicht. Dir fehlt noch was.

Erst wenn vor dir ein Filmkerl steht,
dann bist du richtig durchgedreht.

Das ist des Ruhmes Sonnenschein:
Noch gestern klein
ein Knickebein —
Und heute prägt die Welt sich ein:
»Herr Eastmann, Vater des Erfinders der Kunstbutter.«

DUO, DREISTIMMIG

Götz von Berlichingen und der General Cambronne
(derselbe, der damals in der Schlacht von
Waterloo nicht gesagt hat wie im Heldengedicht:
»Die Garde stirbt, doch sie ergibt sich nicht!«
Sondern er sagte nur schlicht:
          »Merde!«) –
dieser General Cambronne und Götz von Berlichingen
trafen sich neulich im Café und täten daselbst singen:

»Wir, die Nationalheiligen zweier Nationen,
die man uns anruft, wo nur Franzosen und Deutsche wohnen,
haben uns hier pro Nase einen Mokka Dubel bestellt
und betrachten zur Abwechslung einmal den Lauf der Welt.«

Der Götz begann:
  »Was hältst du, Bruderherz, von den Demokraten,
  die noch in jeden Wein ihr Wasser abschlagen taten,
        vorsichtig,
        umsichtig,
        nachsichtig,
        kurzsichtig –
und liegen immer unten. Was hältst du davon –?«
    »Merde –!« sagte Cambronne.

Und fuhr fort:
  »Was aber hältst du, Bruder, von den preußischen Richtern,
  diesen Vollzugsbeamten von Denkern und Dichtern?
  Wie sie nichts hören und nichts sehn – aber zuschlagen
  und um sich Jammer verbreiten und Klagen.
  Wie sie die Wehrlosen fangen in ihren Schlingen?«
    »......!« sagte der Götz von Berlichingen.

Und fuhr fort:
  »Kennst du aber die uniformierten Burschen in allen Ländern,
  die in ihren bekleckerten Indianergewändern
  den nächsten Krieg vorbereiten? Mit dem Anspruch aufs Panthéon?«
    »Ah merde –!« sagte Cambronne.

Und fuhr fort:
»Kennst du aber die Theaterdirektoren?
Jedem ist gerade ein neues Genie geboren,
und besiehst du dir näher die göttliche Ware,
ists ein Genie vom vorigen Jahre.
Haben einen Augenfehler: schielen auf die Kritik
und sitzen in einer Konjunktur-Fabrik.
Wär gar nicht übel. Nur:
es ist immer die falsche Konjunktur.
Wirr. Unzuverlässig. Ja, was können sie denn vor allen Dingen –?«
Da sagte es der Götz von Berlichingen.

Und fuhr fort:
»Was hältst du aber hingegen von den Parlamenten?
Mit ihren Kommissionssitzungen und ihren Re- und Korreferenten?
Bruder, sag mir, ist es bei euch das gleiche
wie in unserm republikanischen Kaiserreiche?
Das Ganze nennt man Demokratie –
ist aber nur eine politische Schwerindustrie.
Gut vor hundert Jahren. Heute: so alt, so alt –
Kluge verlangen eine neue Staatengestalt.
Dumme beharren bei ihrem kindlichen Eifer –
Habt ihr auch sozialdemokratische Dudelsackpfeifer?
Wir haben sie. Prost, lieber Bruder, du!
Was sagen nur unsre respektiven Wähler dazu –?

Pfeift das nicht alles auf dem vorletzten Loche:
Demokraten,
Theater,
Offiziere,
Richter –
Was sagen sie überhaupt zu dieser Epoche –?«
Da standen beide auf: der Götz und der General Cambronne
und zogen laut rufend die Konsequenz davon.
Jeder sagte seinen Spruch. Die Tassen bebten. Und allen schien,
als werde hier einem Weltenwunsch Ausdruck verliehn …
»Merde –!« sagte Cambronne. Und der andre der beiden Recken:
»Sag ihnen allen, sie könnten mich und so weiter beklecken!«

An der Wand, ganz heimlich, in guter Ruh,
steht Theobald Tiger und gibt seinen Segen dazu.

GEBET

Unser täglich Brot
  gib ihr heute,
und eher gehet Malzen
  durch ein Nadelöhr,
als Herr Eliat in das Himmelreich,
  dein Wille geschehe,
Morgenstunde ist aller Laster Anfang –
  Wie du dir –
    so ich Ihnen.

1926

DICHTKUNST 1926

Was werden die Dichter heuer schreiben –?
Das wird auch in diesem Jahre so bleiben:

Wenn der Sekundaner, sanft erhitzt,
vor einem nackerten Bilderbuch sitzt,
steigt ihm das Blut in die Gefäße,
er wackelt leise mit dem Gesäße;
hochrot der Kopf, hochrot das Ohr,
stellt er sich etwas Schönes vor:
eine züngelnde und rundbauchige Fee –
und dann spielt er mit seiner Lieblingsidee.

So auch der Deutsche.
                    Alle Knaben,
die eine Schreibmaschine haben,
verfassen heute radikal
die Weltgeschichte noch einmal.

Der alte Fritz sagt mürrisch: »Er …!«
und plaudert mit dem Affen Voltaire;
er kann zwar nicht richtig deutsch buchstabieren,
doch das tut der Krückstock remplacieren –
davon leben die Biographen.

Die Juden vom Film gehn mit Bismarck schlafen
und stehn mit Moltken wieder auf –
das ist so der deutsche Lebenslauf.
Arminius, der Große Kurfürst und Stein
spielen einen schönen Bierskat zu drein;
Blücher und Barbarossa mit Bart
kiebitzen dazu auf deutsche Art;
und inmitten dieses großen Geschreis
steht Turnvater Jahn und riecht nach Schweiß.
Und segnend schwebt über alle diese
die gute Königin Luise,

eine wahrhafte, echte, deutsche Frau.
Fällt einem nichts ein, schreibt er: Gneisenau.
Und auch die Operetten aus Wien
benötigen Landes-Dynastien
(mit Renten).

      So besinnt sich weit und breit
der Deutsche auf seine Vergangenheit:
Hochrot der Kopf, hochrot das Ohr,
stellt er sich etwas Schönes vor
in Büchern, Theaterstücken, Journalen –
und dann spielt er mit seinem Nationalen.

Denn dieses Deutschtum mit Sonnenstich
ist eine Beschäftigung an und für sich.
Es gibt Leute, die statt Kinder zu zeugen, schreiben.
Das wird auch im kommenden Jahre so bleiben.

ZEPPELIN-SPENDE
Herrn Eckener dargewidmet

Hier ist ein wahrhaft deutscher Mann.

Spannt den Ballon für den Ozean an,
und alle Leute mögen ihn leiden:
so aufdringlich schlicht und so laut bescheiden …
Es steigt sein Ruhm in die Höhe und weiter –
niemand gedenkt der Mitarbeiter.
Es steigen die nationalsten Faxen –
niemand gedenkt der Angelsachsen,
die den Flug immerhin zuerst unternommen.
Und als er drüben angekommen,
brüllt auf ein Volk: Es ist erreicht!
Die Stammtischgehirne sind sanft erweicht.
   Ehrendoktor. Geschrei. Baldachin:
   »Zeppelin –! Zeppelin –!«

Das läßt den wahrhaften Deutschen nicht schlafen.

Aus dem nationalen Luftschiffhafen
bittet er um milde Gaben.
Weil wir sonst keine Sorgen haben:
Der Nordpol! Er muß zum Nordpol fliegen!
Deutschland liegt vorn! Und Deutschland muß siegen!
Wer darf das bezahlen? Arbeiter. Kinder.
Auch schwere Kriegsbeschädigte nicht minder,
kurz: die Geld haben. Er wird führen,
15% Verwaltungsgebühren,
Reklame auf Postkarten und Plakat,
Direktoren, Briefbogen, Apparat ...
    Stumm bleiben die Massen, auf dem Land, in Berlin:
    »Zeppelin ...? Zeppelin ...?«

Keinen Pfennig.
        Eine Million
Männer hungern seit Monaten schon,
haben kein Geld für deine Taten,
pfeifen auf Nordpol und Luftakrobaten;
suchen sich hier das kleine Stück
trocken Brot und Arbeit, ihr bißchen Glück ...
Fahr immerzu!
           Pack ein! Pack ein
in deinen Ballon den ganzen Verein
der großmäuligen Militaristen,
der Fememörder, Gerichtssadisten –
Singt bei der Abfahrt brausende Lieder!
Nimm sie mit und komm nie mehr wieder!
Beglücke die Eskimos! Laufe Ski
und begründe da eine Monarchie!
Du bist nicht Deutschland. Du bist nicht der Staat.

Das ausgehungerte Proletariat
sieht dich ohne Bedauern ziehn –
    Zeppelin –! Zeppelin –!

ANGESTELLTE

Auf jeden Drehsitz im Büro
da warten hundert Leute;
man nimmt, was kommt – nur irgendwo
und heute, heute, heute.
        Drin schuften sie
        wies liebe Vieh,
sie hörn vom Chef die Schritte.
Und murren sie, so höhnt er sie:
        »Wenns Ihnen nicht paßt – bitte!«

Mensch, duck dich. Muck dich nicht zu laut!
Sie zahln dich nicht zum Spaße!
Halts Maul – sonst wirst du abgebaut,
dann liegst du auf der Straße.
        Acht Stunden nur?
        Was ist die Uhr?
Das ist bei uns so Sitte:
Mach bis um zehne Inventur …
        »Wenns Ihnen nicht paßt – bitte!«

Durch eure Schuld.
                Ihr habt euch nie
geeint und nie vereinigt.
Durch Jammern wird die Industrie
und Börse nicht gereinigt.
        Doch tut ihr was,
        dann wirds auch was.
        Und ists soweit,
        dann kommt die Zeit,
wo ihr mit heftigem Tritte
und ungeahnter Schnelligkeit
herauswerft eure Obrigkeit:
        »Wenns Ihnen nicht paßt –: bitte!«

LÜTZOWS WILDE JAGD

Was glänzt dort vom Walde im Sonnenschein?
Hörs näher und näher brausen.
Es zieht sich herunter in düstern Reihn,
und gellende Hörner, sie schmettern drein
und erfüllen die Seele mit Grausen.
Und wenn ihr die schwarzen Gesellen fragt:
Es ist

      eine Formation, die nicht existiert, deren Angehörige ledig-
      lich die Ertüchtigung der Jugend betreiben, Waffen nicht
      besitzen und mit denselben äußerst vorsichtig umgehn, so-
      daß von einer unmittelbaren Gefahr für die Republik nicht
      gesprochen werden kann
                          Lützows wilde verwegene Jagd.

Was streift dort rasch durch den finstern Wald
und jaget von Bergen zu Bergen?
Es legt sich in nächtlichen Hinterhalt;
das Hurra jauchzet, die Büchse knallt,
es stürzen die jüdischen Schergen.
Und wenn ihr die schwarzen Jäger fragt:
Es ist

      leider nicht möglich, Ihnen Auskunft zu geben, bester Herr:
      sie sind das Land, und das Land darf man nicht verraten,
      denn die Richter, die Reserveoffiziere gewesen sind, er-
      innern sich gern an die Schlacht bei Sedan, wissen aber
      noch nicht, daß sie schon aus ist, und schließen sich von der
      Öffentlichkeit aus
                          Lützows wilde verwegene Jagd.

Die wilde Jagd und die deutsche Jagd
auf Henkersblut und Tyrannen!
Drum, die ihr uns liebt, nicht geweint und geklagt!
Das Land ist ja frei, und des Reimes wegen der Morgen tagt,
wenn wirs auch erst sterbend gewannen!
Und von Enkeln zu Enkeln seis nachgesagt:
Das war

      in Döberitz, im Monat Mai, deinen Großvater haben sie
      beschlagnahmt, deinen Onkel eingesperrt, deine Tante in
      Schutzhaft genommen, ich laß sie grüßen, deinen Bruder
      auf der Flucht erschossen und deinen Vater verhaftet, er

lahmt heute noch. Die Republikaner? Gehirnattrappen, die nicht einmal merken, wie verprügelt sie sind, Leute, egalweg gerecht von einer Niederlage zur andern, immer gerecht, Gefahren einrichtend und sie hinterher beschwörend, taktisch von Malheur zu Malheur taumelnd, besiegt, geschlagen, zurückgeworfen und noch stolz darauf, im tiefsten Wurstkessel, und wissen es nicht und wissen es nicht einmal, und wer bleibt den Jeistigen gegenüber Sieger, Triumphator über Millionen Geknechteter –?

Lützows wilde verwegene Jagd.

DAS ALTE VERTIKO
Claire Waldoffn, der Löns-Verehrerin

Zu Haus, in unsrer guten Stube,
da stand, gleich neben dem Trümoh,
mit einem Griff an jedem Schube
ein altes braunes Vertiko.
Es war verziert und reich gedrechselt
mit Knöpfen, Köpfen weit und breit;
den Stil hat niemand nicht verwechselt;
    Diß war noch aus der Muschelzeit.

Mir schiens ein Sinnbild unsres Lebens.
So kam zu mir in jungem Jahr,
leicht schielend, aber nie vergebens,
ein Mädchen schön und wunderbar.
Ich habe gern mit ihr gemuschelt;
und wenn mein kleiner Anton schreit,
mit Silberblick sich an mich kuschelt …
    Der ist noch aus der Muschelzeit.

Das gute Kind! Heut machts noch Faxen,
es inkelt mit und ohne p;
doch ist der Junge mal erwachsen,
dann kommt er in die SPD.
Da gibt es Leute, die noch glauben
an Taktik, Maß, Gerechtigkeit …
Das will ich ihnen auch nicht rauben.
    Mein Gott, ihr seid
    ja so gescheit …
    Und stammt noch aus der Muschelzeit.

EINE ALTE

Die ganze Straße steht auf dem Kopf.
»Mensch! Guck die an! –
Bestellt und nicht abgeholt!
Sie sind wohl aus dem Panoptikum entlaufen, Frollein?
Alte Konservenbüchse!«
Die Alte hört nichts. Und es tut
ihr nichts, wenn sie spotten und lästern.
Sie geht durch all den Übermut
mit ihrem unmöglichen Blumenhut –
 Von gestern …
Wer nicht mit der Zeit mitgeht, bleibt stehn.
Gewiß, so soll man nicht einkaufen gehn.
 Die Alte ist wohl nicht ganz richtig.
Aber was sie da treibt, mit Schleier und Zopf
das tragen manche noch in ihrem Kopf
 und nehmen sich äußerst wichtig.
Äußerlich ist der Anschluß erreicht.
Doch Jugend vergißt sich nicht so leicht …
Und manche älteren Damen und Herrn
sind leider nur äußerlich modern.
Innen, bis in die letzte Falte
sehen sie aus wie diese Alte.
 Niemand lacht. Denn niemand sieht,
 wie sie noch voll sind von alten Resten.
 Sie summen ewig das alte Lied.
 Wie mancher doch so seine Lebensbahn zieht
  Von gestern.

COUÉ

Solltest du ein Holzbein haben
    oder einen Tick,
plagen euch die Küchenschwaben,
    ist dein Bauch zu dick;
schenkt dir ihre Huld se nicht:
Müllere nicht und schulze nicht!
    Heilen wird dich kein Professer …
        Murmele:
»Mir couét es schon viel, viel, viel besser –!«

Allen hilft dies Heilsystem
    in der Republik.
Und es ist so schön bequem
    in der Republik.
Demokraten fühln sich xund,
weil sie grad nicht eingespunnt.
    Mit dem Hals am Reichswehrmesser
        murmeln sie:
»Uns couét es schon viel, viel, viel besser –!«

Börse lebt und Eisenwerk
    nach System Coué.
Richter, Schule, Hugenberg
    kennen längst den Dreh.
Weil ein altes Parlament
gradwegs in die Scheibe rennt,
    werden andre keß und kesser.
        Und sie rufen:
»Uns couét es – unberufen! – täglich viel, viel,
                                viel, viel besser –!«

NICHTS ANZUZIEHEN —!

Ich steh schon eine halbe Stunde lang
vor diesem gefüllten Kleiderschrank.
Was ziehe ich heute nachmittag an –?

Jedes Kleid erinnert mich …
          also jedes erinnert mich an einen Mann.

In diesem Sportkostüm ritt ich den Pony.
In diesem braunen küßte mich Jonny.
Das da hab ich an dem Abend getragen,
da kriegte Erich den Doktor am Kragen,
wegen frech …
          Hier goß mir seinerzeit
der Assessor die Soße übers Kleid
und bewies mir hinterher klar und kalt,
nach BGB sei das höhre Gewalt.
Tolpatsch.

In dem … also das will ich vergessen …
da hab ich mit Joe im Auto gesessen –
und so. Und in dem hat mir Fritz einen Antrag gemacht,
und ich habe ihn – leider – ausgelacht.
Dieses hier will ich überhaupt nicht mehr sehn:
in dem mußt ich zu dieser dummen Premiere gehn.
Und das hier …? Hängt das noch immer im Schranke …?
Sekt macht keine Flecke –? Na, ich danke –!
Und den Mantel – ich will das nicht mehr wissen –
haben sie mir beim Sechstagerennen zerrissen!

Ich steh schon eine halbe Stunde lang
vor diesem gefüllten Kleiderschrank:
das nackteste Mädchen in ganz Berlin.

Wie man sieht:
          Ich habe nichts anzuziehn –!

GLEICH UM DIE ECKE

Große Stadt im Kontinent!
Alle haben, was man nennt:
   Volksvertretung ...
Kammerpräsidenten thronen.
Rednerpult und Kommissionen.
  Aber all das hat ein End
  fünfzig Schritt vom Parlament.

Schneidig kräht ein Referendar.
Vor Monokel und Talar
   bist du wehrlos ...
Frei sind nur die Wohlgesinntern.
Sonst: »Zur Wache!« Tritt in Hintern –
»Halt das Maul!« Die Wunde brennt
  fünfzig Schritt vom Parlament.

Saalentziehung. Streikverbot.
Fluchtversuch und Straßentod.
   Du bist rechtlos ...
Schulrat. Landrat. Vorgesetzte.
Du, du bist der Allerletzte.
   Wer wohl die Verfassung kennt?
   fünfzig Schritt vom Parlament?

Drin, im Saale voller Lust
schwillt die Volksvertreter-Brust.
   Arme Luder ...
Während sie ihr »Hört! Hört!« schrein,
kümmert draußen sich kein Bein
   um Beschlüsse, um Proteste.
   Andre herrschen. Aber feste.
Drin bleibt alles ernst-gemessen.
Draußen, an der Macht, beim Fressen,
   lacht ein ganzer Kontinent
   fünfzig Schritt vom Parlament.

ARBEIT FÜR ARBEITSLOSE
Herrn Ebermayer zur Beschlagnahme
freundlich empfohlen

Stellung suchen Tag für Tag,
aber keine kriegen.
Wer kein Obdach hat, der mag
auf der Straße liegen.
Sauf doch Wasser für den Durst!
Spuck aufs Brot – dann hast du Wurst!
Und der Wind pfeift durch die Hose –
    Arbeitslose.
                Arbeitslose.

Schaffen wollen – und nur sehn,
wie Betriebe schließen.
Zähneknirschend müßig gehn …
Bleib du nicht am Reichstag stehn –!
Geßler läßt was schießen.
Zahl den Fürsten Müßiggang;
Friere nachts auf deiner Bank.
Polizeiarzt. Diagnose:
    Arbeitslose.
                Arbeitslose.

Wart nur ab.
            Es kommt die Zeit,
darfst dich wieder quälen.
Laß dir von Gerissenheit
nur nichts vorerzählen:
    Klagen hilft nicht,
    plagen hilft nicht,
    winden nicht und schinden nicht.
    Dies, Prolet, ist deine Pflicht:
        Hau sie, daß die Lappen fliegen!
        Hau sie bis zum Unterliegen!
        Bleib dir treu.
                    Die Klasse hält
    einig gegen eine Welt.
Auf dem Schiff der neuen Zeit,
auf dem Schiff der Zukunft seid
ihr Soldaten! Ihr Matrosen!
    Ihr – die grauen Arbeitslosen!

GUT MORD!

Eine niedrige Stirn, zwei Augenritzen,
ein breites Kaschubengesicht;
die da auf der Anklagebank sitzen,
die waren es eigentlich nicht.
Der schoß. Der hat den Revolver getragen.
Beweis? Aber wird er gestehn?
Er kanns ja nicht sagen, er kanns ja nicht sagen –
    er weiß was auf wen.

Auf den Vorgesetzten. Der wird ihn schon decken.
Er muß. »Sonst pack ick hier aus –!«
Sie werden sich hüten, zu vollstrecken;
was käme da alles heraus!
Packt man den Anstifter auch beim Kragen?
Leider wird das nicht gehn.
Er kann ja nichts sagen, er kann ja nichts sagen –
    er weiß was auf wen.

Auf die Vorgesetzten. Auf gegebene Befehle,
auf Minister und Büros.
Es zittern Richter und Generäle.
Hände weg – sonst gehts los!
Der Letzte ists, den die Hunde jagen
unter Ausschluß der Öffentlichkeit.
Ihr braucht nicht zu fragen, ihr braucht nicht zu fragen –
wir wissen alle Bescheid.
Wer ist taub gegen herzzerreißende Klagen
der Frauen, tränenleer –?
    Ich kanns ja nicht sagen, ich kanns ja nicht sagen.
      Aber wir wissen Alle: wer.

WAS BRAUCHEN WIR —?

Als falsche Extrablätter riefen,
da traten wir in Reihen an;
und schrieben nur in Feldpostbriefen,
was man doch laut nicht sagen kann.
   Gewiß, wir waren Sozialisten
   (nach innen); in den Kompanien
   gabs keine bessern Infanteristen –
      aus Disziplin.

Als Noskes Lümmel Blut vergossen,
da schwenkten wir in Reihen ein;
gewiß: da lagen die Genossen –
wir drohten tapfer übern Rhein.
   Wenn sie den Klassenkampf verpfuschten,
   auf ihren Sesseln in Berlin –:
   dann hielten wir das Maul und kuschten
      aus Disziplin.

Hat Vater Ebert uns verraten,
hat Onkel Hörsing falschen Tritt,
sind wir von Richtern und Soldaten
zerstampft –
          wir machen immer mit.
So werden wir nach dreißig Jahren,
besiegt, blamiert, verhaun, verschrien,
getreulich in die Grube fahren.
Aus Disziplin.
      Aus Disziplin.

NÄCHTLICHE UNTERHALTUNG

Der Landgerichtsdirektor schnarchte im Bett.
Seine Garderobe lag – ziemlich komplett –
auf dem Stuhl. Die Nacht war so monoton …
Da machten die Kleider Konversation.

»Ich«, sagte die Jacke, »werde ausgezogen.
Ich hänge – ungelogen –
im Beratungszimmer
und habe keinen Schimmer,
was mein Alter da treibt.«

»Wir sprechen Recht!« sagte die Weste.
»Aber feste –!
Wir schnauzen die Angeklagten an –
wir benehmen uns wie ein Edelmann.
Wir verbieten allen sofort den Mund
und reden uns selber die Lippen wund.
Wir verhängen über Wehrlose Ordnungsstrafen
(nur, wenn wir Beisitzer sind, können wir schlafen).
Zum Schluß verknacken wir. Ohne Scherz.
Unter mir schlägt übrigens kein Herz.«

»Wir«, sagten die Hosen, »wir habens schwer.
Neulich kam der Landgerichtspräsident daher
und hat revidiert. Er saß an der Barriere,
und es ging um unsre ganze Karriere.
Vor uns ein Kommunist. Da haben wir wie wild
geschmettert, geschnattert, gestampft und gebrüllt.
Aber wie es manchmal so geht hienieden:
der Präsident wars noch nicht zufrieden.
Und da blieb uns die ganze Rechtswissenschaft weg,
und da bekamen wir einen mächtigen Schreck.
Und zum Schluß besahen wir uns den Schaden:
Wir Hosen hatten es auszubaden!«

So sprachen die Kleider in dunkler Nacht
und haben sich Konfidenzen gemacht.

An der Wand aber hing ein stiller Hut,
dem waren die Kleider gar nicht gut.

»Erzähl was, Hut! Erzähl uns was!«
Der Hut aber sprach verlegen: »Das –
das wird nicht gehn.
                    Ich armer Tropf
ich sitze nämlich bei dem auf dem Kopf.
Und so hab ich, ihr müßt mich nicht weiter quälen,
nicht das geringste zu erzählen –!«

SÜDFRÜCHTE

Wenn einer und er ißt Mittach –
            feine Leute nennen diß »friehsticken« –
also: wenn er friehstickt un bestellt sich zum Schluß
wat Sießet: Appelsinenauflauf mit Guß,
und nu wird ihm der Kellner eine Gurke bringen –
            so sagt der: »Nehm Sie das wieder fott!
Denn, lieber Herr Ober:
            Saure Jurke ist keen Kompott!«

So auch im Leben.
            Da glauben Biederbrillen und Fortschrittskneifer,
das deutsche politische Leben würde immer reifer und reifer.
Und sprechen davon, bei Tage, abends und in der Nacht,
wie wir es doch so herrlich weit gebracht.
Und wir hätten eine Republik und eine Verfassung
    und ein freies Wahlrecht dazu –
wat sagste nu –?
Ich sage: Das Schild hat gewechselt, sag ich – im Laden der alte Trott:
            Saure Jurke is keen Kompott!

Und ich sage: Wenn ich so abends die Herren Ministersch seh,
und die Herren Staatssekatäre im Frack, im Bristoll und Theata pareh –
wie sie doch so gern möchten mongdän sein mit ihre Damens
und vor jeden fremden Dippelmaten zusammenknicken,
    wegen des Namens;
wie sie Fettlebe machen bei Rechtsanwälte und bei Bankiers,
wie sie so rumscharwenzeln auf die feinsten Modetees –
selig, wenn einer hinter sie herzischelt: »Diß is Geßler! Das ist Koch!«

wie manche fressen und spinkulieren noch und noch –
wenn ich das so sehe und denke: Die bilden sich nu ein,
große, internationale, politische Welt zu sein …
    Dann sag ich bei mir: Die –? Ach, du lieber Gott …
        Lauter saure Jurken. Und kein Kompott.

FLAGGENLIED

In einer kleinen Ecke
da ist dein Flaggenreich.
Du wehst auf dem Verdecke
wohl übern großen Teich.
Du wehst am Steuerruder
und in Amerika;
du bist ein armes Luder,
weißt nicht, wie dir geschah –
    Republik!
    Republik!
    Hast du das gewollt?
    Schwarz die Reichswehr.
    Weiß die Zelle.
    Rot die Schande.
      Kehre um!
      Kehre um!
    Zu Schwarz-Rot-Gold!

In Rio de Janeiro
da steht ein Stammtisch rund.
Dran sitzt der Caballero
und schimpft dich auf den Hund.
Und nun trägst du die Farben,
die einen Krieg geschürt,
die uns schon mal verdarben
und in den Tod geführt –
    Republik!
    Republik!
    Hast du das gewollt?
      Kehre um!
      Kehre um!
    Zu Schwarz-Rot-Gold!

Die ihr bis jetzt geschlafen:
seid ihr nun endlich wach?
In jedem großen Hafen
bekommt ihr eins aufs Dach.
In jedem fernen Lande
umflattert euch der Hohn
und zeigt der Welt die Schande
von deutscher Reaktion –
    Republik!
    Republik!
    Hast du das gewollt?
    Schwarz die Reichswehr.
    Weiß die Zelle.
    Rot die Feme,
    Kehre um!
    Kehre um!
    Zu Schwarz-Rot-Gold!

P. S. Im übrigen ist das gar nicht so wichtig.
Zum ersten Mal firmiert Ihr richtig –!

PARISER DANKGEBET

Hier tritt mir keiner auf die Stiebeln. Hier sind die Leute höflich und
    nett.
Und wenn mir doch mal einer rauftritt, dann sagt er: »Ah pardon,
    monsieur!« überall, in Malakoff und in der rue Lafayette.
    Kyrie eleison!
Hier fahren die Autos glatt und schnell. Und geraten sie wirklich mal
    aneinander mit leichem Buff,
dann sagt keiner: »Dir hol ick jleich runter vom Bock, du oller
    Mistkutschenfahrer, paß mal uff –!«
    Kyrie eleison!
Hier ist der Schaffner kein Vorgesetzter, und der Verkäufer teilt keine
    Gnaden, sondern Schnitzel aus.
Hier geht man fruhmorgens heiter und pfeifend aus seinem Haus.
    Amen.
Hier kann man sich noch freuen, weil eine Markise so schön gelb
    leuchtet. Hier hat jeder Arbeit und doch Zeit,
ein Mensch zu sein, aufzuatmen allein und zu zweit.
    Kyrie eleison!

Rekonvaleszenten sehen aus den Fenstern der Krankenhäuser,
ungehetzt und voll Ruh.
Alte Herren gucken im Luxembourg den Spielen der Kinder zu.
Kyrie eleison!
Hier ist Wolke noch Wolke und Stein noch Stein.
Hier hat es noch einen Sinn, am Leben zu sein.
Amen.
Hier sind die Professoren keine Staatssklaven und die Studenten keine
Hausknechte.
Hier muß man gebildet und kultiviert sein – das verlangt die Linke wie
die Rechte.
Kyrie eleison!
Hier können sogar die Royalisten gute Artikel schreiben – es sind Leute
von Witz und Esprit.
Und von schimmernder Wehr und Großfrankreich sprechen die Blätter
fast nie.
Kyrie eleison!
Wenn sich hier die siegreichen Generale so benehmen wollten wie unsr
geschlagenen zu Haus …!
Ein ganzes Land streckt friedfertig die Arme aus –
Amen.
Wie schön ist es, hier zu leben: ohne diese Gesichter, die keine sind;
ohne Krach und Krakeel – ohne den staubigen berliner Sommerwind.
Zehn Jahre zu spät! Und doch darf ich nicht klagen.
Es tut so wohl, auch einmal Ja zu sagen.

WOLLT IHR DIE DUMMEN SEIN?

Das deutsche Volk ist ausgesogen,
bis zum Hemde ausgezogen
durch die Reichswehr, durch Inflation,
die Großgrundbesitzer, die Reaktion …
Noch nicht genug –?
Offenbar nicht.
Da gibt es noch eine freche Schicht.
Weiß und unschuldsvoll wie die Lilien:
zweiundzwanzig Fürstenfamilien.

Die armen Luder –!
            So wenig Lakain!
Nur siebzig Schlösser! Und so wenig Wein!
Wenig? Die Republik, nach dem Krachen,
warf ihnen Vermögen in den Rachen.
Vornweg dem Oberdeserteur
ein ganzes Vermögen mit Zubehör:
Gemälde, Nachttöpfe, Thermometer,
Spitzenjacken – und sein Vertreter
will immer noch mehr – prozessiert immer weiter.
Die armen, armen Schwerarbeiter!
Mecklenburger und Hannoveraner,
Bayern und Sachsen und Anglikaner.
Sie kommen aus ganz Europa gelaufen;
sie brauchen Geld für das Auto, zum Saufen.
Bis zum Königreich der beiden Sizilien
            zweiundzwanzig Fürstenfamilien.

Scheißt ihnen was.
            Die Euch geschunden:
Willi, der Vater von 6 gesunden
Söhnen – nach einem solchen Krieg!
Aus dem er in seinen Salonwagen stieg …
Blast ihnen was –!
            Keinen Pfennig der Bande!
Raus mit den Fürsten aus dem Lande!

Was heißt hier: Enteignung? Lächerlich!
Nur einen enteignen sie: nämlich dich.
Nicht eher gibt der Reichstag Ruh:
nur einer wird enteignet:
            du.
Die Regierung will ihnen das Leben versüßen,
sie sträubt sich gegen uns mit Handen und Füßen –
Genug!
        Jagt die Kompromißler fort!
Genug!
        Das Volk hat jetzt das Wort.

Das Volk, das im Kriege geblutet hat,
das Volk, das im Kriege gehungert hat;
die Arbeiterwitwe ohne Ernährer,

der verarmte Kleinbeamte, der Lehrer,
das Volk mit vier langen Kohlrübenwintern,
das Volk klopft die Fürsten auf den Hintern!
Fürsten raus –!
        Es ist hohe Zeit!
Alle Mann auf Deck!
        Zum Volksentscheid –!

DAS MITGLIED

In mein' Verein bin ich hineingetreten,
weil mich ein alter Freund darum gebeten,
      ich war allein.
Jetzt bin ich Mitglied, Kamerad, Kollege –
das kleine Band, das ich ins Knopfloch lege,
      ist der Verein.

Wir haben einen Vorstandspräsidenten
und einen Kassenwart und Referenten
      und obendrein
den mächtigen Krach der oppositionellen
Minorität, doch die wird glatt zerschellen
      in mein' Verein.

Ich bin Verwaltungsbeirat seit drei Wochen.
Ich will ja nicht auf meine Würde pochen –
      ich bild mir gar nichts ein …
Und doch ist das Gefühl so schön, zu wissen:
sie können mich ja gar nicht missen
      in mein' Verein.

Da draußen bin ich nur ein armes Luder.
Hier bin ich ich – und Mann und Bundesbruder
      in vollen Reihn.
Hoch über uns, da schweben die Statuten.
Die Abendstunden schwinden wie Minuten
      in mein' Verein.

In mein' Verein werd ich erst richtig munter.
Auf Die, wo nicht drin sind, seh ich hinunter –
    was kann mit denen sein?
Stolz weht die Fahne, die wir mutig tragen.
Auf mich könn' Sie ja ruhig »Ochse« sagen,
da werd ich mich bestimmt nicht erst verteidigen.
Doch wenn Sie mich als Mitglied so beleidigen …!
        Dann steigt mein deutscher Gruppenstolz!
        Hoch Stolze-Schrey! Freiheil! Gut Holz!
            Hier lebe ich.
        Und will auch einst begraben sein
        in mein' Verein.

LORBEEREN DER HERRSCHENDEN KLASSE
Für Max Hölz

Du sitzt für uns alle.
            Unerschütterlich.
Wir gedenken deiner. Wir grüßen dich.
Als es aus war, hast du deinen Kopf hingehalten.
Gegen die Presse, die Bürger, die Polizei – gegen alle Gewalten.

Als es aus war, hast du vor Gericht gestanden.
Als ein Mann!
        Alle Paragraphen wurden zuschanden.
Der Richter funkelte – weiß vor ohnmächtiger Wut.
Du sahst ihn nur an wie der Hauptmann den dummen Rekrut.

Der Richter kreischte und schimpfte unflätig – gemein.
Da standest du auf! Und spieest der Justiz mitten in ihr Gesicht hinein!
»Wer seid ihr?« Und: »Ich erkenne dies Gericht nicht an!«
    Und: »Was könnt ihr mir schon –?«
Die zappelnden Talare übertönte dein Ruf:
    »Es lebe die Weltrevolution –!«

Jetzt sitzt du im Zuchthaus.
    In der Hand von Gefängniswärtern und Direktoren.
Du wirst schikaniert, geschlagen, gequält …
    Du hast den Mut nicht verloren.
Tausende sitzen wie du. Tapfer, ohne zu klagen, stumm.
Opfer der Richter. Wer kümmert sich drum –?

Wer –?

    Wenn wo Proletarier zusammenstehn,
wenn sie deinen Namen hören, dein Bildnis sehn –
dann wird es ganz still. Die Köpfe neigen sich.
Du sitzt für sie alle.
Sie geloben Rache. Schweigen …
                    Und grüßen dich.

KARTENGRUSS AUS DEM ENGADIN

Unten im weißen Nietzsche-Haus
geht Ludwig Fulda ein und aus und ein und aus.
Wegen kongenial.
           Drum herum wallen und ziehn
Menschenbrocken, ausgespien
aus Berlin.
Herr Wendriner, Frau Wendriner.
Lauter ringfeine Smoking-Berliner.
Wenn sie durch die Landschaft gehn,
wird ihnen hintenrum so mondän.
Sie machen mit den Kellnern Krach,
sie sind wie im Geschäft: überwach.
Der Fexgletscher leuchtet in eisiger Ruh –
ihr Gesicht sagt: Das steht mir nämlich zu.
Ich hab es bestellt. Ich hab es bezahlt.
Für mich ist der Zauber hier aufgemalt.
Nachts unter den ewigen Sternen
werden sie in grauen Kasernen
untergebracht. Da, in den Riesenhotels,
schlummern die großen Frauen voll Schmelz
selig im Arm der Liebe. Na, Arm …
Die Leipziger Straße hat ihren Charme
hier hinaufgeschickt in sauerster Süße …

Du guter Leser – herzliche Postkartengrüße!
Hier gletschern die Gletscher. Der Fexbach rauscht.
Die Sonne brennt. Das Zeltdach bauscht
sich im heißen Mittagswind.
Ein Kindlein pflückt bunte Blumen lind.
Da sitzt Theobald und fühlt innerlich:
    Und wer pflückt mich?

BEI NÄHERER BEKANNTSCHAFT
Praesentia minuit famam

Von ferne gleichen die Großen im Geist
   den Göttern, den hehren.
Solange du nichts von ihnen weißt,
   kannst du sie verehren.
Doch hast du mit Deutschlands Musenpracht
erst nähere Bekanntschaft gemacht,
dann schick deine Illusionen man pennen:
   Du mußt sie nicht kennen! Du mußt sie nicht kennen!

Der flicht an der alten Griechen Statt
   die tragische Kette –
doch verreißt ihn das ›Nordhausener Tageblatt‹,
   dann fällt er aus't Bette.
Der meckert im Alter wie ein Bock
und kriecht einer Tänzerin unter den Rock.
Und was sie an Damen ihr Eigen nennen:
   Du mußt sie nicht kennen! Du mußt sie nicht kennen!

Denn mit etwas hat Gott sie schön angeschmiert:
   mit ihren Frauen.
»Mein Mann, mein Mann!«
               Dergleichen blamiert:
ein Weibstück, scheeläugig und verschmiert,
   in den himmlischen Gauen.
Der sitzt in der Höhle, ein krötiger Greis,
der spricht nur von sich, weil er sonst nichts weiß …
Von weitem! Laß sie am Himmel brennen!
In Büchern und an Rundfunkantennen …
   Aber: Du mußt sie nicht kennen. Du mußt sie nicht kennen!

HABEN SIE SCHON MAL ...?

Für Ernst Toller

Haben Sie schon mal, Herr Landgerichtsdirektor,
als Gefangener eine Nacht durchwacht?
Haben Sie schon mal vom Herrn Inspektor
einen Tritt bekommen, daß es kracht?
Standen Sie schon mal, total verschüchtert,
vor dem Tisch, wo einer untersuchungsrichtert?
Ihnen ist das bis zum Ruhestand
dienstlich nicht bekannt.

Haben Sie schon mal acht heiße Stunden
ein Verhör bestanden, das Sie nicht verstehn?
Haben Sie schon mal die Nachtsekunden
an der Zellenwand vorüberlaufen sehn?
Oben dämmert ein Quadrat mit Gittern;
unten liegt ein Tier und darf nur zittern ...
Diese kleinen Züge sind in Ihrem Stand
dienstlich nicht bekannt.

Aber Kommunistenjungen jagen,
wegen Hochverrat ins Loch gesperrt;
vor Gericht die Spitzel mild befragen,
Saal geräumt, wenn eine Mutter plärrt;
Fememörder sanft verschoben,
mit dem leisen Schleierblick nach oben,
Existenzen glatt vernichtet,
die von Waffenplätzen was berichtet ...
Unglück rings verbreitet, Not und Qual –:
Ja, das haben Sie schon mal –!

ZWEI SEELEN

Ich persönlich bestehe zu meinem Heil
aus einem Oberteil und einem Unterteil.

Das Oberteil fühlt seine bescheidene Kleinheit,
ihm ist nur wohl in völliger Reinheit;
es ist tapfer, wahr, anständig und

bis in seine tiefsten Tiefen klar und gesund.
Das Oberteil ist auch durchaus befugt, Ratschläge zu erteilen
und die Verbrechen von andern Oberteilen
zu geißeln – es darf sich über die Menschen lustig machen,
und wenn andre den Naseninhalt hochziehn, darf es lachen.

Soweit das.
      Aber, Dunnerkeil,
das Unterteil!

Feige, unentschlossen, heuchlerisch, wollüstig und verlogen;
zu den pfinstersten Pfreuden des Pfleisches fühlt es sich hingezogen –
dabei dumpf, kalt, zwergig, ein greuliches
pessimistisches Ding: etwas ganz und gar Abscheuliches.

Nun wäre aber auch einer denkbar – sehr bemerkenswert –,
der umgekehrt.

Der in seinen untern Teilen nichts zu scheuen hätte,
keinen seiner diesbezüglichen Schritte zu bereuen hätte –
ein sauberes Triebwesen, ein ganzer Mann und
bis in seine tiefsten Tiefen klar und gesund.

Und es wäre zu denken, daß er am gleichen Skelette
eine Seele mit Maukbeene hätte.

Was er nur andenkt, wird faulig-verschmiert;
sein Verstand läuft nie offen, sondern stets maskiert;
sogar wenn er lügt, lügt er; glaubt sich nichts, redet sichs aber ein –
und ist oben herum überhaupt ein Schwein.

Vor solchem Menschen müssen ja alle, die ihn begucken,
vor Ekel mitten in die nächste Gosse spucken!
Da striche auch ich mein doppelkollriges Kinn
und betete ergriffen: »Ich danke dir, Gott, daß ich bin, wie ich bin!«
Was aber Menschen aus einem Gusse betrifft in der schönsten der
                                Welten –:
der Fall ist äußerst selten.

KLEINE DIENSTREISE

In Frankfurt haben sie eine Brucken geschlagen;
über den Main herüber tut sie nunmehr ragen.
Und um sie einzuweihen, haben die Frankfurter eine große Feier
arrangiert – mit Böllergeläute und Festzug und Äppelwoi und
                                        gedichteter Sangesleier.
Gut.

Dazu haben sie auch den diensttuenden Reichspräsidenten eingeladen.
Bei dem steht aber die Stadt Frankfurt nicht recht in Gnaden,
und so ist er auch zur Mainbrücken-Feier nicht gekommen.
Denn er hat, glaube ich, den Frankfurtern übel genommen,
daß sie – pfui Deubel! – Demokraten sein.
Und darauf sagte er: »Nein!«
Gut.

Die Frankfurter haben sich den Schmerz von der Nase gewischt
und machten sich aus der präsidentlichen Abwesenheit weiter nischt.
Wo aber – das fragen wir uns – war der hohe Gast,
der fast
in eine republikanische Demokratenstadt hineinzufallen in die
    schmerzliche Lage gekommen wäre?

In Berlin? Nein. In Köln? Nein. In Königsberg? Nein. Vielmehre,
weil man ihn dorthin zu einer Familienfeier lud:
In Stolp. (Hinterpommern.)
Gut.

Ja da –!
Da gehts noch zu wie in einem altdeutschen Napfkuchen.
Da kann man sich die Republikaner mit der Reichswehrlaterne suchen.
Da kommen noch abends die Honoratioren zusammen,
sitzen breitährig da und tun die verfluchte Judenrepublik verdammen.
Da ist noch deutsche Ordnung, Zucht, Sitte und Gottesfurcht in
    schönem Quartett
und kein Wasserklosett.

Dortselbst weihte unser Oeppester ein Stadion ein.
Stolp (Hinterpommern) scheint wichtiger als eine Brücke über den
                                                        Main,
die Nord und Süd verbindet, eine schöne Allegorie aus Granit.

Jeder, wohin es ihn zieht.

AN MEINEN SOHN

Wenn du mal groß bist, Leopold,
dann sieh dich um in Deutschland-Preußen,
wo eure Flagge Schwarz-Rot-Gold
im Wind weht über lauter Preußen.
 Stell dich auf einen Aussichtsstand,
 und vor dir liegt dein Vaterland:

Ganz oben thront die Schicht mit Geld,
die hat die Kohlen, Stahl und Rüben;
die lenkt den Lauf der deutschen Welt,
die läßt die Reichswehr kräftig üben.
 Augen gradeaus!

Gehorsam harret ihres Winks
das Korps der Rache in Talaren:
die segnen rechts und wüten links,
so lernten sies auf Seminaren.
 Im Namen des Volkes –!

Da schwätzt der Reichstag, lieber Gott!
Hörst du den alten Breitscheid reden?
Er ist voll Ironie und Spott –
zum Schluß bewilligen sie dann jeden
 Etat.

Und unter allen den Gewalten
da kannst du, Leopold mein Sohn,
dein Leben lang die Schnauze halten –
von wegen Subordination.
 Aber lauter Republikaner!
  lauter Republikaner!

Und willst du wissen, wem du das
verdankst, dies Reich von kleinen Strebern:
dann wein dir nicht die Äuglein naß –
dann wandle du zu deutschen Gräbern.
 Auf jedem ein Gedenkstein:

Da liegen, die zu meiner Zeit
aus Angst vorm Volk die eignen Ziele
verrieten – taktisch so gescheit!
und klug! und überhaupt Schlemihle.

Sie machten schon im Umsturz schlapp
und saßen ängstlich auf der Banke.
Charakter war bei denen knapp …
Leg einen Kranz auf jedes Grab
und dann sag leise, leise:
    Danke.

FELDFRÜCHTE

Sinnend geh ich durch den Garten,
still gedeiht er hinterm Haus;
Suppenkräuter, hundert Arten,
Bauernblumen, bunter Strauß.
    Petersilie und Tomaten,
    eine Bohnengalerie,
    ganz besonders ist geraten
    der beliebte Sellerie.
Ja, und hier –? Ein kleines Wieschen?
Da wächst in der Erde leis
das bescheidene Radieschen:
      außen rot und innen weiß.

Sinnend geh ich durch den Garten
unsrer deutschen Politik;
Suppenkohl in allen Arten
im Kompost der Republik.
    Bonzen, Brillen, Gehberockte,
    Parlamentsroutinendreh …
Ja, und hier –? Die ganz verbockte
    liebe gute SPD.
Hermann Müller, Hilferlieschen
blühn so harmlos, doof und leis
wie bescheidene Radieschen:
      außen rot und innen weiß.

WER IST DAS —?

Dies ist der große Kapstädter Diamantengrubenbesitzer
Herr Auspitzer.
Herr Auspitzer besitzt den schwersten Diamanten der Welt.
Er trägt in seiner Hosentasche nur Barschecks, nie Geld.
  Bilder können nicht lügen.
  Man sieht dies schon an den charakteristischen Zügen.

Es kann aber auch sein, daß dies Bild den bekannten Kriminalkommissar
Hackepiehl darstellt, der erst neulich in Swinemünde so erfolgreich war.
Hackepiehl hat seinerzeit die Affäre mit den siamesischen
  Drillingen zum Klappen gebracht —
auch hat er unter dem Bett des serbischen Thronfolgers gelegen —
  die ganze Nacht.
  Bilder können nicht lügen.
  Man sieht das schon an den charakteristischen Zügen.

Vielleicht sieht man aber auch auf dieser Photographie
den australischen Sprinter: Mr. Diavoli, der noch nie
besiegt wurde. Mr. Diavoli ist Weltmeister im Zimmerlaufen:
er läuft acht Tage um seinen Tisch im Eßzimmer, ohne zu verschnaufen.
  Bilder können nicht lügen.
  Man sieht das schon an seinen charakteristischen Zügen.

  Kurz: wer das ist, weiß man nicht genau.
  Es ist noch nicht einmal ganz heraus: englischer Junge oder
    amerikanische Frau?
  Zum malerischen Aussehn haben wir keine Zeit mehr, du und ich.
  Der moderne Mensch hat es mehr innerlich.

BERLINER VERKEHR

Bezüglich dem Berliner Verkehr steht an jeder Ecke ein Mann,
    der müllert
und hält alle Autos und Kinderwägen und Invaliden auf Rollen an.

Weiße Handschuhe heben sich, Lampen blinken, Signale blitzen,
während gelangweilte Fahrgäste in den Wagen sitzen,
auch haben wir leuchtende Schildkröten, bitte sehr –
und das einzige, das uns noch fehlt, ist der Verkehr.

Aber wo nichts ist, haben nur S. M. der Kaiser das Recht verloren,
nicht aber wir deutschen Organisatoren –
denn ist auch unser Wagenpark noch so klein:
organisiert muß sein.

Es läßt uns nicht ruhen.
Und genau so, wie wir dies tun,
wie wir den nicht vorhandenen Verkehr in Klein-Rülpsig und
    Groß-Berlin befestigen und organisieren,
regieren
wir im ganzen Lande umher.
Das deutsche Leben gehört dem Aktenverkehr.

Wir organisieren Kleinkinder-Gärten und das Groß-Hamburger
    Hafenlogis,
den Radiumverbrauch auf dem Lande, den Weinbau in Ostpreußen
    sowie
Aufzucht von Ammen und Seidenraupen im Spreewald, auch desgleiche
den Wohnungsbau und die Reform der Aktenzeichen.
Sinn hat unser Tun keinen, in allen Fällen.
Wir sind so, wie wir uns die Amerikaner vorstellen.
Wir sind nicht mehr Posen, noch nicht Amerika,
sondern stehen inmitten
beider in emsiger Leere da,
halten den Verkehr auf und uns für sehr fortgeschritten.

WENN JENER WIEDERKÄME ...

In Holland ruht des Holzhauers Hacke.
Da ist eitel Freude und Koffergepacke –
        au Backe!
Da legen Lakaien in die ganz enormen
Kisten die feldgrauen Uniformen ...
    »Er kehrt uns zurück«, sagt der Zeitungsbericht.
        Warum eigentlich nicht –?

Warum eigentlich nicht –?
                        Im Fall eines Falles
fände er ja doch schließlich alles
        unverändert ...
Seine Richter. Sein Militär.
Seine Untertanen. Und noch viel mehr:
    Seinen Feldmarschall. Seinen Schulunterricht.
        Also warum eigentlich nicht –?

Er fände auch seinen Reichstag wieder.
Hörte die alten, lieben Lieder
        der Sozialdemokraten ...
Da sitzen noch dieselben Leute,
die mit ihm gebrüllt – damals wie heute.
Die seine Kriegsverbrechen gebilligt.
Keine Sorgen – alles bewilligt!
    Und was auch die Republik verspricht:
        Warum eigentlich nicht –?

Dem Reisenden ist Ruhe zu gönnen.
Die Flucht hätte er sich sparen können.
    Sie sind ja so artig ...
Denn eine deutsche Revolution, die eint,
ist niemals nicht persönlich gemeint.
    Fahr nicht nach Homburg. Komm nach Berlin!
    Kehr zurück! Hier wird dich Alles verziehn.

DIE DREI

Den Gutsherrn mit den fetten Backen,
den Ringen und dem Speck im Nacken,
mit Haus und Hof und mit Gesinde,
mit junger Frau und gutgenährtem Kinde;
den Gutsherrn mit dem Schloß in Fliederranken,
mit der Pension und seinem Konto auf den Banken,
mit seinem Speck und seiner Wuchersaat:
    den schützt der Staat.

Den Unternehmer, der die tiefen Schächte
ausraubt nach eignem, freiem Rechte,
der Herr ist über tausend Leben,
dem tausend Räder Ware weben;
den Unternehmer, dessen Schlote
auch qualmen bei dem Streitgebote –
als ob die Not der andern gleich wär:
    den schützt die Reichswehr.

Doch den, der mit den harten Händen
von früh bis spät die Dividenden
erst schafft, die jener lächelnd handelt,
der Stein und Stoff in Gold verwandelt;
den Mann, des Sorge seinem Kind flucht,
des Frau verröchelt an der Schwindsucht,
der ohne Hoffnung auf ein Morgen
sich windet um die Alltagssorgen …
grau wird der Kopf, die Löhne kleiner,
    den Mann schützt keiner –!

FRIEREN UND FRIEREN LASSEN

In England streiken die Bergarbeiter.
Na, was ist da weiter?
Da müssen die Engländer ihre Kohlen
eben bei uns bezohlen!
Das ist ein altes Gesetz in der Welt:
Deutschland dient andern gerne. Für Geld.

Was aber jene betrifft, die Briten:
die sitzen inmitten
ihrer Zimmer an einem leeren Kamin,
lesen ein liebliches Magazin ...
     Nachgeben? Mit denen da parlamentieren?
          Lieber frieren.

Die Minister, aus englischem Pfeifenholz,
bleiben stolz.
Erst der Staat. Dann die Wirtschaft. Dann der Profit.
Wer streikt, ist ein Kommunistenbandit.
     Auf die Bergherren drücken? Kapitulieren?
          Lieber frieren.

Die Arbeiter hungern. Kinder weinen.
Mutter hat Wasser für die Kleinen.
Nagt selbst an den Nägeln. Schnupft auf. Wartet geduldig.
Monat für Monat. Bleibt Miete schuldig.
Liegt auf der Straße ... Überlegt ...
Da! Polizei kommt angefegt
»Straße frei!« Überlegung vorbei!
Nieder mit der Streikbrecherei!
     Nachgeben? Zehn Stunden am Tag? Desertieren?
          Lieber hungern und frieren.

So geht das seit einem halben Jahr.
Jetzt wird es kalt. Dezember, Januar ...
Und wenn dabei Tausende zu Grunde gehn:
Das ist Ordnung. Das muß bestehn.
Licht im Ofen und Licht in Kaminen
kann nur scheinen, wenn welche verdienen –
Wärme in Stube und Wärme im Saal:
nur mit Prozenten fürs Kapital!
     Oben: Behaglich durchwärmte Zimmer.
     Oben: Blitzender Lampenschimmer.
          Toast-Röster, Heißluft-Ondulieren.
Unten:
     Frieren.

WO BLEIBEN DEINE STEUERN —?

Wenn einer keine Arbeit hat,
    ist kein Geld da.
Wenn einer schuftet und wird nicht satt,
    ist kein Geld da.
Aber für Reichswehroffiziere
und für andre hohe Tiere,
für Obereisenbahndirektionen
und schwarze Reichswehrformationen,
für den Heimatdienst in der Heimat Berlin
und für abgetakelte Monarchien —
    dafür ist Geld da.

Für Krankenhaus und Arbeiterquartier
    ist kein Geld da.
Für den IV. Klasse-Passagier
    ist kein Geld da.
Aber für Wilhelms seidne Hosen,
für prinzliche Zigarettendosen,
für Kleinkaliberschützenvereine,
für Moltkezimmer und Ehrenhaine,
für höhere Justizsubalterne
und noch eine, noch eine Reichswehrkaserne —
    dafür ist Geld da.

Wenn ein Kumpel Blut aus der Lunge spuckt,
    ist kein Geld da.
Wenn der Schlafbursche bei den Wirten zuguckt,
    ist kein Geld da.
Aber für Anschlußreisen nach Wien,
für die notleidenden Industrien
und für die Landwirtschaft, die hungert,
und für jeden Uniformierten, der lungert,
und für Marinekreuzer und Geistlichkeiten
und für tausend Überflüssigkeiten —
    da gibts Zaster, Pinke, Moneten, Kies.
        Von deinen Steuern.
        Dafür ist Geld da.

VOR ACHT JAHREN

Ja, damals –!
        Da hat zum ersten Mal
in Preußen die Erde gezittert.
Da fühlte der letzte Korporal:
Dicke Luft! es gewittert!
      Sie rissen den Kesseln die Feuer heraus.
      Gewehre herunter! Und Alle nach Haus.

Ja, damals …
        Wo waren sie damals doch:
die Kaisers mit Ordensketten?
Sie saßen zitternd im Mauseloch,
auf Autos und Damentoiletten.
      Kronprinz, Offiziere – mucksmäuschenstumm.
      Keiner stand grade. Alle fielen um.

Ja, damals …
        Heut ist das so lange her …!
Sie sind alle wieder oben.
Justizverbrecher. Schimmernde Wehr.
Alles wieder erschoben.
      Halts Maul, Deutscher! Verdien! Verdien
      das Fressen für zwanzig Monarchien.

Ja, damals –!
        Wie haben sie das getauft?
Revolution? Das war keine.
Sie haben dich verraten und verkauft.
Du denk immer das eine:
      1918? Gesegnete Zahl
      Nächstes Mal besser
              Nochmal. Nochmal.

DER GRABEN

Mutter, wozu hast du deinen aufgezogen?
Hast dich zwanzig Jahr mit ihm gequält?
Wozu ist er dir in deinen Arm geflogen,
und du hast ihm leise was erzählt?
   Bis sie ihn dir weggenommen haben.
   Für den Graben, Mutter, für den Graben.

Junge, kannst du noch an Vater denken?
Vater nahm dich oft auf seinen Arm.
Und er wollt dir einen Groschen schenken,
und er spielte mit dir Räuber und Gendarm.
   Bis sie ihn dir weggenommen haben.
   Für den Graben, Junge, für den Graben.

Drüben die französischen Genossen
lagen dicht bei Englands Arbeitsmann.
Alle haben sie ihr Blut vergossen,
und zerschossen ruht heut Mann bei Mann.
   Alte Leute, Männer, mancher Knabe
   In dem einen großen Massengrabe.

Seid nicht stolz auf Orden und Geklunker!
Seid nicht stolz auf Narben und die Zeit!
In die Gräben schickten euch die Junker,
Staatswahn und der Fabrikantenneid.
   Ihr wart gut genug zum Fraß für Raben,
   Für das Grab, Kamraden, für den Graben!

Werft die Fahnen fort! Die Militärkapellen
spielen auf zu euerm Todestanz.
Seid ihr hin: ein Kranz von Immortellen –
Das ist dann der Dank des Vaterlands.
   Denkt an Todesröcheln und Gestöhne.
   Drüben stehen Väter, Mütter, Söhne,
   schuften schwer, wie ihr, ums bißchen Leben.
   Wollt ihr denen nicht die Hände geben?
   Reicht die Bruderhand als schönste aller Gaben
   Übern Graben, Leute, übern Graben –!

ALTES VOLKSLIED

Wem habe ich zu danken
   – sag an, mein Herz, sag an –:
Wer knebelt die Gedanken?
wer setzt der Freiheit Schranken?
   wer ist der brave Mann?

Der Leutnant, schlank gewachsen –
   sag an, mein Herz, sag an –
der Reichswehr? die in Sachsen
und Thüringen blutige Faxen
   unmöglich getan haben kann?

Ist es der Hauptschriftleiter
   – sag an, mein Herz, sag an –,
der dem schwarz-rot-goldenen Streiter
ein gebildeter, steter Begleiter
   und noch nie einen Kampf gewann?

Es ist der deutsche Richter
   – sag an, mein Herz, sag an –,
der sperrt das rote Gelichter
in die Zellen – und hinterher spricht er:
   »Es gibt keine Klassenjustiz.«
   Man siehts, mein Herz, man siehts.

Denn die es besser wissen,
die schlafen auf strohenen Kissen;
und die nach dem Lichte streben,
die stehn hinter gitternen Stäben;
und die die Freiheit begehren,
die können sich nicht mehr wehren.

Was verdienen unsre Richter?
   Sag an, mein Herz, sag an!
Paragraph juhu!
Paragraph juchei!
   Wir wissen es ja schon:
      Viel hundert Taler im Jahr, mein Herz –
      Unsere Liebe.
            Vertraun.
               Und Pension.

CHANSON

Aus dem Ungarischen
Gesungen von Gussy Holl

Da ist ein Land – ein ganz kleines Land –
  Japan heißt es mit Namen.
Zierlich die Häuser und zierlich der Strand,
  zierlich die Liliputdamen.
Bäume so groß wie Radieschen im Mai.
Turm der Pagode so hoch wie ein Ei –
      Hügel und Berg
        klein wie ein Zwerg.
Trippeln die zarten Gestalten im Moos,
fragt man sich: Was mag das sein?
    In Europa ist Alles so groß, so groß –
    und in Japan ist Alles so klein!

Da sitzt die Geisha. Ihr Haar glänzt wie Lack.
  Leise duftet die Rose.
Vor ihr steht plaudernd im strahlenden Tag
  kräftig der junge Matrose.
Und er erzählt diesem seidenen Kind
davon, wie groß seine Landsleute sind.
      Straße und Saal
      pyramidal.
Sieh, und die Kleine wundert sich bloß –
denkt sich: Wie mag das wohl sein?
    In Europa ist Alles so groß, so groß –
    und in Japan ist Alles so klein!

Da ist ein Wald – ein ganz kleiner Wald –
  abendlich dämmern die Stunden.
Horch! wie das Vogelgezwitscher verhallt …
  Geisha und er sind verschwunden.
Abendland – Morgenland – Mund an Mund –
welch ein natürlicher Völkerschaftsbund!
      Tauber, der girrt,
      Schwalbe, die flirrt.
Und eine Geisha streichelt das Moos,
in den Augen ein Flämmchen, ein Schein …
    In Europa ist Alles so groß, so groß –
    und in Japan ist Alles so klein.

WENN EINER EINE REISE TUT ...

Die Königin von Rumänien
war jetzt in Amerika. Da konnten diejenigen
Seifenhändler, die für das Königliche inklinieren,
eine Majestät hofieren –
das ist für Geschäft und Gefühl stets ein Gewinn,
und überhaupt: eine Königin ist eine Königin.

Was erzählt denn die Königin von Rumänien in Amerika?
Von ihrer lieben Heimat? von Jassy? vom Horatanz? ja?
Wenn die Amerikaner sie danach fragen,
dann soll sie nur alles, alles sagen –
nur möge sie bei den Empfängen und festlichen Essen
ja nichts vergessen.

Hat sie erzählt, die Gute, die drüben so sehr beliebt,
was sich, zum Beispiel, in den rumänischen Gefängnissen begibt –?

Wie die Leute da nächtelang geschlagen werden,
wie es da kein Recht gibt und keine Beschwerden?
Und daß gefangene Arbeiter in stehenden Särgen krepieren
und nichts zu trinken haben, wenn sie nicht grade urinieren?
    Erzählt das die gute Königin? ja?
    Drüben in Amerika –?

Und davon, wie jeder, den man für einen Kommunisten hält,
nichts mehr gilt in der rumänischen Welt?
Und daß er vogelfrei ist und geprügelt wird und halbtot geschlagen,
und daß niemand wagt, die Schinder anzuklagen?
    Erzählt das die gute Königin? ja?
    Drüben in Amerika –?

Und daß bei ihr die Bauern gehalten werden wie Schweine?
Und daß es bei ihr statt Recht und Gesetz nur die eine
Macht: die Siguranza gibt?
Wer darüber die Wahrheit sagt, der ist nicht beliebt ...
Und daß die Perlen, die an ihr schimmern,
Tränen von denen sind, die in den Särgen wimmern?
Und daß die Rubinen, die an ihr blitzen,
Blutstropfen derer, die in den Erdlöchern sitzen?

Und daß die Polizisten nach eignen Methoden
unbequemen Leuten die Hoden
abquetschen und Geld, Geld unterschlagen,
und keine Zeitung darf darüber was sagen –?

Das alles sollte die Königin nicht verfehlen
ihren lieben Amerikanern zu erzählen.
Denn das wissen wohl nur die wenigen.
Und das ist gut. Denn schon in Brooklyn
würde sie sonst verdientermaßen angespien,
die gute Königin von Rumänien.

DEM ANDENKEN SIEGFRIED JACOBSOHNS
gestorben am 3.12.1926

Die Welt sieht anders aus. Noch glaub ichs nicht.
  Es kann nicht sein.
Und eine leise, tiefe Stimme spricht:
  »Wir sind allein.«

Tag ohne Kampf – das war kein guter Tag.
  Du hasts gewagt.
Was jeder fühlt, was keiner sagen mag:
  du hasts gesagt.

Ein jeder von uns war dein lieber Gast,
  der Freude macht.
Wir trugen alles zu dir hin. Du hast
  so gern gelacht.

Und nie pathetisch. Davon stand nichts drin
  in all der Zeit.
Du warst Berliner, und du hattest wenig Sinn
  für Feierlichkeit.

Wir gehen, weil wir müssen, deine Bahn.
  Du ruhst im Schlaf.
Nun hast du mir den ersten Schmerz getan.
  Der aber traf.

Du hast ermutigt. Still gepflegt. Gelacht.
  Wenn ich was kann:
Es ist ja alles nur für dich gemacht.
  So nimm es an.

DIE ZWILLINGE

Wir sind zwei Zwillinge.
Wir sehn einander so ähnlich wie ein Ei dem andern.
Wir mußten zusammen durchs Leben wandern.
Schon in der Wiege, im ersten Jahr,
bekamen wir farbige Schleifchen ins Haar:
ein rotes und ein blaues –
denn niemand wußte etwas Genaues,
wer wer war.

Später gab es die tollsten Geschichten.
Kein Richter konnte das schlichten.
Hatte einer ein Kind, war es sicher der andre gewesen –
auf diese Weise sparten wir manche Spesen;
und wie auch immer die liebe Verwandtschaft schrie:
wir hatten für alles ein Alibi.
Nämlich den andern.

Gleicher Körperbau.
Gleiche Nasen. Gleiche Bärte – wir kennen uns viel zu genau.
Auch unser Inneres ist gleich. Wir lieben die gleichen
Speisen, Schnäpse, Arbeiten – haben dieselben Lesezeichen,
Handwerkszeuge, Vorlieben, Schimpfwörter, Glatzen;
jeder von uns hat zwei weiße Angorakatzen …
Aber wie wir hier so dastehen Hand in Hand:
das ist Schwindel.
Uns bindet in Wahrheit kein Band.
Wir sind heut je sechsundsiebzig – wir sahn uns durchs Leben kriechen
und können einander natürlich nicht riechen.

Wir sind zwei Zwillinge. Hier stehn wir treu vereint.
Die Natur hat es mit uns nicht grade gut gemeint.
John und Billy Parker ist unser Familienname.

Möglicherweise sind wir auch nur eine Trickaufnahme.

REKORDTABELLE

Daß ein Pferd schneller läuft als das andre,
ist ein tiefer Gedanke,
dem ich begegne, wohin ich auch wandre.
Schörminns tu ße front! Herbei, deutsche Mädchen und auch Knaben!
Worin dürften wir nächstens zu siegen haben –?

Wenn zum Beispiel das Reichsgericht mit Herrn Simons an der Spitze
sich erhöbe wie ein Mann von seinem Sitze
und von itzt ab die Fernekerls und Rechtsputschisten
ebenso hart anfaßte wie die ††† Kommunisten –
11 Jahr Zuchthaus, 8 Jahr Zuchthaus, 12 Jahr Zuchthaus und so fort –
das wäre ein hübscher Rekord.

Wenn Geßlern seine Reichswehr die Farbe wechselt –
und, während ihr Chef im Reichstag Reden drechselt,
der frumbe Soldatenhirt,
bis allen schwarz vor Augen wird –
wenn die ganze Reichswehr sich nun ebenso kleidet:
bunte Uniformen meidet,
schwarz der Säbel und schwarz die Trommelschlegel,
schwarz alle Pferde und schwarz die Sergeantenfingernägel –
und täte sie auch noch ihre kaiserlichen Offiziere fort – –
das wäre auch ein ganz hübscher Rekord.

Oder wenn zum Beispiel Vater Külz (Sie fragen: »Was ist der?«
Das ist Ihr werter Reichsinnenminister!),
wenn Vater Külz wegen Schutz und Schmund
nur noch erlaubte, was wirklich gesund:
demzufolge die gesamte Bibel verböte,
wegen dreihundertmaligen Vorkommens des Wortes »Zeugung« –
sowie den Schandkerl Goethe,
Schäksbier, das Schwein, auch Rosegger, den Satanisten,
Raabe, Fontane, Storm und Tolstoi, den Defaitisten –
wenn Vater Külz mit dem moralischen Besen
diese Herren möchte erst einmal *lesen* –
und wenn er der so beschützten Jugend, die er liebt,
auch noch zu essen und zu wohnen und zu atmen gibt –
und risse die deutschen Kinder von der Fabrikarbeit fort – –
das wäre ein wirklich hübscher Rekord.

Ist aber zu befürchten, daß wir diese Rekorde nicht erreichen.
Sondern werden bis dahin noch, sagen wir, zwei bis drei Wochen
                                                        verstreichen.
    In Deutschland ändert sich nur das Wetter. Na, wir werden ja sehn.
    Ich lege lange Odds. Halten Sie –?

                                    2:10.

WINKE-WINKE
Dem Andenken des ermordeten Hans Paasche

Nun schwimm man ab.
                    Wir haben lang genug gehört:
»Ich weiß von nichts. Ich bin es nicht gewesen.«
Und immer, wenn wer deine Leutnants stört,
dann konnten wir ein klein Dementi lesen.
    Das wertete dann jeder nach Gebühr.
    Denn du kannst nichts dafür.

Wie stark ist denn dein werter Schießverein?
»Die Finger weg! Das Heer ist stets geheiligt!«
Auf allen Fußballplätzen übt sich wer was ein,
und niemals ist die Reichswehr dran beteiligt.
    Die Wehrverbände? Fememordgeschwür?
    Nie kannst du was dafür.

Du übernahmst das Heer der Republik.
Was tatest du? Du wahrst die Traditionen.
Und die die Wahrheit sagten in der Politik,
die dürfen heut – dank dir – im Zuchthaus wohnen.
    Scharf schnappt ins Schloß die kleine Zellentür.
    Und du kannst nichts dafür.

Nun schwimm man ab, du süßes Ornament.
Sieh, deine kleine Schwarze ist erwachsen heute …
Du wirst wahrscheinlich Oberpräsident;
denn so belohnt man hierzuland die großen Leute.
    Wir können uns bei dir bedanken. Rühr
    dich endlich, Otto.
                    Du kannst nichts dafür.

DER SCHLIMMSTE FEIND
Für Ernst Toller

Der schlimmste Feind, den der Arbeiter hat,
das sind nicht die Soldaten;
es ist auch nicht der Rat der Stadt,
nicht Bergherrn, nicht Prälaten.
    Sein schlimmster Feind steht schlau und klein
    in seinen eignen Reihn.

Wer etwas diskutieren kann,
wer einmal Marx gelesen,
der hält sich schon für einen Mann
und für ein höheres Wesen.
    Der ragt um einen Daumen klein
    aus seinen eignen Reihn.

Der weiß nichts mehr von Klassenkampf
und nichts von Revolutionen;
der hat vor Streiken allen Dampf
und Furcht vor blauen Bohnen.
    Der will nur in den Reichstag hinein
    aus seinen eignen Reihn.

Klopft dem noch ein Regierungsrat
auf die Schulter: »Na, mein Lieber ...«,
dann vergißt er das ganze Proletariat –
das ist das schlimmste Kaliber.
    Kein Gutsbesitzer ist so gemein
    wie der aus den eignen Reihn.

Paßt Obacht!
                Da steht euer Feind,
der euch hundertmal verraten!
Den Bonzen loben gern vereint
Nationale und Demokraten.
    Freiheit? Erlösung? Gute Nacht.
    Ihr seid um die Frucht eures Leidens gebracht.
        Das macht: Ihr konntet euch nicht befrein
        von dem Feind aus den eignen Reihn.

Das, was ich haben möcht,
sind Ihre Sorgen –
und dann noch Rothschilds Geld
so nebenbei.
Und was Sie sonst noch wolln, das machen wir morgen –
Ach, komm' Sie doch morgen,
komm' Sie doch morgen mal vorbei.

1927

OPPOSITION! OPPOSITION!

Jetzt gehts aber los! Jetzt werden wir was erleben!
Jetzt wird sich eine Opposition erheben:

Da werden die Mäuler aufgerissen!
Da schlägt das nationale Gewissen,
da schütteln sich Fäuste im ganzen Land,
gegen Hindenburg! Da wackelt die Wand.
    Jetzt ist alles freiheitlich und sozial …
        Auf einmal –?

Auf einmal: Verteilung des Steuergewichts?
Auf einmal taugt der Geßler nichts?
Auf einmal: Freiheit der Denker und Dichter?
Auf einmal: die Schande der deutschen Richter?
    Hohn, Satire und Ironie?
    Das war doch noch nie …
»Für die Freiheit der Schule! Der Republik ein Spalier!«
        Ausgerechnet ihr.
Im Kampf gegen die Militärschweinerein
standen wir jahrelang ganz allein.
Da war keiner von euch zu sehn.

Wann sind denn die schlimmsten Dinge geschehn?
Als ihr an der Macht wart. Mit euern Leuten.
Das hat auf einmal nichts zu bedeuten.
Jetzt, wo es in euern Parteikram paßt,
tut ihr, als ob ihr mit uns haßt,
was hassenswert zwischen Rhein und Weichsel.
    Ihr hieltet dem Karren acht Jahre die Deichsel.
    Ihr habt erst ermöglicht, was heute geschehn.
    Ihr laßt Kinder in diese Schulen gehn.
    Ihr habt Arbeiterblut vergossen.
    Ihr habt auf alles, was frei war, geschossen.
    Die sich da die Macht erschoben:
        ihr habt sie erst in den Sattel gehoben;

die da lasten auf Arbeitermassen:
ihr habt sie erst in die Ämter gelassen.
 Scherz, Satire und Ironie?
 Ihr seid genau, genau so wie die:
Untertanen. Zu allem erbötig.
Opposition –?
      Ihr habts nötig.

CONFESSIO

Wir Männer aus Berlin und Neukölln,
wir wissen leider nicht, was wir wölln.
     Mal …

Mal konzentrieren wir uns auf die Eine,
spielen mit ihr: die oder Keine,
legen uns fest, ohne Bedenken,
wollen auch einem Söhnlein das Leben schenken,
verlegen den Sitz der Seele, als Gatte,
oberhalb des Tisches Platte –
Und sind überhaupt sehr monogam.

Wie das so kam …

Da lockten die Andern. Ihrer sind viele.
Sie lockten zu kindlichem Zimmerspiele
– Bewegung lächerlich, Preis bedeutend –
Immer nur eine Glocke läutend?
Immer an eine Frau gebunden?
So sollen uns alle Lebensstunden
verrinnen? Ohne boshafte Feste?
Liegt nicht draußen das Allerbeste?
Mädchen? Freiheit? Frauen nach Wahl –?

Gesagt, getan.
     Mal …

Mal trudeln wir durch bläuliche Stunden,
tun scheinbar an fröhlichem Wechsel gesunden;
können es manchmal gar nicht fassen,
welch feine Damen bei uns arbeiten lassen.
Und jede Seele, die eine hatte,
liegt unterhalb des Tisches Platte.
Und sind überhaupt sehr polygam.

Wie das so kam …

So herumwirtschaften? Lebenslänglich?
Plötzlich werden wir recht bedenklich.
Sehnen uns beinah fiebrig zurück
nach Einsamkeit und Familienglück.
Und fangen als ein ganzer Mann
die Geschichte wieder von vorne an.

Wir Männer aus Berlin und Neukölln,
wir wissen leider nicht, was wir wölln.
Wir piesacken uns und unsre Fraun;
uns sollten sie mal den Hintern aushaun.
   Bileams Esel, ich und du.
   Gott schenke uns allen die ewige Ruh.
      Amen.

GESCHWORENE

Bürger! Dummkopf! Steuerzahler!
Apotheker! Stubenmaler!
Setz dich auf dein Bänkchen, du,
   und hör zu.
Höre, was der Richter spricht.
Frag und unterbrich ihn nicht!
   Fühl des Schwurgerichtes Weihe!
   Blutiger Laie! Blutiger Laie!

Wer sich angeklagt da rührt,
ist ja längst schon überführt.
Was der spricht, hat keinen Sinn!
   Hör nicht hin.

Lausche nur dem Staatsanwalt!
Horch, wie seine Suada hallt!
    Tanze ja nicht aus der Reihe,
    blutiger Laie! blutiger Laie!

Hinten im Beratungsraum,
gibts dich armes Luder kaum.
Da bedrückt dich immerdar
    der Talar.
Du warst manches liebe Mal
gar zu weich und sentimental …
    Doch nie so schlimm wie die Gesichter
    blutiger Richter, blutiger Richter.

DAS STERBEN DER ANDERN

»Und sollte zu Gottes Armenhaus
Die deutsche Erde werden,
Wir stellen den letzten Jungen heraus,
Wir opfern die letzten Herden.
Wir haben schon einmal rotes Gold
Für graues Eisen gegeben –
Und wenn es am letzten mangeln sollt,
So läßt sich vom Sterben – leben!«

Dr. von Eickstädt,
Kreisführer des Stahlhelm in Kyritz

BERLINER BÄLLE

»Mit dir – mit dir – möcht ich mal sonntags angeln gehn –
Yes, Sir, that's my baby!
Mit dir – mit dir – da denk ich mir das wunderschön! –
I wonder, where my baby is to night –«
    Junge Rechtsanwälte biegen sich im Boston –
    dies Mädchen ist nicht von hier; die ist aus dem Osten!
    Kleine Modezeichner schlenkern viel zu viel mit die Beine –
    ein dubioser Kerl tanzt im Rund seinen Charleston alleine.

Der Saal kocht in Farben, Musik, Lärm, Staub und Gebraus –
die Frauen schwimmen im Tanzmeer, das spült sie aus den
Logen heraus –
In dreißig Sälen dieselben schwarzen Jüdinnen, in Silber ein-
gewickelt wie die Zigarren, beturbant;
dieselben Melodien …
Heute nacht tanzen sechzigtausend Menschen in Berlin.

»Wo
sind deine Haare –
What did I kiss that girl,
du mußt nach Berlin,
Barcelona – Parlez-vous français?«
In allen Ateliers näseln die Grammophone;
weinrot stehn die Lampions in der grauen Luft – die Frau ist
gar nicht so ohne –
Kein Licht machen! Treten Sie nicht auf die Paare!
Wo sind deine Haare –?
August …
Jetzt sinkt das Fest sachte zu Boden wie ein müdes Blatt,
Gehst du schon? Wohl dem, der jetzt eine bunte kleine
Wohnung hat.
In allen nächtlichen Hauswürfeln dieselben Neckrufe, Geläch-
ter, ratschenden Nadeln, Seufzer, feinen Melancholien.
Heute nacht tanzen sechzigtausend Menschen in Berlin.
Sachliche Liebe, die du mit ohne Seele blühst;
berliner Knabe, der du dich kaum noch bemühst!
Das Wo ist meistens schwieriger als das Ob –
Aphrodite mit dem berliner Kopp!
Aphrodite, schaumgeborne, laß mal sehn,
wie sie alle, alle mit dir angeln gehn!
»Hallo? Wie is Ihn denn gestern bekomm? Gut? ja?
Ausgeschlafen?
Hach! Daran kann ich mich gahnich erinnern. Nein. Der
hat doch Sonja das Chinesenkostüm geliehn …!«

Als wär nie nichts gewesen
telephonieren dreißigtausend Paare in Berlin.

EINIGKEIT UND RECHT UND FREIHEIT

Was die Freiheit ist bei den Germanen,
die bleibt meistens schwer inkognito.
Manche sind die ewigen Untertanen,
möchten gern und können bloß nicht so.
   Denn schon hundert Jahr
   trifft dich immerdar
ein geduldiger Schafsblick durch die Brillen.
Doof ist doof.
              Da helfen keine Pillen.

Was Justitia ist bei den Teutonen,
die hat eine Binde obenrum.
Doch sie tut die Binde gerne schonen,
und da bindt sie sie nicht immer um.
   Unten winseln Die
   wie das liebe Vieh.
Manche glauben noch an guten Willen …
Doof ist doof.
              Da helfen keine Pillen.

Was die Einigkeit ist bei den Hiesigen,
die ist vierundzwanzigfach verteilt.
Für die Länder hat man einen riesigen
Schreibeapparat gefeilt:
   Hamburg schießt beinah
   sich mit Altona;
   Bayern zeigt sich barsch,
   ruft: »Es lebe die Republik!«
   Jeder denkt nur gleich
   an sein privates Reich …
Eine Republike wider Willen.
Deutsch ist deutsch.
              Da helfen keine Pillen.

FRAGE UND ANTWORT

Ich sage: »Sagen Sie mal«, sage ich neulich
zu einem Reichsgerichtsrat;
»das ist ja ganz und gar abscheulich,
das mit dem vierten Senat!
    Ob ich dafür wohl meine Steuern bezahle?«
sag ich. »Ihr macht ja nicht schlecht ...
        Seid ihr die Filiale,
        seid ihr die Filiale
            vom Recht –?«

Da nuckelte der aus dem Reichsgerichtshaus
und sagte: »Sehn wir vielleicht so aus –?«

Ich sage: »Sagen Sie mal«, sag ich nun wieder,
»verehrter Herr Reichsgerichtsrat:
ihr knüppelt die Kommunisten nieder
mit Hoch- und Landesverrat.
    Hinter euerm Sandsteinportale
    da gehts los! Da geschiehts!
        Seid ihr die Filiale,
        seid ihr die Filiale
            der Justiz –?«

Da nuckelte der aus dem Reichsgerichtshaus
und sagte: »Sehn wir vielleicht so aus –?«

Ich sage: »Sagen Sie mal«, sag ich geduldig,
»bitte! Besinnen Sie sich!
Ihr sprecht die politischen Gegner schuldig –
Wer seid ihr denn eigentlich –?«
    Da lachte der Richter zum ersten Male:
    »Fragen Sie nicht so dumm!
        Wir sind die Filiale,
        wir sind die Filiale
            vom Rrrrr ... rataplan!
            vom Rrrrr ... rataplan!
vom Reichswehrministerium –!«

FINISH

Früher, wenn mal etwas Komisches war:
ein Rednerschwupper an Thron und Altar,
der Kindermund eines Generals,
der Duft eines Reichsgerichtsskandals,
Adele Sandrocks herrlicher Baß,
ein dämlicher Kabinettserlaß;
wenn mit Recht ein Verleger Pleite gemacht,
wenn ein Tisch sich mit Literaten zerkracht –
dann tat eine innere Stimme befehlen:
    Das mußt du gleich S. J. erzählen!

Dahin.
       Jetzt sitz ich ganz allein.
Keinen hör ich vor Beifall schrein;
hör nie mehr das schmetternde Gelach,
nie mehr die Herzensfreude mit Krach …
Doch dreimal am Tage, wenn was passiert,
wenn die Filmzensur sich selbst parodiert;
wenn Deutschland mit Polen zusammenschliddert,
wenn ein Parteivorstand um die Ämter zittert –:
dann denk ich: Das darf er nicht verfehlen –
    das mußt du gleich S. J. erzählen!

Das machen wir noch so dreißig Jahr.
Dann ist alles nicht mehr wahr.
Dann pflanzen sie uns mit Chorälen ein,
wir liegen still und ziemlich allein …
und die Seele steigt aus dem engen Verlies
mit der Pressekarte ins Paradies.
    Dann will ich ihn wiedersehn.
    Und alles, was bis dahin geschehn:
    deine Arbeit und meine Malheure,
    den letzten Radau der Regisseure,
    eure Treue und unsre Mühn,
    und die besten Witze aus ganz Berlin,
    Manna für die unsterblichen Seelen –:
        Das will ich dann alles S. J. erzählen.

OH FRAU!

Oh Frau!
Lerne du das Flugzeug steuern,
lerne Vollmatrosen heuern,
lenke nur ein Viergespann
wie ein Mann.

Männer werden immer kleiner,
unerreichbar ist nichts mehr –:
Liebe Frau! Es fliegt dir einer
immer hinterher.

Rechne du Gehaltstabellen,
dirigiere du Kapellen,
weil die Frau ja alles kann
wie ein Mann.

Tu das alles. Doch ein Kleiner
folgt dir über Land und Meer.
Und es fliegt dir immer einer
immer hinterher.

Krieche in die Bergwerksstollen,
flieh die heißen Liebestollen;
du bleibst noch im Himmelsblau
eine Frau.

Noch das stärkste Frauenzimmer
hats in dieser Sache schwer …
Denn es folgt ihr immer, immer,
immer, immer, immer, immer
einer hinterher.

SUBKUTAN

Ich geh mit etwas weichen Knien
und träumerisch durch ganz Berlin
leicht angeknockt und ein wenig schwach:
ernsten Berufsgeschäften nach.

Der Ordner hieß ›Helvetia‹;
von den Packpapierbogen ist nichts mehr da;
die Lieferung hätten wir noch ergattert –
Telephon schnurrt, Schreibmaschine schnattert …
Chinesisch-fett ruht mein Gesicht,
und was gestern war, weiß keiner nicht.

Da gibt es im Märchen einen Zwerg,
der glaubt sich mit allem längst über den Berg;
an einem unbewachten Ort
sagt das Dummchen sein Zauberwort
und tanzt dazu auf einem Bein
und steht nicht an, vor sich hin zu schrein:
        »Ach, wie schön, daß niemand weiß,
        daß ich Rumpelstilzchen heiß –!«

Vor mir schreibt ein gebeugter Scheitel …
Männer sind manchmal bodenlos eitel.
Und in mir gluckert ein Freudengebraus:
ich hab euch allen etwas voraus!
    Und beschaulich, in guter Ruh,
    seh ich den Geisteskranken zu,
    die sich im Reichstag wichtig machen,
    hör still erfreut die Schlagzeilen krachen
    von Morgen-, Mittag- und Nachtausgabe …
Macht, macht … Ich persönlich habe
meinen Teil weg. Und bin angenehm matt.
Wer hat, hat.

                    Nur kein Neid.
Das ist die schönste Tageszeit:
die nach der Erfüllung. Da läßt man sich treiben,
möchte immerzu die Hände reiben
und hat zu eignem Privatgebrauch

so etwas wie Schadenfreude im Bauch.
Denn jeder Kerl glaubt dann und wann,
er sei ganz alleine ein Mann.

Kein Feuer, keine Kohle
kann brennen so heiß
wie die heimliche Liebe,
von der niemand nichts weiß.

Kennst du das?

Zu dem, was an solchem Tage geschieht,
zu allem, was dein Auge sieht,
zu allen Reden und Diskussionen,
zu allen Reichsgerichts-Konstruktionen;
zu Vollbärten, die sich gebildet bekleckern –:
immer hörst du ein Stimmchen meckern:
    »Ach, wie schön, daß niemand weiß,
    daß ich Rumpelstilzchen heiß –!«

Mensch, sei diskret! Ein Dummkopf, wer sich spreizt.
Fremder Hunger langweilt.
                      Fremdes Glück reizt.
Und dann sieht dich jemand in ihrem Haus.
Und dann ist die ganze Bescherung aus.

WEEK-END

Erst sagt es einer.

Denn ists 'ne Weile still,
weil keiner will.

Dann kommen aber zu Haufen
die Organisationsorganisatoren gelaufen:
Beamte und Journalisten
und andre Juden und sogar Christen –
und ein ganzes Komitee
und Offiziere a. D.

Propaganda? Famos!
Jetzt gehts los.

Sie kleben Plakate
und Bildinserate
und sind nie alleine
und gründen Vereine;
Deutschlands ältester Soldat
hat das Ehrenprotektorat ...
und es läßt sie nicht ruhn,
und sie haben ze tun.

Wahrheit breitet sich nicht aus,
hast die Zeitung du im Haus.

Und bald sind die Gehirne bei allen
von einem linden Wahnsinn befallen:
»Week-end!« nuckelt der Embryo;
»Week-end!« flüstert der Großpopo.
Vergessen die Wirren um Tschiang Kai-schek;
vergessen der ganze Stahlhelmdreck;
vergessen der Volksbühne tiefer Fall ...
es braust ein Ruf wie Donnerhall:
        Week-end –!

Wiek-ent-Gamaschen und Wik-end-Zigarren,
Wiehk-end-Windeln und Wigent-Knarren;
Wieghennd-Nachttöpfe (mit drei Henkeln),
Wieckänt-Stiefel mit Wiegänd-Senkeln ...
Weegent-Häuschen und Wiekent-Bauch,
und was London kann, das können wir auch.

        Bloß:
Die Gehälter der kleinen Angestellten
erhöhen sich in Deutschland selten ...
Mit 145 Mark
fühlt sich nicht jeder week-end-stark.
Die Villa auf der einen Seite
mit dem Maybach in imposanter Breite ...
auf der andern das Bild von dem Week-end-Haus –:
        So sieht bei uns der Klassenkampf aus.

KLEINES GLOCKENSPIEL

Die Uhr schlägt 12 –
Gott allen braven Lesern helf!

Die Uhr schlägt 1 –
Das Zentrum handelt, Hilferding redet … jeder seins.

Die Uhr schlägt 2 –
Wenn England einen Raufbold braucht: Deutschland ist allemal dabei.

Die Uhr schlägt 3 –
»Es lebe die Republik!« ist ein zu nichts verpflichtendes Geschrei.

Die Uhr schlägt 4 –
Es war einmal ein republikanischer Reichswehroffizier.
       (Uhr bleibt vor Angst stehen.)

Die Uhr schlägt 5 –
In Deutschland ist man viel zu vernünf-
tig, sich wegen jeden juristischen Drecks
– die Uhr schlägt 6 –
zu erregen. Laßt uns lieber in die Zuchthäuser abschieben
– die Uhr schlägt 7 –
wer etwas Kommunistisches in die Straßen macht –
die Uhr schlägt 8.

Gleich darauf schlägt die Uhr 9 –
Sollte das ein Fehler im Uhrwerk seun?

In Deutschland kann doch nichts vor-, da muß alles zurücke gehn –
die Uhr schlägt 10.

Die Uhr schlägt 11 –
Ausnahmezustand ist ein Zustand und ein schöner Notbeh-11.

Die Uhr schlägt 12
Gott immer noch allen Lesern helf!

Es war einmal ein Sozialist, der tät die Arbeitgeber reizen –
da schlug die Uhr 13!

Die Uhr schlug 14, 15, 16, 17, 18, 19 und 20 …
Wir wollen die deutschen Brüder in Danzig befrein, wer aber nicht
will, ist Danzig.

So schlägt die Uhr bei Tage und bei Nacht,
denn dafür ist sie Uhr und als solche auf dem Turm angebracht.
    Großfressig nach außen – nach innen verprügeltes Zivil –:
    das ist das deutsche Glockenspiel.

PUTZMITTEL

Wenn einer und er fühlt begossen,
daß er nunmehr alle Patronen verschossen,
und daß er nicht mehr so kann wie ehedem,
und daß lästige Verpflichtung, was früher bequem –:
    dann bekommt er immerhin noch etwas verschrieben,
    ein süßes Pulver ist ihm geblieben –
    in zwei Packungen – sagt die Reklame:
        Silber für den Herrn und Gold für die Dame.

So auch im Leben.
                    Wenn zum Beispiel die Verwaltungsfritzen
es satt haben, auf ihrem B.-A. zu sitzen,
dann spielen sie, statt friedlich in ihren Büros zu schlafen,
Länderkonflikt um den hamburger Hafen.
    Dienstreisen nach Altona! Keinen Fußbreit von preußischer Erden!
        Damit kann man schnellstens Oberregierungsrat werden.
        Sowas bringt Leben in die Bude. Und solche Verwaltungsdramen
        sind Silber für die Herren und Gold für die Damen.

                        Es tun sich unter kosmischem Wimmern
viele um vieles auf der Welt bekümmern.
Da sieht das Auge des Vortragenden den Himmel offen –
kommen auch gern auf alle Kongresse geloffen –
schwabbeln über Klassen und über Rassen
und vergessen nicht, sich photographieren zu lassen.
    Kommt nichts dabei raus. Bleibt alles am selben Fleck.
    Aber es täuscht so schön über das eigene Manko hinweg.
    O falsche Humanität – Karin Michaelis ist dein Name! –
    Schweigen ist Silber für den Herrn und Gold für die Dame.

PFEIFEN ANRAUCHEN

Das tut sich wohl des öftern begeben:

Mal beginnt jeder sein ganzes Leben
von neuem. Wirft hin, was er nur kann,
und fängt alles wieder von vorne an,
mit gänzlich neuer Melodie …
Die Franzosen nennens ›refaire sa vie‹.

Refaire sa vie … das ist gar nicht einfach.
Refaire sa vie … ist leider mein Fach.
Dazu sind wir zu gebrauchen …
Refaire sa vie … ist wie Pfeifen anrauchen.

Du glaubst erst gar nicht, daß es sich lohnt.
Der Tabak schmeckt schwer und ungewohnt –
es legt sich das Nikotin auf den Magen,
du hast über Seelen- und Bauchweh zu klagen;
das macht:
                das Ding ist nicht abgenutzt,
und die Pfeife ist viel zu wenig verschmutzt.

Aber so eine zwei, drei Jahr –
da schmeckt die Pfeife wunderbar.
Ihr Hals ist dir so vertraut gebogen,
das Holz ist voller Tabak gesogen
bis zur letzten Faser. Und du kratzt nichts ab.
Diese Pfeife nimmst du ins Grab …

Bis zur nächsten. Bis zur nächsten Ecke.
Da krauchst du hervor aus deinem Verstecke,
der Boden bekommt eine neue Schichtung,
das Leben nimmt eine andere Richtung –
Und du bist ein Kerl und ganzer Mann
und steckst eine neue Pfeife an.

Wenn du einmal am Ende stehst,
wenn du die letzte Wende gehst,
wenn du dann klug bist, blickst du zurück,
auf das ganze geschlängelte Stück.

So viel Pfeifen! Viel Änderungen!
So oft hast du eine neue geschwungen!
Und hat die Neue genützt?
                              Seife.

Es war immer dieselbe Pfeife.

DER JUNGE IST RICHTIG —!

Wenn ick so richtig Platz jenommen habe,
denn steigen alle andern vorne ein —
und einer kloppt noch rasch an Rad und Nabe —
von mir aus konnt nu losjejangen sein.
    Ick dräng mir nich. Ick bleibe hübsch jeduldig
    und mache Kleen-Amerika:
    Wer kein Bülljett hat, bleibt et ehm schuldig …
        Ick für mein Teil:
                              ick fahre Pullmann–Kah —!

Ick brauch mir nich um meinen Platz zu streiten.
Ick rauch mir einen, lese still ein jutes Buch …
Hier machen keene Kinder Unannehmlichkeiten …
und selten kommt ein Schaffner auf Besuch.
    Fahrkarten bütte? Zuschlag zahlen —? Kuchen.
    Die janze Reichsbahn kann mir mah,
    wenn sie das durchaus will, besuchen —
        bei mir hier
                    aufn Pullmann–Kah!

Ick fahre imma I. Raucher. Platz am Fenster.
Macht ein Schandarm mal beim Vorbeifahrn Krach,
denn ruf ick runter: Herr Jeheimrat, wenns der
so nich jefällt, denn lauf doch 'n bißken nach!
    Ick fahre jerne so. Ick amüsiere
    mir so wie Bolle still und friedlich hier.
    Da sahrn se imma: »Blinde Passaschiehre …«
        Ick bin ein mächtig heller Passagier —!

HEIMGEFUNDEN

Na, Gottseidank! Nun sind wir ja soweit,
daß jeder: Hoch die Republike! schreit –
es war auch höchste Zeit.

Ja, früher! Ohne daß du es verlangst,
da hatten alle vor dem Dingrichs Angst –
man kann nie wissen, wie? Sie schlichen dumm
mißtrauisch um den neuen Balg herum.
Und faßten leise tappend auch mal hin …
Beißt sie? Beißt sie nicht? Beißt sie? Beißt sie nicht? …

Der armen Republik war nicht danach zu Sinn.
Die biß nicht, als der Wilhelm kniff;
die biß nicht, als der Kapp was pfiff;
die biß nicht, als Erzberger fiel,
als Rathenau fiel,
und als Haase fiel –
die biß keine Reichswehrkompanie –
die biß nie.

Hat sich, im Gegenteil, schön gewandelt.
Hat nachgelassen und kuhgehandelt,
mal lag sie unten, mal lagen die andern oben,
und heute darf jeder das Dingrichs loben.
Kaiserreich? Republik? Welches von beiden?
Sie sind kaum noch zu unterscheiden.

Und nun kommen in hellen Haufen
alle, alle angelaufen.
Die schlimmsten, ältesten Reaktionäre,
Pastöre, Generale – ganze Heere – –
ist das ein Konjunkturisten-Rennen!
Man darf sich, ob Sies glauben oder nicht,
          ruhig zur Republik bekennen.
Die ist nicht aus Eisen – die ist aus Holz.
Und die Republikaner sind noch so stolz –!

Gut ausgestopft und richtig gemischt.
Gehn Sie ruhig ran.
                    Die tut Ihnen nischt.

DIE HERREN KOLONISATOREN

Müßt ihr wieder Kolonien haben?
Müßt ihr wieder Diamanten graben,
 die Herr Dernburg findt?
Müßt ihr die Hereros kujonieren?
Süd-West-Afrika mit Blut regieren?
 Seid ihr taub und blind?
Habt ihr solchen Drang zum Pionier?

        Hier:

Hier in Deutschland liegen tausend Meilen
naß und unter Schlamm – ein grüner Sumpf.
 Eine Wildgans schreit; an alten Seilen
 hängt die Brücke überm Weidenstumpf …
Sucht ihr Arbeit für den Pionier?

        Hier:

Keine Leute trocknen euch die Moore –
dazu sind die Löhne viel zu klein.
 Strafgefangene stehn im feuchten Rohre,
 schuftend … schmunzelnd steckts der Bauer ein.
  Sucht ihr Arbeit für den Pionier?

        Hier.

Euer Land liegt schon seit tausend Jahren
faulend, ungenutzt morastig, brach.
 Ihr schickt bramsige Beamtenscharen
 nach Australien – werft noch Gelder nach.
Müßt ihr wieder Kolonien haben?
Müßt ihr wieder Diamanten graben?
 Laßt die Welt mit euern Kolonialmandaten
 nur in Ruh! ihr wollt noch mehr Soldaten …
Admirale, Gouverneur und Offizier!
Fangt zu Hause an!
 Die Moore warten.

        Hier.

DER PFAU

Ich bin ein Pfau.
                    In meinen weißen Schwingen
fängt sich das Schleierlicht der Sonne ein.
Und alle Frauen, die vorübergingen,
liebkosten mit dem Blick den Silberschein.

Ich weiß, daß ich sehr schön bin.
                                    Meine Federn
auf meinem Kopf stell ich oft kapriziös …
Ich hab das weißeste von allen Pfauenrädern;
ich bin sehr teuer, selten und nervös.

Ich habe leider ziemlich große Krallen,
und wenn ich fliege, sieht es kläglich aus.
Doch, wer mich liebt, dem werde ich gefallen,
und alle Welt steht vor dem Vogelhaus.

Klug bin ich nicht. Klugheit ist nicht bei allen,
viel liegt nicht hinter meiner Vogelstirn.
Ich will gefallen – immer nur gefallen –
Ich bin ein schöner Pfau. Ich brauche kein Gehirn.

Nur singen darf ich nicht. Das ordinäre
Gekrächz ist nicht zu sehen – wie mein Bildnis zeigt.
Ich bin ein Pfau.
                    Und eine schöne Lehre:
Wer dumm und schön ist, setzt sich. Siegt. Und schweigt.

DER RHEIN UND DEUTSCHLANDS STÄMME

Es fließt ein Strom durch das deutsche Land,
drin spiegeln sich Schlösser und Zinnen;
er ist in den deutschen Gauen bekannt,
kein Refrain kann demselben entrinnen.
    Und alle Romantik hat hier ihr Revier,
    und je lauter das Rheinlied, je kälter das Bier
    der kleinen und großen Verdiener.
    Zum Beispiel so der Berliner:
        »Ein rheinischet Meechen – beim rheinischen Wein –
        Ja, Donnerwetter nich noch mal!
        Na, det muß ja der Hümmel auf Erdn sein –!
        Wat, Lucie –?«

Wer Lieder für Operetten schreibt
aus Prag, aus Wien und aus Bentschen –:
den Rhein möcht ich sehn, der da ungereimt bleibt –
es sind halt geschickte Menschen!
    Und was sie dichten, ganz Deutschland grölts,
    von Aachen bis Dirschau, von Kiel bis nach Ölz;
    wo nur Treue und Weinbrand wachsen.
    Zum Beispiel so unsere Sachsen:
        »Ein rheinisches Mädchen – beim rheinischen Wein –
        Nu heere mal, Agahde, was hasdn dn
        Krachenschonr nich midgenomm? 's is doch
        so giehle uffm Wasser?
        Diß muß ja der Himmel auf Erden sein!
        Eicha …!«

Im Rhein, da quillt unsere Mannesbrust,
da liegen dicke Tantiemen;
und befällt den Deutschen die Sangeslust:
hier kann er das Ding unternehmen.
    Es reimt sich der Rhein
    auf Schein und auf Sein
    und auf mein und auf dein,
    auf Jüngferlein, Stelldichein, Gänseklein …

Und ist auch zerklüftet das Deutsche Reich:
im Moorbad der Lyrik verstehn sie sich gleich.
    Viel schneller als bei Richard Dehmel.
    Zum Beispiel so jener aus Memel:

»Äin rhäinisches Mädchen – bäim rhäinischen Wäin –
äi, das muß ja der Himmel – auf Erden säin –
  Wäißt, wenn dir der Wäin nich schmeckt,
  jieß noch 'n kläin Schnaps-che räin! –
Äi, das muß ja der Himmel auf Erden säin –!
Oder mäinst näin –?«

So ist der Rheinstrom ohne Fehle,
das Familienbad der deutschen Seele.

DAS IDEAL

Ja, das möchste:
Eine Villa im Grünen mit großer Terrasse,
vorn die Ostsee, hinten die Friedrichstraße;
mit schöner Aussicht, ländlich-mondän,
vom Badezimmer ist die Zugspitze zu sehn –
aber abends zum Kino hast dus nicht weit.

Das Ganze schlicht, voller Bescheidenheit:

Neun Zimmer, – nein, doch lieber zehn!
Ein Dachgarten, wo die Eichen drauf stehn,
Radio, Zentralheizung, Vakuum,
eine Dienerschaft, gut gezogen und stumm,
eine süße Frau voller Rasse und Verve –
(und eine fürs Wochenend, zur Reserve) –,
eine Bibliothek und drumherum
Einsamkeit und Hummelgesumm.

Im Stall: Zwei Ponys, vier Vollbluthengste,
acht Autos, Motorrad – alles lenkste
natürlich selber – das wär ja gelacht!
Und zwischendurch gehst du auf Hochwildjagd.

Ja, und das hab ich ganz vergessen:
Prima Küche – erstes Essen –
alte Weine aus schönem Pokal –
und egalweg bleibst du dünn wie ein Aal.
Und Geld. Und an Schmuck eine richtige Portion.
Und noch 'ne Million und noch 'ne Million.
Und Reisen. Und fröhliche Lebensbuntheit.
Und famose Kinder. Und ewige Gesundheit.

   Ja, das möchste!

Aber, wie das so ist hienieden:
manchmal scheints so, als sei es beschieden
nur pöapö, das irdische Glück.
Immer fehlt dir irgendein Stück.
Hast du Geld, dann hast du nicht Käten;
hast du die Frau, dann fehln dir Moneten –
hast du die Geisha, dann stört dich der Fächer:
bald fehlt uns der Wein, bald fehlt uns der Becher.

Etwas ist immer.

   Tröste dich

Jedes Glück hat einen kleinen Stich.
Wir möchten so viel: Haben. Sein. Und gelten.
Daß einer alles hat:
      das ist selten.

SCHÖPFERISCHE PAUSE

Was macht der Richter in den Ferien?
  Er badet stramm in Helgoland,
vergißt die Reichsgerichts-Materien
  und trägt den Pelz als Schwimmgewand.
    Elf Monat war sein Ideal,
    Unsittlichkeit zu fassen –
    Er kann's nun mal, er kann's nun mal,
    er kann's nun mal nicht lassen.

Was macht Yvonne in den Ferien?
  Sie weilt im bergigen Tirol
und liebt die Jägerbuam in Serien –
  O Zillertal, was meinst du wohl?
    Vom Cohn & Sohn der Prinzipal
    ist gut für ihre Kassen.
    Na, aber sonst … Sie kann's nun mal
    und kann's nun mal nicht lassen!

Was macht Herr Strese in den Ferien?
  Er wandelt froh im Magenbad
und denkt nicht an die Ministerien,
  wo man ihn so geärgert hat.
    Da hängt die Schaukel an dem Pfahl;
    der Strese tät sie fassen –
    er kann's nun mal und kann's nun mal
    und kann's nun mal nicht lassen!

Was macht der Dichter in den Ferien –?
  Er liegt am Lüneburger See.
Die Ruhe reinigt die Arterien
  von Cointreau, Pfeife und Diner.
    Da weht der Wind ein Zeitungsblatt,
    das einer grad gelesen hat,
    durchs Gras … Da blüht nun die Aurikel,
    und hier steht fett der Leitartikel .

Der Dichter liest:
>>kontinental<<
und: >>vaterländisches Ideal<<
und: >>Deutsche Herrenrassen …<<
    Du mein Berlin!
    Da hat es ihn!
Er kann's nun mal und kann's nun mal
und kann's nun mal nicht lassen –!

SEKTION
Der Charité in Züchten

Ein Mediziner, namens L.,
zersägte neulich scharf und schnell
    Iwan Kutisker.
Der lag da vor ihm hüllenbar,
so wie er aus der Haft gekommen war –
    der tote Iwan Kutisker.

Der Mediziner, namens L.,
sprach also in des Bauches Fell
    des toten Iwan Kutisker:
>>Der Mann, der hier vor Ihnen liegt,
hat lange nicht genug gekriegt:
    Er hieß Kutisker, war ein Jude –
    (Sie sehen das schon an der Zude) –
    er war ganz nikotinisiert
    und syphilitisch infiziert –
        na ja, ein Jude!<<

Das Messer knirscht. Der Kantus stieg
voll ärztlichen Takts. Die Leiche schwieg.
    Laßt uns die Zähne zusammenbeißen:
    es kann nicht jeder Lubarsch heißen.

7,7

Sieben Jahre und sieben Minuten
mußten zwei Arbeiterherzen bluten.

Sieben Jahre?

                           Zellenenge,
Nächte – Luft! – Visionengedränge.
Zehnmal in die Todeskammer –
zehnmal den allerletzten Jammer –
zehnmal: jetzt ist alles aus.
Zehnmal: Grüßt uns die zu Haus!
Zehnmal: vor der eignen Bahre.
Zum Tode verurteilt sieben Jahre.

Sieben Minuten:

                          Das Blut gerinnt.
Wißt ihr, wie lang sieben Minuten sind –?
Sieben Minuten Krampf und Qual,
Muskeln zucken noch ein Mal –
Blut kocht in Venen – Hebelgekreisch –
es riecht nach angesengtem Fleisch –
irr drehn sich Pupillen – das Ding sitzt gebunden
420 lange Sekunden …

Strom weg. Tot? Hallelujah!
Bravo! Bravo, U. S. A. –!

Sieben Jahre und sieben Minuten
mußten zwei Arbeiterherzen bluten.
Sieben Minuten und sieben Jahre –

Diesen Schwur an ihrer Bahre:

Alle für zwei. Ihr starbt nicht allein.
Es soll ihnen nichts vergessen sein.

SECHS BILDER ÜBER EINEM MATROSENBETT

Rosen aus dem Süden!
Was hängt ihr überm Bett?
   Wir bringen einen Liebesspaß
   zu dem Matrosen Söbenklaas
      der solch ein Mädchen auch besaß –
      drum hängen wir überm Bett.

Liebe wackere Eltern!
Was hängt ihr überm Bett? –
   Wir stammen aus der Waterkant
   und halten unsere Elternhand
   über unsern Jungen hier an der Wand –
   drum hängen wir überm Bett.

   Schöne kleine Geisha!
worum hängst du überm Bett? –
   Wisi tao nangopaki?
   Bansai Nippon Nagasaki
   teno assi pudelnacki …
drum häng ich überm Bett.

Tätowierter Jonny!
Was hängst du überm Bett? –
   Die Karte hab ich ihm geschenkt,
   weil er mir hat das Fell versengt,
   dann haben wir uns scharf betränkt –
drum häng ich überm Bett.

Schöne bunte Bilder!
   Was hängt ihr überm Bett? –
   Weil der Matrose seeumhaucht,
   besonders abends, wenn er raucht,
   ein kleines Stückchen Heimat braucht –
      und Liebe braucht
      und Liebe braucht –
drum hängen wir überm Bett!

DER PREISSCHÜTZE

Ich bin Portier in Fontenay-aux-Roses.
Hier sitze ich in meiner Wochen-Hose;
und wenn wer klingelt, öffne ich die Tür
und nehme meinen Händedruck dafür …
Doch Sonntags laß ich Muttern schließen –
Denn Sonntags! –
               Sonntags geh ich schießen.

Als Erster der Vereinsgenossen
habe ich mir so im Lauf der Jahre –
(ich bin ja nicht mehr jung – Sie sehn die weißen Haare?)
hab ich mir folgendes zusammengeschossen:
5 Uhren, 27 Tassen,
2 Prunkpokale für die Extraklassen;
8 Bilderrahmen, 20 Gummibäume –
und komm ich damit an, dann räume
ich all die bunten Schätze in mein Haus.
Ich muß schon sagen: es sieht stattlich aus.

Und wenn wir nichts zu essen hätten,
und wenn versetzt die ganzen Betten,
und geht zur Tür nicht mehr der Strick,
und liegt der Staub auch fingerdick,
und fällt die ganze Bude ein:
Meine schönen Schießpreise halt ich rein.
Das muß so sein.
Und schiebe ich dereinst mal ab:
die Dinger kommen mit mir in mein Grab.
Ich bin Portier in Fontenay-aux-Roses.
Portier und Flintenvirtuose.
Hier sitze ich.
            Fragt nicht: »Was solls?«
Ein jeder Mensch hat seinen Stolz.

GEBET DES ZEITUNGSLESERS

Zimmer. Der Zeitungsleser im Schlafrock. Auf dem Tisch, auf Stühlen verstreu.
und zerknüllt, liegen Zeitungen aller Größen. In einer Ecke ein größerer Packen auf-
einander geschichteter Zeitungen. An der Wand quellen aus einem Regal Zeitungen.
Die Begleitmusik geht durch alle Möglichkeiten: vom Jazz bis zum Choral.

Du lieber Gott, so hör mein leises Flehen!
Tu auf den Packen hier heruntersehen!
Du lieber Gott, ich pfeif am letzten Loche:
Das sind die Zeitungen von einer Woche!
Die muß ich alle, alle lesen:

Vom Bürgerkrieg bei Nord- und Südchinesen;
Vom Turnerfest mit Grätsche und mit Kippe;
Vom Flaggenstreit in Schaumburg-Lippe;
Von Abegg, Lübeck, Ahlbeck, Becker;
Von Schnillers Testamentsvollstrecker;
Vom Prinz von Wales und von Richard Strauß –
Das fliegt mir alles so ins Haus!
Ich kaufs auch noch. Sobald ichs seh,
fixe Idee:
»Acht-Uhr-Abendblatt! Acht-Uhr! B. Z! Die Nachtausgabe!«

Wo nur eine Zeitung ist, da trabe
Ich hin – aus Gier
Nach Papier – immer nach Papier –
Bleib auf der Straße stehn und lese hier:

Die westliche Ostsee ziemlich bewegt;
Pola Negri endgültig trocken gelegt;
Churchill gestürzt – die Kammer tobt;
Der Papst mit Mary Wigman verlobt;
(das ist ihm recht!) – Sturm auf den Azoren;
Ludendorffs Dackel hat seinen Schwanz verloren;
In Grönland Badehosenhausse;
Pallenberg hundertmal in einer Posse;
Verfilmung des Dramas Ain und Kabels;
Prämiierung des kleinsten Damennabels;
Mussolini und das schwarze Hemd seiner Amme –
Nachrichten, Nachrichten, Telegramme, Telegramme, Telegramme –

Jazz

Was geht denn mich das an?
Das geht mich gar nichts an!
Das geht mich gar nichts an!

In den Beilagen raschelt und zischelt der Wind –
Ich bin ein armes zerlesenes Kind …
Hat keiner mit mir Armen
Erbarmen?

Man sagt von IHM, daß ER doch auch 'nen Sohn hat …
Das sind die Zeitungen von einem Monat!
Wenn ich sie seh: mich schaudert und mich graust –
Was kommt da noch auf mich herabgebraust?

Choral

Befrei mich Du vom irdischen Bösen.
Warum muß ich denn Silbenrätsel lösen?
Was kostets mich für lange Stunden
bis ich: »Mätresse unter Ludwig XVI.« gefunden –
Auflösung: »Nichtswürdig ist die Nation.«
Oder: »Du sollst nicht töten, spricht der Gottessohn!«
Es ist manchmal ein Kreuz mit Deinem Wort!
Nimm doch die Kreuzworträtsel fort …
So plätschert das tagaus, tagein,
Auf mich, den armen Leser herein –

Es regnet Zeitungen

Papier! Papier! Von welchem Riesenbaume
Verflattert das in unserm Erdenraume?
Papier! Papier! Genug! Genug des Segens!
Ertränk mich nicht, du Flut des Zeitungsregens!

Marseillaise

Hier sind die Fahnen aller Staaten!
Allons, journaux de la patrie!
Ich kann in Zeitungen schwimmen – in Zeitungen waten –
aber ohne Zeitungen sein: das kann ich nie!
Wie sie mich quälen,
töten beinah –
Und wie sie mir fehlen,

Wenn sie nicht da …!
Was soll mir das? Was hats für einen Sinn?
Mein ganzes Leben ging in Kleinigkeiten hin …
Am jüngsten Tage des Gerichts,
Da werd ich sehn:

4 Paukenschläge

Ich kam zu nichts.
Zerteilt. Zerspielt. Zerspellt. Zerzettelt.
Mein Lebtag hab ich nur um eins gebettelt:
Um Ruhe.
Du gabst sie nicht. So muß ich dienen,
Als Sklave aller Rotationsmaschinen.

Du lieber Gott, gebleicht ist all mein Haar.
Hier sind die Zeitungen von einem Jahr …!
Du hast mich ihnen gänzlich preisgegeben –
War das ein Leben – das mein Leben –?

Ich merkte, welche Tageszeit grad war,
nur am ›Matin‹, ›Paris-Midi‹, ›Le Soir‹ …
Bis in die letzten Winkel meines Heims
kam deine ›Zeit‹, ›Le Temps‹, die ›Times‹ –

Verflucht die Bilder, die Plakate!
Die Leitartikel, Inserate!
Die Neuigkeit, die, kaum geboren, alt!
Das Blatt am Baum – der ganze Blätterwald!
Verflucht! Verflucht die Menschenfibel!
Verflucht die Inseratenbibel!
Ruhm: Durch die Zeitung. Heirat: durch die Zeitung.
Krieg: Durch die Zeitung. Friede: durch die Zeitung.
Nimm sie von mir! Die Zeitung triumphiert!

Totenstille. In der Musik aufgelöste Akkorde.
Ruhe nach einem Sturm, ganz sanft.

Es hilft ja nichts.
Du bist ja sicher
selber
abonniert …
mit ausgestreckten Armen nach oben – Vorhang

DER MANN VORN RECHTS

Ich sitze hier am Badestrand
und bin ein Gummifabrikant,
   nicht mehr im Lebenslenz.
Ich liebe schönen Körperbau
und sehe hier mit meiner Frau
   eine Schönheitskonkurrenz,
   eine Schönheitskonkurrenz.

Die Mädchen, die vorübergehn,
darf ich ja eigentlich nicht sehn.
   Dann wird die Differenz
zwischen 4 Stück Girls und meinem Inventar
mir Gott behüte schrecklich klar
   bei der Schönheitskonkurrenz,
   bei der Schönheitskonkurrenz.

Drum setz ich mild und keusch und gut
mir auf die Augen meinen Hut,
   von wegen der Dezenz.
Und sehe so als happy end
von 4 Girls je 25 % –
   bei der Schönheitskonkurrenz –
   bei der Schönheitskonkurrenz –!

SAXO-BORUSSEN

Möchten Sie Saxo-Borusse sein?

Domela hat sie genau beschrieben:
was sie auf ihrer Kneipe trieben –
    (Rülps)
wie sie fechten, fressen und saufen,
sich niemals ein Kollegheft kaufen –
jeder ein hochfeudales Schwein ...
                    Ein feiner Verein.

Möchten Sie Saxo-Borusse sein?

Ramsch ... Manieren: frech und beflissen –
»Werde zu Hause zu rühmen wissen!«
    (Rülps)
Füchsegetriez und Chargenspiel;
Ideal: der uralte Leutnantsstil ...
»Kein Bürjerlicher kommt hier zu uns rein –«
                    Ein feiner Verein.

Möchten Sie Saxo-Borusse sein?

Das ist gar nicht übel. Im Westen und Osten
gehören ihnen die Botschafterposten –
Sie beherrschen Deutschland. Sie sind dran.
Sie intrigieren. Mann für Mann.
In Peking, in Rio und in Madrid:
immer läuft ein Korpsband mit.
Und mit diesem Korpsband zieht die Blase
ein ganzes Volk an seiner Nase.
        Wir fressens aus. Sie brockens uns ein.
        Wer möcht da nicht Saxo-Borusse sein –!

BEI UNS IN EUROPA

Ihr schickt uns aus dem Lande von Ford
einen ziemlich miesen Menschenexport:
überschwemmt sind Paris und Griechenland
von euerm mäßigen Mittelstand.
　　Diese Reisenden, laut und prahlerisch,
　　legen geistig die Füße auf den Tisch,
　　fallen lästig an allen Orten;
　　und jeder zweite Satz beginnt mit den Worten:
　　　　»Bei uns in Amerika …«

Bei Euch in Amerika gibts zweierlei Rechte
(für Arme und Reiche) – gibt es Gute und Schlechte;
gibt es solche und solche: Lewis und Mencken,
und Dollardiener, die in Dollars denken.
　　Bei euch in Amerika gibt es Republikaner
　　und richtende blutige Puritaner.
　　Ihr habt Kraft, Jugend und Silberlinge –
　　aber ihr seid nicht das Maß aller Dinge,
　　　　bei euch in Amerika.

Bei uns in Europa ist das Weib
keine Haremsfrau ohne Unterleib –
bei uns in Europa ist die schwarze Haut
kein Aussatz, dem man Extra-Bahnwagen baut;
　　bei uns in Europa kann wer ohne Geld sein
　　und dennoch, dennoch auf der Welt sein –
　　bei uns in Europa kann man bestehn,
　　ohne in die Sonntags-Schule zu gehn,
　　weil fast keiner so am Altare steht:
　　eine plärrende nüchterne Realität –
　　　　wie bei euch in Amerika.

Das wissen natürlich bei euch die Guten
ganz genau. Der Rest hat von Blasen und Tuten
keine Ahnung. Hört nur den Schmeichelchor
seiner news-papers; kommt sich so erstklassig vor …
　　Hör nicht hin, Arbeitsmann. Laß sie ziehn,
　　die Eitelkeiten der Bourgeoisien.

Pässe, Fahnen und Paraden
das sind lächerliche Zementfassaden …
Denn die wahre Grenze, zwischen Drohnen und Fronen,
läuft quer hindurch durch alle Nationen –
     bei euch in Amerika.
          Wie bei uns in Europa.

LIED DER KUPPLERIN
Szene aus einer Revue von
Alfred Polgar und Theobald Tiger

Suchen zwei
nachts um drei –
»Pst« mach ick – »hier is 'n Zimmer frei –!«
Treppe kracht,
in dunkler Nacht –
»He – fall mir keener in den Fahrstuhlschacht!«
Rin ins Zimmer.
Matter Schimmer.
Ick davor.
In 'n Korridor …
     Jedoch:
Feiern die die Orchideen –
Ick stopp mein'n Mann seine Strümpe.
Ick will den Rummel jahnich sehn –
ick stopp bis frieh um fimfe.
Masochisten,
Homosexwalisten,
frisch jelehrje
Minderjährje
vaitressiern mir nich so sehr
als wie mein Mann seine Strümpe.

Ick sitz stur.
Manchmal nur
schlägt in unsan Salon die Uhr.
Wäsche bauscht
sich – Wasser rauscht –

ick hör, wie eena Küsskens tauscht.
Da jehts hart auf hart …
Matratze knarrt.
Nebenbei
ein doller Schrei –!

       na, na …
Ich gucke durch keen Schlüsselloch.
Ick stopp mein Mann seine Strümpe.
Ick laß sie muddeln noch und noch –
ick stopp bis frieh um fimfe.
Junge Meise
Zittergreise –
Rennbanditen –
Transchvestiten –
lauter Bruch aus'n Ausverkauf –
wie mein Mann seine Strümpe.

   Jahr für Jahr –
   det is klar –
   horch ick, wat in die Stuben war.
   Wie sie sich quäln,
   und krakeehln –
   mir kann keiner was erzähln.
   Neulich kam vorbei
   eener von die Polissei.
   Und statt Platz zu nehm,
   sagt er: »Sie solln sich was schäm –!«
     Nanu –?
   Ick bin eine brave Frau –
   ick stopp mein Mann seine Strümpe.
   Mit die Wirtschaft nehm icks ganz jenau –
   ick stopp bis früh um fimfe.
   Det Jelichter,
   die Bühnendichter,
   wat die da schreihm
   von unsan Treihm –:
die ham ja keene Ahnung nich
von mein Mann seine Strümpe –!

HÄUSER

Mittleres Haus in der Köpenicker Straße, in der Avenue des
                                    Ternes, am Harvestehuderweg –
du bist vollgelebt.

Hinter deinen Tapeten hat sich Angelebtes versammelt,
nachts knistert es,
tagsüber dünsten dort hundert Leben aus,
mittleres Haus.

Kotdurchrieselt stehst du,
von Drähten durchzuckt,
ein lebendiger Leib;
oben fassen die Gabeln deiner Antennen in die Luft und ziehen die
                                    Musik heran, die Helferin der Gemeinheit;
mit Recht spannen sich die Radiotrapeze, auf denen die Ätherwellen
                                    turnen, auf dem Dach aus,
neben den Hypotheken –
denn wer könnte Hypotheken handeln,
ohne die abendliche Hilfe Beethovens!

Du bist nicht wie jene Hausgreise,
in denen das Mauerleben längst abgestorben ist;
tot ruht der Kalk,
die Wanzen weinen
und beißen, angefüllt mit Verzweiflung der Isoliertheit;
nichts mehr sagt die Treppe,
schweigsam ist die Tür wie ein gefalteter Greisenmund.
So alte Leute sagen nichts mehr –
sie haben zu viel gesehn.

Du bist ein mittleres Haus.

Du bist nicht wie die Neubauten, die Gefäße des Unglücks,
in deren weißgetünchte Schubschachteln der Mensch hineinfällt,
hier seine Scheidung, seine neugebornen Kinder, seine Malheurbriefe
                                    zu erwarten;
kindisch gluckert die Badewanne, das junge Ding,
albern blitzen die Klinken,
und tapsig stuckert der eben konfirmierte Fahrstuhl in die Höhe und
                                    macht sich mausig –

wie mühsam ist es, ein so funkelnagelneues Behältnis vollzuwohnen!
So junge Leute sagen nicht viel –
sie haben noch zu wenig gesehn.
In ihnen vergeben die Mieter ihre Kraft – seelische Trockenwohner.

Du bist ein mittleres Haus.

Du hast schon viel in dir gehabt, Mutter der Möbel,
aber noch nicht genug.
Empfang, schlürf ein, spei aus:
Jeder Umzug eine kleine Geburt.

Du bist grade dabei, zu leben.
Deine Rohre rauschen, es kocht in den Ausgüssen, es brodelt im
                                                     Badeofen.
Durch deine Steine sickert Weinen,
deine Ziegel schwitzen Elend aus
und gerinnendes Stöhnen der Komödien der Nacht.
Kalkiger Querschnitt!
Durchbrüllt vom Lärm der Wirtschaften,
vom sinnlosen Klingeln
und vom Quäken näselnder Phonographen!

Mancher wohnt oben in dir,
mittleres Haus.
Und abends,
wenn der Film der Geschäftigkeiten ruht,
steckt ein Hund seinen Kopf zum Fenster heraus,
ernsthaft wie Gottvater die Straßenwürmer betrachtend,
seine Pfote hat er aufs Fensterbrett gestellt –
das ist für ihn eine zweite Erde.

Mittleres Haus.

DIE LETZTE ELEKTRISCHE

Alle Straßen liegen leer,
Sterne sind zu Bett gegangen;
und kein Schupo angelt mehr
mit den Armen, mit den langen.
    Einsam strahlt Laternenlicht –
    Kommt sie – –

                                oder kommt sie nicht –?

Wenn sie und sie kommt noch mal,
sei gelobt und sei gepriesen!
Bis nach Hause sinds total
zweieinhalb nach Adam Riesen.
    Zweieinhalb Stunden bei Dämmerlicht –
    Kommt sie – –

(ich sage noch zu Schackelmann: »Schackelmann«, sag ich, »noch dre
mal rum, dann muß ich aber gehn, der letzte Wagen fährt mir ja ab!«
nein! – er wird noch 'ne Partie ansagen …)

                                oder kommt sie nicht –?

Dies, o Mensch, ist dein Geschick!
Das Leben ist eine Haltestelle.
Und du mußt mit langem Blick
warten, warten auf alle Fälle:
    Auf das Glück, auf die Karriere,
    auf die Frau, die dich begehre,
    auf die Rente, auf Bekannte,
    auf den Tod der alten Tante – –
Kalkweiß strahlt dein Lebenslicht.
    Kommt sie – –
        von Herzen, mit Schmerzen, ein klein bißchen, •
        fast gar nicht – –

                                  oder kommt sie nicht –?

GEHEIMNIS

Jüngst betraf mich ein Japaner,
und in des Gespräches Wellen,
als wir von Matrosen sprachen,
ließ er ein klein Wörtlein fallen:
›Skibi‹.

»Was bedeutet das, Geehrter?«
fragt ich leicht und glatt und höflich.
»Nie noch hört ich diese Silben:
        Skibi –?

Ists ein Laster? Ein Gesellschaftsspiel?
Kann man es konsumieren?
Tun Matrosen es? Mit wem wohl?
        Skibi –?«

Der Japaner nickte höflich,
lächelte und schwieg. Und seitdem
hockt auf mir der Skibi-Wahnsinn.

Skibi! zwitschern alle Spatzen.
Skibi-skibi! gellt die Hupe.
Und die Stadtbahn-Wagenachsen
rattern: Skibi-skibi-skibi …!
    Skibi! piept die Bodenmaus.
    Und so sieht die Sonne aus:

Traurig krauche ich durchs Leben.
Kann mir niemand Rettung geben?
    Zu den Inseln laßt mich fahren,
    seekrank, heiß, mit Möwenscharen,
    wochenlang in Schiffsbewegung,
    II. Klasse (mit Verpflegung) –
Und ich seh nicht Palästina,
Indien nicht an und China –

Bombay nicht und nicht Kalkutta,
in Port Said die Kuppelmutter ...
Ungegessen, ungeschlafen,
    fahr ich.

Auf dem Quai im Japan-Hafen
spring ich auf den ersten besten,
halt ihn an am Knopf der Westen –
schreiend frag ich:
    »Was ist Skibi –?«

Der Japaner, kalten Blutes,
spricht: »Das fragt man nicht. Man tut es.
    Skibi-skibi-skibi-skibi –!«

In die Heimat fährt ein Greis.
Stumm. Zerbrochen. Haar schlohweiß.
Geht ins Kloster als Trappist,
weil er nicht weiß, was Skibi ist.

FLAGGENFRIEDE

Da, wo die Spitzen der Behörden,
sich zeigen, um gezeigt zu wörden,
        in den großen Hotels:
Da weht vom Dach jetzt frisch und munter
das neue Ding von Weimar runter –
        A la vôtre! Your health!
    Der Demokrat ruft freudig: Sieg!
    Und der Fremde staunt in der Republik.

Nur du stehst grollend noch bei Seite
und hältst es für deine persönliche Pleite,
        o du echt deutscher Mann!
Du bist gekränkt und schwer beleidigt:
dich hätten sie doch nicht vereidigt –
        böse siehst du sie an.
    Und beizend weht das Privileg
    wie englische Sauce in dein Steak.

Mußt an die Flagge dich gewöhnen,
darfst sie nicht schmähen und nicht höhnen,
        du holdes Schaf.
Dahinter stehn dieselben Richter,
dieselben Spießer und Vaterlandsdichter,
        gehorsam und brav.
    Hab vor dem Tuch nur keine Bange!
    Erkenntnis dauert bei dir lange.
    Dann merkst du nach geraumer Frist:
        daß es ganz genau,
        daß es ganz genau,
    daß es ganz genau dasselbe ist.

GEDANKEN EINES ARBEITERS AN EINER KREISSÄGE

Kreisch –
kreisch –
das Holz schreit, als ginge es ihm ins Fleisch …
Kalt heute.
                    Während ich hier steh,
laufen andere Leute durch den dicken Winterschnee.
Oben, auf den Bergen. Ja.
                              Die habens feiner
als unsereiner.
                              Dies Jahr
ist es das erstemal, daß ich auf Urlaub war –
seit dem Krieg. Acht Tage war ich in Ostpreußen oben –
Verflucht! jetzt hat sich der Antrieb nach links verschoben –
Willi! Schalt aus!
Schalt ein!
            Kreisch – kreisch – – –

Die fahren Schlitten und auf so langen Dingern: die heißen Ski.
Ich kann das nie.
Ich steh hier, in der Fabrik, tagaus, tagein
und schiebe Holz in die olle Molle rein.
Kaum, daß ich mich mal an die Maschine lehne …
Und die Sägespäne
fliegen rum und bringen einen zum Husten!
Saugvorrichtung? Der Alte wird dir was pusten!
Jetzt rutschen sie da in München immer munter
die beschneiten Berge runter –

Mensch, einmal raus aus dieser verdammten Kluft!
Junge, einmal in die frische Winterluft!
Sich ausruhn, laufen, springen, sich sielen im Schnee –
hinterher tun einem so schön die Beine weh –
Und zu sehen, wie der Himmel glasig wird …
und jetzt können wir nicht mehr weiter, wir haben uns verirrt –
und ich trage der Marie die Dinger, die Skier – und dann kommen wir
        nach Haus …
Willi! Schalt aus!
Ausschalten –!
            Kreisch – kreisch – – –

ALL PEOPLE ON BOARD!

Das ist nämlich so in Berlin:

Einer ist plötzlich für Biographien.
Und aus einem Grunde, grad oder krumm,
gefällt diese Sache dem Publikum.
Das Publikum mag das Neue gern kaufen …

Nun kommen sie aber alle gelaufen!

Jetzt schießen, mit und ohne Komfort,
die Biographien aus dem Boden hervor:

Kaiser Gustav der Heizbare; Fürstenberg;
der Herzbesitzer von Heidelberg;
Frau Neppach, Einstein und Lindberghs Sohn
und vom Landgericht III der Justizrat Cohn –
sie alle bekommen ihre Biographie
(mit Bild auf dem Umschlag) – jetzt oder nie!
Heute so dick wie ein Lexikon,
und morgen spricht kein Mensch mehr davon.

Denn morgen ist da ein neues Glück:
das englische Grusel- und Geisterstück.

Da kommen aber in hellen Haufen
die Theaterdirektoren gelaufen!
›Die Gräfin auf der Kirchhofswand‹,
›Sherlock Piel zwischen Lipp und Kelchesrand‹,
›Das Bidet im Urwald‹ – oder wie das so heißt,
und plötzlich hat jedes Theater 'nen Geist.
        »Das kenn Se nich? Das haben Sie noch nicht gesehn –?
        Da müssen Sie unbedingt hingehn –!«

Und auf einen, ders nicht gesehn hat, spucken …
Morgen sind die Achseln ganz müde vom Zucken:
        »Wenn ich schon Geisterstücke seh –
                        Passé!«

Mal Punktroller und mal Negerplatten;
mal Freud und mal Kreuzworträtsel-Debatten;
mal Tiergeschichten und mal Autorennen;
mal muß man den ganzen Brockhaus kennen –
    (»Frag mich was!« – Sie mir auch.)
                 Und so haben nun
    die Berliner immer was zu tun.

Denn so ist das in diesem Falle:

Was einer macht, das machen sie alle.
Macht einer Film mit Neckarstrand,
dann nehmen das tausend in die Hand.
Schreibt einer ein Buch vom Dauerlauf,
dann greifen das hundert Verleger auf.
Sie begehren immer, die guten Knaben,
des Nächsten Vieh –
              »Müssen wir auch mal haben!«
Sie möchten niemals die eigenen Sachen.
»Das? das müssen wir auch mal machen –!«

Lasset uns dieserhalb nicht weinen.
Wo nichts ist, da borg ich mir einen.
Nur ist da eines – o völkische Schmach! –
komisch:
          uns macht keiner nach.

ALFRED KERR

Nu schicken alle Bäcker Kuchen
nach Ihrem Haus in'n Jrunewald.
Schohspieler kommen Sie besuchen
von wegen hmzig Jahre alt.
    Ich schieb mir leise mit se ran,
    mit Orska und Herrn Sudermann,
und ruf aus der pariser Ferne:
    »Ick kann mir nich helfen – ick hab Ihnen jerne –!«

Sie haben, als wir angefangen,
uns doch das Laufen beigebracht.
Ick bin nich imma mitjejangen –
zum Beispiel: bei die Russenschlacht …
    Doch einen, der die Sprache packt,
    und nie Bolljong – und stets Extrakt –
des such dir man mit die Lanterne:
    Ick kann mir nich helfen – ick hab Ihnen jerne.

Musik! Musik vor allen Dingen!
Sie heben eine schmale Hand
und lassen Ätherwellen klingen
und spielen den Dichter an die Wand.
    Sie zogen manchem stramm die Hosen
    bei uns und in den U. S. A.,
    und trugen ein Florett in Rosen;
    es pfeift Ihr Nein, es ehrt Ihr Ja.
        Sie haben unsere Tränen geweint,
        Ihr Lachen hat uns alle vereint.
Sie sehen die Erde
                                    und die Sterne –:
    Ick kann mir nich helfen – ick hab Ihnen jerne.

ILLUSTRIERTE WELT

Gehören Sie vielleicht zur Zeitgeschichte –?
Wenn ich Sie im Profil veröffentlichte,
        gehört mir Ihr Gesicht.
Sind Sie dagegen nur ein ganz Privater,
ein armer, pensionierter Landesvater:
        dann darf ich sowas nicht.
    Die Prinzen, die ich niemals knipsen kann,
    gehören nicht der Zeitgeschichte an.

Doch wer gehört nun so zur Zeitgeschichte?
Herr Rosner, der die Heldenliedgedichte
        von einem Reisenden in Waffen schrieb?
Der selige Sternheim, Asthma deutscher Szenen?
Die Karin Michaelis, Schmockbild aller Dänen?
        ein Pfreudenmädchen? ein Millionendieb?
    Auch diese da – ich zweifle kaum daran –
    gehören nicht der Zeitgeschichte an.

Jedoch die Richter, schwarz-rot-gold vernickelt,
die wie die Fotos vielfach unentwickelt,
        mitunter nicht so recht belichtet sind;
die Richter, die den letzten Prinzen schützen
und jeden Wunsch aus Holland unterstützen,
        für neun Jahr Zeitaufnahme gänzlich blind –:

    Ja, diese Richter – das sieht jedermann –
    gehören –
        wie sie gebacken und gebraten sind –
        Im Namen des Volkes!
    gehören unsrer Zeitgeschichte an.

1928

Daß Maler immer ein bestimmtes Züjeh malen:
»Waldschneise bei Klein-Kleckersdorf« oder »Männlicher Zwitter
   im Sturm«,
halte ich für verfehlt.
           Der Käufer, der das zahlen
tut, kann schließlich für sein Geld verlangen, daß er das bekommt,
was ihm frommt.
      Das wäre sauber, praktisch und angenehm.

Das da oben zum Beispiel stellt dar – je nachdem –:

Einweihung einer pommerschen Pazifistenvereinsfahne durch
   unsre höchste Obrigkeit.
Der Zweite von hinten: ER.
            Im Vordergrund die Frau, die schreit,
ist eine pommersche Patriotin, die, von einer wilden Kuh gebissen,
der Obrigkeit ein Sträußlein Narzissen
mit schwarz-rot-goldner Schleife überreichen will.
Dazu ruft die erregte Menge schrill:
»Nie wieder Krieg! Nieder mit allen Grenzen, die uns noch trennen –!«
   Einzelheiten sind schwer zu erkennen.

Auf Wunsch kann dieses Bild aber auch etwas andres bedeuten:

Europäische Staatsmänner sprechen zu den begeistert
   herbeigeströmten Leuten:
»Wir wollen uns nun mal gegenseitig unsre Kriegsschulden erlassen!
Denn wir haben ja alle nur faule Wechsel und leere Kassen!
Mit diesen fruchtlosen Pfändungen kommen wir sicher nicht weiter.
Denn wer sind schließlich die Dummen? Die Angestellten und
   Arbeiter!« –
»Bravo!« ruft die zusammengeströmte Menge.
            Im Vordergrund die Frau
ist Herr Churchill. Genau

weiß man das aber nicht, weil dem Beschauer vor Rührung die Augen
    brennen ...
    Im übrigen sind die Einzelheiten schwer zu erkennen.
Ein andres Dessin, bitte?
                    Bitte!

Also: der Mann in der Mitte,
das ist ein bayerischer Ministerpräsident;
der reicht seinem preußischen Kollegen beide Händ
und spricht: »Mensch! Ich denke, daß wir die dämliche Kleinstaaterei
    nun mal bleiben lassen!
Hier! Ich will dich um deine Taille fassen –
herzlich und lange –
                    und nun soll es keine bayerischen Belange
mehr geben und keine schwarz-weißen.
Wir wollen einfach Landsleute sein und auch so heißen!«
Im Vordergrund lauschen ein windiger Berliner und ein dicker
    Münchner voller Genuß
und geben sich einen Kuß.
Und alle Beteiligten tun sich nicht mehr Saupreuß und Bauernlackel
    benennen ...
        Weitere Einzelheiten sind allerdings schwer zu erkennen.

Auf diese Malweise käme jeder zu seinem Recht:
        Pazifist und Europa. Weib und Mann.
Es kommt eben nur auf die Beleuchtung an.

HOROSKOP 1928
Prophezeiungen eines alten Chinesen

Ich werde, meine Herren Mitchinesen,
euch nunmehr etwas aus eurer Zukunft lesen.
Diesen Goldlack lasse ich von dem Plättchen aufsaugen – – –
Und was sehen meine entzündeten Augen?

Im Jahre 1928 werdet ihr oft zu wiederholten Malen
zehn Prozent Einkommensteuer bezahlen –
aber zum Glück nicht aus eurer Vermögensvermehrung,
sondern nur nach eurer Steuererklärung.

Auch werdet ihr durch einen rosa Brief in euern Überziehertaschen
eure verehrte Frau Gemahlin auf das erfreulichste überraschen,
als welche euch, weil sie heftig erregt,
ihren Pantoffel um die Ohren schlägt.
                                    Sa – sa –!

Ihr werdet in euern Zeitungen lesen,
daß die Südarmee wieder siegreich gewesen;
und daß der General Tuang-fu-tscho
besiegte den Kontregeneral Tschung-po-po.
Dieses braucht euch aber nicht die Ruhe zu rauben –
ihr müßt mitnichten alles, was in der Zeitung steht, glauben.
Denn dies ist der Zeitung tiefer Sinn:
die bessern Sachen stehen nicht drin.
                                    Sa – sa –!

Ihr werdet ferner, hochverehrte Mitchinesen,
eines neuen Rundfunksenders genesen.
Daran wird der Oberchinese Al-phred-braun
eure Kinder betören sowie eure weiten Ehefraun.
In den chinesischen Autobussen werdet ihr gepreßt sein,
und der Reis wird weich, und die Börse vorwiegend fest sein.
                                    Toi – toi –!

Dieses alles ersehe ich aus meinen Zaubergeräten.

Zeuchet nunmehr hin und entbrennet die Neujahrsraketen!
Was aber den 2. Januar angeht, so prophezeie ich hier:
der Kater ist ein durchaus heiliges Tier.
Ich habe schon manchen gesehn, der beneujahrt nach Hause rollte,
weil er die ganze Nacht beim sa-cha-rin-sekt tollte,
weswegen er dem Weinstubenwirt am nächsten Morgen heftig grollte,
und seine liebe Frau ihm gleich zu Beginn des Jahres schmollte,
indem sie nicht wünschte, daß er sich so zurichten sollte.

Womit ich um ein kleines Trinkgeld oder Douceur gebeten haben wollte.

DER PECHPHOTOGRAPH
DREI GESCHICHTEN

Da ist der Rekord-Schnellfresser, Mr. Tumely aus New York,
  durch unsere Stadt gekommen –
kaum habe ich das vernommen,
begann ich alter Illustrations-Photograph zu hoffen …
Den kriege ich! Ich bin gleich losgeloffen –

Habe mich auf meine Motorrad-Kaffeemühle gesetzt
und bin zum Bahnhof gewetzt.
Unterwegs überfuhr ich zwei Kritiker sowie einen Stadttheater-
                                        intendanten,
  die abergläubisch in mein Motorrad rannten,
etwas Kind und eine Amme habe ich auch überfahren,
sowie einen Wagen mit Wohnungsamtformularen –
              Hurra!
          Der Zug war noch da.
Mr. Tumely stand am Fenster. Ich hin.

Aber Sie glauben nicht, was ich für ein Pechvogel bin!
          Tableau!
          Zu dumm!
Bitte drehen Sie die Seite um – – –
          So:

Zweite Geschichte

Da ist ein Amerikaner durch unsere Stadt gekommen,
der hatte noch nie Whisky getrunken. Kaum habe ich das vernommen,
begann ich alter Illustrations-Photograph zu hoffen …
Den kriege ich aber! Ich bin gleich losgeloffen.

Unterwegs ist mir der linke Hosenträger geplatzt;
dann hat eine ältere Dame meiner Bekanntschaft mit mir geschwatzt –
ein kleines Hündchen lachte an ihrem Bein,
sie aber merkte es nicht und redete weiter in mich hinein.
Dann ist da ein Zeitungsstand gewesen,
an dem mußte ich erst die neuen Renntips lesen …

Dann warf mir ein loses Mädchen einen Flammenblick
zu – aber ich blieb hübsch tugendhaft, denn sie war etwas zu dick.
            Hurra!
            Der Zug war noch da.
Er stand am Fenster. Ich hin.

Sie glauben nicht, was ich für ein Pechvogel bin!
            Tableau!
            Zu dumm!
Bitte drehen Sie die Seite um!
            So:

Dritte Geschichte

In Oberrheinbruck wohnt Geheimrat Sod,
(der Erfinder des Sodbrennens) – und man bot
mir achthundert Mark für sein Portrait –
das ist immerhin besser als kalter Tee …
Wenn er guter Laune ist, brennt er sod und
dann steigen manchmal blaue Flämmchen aus seinem Mund.
Weil ich doch ein Photographie-Künstler bin:
            ich hin.

Zuganschlüsse feststellen: das ist aber nun mein Fach.
In diesem Fall war die Sache nicht einfach;
ich lag, bis ich Oberrheinbruck gefunden,
auf der Kleinbahn zweiundzwanzig Stunden.
            Hurra!
            Er ist da!
Und er wollte mir auch sitzen. Und wie höflich und nett!
Er bezahlte mir mein Rückfahrtbillett.
Er saß.
            Ich knipste.
                  Ich entwickelte stumm …
            Bitte –
                  drehen Sie die Seite herum …!

DIE LEIBESFRUCHT

Du bist so schwer, du bist so blaß –
    was hast du, Mutter?
Du willst etwas und weißt nicht was –
    was hast du, Mutter?
    »Ich trag in meinem Leibe ein Kind;
    ich weiß, wie seine Geschwister sind:
    ohne Stiefel, ohne Wolle, ohne Milch, ohne Butter –
    ich bin eine Mutter! Ich will keine Mutter mehr sein!
        Laß mich schrein –!
        Laß mich schrein –!«

Es darf und darf mir nicht zur Welt!
    »Frau, was wollen Sie?«
Mein Mann ohne Stellung – wir haben kein Geld!
    »Frau, was wollen Sie?«
    Ich will nicht, daß man für eine Nacht
    mich und die Kinder unglücklich macht!
    Dieselben Rechte will ich wie die Reichen,
    die ungestraft zum Abtreiber schleichen –
    Warum will mich denn keiner befrein?
        Laßt mich schrein –!
        Laßt mich schrein –!

Mit Schreien ist da nichts getan –
    Wacht auf, ihr Frauen!
Nieder mit kirchlichem Größenwahn!
    Wacht auf, ihr Frauen!
Ihr krümmt euch vor Schmerzen, und in euer Ohr
tönt heulend der Unternehmerchor:
»Trag es aus! Trag es aus!
            Trag es aus im Sturmgebraus!
Wenn der Staat bleibt bestehn,
          könnt ihr alle zugrunde gehn!
    Ihr habt nichts zu fressen?
Wir brauchen die Kinder für Dortmund und Essen,
für die Reichswehr und für die Büros –
und wenn ihr krepiert, dann sind wir euch los!«

Aus Jodoform und blutigem Leinen
kommt winselnd eines Kindes Weinen.
Es wartet an dem kleinen Bett
bereits ein mächtiges Quartett:
Fabrik. Finanzamt. Schwindsucht. Kirchenzucht.

Das ist das Schicksal einer deutschen Leibesfrucht.

DER MANN AM SPIEGEL

Plötzlich fängt sich dein Blick im Spiegel
und bleibt hängen.
Du siehst:

Die nackt rasierten Wangen
– »Backe«: das ist gut für andere Leute –
den sanft geschwungenen Mund, die glatte Oberlippe,
die Krawatte sitzt – nein, doch nicht:
zupf!
Jetzt bist du untadlig.
Haare, Nase, Hals, Kragen, Rockschultern sind ein gut
    komponiertes Bild –
tief bejaht dich dein Blick.

Wohlgefällig ruhst du auf dir,
siehst die seidigen Ränder der Ohrbrezeln,
unmerklich richtest du dich auf –
du bist so zufrieden mit dir
und fühlst das gesunde Mark deines Lebens.

Übrigens haben die Fliegen auf dem Spiegelglas gesessen,
oder ein chemischer Vorgang hat das Quecksilber bepickelt:
kleine blinde Pupillen sitzen darauf …

Nun stell den innern Entfernungsschätzer der Augen wieder um:

An der rechten Schläfe
– aber nur, wenn man schärfer hinsieht –
stehn ein paar kleine Runzeln,
Schützengräben der Haut –
nein, es sind noch keine Runzeln,
doch da, an dieser Stelle, werden sie einst stehen.

Dann bist du ein alter Mann;
dann sagen die Leute: »Der alte Kaspar –«;
dann wird ein Mädchen leise ausgelacht, der du etwas zuflüsterst –
»Mit dem alten Mann …?« sagen ihre Freundinnen.
Alter Mann.

Wie ihr euch anseht:
der Glasmann und du!
Nie
nie wird dich jemals ein anderer Mensch so ansehen,
ohne Beigeschmack von Ironie.
Du kannst dich gar nicht im Spiegel sehn.
Tat twam asi –?

Glatt ist dein Gesicht, sauber gewaschen und frottiert.
Zeit ist darüber hingespült.
Dein Gesicht, den Schuttplatz deiner Gefühle, hast du zusammengelogen
zusammengelacht,
geküßt, geschwiegen, gelitten, geseufzt: zusammengelebt –
sieh, unterhalb des linken Auges bist du leicht fleckig.

Mach dein Spiegelgesicht!
Was in den letzten Jahren alles gewesen ist,
nichts davon ist dir anzusehen.
Alles ist dir anzusehen.

Fakire sollen sich manchmal allein hypnotisieren.
Wenn man sich lange in den Spiegel sieht, steht im Lexikon,
verfällt man in Trance …
du siehst den Spiegelmann an,
der sieht, wie du siehst –
du siehst, wie er sieht, wie du …
Reiß deinen Blick zurück! Erwache.

So, mit dem aufgestützten Arm, ergäbe das eine gute Photographie für
die illustrierten Blätter:
ernst blickt der Dichter den Abonnenten an,
Ehrfurcht erheischend und einen zerstreuten Blick lang auch
zugebilligt; unnahbar, sehr sicher,
wie aus gefrorenem Schmalz gehauen – ein fertiges Ding.

In den zwei glitzernden Pünktchen, die
in der Mitte deiner Augen angebracht sind,
funkt das Leben.
Eigentlich sind wir ganz schön, wie –?
Du betrachtest dich, wie sich die Männer in den Friseurläden betrachten,
wenn sie, haargeschnitten, aufstehn:

»Es ist, Gottseidank, alles da, und wir sind repräsentative
    Erscheinungen –!«
Mit einem langen Blick sehen sie sich im Spiegel an:
Kontrollversammlung der Kompanie, vorgenommen durch den
    Feldwebel Auge –
nicht losreißen können sie sich,
dann ziehen sie ihre Weste herunter
und gehen neu gestärkt auf die Straße,
durchaus bereit zum Kampf mit den andern, denen man nicht die
    Haare geschnitten hat.

Aber auf einmal
ist die glatte Sicherheit deines gebügelten Rockes dahin;
die Angst ist da.
Angst sitzt in den dunkeln Vertiefungen deiner Nase,
mit der du die Luft einschaufelst;
das Blech am Kamin erzittert leise,
du hörst mit den Augen –

Sag etwas!
Sprich!
Prophezeie, wie es weiter werden wird!
Ob ich gepflegt sterbe, im Bett: umgeben von einem ernsten Professor,
    einer weißen Krankenschwester und süßlich riechenden Flaschen;
oder ob ich auf kalter Chaussee verrecke, ganz allein –
zu den andern Landstreichern habe ich manchmal französisch
    gesprochen, weil ich doch etwas Besseres gewesen bin;
ob ich mich zerhuste oder sacht im Sessel zurücksinke …
In das Weiße der Augen steigt langsam Rot auf –
welch ein Mitleid hast du mit dir!
Du betest dich hassend an.

Sprich!
Prophezeie:
Erfolg – Ansehen – Vergessenheit – Geldmangel – Demütigung; es
    gleiten die wohlgenährten Kameraden vorbei und klopfen dir
    ermunternd auf die Schulter, in leiser Schadenfreude.

Flocke. Geküßter Mund. Belebte Kopfkugel.
Mit mobilisierten Muskeln seht ihr euch beide an.
Noch ist nichts zu sehn. Noch seid ihr beide schön.
Tief unten knistert die Angst.

»Sie haben«, so sagt der Spiegelmann zu dem andern Mann,
»da ein Haar auf Ihrem Rockkragen!
Sehn Sie? es glänzt im Schein der abendlichen Lampe – das darf,
    merkwürdigerweise, nicht sein; nehmen Sie es bitte herunter –!«
Sorgsam entfernt ihr das Haar.

Ich gehe vom Spiegel fort.
Der andre auch –
Es ist kein Gespräch gewesen.
Die Augen blicken ins Leere,
mit dem Spiegelblick –
ohne den andern im Spiegel.

Allein.

TOURIST

Ich reise schon zwei Monate – bald bin ich gar nicht mehr da.

Die scharfen Schneidekanten der Eisenbahnschienen schälen mir
    im Gleiten die Aura herunter, eine Haut nach der andern –
        ich friere.

Jeden Abend: ein neues Zuhause.

Jeden Abend: das Klinkengefühl der Hand, der Orientierungsgang
    zu Toilette und Schreibzimmer – »Wo ist denn hier die Post –?«

am nächsten Morgen will das anwachsen, Du sagen –

nachmittags geht ein Zug.

Bekümmert gehe ich durch die langen Hotelkorridore, mit einem
    Schlüssel in der Hand: daran ist eine kindskopfgroße Kugel
    gebunden oder eine gewaltige Münze oder ein Stuhlbein –

der Schlüssel geht mit mir,

und unten werden wir beide abgegeben: er beim Portier, und ich
im Eßsaal,

und dann habe ich keinen Schlüssel mehr.

Beim Essen lese ich, den Kopf in die Hand gestützt, ich esse vom
Blatt.

Wieviel traurige Junggesellen sitzen um mich und tun ebenso;
wer bessert ihnen die Wäsche aus, nimmt ihnen die Bettbeichte ab,
leitet Jähzorn und gefleckten Mißmut in stille Kanäle –?

Manchmal stehe ich auf dem Aussichtsturm und sehe allein
hinunter.

Da liegt eine Stadt, Gebrauchsmusterschutz angemeldet, da liegt
eine Stadt.

Stumpfrote Dächer zeigen ihre Giebel, eine kleine Lokomotive
rutscht über schwarze Fäden; der geschwungene Bogen des
blanken Flusses beschämt meine Geographie …

Immer wird in der Stadt gehämmert und gebosselt, geklopft und
gestampft, in der Stadt. Immer bauen sie, nie sind sie fertig,
das ist das rauschende, zeugende Leben, müssen Sie wissen.

Wie schön wäre es, einmal in eine stille Stadt hinunterzusehen!

Wirbelnd im Meer der fremden Stadt, rette ich mich auf die
beleuchtete und geheizte Insel: das Hotel.

Reisen. Reisen. Die Wurzeln schleifen, blasse, dünne Fäden, die so
gern trinken wollen und einen Boden suchen, der ihnen schmeckt.

Jeder Mann seine eigene Erde.

NEBENAN

Es raschelt so im Nebenzimmer
im zweiten Stock, 310 –
ich sehe einen gelben Schimmer,
ich höre, doch ich kann nichts sehn.
 Lacht eine Frau? spricht da ein Mann?
 ich halte meinen Atem an –
 Sind das da zwei? was die wohl sagen?
 ich spüre Uhrgetick und Pulse schlagen …
 Ohr an die Wand. Was hör ich dann
  von nebenan –?

Knackt da ein Bett? Rauscht da ein Kissen?
Ist das mein Atem oder der
von jenen … alles will ich wissen!
Gib, Gott, den Lautverstärker her –!
 Ein Stöhnen; hab ichs nicht gewußt …
 Ich zecke an der fremden Lust;
 ich will sie voller Graun beneiden
 um jenes Dritte, über beiden,
  das weder sie noch er empfinden kann …
 »Marie –!«
  Zerplatzt.
  Ein Stubenmädchen war nur nebenan.

War ich als Kind wo eingeladen –:
nur auswärts schmeckt das Essen schön.
Bei andern siehst du die Fassaden,
hörst nur Musik und Lustgestöhn.
 Ich auch! ich auch! es greift die Hand
 nach einem nicht vorhandenen Land:
  Ja, da –! strahlt warmer Lampenschimmer.
  Ja, da ist Heimat und das Glück.
  In jeder Straße läßt du immer
  ein kleines Stückchen Herz zurück.
 Darfst nie der eigenen Schwäche fluchen;
 mußt immer nach einem Dolchstoß suchen.
  Ja, da könnt ich in Ruhe schreiben!
  Ja, hier –! hier möcht ich immer bleiben,
  in dieser Landschaft, wo wir stehn,
  und ich möchte nie mehr nach Hause gehn.

Schön ist nur, was niemals dein.
Es ist heiter, zu reisen, und schrecklich, zu sein.
    Ewiger, ewiger Wandersmann
    und das kleine Zimmer nebenan.

EHEKRACH

»Ja –!«
»Nein –!«
»Wer ist schuld?
        Du!«
»Himmeldonnerwetter, laß mich in Ruh!«
– »*Du* hast Tante Klara vorgeschlagen!
Du läßt dir von keinem Menschen was sagen!
Du hast immer solche Rosinen!
Du willst bloß, ich soll verdienen, verdienen –
Du hörst nie. Ich red dir gut zu …
Wer ist schuld –?
        Du.«
»Nein.«
»Ja.«

– »*Wer* hat den Kindern das Rodeln verboten?
Wer schimpft den ganzen Tag nach Noten?
Wessen Hemden muß ich stopfen und plätten?
Wem passen wieder nicht die Betten?
Wen muß man vorn und hinten bedienen?
Wer dreht sich um nach allen Blondinen?
                            Du –!«
»Nein.«
»Ja.«
»Wem ich das erzähle …!
                    Ob mir das einer glaubt !«
– »Und überhaupt –!«
            »Und überhaupt –!«
                        »Und überhaupt –!«

    (Der Erzengel spricht)
Ihr meint kein Wort von dem, was ihr sagt:
Ihr wißt nicht, was euch beide plagt.
Was ist der Nagel jeder Ehe?
Zu langes Zusammensein und zu große Nähe.

Menschen sind einsam. Suchen den andern.
Prallen zurück, wollen weiter wandern …
Bleiben schließlich … Diese Resignation:
Das ist die Ehe. Wird sie euch monoton?

Zankt euch nicht und versöhnt euch nicht:
Zeigt euch ein Kameradschaftsgesicht
und macht das Gesicht für den bösen Streit
lieber, wenn ihr alleine seid.

Gebt Ruhe, ihr Guten! Haltet still.
Jahre binden, auch wenn man nicht will.
Das ist schwer: ein Leben zu zwein.
Nur eins ist noch schwerer: einsam sein.

ERSATZ
Amanullah-Chan in Berlin

Einen richtigen König? Wir haben keinen
und daher borgen wir uns einen.

Sei gegrüßt, du schöne Gelegenheit!
Alles ist wie in alter Zeit:

Straßenabsperrung und Schutzmannsgäule,
Neugier der Kleinbürger, Hurra-Geheule,
Monokel-Kerle die Kreuz und die Quer
und: Militär! Militär! Militär!
Endlich wissen die deutschen Knaben,
wozu sie eine Reichswehr haben!
Dazu.

Denn wenn Deutschland was feiert,
kommt immer die Reichswehr angemeiert,
als der vollendete Ausdruck des Landes
und zur Erfrischung des Bürgerverstandes.
Im Spalier aber steht bei Aman Ullah-Chan
Er: der deutsche Untertan.

Wo wird denn der fremde König wohnen?
Er kann doch nicht auf dem Bahnhof thronen ...
Ein Palais? Ja, es tut uns furchtbar leid:
aber die Palais gehören zur Zeit
der republikanischen Fürstlichkeit.
Da mieten wir schon – laß die Arbeiter kollern! –
bescheiden ein Haus von den Hohenzollern.
(Von deinen Steuern.)
               Und mit mächtigem Getos
gehts los:

Generale und Admirale.
Bürgermeister und Ehrenpokale –
oben, auf dem Brandenburger Tor,
lugt eine richtige Feldwache vor
– sie spielen Krieg – als ob sie drauf lauern,
vor der Macht eines Königs zu erschauern.
Und in allen Augen ein Glanz:
Heil Aman Ullah im Siegerkranz!
(Unsrer ist leider – Gott seis gepfiffen –
leise weinend ausgekniffen.)

Und wer tommt denn da –?
Der liebe gute republikanische Kronprinz ist auch noch da!
Mit dem Geschmack von Papa
und mit Tatü und Tata
fährt er im Auto durch die Linden,
um in den Pferdeäppeln eine verlorene Krone zu finden.
Das gute Kind –! Wie die Rücken sich beugen
wie die Fräcke sich demutsvoll verneigen!
Uniformen blitzen ordensbesternt!
Das können sie. Das haben sie gelernt.
Lacht da einer? Da lacht keiner drüber.
Die Zeitungen schwappen vor Schwachsinn über,
berichten vom Präsidenten-Salon,
von Gala-Oper und Hühnerbouillon.
Der braune König wird Ehrendoktor ...
Und nur ein vaterlandsloser, verstockter
Roter sieht in der ganzen Musik
den schönen Traum einer Republik.

APAGE, JOSEPHINE, APAGE —!

In Wien zuckte neulich die Baker mit ihrem Popo,
denn es zieren die Kugeln ihrer Brüste manch schönes Revue-Tableau.
Auch tanzt sie bald auf dem rechten, bald auf dem linken Bein –
und schielen kann sie, daß das Weiße nur so erglänzt in ihren Äugelein.

Dies haben die Zentrums-Schwarzen, die jungen und die alten,
leider für eine Anspielung auf ihre Kirche gehalten.
Auch fühlten sie sich bedroht in ihrer Sittlichkeit,
und sie ließen die Glocken läuten, ganz wie in schwerer Zeit.
Drei Sühnegottesdienste stiegen auf zum österreichischen Himmel,
und die Bußglocke gefiel sich in einem moralischen Gebimmel.

Denn:
Wenn eine Tänzerin gut gewachsen ist
und einen Venus-Körper hat, der nicht aus Sachsen ist;
und wenn sie tanzt, daß nur der Rhythmus so knackt,
und wenn sie ein ganzes Theater bei allen Sinnen packt;
und wenn das Leben bunt ist hierzulande –:
das ist eine Schande.

Wenn aber Christus, der gesagt hat: »Du sollst nicht töten!«,
an seinem Kreuz sehen muß, wie sich die Felder blutig röten;
wenn die Pfaffen Kanonen und Flugzeuge segnen
und in den Feldgottesdiensten beten, daß es Blut möge regnen;
und wenn die Vertreter Gottes auf Erden
Soldaten-Hämmel treiben, auf daß sie geschlachtet werden;
und wenn die Glocken läuten: »Mord!« und die Choräle hallen:
»Mord! Ihr sollt eure Feinde niederknallen!«
Und wenn jemand so verrät den Gottessohn –:
Das ist keine Schande.
Das ist Religion.

ARME TELEPHONISTINNEN — !

Nanu? Wer sind denn diese beiden?
Wir müssen sie sorgfältig unterscheiden:

Die links ist ein Mädchen aus unseren Tagen.
Sie kann, was sie will, an Garderobe tragen:
einen kurzen, bequemen Rock – denn die Beine
sind schließlich natürlich, und nur gemeine
Schnüffler, Pfaffen und dumme Jungen
fühlen bei diesem Anblick Beunruhigungen.
Wir andern sehen vergnügt auf das Kind,
wenn nur ihre Beine grade sind.
Und sagen: »Das ist ein ganz nettes Dings –
die links.«

Die rechts ...

Ja, das werden Sie mir nicht glauben –
wenn Sie bitte freundlichst erlauben:

Die rechts ist kein altes Museumsstuck,
die kommt auch nicht vom Fasching zurück –
die ist ein Modell, züchtig, antik
für die *Telephonistin der Republik!*

Denn der Postminister hat soeben
diesen Erlaß herausgegeben:

»Um Einheitlichkeit zu schaffen, bestimme ich, daß das gesamte
im Fernsprech-, Telegraphen-, Postscheck-, Postbetriebs- und
Verwaltungsdienst beschäftigte *weibliche Personal* einschließlich der
Helferinnen während des Dienstes ein Berufskleid anzulegen hat,
dessen Länge mindestens 20 Zentimeter unterhalb des Knies
reichend sein soll.«

Dann sehen also alle – o Graus!
so wie die Vogelscheuche da aus?
Wie die *rechts*? So aller Freiheit beraubt?
Da sei eine kleine Bemerkung erlaubt:
Die Post mietet die Arbeitskraft
von Frauen, deren Arm etwas schafft,
die telephonieren, die registrieren,
die Bücher führen und Geld sortieren – –

Aber weiter nichts.

Keiner hat das Recht,
einem arbeitenden Frauengeschlecht
an den Knien herumzufingern, wie breit
der Rock sei – das ist eine Dreistigkeit.
Und wenn noch so viel Muckeraugen glimmen:
der Minister hat gar nichts zu bestimmen.
Das kann er seinen Töchtern erzählen!
Seinen Angestellten hat er nichts zu befehlen.
Die sind keine Sklaven. Die sind frei
und pfeifen auf solche Heuchelei.
Die gehen, wie es ihnen paßt!
Und wenn er nochmal unter die Röcke faßt,
dann klopft ihm auf die Hände, bis ihm die Lust vergeht …!
Da hilft nur eines, daß ihr zusammensteht!
Da hilft nur:

      Solidarität.

          Solidarität.

              Solidarität.

FÜR MAXIM GORKI

Zunge Rußlands!
Du hast für die Stummen gesprochen,
die nur mit den Armen winken konnten –
Mauern haben ihren Schrei erstickt,
Gendarmerieoffiziere haben ihnen den Mund geknebelt.
Trommeln haben gerasselt, wenn sie fielen –
du hast gesprochen.

Sie sind nach Sibirien gegangen,
während sich die falschen Genossen in der Duma so wichtig vorkamen
wie heute noch alle falschen Genossen in allen Parlamenten Europas ..
sie haben geweint, wenn es niemand gesehen hat,
und geklagt, wenn es niemand gehört hat –
du hast gesprochen.

Da steht Rußland,
sein Kopf hieß Lenin.

Du, Maxim Gorki, bist sein Herz.

DEINE WELT

Trudele dahin! Verkehre bei Ingenieuren!
Laß dich als Redakteur von Staatsanwälten verhören!
Sei eingeladen bei Snobs, die wichtigtuende Diplomaten
schnurrend umschleichen, besonders die aus den kleinen Staaten!
  Entflieh der Familie! Rutsch die soziale Leiter hinauf und hinab –:
  es spielt sich alles unter zweihundert Menschen ab.

Wohn an der Weser, der Oder, der Weichsel, der Elbe –
deine Gesellschaft bleibt immer, immer dieselbe.
Immer dieselben Fahrt- und Leidensgenossen,
wie mit Gittern sind dir die andern Gärten verschlossen.
  Freunde sind Schicksal, aber nicht zu knapp.
  Es spielt sich alles unter zweihundert Menschen ab.

Fahr nach Amerika! Wer steht im Hotel auf den Herrentoiletten?
Rosenfeld. Und er spricht: »Was machen Sie in Manhattan?«
Flieh zu den Eskimos, in des Eises kreischende Masse:
der Dicke im Pelz ist bestimmt ein Kind deiner Klasse.
  Jag durch die Welt vom nördlichen bis zum südlichen Kap –:
  es spielt sich alles unter zweihundert Menschen ab.

Jeder von uns armen menschlichen Kreaturen
ist der Mittelpunkt schöner symmetrischer Klangfiguren.
Jeder darin nur ein Stäubchen. Und außerdem
Besitzer von einem kleinen privaten Sonnensystem.
  Später im Himmel wollen wir der Seligkeit nah sein,
  aber es werden – mit Gott – wieder alle da sein.

Unsere Welt ist so klein. Dies mußt du wissen:
Ganze Klassen und Völker sind nur deines Lebens Kulissen;
du weißt, daß sie sind. Aber sei nicht verwundert:
du lebst ja doch nur inmitten deiner zweihundert.
Und hörst du auch fremde Länder und Kontinente erklingen:
du kannst ja gar nicht aus deinem Kreise springen!
  Von Stund an, wo sie dich pudern, bis zum gemieteten Grab
  spielt sich alles und alles und alles unter zweihundert Menschen ab.

HÄNDE AN DER SCHREIBMASCHINE

Meine Schrift kann niemand lesen,
nicht mal ich. Nur noch Chinesen
pinseln wichtig.
Ich will kein solch Pinseler bleiben.
Mit acht Fingern laßt mich schreiben!
Aber richtig!
Hebel rauscht, und Glöckchen klingt,
und die Schreibmaschine singt:

Firma Anton Eiermann
sel. Nachfolger
Würzburg an der Würze

                              Berlin NW 87, den heutigen

Sehr geehrter Herr!
Auf ihr gefl. wenn auch ausverschämtes Schreiben vom 16. d. M.
erlauben wir uns, Ihnen mitzuteilen, daß von einer unpünktlichen
Zahlung unsrerseits überhaupt keine Rede sein kann.
Sie haben uns bisher erst 9mal (in vier Wochen) gemahnt, und
kann das in Anbetracht der allgemeinen Geldknappheit nur als völlig
normal

Übung kommt so mit den Jahren.
Und ich schalte wie beim Fahren
dritten Gang ein.
Hoppla, Kurve! Achtung, Liebe!
Und ich schalte wie beim Fahren
jeden Klang ein.
Hebel rauscht, und Glöckchen zirpt,
und die Schreibmaschine wirbt:

Dir nur sagen, daß ich Dich so *leidenschaftlich* liebe, daß es schon al-
len meinen Bekannten auffällt, wie schlecht ich aussehe. Ich habe
im letzten Monat 8 (acht) Pfund abgenommen, und das alles auf
Dich herauf. Mein kleines Mäuseschwänzchen, wenn Du es irgend
einrichten kannst, dann komm doch Sonnabend schon ein bißchen
früher, aber zieh Dir nicht die Schlüpfer an, weil ich Dir etwas
Wichtiges

Tausend Finger laufen eilig
amtlich, dienstlich, polizeilich
    auf den Tasten.
Aufgebote für die Heirat,
das Gesuch beim Polizeirat,
    Steuerlasten.
    Hebel schnattern, Walze steht,
    und die Schreibmaschine fleht:

An den Herrn
    Regierungspräsidenten
        Magdeburg

In Erneuerung meines Gesuchs vom 5.4.23 erlaube ich mir erge-
benst auf beregte Angelegenheit zurückzukommen und um eine
Namensänderung nochmals dringendst zu bitten. Die Tatsache,
daß ich Schlotterhose heiße, hat mir bereits im geschäftlichen sowie
auch im privaten Leben außerordentlich geschadet, und bitte ich,
mir wenigstens durch einen Gnadenakt das
                        L
zu erlassen, wovon ich mir eine wesentliche
                                                    Besserung

Unser Leben, eingefangen,
ist durch dich hindurchgegangen,
        Guillotine!
Unsere Freuden, unsere Sorgen,
gestern, heute, übermorgen –
        o Maschine!
    Hebel wirbeln, Wagen knackt,
    und die Schreibmaschine tackt:

Sie dämliches Luder nur davor warnen, sich noch einmal im Ge-
schäft so mausig zu machen. Wo doch Ihre Tochter Lottchen in der
ganzen Straße bekannt ist als Rumtreibersche und auch Ihre Frau
abends immer sehr spät und nicht immer allein nach Hause komt
wenn Sie mal auf Geschäftstuhr sind Dass Ihr Sauberer Herr Sohn
ein Verfahren wegen der kleinen Wechselsache bei seiner Firma auf
dem Hals hat, wird er Ihnen wohl nicht gesagt haben aber ich sage
es Ihnen Sie Ochsenpantoffel!
                    Ein Freund des Hauses!

Alles weißt du, Maschine, immer stehst du startbereit!
In dir ist unser Beruf, unser Leben und unsre ganze Zeit.
Sogar auf Reisen kommst du mit, praktisch und gut verpackt,
bis eines Tages zum letzten Male dein Hebel knackt.

Millionen Konzerte steigen täglich auf aus Stahl und Papier.
Was wären wir ohne dich, du Geschäftsklavier –!

MEINE FLIEGER – DEINE FLIEGER

Unsere Flieger haben über den Ozean gemacht –
   deutsche Energie! deutsche Energie!
Unsere Flieger hatten eine Schreckensnacht –
   so was war noch nie!
     Hier ihre Biographie!
     Kikeriki –!
Und wir brüllen, daß es durch die Straßen gellt:
»Unsere Flieger sind die ersten auf der Welt!«
   Eure Flieger sind ganz nette Leute –
   aber kleingedruckt, auf der zweuten Seute.

Unsere Flieger sind der Stolz des Landes!
   Vive la France! Quelle rumeur!
Unsere Flieger sind der Gipfel ihres Standes –
   Réception et la Légion d'Honneur!
Und dahinter stehn die Industrien,
und sie grinsen in Paris wie in Berlin …
   Eure Flieger sind ja schließlich nur
   eine kleine zweite Garnitur.

Unsere Flieger fliegen heut nach Mexiko!
   Gods own country – our America!
Unsere Flieger halten das Niveau –
   For the colonel:
      Hip, Hip, Hurra!

Jede Zeitung hat uns das gesagt:
Hat da einer einen Flug gewagt,
wächst empor zum höchsten Firmament
noch der allerdümmste Abonnent.
– »Weil du, Landsmann, doch aus gleichem Holz bist,
bin auch ich ein Held, der johlend tanzt!«
Sage mir, worauf du stolz bist,
und ich sage dir, was du mir kannst.
    Unsere Flieger! Unsere Flieger!
    Die sind Sieger! Die sind Sieger!
Eure Flieger, gar nicht zu vergleichen,
können unsern nicht das Wasser reichen.

Will der Stammtisch aller Welt nicht ohne Lust sein –:
braucht er
        Kino, Kirche und das Nationalbewußtsein.

FRAGEN AN EINE ARBEITERFRAU

Bist du sein guter Kamerad
und stehst an seiner Seite –?
    Und bist du ihm auf jedem Pfad
    im Kampf mit diesem Klassenstaat
      Gesellschaft und Geleite –?

Hat er die Frau, die ihn versteht?
Ist euch *ein* Lied erklungen?
    Und weißt du auch, warum er spät
    noch abends in Versammlung geht:
      für dich und deinen Jungen –?

Und ist dein Herz denn auch dabei?
Seid ihr die richtige Zweiheit?
    Und machst nicht nur die Kocherei?
    und tust auch was für die Partei?
      Für Licht und Luft und Freiheit ?

Und hilfst du ihm auch für und für
im Wirken und im Schaffen?
    Und bildest du dich nach Gebühr?
    und stehst nicht an der Kirchentür?
      und hörst auf keinen Pfaffen –?

Und hältst du ihn auch nicht zurück,
wenn rote Fahnen rufen –?
   Er kämpft für euer Lebensglück!
   Geh mit ein Stück! Geh mit ein Stück!
    Empor zu neuen Stufen –!

Du, Mutter, halt den Alten jung:
es kann ihm gar nichts schaden.
   Du, Frau, trägst viel Verantwortung.

   Und hoch ertönt im neuen Schwung
    das Lied – das Lied
   vom guten Kameraden –!

SONNTAGSMORGEN, IM BETT

Was – was ist?
Ach so. Heute ist Sonntag. Da kann ich noch liegen.
Mit den Schultern kuscheln. Mich ans Kopfkissen schmiegen –
Aus alter Gewohnheit wacht man sonntags immer
so früh auf wie wochentags – das kommt vielleicht von dem Schimmer
da von den Jalousien – was ist denn das für ein Geratter und Gebraus?
Na, jedenfalls heute muß ich nicht raus.

Ich kann heute ganz stille liegen und ruhn.
Und muß gar nichts. Und hier kann mir keiner was tun.
So ein Bett ist eigentlich eine schöne Sache –
da müßte noch so eine Sonnenplache
drüber sein, und dann fährt man damit überall hin.
Woher kommt das, daß ich heute so furchtbar müde bin –?
Gestern abend haben wir wesentlich zu viel Schwedenpunsch getrunken
Paul war zum Schluß ganz in seinen Sessel versunken;
ich habe auch noch so einen komischen Geschmack im Mund
und – –

Halb neun! Da muß ich richtig wieder eingeschlafen sein.
Sonntagsmorgen im Bett, das ist fein.
Das heißt: Was nun noch kommt, ist weniger schön …
Heute muß ich zu Onkel Otto und Tante Frieda gehn –
Margot ist auch da, die keusche Lilie …

Warum, lieber Gott, ist man sonntags stets in Familie?
Vor Tisch sind sie beleidigt, und nach Tisch sind sie satt –
wenn ich dran denke, wird mir jetzt schon ganz matt.

Abends ist Theater … morgen muß ich unbedingt mal mit Kempner
   telephonieren:
Er muß mir die Diele billiger tapezieren –
achtzig ist zu viel – der Junge ist wohl nicht ganz gesund!
und – –

Halb zehn!
»Willi! Aufstehn! Aufstehn!«
Ja doch, ja!
Ich stehe ja schon auf, Mama –

Jetzt geht der Sonntag los! Nein: eigentlich ist er jetzt vorbei.
Jetzt kommen die Zeitungen und Briefe und Telephon und Geschrei.
Das ist nun weniger geruhsam und labend …

Aber so ist das im Leben:
Das Schönste vom Sonntag ist der Sonnabend Abend.

VOR UND NACH DEN WAHLEN

Also diesmal muß alles ganz anders werden!
Diesmal: endgültiger Original-Friede auf Erden!
Diesmal: Aufbau! Abbau! und Demokratie!
Diesmal: die Herrschaft des arbeitenden Volkes wie noch nie!
                  Diesmal.

Und mit ernsten Gesichtern sagen Propheten prophetische Sachen:
»Was meinen Sie, werden die deutschen Wahlen im Ausland für
                        Eindruck machen!«
Und sie verkünden aus Bärten und unter deutschen Brillen
– wegen Nichtkiekenkönnens – den höchstwahrscheinlichen
                        Volkeswillen.
Sprechen wird aus der Urne die große Sphinx:
Die Wahlen ergeben diesmal einen Ruck nach links.

        ←———————————————

           So:

Diesmal werden sie nach den Wahlen den Reichstag betreten,
diesmal werden sie zum Heiligen Kompromisius beten;
diesmal erscheinen die ältesten Greise mit Podagra,
denn wenn die Wahlen vorbei sein werden, sind sie alle wieder da.
                    Diesmal.

Und mit ernsten Gesichtern werden sie unter langem Parlamentieren
wirklich einen Ruck nach links konstatieren.

Damit es aber kein Unglück gibt in der himmlischsten aller Welten,
und damit sich die Richter nicht am Zug der Freiheit erkälten,
und überhaupt zur Rettung des deutsch-katholischen-industriellen
                                        Junkergeschlechts
machen nach den Wahlen alle Parteien einen Ruck nach rechts.
                    So:

——————————————————————————————————→

Auf diese Weise geht in dem deutschen Reichstagshaus
alle Gewalt nebbich vom Volke aus.

DAS PARLAMENT

Ob die Sozialisten in den Reichstag ziehn –
        is ja janz ejal!
Ob der Vater Wirth will nach links entfliehn,
oder ob er kuscht wegen Disziplin –
        is ja janz ejal!
Ob die Volkspartei mit den Schiele-Augen
einen hinmacht mitten ins Lokal
und den Demokraten auf die Hühneraugen …
        is ja janz ejal!
            is ja janz ejal!
                is ja janz ejal –!

Die Plakate kleben an den Mauern –
        is ja janz ejal!
mit dem Schmus für Städter und für Bauern –
»Zwölfte Stunde!« – »Soll die Schande dauern?«
        is ja janz ejal!

Kennt ihr jene, die dahinter sitzen
und die Schnüre ziehn bei jeder Wahl?
Wie im Bockbiersaal die Propagandafritzen
sich halb heiser brüllen und dabei Bäche schwitzen –:
    is ja janz ejal!
      is ja janz ejal!
        is ja janz ejal –!

Ob die Funktionäre ganz und gar verrosten –
    is ja janz ejal!
Ob der schöne Rudi den Ministerposten
endlich kriegt – (das wird nicht billig kosten) –
    is ja janz ejal!
Dein Geschick, Deutschland, machen Industrien,
Banken und die Schiffahrtskompagnien –
    welch ein Bumstheater ist die Wahl!
Reg dich auf und reg dich ab im Grimme!
Wähle, wähle! Doch des Volkes Stimme
    is ja janz ejal!
      is ja janz ejal!
        is ja janz ejal –!

KONJUGATION IN DEUTSCHER SPRACHE

Ich persönlich liebe
du liebst irgendwie
er betätigt sich sexuell
wir sind erotisch eingestellt
ihr liebt mit am besten
sie leiten die Abteilung: Liebe.

SOZIALDEMOKRATISCHE EHRENTAFEL

Das sind sie.
             So sehen die aus,
die im Kriegsgebraus
gleich den Kopf verloren haben,
die wackern Knaben,
und die mitbrüllten für Kaiser und Reich –
obschon und obgleich …
Zwei Tage vorher: Protestresolution.
Zwei Tage nachher: da waren sie schon
mittenmang, brave Unteroffiziere –
    Obgleich und obschon …
             Revolution –

Da behüteten sie allerdings
den Laden vor einem Umsturz von links.
Erst die Ordnung – dann die Proleten!
Achtung! In zwei Glieder angetreten!
Fritz Ebert, von brennendem Ehrgeiz durchflossen …
»Achtung! Wer weitergeht, wird erschossen!«
Der Bursche, der das schrieb, ist heute noch dabei,
der gehört noch heute zur Partei.

Arme Partei! Dafür hat Bebel gestritten,
dafür haben Tausende für dich gelitten –
    für die da –?

Für solche Klassensoldaten?
Sie haben
    Verraten. Verraten. Verraten.

DAS NEUE GEFANGENEN-MUSEUM

Da wird jetzt ein neues Museum gebaut –
 heidi!
Das zeigt uns, wie man Gefangene verstaut –
 hopla he!
 Und wie man das einmal früher gemacht;
 und wie man einst die Verbrecher bewacht;
 und wie wirs so herrlich weit gebracht –
 Ehre sei Gott in der Höhe –!

Wird alles darin zu sehen sein?
 heidi?
Es gibt da so reizende Kämmerlein –
 hopla he!
 Darin stinkt es nachts nach menschlichem Kot,
 da verkümmert so mancher in seiner Not
 und wartet auf den Gefängnis-Tod –
 Ehre sei Gott in der Höhe –!

Stellt nur alles in diesem Museum aus!
 heidi!
Das fade Futter und allen Graus –
 hopla he!
 Und lasset uns doch auch ja nicht vergessen
 die Fotos der viereckigen Aufseherfressen,
 und die Qual des Mannes, der in Grau lebt,
 und der Jahr um Jahr allein ohne Frau lebt – –
 Stellt das aus, wenn ihr Mut habt!
 Stellt das aus –!

Wann, Proletariat, holst du die aus den Zuchthäusern heraus,
die für dich da sitzen, die für dich da krepieren?
die für dich Tüten kleben und Schränke polieren?

Wir hören nachts euer Weinen und euer Gekeuch.
Einen Gruß in die Zellen –!
   Wir denken an euch!

NACH DER WAHL

Nun haben sie in der regulären Frist
– und weil jeder Deutsche ein geborener schlechter Redner ist –
die langen Schachtelsätze auf den Podien aufgesagt
und sich und die armen Zuhörer geplagt
und mit Ziffern und »Meine Herren!« genau bewiesen,
daß wir mit einem Bein im Abgrund ständen und mit dem andern
im Paradiesen.
Jetzt sind die Wahlen vorbei. Jetzt hat der Wähler sei' Ruh –
Und nu –?

Nun werden die Abgeordneten mit wichtigen Gesichtern und
Aktenmappen
in den Reichstag laufen, um dort Gerüchte und Gerichte
einzuschnappen:
Gerüchte: aus der mäßigen Küche der Wilhelmstraße –
Gerichte: im Reichstagsrestaurant, mäßig in gleichem Maße …
Auch werden dort Resolutionen gefaßt und mit Brillengefunkel
Statistiken verlesen,
wie die Säuglingssterblichkeit im Jahre 1808 bei den Eskimos gewesen;
ein Ministerialrat steht auf und weiß: ihm kann nix g'schehn –
denn wenn alle Abgeordneten nicht mehr da sind – er bleibt immer
bestehn –
und daher hat er auch einen bescheiden-großen Mund …
Na und –?

Und für die Eisenmänner und Stahlleute und Grubenbarone und
Kohlenfritzen
tun die Abgeordneten auf breiten vaterländischen Gesäßen sitzen
und rufen: Deutschland! und meinen Dividenden!
und ihre Unersättlichkeit will nimmer enden …
Und so ganz nebenbei fallen aus dem Reichstagshaus
mächtig dicke Strafgesetzbücher heraus,
daß es, sieht man sich die Dinger näher an,
mit Recht einen alten Hund jammern kann.

Der Wähler indessen in guter Ruh
sieht dem Treiben gemächlich zu
und glaubt treu und brav – bis zum nächsten Mal –
an die Wirksamkeit einer Reichstagswahl.

AUS DER FERNE

Mein Bett steht auf der menschenleeren Insel,
und drum herum ein kleines Haus;
bei mir ist Courteline, ein Seifenpinsel,
und nachts zur Unterhaltung eine Maus.
    Hier gibt es keine Wasserleitung,
    mein Essen kocht ein vegetarscher Greis;
ich bin seit Wochen ohne Zeitung ...
    Sag mir nichts –
        ich weiß.

Ich weiß, die Volkspartei berät mit Scholzen,
ob sie und oder ob sie nicht;
ich weiß, daß sie in China sich verholzen;
ich weiß, im Blatte prangt manch arm Gesicht.
    Die Wandervögel wolln nach Flandern wandern;
    Herr Liedtke kriegt den nächsten Schönheitspreis,
und eilt, beim Golf, von einem Loch zum andern ...
    Sag mir nichts –
        ich weiß.

Herr Wolfgang Goetz machts immer noch historisch;
Herr Nobile ist eigentlich eine Frau;
der Leitartikel fordert kategorisch;
Herr Thomas Mann bemüht sich.
                                Börse flau.
    Herr Strauß tut seine Impotenz vertonen.
    In Bitterfeld tagt still und leis
der Reichsverband vertriebener Embryonen ...
    erzähl mir nichts –!
                            Eis
                            Mais
                            Reis
                            ...

STILLES PLÄTZCHEN FÜR DIE MORGENLEKTÜRE

Da lese ich soeben in meiner Morgenzeitung,
daß eine Fliegerin ohne alle Begleitung
über den Nordpol geflogen ist!
    Wenn das nicht gelogen ist:
       kann ich nur sagen, weh dem, der diese Frau liebt!
    Nein, was es doch alles für gefährliche Sachen gibt –!

Da! – In New York hat ein Mann gewettet,
daß er mit verbundenen Augen durch die ganze Stadt gehen will –
sie haben ihn grade noch gerettet;
er lag schon vor einem abgebremsten Automobil!
    Einen Meter weiter, und keinen Dollar wert war sein Leben!
    In was für Gefahren sich so die Leute begeben …!

Da hat – also man sollte es nicht für möglich halten! –
ein Mann zum achten Mal geheiratet; einer von den ganzen Alten,
er ist heute genau zweiundachtzig Jahr,
    der Junge ist gut!
Acht Mal …! Dazu gehört Mut!
Wenn man so denkt, wofür die Leute ihr Leben wegwerfen,
kann man nur sagen:
            es gibt doch noch Menschen mit Nerven –!

DIE SCHLAGZEILE

Wenn in der Welt was passiert,
wenn sich Nordchina halbiert –:
was braucht der Redakteur in Eile?
Die Zeile!
Die fette Zeile!
So:

Wenn die Thermometer erglühn,
ist es sehr heiß in Berlin,
schreib:
Berlin die heißeste Stadt der Welt!

Wenn Poincaré leise niest,
weil es draußen so gießt,
schreib:
Poincarés Sturz unmittelbar bevorstehend!

Ist ein Luftschiff gestrandet,
das in Spitzbergen gelandet,
schreib:
Ein dritter Pol entdeckt!

Macht einer Experimönte
und sagt, daß er vielleicht einmal könnte …
schreib:
**Deutschland hat die künstliche
Menschenfabrikation erfunden!**

Gib auch nie aus den Händen
– das kannst du immer verwenden –
Die Zeile:
Krise im Reich!

Und nach so gediegener Verbreitung
druck vorne auf deine Zeitung:
Die Pressa, eine deutsche Kulturschau!

OLYMPIADE

Heute ist infolge von Olympia-Siegen
   unsere Flagge sieben Mal hochgestiegen!
   Demzufolge laßt uns brüllen:
   »Hoch …!«
                              (nach Belieben auszufüllen).
Da schlägt jede Nation Kobolz –
worauf sind die eigentlich stolz?

Wenn Herr Körnig erster Mann wird,
      haben sie gesiegt.
Wenn er nur als Zweiter anschwirrt,
      haben sie gesiegt.
Wird er Dritter, wird er Vierter,
      haben sie gesiegt.
Wird er aber Letztchargierter,
      haben sie auch gesiegt.
Ob sie vorne oder hinten liegen,
sie tun egalweg nur siegen.
      Und damit es jeden mal ereilt,
      wird der Stolz hübsch sauber aufgeteilt:

Läuft ein Mann aus Japan durch das Ziel;
      schrein die Japaner.
Siegt ein U.S.A.-Mann in dem Spiel,
      brüllen die Amerikaner.
Siegt ein Fechter von den Herrn Faschisten,
      steigt ein brausender Chor;
siegt ein Jude, nehmen die Zionisten
      eine doppelte Beschneidung vor.
So läßt jeder von den bunten Gruppen
seinen höchst privaten Vogel huppen.

Sagt mal, habt ihr Nurmis Beine?
Seid ihr stolz auf Peltzern seine?
Seid ihr stolz auf das, was andere tun?

Lassen wir die Stadion-Helden ruhn.

Denn dies amsterdamer Treiben, wie ich meine,
ist das Spaßvergnügen aufgeregter Skatvereine.

MÄDCHEN AUS SAMOA

Ich bin ein Mädchen aus Samoa. Wir gingen
    mit Schmuckketten und einem Schurz bekleidet,
die Tiere des Waldes haben uns um unsere Schönheit beneidet –
    wir waren frei wie sie.
Dann aber sind die weißen Fremden in unser Land gekommen
und haben uns unsere Götter und unsere Felder fortgenommen –
    was haben sie uns dafür gegeben?

Ihre Missionare gaben uns einen Aberglauben und Plappergebete;
ihre Kaufleute gaben uns Whisky, bedruckten Kattun und Eisengeräte –
    seit wir es kennen, brauchen wir das.
Ihre Soldaten gaben uns eine neue Art, zu morden und zu henken;
ihre Männer gaben uns die Syphilis benebst einigen andern Geschenken –
    das haben sie uns dafür gegeben!

In meinen tiefen Augen liegt noch die Schönheit unserer Allmutter Natur;
um meine Beine schlottert schon der Rock der Zivilisation – wartet nur:
    noch bin ich halb.
Eines Tages aber werden wir alle die europäischen Gaben gegen die
                                Ausbeuter wenden,
Telegraphen und Automobile bedienen wir mit unsern braunen Händen;
eines Tages kämpfen wir, braune und gelbe Arbeiter für unser eigenes
                                        Leben:
eines Tages werden die Kontinente sich ihre Freiheit geben –!
Denn *ein* Schrei geht durch die Welt, *eine* Sehnsucht –
    aus schwer arbeitender Brust ein Gekeuch:
Proletarier aller Länder, vereinigt Euch!

SCHIFFSTAUFE

Erst haben sie alle Nein gesagt,
dann haben sie alle Ja gesagt –
   jetzt ist das Ding bewilligt.
Die Reichswehr treibt nun Wassersport,
und kriegt für unser Geld hinfort
   einen Torfkahn zugebilligt.
     Wie soll er denn heißen?

Ein Kriegsschiff ist das eigentlich nicht.
Sie sollen nur bei »Luken dicht!«
   die Knochen zusammenreißen.
Denn dieser stählerne Kahn für Torf
ist eigentlich – ja, was für ein Dorf …?
     Wie soll er denn heißen –?

Weil hoffentlich zu hoffen steht,
daß dieses Schiff vom Stapel geht,
   bevor wir alle tot sind;
und weil Matrosen, die so viel
für uns getan dereinst in Kiel
   blaue Hosen tragen, die rot sind –:

Deshalb zerschelle ich an der Seite des Feldkaplanes
eine Flasche Sekt am Bug dieses Kahnes
    und taufe ihn
    voll Disziplin:
         Panzerkreuzer Potemkin.

GESANG DER ENGLISCHEN CHORKNABEN

Ehre sei Gott in der Hö-hö-he!

Wer hat die Wanzen und Flö-hö-he?
   Die Armen,
   die Armen –

Oh, habet Erbarmen!
   Die Reichen
   die Reichen
die brauchen das nicht;
sie liegen auf weichen,
weichen Kissen im Licht
oder bei ihren Damen –
   Amen.

Ehre sei Gott in der ersten Etage!
   Courage! Courage!
Macht eure Fabrik auch mal Plei-hei-te,
die Kirche, die steht euch zur Sei-hei-te
und gibt euch stets das Geleite:
   sie beugt dem Proleten den Rücken krumm
   und hält ihn sein ganzes Leben lang dumm,
   und segnet den Staat und seine Soldaten,
   die Unternehmer und Potentaten
   und segnet überhaupt jede Schweinerei
   und ist allemal dabei.
Jeder lebe in seinem Rahmen:
unten die Arbeitsamen
und oben die mit den Börseneinnahmen –
   Amen.

Ehre den Gott der herrschenden Klassen!
   Wir zähmen die Massen!
   Wir lassen sie beten,
   wenn sie getreten;
   wir lassen sie singen,
   wenn sie vor Hunger zerspringen;
   wir lassen sie knien:
   Wir wollen den Proletarier erziehn
      zu einem geduldigen
      unschuldigen
      Arbeitstier –
              I-A! I-A!
   Hallelujah!

Oh, tut doch nimmer im Beten erlahmen!
und höret auf der Kirche Reklamen –
jedes Ding, das ihr schiebt, schiebt ihr in IHREM Namen
   Amen!

WENN DIE IGEL IN DER ABENDSTUNDE
Für achtstimmigen Männerchor

Wenn die Igel in der Abendstunde
still nach ihren Mäusen gehn,
hing auch ich verzückt an deinem Munde,
und es war um mich geschehn –
    Anna-Luise –!

Dein Papa ist kühn und Geometer,
er hat zwei Kanarienvögelein;
auf den Sonnabend aber geht er
gern zum Pilsner in'n Gesangverein –
    Anna-Luise –!

Fragt' ich: »Wirst die meine du in Bälde?«,
blicktest du voll süßer Träumerei
auf das grüne Vandervelde,
und du dachtest dir dein Teil dabei,
    Anna-Luise –!

Und du gabst dich mir im Unterholze
einmal hin und einmal her,
und du fragtest mich mit deutschem Stolze,
ob ich auch im Krieg gewesen wär …
    Anna-Luise –!

Ach, ich habe dich ja so belogen!
Hab gesagt, mir wär ein Kreuz von Eisen wert,
als Gefreiter wär ich ausgezogen,
und als Hauptmann wär ich heimgekehrt –
    Anna-Luise –!

Als wir standen bei der Eberesche,
wo der Kronprinz einst gepflanzet hat,
raschelte ganz leise deine Wäsche,
und du strichst dir deine Röcke glatt,
    Anna-Luise –!

Möchtest nie wo andershin du strichen!
Siehst du dort die ersten Sterne gehn?
Habe Dank für alle unvergesserlichen
Stunden und auf Wiedersehn!
    Anna-Luise –!

Denn der schönste Platz, der hier auf Erden mein,
das ist Heidelberg in Wien am Rhein,
    Seemannslos.

Keine, die wie du die Flöte bliese …!
Lebe wohl! Leb wohl.
    Anna-Luise –!

START

Du wirst mal Kanzleisekretär –
    mä –! bä –!
Dann hängt dir vorne ein Bauch von Schmeer
und Briefmarken sammelst du nebenher,
und du liebst die Autorität und das Heer –
    Na, nu weine man nicht!
    Na, nu weine man nicht!
    In der Röhre stehn Klöße,
    du siehst sie bloß nicht! –

Du wirst mal Geschäftsprinzipal –
    mä –! bä –!
Untenrum dick und obenrum kahl,
mit dem Maulwerk egalweg sozial,
und im Herzen natürlich deutsch-national –
    Na, nu weine man nicht!

Du wirst mal Landgerichtspräsident!
    Kille-kille!
Einer, der die Gesetzbücher kennt,
einer, der in den Sitzungen pennt,
und die Fresse zerhackt wie ein Korpsstudent –
    kille … kille … kille …!

Du wirst mal eine große Hu –
    hopla-hopp!
Du liebst, wenn er zahlt. Und lächelst dazu.
Und gehts mal schief, verlier nicht die Ruh.
Du hast ja Geld – *dir* treiben sie deine Sorgen ab im Nu …
    hopla-hopp!

Du wirst mal Gewerkschaftssekretär –
    na, nu weine man nicht –!
Zunächst gehst du klein und bescheiden einher;
doch hast du erst den feinen Verkehr,
dann kennst du deine Genossen nicht mehr –
    in der Röhre stehn Klöße,
    du siehst sie bloß nicht –!

    Su – su –
    Na, und du –?

Du, mein Junge, sollst mal auf Erden
ein anständiger Proletarier werden,
der ein Herz hat für seiner Klasse Beschwerden –!
    Ein ganzer Mann.
                Feste, geh ran –!
Das wirst du lernen, bist du einmal groß –:
Jede Klasse zimmert sich selber ihr Los.

TRÄUMEREI AUF EINEM HAVELSEE

Ich bin Prokurist einer Wäschefabrik,
Sternberg, Guttmann & Sohn.
Mein Segelboot heißt ›Heil und Sieg‹,
zwei Stunden lieg ich hier schon
    und seh auf die Kiefern und in das Wasser hinein –
    auf meinem Boot ganz allein.

Urlaub hatte ich im August,
ich war in Norderney,
mit Lilly … ihre linke Brust
sieht aus wie ein kleines Ei.
    Wenn man sie da kneift, dann wird sie gemein –
    auf meinem Boot ganz allein.

Graske ist ein gemeiner Hund,
ein falsches Aas – er tut bloß so …
er weiß, der Alte ist nicht ganz gesund;
wenn mans merkt, bleibt er länger im Büro.
    Und dem Junior kriecht er jetzt auch hinten rein –
    auf meinem Boot ganz allein.

Mutter wird alt. Wie alt … warte mal:
vierundsechzig, nein: achtundsechzig, genau.
Grete soll ganz still sein; sie pöbelt mit ihrem Personal
wie eine Schlächtersfrau.
    Ich frage mich: muß eigentlich Verwandtschaft sein?
      auf meinem Boot ganz allein.

Ich habe es schließlich zu was gebracht,
ich geh auf den Presseball;
auf Reisen fahr ich Zweiter; die Jacht
hier hieß früher ›Nachtigall‹.
Quatsch. Jetzt heißt sie richtig. Manchmal lade ich Willi und Ottmar ein –
nein, Ottmar nicht, der hat mich bei den jungen Aktien
nicht mitgenommen – schließlich werd ich dem Affen doch
nicht nachlaufen, das hab ich nicht nötig; stehen jetzt 192, 193 …
wo ist denn die Zeitung? –
      auf meinem Boot ganz allein.

Das ist meine liebste Erholungszeit,
      auf meinem Boot ganz allein.
Kein Mensch ist zu sehen weit und breit –
      kann man einsamer sein?
Eine Welle gluckst. Ich bin einsam. Zwar
      die Inventur beginnt morgen,
und wie die Sirenen mit schwimmendem Haar
      ziehn im See meine Sorgen:

      Lilly, Mama und die Wäschefabrik,
die Reparatur von ›Heil und Sieg‹,
Graske und Ottmar, der Egoist;
wer im Silbenrätsel ›Fayence-Maler‹ ist –;
der Krach mit dem Chef von der Expedition;
die Weihnachtsgratifikation –
sonst aber schwimme ich hier im märkischen Sonnenschein –
      auf meinem Boot ganz allein.

ASYL FÜR OBDACHLOSE!

Und stehst du einmal am Ende
und hast keine Bleibe, kein Brot –
dann falte zufrieden die Hände,
man sorgt für deine Not.
    Es gibt für solche Zwecke
    ein Asyl – da findet der Mob
    ein eisernes Bett, eine Decke
    und einen alten blechernen Topp.

Hast du dein ganzes Leben
geschuftet wie ein Vieh;
und gehts dir im Alter daneben,
entläßt dich die Industrie –:
    dann heißt es noch lang nicht: Verrecke!
    Der Staat gibt dir sachlich und grob
    ein eisernes Bett, eine Decke
    und einen alten, blechernen Topp.

Manche auf diesem Planeten
leben bei Sekt und Kapaun.
Ja, solln sie vielleicht dem Proleten
einen Palast aufbaun –?
    Andre verrecken im Drecke.
    Du hasts noch gut – na, und ob!
    Du hast im Asyl eine Ecke,
    ein eisernes Bett, eine Decke
    und einen alten blechernen Topp!

Wohltaten, Mensch, sind nichts als Dampf.
Hol dir dein Recht im Klassenkampf –!

DAS WELTWORT

Es gibt in allen Sprachen ein Wort,
das geht von Mund zu Munde;
es pflanzt sich durch die Lande fort,
und überall machts die Runde.
Es war einmal gewiß kein Feingut,
doch nach dem Kriege wurd es Allgemeingut.
   Weil ich ein feiner Knabe bin –:
   wie sag ichs meiner Leserin,
   so, daß ich doch gesittet bleibe …?
   Vielleicht:
                    Ja, Scheibe –?

Herr Sternheim ist so mächtig eitel –
er wünscht sich Rosen auf den Schei –
                Ja, Scheibe.

Willst du hier eine Ehe trennen,
so mußt du einen Grund benennen;
drei Männchen in Talarverkleidung,
die wühlen im Morast der Schei –
                Ja, Scheibe.

Daß Deutschland militärisch bleibe,
schießt jeder Stahlhelmfritze nach der Schei –
                Ja, Scheibe.
(Schießscheiben stehen aller Enden,
dies Wort ist nur mit Vorsicht zu verwenden.)

Auf daß er seine Frau in Seide lege,
kratzt mancher Arzt manchmal am Schei –
                Ja, Scheibe.

Das Kabinett? Mir scheint, als ob mir schiene:
sie machten Wahlen gegen die Marine,
dann fallen sie um und willigen für 'nen Kreuzer ein.
Das ist des Müllers Lust. Wie oft trügt doch der Schei –
                Ja, Scheibe.

In allen Sprachen gibt es dies Wort,
das geht von Mund zu Munde;
es pflanzt sich durch alle Länder fort
und überall macht es die Runde.
Es paßt auf alles in der Welt ...
nur ein Ding gibts, das nicht darunter fällt.
  Dies Ding – ein jeder Kenner siehts –
  ist unsere deutsche Strafjustiz.
  Denn die – mit ihrem Riesenfleiße –
  die letzte Zeile fehlt.
        Ich weisse, was ich weisse.

SIE SCHLÄFT

Morgens, vom letzten Schlaf ein Stück,
nimm mich ein bißchen mit –
auf deinem Traumboot zu gleiten ist Glück –
Die Zeituhr geht ihren harten Schritt ...
   pick-pack ...

»Sie schläft mit ihm« ist ein gutes Wort.
Im Schlaf fließt das Dunkle zusammen.
Zwei sind keins. Es knistern die kleinen Flammen,
aber dein Atem fächelt sie fort.
Ich bin aus der Welt. Ich will nie wieder in sie zurück –
jetzt, wo du nicht bist, bist du ganz mein.
Morgens, im letzten Schlummer ein Stück,
kann ich dein Gefährte sein.

»MASSE MENSCH«

Ich bin die Masse.
                    Ich bin niemand und alle.
Ich fühle mich und ahne dumpf, was ich will.
Wenn ich mich einmal zusammenballe,
wird das einzelne Ding in mir still.
    Ein Ruf nur:
    »Rule Britannia –!«

Untertauchen in mir Angestellte und Fabrikanten,
Volksschullehrerinnen und Präsidenten vom Fußballverein:
alle sehen mit dem gleichen gespannten
Ausdruck nach vorn – alle sind nur noch ein
    Leib, ein Herz, eine einzige Demokratie:
    »Allons, enfants de la patrie –!«

Hunderttausend Willen sind in meinem –
aber ich bin mehr als die Hunderttausend.
Tausend Gesichter habe ich und habe doch kein Gesicht.
Mein ist die Stadt, wenn ich rufend und brausend
durch die Straßen ziehe, Mann gegen Mann,
    bis an die Häuser gepreßt, dicht …
    »Deutschland über alles –!«

Ich bin die Masse.
                    Ich bin niemand und alle.
In mir bist du geborgen. Ich bin ein Wilder,
                    ein wankelmütiges Kind.
Was ich heute gewollt, habe ich morgen vergessen. Ich falle,
laufen sie auseinander, zusammen wie Laub im Wind.
    Man kann mich belügen. Aber nur einmal betören …
    Ich bin die Kraft jedes Volkes.
    Und du sollst auf mich hören.

BERLINER HERBST
Für Paul Graetz

Denn, so um'm September rum,
denn kriejn se wacklije Beene –
die Fliejen nämlich. Denn rummeln se so
und machen sich janz kleene.
    Nee –
        fliejn wolln se nich mehr.

Wenn se schon so ankomm, 'n bisken benaut …
denn krabbeln se so anne Scheihm;
oda se summ noch 'n bisken laut,
aber mehrschtens lassen ses bleihm …
    Nee –
        fliejn wolln se nich mehr.

Wenn se denn kriechen, falln se beinah um.
Un denn wern se nochmal heita,
denn rappeln se sich ooch nochmal hoch,
un denn jehts noch 'n Sticksken weita –
    Aba fliejn … fliejn wolln die nich mehr.

Die andan von Somma sind nu ooch nich mehr da.
Na, nu wissen se – nu is zu Ende.
Manche, mit so jelbe Eia an Bauch,
die brumm een so über de Hände …
    A richtich fliejn wolln se nich mehr.

Na, und denn finnste se morjens frieh,
da liejen se denn so hinta
de Fenstern rum. Denn sind se dot.
Und wir jehn denn ooch in'n Winta.
    Wie alt bist du eijentlich –?

– »Ick? Achtunnfürzich.«
– »Kommst heut ahmt mit, nach unsan Lokal –?«
– »Allemal.«

EIN HAUS — UNTENDURCH

Das ist Deutschland:
                    Im Vordergrund
eine Bestie mit klobigen Beinen und
riesigen Muskeln, ein Arbeitstier –
tüchtig und böse – so steht es hier.
    Wehe, wer unter *die* Tatzen gerät!
    wehe, wer dem im Wege steht!
    Da hilft kein Beten, kein Meck-Meck –
    erbarmungslos schreitet das Tier drüber weg.
        Damit ihrs wißt:
        da oben ist
    ein Stück von Bismarcks Monument.

    Im Hintergrund – im Hintergrund
        da steht das Parlament.

Das ist die Zukunft:
                    Im Vordergrund
steht die Kraft des Volkes, stark und gesund.
Steht ein Koloß: das Proletariat –
der Arbeiter spricht: Ich bin der Staat –!
    Wehe, wer mir unter *die* Tatzen gerät!
    wehe, wer mir im Wege steht!
    Da hilft kein Gewinsel und kein Meck-Meck–
    erbarmungslos rolle ich drüber hinweg!
Heraus aus den Löchern! Heraus aus dem Schacht:
Euer Glück wird nicht mit Reden gemacht!
Zum Klassenkampf! Die Flamme brennt!

    Im Hintergrund – im Hintergrund
        da steht das Parlament.

ES IST

Es ist so viel unverbrauchte Zärtlichkeit in Hotelzimmern,
wo sie allein liegen:
ein Mann, oder eine Frau, oder ein angebrochenes junges Mädchen –
in leiser Lächerlichkeit liegen wir allein.

Es ist eine Einsamkeit, umflossen
von den Strömen des städtischen Gases,
des elektrischen Stromes, für alle gemacht,
einer Zentralheizung, eines Zentralessens, einer Zentralzeitung …
aber ein kleiner Fleck ist noch da,
auf dem sind wir allein.

Jeder liegt in seiner Schublade.
Die kleinen Härchen auf den Oberarmen schwanken suchend im
                                                    Luftzug,
wie die Greifer der Meerespflanzen in strömendem Wasser;
die Haut langweilt sich.

Wenn jetzt einer käme und sagte: »Bitte sehr! ich liege Ihnen zur
                                                    Verfügung!«
wenn ich jetzt durch die Wand ginge zu meiner Nachbarin –
(»Man ist doch keine Hure! ich werfe mein Leben nicht in Hotels
                                                    weg!« – Kusch.)
– wenn jetzt eine dicke Dame käme, mich im Bad zu massieren;
wenn sich jetzt der Jungen ein verständiger Mann gesellte, der sie
                                                    nur streichelte …
ungenützt ist die Nacht.

Dreivierteleins.
Es kocht in den Röhren des Badezimmers;
badet jemand noch so spät?

Neugierig sind wir auf fremde Körper.
Wie legen Sie abends das Hemd auf den Stuhl? Lieben Sie Fruchtsalz?
Ziehen Sie Ihre Uhr morgens oder abends auf?
Und in der Liebe?
Sind Sie gesund? Verzeihen Sie, ich habe solche Furcht vor
                                                    Krankheiten –
das ist ein Teil meiner Tugend.

I'm in love again –
nein, das eigentlich nicht:
es sollte nur jemand da sein, an dem ich mich spüren kann.
Warum, 318 (mit Bad) liegen Sie so allein?
Denkbar wäre auch eine Hotelgeisha, die höflich liebt,
und die auf der Rechnung nur als kleiner, diskreter Kreis vermerkt ist –
aber schöner wäre ein Gast.

Warum kommt nie ein Einsamer zu einer Einsamen?
Stolz kriechen wir in unser zuständiges Gehäus,
hygienisch, unnahbar, vernünftig,
allein.

Knips das Licht an, sagt der Schlaflose zu sich selbst
(er duzt sich, weil er sich schon so lange kennt) –
und lies noch ein bißchen.
Du hast zu viel Pfirsich-Melba gegessen, daher solche Gedanken,
Luftblasen auf dem Meer der inneren Sekretion.
Du bist überhaupt gar nicht allein. Du hast eine Zeitung. Lies:

8. Fortsetzung
  *Schließlich raffte sie ein Spiel Karten auf, kauerte sich neben den Kamin und
begann, eifrig und hingegeben zu mischen.*
  *»Ich kam in der Absicht«, begann er mit einer nicht ganz festen Stimme, »noch
heute um Ihre Hand anzuhalten.« Das schöne Mädchen*

JAKUBOWSKI

Die Hand gekrampft um die Barriere,
so steht der graue Mann, geduckt.
In seinen Augen fragt die Leere –
man sieht, wie er den Speichel schluckt.
  Ihm gegenüber, hoch erhoben,
  ein kalter Stahl, der Staatsanwalt.

Es dämmern dumpf die andern Roben,
Geschworne lauschen, Rede knallt:
  »So haben wir den Mord bewiesen –
  und jedes Mitleid wäre schlapp!
  Ich fordere von Ihnen diesen!

Haun wir ihm den Kopf ab!
  Haun wir ihm den Kopf ab!
    Haun wir ihm den Kopf ab –!«

Grau-regnerisch wölbt sich der Himmel
fahl über rotem Backsteinbau;
von nahen Türmchen ein Gebimmel –
die schmutzige Turmuhr zeigt genau
halb fünf. Es öffnet sich die Pforte,
heraus schwankt ein halbtotes Tier.
Der Mund sagt unhörbare Worte …
– »Na, wird das! Sind wir alle hier?«
  Der Staatsanwalt hält einen Bogen
  und liest gefühllos, schnell und knapp.
  »Und somit übergebe ich Sie dem Nachrichter!«
                     Geschleppt, gezogen –
  Hier geschieht ein Mord!
Sie hauen ihm den Kopf ab!
  Sie hauen ihm den Kopf ab!
    Sie hauen ihm den Kopf ab –!

Der Körper liegt in fremder Erde.
Kein Kreuz – wie einen Hund verscharrt.
Die schlafen gut. Ein Schrei: »Es werde
Gerechtigkeit!«
             Ganz Deutschland ist zum Paragraph erstarrt.
  Laßt ihr euch die Justiz gefallen?
Hält euch ein Korpsstudent zurück?
Steht denn Justitia über allen?
Wagt euch an dieses Hurenstück!
Soll dieser Jammer niemals enden?
Werft die Figur vom Postament herab!
Einen Tritt ins Gesäß!
             Die Waage aus den Händen!
Hauen wir ihr den Kopf ab!
  Hauen wir ihr den Kopf ab!
    Hauen wir ihr den Kopf ab –!

GLÜCK IM UNGLÜCK

Ich bin kein Mann, nach dem man in den Kissen schluchzt –
    ich weiß es wohl;
da nützt kein Ödipus-Komplex, kein Fluchts-
    versuch in das Symbol.
  Seit Jahren sagen alle Frauen,
    wenn sie mir in die Augen schauen,
    sie sagen, seit ich majorenn:
»Schön bist du nicht – klug bist du nicht –
reich bist du nicht – lieb bist du nicht –
    was bist du denn?«

Das kränkte auf die Dauer jeden Mann
    des Okzidents.
Was folgt daraus? Ich zieh schon lange an
    der Konsequenz.
  Man muß nur sehn, mit wem ichs treibe:
    an Geist vermiekert, Fett am Leibe –
    ich frage mich verdüstert, wenn …:
»Schön sind sie nicht – reich sind sie nicht –
klug sind sie nicht – lieb sind sie nicht –
    was sind sie denn?«

Man hat mich dünn wie Makkaroni,
    den man in Mailand zieht.
Ich bin ja schließlich kein Adoni –
    wie heb ich meinen Sexualkredit?
  Ich seh mir die an, wo uns so regieren.
  Da darf man wohl die Frage formulieren,
    betrachtet man die Gentlemen:
»Schön sind sie nicht – klug sind sie nicht –
lieb sind sie nicht – 'tellijent sind sie nicht –
    was sind sie denn –
      Ja, was sind sie denn –?«

Schlau. Im Skatverein. Und immer vorhanden.
Das befähigt zur Führung in deutschen Landen.

LIEBESPAAR AM FENSTER

Dies ist ein Sonntag Vormittag;
wir lehnen so zum Spaße
leicht ermüdet zum Fenster hinaus
und sehen auf die Straße.
    Die Sonne scheint. Das Leben rinnt.
    Ein kleiner Hund, ein dickes Kind …
    Wir haben uns gefunden
    für Tage, Wochen, Monate
        und für Stunden – für Stunden.

Ich, der Mann, denke mir nichts.
Heut kann ich zu Hause bleiben,
heute geh ich nicht ins Büro –
… an die Steuer muß ich noch schreiben …
    Wieviel Uhr? Ich weiß nicht genau.
    Sie ist zu mir wie eine Frau,
    ich fühl mich ihr verbunden
    für Tage, Wochen, Monate
        und für Stunden – für Stunden.

Ich, die Frau, bin gern bei ihm.
Von Heiraten wird nicht gesprochen.
Aber eines Tages will ich ihn mir
ganz und gar unterjochen.
    Die Dicke, daneben auf ihrem Balkon,
    gibt ihrem Kinde einen Bonbon
    und spielt mit ihren Hunden …
    So soll mein Leben auch einmal sein –
        und nicht nur für Stunden – für Stunden.

Von Kopf zu Kopf umfließt uns ein Strom;
noch sind wir ein Abenteuer.
Eines Tages trennen wir uns,
eine andere kommt … ein neuer …
    Oder wir bleiben für immer zusammen;
    dann erlöschen die großen Flammen,
    Gewohnheit wird, was Liebe war.
    Und nur in seltenen Sekunden
    blitzt Erinnerung auf an ein schönes Jahr,
        und an Stunden – an glückliche Stunden.

DAS SOZIALISTENGESETZ 1878

Vor fünfzig Jahren kriegten sie die Partei zu fassen –
vor fünfzig Jahren haben sie ein Gesetz erlassen,
    das war kein Gesetz!
    das war ein Gehetz!
  Hetze auf alles, was auf Seiten der Arbeiter stand,
  Hetze in der Fabrik, Hetze in Stadt und Land –
Gegen Ausweisung aber und Streikverbot und Krawalle
              stand die Partei –:
  Alle für einen! Und einer für alle!

Und wie sehen die sozialistischen Führer heute aus?
Du armer Arsch! die ziehen die Leute aus!
  Was früher Bebel und Mehring und Liebknecht geheißen,
  heißt heute Noske und dient den Preußen –
    und steht in dürftiger Maskerade
    auf der andern Seite der Barrikade!
Damals: Opfer. Heute: Verräter.
Damals: Klassenkampf. Heute: Besetzt! Bitte später!
Damals: Klarheit. Heute: Pst, nicht so laut!
und im Hintergrund wird ein Kreuzer gebaut.
  Einen Fußtritt! Laßt die Verführer stehn!
  Ihr sollt immer mit der Masse gehn!
Und die Masse will Kampf. Und die Masse will
  klare Ziele in jedem Falle …
  Über die Noskes hinweg
braust ein unendlicher Strom –:
Alle für Einen! Und Einer für alle!

LUDENDORFF ODER DER VERFOLGUNGSWAHN

Hast du Angst, Erich? Bist du bange, Erich?
Klopft dein Herz, Erich? Läufst du weg?
Wolln die Maurer, Erich – und die Jesuiten, Erich,
dich erdolchen, Erich – welch ein Schreck!
    Diese Juden werden immer rüder.
    Alles Unheil ist das Werk der ... Brüder.

Denn die Jesuiten, Erich – und die Maurer, Erich –
und die Radfahrer – die sind schuld
an der Marne, Erich – und am Dolchstoß, Erich –
ohne die gäbs keinen Welttumult.
    Jeden Freitag abend spielt ein Kapuziner
    mit dem Papste Skat – dazu ein Feldrabbiner;
    auf dem Tische liegt ein Grand mit Vieren –
    dabei tun sie gegen Deutschland konspirieren ...
        Hindenburg wird älter und auch müder ...
        Alles Unheil ist das Werk der ... Brüder.

Fährst du aus dem Schlaf? Die blaue Brille
liegt auf deinem Nachttisch wohl bereit?
Hörst du Stimmen?
                    Das ist Gottes Wille,
Ludendorff, und weißt du, wer da schreit –?
    Hunderttausende, die jung und edel
    sterben mußten, weil dein dicker Schädel
    sie von Grabenstück zu Grabenstück gehetzt
                    bis zuletzt.

Ackerkrume sind, die Deutschlands Kraft gewesen.
Pack die Koffer! Geh zu den Chinesen!
Führ auch die bei ihren Kriegen!
Ohne Juden wirst du gleichfalls unterliegen.
    Geh nach China! Und komm nie mehr wieder –!
    Alles Unheil ist das Werk der Heeresbrüder.

ZEHN JAHRE DEUTSCHE REPUBLIK

Wir haben den Laden übernommen
  im Ausverkauf! im Ausverkauf!
Die Fürsten sind uns abhanden gekommen –
  im Nurmi-Lauf! im Nurmi-Lauf –
Wir sind eine Republik
  Was sollen wir Ihnen sagen?
Wir bitten Sie, das unserem Vorgänger geschenkte Vertrauen auch
                    auf uns zu übertragen!

Bist du glücklicher? du Arbeiterfrau?
  Bist du glücklicher? Bergmann im Schacht?
Ist dir wohler? Mann im Gefängnisbau?
  Hat euch allen die Republik etwas gebracht?
Wir sind eine Republik.
  Mit schwarz-weiß-roten Schnüren …
Wir bemühen uns, das Geschäft streng im Sinne seines Begründers
                    zu führen.

Da gibt es Richter, die sind schlimmer als die unterm Kaiser.
  Da regiert die Industrie, toller, als vor dem Krieg.
Da gibt es Junker – wie immer unter dem Kaiser –
  da erficht die Kirche einen Sieg und noch einen Sieg.
Wir sind eine Republik.
  Mit Hilfe der Sozialdemokraten
halten wir uns die alten Kommißsoldaten –
Die Revolution findet wegen schlechten Wetters im Saale
                    statt –
  Wohl dem, der solch eine Republike hat!
Immer herein! Eintrittsgeld nach Belieben!
Wir haben die Firma gewechselt. Aber der Laden ist der alte
                    geblieben.

DON'T GISH ME —!

»Sieh mich nicht so an – ich kann es nicht ertragen!
Sieh mich nicht so an – mit so viel Schmalz und Schmerz!
Sieh mich nicht so an – sonst muß ich sagen:
Schmeißt ihn raus – er zerreißt mirs Herz –!«

    Wenn die Amerikanerin an einen Mann gerät,
    an einen richtigen Mann;
    wenn er für sie nicht jede Kiste dreht,
    weil er nicht will, weil er nicht kann …
        dann schlägt sie wie die Gish die Augen auf,
        feucht, in der Großaufnahme –
            und protzt erfreut
            mit ihrem Bauch aus Zelluloid
    und ist ein Drittel Kind, ein Drittel Luder und ein Drittel Dame …
»Sieh mich nicht so an – ich kann es nicht ertragen!
Plüsch ist in deinem Aug' – und so viel Gish und Schmerz!
Trifft mich dein krummbeiniger Blick – so muß ich sagen:
Schmeißt sie raus – sie zerreißt mirs Herz –!«

    Hat der Germane die Partie verloren
    in Fußball oder Politik –:
    dann übermannt ihn das Gefühl bis über beide Ohren,
    dann ist er fromm und philosophisch (mit Musik).
        Gehts gut, schlägt er des Gegners Augen auf;
        gehts schief, dann wird gesungen
            ein doitsches Lied,
            weil das ja immer zieht –
er ist ein Drittel Held, ein Drittel Kellner und ein Drittel Nibelungen . .
»Sieh mich nicht so an – ich kann es nicht ertragen!
so mit dem treuen Blick von unten rauf – und mit dem Wackelsterz!
Ich kenn dich noch aus alten, bösen Tagen –
die Hand in der Bilanz – das Auge himmelwärts!
    Und ist das Ausland klug, so wird es sagen:
    Schmeißt ihn raus – er bricht mirs Herz –!«

    Nur ungern nimmt der Handelsmann
    statt baren Geldes Breitscheid an.

WAS KOSTEN DIE SOLDATEN?

Wir haben Lungenkranke,
die brauchten Berg und Schnee;
sie heilen –? Kein Gedanke!
Wir brauchen die Armee.
Da kostet jeder Junge
mit Stiefel und Gewehr
pro Mann eine Lunge –!
   Das ist unser Heer.

Von dem, was die verschwenden,
von dem, was du veraast:
könnten wir Gutes spenden,
wo die Schwindsucht rast.
Der Proletarierjunge
krepiert so nebenher ...
Pro Mann eine Lunge –
   das ist unser Heer.

Es fällt durch graue Scheiben
ein trübes Tageslicht;
die Kranken, die da bleiben,
überleben den Sommer nicht.
»Zeigen Sie mal die Zunge!
Na ja – das wird nichts mehr!«
Pro Mann eine Lunge –
   das ist unser Heer!

Sie haben Feldgeschütze,
Schiffskreuzer und Musik;
in schwarz-rot-goldner Mütze
bezahlts die Republik.
   Sie setzen an zum Sprunge.
   Sie sind das Militär.
   Sie stehlen uns Herz und Lunge.
   Wann – Junge! Junge! –
wirfst du sie in hohem Schwunge
ihrem Kaiser hinterher –?

DAS LÄCHELN DER MONA LISA

Ich kann den Blick nicht von dir wenden.
Denn über deinem Mann vom Dienst
hängst du mit sanft verschränkten Händen
        und grienst.

Du bist berühmt wie jener Turm von Pisa,
dein Lächeln gilt für Ironie.
Ja … warum lacht die Mona Lisa?
Lacht sie über uns, wegen uns, trotz uns, mit uns, gegen uns –
        oder wie –?

Du lehrst uns still, was zu geschehn hat.
Weil uns dein Bildnis, Lieschen, zeigt:
        Wer viel von dieser Welt gesehn hat –
        der lächelt, legt die Hände auf den Bauch
                        und schweigt.

BESCHLUSS UND ERINNERUNG

*Am 3. Dezember 1928 jährt sich
zum zweiten Mal der Todestag
Siegfried Jacobsohns*

Bei allem, was ich tu und treibe,
denk ich an eine starke Hand;
die lenkt mich heut noch, wenn ich schreibe,
ob auch der Freund uns jäh entschwand.
    Der Freund – ich nannt ihn dann und wann:
        den kleinen Mann.

Er war uns viel.
                Der wollt nicht dämpfen,
er packte wuchtig seine Zeit.
In Lärm und Streit und lauten Kämpfen;
ein Blick – wir wußten gleich Bescheid.
    Und kämpf ich heut – wie fehlt mir dann
        der kleine Mann!

Er hat uns vieles hinterlassen:
den Dienst am Werk und Schuld und Pflicht.
Ich will im Lieben und im Hassen
so tun wie er – stets kann ichs nicht.
   Ich hab mich oft in Zweifeln still gefragt:
   »Was hätte wohl S. J. dazu gesagt –?«

In seinem Sinn will ich mir Mühe geben:
   die Wahrheit an das helle Taglicht heben –
   aus Liebe streiten – in der Stille leben …
     Das sieht von oben freundlich lächelnd an
      der kleine Mann.

NOLA
oder: Photomontage des Lebens

Electrola EG 765

Die schwarzen Platten tragen die Erinnerungen
   und saugen auf, was sie mit uns erlebt …
    »Nola –«
      haben die Männerchen gesungen
       »Nola – I love you –«
        die Membrane bebt …
Holznadel. Von vorn.
     Und im Gesange schwebt heran
ein früher Tag im Herbst, mit allem Drum und Dran:

Das dicke Lottchen
mit einem Wickel um den Hals –
die ›Nola‹ tönt – ich liege auf dem Bauch
und lese, während alle Pulse klopfen,
den neusten, dümmsten Kriminalroman:
›Die vier Verräter‹. Der Premierminister
von England wird mit Mord und Tod bedroht,
wenn er …
     Ja, gurgele nur mit Kali –

»Nola

A girl like you —«

die Polizei ist fieberhaft im Schwung,
die viere graben einen schwer geheimen Gang –
Manfred verrät. Verrät er? Oder nicht?

»Nola —«

Nun wird der Abendhimmel sanft und blau –
das Lottchen ist mit Wonne krank und lieb und freundlich,
ich trage ihr Kamillentee ans Bett –

»a girl like you —«

und stürze mich von neuem in den Keller,
wo Manfred gräbt. Das Attentat gelingt!
Tot wird der Chef in seinem Kabinett gefunden,
das Lottchen liest das Thermometer ab,
und das geht nach –
verhallend: »Nola —«

Da ist Paris. Herr Tiger haben wohl geschlafen?
Platten bewahren alle Ströme auf, die sie jemals trafen –
Die hellen Herbstesnächte sind entflohn …
Erinnerung, du süßes Grammophon –!

OLLER MANN

Ein alter Mann ist stets ein fremder Mann.
Er spricht von alten, längst vergangenen Zeiten,
von Toten und verschollenen Begebenheiten …
Wir denken: »Was geht uns das an –?«

In unser Zeitdorf ist er zugereist.
Stammt aber aus ganz andern Jahresländern,
mit andern Leuten, andern Taggewändern,
von denen du nichts weißt.

Sein Geist nimmt das für eine ganze Welt,
was ihn umgab, als seine Säfte rannen;
wenn er an Liebe denkt, denkt er an die, die längst von dannen.
Für uns ist er kein Held.

Ein alter Held ist nur ein alter Mann.
Wie uns die Jahre trennen –!
Erfahrung war umsonst. Die Menschen starten für das Rennen,
    und jeder fängt für sich von vorne an.

Für uns ist er ein Mann von irgendwo.
Ihm fehlt sein Zeitland, wo die Seinen waren,
er spricht nicht unsre Sprache, hat ein fremd Gebaren …
Und wenn wir einmal alt sind und bei Jahren –:
    dann sind wir grade so.

[SIEBEN DICHTER UND EIN COUPLET]

Wie ick Montach komme ins Büroh –
    Steht da Anton.
Aba mächtich mau un jämmich froh
    Nanu, Anton –?
Die linke Backe uffjepust,
Det rechte Ooge zu –
Das Mündchen, das so lieblich schmust,
Hat heute jänzlich Ruh.
    Ick bin 'n juter Chef
    Un sahre in betreff
    Von diesen kranken Mann
    Un kiek ihm dabei an:

Refrain:

»Sie haben wohl 'n bißchen Zug jekriecht –?
Sie ham sich woll akält –?
Mensch, zeijen Sie mal Ihr Jesicht –
Sie sind ja janz entstellt!
Nu lejn Sie sich 'n Wickel um,
Der hilft – det is doch klar!
    Un hejen Se sich
    Un pflejen Se sich
Un komm Se jut ins neue Jahr –!«

HURRA — FERIEN!

Hast du dies Buch in deiner Hand:
Hurra! dann gehts ins Ferienland!

Endlich mal raus aus den staubigen Straßen –
endlich die Schule hinter sich lassen –
endlich mal raus aus dem Großstadtgeschrei –
hinein in die Ferien! – Seid Ihr dabei?
Hinaus in die Berge, zum Strand, hinaus …!

Und so sieht der Tag der Abreise aus:
Morgens um sechs schrillt der Wecker durchs Haus:
»Raus aus den Betten – Rauauauau-aus!«

Und jetzt geht aber ein Gelaufe
los, ein Getrappel und Geschnaufe,
denn jeder will der erste sein:
und Lucie fällt in die Badewanne rein,
und Hans will den Papagei mitnehmen,
und heult – – »Du sollst dich wirklich was schämen!«
Und Grete hat mit Frollein Krach –
und die lieben Eltern …?
                                        Ach,
die –! – –

Mama muß sich um alles kümmern –
das Telephon klingelt, die Kinder wimmern –
Mama packt und ordnet und zählt
und paßt auf, daß für unterwegs auch nichts fehlt.
Und belegt die Brote und umwickelt die Bücher
und faltet die Hemden und rollt die Tücher –
und Papa indessen in guter Ruh
sitzt auf dem Koffer, denn der geht nicht zu.

Anna, das Mädchen, geht allen zur Hand …
Und Flops, der Hund, bellt wie nicht bei Verstand –
Und Lucie will den Baukasten mit den Steinen
mitnehmen und fängt deshalb an zu weinen – –
Und Hans hat Angst, den Zug zu versäumen,
und Grete will die Puppenstube ausräumen …
Und Papa indessen in guter Ruh
sitzt auf dem Koffer, denn der geht noch immer nicht zu.

Acht Uhr fünf! Es ist höchste Eisenbahn!
»Ist das Auto schon da?« – »Tritt nicht in das Porzellan!«
Anna! Grete! Lucie! Hans!
Flops heult – ihm trat einer auf den Schwanz …
Und Papa indessen in guter Ruh
freut sich: denn nun ist der Koffer zu –!

Uff!
    Nun sitzen sie alle im Wagen!
»Was wollt ich denn dem Mädchen noch sagen?«
Lucie will wissen, wie lange wir fahren –
Hans zieht grad Greten an den Haaren –
Im Kopf der Mama fällt indessen
eine Klappe herunter: »Zurück!
    Wir haben die Schlüssel vergessen!«

Alle sind mächtig aufgeregt –
Wohin hat Mama die Schlüssel gelegt –?
Als sie zurück in die Wohnung kommen,
da hat keiner die Schlüssel weggenommen –
die liegen brav auf dem Stuhl –
             aber auf dem Tisch
tanzt Anna, das Mädchen, mit einem Flederwisch
zum Grammophon – und vor Schreck wird sie weiß wie eine Lilie …
Und es stürzt wieder herunter die ganze Familie!

Hin zum Bahnhof. Drei Minuten sind noch Zeit!
Ist das große Gepäck in Sicherheit?
»Seid Ihr alle da?« – »Sind die Kinder drin?«
»Bedaure, mein Herr, hier kann keiner mehr rin.«

»Mutti, haben wir auch nicht die Thermosflasche vergessen!«
»Aber Hans, denk doch nicht schon wieder an Trinken und Essen!«
»Erst mal zählen: eins, zwei, drei, vier, fünf Mann!«
Achtung, es pfeift! Der Zug rückt an.

Hurra – Ferien! schreien die Kinder alle drei!
Hurra – Ferien! – und von dem Kindergeschrei:
Hurra – Ferien! vergessen Mama und Papa alle Mühn – –
Und hunderttausend vergnügte Kinder
ziehen aus Magdeburg und Stettin und Berlin
in die
        – Hurra! – Ferien –!

WORTLOS

»Schreib in ein Stammbuch! – Wozu hab ich dich lassen
   Schriftsteller lernen –!«
        Ich weiß nichts.
»Sag, was fühlst du unter blaßhell zwinkernden Sternen!«
        Ich weiß nichts.
»Sprich! sprich in dieser Minute, wo dir dein Leben entrinnt,
wo du ihr ein Mann bist, Held und Geliebter und Kind …!«
        Ich weiß nichts.
Schön ist, wenn sich Gefühle leise neigen –:
        Zu schweigen.

1929

Für den Arbeiter
mit dem Intellektuellen
gegen den gemeinsamen Feind

Was soll ich denn lesen –?
                    Die paar Stunden,
die dir Fabrik und Schreibstube läßt,
kannst du seelisch wieder gesunden –
aber halt an deiner Gesinnung fest!
        Biographien der Vaterlandsretter?
                    Nein.
        Patriotisches Phrasengeschmetter?
                    Nein.
Deine Welt. Die Revolutionen.
Kolonialpolitik und Expeditionen.
Die Geschichte der Völker. Die Verbrechen des Staats.
Die echten Führer des Proletariats.
        Die Russen. Petroleum. Der Kampf der Chinesen.
            Das sollst du lesen.

Was soll ich denn lesen –?
                    Wellen und Wogen
von bravem Kitsch gehen über das Land.
Da wird den Frauen viel vorgelogen:
Tränenromane mit Ordensband …
        Gesangverein? Gefühlsduselei?
                    Nein.
        Die Kirchenkeuschheit der Polizei?
                    Nein.
Dein Weltbild – unverlogen und klar;
die alte Zeit, wie sie wirklich war;
die Geburt der Maschine, mit ihrem Fluche
die Lehren mißglückter Befreiungsversuche.
        Justiz. Amerika. Zeitungswesen.
            Das sollst du lesen.

Es geht um das Glück, das sie deiner Klasse genommen.
Wissen ist Macht. Kämpfe!
                    Und sei willkommen!

LIED FÜRS GRAMMOPHON

Gib mir deine Hand,
   Lucindy!
Du, im fernen Land –
   Lucindy!
Wie die Ätherwellen flitzen
über Drähte, wo die Raben sitzen,
   saust meine Liebe dir zu …
      du –
    tu–tu–tu– mmm –

Wenn du mich liebst, so singt dein Blut,
   Lucindy!
Ach, wenn du nicht da bist, bin ich dir so gut,
   Lucindy!
Dein, dein Lächeln läßt mir keine Ruh …
   Man kann von oben lächeln,
   man kann von unten lächeln,
   man kann daneben lächeln –
     wie lächelst du?
    tu–tu–tu– mmm –

Meine, die will mich verlassen,
   Lucindy!
Deiner, der will dich fassen,
   Lucindy!
Kehr zu ihm zurück!
Vielleicht ist das das Glück …
   Ich guck in den Mond immerzu –
   oh, so blue – mmm –

Wie man auch setzt im Leben,
   Lucindy!
man tippt doch immer daneben,
   Lucindy!
Wir sitzen mit unsern Gefühlen
meistens zwischen zwei Stühlen –
und was bleibt, ist des Herzens Ironie …
   Lucindy!
   Lucindy!
   Lucindy –!

CHANSON FÜR EINE FRANKFURTERIN
Für Ida Wüst

Wenn die alte Herrn noch e mal Triebe ansetze –
des find ich goldisch!
Wenn se dann nix wie Dummheite schwätze –
des find ich goldisch!
Des hab ich von meim alte Herrn:
ich hab halt die Alt-Metalle so gern ...
Wenn ich en Bub geworde wär, hätt ich auch Metallercher verzollt –
                    Ja, Jaköbche ...
Rede is Nickel, Schweige is Silber, und du bist mei Gold –!

Wenn se newe mir auf dem Diwan sitze –
des find ich goldisch!
wenn se sich ganz wie im Ernst erhitze –
des find ich goldisch!
E Angriffssignal is noch kein Siesch –
ich sag bloß: Manöver is doch kein Kriesch!
Wer will, hat schon fuffzig Prozent. No, un wer zweimal gewollt ...
                    En Floh is kei Roß,
                    un e Baiss is kei Hauss ...
un Rede is Nickel, Schweige is Silber, un du bist mei Gold –!

Wenn se sich de Hut schief auf de Seite klemme –
des find ich goldisch!
Wenn se die Ärmcher wie Siescher in die Seite stemme –
des find ich goldisch!
Am liebste nemm ich se dann auf den Schoß.
Aber mer hat sein Stolz. Es is kurios:
sei Mutter is net aus Frankfort. Er aach net. Und da hab ich net
                                        gewollt ...
            Jetzt waan net, Klaaner –
Berlin ist Nickel, Wiesbaden ist Silber, awwer Frankfort is Gold –!

MIT GEDULD UND SPUCKE

Was ist denn das heute morgen?!
Ich armes Schneiderlein …
Zu allen andern Sorgen
will die Nadel da nicht rein.
    Schon zum achten Mal – verdammtes Malheur:
    Ich komme hier in Bedrängnis –
    Eher geht ein Kamel durch ein Nadelöhr
    als ein Richter in ein Gefängnis.

Ich blinzele und kieke und kieke
ist das eine Näherei!
Das ist wie in der Republike:
da geht auch immer alles vorbei:
    Schwarzer Zwirn, weißer Zwirn – nur die Kulör
    des Fadens ist verschieden …
    Eher geht ein Kamel durch ein Nadelöhr
    als die Reichswehr zum ewigen Frieden!

Der Zeiger der Uhr, der rennt rum,
ich denke mir vieles noch;
SPD oder Zentrum,
ich fadele, und – Loch ist Loch.
    Manch Staatsanwalt wartet auf ein Verhör,
    um den Proletarier zu knechten:
    eher geht das Kamel durch ein Nadelöhr
    als die Justiz den Weg des Gerechten –!

EIN NACHDENKLICHER ZUSCHAUER

Der alte Mann spricht:

Komisch – det machn die nu jedes Jahr!
Det se det nich iba wern …
Der sacht: »Du hast abar schönes Haar!«
un det wolln die Meechn ooch heern …
    Kuck mah – wat macht der fürn Betrieb!
    hach, un die is janz hinüba –
    die hat ihrn Emton ehm lieb –
    je länger –
            jelängerjelieber!

Wat denkt die sich nu –?
                    Det der junge Mann
ihr einziger is und ihr alles –?
So fangt det Ding ja imma an
im Falle eines Falles.
    Nachher kömm Kinda un Faltn un so:
    det scheenste is doch det Fieba
    am Anfang, wenn se sinn jlicklich un froh –
    je länger –
            jelängerjelieber.

Nu drickt er sie nommal, und denn jehn se los
int Kino oda bei Muttan –
heut is die Liebe noch mächtig jroß,
die vajessn vor Liebe zu futtan.
    So jeheert sich det auch. Det muß auch so sein!
    Allein is richtich – aba allein zu zwein.
    Von mir aus leben se dreimal hoch!
    Ich denke mir demjejenieha:
    Wenn eener und er muß mal, denn soll er ooch –:
    Je länger –
            jelängerjelieber –!

DIE HERREN SACHVERSTÄNDIGEN

Sie haben ja einen trüben Urin –
  Machen Sie mal den Mund auf!
Ihre Großmutter litt an schweren Phobien?
  Machen Sie mal den Schlund auf!
    Uns können Sie nichts erzählen –
    wir lesen in allen Seelen
      und nehmens auf unsern Eid:
      Wir sind die höchst notwendigen,
            elendigen,
             lebendigen
      Sach-
       Verständigen!
     Vorne so hinten wie hoch,
     wir wissen Bescheid –!

Sie besitzen eine Flinte?
  Sie streicheln gern Katzenfell?
Sie trinken nur ungern Tinte?
  Sie sind homosexuell –!
    Sie schlafen mit dicken Frauen?
    Die Tat ist Ihnen zuzutrauen –
    unser Gutachten ist bereit:
    Wir sind die sechzehnendigen,
            elendigen,
            notwendigen
      Sach-
       Verständigen!
     Vorne so hinten wie hoch:
     Wir wissen Bescheid –!

Sie dürfen uns nicht fluchen,
  wir stehn in Amt und Pflicht.
Nur: uns selber untersuchen,
  das dürfen Sie freilich nicht.
    Wir haben zwar viel gelesen;
    doch daß wir mal jung gewesen
    auf Schulen und auf Pressen –:
    das haben wir leider vergessen.
    Wir haben geprügelt, gesoffen,

der Hosenlatz stand uns offen,
wir wollten im Traume morden –
und sind doch was Richtiges geworden:
nämlich ganz und gar verdammte
seelische Beamte –
    ohne Scheu, ohne Scham,
    ohne Sinn für die Zeit …
Wir sind die höchst notwendigen,
              lebendigen,
            elendigen
     Sach-
    Verständigen!
   Vorne so hinten wie hoch:
  Wir wissen Bescheid!
   wir wissen Bescheid!
     wir wissen Bescheid –!

AUF DIE MENSUR!

Wir stehn hier im Vereine
in diesem Lederflaus;
wie die abgestochenen Schweine
sehn wir aus.
   Wir fechten die Kreuz und die Quere
   mit Schlag und Hieb und Stoß –
   wir schlachten uns um die Ehre –
   Auf die Mensur!
        Gebunden!
           Fertig!
              Los –!

Der deutsche Geist? Hier steht er.
Wie unsere Tiefquart sitzt!
Wir machen Hackepeter,
daß die rote Suppe spritzt.
   Wir sind die Blüte der Arier
   und verachten kühl und grandios
   die verrohten Proletarier –
   Auf die Mensur!
        Gebunden!

Fertig!
Los –!

Wir sitzen in zwanzig Jahren
mit zerhacktem Angesicht
in Würde und Talaren
über euch zu Gericht.
   Dann werden wirs euch zeigen
   in Sprechstunden und Büros …
   ihr habt euch zu ducken, zu schweigen –
   Auf die Mensur!
         Gebunden!
               Fertig!
                     Los –!

*

Wie lange, Männer und Frauen,
seht ihr euch das mit an –?
Wenn sie sich heut selber verhauen:
Euch fallen sie morgen an!
   Ihr seid das Volk und die Masse
   von der Etsch bis an den Rhein:
   soll *das* die herrschende Klasse,
   sollen *das* unsere Führer sein –?

Reißt ihnen die Macht aus den Händen
mit Schlag und Hieb und Stoß –
Einmal muß diese Schande enden –
Deutsches Proletariat!
               Fertig!
                     Los –!

WAS IST IM INNERN EINER ZWIEBEL –?

Nun nimmt wohl bald der Bauer Geld aus der Schatullen
und macht sich auf mit seiner Kuh zum Bullen –
               mit seiner Kuh.

Nun wirft wohl diese Kuh ein Kälbchen sonder Schaden,
und dieses Kälbchen legt dort einen runden Fladen –
               das Kälbchen
               von der Kuh.

Nun wächst aus diesem Fladen auf der Ackerkrume
wohl bald die schönste rote Bauernblume –
   aus dem Fladen
   von dem Kälbchen
   von der Kuh.

Nun hüpft wohl bald ein Stubenmädchen in dem Grase,
pflückt einen Strauß für ihr Hotel und stellt in eine Vase
   die Blumen
   aus dem Fladen
   von dem Kälbchen
   von der Kuh.

In diesem so geschmückten Raum – denn sieh, er hat ihn
ja vorbestellt – liegt froh der heitere Hochzeitsreisende bei seiner Gattin –
   in Zimmer 28
   mit den Blumen
   aus dem Fladen
   von dem Kälbchen
   von der Kuh.

Und hier empfängt sie einen anfangs anonymen Knaben,
sie trägt ihn aus, gebärt – er ist von großen Gaben –
   von den Hochzeitsreisenden
   aus Zimmer 28
   mit den Blumen
   aus dem Fladen
   von dem Kälbchen
   von der Kuh.

Der Knabe reift heran, erbt einen ganzen Batzen
und gründet sich ein Etablissement für Bett-Matratzen –
   der Sohn
   der Hochzeitsreisenden
   aus Zimmer 28
   mit den Blumen
   aus dem Fladen
   von dem Kälbchen
   von der Kuh.

Nun schneuzt sich breit sein erster Vorarbeiter,
wischt sich den Bart und pinselt flötend weiter –
  in der Fabrik
  des Sohnes
  der Hochzeitsreisenden
  aus Zimmer 28
  mit den Blumen
  aus dem Fladen
  von dem Kälbchen
  von der Kuh.

Der Vorarbeiter hat das Bett lackiert. Nun nimmt er einen Schluck.
In diesem Bett tu ich den letzten Atemzug.

MEDIA IN VITA

Manchmal seh ich sie auf Kistenholz
  starr ausgestreckt,
um die Lippen diesen gottverfluchten Stolz
  eines, der ganz voller Verachtung steckt.

Eben hießen sie noch Friedrich Zeh;
  was sie taten, war nicht gut;
sieh, wie nun auf ihnen das Klischee:
  »Majestät des Todes« ruht.

Bei Besuchen denk ich an der Tür:
  »Du, mein Junge, wirst, wenn tot, nicht schön sein!
Manche eignen sich nicht recht dafür –
  du wirst nicht schön sein!«

In den Reden, Gegenreden bleibt auf einmal
  ihr Gesicht stehn –
Ruhe ist darin, nach überstandener Qual –
  Maske, würdig anzusehn.

  Flüstern …

Dann trägt man Herrn Zeh hinunter vor sein Haus,
   und zurück bleibt Frau und Stiefelknecht.
Horizontal sieht alles anders aus.
   Tote haben immer recht.

Horch, wie vor der Geburt und nach dem Tod die Stille brüllt:
Die Pause wird durch die Lebenden ausgefüllt.

DIE KINDERSTUBE

Ein neues Spiel ist aufgetan –
   das spielen die Kinder so gerne;
sie spielens im Alt und Tenor und Sopran,
   in Berlin und der bayrischen Ferne.
Krise!
   Krise der Intendanz!
und es umschlingt dich ein Höllentanz:
   Der Kleiber und der Klemperer,
   der Walter und die Kemperer;
   der Knappertsbusch und der Richard Strauss,
   der Jeßner, der Reinhardt, das Opernhaus –
      gestern, morgen und heute –
      sehr prominente Leute.

Bleibt Legal? Geht Tietjen? Ist Ziegel bereit?
   Wer inszeniert die *Hose*?
In Deutschland gibt es um diese Zeit
   zwei Millionen Arbeitslose.
Krise?
   Es wirtschaftet um dich her
der überschätzte Kommissionär:
   Der Klemperer und der Kleiberer
   und mindere Zeitvertreiberer;
   der Walterer und der Doktor Klein –
   Gott grüß die Kunst! Eine Krise muß sein!
      Gestern, morgen und heute –:
      sehr prominente Leute.

Das alles war schon einmal da –
    im Märze, im vorigen Märze.
Da tanzte die Elßler den zierlichsten Pas,
    und es schäumte die Druckerschwärze.
    Der Horizont war lieblich verengt,
    das Theater hat alle hübsch abgelenkt …
    Und heute spielen sie grade so
    Biedermeier mit Radio:
        Der Kleiber und der Klemperer,
        der Walterer und die Kemperer;
        der Richard Strauss und der Knappertsbusch –
        Und keiner sagt: Kusch! Und keiner sagt: Kusch!
          Gestern, heute und morgen –
          Gott segne die deutschen Sorgen!
          Amen.

GUTER NEURATH IST TEUER

Ssiss kaum zu gloom:
Da haben wir einen in Rom,
aus ziemlich echtem Adelsmark,
kriegt pro Tag 500 Mark –
macht im Monat 15 000 –
(dafür kann man schon mal).
                Drum fragen wir brausend,
daß es bis in die Wilhelmstraße schallt:
        Was tut der Mann für sein Gehalt –?
Wenn die Republik Geburtstag hat –:
        ist er nicht zu Hause;
besucht Gerhart Hauptmann die ewige Stadt –:
        ist er nicht zu Hause.
Unter den völkischen Belangen
        liebt er Artur Dintern.
Kommt der Emil Ludwig gegangen –:
        zeigt er ihm den Hintern.
    Diese Aussicht lohnt sicher den Aufenthalt –
    aber was tut der Mann für sein Gehalt –?

Laßt ihn ruhn.
        Der tut, was sie alle tun:
Er nimmt das Geld von seinem Land
und spuckt dem Geber auf die Hand.
        Gut leben. Mit Cliquen intrigieren.
        Die Republikaner sabotieren.
        Auf den Arbeiter pfeifen. Zum Rennen gehn.
        Die Welt durch ein Monokel sehn.
        Uns überall schaden, daß es so knallt –:
        das tut jener für sein Gehalt.
Merke, zum Schlusse des Gedichts –:
Uns kostet das viel.
        Ihn kostet das nichts.

DER MEINEID

Wenn denn Jeorjen seine Fauste
in Lottchen ihre Augen sauste,
        denn freute sich det janze Haus.
Indem daß alle einich waren:
ne Frau von vierunddreißig Jahren,
        die sieht jefälligst anders aus.
        Na, det will ick mein –!

Von wejen: sich die Backen pudern
un nachts mit fremde Kerle ludern –
        man weeß doch, wat det heißen soll!
Wer Ohren hat, kann manches hören …
»Det könn wa allesamt beschwörn –
        er haut ihr nachts den Buckel voll!
        Frau Grimkasch sacht auch.«

Frau Grimkasch hats von Frollein Klüber,
die wohnt Jeorjen jejenüber,
        wer richtich kieken kann, der sieht.
Frau Grimkasch sacht noch uffn Flure:
»Na, wissen Se, die olle Hure …!«
        denn jehn se alle nach Moabit.
        Morjens ½ zehn, II. Stock.

Da stehn se nu wie Orjelpfeifen;
die Weiba fangen an zu keifen,
   der Richter ruft: »Immer eine nur!«
Det sind nu Fraun von Kommenisten,
von Jelben un von Sozialisten …
  hier is det allens eine Tour.
    Denn nischt jreift so det Herze an
      wie die Sorje um den Nebenmann.

Nu wird man die Pochtjehsche hören.
»Jawoll! Det kann ick jlatt beschwören!
   Der kleene Horst stand ooch dabei!
Frau Grimkasch sacht, die Klübern hätte
die beiden überrascht int Bette –
  und det Klosett wah auch nich frei!
    So wahr mir Gott helfe!«

Der Richter schreibt det in die Biecher.
Der Staatsanwalt mit seinen Riecher …
   Meineidsverfahren! Alle Mann.
Frau Grimkasch. Lottchen mit de Prüjel,
der janze linke Seitenflüjel –
  die treten alle nochmah an.
    Acht Jahre Zuchthaus.

Wat nehmlich unsa Staat ist heute –:
pisaken sone kleinen Leute,
   det kann er nämich meisterlich.
A seine Deutschen Arbeit jehm
un Licht un Luft un jutet Lehm …
  det kann er nich.
    Det kann er nich.

DER SKATKLUB

Das machen sie alle Jahre so –
da halten sie ihren Parteitag
in Magdeburg oder Gütersloh
von Montag bis aufn Freitag.
Der Hilferding lehrt; der Wels, der dröhnt;
der Heilmann wird peinlich hitzig;
Müller liest was vor, und Breitscheid klöhnt
(für Gütersloh äußerst witzig).

Den Vorsitz führt ein redlicher Mann,
der mit der Geschäftsordnung gaukelt,
und dann setzt ein Kollege das Schlußwort an –
das ist alles schon eingeschaukelt.
Es werden dieselben Bonzen gewählt,
die alten Zirkuspferde;
es werden dieselben Sprüche erzählt …
Hat dafür Bebel gearbeitet –?

Es braust ein Land in Unmut und Not –
die bewilligen ganze Flotten;
die schießen den Mann auf der Straße tot
und hausen wie Hottentotten.
Die werfen Milliarden zur Reichswehr hinaus
und küssen dem Papst die Hände –
die vertun unsere Zeit im Reichstagshaus –
Habt ihr vergessen, daß ihr Arbeiter vertretet –?

Ihr Funktionäre in Gummischuhn!
Sieht man euch so parlamentieren,
dann frag ich mich: Was muß man tun,
um euer Vertraun zu verlieren?
Verrat. Die Steuern. Reichswehrbetrug.
Zörgiebel. Kreuzer. Noch nicht genug.
Die Stunde rennt.
Ihr pennt.
Aber das machen sie alle Jahre so –
da halten sie ihren Parteitag
in Magdeburg oder Gütersloh
von Montag bis aufn Freitag.
Und das kämpft für den Zukunftsstaat –!
Flaschen könnt ihr spüln. Aber nicht Skat.

JUNGE AUTOREN

Was sie nur wollen –!
Da schimpfen sie auf die Ollen,
und die sind stieke
und überlassen die ganze Musike
den Jungen.
    Und die machen ein Geschrei!
Und es sind alle dabei:

Da sieht man ältere Knaben,
die schon ihre fünfzig auf dem Buckel haben,
in kurzen Hosen umeinanderlaufen;
wenn sie schnell gehen, kriegen sie das Schnaufen –
aber bloß nicht hinten bleiben!
Modern! modern müssen Sie schreiben!
Nur nicht sein Leben zu Ende leben –
jung! jung mußt du dich geben!
Bei uns haben sie sonen Bart, der von alleine steht –
oder sie kommen gar nicht raus aus der Pubertät.

Was sie nur haben –!
Hindert denn einer die jungen Knaben?
Hört doch bloß mal: Die junge Generation!
Na, da macht doch schon!
Es hält euch ja keiner. Als ob uns das nicht frommt,
wenn ein neues Talent geloffen kommt.
Neunzehn Jahre! Was ist denn das schon?
Das ist keine Qualifikation.
Ludendorff war auch mal neunzehn Jahr.
Jung sein ist gar nichts. Es fragt sich, wers war.
Es gibt alte Esel und junge Talente –
Geburtsscheine sind keine Argumente.
Und wenns nicht klappt: es liegt nicht am Paß.
Dann liegts an euch. Könnt ihr was –?

Noch nie hat man sich so um Jugend gerissen.
Direktoren, Verleger warten servil …
jeder lauert auf einen fetten Bissen –
Speelt man god. Und schreit nicht so viel.
Wer was kann, der sei willkommen.
Der Rest hat die Jugend zum Vorwand genommen;
das sind – wir wollen uns da nicht streiten –
verhinderte Talentlosigkeiten.

LEHRGEDICHT

Wenn du mal gar nicht weiter weißt,
 dann sag: Mythos.
Wenn dir der Faden der Logik reißt,
 dann sag: Logos.
 Und hast du nichts in deiner Tasse,
 dann erzähl was vom tiefen Geheimnis der Rasse.
  So erreichst du, daß keiner, wie er auch giert,
   dich je kontrolliert.

Willst du diskret die Leute angeilen,
 dann sag: Eros.
Sehr viel Bildung verleiht deinen Zeilen:
 Dionysos.
 Aber am meisten tun dir bieten
 die katholischen Requisiten.
  Tu fromm – du brauchst es gar nicht zu sein.
   Sie fallen drauf rein.

Machs wie die Literatur-Attachés:
 nimm ein Diarium.
Die Hauptsache eines guten Essays
 ist das Vokabularium.
 Eros und Mythos hats immer gegeben,
 doch noch nie so viele, die von ihnen leben …
  So kommst du spielend – immer schmuse du nur! –
   in die feinere deutsche Literatur.

MUTTERNS HÄNDE

Hast uns Stulln jeschnitten
un Kaffe jekocht
un de Töppe rübajeschohm –
un jewischt und jenäht
un jemacht und jedreht …
alles mit deine Hände.

Hast de Milch zujedeckt,
uns Bobongs zujesteckt
un Zeitungen ausjetragen –
hast die Hemden jezählt
und Kartoffeln jeschält …
alles mit deine Hände.

Hast uns manches Mal
bei jroßen Schkandal
auch 'n Katzenkopp jejeben.
Hast uns hochjebracht.
Wir wahn Sticker acht,
sechse sind noch am Leben …
alles mit deine Hände.

Heiß warn se un kalt.
Nu sind se alt.
Nu bist du bald am Ende.
Da stehn wa nu hier,
und denn komm wir bei dir
und streicheln deine Hände.

EINKEHR

Mit vierzig Jahren soll man sich besinnen ...
　　　　　Worauf?
Auf das, was außen und was innen –
　　　　und auf den Lauf
der Sterne, die im kalten Kosmos schweben,
sowie auch darauf:
　　Wovon mag eigentlich der Bornemann leben –?

Die Wiese summt und liegt grün eingesponnen –
　　　　　ich mittendrin;
durch die geschlossenen Lider sagen tausend Sonnen,
　　　　　daß ich lebendig bin.
Schreite die Straße der Einsamkeit empor,
Stimmen hörst du wie nie zuvor ...
aus dem Äther kommen dir Einsicht und Stärke
　　Laßler platzt vor Neid. Ich werde ihn ärgern, indem ich es nicht
　　　　　　　　　　　　　bemerke.

Wolken ziehn über die Sonne. Es rührt sich kein Blatt.
　　　　　Stumm
liegt der See; der Weise, der einmal begriffen hat,
　　　　　fragt nicht: Warum?
Er betrachtet nur noch das Wie; er sieht die Kristalle zergehn,
wenn es geschneit hat –
　　Warum schneidet man sich eigentlich immer die Nägel, wenn
　　　　　　　　　　　man keine Zeit hat –?

So schwingst du dich in die obern Regionen –
mußt aber dennoch hier unten wohnen.
Ein Vers von Morgenstern tanzt querfeldein;
　　»Es zieht einen immer wieder hinein.«

IN ALLER EILE

– »Hallo! Hier Eisner und Ehrmann, wer dort –?
Jawohl … Man kann Sie nicht verstehen; Sie müssen
etwas lauter sprechen! … Dann werden wir Ihnen
also die Faktur morgen zugehen lassen! Schluß!«
Telephongespräch 1895

– »Also ich telephoniere hier von der Post –
vor der Zelle stehn schon Leute –
ich fahre nach Lichterfelde-Ost
und erledige die Sache noch heute.
Was ich sagen wollte … Warum warn Sie gestern nicht da?
auf der Modenschau?
Ich war mit der Putti … wissen Sie … na …
Hände hat die Frau –!
Fabelhaft.

Wiesner –? Erzählen Sie mir doch nichts –
das nehm ich auf mein Eid –!
Bitte! Nach Ansicht des Gerichts
hab ich dazu immer noch Zeit!
Was ich sagen wollte … Wir gehn Sonnabend aus …
Mit ihrem Freund? Na, so blau!
Die nehm ich glatt mit mir nach Haus –
Augen hat die Frau –!
Fabelhaft.

Die Wechsel sind … na, wie finden Sie das?
Die klopfen ans Fenster, weil ich
hier spreche – ich erzähl Ihnen persönlich noch was,
ich bin nämlich furchtbar eilig.
Was ich sagen wollte … ich bin derartig scharf …
Natürlich! Weiß ich genau,
was ein Schentelmän sich erlauben darf …
Einen Rücken hat die Frau –!
Fabelhaft.

Wir legen die Schecks … hallo? … unterbrochen …
Ich habe doch noch gar nicht gesprochen …!
Na, denn nicht.
              Nur keine falsche Hast!

Ich spreche hier, solange 's mir paßt!
          Lümmel.
                    Ja –! Nein –!
Na, da gehn Sie doch rein!
Eine Luft wie in einem Schwitzkastenbad …
Was der schon zu telephonieren hat –
          Lümmel.«

DIE GESCHIEDENE FRAU

Ja … da wär nun also wieder einer …
     das ist komisch!
Vor fünf Jahren, da war meiner;
dann war eine ganze Weile keiner …
     Und jetzt geht ein Mann in meiner Wohnung um,
     findet manches, was ich sage, dumm;
     lobt und tadelt, spricht vom Daseinszwecke
     und macht auf das Tischtuch Kaffeeflecke –
          Ist das alles nötig –?

Ja … er sorgt. Und liebt. Und ists ein trüber
Morgen, reich ich meine Hand hinüber …
     Das ist komisch:
Männer … so in allen ihren Posen …
Und frühmorgens, in den Unterhosen …
     Plötzlich wohnt da einer auch in meiner Seele.
     Quält mich; liebt mich; will, daß ich ihn quäle;
     dreht mein Leben anders, lastet, läßt mich fliegen –
     siegt, und weil ich klug bin, laß ich mich besiegen …
          Habe ich das nötig –?

Ich war ausgeglichen. Bleiben wir allein,
     … komisch …
sind wir stolz. So sollt es immer sein!
     Flackerts aber, knistern kleine Flammen,
     fällt das alles jäh in sich zusammen.
     Er braucht uns. Und wir, wir brauchen ihn.
     Liebe ist: Erfüllung, Last und Medizin.
     Denn ein Mann ist Mann und Gott und Kind,
     weil wir so sehr Hälfte sind.

Aber das ist schließlich überall:
der erste Mann ist stets ein Unglücksfall.
Die wahre Erkenntnis liegt unbestritten
etwa zwischen dem zweiten und dem dritten.

Dann weißt du. Vom Wissen wird man nicht satt,
aber notdürftig zufrieden, mit dem, was man hat,
    Amen.

DISKRETION

Daß Josefine eine schiefe Nase hat;
daß Karlchen eine schwache Blase hat;
daß Doktor O., was sicher stimmt,
aus einem dunkeln Fonds sich Gelder nimmt;
daß Zempels Briefchen nur zum Spaß ein Spaß ist,
und daß er selbst ein falsches Aas ist
   in allen sieben Lebenslagen –:
   das kann man einem Menschen doch nicht sagen!
     Na, ich weiß nicht –

Daß Willy mit der Schwester Rudolfs muddelt;
daß Walter mehr als nötig sich beschmuddelt;
daß Eugen eine überschätzte Charge;
daß das Theater … dieser Reim wird large …
daß Kloschs Talent, mit allem, was er macht,
nicht weiter reicht als bis Berlin W 8;
   daß die Frau Doktor eine Blähung hat im Magen –:
   das kann man einem Menschen doch nicht sagen!
     Na, ich weiß nicht –

Man muß nicht. Doch man kann.
             Die Basis unsres Lebens
ist: Schweigen und Verschweigen – manchmal ganz vergebens.
Denn manchmal läuft die Wahrheit ihre Bahn –
dann werden alle wild. Dann geht es: Zahn um Zahn!
Und sind sie zu dir selber offen,
dann nimmst du übel und stehst tief betroffen.

Die Wahrheit ist ein Ding: hart und beschwerlich,
sowie in höchstem Maße feuergefährlich.
Brenn mit ihr nieder, was da morsch ist –
und wenns dein eigner Bruder Schorsch ist!
Beliebt wird man so nicht! Nach einem Menschenalter
läßt man vom Doktor O. und Klosch und Walter
und läßt gewähren, wie das Leben will …
Und brennt sich selber aus. Und wird ganz still.
    Na, ich weiß nicht –.

BEROLINA … CLAIRE WALDOFF

Bei mir – bei mir –
da sind sie durchgezogen:
die Lektrischen, der Omnibus, der Willy mits Paket.
Und eh – se hier
schnell um de Ecke bogen,
da ham se 'n kleenen Blick riskiert, ob SIE noch oben steht.
Nu stelln die Hottentotten
mir in ein Lagerhaus;
ick seh mank die Klamotten
noch wie Brünhilde aus …
    Ick stehe da und streck die Hand aus –
    der Alexanderplatz, der is perdü!
    Ick seh noch imma 'n Happen elejant aus,
    Ick hab nur vorne hab ick zu viel Schüh …!
        Ick laß se alle untern Arm durchziehn –
        ick bin det Wappen von die Stadt Berlin –!

Bei mir – bei mir –
da denk ick: Nu verzicht ich!
Mit meine Wurde paß ick nich – in den modernen Schwof.
Denn fier – Berlin
da war ick jrade richtich:
pompös, verdreckt un anjestoobt und hinten 'n bisken doof.
Nu blasen die Musieker,
geschieden, das muß sein …
sogar die Akademieker,
die setzen sich für mir ein …

Ich stehe da und streck die Hand aus;
der Alexanderplatz, der is perdü!
Ick seh noch alle Tage elejant aus –
ick hab nur vorne hab ick zu viel Schüh!
    Nu muß ick jehn. Nu wert a balde lesen:
    Mir hamse injeschmolzn. Laß ma ziehn!
    Ick hab euch jern. Es wah doch schön jewesen:
    als Wappen von die olle Stadt Berlin –!

HEINRICH ZILLE

Zweeter Uffjang, vierta Hof
wohnen deine Leute;
Kinder quieken: »Na, so doof!«
jestern, morjn, heute.
    Liebe, Krach, Jeburt und Schiß …
    Du hast jesacht, wies is.

Kleene Jöhren mit Pipi
un vabogne Fieße;
Tanz mit durchjedrickte Knie,
er sacht: »Meine Sieße!«
    Stank und Stunk, berliner Schmiß …
    Du hast jesacht, wies is.

Jrimmich wahste eijntlich nich –
mal traurich un mal munta.
Dir war det jahnich lächalich:
»Mutta, schmeiß Stulle runta –!«
    Leierkastenmelodien …
    Menschen in Berlin.

Int Alter beinah ein Schenie –
Dein Bleistift; na, von wejn …!
Janz richtich vastandn ham se dir nie –
die lachtn so übalejn.
    Die fanden dir riehrend un komisch zujleich.
    Im übrijen: Hoch det Deutsche Reich!
        Malen kannste.
        Zeichnen kannste.
        Witze machen sollste.
        Aba Ernst machen dürfste nich.

Du kennst den janzen Kleista –
den ihr Schicksal: Stirb oda friß!
Du wahst ein jroßa Meista.
  Du hast jesacht, wies is.

  JA, BAUER, DAS ...!

Sämtliche Buchhändlerfenster sind voll
von Kriegsbüchern und Romanen.
Die Presse war schuld! Der Kaiser war toll!
Man hat uns mit allen Schikanen
    belogen,
    betrogen,
    dumm gemacht,
    ums Denken gebracht –
     Großer Katzenjammer.
Natürlich hat es sich nicht gelohnt.
Natürlich hätten wir die andern geschont.
Natürlich ist alles ganz falsch gewesen.
Natürlich ist unschuldig deutsches Wesen.
   Auf ein Mal
   sind sie sentimental,
   gefühlvoll, pathetisch und Kriegsverdammer.
   Großer Katzenjammer.

Aber –:
   Geht das morgen wieder los,
vertauschst du nur die Farben,
dann erleiden Millionen ein schlimmeres Los –
vergessen, wie andere starben.
   Polen zum Beispiel ... der Korridor ...
   Da stürmen zehntausend Freiwillige vor ...
   da knattern die neuen Fahnen im Wind;
   da bilden Großvater und Enkelkind
   das von ihrer Zeitung befohlene Spalier!
   Deutschland seis Panier!
   Flaggen! Geflaggt ist jedes Haus.
   Burschen heraus!
   Und du hörst im Knallen des Salamanders:
   Ja, Bauer, das ist ganz was anders –!

GEDULD

Die großen, sanften Augen der Bauernpferde, die
    still trottend ziehn; auf den Augenrändern
    und in den Augenwinkeln sitzt es schwarz vor Fliegen ...
        Geduld –

Der wie ein Paket geschnürte Hund, dem der Professor
    Curare eingespritzt hat, nun kann er sich nicht bewegen, nur
    noch fühlen;
    sie haben ihm die Harnleiter durchgeschnitten, da liegt er.
    Studenten umgeben das prächtige Bild ...
        Geduld –

Der verheiratete Angestellte, der vor dem brummigen Chef steht,
    zitternd, die Kündigung an den Kopf geworfen zu bekommen;
    der Mann hinter dem Schreibtisch fühlt sich: er hat auf einmal
    zwei Leben: das eigene und das des andern ...
        Geduld –

Der Proletarier im Holzschrein vor Gericht, wo unaufhörlich die
    dreisten Ermahnungen des Richters kalt-spöttisch auf ihn
    heruntersausen ...
        Geduld –

Das Fürsorgekind, das einer verwitweten Megäre in die Anstalts-
    finger gefallen ist; die braucht bei Männern keine Lust zu suchen,
    sie hat die Kinder ...
        Geduld –

Läutert Leiden? Welchen Sinn hat es?
    Was haben sie getan, mein Gott: das Pferd, der Hund,
    der Angestellte, der Proletarier, das Fürsorgekind –?

        Sind sie schuld?
        Woran sind sie schuld?
        Nimm ihnen die Geduld!
        Nimm ihnen die Geduld!
        Nimm ihnen die Geduld –!

HOLDER FRIEDE
(Versmaß 1911)

Nun senkt sich auf die Fluren nieder
der süße Tran der Vorkriegszeit;
es kehren Ruh und Stille wieder,
getretener Quark wird weich und breit.
   Und alle atmen auf hienieden:
    Jetzt haben wir Frieden.

Nun ist es Herbst. Die Storchenpaare
stehn klappernd, und der Eichbaum schwankt.
Das ist ja wohl die Zeit im Jahre,
wo Engel sich mit Brechten zankt.
   Die Ehe wird noch oft geschieden.
    Jetzt haben wir Frieden.

Wir wollen nur das eine wissen,
weil uns das wirklich interessiert:
Premierenknatsch in den Kulissen –
ob Kortner Jeßner engagiert?
   Baut Laemmle pappene Pyramiden?
    Jetzt haben wir Frieden.

Wir geben einer müden Masse
zum Ansehn, was sie niemals hat.
»In Schiffskabinen erster Klasse
gibt es jetzt Radio, Turnsaal, Bad …!«
   Vergessen sind die Invaliden –
    jetzt haben wir Frieden.

Verrauscht ist Lärm und Trommelfeuer,
verweht das Leid der Inflation.
Wir hassen jedes Abenteuer –
wir wollen nicht mehr. Wir haben schon.
   Wir pfeifen auf dem ersten Loche.
   Nun liegt schon alles weit entfernt …
   Wir spielen Metternich-Epoche
   und haben nichts dazugelernt.

ICH HABE MICH ERKÄLTET

Ich weiß dicht, was bit beider Dase ist –
da ist was dridd …
Doch soll bich dies dicht hindern,
euch, lieben Kindern,
ein deutsches Lied zu singen – uns allen zum Gewidd –:

Barkig schallt der Ruf der deutschen Bannen:
»Heil deb großen Zeppeliend!
Welcher butig flog von dannen,
über alle Welten hiend!«
   Alle Benschen konnten ihn sehnd!
   Welch ein Phädobeend –!

Donnen, Deger und berlider Dutten
labten sich an seinemb Bild –
ohmb schrieben sie mit Underwoodn,
und sie aßen Hubber, Lachs und Wild,
   sowie auch die leckre Barbelade –
   daß ich dicht dabei war, das war schade.

Eckners Namb' sollt man id Barbor ritzen,
auf Zigarren, id ded Steid vom Dobido –
auf deb Präsidentenstuhle sollt er sitzen,
dafür neblich ist derselbe do …
   Alle, alle kedden ihnd ja schond,
   selbst Biss Babbitt und Frau Dathadsohnd.

Kein Bobent kann dieser Ruhmb sich wandeln.
Darumb bache ich ihmb dies Gedicht.
Was ist in der Dase … oder in ded Bandeln …
Aber Gottseidank: ban berkt es dicht.

DAS GESETZ

Mann und Frau und Frau und Mann –
nach dem Happy End fängt ihr Leben erst an ...
Wohnungsnot und Herzensnot
machen manche Ehe tot.

Warum
            läßt man sich denn nicht scheiden?
's fehlt an Geld – und der Schmutz und der Schmutz ...
Und so zerrinnt das Leben beiden –
so wie sie, sind hunderttausend ohne Schutz ...

Und unterdes –
                        da sitzen sie im Reichstagshaus
und knobeln sich neue Gesetze aus;
ein gutes für Scheidung ist nicht dabei –
Hört ihr den Schrei? Hört ihr den Schrei?
Hört ihr den Schrei?
Paragraph 5, Ziffer 4, Absatz 3.

»Hör mal, Willy – jetzt ists aus!
Noch ein fünftes Kind hat keinen Platz im Haus!«
»Heul nicht, Liese, das hat keinen Sinn ...
hier hast du ne Adresse – geh mal hin!«

Die Olsch, die macht das im Tarife –
aber schlecht – und die Frau geht ein.
Dann setzt es anonyme Briefe,
und vier Kinder sind nun ganz allein ...
Und unterdes –
                        da sitzen sie im Reichstagshaus
und knobeln sich neue Gesetze aus –
Für manche ist die Frau eine Milchmeierei –
Hört ihr den Schrei? Hört ihr den Schrei?
        Hört ihr den Schrei?
Paragraph 5, Ziffer 4, Absatz 3.

Kleiner Dieb, der wird gehängt –
großer Verbrecher kriegt noch was geschenkt.
Wer da ausbrennt Kriegessaat –
das nennt der Richter Landesverrat.

Zehntausend warten ungeduldig
in den Zellen, geduckt wie ein Tier …
Die sind vorm Paragraphen schuldig
– aber Menschen, Menschen wie wir! –

Wach auf, wach auf, Barmherzigkeit!
Ein neuer Ton – eine neue Zeit!
Recht und Recht sind immer zweierlei …
Hört ihr den Schrei? Hört ihr den Schrei?
Hört ihr den Schrei?
Macht euch frei!
Macht euch frei!
Macht euch frei!

TOMMYS ABSCHIED

Na, die sind hier nicht alle von mir …
das will ich nun nicht sagen.
Aber schließlich: wir haben uns hier
immer ganz gut vertragen.
Jeder hat seine kleine Prinzeß …
yes!
Und unsereiner war auch nicht roh …
no!
Und jetzt ist es Schluß, und das Rheinland wird frei …
Ade, Deutschland – good-bye –!

Trinkt man Wasser in einem Land
und ißt man dort das Brot,
dann wird man mit den Leuten verwandt
und fühlt ihre Freude und Not.
Jeder Tag ist ein kleiner Friedenskongreß …
yes!
dazu brauchen wir gar kein Genfer Büro …
no!
Und jetzt sind Besatzung und Liebe vorbei –
Ade, Deutschland – good-bye –!

Ich nehm einen Schäferhund mit nach Haus,
eine Locke und dies und das;
Erinnerungen und einen Strauß ...
und richtig, noch etwas:
   Wir einfachen Leute wissen es –
     yes!
   Europa ist ja gar nicht so –
     no!
Die Panzerfritzen schüren die Flammen ...
Wir Arbeiter gehören zusammen
in allen Ländern, wo es auch sei!
   Ade, Deutschland – good-bye!

UNERLEDIGTE KONTEN

Als Kind – so um 95 rum –
da war ich bei Tante Jenny
zur Kindergesellschaft eingeladen,
mit Fritz und Ellen und Männi.
        Ja.
Und da hats Sahnenbaisers gegeben,
jeder hat eins bekommen;
und dann wurde noch mal herumgereicht –
und ich hab keins mehr genommen!
   Das hat mich noch jahrelang geplagt ...!
   Ich hätte sollen ... und hab Nein gesagt.

Da hab ich noch eine Braut zu stehn
in Neu-Globsow – die Dame hieß Kätchen;
irgendwas war da ... die hat so geguckt ...
doch ich hatte genug der Mädchen.
        Ja.
Und dann hat sie mir noch mal geschrieben,
Briefe? Wie? Ist das schön?
Und dann war ich zu faul, und Neu-Globsow ist weit,
und jetzt möcht ich sie wiedersehn.
   Wie mich das in leeren Nächten plagt ...
   Ich hätte sollen ... und hab Nein gesagt.

Da stand ich vor Jahren in Moabit
vor einem Talar, den das freute;
er redete, redete, quatschte und schrie
und redet gewiß noch heute.
                    Ja.
Und aus einem hier nicht zu erzählenden Grund
hielt ich die ganze Zeit meinen Mund.
Ich mußte. Und habe nichts gesagt.
Aber das hat mich noch oft geplagt!
    Mit dem Jungen tret ich gern noch mal an –
    nur ein einziges Mal!
                    aber dann – aber dann –

Ist ja gar nicht wahr.
                Wenn heut Kätchen da steht,
das Baiser und der Kerl aus Moabit –:
es ist ja leider alles zu spät!
Es ist immer das gleiche Lied:
    Wenn wir was brauchen, dann haben wirs nicht;
    und wenn wir es kriegen, dann wollen wirs nicht.
    Lieber Gott! sei doch nur einmal gescheit
    und gib uns die Dinge zu ihrer Zeit –!
                    Amen.

DIE TAGUNG

Nun, Mutter, bürst mir den Zylinder,
den guten Sonntags-Gehrock hol herbei;
gehab dich wohl – paß gut auf, auf die Kinder,
pack mir die Stullen ein und auch ein Ei …
    Heut fahr ich los, um neun Uhr, im Expreß …
        heut ist Kongreß!

Vom Reichsverband sind die Kollegen
schon alle in die ferne Stadt geeilt.
Man wird uns dort brillant verpflegen,
weil ein Minister bei uns weilt.
    Die Hoteliers sind froh. Sie wissen es:
        heut ist Kongreß.

Zu ernster Arbeit sind wir dort versammelt.
Der Herr Minister spricht – das ist der Clou
(da ist der Saal noch voll, voll wie gerammelt) –
er sagt uns seine Unterstützung zu …
 Das ist ein großes Wort. Ein amtliches –
  heut ist Kongreß.

Dann wird man viele schönen Reden hören.
Jedweder bittet um des Wortes Gunst.
Da kann uns die Opposition nicht stören –
Abstimmen lassen ist *auch* eine Kunst.
 Die Hände hoch! Und kurz ist der Prozeß …
  heut ist Kongreß.

Wir sprechen von den einfach ungeheuern
Unkosten in Fabrik und in Büro
und von den viel zu hohen Steuern –
»Das, meine Herren, geht nicht weiter so!
 Was hier geschieht, ist ein Exzeß!«
  Heut ist Kongreß.

Im Saal ein Nickerchen … die Uhr ist viere …
Der Redner liest und liest und redet seins …
Dann sitzen wir in Reihen froh beim Biere
und trinken, trinken immer noch eins.
 Denn, Mutter, schon die ollen Germanen
 versammelten sich mit allen Schikanen
 rechts vom Rhein und links vom Rhein:
 Deutsche Arbeit will beredet sein.
 Weil selbe immer nur gedeiht
 im Treibhaus unserer Wichtigkeit.
 Leb wohl! Da pfeift schon der Expreß …!
  Heut ist Kongreß.

TRUNKENES LIED

Der Igel sprach zum Oberkellner:
»Bedienen Sie mich ein bißchen schnellner!
Suppe – Gemüse – Rostbeef – und Wein!
Ich muß in den Deutschen Reichs-Igel-Verein!«

Da sprach der Oberkellner zum Igel:
»Ich hab so ein komisches Gefiegel –
ich bediene sonst gerne, prompt und coulant,
aber ich muß in den Oberkellner-Verband!«

Der Igel saß stumm, ohne zu acheln,
und sträubte träumerisch seine Stacheln –
Messer und Gabel rollten über die Decke.
Sie rollten zum Reichsverband Deutscher Bestecke.

Des wunderte der Igel sich.
Er ging in ›Für Herren‹ züchtiglich;
doch der Alte, der dort reine macht,
war auf der Deutschen Klosettmänner-Nacht.

Ein Rauschen ging durch des Igels Stoppeln –
er tät bedrippt nach Hause hoppeln
        und sprach unterwegs
        (und aß einen Keks):
»Ich wohne gern. Aber seit ich in Deutschland wohne,
ist mein igeliges Leben gar nicht ohne.
Sie sind stolz, weil sie sich in Gruppen mühn –
doch sie sind nur gestörte Individühn.
Menschen? Mitglieder sind diese Leute.
Unsern täglichen Verband gib uns heute!
                Amen.«
                (sagte der Igel).

WAS DEM LAKAIEN SEINE LIVREE
IST DER REPUBLIK IHRE SIEGES-ALLEE

Da stehn in Panzer und Lederkollern
die bessern Herren von den Hohenzollern.
Und man fragt sich, sieht man die Schnallen und Maschen:
Wann hat sich der Junge eigentlich gewaschen?
Wahrscheinlich an hohen Feiertagen,
wenn er hinging, sein Vaterunser zu sagen.

Was heute Kino ist und Theater,
dafür hatte er diesen heiligen Vater.
Der war in jener vergangenen Zeit
ein fetter Mime der Frömmigkeit.
Segnend ragt seine Unterlippe …
mit den Fürsten machte die Kirche Kippe:
dir ein Halb und mir ein Halb –
der Untertan war ein gutes Kalb.

Und wenn es einmal im Volke erbraust:
Dann haben wir hier die starke Faust.
Das Volk? Das werden wir doch noch kriegen!
In *diesem* Zeichen wollen wir siegen!
Wir würgen sie, bis sie nicht mehr jappen …
Hier ist das echte preußische Wappen.
Ein böses Vieh. Es beraubt und hackt
jeden, der sich mit Arbeit plackt.

Da steht die Allee. Es zaudern die zahmen
Republikaner vor Marmorreklamen.
Im Namen der Wehrmacht –
in Alt-Deutschlands Namen.
                    AMEN!

HEJ — !

Auf einem leeren Marktplatz stehst
du –
ganz allein:
die Häuser haben geflaggt, jedes trägt eine andre Fahne,
die Dächer sind schwarz vor Menschen;
eine wimmelnde Schlange ist rings um den Platz gepreßt.
Aus jedem Haus dringt Getöse, Blechmusik, Orgeln, wirres Rufen –
Und plötzlich
heben sich alle Arme, auf dich,
zehntausend ausgestreckte Zeigefinger, auf dich,
und ein Schrei steigt auf:
– »Hej!«

Was wollen sie von dir?
Was hast du getan?
Was sollst du tun?
So groß bist du doch gar nicht,
so bedeutend bist du doch gar nicht,
so wichtig bist du doch gar nicht …

Eintreten sollst du – in eines dieser Häuser,
in welches, ist ihnen gleich –
aber in eines,
und darum rufen sie:
– »Hej!«

Das ist das katholische Haus:
Würdige Junggesellen halten, verkleidet, ein Buch in der Hand;
manche sind weise,
viele klug,
alle schlau.
Sie wollen dich,
sie wollen sich
und vergessen IHN.
Sie teilen eine Art Wahrheit aus;
sie kennen die Herzen aller,
sie ordnen Regeln an, für alle:
ein Warenhaus der Metaphysik.
Aber etwas Starres ist da,

ein Trübes,
und drohend steht das Kreuz gegen den Phallus –:
geh nicht hinein.

– »Hej!«

Da ist das Haus der Nationen.
Sture Gewaltmenschen
halten, kostümiert, einen Damaszenerdegen in der Hand,
aber sie schießen mit Gas.
An ihren Wänden hängen Bilder mittelalterlicher Kämpfe,
Fahnen über den Kaminen –
aber sie schießen mit Gas.
Sie wissen nicht, warum sie das tun,
sie müssen es tun;
ihr Wesen schreit nach Menschenfleisch,
nach der herrlichen, den Mann aufwühlenden Gewalt,
so liebt ihn die Frau,
so liebt er die Frau.
In ihnen ist nichts,
daher wollen sie außer sich sein –
und wann wäre man wohl so außer sich
wie bei der Zeugung und beim Mord!
Verwaltungsbeamte des Todes –:
geh nicht hinein.

– »Hej!«

Da ist das Haus der feinen Leute.
Die spielen, ab sechs Uhr abends:
mit der Polaritätsphilosophie,
mit Theaterpremieren,
mit den Symphonien,
mit der Malerei,
mit dem Charme,
mit dem Stil,
mit den Versen Verstorbener,
mit den Witzen Lebendiger –
und alles darfst du bei ihnen tun,
(solange es zu nichts verpflichtet),
alles, nur eines nicht:

Nicht die Geschäfte stören,
den Ernst des Lebens,
der da ist:
Geld verdienen mit dem Schweiß der andern;
regieren auf dem geduldigen Rücken der andern;
leben vom Mark der andern …
Für die Sättigungspausen
haben sie einen Pojaz bestellt:
den Künstler.
Geh nicht hinein.

– »Hej!«

Da ist das russische Haus.
Du kennst es nicht genau.
Aber bist du reif für dieses Haus?
Ist dein Tadel:
ihre starre Dogmatik,
ihr Zeloteneifer, eine neue Kirche zu gründen,
ihr scharfer Haß gegen den Einzelnen
– aber Lenin war ein Einzelner –
ihre Affenliebe für alle, die alles heilen soll –:
ist dieser Tadel nicht deine verkappte Schwäche?
Auch sie: dieser Welt hingegeben
– erwarte nicht den Himmel von ihnen –
auch sie: Nationalisten,
freilich mit einer Idee;
auch sie: für den Krieg,
auch sie: erdgebunden;
das, was sie an die Amerikaner verhökern,
heißt nicht umsonst: Konzessionen …
Bist du stark genug,
mitzuarbeiten am Werk?
Noch nicht –
geh noch nicht hinein.

– »Hej!«

Tausend Gruppen umbrüllen dich,
rufen nach dir,
preisen an die warme Heimat: Herde.

Sag: Hast du nicht Sehnsucht gehabt nach dem Stall,
nach dem warmen Stall, wo nicht nur die Krippe lockt,
– die Wiesen genügen –
nein: wo die tierische Wärme der Leiber ist,
das vertraute Muh und das Gemeinschaftsgefühl der Menschen?
Sie schrein:
In die Reihn!
In den Verein!
Sie schrein:
Die Zeit des einzelnen ist vorbei,
das trägt niemand mehr!
Freiwillige Bindung!
Schwächling! schrein sie; Einzelgänger! Unentschiedener!
Her zu uns!
Zur Ordnung! Zur Ordnung!

Über den Häusern
ragen die Wipfel
geduldiger Bäume.
Rauschend bewegen sie schäumende Kronen.
Zurück zur Natur?
Hingegeben an dämmernde Herbstabende,
wo die göttliche Klarheit
des bunten Tags
sich auflöst in weich-graue Nebel?
Vergessen das Leid
der Millionen?
Und die Wirkung roten Weines
und eine Frau am Kamin
für die letzte Sprosse der göttlichen Weltordnung nehmen?
Frauen geben. Nimm. Aber erhoffe nichts.
Zurück zur Natur?
Bleib verwurzelt – aber geh nicht
mit der Laute zu ihr –:
Du gehst zurück …

– »Hej!«

Da stehst du
und siehst um dich:
Die Rufer verschwimmen,

treten zurück …
Du bist nicht allein!
Um dich
stehen Hunderttausende:
frierend wie du,
suchend wie du,
jeder allein, wie du,
Trost? Nein: Schicksal.

Bleib tapfer.
Bleib aufrecht.
Bleib du.
Hör immer den Schrei:
– »Hej!«
Laß dich nicht verlocken.
Geh deinen Weg. Es gibt so viele Wege.

Es gibt nur ein Ziel.

IDEAL UND WIRKLICHKEIT

In stiller Nacht und monogamen Betten
denkst du dir aus, was dir am Leben fehlt.
Die Nerven knistern. Wenn wir das doch hätten,
was uns, weil es nicht da ist, leise quält.
    Du präparierst dir im Gedankengange
    das, was du willst – und nachher kriegst dus nie …
    Man möchte immer eine große Lange,
    und dann bekommt man eine kleine Dicke –
        Ssälawih –!

Sie muß sich wie in einem Kugellager
in ihren Hüften biegen, groß und blond.
Ein Pfund zu wenig – und sie wäre mager,
wer je in diesen Haaren sich gesonnt …
    Nachher erliegst du dem verfluchten Hange,
    der Eile und der Phantasie.
    Man möchte immer eine große Lange,
    und dann bekommt man eine kleine Dicke –
        Ssälawih –!

Man möchte eine helle Pfeife kaufen
und kauft die dunkle – andere sind nicht da.
Man möchte jeden Morgen dauerlaufen
und tut es nicht. Beinah … beinah …
    Wir dachten unter kaiserlichem Zwange
    an eine Republik … und nun ists die!
    Man möchte immer eine große Lange,
    und dann bekommt man eine kleine Dicke –
        Ssälawih –!

DIE BESETZUNG

Es haben die deutschen Filmdirektoren
noch niemals die Schnur ihres Handelns verloren;
drum merke sich jeder junge Adept
das folgende Besetzungsrezept:
        Wenn du elegant brauchst,
            nimm Paul Otto;
        wenn du brutal brauchst,
            nimm Homolka;
        wenn du Seelchen brauchst,
            nimm die Bergner;
        wenn du berlinisch brauchst,
            nimm Graetz;
        wenn du dämonisch brauchst,
            nimm Veidt;
        wenn du gar nichts brauchst,
            nimm Liedtke –

Spezialisten für Tränen, Spezialisten fürs Lachen.
Und nie darf einer was andres machen
als das, womit er schon einmal gewirkt.
Die Ressorts sind säuberlich abgezirkt:
        Nummer IV, Nummer III, Nummer II, Nummer I –
            jeder seins.

Dies Verfahren erscheint mir aber – das seh ich –
auch auf andere Gebiete ausdehnungsfähig.
Man kann, um seine Geschäfte zu stärken,
sich folgende Dienstanweisung merken:

Wenn du Heereslieferungen brauchst,
    schwenk Fahnen;
wenn du ein Mädchen brauchst,
    nimm Seele;
wenn du Steuern brauchst,
    sag: Frankreich;
wenn du junge Aktien brauchst,
    sag: Wirtschaft;
wenn du Rührung brauchst,
    nimm 's Mutterl ...
wenn du Rache brauchst,
    nimm einen Richter –
So hast du für alle Lagen des Lebens
stets etwas parat und kämpfst nie vergebens.
Der Mittel sind viele in den Kulissen ...
man muß sie nur anzuwenden wissen.
    Nummer IV, Nummer III, Nummer II, Nummer I –:
        jeder seins.

DER VERRUTSCHTE HUT

*Wenn eine Dame nachts allein mit einem Mann
im Auto nach Hause fährt, hat sie sich die Folgen
selber zuzuschreiben.
Aus der Urteilsbegründung eines berliner Schöffen-
gerichts*

Was ein Berliner Kavalier ist,
der bringt – ist die Gesellschaft aus –
und wenn es morgens früh um vier ist,
die Dame, welche … stets nach Haus.
　Im Auto soll man Bande knüpfen.
　Das muß so sein und hebt den Herrn.
　Der Name ›Schlüpfer‹ kommt von: schlüpfen.
　Er glaubt: die Frauen haben das gern …
　　Das wollen sie aber gar nicht!
　　Das mögen sie aber gar nicht!
　　　Das tut ihnen gar nicht gut!
　　Wie kommen sie denn nun nach Haus?
　　»Und wie seh ich überhaupt jetzt aus?
　　– und einen ganz verrutschten Hut!«

Es erben sich Gesetz und Rechte
wie eine ewige Krankheit fort.
Er meint, wenn er das nicht vollbrächte,
dann sei er kein mondäner Lord.
　Er muß. Teils gnädig und teils müde
　und überhaupt; weils dunkel ist.
　»Ach, der Chauffeur … sei doch nicht prüde …!«
Ein Mann ist stets ein Egoist.
　　Sein Motor will auf Touren laufen.
　　Die Frau braucht Zeit. Es saust die Fahrt.
　　Sie will nicht um die Liebe raufen:
　　Haare apart und Bouletten apart.
Doch jener wird gleich handgemein.
Jetzt oder nie …! Die Hand ans Bein …
　　Das wollen sie aber gar nicht!
　　Das mögen sie aber gar nicht!
　　　Das tut ihnen gar nicht gut!
　　Berliner Autoliebe stört.
　　Immer hübsch alles, wos hingehört –
　　　ohne verrutschten Hut –!

DEUTSCHE RICHTER VON 1940

Wir stehen hier im Vereine
in diesem Lederflaus;
wie die abgestochenen Schweine
sehn wir aus.
    Wir fechten die Kreuz und die Quere
    mit Schlag und Hieb und Stoß;
    wir schlachten uns um die Ehre –!
    Auf die Mensur!
                        Los!

Der deutsche Geist? Hier steht er.
Wie unsere Tiefquart sitzt!
Wir machen Hackepeter,
daß die rote Suppe spritzt.
    Wir sind die Blüte der Arier
    und verachten kühl und grandios
    die verrohten Proletarier –
    Auf die Mensur!
    Gebunden!
                        Los!

Wir sitzen in zwanzig Jahren
mit zerhacktem Angesicht
in Würde und Talaren
über euch zu Gericht.
    Dann werden wirs euch zeigen
    in Sprechstunden und Büros …
    ihr habt euch zu ducken, zu schweigen
    Auf die Mensur!
          Gebunden!
               Fertig!
                    Los!

Wie lange, Männer und Frauen,
seht ihr euch das mit an –?
Wenn sie sich heut selber verhauen:
Euch fallen sie morgen an!
    Ihr seid das Volk und die Masse
    von der Etsch bis an den Rhein:
    soll *das* die herrschende Klasse,
    sollen *das* unsere Führer sein –?
              Fertig! Los! Los!

AUF EINEN GROSSEN KOMIKER

Du stolperst auf den langen Beinen –
da stehst du nun, Karl Valentin …
    Da fragt man sich.
    Ja, gibt es dich?
Wir werden wohl vor Lachen weinen –
Grüß Gott!
        Willkommen in Berlin –!

DIE NACHFOLGERIN

Ich hab meinen ersten Mann gesehn –
    der ging mit einer!
Hütchen, Rock und Bluse (Indanthren)
    und zwei Kopf kleiner!
    Sie muß ihn wohl ins Büro begleiten …
    Über den Geschmack ist nicht zu streiten.
    Na, herzlichen Glückwunsch!

Sein Gehirn ist bei der Liebeswahl
    ganz verkleistert;
wenn er siegt, dann ist er allemal
    schwer begeistert.
    Ob Languettenhemd, ob teure Seiden –
    seinetwegen kann man sich in Säcke kleiden …
    Na, herzlichen Glückwunsch!

Frau ist Frau. Wie glücklich ist der Mann,
    dem das gleich ist!
Und für sowas zieht man sich nun an!
    Als ob man reich ist!
    Das heißt: für ihn …?
        Wir ziehen unsre Augenbrauen
    für und gegen alle andern Frauen.
    Immerhin erwart ich, daß ers merken kann;
    ich will fühlen, daß ich reizvoll bin.
    Dreifach spiegeln will ich mich: im Glas, im Neid, im Mann.

    Und der guckt gar nicht hin.
    Liebe kostet manche Überwindung …
    Männer sind eine komische Erfindung.

EINE FRAU DENKT

Mein Mann schläft immer gleich ein ... oder er raucht seine
   Zeitung und liest seine Zigarre
... Ich bin so nervös ... und während ich an die Decke starre,
                      denke ich mir mein Teil.

Man gibt ihnen so viel, wenigstens zu Beginn. Sie sind es nicht
                                        wert.
Sie glauben immer, man müsse hochgeehrt
sein, weil man sie liebt.
Ob es das wohl gibt:
ein Mann, der so nett bleibt, so aufmerksam
wie am ersten Tag, wo er einen nahm ...?
Einer, der Freund ist und Mann und Liebhaber; der uns mal neckt,
mal bevatert, der immer neu ist, vor dem man Respekt
hat und der einen liebt ... liebt ... liebt ...
ob es das gibt?

Manchmal denke ich: ja.
Dann sehe ich: nein.
Man fällt immer wieder auf sie herein.

Und ich frage mich bloß, wo diese Kerls ihre Nerven haben.
Wahrscheinlich ... na ja. Die diesbezüglichen Gaben
sind wohl ungleich verteilt. So richtig verstehen sie uns nie.
Weil sie faul sind, murmeln sie was von Hysterie.
Ist aber keine. Und wollen wir Zärtlichkeit,
dann haben die Herren meist keine Zeit.
Sie spielen: Symphonie mit dem Paukenschlag.
Unsere Liebe aber verzittert, das ist nicht ihr Geschmack.
Hop-hop-hop – wie an der Börse. Sie sind eigentlich nie
                              mehr als erotische Statisterie.
Die Hauptrolle spielen wir. Wir singen allein Duett,
leer in der Seele, bei sonst gut besuchtem Bett.

Mein Mann schläft immer gleich ein, oder er dreht sich um und
   raucht seine Zigarre.
   Warum? Weil ...
Und während ich an die Decke starre,
   denke ich mir mein Teil.

DAS ANGESTAMMTE HERRSCHERHAUS

Ick bin dick.
Und blase
auf die Republik.

Die können alle bollern,
soviel sie nur wollern –:
Wir sind die Hohenzollern
und leben von euch
und zecken an euch

bis ans Ende der Welt ...
Soviel Geld –! soviel Geld –!

Wirklich? Bis ans Ende der Welt ...?

AUSSPERRUNG

Hier stehn wir in dem Garten
und warten, warten, warten,
   Vater kommt nicht.
Bei Krauses wird gleich geschlossen;
er ist bei den Genossen ...
   Vater ist ausgesperrt.

Durchs Rheinland zieht es brausend –
sie haben Zweihunderttausend
   aus den Fabriken gezerrt.
Wir stehen hier und darben;
es blühn die IG-Farben –
   Vater ist ausgesperrt.

Wir sind dazu da, um später
an Stelle unserer Väter
   an den gleichen Schraubstock zu gehn.
Großmutter, sag es den Kleinen:
   sie sollen vor Hunger nicht weinen,
   sie sollen gerade stehn –!
   Mit Vater und dem ganzen Chor:
   Brüder!
      Zum Licht, zur Freiheit empor –!

BOCKBIERFEST

Mir san die bayrischen
Madeln – juhu!
Mir tun animieren
und trinken euch zu!
   Duliöh!

Mir san die bayrischen
Buam – juhu!
An Durscht ham mir immer
und Prozente dazu …
   Duliöh!

Mir san die Bayern –
mir saufn an Schluck!
   Fürs G'schäft san uns die Preißen
     die sackrischen,
     sackrischen
allweil gut g'gnug –!
   Duliöh –!
   Lalalahüütii –!

BERLINER VOLKSBÜHNE

Uns haben sie Arbeitergroschen gegeben.
Wir waren ein Lichtblick im Arbeiterleben –
   dafür waren wir da.
Stolz hieß es in unsern Eröffnungsprogrammen:
»Proletarier! Wir halten alle zusammen!«
   Besiehe die Inschrift.

Seitdem ist viel Wasser die Spree lang geflossen.
Wir haben fleißig für die Genossen
   den Hamlet gespielt.
Und Possen, die weiter nicht beschwerlich,
und Stücke, die weiter nicht gefährlich –
   besiehe die Inschrift.

Der Staat darf bei uns nicht verspottet werden.
Wir spielen: Friede – Friede auf Erden –
die Hauptsache ist: Organisation.
Auch wir sind im kapitalistischen Morden,
guck mal: *so* kleinbürgerlich geworden ...
Wir halten auf das Feine und Reine
wie die Zensur.
DIE KUNST DEM VOLKE?
Es fragt sich nur:
Was für eine –?

DER KOPF IM WALDE

Ein Neunzehnjähriger ist von der Feme ermordet worden.
Der Leichnam ist im Walde verscharrt. Wildernde Hunde
haben an der Stelle gegraben und den Kopf freigelegt.
Der Kopf spricht:

Hinter Buckow, etwas westlich vom Alten See,
liege ich, dreißig Schritte von der Chaussee.
Meine Kleider sind schon ganz vertault und welk wie Zunder.
Bei dem hiesigen Boden ist das kein Wunder.
Hier ists moorig.
                  Ich kenne das recht gut.
Ich war doch hier Freiwilliger ... ich hatte einen Südwestafrikaner-Hut,
und wir hatten Abzeichen und waren national.
Wie kam das doch so auf einmal?

Ja, der Lübecke hatte aufgebracht, daß ich ein Spitzel wäre.
Das ging gegen meine Ehre,
und das war von ihm eine große Gemeinheit.
Er war bloß eifersüchtig auf meine Reinheit.
Denn er machte immer was mit Völckner hinter der Scheune.
Und eines Sommerabends, so gegen halb neune,
daß faßte er mich an und wollte mit mir auch einmal.
Aber ich sagte: »Ich melde es dem Korporal –!«
Denn seit zwei Monaten war ich anständig geworden.
Ich war fast der einzige im ganzen Orden ...
Mir war gleich so komisch ...
    Da! – Wie sie mich wieder umkreisen:
die Ameisen! Die Ameisen!

Mir war gleich so komisch … Denn Lübecke wußte das von Bern …
(der hat damals bei Rathenau mitgemacht – mit Fischer und Kern),
und Lübecke war furchtbar mächtig in unserm Bund.
Und was er mal gesagt hatte, das tat er auch, und
da habe ich beim nächsten Appell gefehlt.
Und da hat der Lübecke sicher was Gelogenes erzählt.
Und Bröder, unser Kompanieführer, war leider nicht hier –
der war nämlich früher Offizier –
der war nicht da. Das war sehr schade.
Aber der war in Halle auf Parade.
Und da haben sie eine Übung angesetzt im Wald,
damit es nicht auffällt, wenn eine Patrone knallt.
Und da waren auf einmal vier da.
Lübecke nicht. Und sie haben kein Wort gesagt. Und sie kamen ganz nah
auf mich zu und sahen mich bloß an
und sagten: »Du bist kein deutscher Mann –!
Du bist ein Verräter –!« Und dann kam ein Schlag.
Und einer rief: »Das wird dein letzter Tag,
du Hund!« Und dann waren sie ganz stumm.
Und ich fiel hin, und sie trampelten noch auf mir herum.
Und dann weiß ich nichts mehr. Doch. Einer hat gerufen: »Was
                                                             kann da sein
Wir fallen ja doch nicht rein!«

Herrgott, ich bin mein ganzes Leben lang fromm gewesen.
Laß mich doch hier nicht ungerächt verwesen!
Laß es doch herauskommen! Sicher steckt der Lübecke dahinter.
Jetzt war schon einmal Sommer, und nun kommt Winter.
Meine Mutter weiß nicht, wo ich geblieben bin …
Sie lassen mich sicher suchen, in Amerika oder Tientsin.
        Lieber Gott, dir kann ichs sagen:
        Wos zu spät ist, weiß ichs jetzt:
        Siegreich wolln wir Frankreich schlagen –
        alle haben so gehetzt!
        Das Hakenkreuz, Gott, ich umkrall es!
        Lieber Gott, mein Rufen gellt:
        Deutschland, Deutschland über alles!
        Über alles in der Welt –!

DAS ENDE EINER MONARCHIE

Kuriositätswert: hoch notiert.
Politisch: bis auf die Knochen blamiert.
Aber das sind Nebensachen.
Denn der kann lachen.
Der ist noch immer –
    jeder, wie er kann:
Deutschlands reichster Mann.

LIED DER STEINKLOPFER

Wenn jeder Stein ein Richter wär,
ein General von unserm Heer,
    Herr Hilferding im Frack –:
dann rammten wir mit voller Kraft,
die Straße wäre bald geschafft –
    rack –
        pickepack –
            tack-tack.

Daß jeder Stein und jeder Stein
so schwer geht in den Boden ein
    wie allen Tag für Tag
die Lehre, daß der Arbeitsmann
nicht nur für andere schuften kann –
    rack –
        pickepack –
            tack-tack …!

Wer marschiert mit Pfeifen, wer fährt laut
über die Straße, die *wir gebaut?*
    Und wer ist daran schuld?
    Die Ramme gepackt.
    Es klopft im Takt:
        Geduld.
            Geduld.
            Geduld.

BÜRGERLICHE WOHLTÄTIGKEIT

Sieh! Da steht das Erholungsheim
einer Aktiengesellschafts-Gruppe;
morgens gibt es Haferschleim
und abends Gerstensuppe.
     Und die Arbeiter dürfen auch in den Park …
     Gut. Das ist der Pfennig.
                              Aber wo ist die Mark –?

Sie reichen euch manche Almosen hin
unter christlichen frommen Gebeten;
sie pflegen die leidende Wöchnerin,
denn sie brauchen ja die Proleten.
     Sie liefern auch einen Armensarg …
     Das ist der Pfennig. Aber wo ist die Mark –?

Die Mark ist tausend- und tausendfach
in fremde Taschen geflossen;
die Dividende hat mit viel Krach
der Aufsichtsrat beschlossen.
     Für euch die Brühe. Für sie das Mark.
     Für euch der Pfennig. Für sie die Mark.

Proleten!
     Fallt nicht auf den Schwindel rein!
Sie schulden euch mehr als sie geben.
Sie schulden euch alles! Die Länderein,
     die Bergwerke und die Wollfärberein …
sie schulden euch Glück und Leben.
     Nimm, was du kriegst. Aber pfeif auf den Quark.
     Denk an deine Klasse! Und die mach stark!
     Für dich der Pfennig! Für dich die Mark!
                    Kämpfe!

Ich lebte mit Frau Sobernheimer;
sie war so lieb, sie war so fett –
wir pp-ten in denselben Eimer,
wir schliefen in demselben Bett.
    So trieben wir es manches Jahr –
    bis sie den Knaben uns gebar.

                              (Racine)

Erinnerung an
    manche Sommernacht
ist's, die dies Büchlein
    dir willkommen macht!
doch als ich jäh gestillt
    mein groß' Verlangen:
da bist du alte Ziege
    rausjejangen!

                              Th. Porsch

Mein erstes ist ein Klub,
mein zweites ein Verwandter;
mein drittes wird verliehn
mein ganzes hat Peter Panter

der Wirtin an der Lahn bezahlt –
woraufhin sie ihm etwas hat gemalt!
    Pen–sons–preis

1930

O DU MEIN ÖSTERREICH — !

Wie mußt du es machen?
So mußt du es machen:

Jahrelang die Bauern aufhetzen,
jahrelang auf Straßen und Plätzen
Wien verfluchen — »Die rote Gefahr!«
und kein Wort davon, wer es eigentlich war,
der Österreich in den Kriegstaumel riß …
kein Wort von den Göttern der Finsternis …
Teuerung … Kirchenglocken … Tumult …
»Wien! das marxistische Wien ist schuld!«

Wie mußt du es machen?
So mußt du es machen:

Den Proleten langsam den Weg verrammeln,
alle die Jahre Waffen ansammeln;
Heimwehr? An Schloßkaminen geboren;
Kulaken, die ihren Krieg verloren …
von deutschen Faschisten unterstützt,
von Pfaffen getrieben und ausgenützt …
Gegen den wiener Wasserkopf
erhebt sich ein tiroler Kropf.
Aus dunkeln Quellen fließt Geld — das wirds schaffen …
Übungen … Märsche … und Waffen und Waffen …

Wie mußt du das machen?
So mußt du das machen.

Die Verfassung auf den Müll!
Marsch auf Wien! Auf sie mit Gebrüll!
Heimwehrdrohungen ohne Zahl —
aber immer legal, immer legal.
Schlagt die Juden tot! Österreich ist arisch!
aber immer gesetzlich-parlamentarisch.

Vorn ernste Verhandlungen mit Seipel a. D. –
und im Hintergrund eine weiße Armee.
So kann man dem Arbeiter alles rauben.

Das sollten sich mal die Roten erlauben!
Drohung? Mit Waffen? Ein Heimarbeitsbund?
Europa brüllte den Hals sich wund.
Revolutionen erleben wir rings
von rechts – mit dem Vokabular von links.
Und so sind die faschistisch verkleideten Massen
Nachtportiers der besitzenden Klassen.
Arm soll verrecken – aber reich bleibt reich.
O du mein …
                o du mein Österreich –!

DAS NACHTGESPENST

Am Tage bin ich ein gewisser Planke
nur: Planke, Erich … Breite Straße zehn.
Man merkt mir gar nichts an. Und kein Gedanke
läßt auf der Straße jemand nach mir sehn.
    Doch abends, wenn die Bogenlampen zischen,
    dann geh ich los und spiele still Versteck.
    Rein ins Parterre … ich kann so rasch entwischen …
    den Frauen zieh ich gern die Decke weg –
        Erschrecken Sie nicht!
        Erschrecken Sie doch!
        Erschrecken Sie nicht!
        Erschrecken Sie doch!
Ich bin schon lange weg, wenn du um Hilfe rennst:
        Ich bin das Nachtgespenst!
        Ich bin das Nachtgespenst!
        »Wer ist da? Mach mal Licht! Mama –!«

Ich stehle nichts. Ich tappe durch die Räume.
Na ja, ein Taschenbuch … was man so findet …
Das sind so alte, tiefe Kinderträume:
wie wohl die fremden Menschen nackend sind?

Sie liegen warm gekuschelt wie die Katzen …
die eine Hand am Bein … die Decke kraus …
Ich hör sie noch vor Angst am Schalter kratzen –
ein Sprung – tiefatmend steh ich vor dem Haus –
    Erschrecken Sie nicht!
    Erschrecken Sie doch!
Ich bin schon lange weg, wenn du im Halbschlaf pennst …
    Ich bin das Nachtgespenst!
    Ich bin das Nachtgespenst!
    »Willi! Einbrecher! Williiii …!«

Mir ist das Sport. Romantik ist so selten.
Am Mittag drauf steh ich in der ›B. Z.‹.
Ich bin ein Expedient. Man will doch auch was gelten.
Den ganzen Tag riech ich das fremde Bett …
    Angst rieselt auf mich zu. Ich bin ein Kaiser,
    ein Fürst der Nacht! Ich schmecke ihren Schrei …
    Und nachher brüllen sie vor Furcht sich heiser.
Mich kann die ganze grüne Polizei …
    Erschrecken Sie nicht!
    Erschrecken Sie doch!
    Erschrecken Sie nicht!
    Erschrecken Sie doch!
Da kannst du lange warten, bis du mich mal kennst …!
    Ich bin das Nachtgespenst!
    Ich bin das Nachtgespenst!
    Bis ich vor den Herrn Schöffen hocke –
§ 123 Strafgesetzbuch. Gefängnisstrafe von drei Monaten.
               Romantik: ocke.

GUCK MAL, WIE SÜSS —!

Dies ist eine durchaus amerikanische Nutte. Die sitzt
auf dem Sofa und macht sich niedlich.
Und während sie ihre Fingerchen spitzt,
zielt sie auf die Soldatchen. Friedlich
natürlich und nur zum Spaß …
    Wem sagen Sie das —?

Wo die Knie aufhören, fängt ihr Röckchen an.
Man beachte die Attitüde!
An den Beinen freut sich der Bürgersmann,
im übrigen ist man dort prüde.
In Amerika kommt nie etwas vor, wie ich las —
    Wem sagen Sie das —?

Die Soldaten ziehen in hölzernem Schritt
direkt in den seidenen Schimmer;
und sie haben Begeisterung und Fahnen mit,
das tun die Soldaten immer.
Doch sie kapitulieren vor dem kleinen Aas …
    Wem sagen Sie das —?

So zeigt uns dies zuckrige Bild
die Kultur einer ganzen Klasse.
Die Mädchen sind niedlich, die Geschäftsleute wild —
Kameradschaft? Schatz, mach Kasse!
Neben Sport hat dieses Land einen Zeitvertreib —:
    Die Haremsfrau ohne Unterleib.

AUS!

Einmal müssen zwei auseinandergehn;
einmal will einer den andern nicht mehr verstehn — —
einmal gabelt sich jeder Weg — und jeder geht allein —
        wer ist daran schuld?

Es gibt keine Schuld. Es gibt nur den Ablauf der Zeit.
Solche Straßen schneiden sich in der Unendlichkeit.
Jedes trägt den andern mit sich herum —
        etwas bleibt immer zurück.

Einmal hat es euch zusammengespült,
ihr habt euch erhitzt, seid zusammengeschmolzen, und dann erkühlt –
Ihr wart euer Kind. Jede Hälfte sinkt nun herab –:
    ein neuer Mensch.

Jeder geht seinem kleinen Schicksal zu.
Leben ist Wandlung. Jedes Ich sucht ein Du.
Jeder sucht seine Zukunft. Und geht nun mit stockendem Fuß,
vorwärtsgerissen vom Willen, ohne Erklärung und ohne Gruß
    in ein fernes Land.

KIRCHE UND WOLKENKRATZER

Es läuten die Glocken: Bim-bam-bim-bam;
es sausen die Autos über den Damm;
die Kirche reckt ihren Turm zum Himmel
und macht Reklame mit ihrem Gebimmel.
Sie wirbt für den christlichen Gedanken –
aber drum herum die Häuser der Banken
    sind eine Etage höher.

Wenn zu New York die Börse kocht,
dann beten die frommen Pfaffen:
daß keiner werde eingelocht,
daß sie alle Geld erraffen.
Aber wie sie auch beten in brausendem Chor:
die Banken ragen zum Himmel empor
    eine Etage höher.

Und es beten die Pfaffen nach alter Art
gegen sündige Teufelsgedanken.
Das Kirchenvermögen liegt wohlverwahrt
nebenan, nebenan in den Banken.
    Wer regiert die Welt –? Hier kann man das sehn.
    Um alle Kirchen die Banken stehn
        eine Etage höher.

THEORIE DER LEIDENSCHAFT BERLIN N 54

Von wejen Liebe …
                    Wat der Affe klönt!
Ick hab ma ehmt bloß an'n jewöhnt!
Ick weß nu schon: det Morjens seine Socken …
uff seinen Oberarm die zweenhalb Pocken …
Von wejen Liebe –!
                    Hö! So siehste aus.
              Mensch, nischt wie raus!

Da sind wa neulich in'n Film jewesen.
Da jab et eenen schönen Brief zu lesen.
Een Vers:
     DIE EIFERSUCHT IST EINE LEIDENSCHAFT,
     DIE MIT EIFER SUCHT, WAS LEIDEN SCHAFFT.
Na ja doch. Aba det wär ja jelacht:
Wenn der mit seine Nutten macht –
ick sahre nischt. Ick kenn doch diß jenau!
Son fauler Kopp. Ick ärja mir bloß blau,
det ick mir ärjere. Denn der vadient det jahnich,
der Affenschwanz, der olle Piesenkranich.
Ick mach et janz jenau wie er – son Aas …!
A det is komisch: mir machts keenen Spaß.
Mich kann die janze Männerbransche –!
Ick nehme jahnich jern Revansche.
     Ick, Lottchen, bin ja dazu viel zu schlau.
     So is det meine Meinung nach mit jede Frau:
     Sofern wir iebahaupt 'n Herrn ham,
     denn ham wir jern, det wirn jern ham!
     Ob Schupouniform, ob in Zevil:
     es is von wejen det Jefiehl.
     Da weeß der jahnischt von. Der pust sich auf
     und kommt sich vor un is noch stolz dadrauf …
Von wejen Liebe …
                    Det bestimmt doch keinesfalls
der Mann mit seinen unjewaschenen Hals!
Ich küsse Ihre Hand, Madam.
                    Diß jlauben bloß die Kälber.
          Ick sahre so –:
Det Schönste an die Liebe is die Liebe selber.

IMMER

Zum Beispiel Sie, Herr Fairbanks, sind doch eine Nummer!
Sie haben Ihren eigenen Ozean
und soviel Geld! und Glück … und niemals Kummer …
und eine Frau so süß wie Marzipan.
    Doch manchmal, denk ich, nachts, wenn alles schweigt,
    ob Ihnen da die Traurigkeit nicht einen geigt:
       »Ja, immer Glück … das ist es eben …
       Den ganzen Tag?
               Das ganze Jahr?
                        Das ganze Leben –?«

Zum Beispiel Sie, Herr Ehemann, sind zu beneiden:
Sie haben eine Schönheitskönigin zur Frau.
Vor Ihnen darf die Venus aus der Wanne steigen …
wir sehn ihr Bild – Sie kennen sie genau.
    Denn so verteilt die Gaben das Geschick.
    Nach Jahren ist da was in Ihrem Blick …
       So summsen Fliegen, die am Sirup kleben …
       Den ganzen Tag?
               Das ganze Jahr?
                        Das ganze Leben –?

Mensch, sei nicht neidisch!
                   Glück hat seinen Schimmer …
Stehst du im Tal, vergiß nicht vor den Höhn:
Das, was man einmal tut, ist schön. Doch was man immer
zu tun genötigt ist, ist weniger schön.
    Brathuhn ist gut. Was aber tätst du tun,
    gibt man dir jeden Tag gebratenes Huhn?
    Na, siehst du. Sowas schätzt du auch daneben …
    Sei helle!
       Lebe du dein eigenes Leben.

FRAGE

Es laufen vor Premieren
Gerüchte durch die Stadt:
Nun kommt, was man in Sphären
noch nicht gesehen hat.
    Doch hat der Rummel sich gelegt
    – so aufgeregt, so aufgeregt –
    dann frag ich still, so leis ich kann:
        »Und dazu ziehn Sie 'n Smoking an –?«

Es steigen große Bälle,
und die Plakate schrein.
Man muß auf alle Fälle
da reingetreten sein.
    Der Sekt ist warm, die Garderobe kalt.
    »Ich glaube, Lo, nun gehn wir bald …«
    Zu Hause sehn sich alle an:
        »Und dazu ziehn wir 'n Smoking an –?«

Es prangt in den Journalen
das Bildnis einer Frau.
Schön ist sie angemalen,
hellrosa, beige und blau.
    Dir glückts … ihr Widerstand erschlafft …
    Na, fabelhaft! Na, fabelhaft?
    Grau ist der Morgen … welk der Strauß …
        Und dazu zieh ich 'n Smoking aus –?

Willst du nach oben schweben,
fällst du auf den Popo.
Und überhaupt das Leben,
es ist gemeinhin so:
    Erst viel Geschrei und mächtiger Zimt.
    Sieh nur, wie alles Karten nimmt!
    Aber mehrstenteils, o Smokingmann:
        Zieh ihn gar nicht erst an! Zieh ihn gar nicht erst an –!

DIE FREIE WIRTSCHAFT

Ihr sollt die verfluchten Tarife abbauen.
Ihr sollt auf euern Direktor vertrauen.
Ihr sollt die Schlichtungsausschüsse verlassen.
Ihr sollt alles Weitere dem Chef überlassen.
Kein Betriebsrat quatsche uns mehr herein,
wir wollen freie Wirtschaftler sein!
    Fort die Gruppen – sei unser Panier!
    Na, ihr nicht.
            Aber wir.

Ihr braucht keine Heime für eure Lungen,
keine Renten und keine Versicherungen.
Ihr solltet euch allesamt was schämen,
von dem armen Staat noch Geld zu nehmen!
Ihr sollt nicht mehr zusammenstehn –
wollt ihr wohl auseinandergehn!
    Keine Kartelle in unserm Revier!
    Ihr nicht.
            Aber wir.

Wir bilden bis in die weiteste Ferne
Trusts, Kartelle, Verbände, Konzerne.
Wir stehen neben den Hochofenflammen
in Interessengemeinschaften fest zusammen.
Wir diktieren die Preise und die Verträge –
kein Schutzgesetz sei uns im Wege.
    Gut organisiert sitzen wir hier …
    Ihr nicht.
            Aber wir.

Was ihr macht, ist Marxismus.
                Nieder damit!
Wir erobern die Macht, Schritt für Schritt.
Niemand stört uns. In guter Ruh
sehn Regierungssozialisten zu.
Wir wollen euch einzeln. An die Gewehre!
Das ist die neuste Wirtschaftslehre.
Die Forderung ist noch nicht verkündet,
die ein deutscher Professor uns nicht begründet.
In Betrieben wirken für unsere Idee
die Offiziere der alten Armee,
die Stahlhelmleute, Hitlergarden …

Ihr, in Kellern und in Mansarden,
merkt ihr nicht, was mit euch gespielt wird?
mit wessen Schweiß der Gewinn erzielt wird?
     Komme, was da kommen mag.
     Es kommt der Tag,
da ruft der Arbeitspionier:
     »Ihr nicht.
          Aber Wir. Wir. Wir.«

AUGEN IN DER GROSSSTADT

Wenn du zur Arbeit gehst
am frühen Morgen,
wenn du am Bahnhof stehst
mit deinen Sorgen:
     da zeigt die Stadt
     dir asphaltglatt
im Menschentrichter
Millionen Gesichter:
Zwei fremde Augen, ein kurzer Blick,
die Braue, Pupillen, die Lider –
Was war das? vielleicht dein Lebensglück ...
vorbei, verweht, nie wieder.

Du gehst dein Leben lang
auf tausend Straßen;
du siehst auf deinem Gang,
die dich vergaßen.
     Ein Auge winkt,
     die Seele klingt;
du hasts gefunden,
nur für Sekunden ...
Zwei fremde Augen, ein kurzer Blick,
die Braue, Pupillen, die Lider;
Was war das? kein Mensch dreht die Zeit zurück ...
Vorbei, verweht, nie wieder.

Du mußt auf deinem Gang
durch Städte wandern;
siehst einen Pulsschlag lang
den fremden Andern.
  Es kann ein Feind sein,
  es kann ein Freund sein,
  es kann im Kampfe dein
  Genosse sein.
Es sieht hinüber
und zieht vorüber ...
  Zwei fremde Augen, ein kurzer Blick,
  die Braue, Pupillen, die Lider.
  Was war das?
    Von der großen Menschheit ein Stück!
    Vorbei, verweht, nie wieder.

JUBILÄUM

Seid ihr alle noch da –?
Ja –?

Immer dieselben Offiziere,
dieselben Verschwörungs-Kavaliere,
unfähig, etwas Gescheites zu werden,
ewige, ewige Landsknechte auf Erden;
dieselbe Wichtigkeit mit ›Kurieren‹,
derselbe Rummel im Organisieren ...
Denn im Felde das Saufen ... das gute Essen ...
das können die Herren nun mal nicht vergessen.
Immer noch Ansprachen mit Hurra ...

Seid ihr auch alle da –?
Ja –?

Ihr habt so viel Geld. Von Köln bis Berlin
spenden die notleidenden Industrien;
und es spendet auch voller Saft und Kraft

die arme, notleidende Landwirtschaft.
Und mit diesem Geld ist es euch gelungen:
ihr habt auch scharenweise die Jungen.
Und was für Jugend!
          Die muß man sehen,
die Uniformen, die mit euch gehen:
Eine verbrüllte, verhetzte Masse,
mit der ganzen Sehnsucht zur blonden Rasse,
die nun einmal jeden entflammt,
der aus Promenadenmischungen stammt.
Die Gehirne verkleistert im achtzehnten Jahr,
Deutschland im Maul und Schuppen im Haar ...
Abschaum der Bürger vom Belt bis zum Rhein –
Und das soll Deutschlands Zukunft sein –?

Euch stört doch kein republikanisches Schwein?
Nein –?

Die Republikaner sehen in Ruh
euerm klirrenden Getümmel zu.
Kein Staatsanwalt tät ein Wörtlein sagen –
er muß ja die Kommunisten jagen.
Und sie sehen nicht, was in der Reichswehr geschieht ...
Es ist immer dasselbe alte Lied:
Der Bürger hofft. Und zieht einen Flunsch.
Und hat im ganzen nur einen Wunsch:
Es soll sich nichts ändern. Die Bahnen solln gehn.
Er will ins Geschäft, um Viertel zehn ...
Das ist schon wahr. Das muß man begreifen.
Ihr habt auch schon recht, darauf zu pfeifen.
Ihr vergeßt nur: die Leute eurer Partie
sind genau dieselben Bürger wie die!
Nur lauter. Nur dümmer. Nur mit mehr Geschrei.
Und was gerne prügelt, ist auch dabei.

Seid ihr alle wieder da –?
Ja –?

Na, dann man los! Laßt die Gewehre knallen!
Die Leute werden hungern. Die Währung wird fallen.
Arbeiter werden auf dem Pflaster liegen.

Ihr werdet Waffenlose besiegen ...
Sprung auf! Marsch-Marsch!
      Auf zum Tag des Gerichts –!
Und gehts schief –:
      Ihr riskiert ja weiter nichts.

DER BREITE RÜCKEN

Und wenn der böse Feind kommt, kriechen alle
rasch hinter diesen breiten, alten Mann ...
Gedeckt sehn sie auf die Krawalle
und freun sich, daß man ihnen da nichts machen kann.

Sie schützen nicht. Sie lassen sich nur schützen.
Sie starren wie behext: »Die Augen links!«
dann ziehn sie übers Ohr die Zipfelmützen –
es lächelt stumm die Paragraphen-Sphinx.

Sie schützen nicht. Sie machen täglich Pleite.
Die Fahne liegt zertreten und zerfetzt.
»Ätsch! aber ER ist auch auf unserer Seite!
Na, Hitler? Männeken? Was sagst du jetzt?«

Wie sind sie mutig, diese lieben Kleinen!
Die Reichswehr wird zersetzt. Es knackt das Haus ...
Sie aber stehen zwischen seinen Beinen
und stecken lächelnd ihren Kopf heraus.

Wir brauchen Arbeit, Ruhe in Betrieben.
Es dröhnt ein Land. Wer sichert uns den Sieg?
Ein alter General ist uns geblieben
als letzte Hoffnung dieser Republik.

DANACH

Es wird nach einem Happy-end
im Film jewöhnlich abjeblendt.
  Man sieht bloß noch in ihre Lippen
  den Helden seinen Schnurrbart stippen –
  da hat sie nu den Schentelmen.
    Na, un denn –?

Denn jehn die beeden brav ins Bett.
Na ja … diß is ja auch janz nett.
  A manchmal möcht man doch jern wissn:
  Wat tun se, wenn se sich nich kissn?
  Die könn ja doch nich imma penn …!
    Na, un denn –?

Denn säuselt im Kamin der Wind.
Denn kricht det junge Paar 'n Kind.
  Denn kocht sie Milch. Die Milch looft üba.
  Denn macht er Krach. Denn weent sie drüba.
  Denn wolln sich beede jänzlich trenn …
    Na, un denn–?

Denn is det Kind nich uffn Damm.
Denn bleihm die beeden doch zesamm.
  Denn quäln se sich noch manche Jahre.
  Er will noch wat mit blonde Haare:
  vorn doof und hinten minorenn …
    Na, un denn –?

Denn sind se alt. Der Sohn haut ab.
Der Olle macht nu ooch bald schlapp.
  Vajessen Kuß und Schnurrbartzeit –
  Ach, Menschenskind, wie liecht det weit!
  Wie der noch scharf uff Muttern war,
  det is schon beinah nich mehr wahr!
  Der olle Mann denkt so zurück:
  wat hat er nu von seinen Jlück?
  Die Ehe war zum jrößten Teile
  vabrühte Milch un Langeweile.
Und darum wird beim Happy-end
im Film jewöhnlich abjeblendt.

JAPANISCHE STRASSENBAHNSCHAFFNERINNEN

Wir streiken in Tokio gegen den Magistrat,
und jetzt sitzen wir hier und halten Rat –
    Wir lächeln höflich.
Der Magistrat wollte uns die Löhne kürzen,
dafür wollen wir ihm das Leben mit einem Ausstand würzen –
    Ist das unhöflich?
Wir müssen, wir müssen einfach zusammentreten;
erst haben wir den Magistrat so um unser Brot gebeten …
    das war höflich.
Aber der Magistrat läßt uns lieber lungern
und uns mit unsern Kindern hungern –
    das ist unhöflich.
Sehen Sie: Japan ist gar nicht so fern.
Die japanischen Großstädte sind sehr modern –
    und immer höflich.
Aber wenn wir auch lächeln, wir haben nichts zu lachen.
Sie glauben nicht, was die mit den Kommunisten hier machen …
    sehr unhöflich.
Wir haben nämlich eine Staatspolizei auf dem Nacken,
die will mit aller Gewalt die Arbeiterbewegung packen.
    Das ist unhöflich.
Bis wir eines Tages im Revolutionsgewitter
die Unternehmer, die sich an den Mikado klammern, und seine Ritter
auszusteigen bitten – und das machen wir gar nicht bitter –
    sondern immer höflich,
    immer höflich.

DER STIMMUNGSSÄNGER

Das Lokal verdunkelt sich, tieflila und bonbonrosa

Hörst du nicht das Lieböslied,
wie es leis die Nacht durchzieht?
Zwei Herzen, die scherzen, ahnen oft nicht,
daß plötzlich beim Scherzün entflammen die Herzün ...
    Du bist etwas ganz Wunderbars:
      Ich hab dich so gerne –
      Bist mir Sonne, Mond und Sterne,
      meine Venus du und mein Mars ...
Sag mir noch einmal Jöä, du schöne Frau!
Sag mir noch einmal Jöä!
              Ich weiß genau:
Ich drück dich an mein Herriz – die Nacht und ich sind blau
             am Busen einer schönen Frau –!

Orchester
Ein bayerischer Gast verlangt stürmisch nach Knödeln. Der Stimmungssänger
zieht sich zwei aus dem Hals und reicht sie ihm.
Orchester

    Ich denke an dich spät und früh,
    du meine Madamm Butterflüh!
    Mit dir – da möcht ich einmal sein
    in Rüdesheim am Rhein beim Wein!
    Du trägst ein Kind unterm Herzelein ...
    Ja, wer mag der Vater nur sein –?
      Drei Musketiere! Drei Kavaliere!
      Für die Freiheit stehen sie ein!
    Zieht blank, Musketiere, und steckt den Degen ein
    mang die Freiheit, die Frauen und der Wein!
        Him – plam, plam
        Hum – plim, plim
        Jau – didau didau –
        plim – plim ...

Ich schenk dir Küsse ohne Zahl.
Wir sind hier ein durchaus feines Lokal.
Vor Monokeln liegen wir auf dem Bauch;
kommt der Kronprinz einmal, vor dem Kronprinzen auch!
Zähl nicht jede Flasche, die der Kellner dir nimmt

halbgefüllt ...
Du süßes Engelsbild!
Bald ist der Moi
vorbeu!
Bleib mir treu!
Und kaufe ihr einen Veilchenstrauß,
sonst fliegt die Person aus dem Ausschank hier raus!
Zonny boy!
Und kaufe ihr einen Täddy-Bären,
sonst darf die Nutte hier nicht mehr verkehren!
Zonny boy ...
Die deutsche Frau sei dem Manne geheiligt –
auch ist sie an den Getränken beteiligt ...
Keine Inkorrektheit, die uns entwischt!
Zwischen servil und frech gibt es hier nischt.
Hier herrscht Ordnung!
Dort seh ich die Lo – die süße Kokwette –
sie kommt grade von der Damentoilette!
O sieh doch nur, wie der Mondenschein strahlt!
Dabei hat das Luder nicht mal bezahlt!
Sie macht ein unschuldvoll Gesicht
und denkt, die Toilettenfrau merkt es nicht ...
Doch es gibt eine Frau, die dich niemals vergißt
und dir alles im Leben verzeiht –
aber wenn du ihr weggelaufen bist,
dann kommt es, daß sie schreit:
»Heinmal sagt man sich Hadjöö,
wenn man sich auch noch so liebt!
Einmal sagt man sich Adieu,
det mir det Aas keen Trinkjeld jibt!
Da hat se natürlich keen Jeld vor ...!«

Und wir spielen vermittels des Weins
dem Mittelstand große Welt vor
von abends bis morgens um eins!
Stoßt auf! Mit dem Rebenpokale!
Die Celli und Geigen ziehn!
Wir sind die Vergnügungslokale
und der Stolz der Weltstadt Berlin –!

DEUTSCHLAND ERWACHE!

Daß sie ein Grab dir graben,
daß sie mit Fürstengeld
das Land verwildert haben,
daß Stadt um Stadt verfällt ...
        Sie wollen den Bürgerkrieg entfachen –
        (das sollten die Kommunisten mal machen!)
daß der Nazi dir einen Totenkranz flicht –:
Deutschland, siehst du das nicht –?

Daß sie im Dunkel nagen,
daß sie im Hellen schrein;
daß sie an allen Tagen
Faschismus prophezein ...
        Für die Richter haben sie nichts als Lachen –
        (das sollten die Kommunisten mal machen!)
daß der Nazi für die Ausbeuter ficht –:
Deutschland, hörst du das nicht –?

Daß sie in Waffen starren,
daß sie landauf, landab
ihre Agenten karren
im nimmermüden Trab ...
        Die Übungsgranaten krachen ...
        (das sollten die Kommunisten mal machen!)
daß der Nazi dein Todesurteil spricht –:
Deutschland, fühlst du das nicht –?

Und es braust aus den Betrieben ein Chor
von Millionen Arbeiterstimmen hervor:

Wir wissen alles. Uns sperren sie ein.
Wir wissen alles. Uns läßt man bespein.
Wir werden aufgelöst. Und verboten.
Wir zählen die Opfer; wir zählen die Toten.
Kein Minister rührt sich, wenn Hitler spricht.
Für jene die Straße. Gegen uns das Reichsgericht.
Wir sehen. Wir hören. Wir fühlen den kommenden Krach.
Und wenn Deutschland schläft –:
            Wir sind wach!

KINO PRIVAT
Für Emil Jannings

In vielen Prokuristen steckt ein Perser-Schah,
der ruht, verzaubert. Aber manchmal, im Büro,
wenn schläfrig nebenan die Schreibmaschinen schnattern,
so kurz nach Tisch ... schlägt er im Traum die Augen auf
und atmet.
         Dreimal klatscht er leise
in die Hände. Ibrahim erscheint
und kreuzt die Arme, neigt sich, schweigt.
»Die Mädchen!« sagt der Prok ... der Schah.
         Und sieben Mädchen trippeln
um ihn herum, jung, schlank, mit Öl gesalbt,
und eine ist dabei, feist wie ein praller Sack.
Der Schah versinkt in Weiberfleisch, in Brüste, die ihn streicheln,
er weiß nichts mehr, sieht rot, ist sieben Male Mann ...
Wach auf, Gehirn! Das Hirn erwacht,
und aller Unflat, den er je gelesen
und je erträumt, bricht aus dem Prokuristen-Schah.
Er schaut, er schmatzt, er schmeckt, er wittert ...
»Fatme! Suleima! Ah, du bist ...«
                 Entzwei
reißt ihn ein Klingellaut, der hart verzittert.
         Schah ab. Der Prokurist:
»Hier Lützow siebenundsiebenzignulldrei!
Am Apparat. Der Skonto? Wie gewöhnlich!
Na, unser Doktor Freutel hat persönlich ...«

In vielen Angestellten wohnt ein Dschingis Khan,
der schläft, verzaubert.
         Aber manchmal, wenn
der launenhafte Chef den Angestellten piesackt,
bis dem die Galle hochsteigt, bis er kocht
und bis er platzt –: dann steht der Kriegsmongole
wild in ihm auf. Er stürzt sich auf den Chef,
pfeift seinen Leuten, und die packen
den Herrn Direktor, binden ihn mit Lassos
und werfen ihn auf ihre Pferde,
nein: er wird am Sattel festgebunden
und muß nun laufen. Laufe! Willst du laufen!

Du Hund! Die Peitsche saust. Es stöhnt der Chef!
Dann wirbeln ihn die Reiter auf die Erde
und schneiden ihm … nein: nadeln ihn …
nein: braten ihn in Kohlenfeuer
und streuen Salz und Pfeffer in die Wunden.
Und Mostrich.
      Und der Dschingis Khan
streicht seinen Seidenbart und lächelt: »Na, Herr Zaschke …?«
Und während der Gefangene sich am Boden ringelt,
ergreift der Dschingis Khan den vollen Silberhumpen,
tut einen tiefen Schluck …
      »Der Alte hat geklingelt!«
    »Sie! Könn Sie mir nicht Ihre Zinstabelle pumpen?«
   – »Gewiß, Herr Direktor!
    Jawohl, Herr Direktor Zaschke!
     Bis morgen früh, Herr Direktor!
      Seppfaständlich, Herr Direktor –!«

So laufen manche Filme tief in Finsternissen.
Kino privat. Der Regisseur siegt immer über das Geschick.
Du lächelst, Lottchen. Und ich möchte gerne wissen:
Was denkst du dir in diesem Augenblick?
Du machst dir viele Filme aus den Dingen.
Das tun sie alle. Laß sie ruhig drehn.
Denn sagts der andre nicht wie Götz von Berlichingen –:
das, was er denkt, kann man zum Glück nicht sehn.

   8 MÄDCHEN UND EIN –

»Lene, halt ihn!«
  »Nein, schubs ihn!«
   »Frida, feste!«
    »Inge, halt –!«
»Es läuft uns ja plötzlich weg, in den Wald …!
Das Tier ist schlau. Es will nicht in den Stall hinein –
   So ein Schwein –!«

Da hätten wir nun das Bild dieses Schweins.
Dies sehen und sich was dabei denken ist eins.
Zum Beispiel gibt es in allen Provinzen

hochehrwürdige Sittlichkeitsprinzen;
die schnüffeln nach Trüffeln, ob etwas verdächtig,
und haben sie was gefunden, dann schnaufen sie mächtig.
Und grunzen und schmatzen und konfiszieren ...
Was machen wir bloß mit diesen Tieren – –?
Denn wir haben wirklich was andres zu schaffen.
Wir laufen nicht wie gewisse Laffen
hinter jeder nackten Frau einher,
als ob das was ganz Besondres wär!
   Ihr lieben 8 Mädchen – findet ihr so einen Sittlichkeitsrat,
   der die Moral mit Löffeln gefressen hat,
   dann lacht ihn aus und fangt laut an zu schrein:
   So ein Schwein!
     So ein Schwein!
       So ein Schwein –!

ZWEI ALTE LEUTE AM 1. MAI

– »Weißt du noch, Alter, vor dem Kriege?
Wir haben manchen Mai erlebt.
Wir glaubten an die schnellen Siege –
du hast das Streikplakat geklebt ...«
   – »Ja, Alte, das waren schöne Zeiten ...
   Wir waren allemal dabei –
   Ich seh uns noch im Zuge schreiten
     am 1. Mai.«

– »Und unser Jüngster war noch klein. Den ließ ich
zu Haus ... wir gingen los mit Hans.
Mitunter wars ja etwas spießig –
so ... Kriegerverein mit Kaffeekranz.«
   – »Na, laß man – du warst doch die Nettste!
   Mir wars bloß zu viel Dudelei ...
   Und anno 14 wars denn auch der letzte –
     der 1. Mai.«

– »Kein Wunder. Mußt mal denken, Alter:
Wer ist uns da voraufmarschiert!
Der Wels als roter Fahnenhalter,
der Löbe, prächtig ausstaffiert ...«

– »Ja solche haben glatte Hände …
Für die ist frisch, fromm, frech und frei
der Klassenkampf schon längst zu Ende –
Die und der 1. Mai!
Was wissen die vom Klassenkrieg …!
Die schützen sich vor ihrer eigenen Republik –!«

– »Na, laß man, Alter, die Beschwerde.
Ich weiß, daß etwas in uns singt:
Wacht auf, Verdammte dieser Erde,
die stets man noch zum Hungern zwingt!«
– »Wir wissen, Alte, was wir lieben:
den Klassenkampf und die Partei!
Wir sind ja doch die Alten geblieben
am 1. Mai! Am 1. Mai!«

DAS DRITTE REICH

Es braucht ein hohes Ideal
der nationale Mann,
daran er morgens allemal
ein wenig turnen kann.
Da hat denn deutsche Manneskraft
in segensreichen Stunden
als neueste Errungenschaft
ein Ideal erfunden:
Es soll nicht sein das erste Reich,
es soll nicht sein das zweite Reich …

Das dritte Reich?
Bitte sehr! Bitte gleich!

Wir dürfen nicht mehr massisch sein –
wir müssen durchaus rassisch sein –
und freideutsch, jungdeutsch, heimatwolkig
und bündisch, völkisch, volkisch, volkig …

und überhaupt.
Wers glaubt,
wird selig. Wer es nicht glaubt, ist
ein ganz verkommener Paz- und Bolschewist.

Das dritte Reich?
Bitte sehr! Bitte gleich!

Im dritten Reich ist alles eitel Glück.
Wir holen unsre Brüder uns zurück:
die Sudetendeutschen und die Saardeutschen
und die Eupendeutschen und die Dänendeutschen ...
Trutz dieser Welt! Wir pfeifen auf den Frieden.
Wir brauchen Krieg. Sonst sind wir nichts hienieden.
Im dritten Reich haben wir gewonnenes Spiel.
Da sind wir unter uns.
                    Und unter uns, da ist nicht viel.
Da herrscht der Bakel und der Säbel und der Stock –
da glänzt der Orden an dem bunten Rock,
da wird das Rad der Zeit zurückgedreht –
wir rufen »Vaterland!«, wenns gar nicht weiter geht ...
Da sind wir alle reich und gleich
im dritten Reich.
Und wendisch und kaschubisch reine Arier.

Ja, richtig ... Und die Proletarier!
Für die sind wir die Original-Befreier!
Die danken Gott in jeder Morgenfeier –
        Und merken gleich:
Sie sind genau so arme Luder wie vorher,
genau solch schuftendes und graues Heer,
genau so arme Schelme ohne Halm und Haber –
        Aber:
        im dritten Reich.

Und das sind wir.
        Ein Blick in die Statistik·
Wir fabrizieren viel. Am meisten nationale Mistik.

NUR
Dies singt eine Dame im
Dreivierteltakt

Manchmal auf Bällen und Festen
tritt in den Saal ein freundlicher Mann,
an Geist und Kultur von den Besten ...
und macht sich an die Frauen heran.
Doch schon nach wenigen Minuten
ist alles zersprungen wie Glas –
Von Geist keine Spur,
nichts mehr von Kultur:
    Nur – nur – das.

Berühmtheit ist ja kein Einwand
gegen Männer, die in den Filmen stehn.
Ich lüpfte neulich die Leinwand,
ich wollt mal einen näher sehn.
Ach, war das eine Enttäuschung!
Ich bekam einen kältenden Haß –
Von Herz keine Spur,
eine Karikatur ...
Und
    nur – nur – das.

Ich nahm den Tee und den Kuchen
in Berlin und Frohnau und mal hier und mal dort.
Nun, dacht ich, willst mal versuchen
eine Freundschaft mit einem Herrn vom Sport.
Der bricht das eigne Training –
auf wen ist denn heut noch Verlaß ...?
Von Hirn keine Spur,
eine hübsche Figur –
aber sonst
    nur – nur – das.

Wie kann man Frauen so verkennen?
Mein Gott, sie sind ja gar nicht so!
Gewiß, es will jede entbrennen ...
aber doch nicht stets und irgendwo!
Auf Harfen kann jedermann klimpern,

es fragt sich nur: Wer spielt – und was …
Und spielt er dann nur
nach unsrer Natur –:
Dann gern
      auch das.

50% BÜRGERKRIEG

Wenn der Stahlhelm anrückt, wenn die Nazis schrein:
    »Heil!«
dann steckt die Polizei den Gummiknüppel ein
    und denkt sich still ihr Teil.
Denn auf Deutsche schießen, in ein deutsches Angesicht:
    Das geht doch nicht!
        Das kann man doch nicht!

Wenn die Arbeiter marschieren, wenn die Arbeitslosen schrein:
    »Hunger!«
dann schlägt die Polizei mit dem Gummiknüppel drein –
    Hunger –?
Dir wern wa! Weitergehn! Schluß mit dem Geschrei!
    Straße frei!

Wenn Deutschland einmal seufzt unter einer Diktatur,
wenn auf dem Lande lasten Spitzel und Zensur,
ein Faschismus mit Sauerkohl, ein Mussolini mit Bier …
wenn ihr gut genug seid für Militärspalier –:
    dann erinnert euch voll Dankbarkeit für Uniformenpracht
    an jene, die das erst möglich gemacht.
    An manchen Innenminister. Und ein Bürogesicht …
    Es ging nun mal nicht anders.
        Sie konnten es nicht.

EIN WORT

Es geht ein Wort durchs ganze Land,
durch hunderttausend Leben.
Das Wort hat ewigen Bestand,
du kannst nicht widerstreben.
    Der Vater sagts,
    die Mutter sagts,
    der Bürger sagts,
    der Bauer sagts,
  die Juden und die Arier;
    der Richter sagts,
    der Lehrer sagts,
    die Zeitung sagts,
    der Pfarrer sagts,
  die Chefs und die Proletarier –
Du hörst sie alle Tage schrein:
    »Lassassein –!«
Es mault das Baby, das man aufgeweckt:
    ›Lassassein!‹
es schilt die Amme, wenn sichs vollgekäckt:
    ›Lassassein!‹
es schallt durchs kinderreiche Haus:
    ›Lassassein!‹
manche Erziehung besteht nur aus
    Lassassein!
Papa schimpft mit Fritzchen – früh Rauchen macht krank:
    ›Lassassein!‹
Es schlängelt das Mädchen sich auf der Bank:
    »Nicht doch … lassassein …!«
Es rät der Freund dem Freunde gut:
    »Mensch, lassassein!«
und der hat dann doch zum Heiraten Mut
    und läßts nicht sein.
Wird ein Richter vernünftig, bringt ihn Leipzig auf den Trab: …
    Lassassein!
zeigt die SPD Mut, wiegelt der Vorstand sie ab: …
    Lassassein!
Demonstrieren die Arbeiter, dann brüllt die Polizei:
    ›Lassassein!‹
bei den Nazis steht sie lächelnd dabei:

»Lassassein … Nein? Nein.«
In juristischen Wälzern steht nur ein Wort:
　　Lassassein!
Hundert Schilder verunzieren jeden Ort:
　　Lassassein!
George Grosz soll nicht malen. Die Kirche brüllt sich wund:
　　›Lassassein!‹
Pitigrilli soll nicht dichten. Es verbietet Schmutz und Schund:
　　›Lassassein!‹
Das Auto soll nicht fahren. Es droht die Markierung:
　　LASSASSEIN!
Der Student soll nichts links sein. Es droht die Relegierung:
　　Lassassein!
Treibt die arme Frau ihre Leibesfrucht ab?
　　Lassassein!
Und noch auf dem Friedhof … »Keine Reden am Grab!«
　　Lassassein –!

So sagt jeder, was man nicht tun soll,
und verbietet dem andern die Hucke voll.
Denn das deutsche Volk kann nur ruhig schlafen
hinter einer Hecke von §§§.
Jeder hackt auf jedem. Jeder will untersagen.
Keiner gönnt keinem was. Sieh, wie sie sich plagen!
Denn die Bremse ist das Wichtigste an einem deutschen Wagen.
　　Im Verbieten sind sie groß. Im Gewähren sind sie klein.
　　Lassassein!
　　　Lassassein!
　　　　Lassassein –!

DIE ORTSKRANKENKASSE

Ich komme in eine fremde Stadt
– Kasolz oder Ober-Crammin –
und nehme im Hotel ein Bad,
dann tu ich den Mantel anziehn
und gehe durch den fremden Ort
an Läden und Kirchen vorbei
und gucke hier und da und dort
und seh eine Metzgerei,
das Postamt … eine Bilderschau …
und immer, in jeder Stadt,
steht ein großer, prächtiger, neuer Bau,
den man grade errichtet hat.
    Und dann frag ich. Und in jeder Stadt,
     die einen turnenden Schutzmann hat,
      sagt er auf, wie das brave Kind in der Klasse:
       »Das? ist die neue Ortskrankenkasse.«

So ein großes Haus …! Sieh mal einer an …!
Ein riesiger Kasten. Ja, wer so kann!
Das tut jede Verwaltung, die auf sich hält;
die Herren haben wohl sehr viel Geld.
Wenn zwei Deutsche im Hof nämlich Holz zerspalten,
stehn drei andere herum, die das verwalten.
Und ich seh an dem feuchten Neubau hinauf,
und dies steigt vor meinem Auge auf:
Korridore mit vielen Türen,
die alle in kleine Bürozimmer führen.
In den Zimmern ist nichts Besondres los …
Und es gibt zweierlei Sorten von Büros:
Solche, in denen die Buchhaltungsfritzen,
die gewöhnlichen Schreiber sitzen;
die bebrüten Akten und führen Listen.
Das sind die gemeinen Papier-Infanteristen.
Kino, Kollegenklatsch, etwas Sport …
wie schnell das Klassenbewußtsein verdorrt!
Für eine Handlungsvollmacht, für einen Posten
tun sie alles, wobei sie die Chefs nichts kosten.
Und es haben die Mädels in den Buchhalterein
einen Wunsch:
    Hier raus und geheiratet sein!

Und alle schreiben und schreiben und schreiben
und müssen ewig hinter den Pulten bleiben.
Die schuften ihr ganzes Dasein vergebens.

Doch in den andern Büros
hockt dick und groß
das Ideal des Wirtschaftslebens:
Da sitzt der Mann an der Arbeitsstatt,
der ein Sekretariat und ein Vorzimmer hat,
(über jenen, die an ihren Arbeitsstätten
gern ein Sekretariat und ein Vorzimmer hätten).
Hier wird der Deutsche erst richtig heiter:
kein Mensch mehr – nur noch Abteilungsleiter.
Hier regiert er und wirkt und macht und tut ...
Das Telephon klirrt, die Gehirntätigkeit ruht –
denn zwischen Arbeiten und Promenieren
gibts noch ein Drittes: Organisieren.

Hier steigen auf die kolossalen
Ressort-Stunks und die Büro-Kabalen
zwischen wildgewordenen Angestellten,
denn jeder will mehr als der andre gelten.
Hier sägt eine Lokomobile Holz,
mit dem sie geheizt wird.
                    Und wieviel Stolz,
wieviel Eitelkeit steckt in diesen Puppen!
Sie meinen sich, und sie sprechen von Gruppen,
von Verbandsinteressen und Gemeinschaftsideen
und können nicht bis zur Türe sehn.
Hör zu, mein Kind:
Diese Leute sind
in geschäftiger Faulheit und wackrer Routine
der Leerlauf der deutschen Verwaltungsmaschine.

Es ist ein schwerer Krankheitsfall.
Und das ist über-, überall:
Ob Ortskrankenkasse, ob Filztabrik;
ob Finanzamt, ob Hochschule für Musik;
ob Stadttheater, ob Magazin,
ob Eisenhütte oder Farbindustrien –:

Stets sitzt auf jedem Unternehmen
– neben jenen, die andern das Brot wegnehmen –
ein Ballon der Verwaltung, dick und breit,
eine Allegorie der Nutzlosigkeit.
Denn dieser ganze Verwaltungstrara
ist nur um seiner selbst willen da.
Sie glauben, daß sie in U.S.A. sind,
und haben vergessen, wozu sie da sind.
Kranke Proleten und deren Interessen …?
Vor lauter Verwaltung total vergessen.
Noch eine neue Kartothek,
noch eine Quittung und noch ein Beleg –
Ingenieure? ein Kumpel? ein Prolet?
Ein Kerl, der an seinem Schraubstock steht?
Muß sein. Das ist ja alles ganz richtig.
Aber wichtig?
Verwaltung ist wichtig.

Für die ist Geld da. Für die die neuen
Kästen, die wie die Festungen dräuen.
Forts des Leerlaufs und Depots der Papiere.
Drinnen Juristen … alte Offiziere …
Steh am Schraubstock, du Ochse – laß deine Maschinen
laufen, du Tor – du wirst nichts verdienen.
Verdienen tut der, der verwalten kann:
der ist für die Wirtschaft der richtige Mann.

Und so vegetieren die betrogenen Massen
als Zwangsabonnenten von Ortskrankenkassen.

ZWIEGESPRÄCH

»Du Langer!«
            »Ja, Kleiner?«
                        »Also hör mal zu:
Mit dem Young-Plan ist doch vorläufig Ruh –
Arbeitslose und niedrige Löhne …
Die reden ja mächtig dicke Töne!
Sie lassen sich nicht im Regieren stören;
und wenn einer was will, der wird ja was hören;
und sie haben die Reichswehr und die Polizei,
und ihr Präsident wär auch dabei …
      Mensch, da sieh du dich bloß vor!
      Mensch, kommen die sich groß vor!
      So groß, wie ich hier – auf der Leiter –«
»Na, und weiter?«

»Ja, und die ganze Energie –
was meinst du, wozu verwenden sie die?
Die machen:
            Augen links! Augen links! Augen links!
Links gings.
Rechts haben sie ja nun weniger Glück …
Nämlich rechts: die hauen zurück!
Die haben alles: Waffen und Geld.
Und wenn den Brüdern mal was nicht gefällt,
dann machen sie eine Demonstration –
na, und die Polizei, die weiß das schon …
Und grüßt sehr artig. Und die machen weiter …«
»Na, das ist ja heiter!
            Und weiter?«
»Du, Langer!«
            »Ja, Kleiner?«

»Die deutsche Politik ist eine Hühnerleiter.«

KLEINES OPERETTENLIED

Mit ihm schlafen ja, aber keine Intimitäten

Sei nicht böse, wenn ich dich, du liebe Inge,
hier leis besinge –
hör mich mal an:
In dem weiten Reich der schwärmerischen Dinge
knüpft eine Schlinge
dir jeder Mann.

Doch die Nacht ist keineswegs des Werkes Krönung.
Sieh, erst nachher da beginnt das wahre Spiel;
denn das Schlimmste an der Liebe ist Gewöhnung ...
ein Mal ist kein Mal, aber acht Mal sind sehr viel.
   Laß die Liebe aus dem Spiel, wenn du liebst.
   Weil du dir dabei zu viel
   vergibst.
   Höre nicht auf Schmeichelein!
   Mußt du stets die Dumme sein?
   Wenn du ehrlich bist, dann fällst du rein!
   Das Geschäft ist faul: er nimmt, und du gibst ...
   Laß die Liebe aus dem Spiel, wenn du liebst!
   Steht nach Küssen dir der Sinn,
   na, dann geh nur ruhig hin –
   Doch von Liebe, doch von Liebe steht nichts drin!

Und ich weiß, wie das mal wird, du liebe Inge,
wenn ich einst hinge
an deiner Brust:
Um die Augen hast du dunkelblaue Ringe,
doch ach! ich bringe
dich nicht zur Lust.

   Warum kommts, daß wir uns so verlieren müssen?
   Wer mehr liebt, der leidet noch und noch.
   Und du siehst an mir vorbei, wenn wir uns küssen,
   und du hast Furcht. Und liebst ja doch ...
      Laß die Liebe aus dem Spiel, wenn du liebst.
      Weil du dir dabei zu viel
      vergibst.
      Erst schenkst du dein schönes Bein,

und du sagst: »Mehr solls nicht sein!«
Und das Herz, das folgt dann hinterdrein ...
Und ich rate dir vergebens, wenn du gibst:
Laß die Liebe aus dem Spiel, wenn du liebst!
    Frau und Mann sind niemals frei.
    Stets ist ein Gefühl dabei.
    Und die Dummen sind gewöhnlich alle zwei!

NA, IS DOCH SO!

Wenn wir wolln, denn wolln se nich,
Denn könn se nich, denn wolln se nich,
denn ham se keene Zeit.
Wir sind janz wild – bei uns, da brennts ...
Denn ham se alle ne Konferenz –
»Bedaure – tut uns leid!«
Wenn wir mal wolln, denn wolln se nich,
und wenn wir wolln, denn will sie nich;
sie sacht, sie is ihn treu.
Bei uns da pupperts unterwärts,
und unter andern auch das Herz –
sie macht in Mädchenscheu.
    Manchmal is et reine lächerlich:
    wenn wir wolln, wolln die andern nich.

A wenn wir uns ma wolln vaschnaufen –:
denn komm se alle anjelaufen!
Denn sind se plötzlich alle da!
Herr Doktor hier – und mein Sießer da!
– »Ach, komm Se doch zu uns zum Tee!«
– »Für Sie hab ich eine Bombenidee!«
– »Ach, sahrn Se doch nich imma Nein!«
– »Ich nehm Sie in mein Geschäft mit rein!«
Keiner läßt dich mehr in Ruhe,
ein Jemache und ein Jetue!
Jeder hat eine Extrasache,
und ein Jetue un ein Jemache ...
Da jrinst du. Un weißt in jeden Falle:
wenn wir nich wolln, denn wolln se alle.

Der Philosoph sitzt aufn Klo
und denkt: Et klappt nicht imma so.

NACHRUF

Ruhe sanft!
              Das tatest du ja immer.
Ruhe sanft den deutschen Bürgerschlaf.
Du gingst hin im schwarz-rot-goldenen Schimmer,
vorn ein Schäfer, hintenrum ein Schaf.
              Du warst so beseelt von zwei Gefühlen,
              mit dem Hintern zwischen allen Stühlen …
              Du warst niemals da – und überall dabei,
                  Deutsche Demokratische Partei –!

Ach, du spieltest jenes Spiel von hohen Reizen
auf dem etwas schlaff gespannten Seil
mit den einerseits und andererseitsen …
jede Weltanschauung kriegt bei dir ihr Teil.
              Hörte man dich für die Freiheit wettern,
              wars, um auf die Bäumer raufzuklettern.
              Pazifistischer Parademarsch
              und zum Essen: Rostbeef, vegetarsch …
              Und wie hieß die Phrasenspielerei?
              Deutsche Demokratische Partei.

Ruhe sanft!
     Knock-out nach den paar Runden …
Brave Spießer tragen einen neuen Hut.
Ruhe sanft. Du hast nun heimgefunden;
an des Jungdos Busen lagern Christ und Jud.
              Was ihr wollt, ist euch noch zweifelhaft,
              doch das wollt ihr voller Manneskraft!
              Laßt die Reichswehr auch nach Ostland reiten –:
              habt ihr nur die Geldschrank-Sicherheiten –!
              Angestellte, macht ihr mit?
                  Der Weg ist frei
              zu der neuen, zu der schönen,
              zu der schönen, zu der neuen,
              zu der schönen neuen Deutschen Staatspartei.

FAHRGÄSTE

Frühmorgens, wenn das graue Licht
durch Jalousien sickert;
wenn jäh dein Schlaf in Krümel bricht,
der Wecker tickt und tickert:
dann fahren und stuckern und fahren sie so
in die Federnfabrik und ins Auskunftsbüro …
        Die Leute von der Spree,
        die stürzen ins Gefecht sich
        mit der F – mit der I – mit der W –
        mit der Q – mit der 69.

Sie sitzen wie die Vögel da
auf einer langen Stange.
Sie sind sich alle gar so nah
im Kampf, im Druck, im Zwange.
Doch jeder lebt auf dem eigenen Stern;
sie sehn sich nicht an und sie haben sich nicht gern …
        Der liebt die Rotarmee,
        der orientiert nach rechts sich –
        mit der F – mit der I – mit der W –
        mit der Q – mit der 69.

Die Scheiben klirrn. Der Mittag naht.
Die hunderttausend Leute,
sie fahren dienstlich und privat,
die Kerls und ihre Bräute …
Nur manchmal blitzt auf in dem laufenden Band
ein Gedanke an Sonntag und Havelstrand …
        Ein Blick … Ein stummes: He!
        Dann meldet das Geschlecht sich
        mit der F – mit der I – mit der W –
        mit der Q – mit der 69.

Und abends, staubig im Gesicht,
so fahren sie heim und schwanken.
Wer Arbeit hat, der jammere nicht,
er darf dem Herrgott danken.
Ja, denkt denn da keiner – wies schade ist! –
daß Arbeit doch keine Gnade ist?

Arbeitende Armee!
Wann nimmt sie wohl ihr Recht sich …
Mit der F – mit der I – mit der W –
mit der Q – mit der 69!

DIE MÄULER AUF!

Heilgebrüll und völksche Heilung,
schnittig, zackig, forsch und päng!
Staffelführer, Sturmabteilung,
Blechkapellen, schnädderädäng!
        Judenfresser, Straßenmeute …
        Kleine Leute. Kleine Leute.

Arme Luder brülln sich heiser,
tausend Hände fuchteln wild.
Hitler als der selige Kaiser,
wie ein schlechtes Abziehbild.
        Jedes dicken Schlagworts Beute:
        Kleine Leute! Kleine Leute!

Tun sich mit dem teutschen Land dick,
grunzen wie das liebe Vieh.
Allerbilligste Romantik –
hinten zahlt die Industrie.
        Hinten zahlt die Landwirtschaft.
        Toben sie auch fieberhaft:
        Sind doch schlechte deutsche Barden,
        bunte Unternehmergarden!
        Bleiben gestern, morgen, heute
        kleine Leute! kleine Leute!

GESANGSEINLAGE
Nach einem Alt-Berliner Couplet

China, dieses Reich der Mitte,
weil es eine alte Sitte,
hielt die langen Zöpfe hoch –
die ham wa ooch! die ham wa ooch!

    Doch so schlau wie die Chinesen
    sind wir immer schon gewesen.
    Unsere Bonzen, Mandarinen
    sind viel schöner als bei ihnen.
        Und sie sind auch viel gemeiner!
        Solche Herzen voller Bier,
        die hat keiner, die hat keiner,
        die hat keiner so wie wir –!

Kriegt die Russin eine stramme
Tochter, kommt die Hebeamme,
und sie nimmt det Kindchen hoch –
det ham wa ooch! det ham wa ooch!
    Aber forsche Staatsanwälte,
    die mit Paragraphenkälte
    arme Frauen frech entehren,
    immer feste zu gebären …
        Und zum Troste liest ein feiner
        Pfaffe was aus dem Brevier:
        Das hat keiner, das hat keiner,
        das hat keiner so wie wir –!

In Italien, im Gewimmel,
hebt der Mann den Arm zum Himmel,
denn sonst setzt es Staub und Rooch –
det ham wa ooch! det ham wa ooch!
    Aber solche armen Hiesel,
    solche rohen Hitler-Stiesel,
    Kerls, die nie die Welt gerochen,
    das Kommiß in allen Knochen –
    die vor Judenfeindschaft brummen
    (Sozialismus aller Dummen) …
        Über ihnen kräht da einer
        mit dem indischen Panier –:
        Die hat keiner, die hat keiner,
        die hat keiner so wie wir –!

s.J.

Wärst du noch da!
                    Soviel wartet auf dich.
Alles wartet vergebens.
Du tätest dein Werk so säuberlich
wie im Laufe deines Lebens.
        Ich seh dich am Tisch. Und die trübe Zeit
        wäre hell – denn du bist heiter.
        Du pfiffst auf die härteste Schwierigkeit:
        du lachst und arbeitest weiter.

Du kanntest das Blatt und seinen Ort
im Strudel der tausend Parteien.
Leise schobst du die Bonzen fort
und ließest die Schreier schreien.
        Du warst dem, der schreiten und folgen kann,
        der treuste Begleiter.
        Pfiff der Wind recht laut: wir sahn dich nur an –
        du lachst und arbeitest weiter.

Aber nun bist du untergetaucht.
Wir sehn noch nach deinen Zielen.
Jeder hat mal einen Vater gebraucht ...
du warst der Vater von vielen ...
        Ich hör deine Stimme: »Wer schwach ist, flennt.
        Arbeiten ist gescheiter.«
        Und wenn der ganze Schnee verbrennt:
        wir lachen und arbeiten weiter.

ABENDLIED

Auf den Bergen liegt der Schatten,
und der See ist dunkelgrün.
Von den Sechs-Mark-fünfzig-Platten
singt Maria Ivogün ...
    Horch, die schöne Melodie:
    »Tralahü – lahü – lahi!«
    Dumpf tönts von der Kegelbahn – – –
... Was hast du am Tag getan –?

Hast du einen Brief geschrieben?
Hast du im Büro gepennt?
Hast du Unkeuschheit getrieben?
Nahmst du 10½ Prozent
    als Bankier der Industrie ...
    Tralahü – lahü – lahi –
    Singt sie nicht wie Marzipan!
... Was hast du am Tag getan?

Hast des Staates du im stillen
dankbar-demutsvoll gedacht?
Hast du Margot Abführpillen,
die sie wollte, mitgebracht?
    Dachtest du, wie Hitler schrie ...
    Tralahü – lahü – lahi –
    mit dem bierigen Organ – – –
Was hast du am Tag getan?

Morgen, denkst du, bin ich schlauer.
Morgen fang ichs richtig an.
Jeder – Städter oder Bauer –
ist zur Nacht ein kluger Mann
    Aber welche Ironie –
    Tralahü – lahü – lahi –:
    Morgen leben alle Leute
    egalweg genau wie heute.

WAHRE LIEBE

Wenn ich so müd nach Hause komm,
zerredet und zerschrieben:
dann sitzt du da, so lieb und fromm.
Man muß, man muß dich lieben!
 Die Nacht gleich einem Feste ist.
 Ich weiß, daß du die Beste bist.
 Und warum ist das? Nämlich:
 Du bist so himmlisch dämlich.

Du hast es gut.
   Du ahnst es nicht,
was Stalin jüngst gesprochen;
weißt nichts vom leipziger Reichsgericht
und nichts von Kunstepochen.
 Du hältst einen Puff für ein Hotel
 und Bronnen für einen lauteren Quell …
 Ich liebe dich. Weil … nämlich …
 Du bist so himmlisch dämlich!

Mein blondes Glück! Von Zeit zu Zeit
tu ich ein bißchen fremd gehn.
Die andern Frauen sind so gescheit
und lassen das noch im Hemd sehn.
 Dann kehr ich reuig zu dir zurück
 und genieße tief atmend das reine Glück …
 Dumm liebt zweimal.
     Nämlich:
 Du bist so himmlisch dämlich –!

SAISONARBEITER

Zehntausend polnische Schnitter,
die kommen nach Deutschland hinein;
es wollen die pommerschen Ritter
billig bedienet sein.
    Die beschimpfen den deutschen Arbeitsmann,
    weil der ihr Fressen nicht essen kann
    und nicht wohnt in dem Lumpenquartier.
    Und es erläßt der Herr Aristokrat
    ein Landarbeiter-Inserat
    auf Zeitungspapier,
        auf Zeitungspapier,
            auf polnischem Zeitungspapier.

Zehntausend Ärmste der Armen,
die treten zur Arbeit an,
bewacht von den Gendarmen,
daß keiner auskneifen kann.
    Sie schuften für ein paar Zettel Geld.
    Bringt die Arbeitersfrau ein Kind zur Welt,
    dann näselt der Kavalier:
    »Was sind denn das für Schweinerein?
    Wäsche –? Wickeln Sie das doch ein
    in Zeitungspapier,
        in Zeitungspapier,
            in schlesisches Zeitungspapier –!«

So werden Proleten betrogen,
so werden Kinder gemacht.
Sie liegen in Zeitungsbogen
und brüllen die ganze Nacht.
    Und könnten sie lesen, so läsen sie gleich
    von dem herrlichen, dem Deutschen Reich
    und von proletarischer Gier.
Wirf, Arbeiter, aus deinem Haus,
die arbeiterfeindliche Presse heraus!
Und wisch dir deine Augen aus
mit dem Zeitungspapier,
    mit dem Zeitungspapier,
        mit Hugenbergs Zeitungspapier –!

MARSCHLIED NACH DEN WAHLEN

Es steht an dem Hamburger Hafen
ein riesiger Bismarck aus Stein.
Den Schlaf seines Ruhmes zu schlafen
so steht er da groß und allein.
 Er hörte Alldeutschlands Gebrummel
 im Schmuck seines spärlichen Haars …
 Die Zeitungen schrien: Hummel! Hummel!
 Und Bismarck, der dachte: Mars! Mars!
 Mit Genuß: Mars – Mars –
 Mit Genuß: Mars – Mars!
 Und Bismarck, der dachte: Mars – Mars –!

Der Bismarck, der hat wohl drei Haare –
denn daran erkennt man den Mann.
Und langsam vergingen die Jahre,
und es kamen die Wahlen heran.
 Doch als nun der Bismarck gerochen,
 wer heute im Reichstagshaus –:
 da hat er kein Wort mehr gesprochen
 und riß sich die Haare aus!
 Mit Genuß: Hummel – Hummel –
 Mit Genuß: Mars – Mars –
 und riß sich die Haare aus –!

 Trio:

Nun kann er ruhig schlafen.
Und daß die Geschichte auch wahr –:
Seht nach im Hamburger Hafen –
 Mit Genuß: Hummel – Hummel!
 Mit Genuß: Mars – Mars!
Der Bismarck, der hat ja kein Haar –!

DER CHEF DRÜCKT AUFS KNÖPFCHEN

Der Generaldirektor
sitzt hier an diesem Tisch;
die großen Pläne heckt er
sich aus, so schlau und frisch.
 Und zuckt ihm durch sein Köpfchen
 was von der Spedition,
 dann drückt er auf ein Knöpfchen –
 und siehst du: hat ihm schon!
 Abteilung: Vertrieb.

Die Post, die kommt gelaufen.
Herr Mayer reklamiert.
Er möchte nichts mehr kaufen,
die Ware ist lädiert.
 Es höhlt das kleinste Tröpfchen
 den allerhärtesten Ton.
 Der Chef, der drückt aufs Knöpfchen –
 und siehst du: hat ihm schon!
 Abteilung: Dienst am Kunden.

Und so geht's alle Tage,
so geht's das ganze Jahr.
Von Sieg zu Niederlage ...
Bilanz und Inventar ...
 Noch auf das kleinste Töpfchen
 gehört ein Deckel drauf –
 der Chef, der drückt aufs Knöpfchen – –
 Abteilung: Propaganda.
 Abteilung: Personalverwaltung.
 Abteilung: Fabrik ...

Nur manchmal spürt der Dicke
in seinem Klubgestühl
so hinten im Genicke
ein zartes Privatgefühl.
 Er denkt an ein Geschöpfchen,
 das seine Sehnsucht stillt.
 Dann drückt der Chef aufs Knöpfchen
 und spricht so zart und mild ...
 Abteilung: Liebe.

LIED DER COWGOYS

»Damn!«
Rudyard Brecht

Ramm! – Pamm!
Ramm – pammpammpamm!
Wir stammen vom Mahagonny-Stamm!
Wir sind so fern und sind so nah!
Wir stammen aus Bayrisch-Amerika.
Ahoi geschrien!
Wir sind keine Wilden – wir tun nur so!
Wir haben Halbfranz auf dem Popo!
Und wir sind auch nicht trocken – gar keine Spur, ah ...!
In Estremadura!
In Estremadura!
In Estremadura –!

Ramm! – Pamm!
Ramm – pammpammpamm!
Exotik als Literaturprogramm:
Das ist bequem und macht keinen naß
und tut keinem Kapitalisten was.
Remington backbord!
Wir sind bald lyrisch und sind bald roh.
Wir fluchen am Kreuz und beten im Klo.
Und jeder von uns singt so schön wie Kiepura!
In Estremadura!
In Estremadura!
In Estremadura –!

Ramm! – Pamm!
Ramm – pammpammpamm!
Auf dem Hintern da prangt uns ein Monogramm.
Da prangt Bert Brecht – frag nicht nach dem Sinn –
sonst halten wir dir unsern Hintern hin.
Und klappt es nicht mit des Dramas Lauf:
dann sagen wir rasch ein Sprichwort auf.
Auf dem Rücken der Pferde, da liegt unser Glück ...
God save the Queen mit Goldmundstück!
Wir sind das Ideal des Herrn Cohn,
und wir sind das Produkt einer Generation.

Und wenn einer gar keine Freiheit hat –:
Unsre Freiheit hat er, und die macht ihn satt.
Wir sind und bleiben allzumal
ein geronnenes Großstadt-Ideal!
Berittene Bürger. Ein dreifaches Huhra!
    Nach Estremadura!
        Nach Estremadura!
            Nach Estremadura!

DIE REDENSART

Als Friedrich, August von Sachsen,
noch saß auf seinem Thron,
da tät die Empörung wachsen –
horch, horch – die Revolution!
    Im Schloß erschrak man nicht wenig,
    der Kammerherr wurde ganz blaß.
    Da sagte der gute Geenij:
        »Ja, dürfen die denn das –?«

Der Satz hat sich eingefressen.
Ich sag ihn bei Tag und bei Nacht.
Ich sag ihn bei Jungdo-Adressen,
ich sag ihn, wenn Hitler was macht.
    Ich sag ihn, wenn Mädchen sich lieben,
    und wenn einer reizt mit dem As,
    und wenn sie um Schleichern was schieben:
        »Ja, dürfen die denn das –?«

Wie die Deutschen so tiefsinnig schürfen!
Jeder Mann ein Berufungsgericht.
Nur wer darf, der darf bei uns dürfen –
die andern dürfen nicht.
    Und sitzt in der peinlichsten Lage
    der Deutsche, geduckt und klein –:
    dann stellt er die deutscheste Frage
    und schläft beruhigt ein.

AUSSAGE EINES NATIONALSOZIALISTEN
VOR GERICHT

»Ich möchte den Eid in der religiösen
Form ablegen. Ich schwöre – daß ich
die reine Wahrheit sagen – und nichts ver-
schweigen – und nichts hinzusetzen werde.
So wahr mir Gott helfe!«

Wir standen da vor Klippermanns Lokal
und dachten weiter gar nichts Schlimmes –
wir stehn so harmlos da … Mit einem Mal –
ich sag noch zu Parteigenossen Kimmes –
ich sage: »Kimmes!« sag ich – »wir gehn bald
jetzt Blümchen pflücken in den grünen Wald …«
Auf einmal kommen da die Kommunisten –
acht oder hundert Stück … ich weiß genau!
und schlagen auf uns los und machen Kisten –
an ihrer Spitze eine wilde Frau!
Wir mußten alle rasch in Deckung gehn.
Ob wir geschossen …?
Ich hab nichts gesehn.

Der eine Kommunist trug in der Linken
ein typisch russisches M. G.:
mit seiner rechten Hand, da tät er winken –
der andere Trupp stand vorn auf der Chaussee.
Zwei Kommunisten sangen freche Lieder.
Wir waren harmlos, ruhig, doch empört …
Ich kenn die Angeklagten alle wieder –
Ob was …? Geschossen …?
Ich hab nichts gehört.

Wir gehn ja immer leis und sanft von hinnen.
Wir trinken Milch, weil das die Muskeln stärkt.
Gestochen …? wir …? Ich kann mich nicht besinnen.
Mit einem Dolch …? Ich habe nichts bemerkt.
Wir sind die friedlichste und stillste Blase.
Wir schwören vor den Schranken des Gerichts.
Man glaubt uns gern. Mein Name, der ist Hase:
ich weiß von nichts – ich weiß von nichts.

Der Kommunist wird feste arretiert.
Wir haben alles sauber einstudiert ...
Beweisen Sie uns mal das Gegenteil!
So wahr mir Gott helfe.

Hitler Heil!

DER NEUROTIKER

Er sitzt wie hinter Glas, das arme Luder,
und trippelt ängstlich an des Lebens Rand.
Er flieht und sucht und flieht den Menschenbruder
und hat den Nebenmenschen nie gekannt.
    Er strahlte, wenn er grollte,
    nur Flucht ist sein Verzicht ...
    Er könnte, müßte, sollte –
        und kann doch nicht.

Er dünkt sich klein. Wie eitel ist der Knabe!
Er dünkt sich klein. Doch keiner ist ihm groß.
Sein starres Ich ist seine ganze Habe;
er will kein Schicksal – nur das große Los.
    Ja, wenn er wollen wollte ...!
    Er hat kein Gleichgewicht.
    Er könnte, müßte, sollte –
        und kann doch nicht.

Er meint: die böse Welt muß an ihm schuld sein;
er projiziert auf sie sein dünnes Weh.
Er möchte ganz allein und im Tumult sein:
vorn Leipziger Straße – hinten Comer See.
    Er spürt, wie in ihm sausend
    die kranken Nerven schrein.
    So gibt es hunderttausend –
        und jeder ist allein.

Und kann man – kann man solche Knaben heilen?
Man: nein. Sie: ja. Gesund wird nur, wer will.
Man kann ihn lösen, lockern, spalten, heilen –
und dann zu sich verhelfen, fest und still.

Er ist, vor Faulheit fleißig,
der echte Exponent
von 1930,
das solche Nummern kennt.
Wie mancher davon verzückt ist …!
Lerne bei Vater Jung:
Es fragt sich, wer verrückt ist.
Und dann gute Besserung –!

DER ANDRE MANN

Du lernst ihn in einer Gesellschaft kennen.
Er plaudert. Er ist zu dir nett.
Er kann dir alle Tenniscracks nennen.
Er sieht gut aus. Ohne Fett.
Er tanzt ausgezeichnet. Du siehst ihn dir an …
Dann tritt zu euch beiden dein Mann.

Und du vergleichst sie in deinem Gemüte.
Dein Mann kommt nicht gut dabei weg.
Wie er schon dasteht – du liebe Güte!
Und hinten am Hals der Speck!
Und du denkst bei dir so: »Eigentlich …
Der da wäre ein Mann für mich!«

Ach, gnädige Frau! Hör auf einen wahren
und guten alten Papa!
Hättst du den Neuen: in ein, zwei Jahren
ständest du ebenso da!
Dann kennst du seine Nuancen beim Kosen;
dann kennst du ihn in Unterhosen;
dann wird er satt in deinem Besitze;
dann kennst du alle seine Witze.
Dann siehst du ihn in Freude und Zorn,
von oben und unten, von hinten und vorn …

Glaub mir: wenn man uns näher kennt,
gibt sich das mit dem happy end.
Wir sind manchmal reizend, auf einer Feier …
und den Rest des Tages ganz wie Herr Meyer.
Beurteil uns nie nach den besten Stunden.
Und hast du einen Kerl gefunden,
mit dem man einigermaßen auskommen kann:
dann bleib bei dem eigenen Mann!

WO IST DER SCHNEE ...

Wo ist der Schnee vom vergangenen Jahr,
    Anna-Susanna?
Weißt du noch, was damals Mode war,
    Anna-Susanna?
  Die Literatur trug man vorne gerafft,
  jede Woche gabs ein Genie.
  Und alles murmelte: »Fa-a-abelhaft!
  Rein menschlich ... irgendwie ...!«

Wo sind die Blumen vom letzten Lenz,
    Anna-Susanna?
Die Betonung des kosmischen Bühnen-Akzents,
    Anna-Susanna?
  Das gebildete Publikum lief zuhauf
  mit der Kritiker-Artillerie.
  Und die Stücke führt kein Mensch mehr auf,
  rein menschlich irgendwie.

Wo ist der Schnee vom vergangenen Jahr,
    Anna-Susanna?
Brecht wird sein, was Sudermann war,
    Anna-Susanna.
  Sie brüllen sich hoch, die Reklame schreit,
  das ist eine Industrie.
  Pro Mann einen Monat Unsterblichkeit
    – Anna-Susanna –
  rein menschlich irgendwie.

DEIN LEBENSGEFÜHL

Dein tiefstes Lebensgefühl –
wann hast du das gehabt?

Mit einem Freund?
Immer allein.

Einmal, als du an der Brüstung des Holzbalkons standest,
da lag das Schloß Gripsholm, weit und kupplig,
und da lag der See
und Schweden,
und die staubige Waldecke –
und auf der dunkelgrün etikettierten Platte sang ein Kerl im
Cockney-Englisch: »What do you say …?«
und da fühltest du:
Ich bin.

So war dein Lebensgefühl.
Mit einer Frau?
Immer allein.

Einmal, als du nachts nach Hause gekommen bist
von einer vergeblichen Attacke
bei der großen Blonden,
elegant-blamiert, literarisch hinten runtergerutscht,
gelackt, abgewinkt: danke, danke!
da standest du vor deinem runden Nachttisch
und sahst in das rosa Licht der Lampe
und tatest dir leid, falsch leid, leid
und fühltest:
Ich bin.

So war dein Lebensgefühl …
In der Masse?
Immer allein.

Es ist so selten, das Lebensgefühl.
Casanova hatte es einmal.
Vierter Band.
Er sieht bei seiner Geliebten Rosalinde

zwei Kinder, die er ihr vor Jahren gemacht hat,
schlafend, in einem Bett, Mädchen und Knabe.
Sie zeigt sie ihm,
hebt die Bettdecke hoch, die junge Sau,
die Mutter,
um ihn anzugeilen,
um ihm Freude zu machen,
was weiß ich.
Und er sieht:
wie der Knabe im Schlummer seine Hand auf den Bauch des
    Mädchens gelegt hat.
»Da empfand ich«,
schreibt Casanova,
»meine tiefste Natur.«
Das war sein Lebensgefühl.

Verschüttet ist es bei dir.
Du wolltest leben
und kamst nicht dazu.
Du willst leben
und vergißt es vor lauter Geschäftigkeit.
Du willst das spüren, was in dir ist,
und hast eifrig zu tun mit dem, was um dich ist –
Verschüttet ist dein Lebensgefühl.

Wenn du tot bist, wird es dir sehr leid tun.
Noch ist es Zeit –!

AUFGEWACHSEN BEI ...

Dir gefallen die Beine nicht,
dir gefällt die Kleine nicht,
dir gefällt die Große nicht,
und du magst die Sauce nicht.
Dir gefällt der Opel nicht,
und du wärst kein Popel nicht,
und dir schmeckt der Steinwein nicht,
und dir schmeckt der Rheinwein nicht ...
    Lieber Freund, besinn dich drauf:
      Worauf herauf –?

Bist du denn so reich und schön?
Bist du lieblich anzusehn?
Bist du elegant und schick?
Untenrum nicht reichlich dick?
Bist du mit dem Mordskrawall
wohl aus einem ersten Stall?
Immer schreist du nach Niveau …
lebst du denn zu Hause so?
   Du – mit deinem Lebenslauf:
     Worauf herauf –?

Stell dich mit dem Doppelkinn
mal vor einen Spiegel hin:
Wenn die Frauen auch mal sieben:
welches Mädchen soll dich lieben?
     Sage selbst!
Wenn die Kellner Augen haben:
wofür halten sie dich Knaben?
     Sage selbst!
In dem reichen Kaufmannshaus:
wie siehst du im Smoking aus?
     Sage selbst!
Mach nicht immer solche Faxen.
Mensch, es ist ja halb Berlin
aufgewachsen, aufgewachsen
bei den grünen Jalousien –!

MALWINE

Ich hab mich deinetwegen
gewaschen und rasiert;
ich wollt mich zu dir legen
   mit einem Viertelchen,
   mit einem Achtelchen –
    Malwine!
Doch du hast dich geziert.

Ich tät mich drauf versteifen.
Du riefst nur nach Mama.
Wollt an die Brust dir greifen,
   nach einem Viertelchen,
   nach einem Achtelchen –
es war gar keine da!

Du sagst, du seist poetisch
seit deiner Mädchenzeit.
Es wär dir nicht ästhetisch ...
    Vielleicht ein Viertelchen,
    vielleicht ein Achtelchen ...
wenn grad der Kuckuck schreit.

Der Kuckuck hat geschrieen
auf deiner Schwarzwalduhr.
Ich lag vor deinen Knieen:
    »Gib mir ein Viertelchen!
    Gib mir ein Achtelchen!
        Malwine!
Ein kleines Stückchen nur –!«

Du hast mir nichts gegeben
und sahst mich prüfend an.
Das, was du brauchst im Leben,
    sei nicht ein Viertelchen,
    und nicht ein Achtelchen ...
das sei ein ganzer Mann –!

Dein Bräutigam war prosaisch.
Demselben hat gefehlt,
dieweilen er mosaisch,
    ein kleines Viertelchen,
    ein kleines Achtelchen ...
das hätt dich sehr gequält!

Mich hat das tief betroffen.
Dein Blick hat mich gefragt ...
Ich ließ die Frage offen
und habe nichts gesagt.

Daß wir uns nicht besaßen!
So aalglatt war mein Kinn ...!
Nun irr ich durch die Straßen –
        Malwine –!
und weine vor mich hin.

STATIONEN

Erst gehst du umher und suchst an der Frau
das, was man anfassen kann.
Wollknäul, Spielzeug und Kätzchen – Miau –
du bist noch kein richtiger Mann.
    Du willst eine lustig bewegte Ruh:
    sie soll anders sein, aber sonst wie du ...
        Dein Herz sagt:
            Max und Moritz!

Das verwächst du. Dann langts nicht mit dem Verstand.
Die Karriere! Es ist Zeit ...!
Eine kluge Frau nimmt dich an die Hand
in tyrannischer Mütterlichkeit.
    Sie paßt auf dich auf. Sie wartet zu Haus.
    Du weinst dich an ihren Brüsten aus ...
        Dein Herz sagt:
            Mutter.

Das verwächst du. Nun bist du ein reifer Mann.
Dir wird etwas sanft im Gemüt.
Du möchtest, daß im Bett nebenan
eine fremde Jugend glüht.
    Dumm kann sie sein. Du willst: junges Tier,
    ein Reh, eine Wilde, ein Elixier.
        Dein Herz sagt:
            Erde.

Und dann bist du alt.
                Und ist es soweit,
daß ihr an der Verdauung leidet –:
dann sitzt ihr auf einem Bänkchen zu zweit,
als Philemon und Baucis verkleidet.
    Sie sagt nichts. Du sagst nichts, denn ihr wißt,
    wie es im menschlichen Leben ist ...
    Dein Herz, das so viele Frauen besang,
    dein Herz sagt: »Na, Alte ...?«
                Dein Herz sagt: Dank.

KARRIEREN

Et jibt Karrieren – die jehn durch den Hintern.
Die Leute kriechen bei die Vorgesetzten rin.
Da is et warm. Da kenn se ibawintern.
Da bleihm se denn ne Weile drin.
　　I, denken die – kein Neid! Wer hat, der hat.
　　Denn komm se raus. Denn sind se plötzlich wat.

Denn sind se plötzlich feine Herrn jeworden!
Denn kenn die de Kollejen jahnich mehr.
Vor Eifa wolln se jeden jleich amorden:
»Ich bün Ihr Vorjesetzta! Bütte sehr!«
　　Und jeda weeß doch, wie set ham jemacht!
　　Det wird so schnell vajessen … Keena lacht.

Int Jejenteil.
　　　　　Der sitzt noch nich drei Stunden
in seine neue Stellung drin –:
da hat sich schon 'n junger Mann jefunden,
der kriechtn wieda hinten rin!
　　Und wenn die janze Hose kracht:
　　weil mancha so Karriere macht.
　　　Er hat det Ding jeschohm.
　　　Nu sitzt a ehmt ohm.
　　　Von oben frisch und munter
　　　kuckt keena jerne runter.
　　　Weil man so rasch vajißt,
　　　wie man ruff,
　　　　　　　wie man ruff,
　　　wie man ruffjekommen ist –!

DIESE HÄUSER

Diese Häuser werden länger leben als du.
Du hast geglaubt, für dich seien sie gebaut.
Aber sie waren vorher da.
Du hast geglaubt: du wirst sie überleben.
Sie werden aber noch nach dir da sein.
Diese Häuser werden länger leben als du.

Wenn du durch die Stadt trollst
mit einem Papierpacken, den du gekauft hast, du Tropf –
weil das dein Leben ist:
acht Stunden herumzupetern,
um eine zu genießen,
und die verregnet …
wenn du durch die Stadt trottest,
dann sehn sie dich an,
die Herren Häuser,
und grinsen mit breiten Türmäulern.
Sie werden länger leben als du.

Wenn du von jener Dame kommst,
bei der du arbeiten läßt,
(oder sie bei dir – so genau ist das nicht zu unterscheiden),
dann stehn diese Dinger herum,
die Häuser;
unzählige Male hast du deine Liebe an sie geklebt,
sie geben sie schwach wieder.
Sie sind kalt.
Da stehn die Häuser,
und lassen in sich hausen,
und stehn wie die Mauern
– natürlich wie die Mauern –
und werden länger leben als du.

Wenn du zum Arzt gehst,
ob … ob nicht … vielleicht …
die Angst im Wartezimmer,
bevor du herankommst!
Nie wieder! schwörst du dir leise –
es ist dein dreiundachtzigster Schwur in dieser Beziehung …

wenn du zum Arzt läufst,
für nichts empfänglich, mit einer einzigen fixen Idee im Kopf:
dann häusern sie da um dich herum
und
– da kannst du machen, was du willst –
sie werden länger leben als du.

Und noch,
wenn sie dich zu Grabe blasen,
nein, heute blasen sie ja nicht mehr …
wenn sie dich in einem schwarz angestrichenen Wagen nach draußen
    fahren,
im Auto,
natürlich!
weil du es doch so eilig hast!
Denke: du könntest etwas versäumen!
Wenn sie dich einpflanzen
oder verbrennen,
so du 4 Mark 85 Mitgliedsbeitrag gezahlt hast
und ein Königlich Preußischer Freidenker bist –
wenn sie dich dahin expedieren,
wohin du, Sache Gewordener, dann gehörst,
weil du nun den andern tragisch-lästig fällst –:
dann stehn da die Häuser,
die deine Dummheiten seit deiner Geburt mit angesehen haben,
und sind länger Häuser, als du Mensch gewesen bist,

und werden länger leben
                als du.

ZUCKERBROT UND PEITSCHE

Nun senkt sich auf die Fluren nieder
der süße Kitsch mit Zucker-Ei.
Nun kommen alle, alle wieder:
das Schubert-Lied, die Holz-Schalmei …
    Das Bürgertum erliegt der Wucht:
    Flucht, Flucht, Flucht.

Sie wollen sich mit Kunst betäuben,
sie wollen nur noch Märchen sehn;
sie wollen ihre Welt zerstäuben
und neben der Epoche gehn.
    Aus Not und militärscher Zucht:
    Flucht, Flucht, Flucht.

So dichtet, Dichter: vom Atlantik,
von Rittern und von Liebesnacht!
Her, blaue Blume der Romantik!
»Er löste ihr die Brünne sacht …«
    Das ist Neudeutschlands grüne Frucht:
    Flucht, Flucht, Flucht.

Wie ihr euch durch Musik entblößtet!
In eurer Kunst ist keine Faust.
So habt ihr euch noch stets getröstet,
wenn über euch die Peitsche saust.
    Ihr wollt zu höhern Harmonien
    fliehn, fliehn, fliehn.

Es hilft euch nichts. Geht ihr zu Grunde:
man braucht euch nicht. Kein Platz bleibt leer.
Ihr winselt wie die feigen Hunde –
schiebt ab! Euch gibt es gar nicht mehr!
    Wir andern aber wirken weit
    in die Zeit!
        In die Zeit!
            In die Zeit!

BALLADE

Da sprach der Landrat unter Stöhnen:
»Könnten Sie sich an meinen Körper gewöhnen?«
Und es sagte ihm Frau Kaludrigkeit:
»Vielleicht. Vielleicht.
                    Mit der Zeit ... mit der Zeit ...«
Und der Landrat begann allnächtlich im Schlafe
laut zu sprechen und wurde ihr Schklafe.
Und er war ihr hörig und sah alle Zeit
Frau Kaludrigkeit – Frau Kaludrigkeit!

Und obgleich der Landrat zum Zentrum gehörte,
wars eine Schande, wie daß er röhrte;
er schlich der Kaludrigkeit ums Haus ...
Die hieß so – und sah ganz anders aus:
    Ihre Mutter hatte es einst in Brasilien
    mit einem Herrn der bessern Familien.
    Sie war ein Halbblut, ein Viertelblut:
    nußbraun, kreolisch; es stand ihr sehr gut.
    Und der Landrat balzte: Wann ist es soweit?
    Frau Kaludrigkeit – Frau Kaludrigkeit!

Und eines Abends im Monat September
war das Halbblut müde von seinem Gebember
und zog sich aus. Und sagte: »Ich bin ...«
und legte sich herrlich nußbraun hin.
    Der Landrat dachte, ihn träfe der Schlag!
    Unvorbereitet fand ihn der Tag.
    Nie hätt er gehofft, es noch zu erreichen.
    Und er ging hin und tat desgleichen.

                    Pause

Sie lag auf den Armen und atmete kaum.
Ihr Pyjama flammte, ein bunter Traum.
Er glaubte, ihren Herzschlag zu spüren.
Er wagte sie nicht mehr zu berühren ...
    Er sann, der Landrat. Was war das, soeben?
    Sie hatte ihm alles und nichts gegeben.
    Und obgleich der Landrat vom Zentrum war,

wurde ihm plötzlich eines klar:
Er war nicht der Mann für dieses Wesen.
Sie war ein Buch. Er konnt es nicht lesen.
Was dann zwischen Liebenden vor sich geht,
ist eine leere Formalität.

Und so lernte der Mann in Minutenfrist,
daß nicht jede Erfüllung Erfüllung ist.
Und belästigte nie mehr seit dieser Zeit
die schöne Frau Inez Kaludrigkeit.

AN DIE REPUBLIKANER

Hast du noch einen deutschen Paß,
    Republikaner –?
Schadet er dir oder nützt er dir was,
    Republikaner –?
    Kannst du mit ihm unter Fremde gehn?
    Wie wirst du von ihnen angesehn?
    Bleibst du damit an der Ecke stehn?
    Was bist du, Deutschland –?

Hast du die wahre Macht im Staat,
    Republikaner –?
Du oder jeder Reichswehrsoldat,
    Republikaner –?
    Du oder jeder, der Blut verspritzt?
    Du oder der Richter, der über dir sitzt
    und dich widerwillig und gar nicht schützt …
    Was bist du, Deutschland –?

Bist du Demokratie? Ist das dein Land,
    Republikaner –?
Hast du nichts als dein Fahnenband,
    Republikaner –?
    Sie schlagen dir den Schädel ein.
    Du vertraust auf London und brüllst übern Rhein
    die alten Phrasen und Kinderein …
    Wie – wie wird deine Zukunft sein?
    Armes Deutschland.

AN FRAU VON OHEIMB

Gönn mir das traute Du. Ich kann vor Lachen
dich ja nicht siezen – nimm mir das nicht krumm!
Sag mir nur eines: Was sie bei dir machen,
siehst du das nicht – den Fez um dich herum?
    Die gehrockeingebundnen Bürokraten,
    die Talleyrand-Kopien der Diplomaten,
    der aus Liberia – und selbst der aus Minka ...
                Kathinka –!

Ach, ihr beklagt in wichtigkeitsgeschwollnen
und schönen Reden diese Not der Zeit.
Um Autokühler die kameelhaarwollnen
Schutzdecken ... Damen mit dem Schleppenkleid ...
    Du bist so selig, wenn die Schmöcke schreiben.
    Ihr quatscht und quatscht. Die Dividenden bleiben.
    Es flirrn und flirten Tee- und Kaffee-Trinker ...
                Kathinka –!

Die Republik gibt sich in deinen Räumen
ein Stelldichein. O stell sie wieder weg!
Schlafwandler sind sie, die regierend träumen ...
und die Reformen sind wie Teegebäck.
    Und blickte Salomo auf diese Scheitel,
    er spräche: Hier ist alles eitel.
    Auf hundert rechte Gäste kommt ein linker ...
                Kathinka –!

Kathinka, gutes Kind!
           Du bist so niedlich
und hältst dich für den Nagel der Saison.
Geh, hör gut zu – ich sag dirs friedlich:
ne gute Stube ist noch kein Salon.
    Du weißt von Politik auch nicht die Bohne.
    Hörst du den Schritt der Proletarier-Bataillone?
    Du kommst zu spät.
           Denn unsre Zeit ist flinker
            als du, Kathinka.

Es wohnt Herr Pimm in der Baracke,
im Käfig wohnt der Kakadu,
es wohnt die Laus in der Schabracke –
in meinem Herzen wohnst nur Du.

UNGARISCHER REITERSPRUCH

Glück ist auf dieser Erde
nur auf dem Rücken der Pferde ...
Glück ist aber auch
auf deinem Bauch.

                    Goethe

1931

Der Menschenfreund
von einem Anonymus

Wenn da irgendwo in Polen
Oder mittenmang de Akropopolis
Jemand Hiebe kriegt auf nackte Sohlen
Oder Rhizinus in Litern, bis
Er sich nicht mehr muckt und nicht bewegt:
Dann is der Tucholsky mächtich uffjeregt.

Aber wenn in Rußland Leninisten
Täglich hundert stellen an die Wand,
Und ein jeder, der nicht für die Bolschewisten,
Hingeknallt wird in den kühlen Sand,
Wenn die janze kultivierte Jeisteswelt nich helfen kann:
Det jeht den Tucholsky janisch an.

Wenn von Rom aus wird erlassen,
Daß im Bannfluch jede Schweinerei
Und ein jeder bei's Jenick zu fassen,
Bis die Ehe wieder heilig sei,
Weil der Satan nur den Trauring in der Westentasche trägt:
Dann is der Tucholsky mächtich uffjeregt.

Aber wenn in Rußland so ein Luder
Sich verliebte in den roten Freund,
Wenn er schwört ihr: »Ich bin dein Coucheur und Bruder«,
Womit jede Nächste ist gemeint,
Wenn sie mit dem schwangern Leibe nirgends Rechte finden kann:
Det jeht den Tucholsky janisch an.

Wenn bei uns die Arbeitslosen
Stille sind von wejen Republik,
Weil die selber nicht gebettet ist auf Rosen,
Wenn die Sowjets immer noch erfochten keinen Sieg,
Wenn man ihren Stern noch nich als deutsche Brosche trägt:
Dann is der Tucholsky mächtig uffjeregt.

Aber wenn da oben hoch im Osten
Man die Kindlein klein mit Bohnenmehl ernährt,
Wenn ein jeder, der nur muckst auf seinem Posten,
Schnell die Treppe rückwärts runterfährt,
Und er wieder bibbernd Schlange stehen kann
(Gott vom Halse – Hoch die Sowjets!)
Das jeht den Tucholsky janischt an.

Antwort:

Jeht ma an.
   Ick wer Sie mah wat sahrn:
Rußland isn Ding für sich.
Ja, die Leute haben schwer zu trahrn,
ja, det is nich alles sonderlich.
  Ja, ick weeß, wat so bekannt is …
  Aba, Menschenskind, det Land is
   eene Hoffnung.

Ja, die tun sich mechtich schinden.
Alles jeht nach Formelar.
Det die Schwangern keene Hilfe finden,
det is iebrijens nich wahr.
  Wie det arbeet! Manches is wien langer
  Angsttraum. Sie, det janze Land is schwanger!
  Un in Hoffnung.

Erst Jewitter, denn n Rejenbogn.
Keener weeß: wat wittn nu zuletzt?
Aba wat wird jejn die jelogn!
Wat wird jejn die jehetzt!
  Bei die andern is et ooch beschmissen.
  Rußland is n Mahnruf ant Jewissen.
  Mensch, ick kann nich.
  Ja, da is so manches Blut jeflossen.
  Mensch, ick kann nich.
  Mein Sie, unsre KPD-Jenossen
  machen mir det Dingrichs leicht?
  Die sind schlimma als der Papst, valleicht.

Doch ick weeß in mein Sinn:
alle Proletarier sehn nach hin.
Anjekläfft, jefürcht, umstellt:
det is ehmt für de janze Welt
– nehm Se mirs nich iebel –:
eene Hoffnung.

RHEINSBERG
(*»Zum hundertsten Tausend«*)

Natürlich kommt das nie mehr wieder.
    Allein: es war einmal.
Ich war ein Star und pfiff die bunten Lieder;
ich war Johann, der muntre Seifensieder –
    und Claire war real.

Das ist schon lange her.
                        Und heute –?
    Jetzt sind die andern dran.
Nach unsrer Sprache plaudern Liebesleute,
Zahntechniker und ihre jungen Bräute …
    Das hört sich also an:

»Du sock nisch imme nach die annern Mättschen blickn!
    Isch eiffesüschtisch, olle Bums-Roué!
Du imme mit die kleinen Dickn!
Nu isch ins Bett bigehn bimickn,
    weil müdischlisch biwé!«

So liebt euch denn (in allen Ehren)!
    Die Liebe währet ewiglich.
Und folgt ihr dieses Büchleins Lehren
und küßt ihr euch, ihr Wölfchen und ihr Clairen –:
    dann denkt an mich.

LAMENTO

Der deutsche Mann
                    Mann
                         Mann –
das ist der unverstandene Mann.
        Er hat ein Geschäft, und er hat eine Pflicht.
        Er hat einen Sitz im Oberamtsgericht.
        Er hat auch eine Frau – das weiß er aber nicht.
            Er sagt: »Mein liebes Kind …« und ist sonst ganz vergnügt –
            Er ist ein Mann. Und das
                                genügt.

Der deutsche Mann
                    Mann
                         Mann –
das ist der unverstandene Mann.
        Die Frau versteht ja doch nichts, von dem, was ihn quält.
        Die Frau ist dazu da, daß sie die Kragen zählt.
        Die Frau ist daran schuld, wenn ihm ein Hemdknopf fehlt.
            Und kommt es einmal vor, daß er die Frau betrügt:
            Er ist ein Mann. Und das
                                genügt.

Der deutsche Mann
                    Mann
                         Mann –
das ist der unverstandene Mann.
        Er gibt sich nicht viel Mühe, wenn er die Frau umgirrt.
        Und kriegt er nicht die eine, kommt die andere
                                            angeschwirrt.
        Daher der deutsche Mann denn stets befriedigt wird.
            Hauptsache ist, daß sie bequem und sich gehorsam fügt.
            Denn er ist Mann. Und das
                                genügt.
Der deutsche Mann
                    Mann
                         Mann –
das ist der unverstandene Mann.
        Er flirtet nicht mit seiner Frau. Er kauft ihr doch den Hut!
        Sie sieht ihn von der Seite an, wenn er so schnarchend ruht.

Ein kleines bißchen Zärtlichkeit – und alles wäre gut.
Er ist ein Beamter der Liebe. Er läßt sich gehn.
Er hat sie doch geheiratet – was soll jetzt noch geschehn?
Der Mensch, der soll nicht scheiden, was Gott zusammenfügt.
Er ist ein Mann. Und das
genügt.

EINE KLEINE GEBURT
(Ballade)

Ich lebte mit Frau Sobernheimer;
sie war so lieb, sie war so nett.
Wir wuschen uns im selben Eimer,
wir schliefen in demselben Bett.
    So trieben wir es manches Jahr …
    Bis sie den Knaben mir gebar.

Doch dieser Knabe war kein Knabe.
Wir hatten in der dunklen Nacht
als Zeitvertreib und Liebesgabe
uns dieses Wesen ausgedacht.
    Frau S. war jeden Kindes bar.
    Der Knabe, der hieß Waldemar.

Und war so klug! – Nach fünfzehn Tagen,
gelebt im Kinderparadies,
da konnte er schon Scheibe sagen,
bis man ihm solches leicht verwies.
    Er setzte sich aufs Tintenfaß
    und machte meinen Schreibtisch naß.

Er wuchs heran, der Eltern Freude,
ein braves, aufgewecktes Kind.
Wir merkten an ihm alle beude,
wie süß der Liebe Früchte sind.
    Da fragte Mutti ganz real:
    »Was wird der Junge denn nun mal –?«

Hebamme? General? Direktor?
Bootlegger? Hirt? Ein Schiffsbarbier?
Verlorner Mädchenheim-Inspektor?
Biographist? Gerichtsvollziehr?
    Ein Freudenmännchen? Jubilar –?
    Uneinig war das Elternpaar.

Ein Krach stieg auf, bis zu den Sternen!
Frau S., die krisch. Die Türe knallt.
Sie wollt ihn lassen Bildung lernen,
ich aber war für Staatsanwalt.
    Ein Kompromiß nahm sie nicht an:
    im Kino, als Bedürfnismann ...!

Der Lümmel grölte in der Küche
und fand den Krach ganz wunderbar.
So ging die Liebe in die Brüche –
und alles wegen Waldemar?
    Da sprach ich fest: »Mein trautes Glück!
    Wir geben dieses Jör zurück!«

Gemacht.
        Nun ist Frau Sobernheimer
wie ehedem so lieb und nett.
Wir waschen uns im selben Eimer,
wir schlafen in demselben Bett.
    Und denken nur noch hier und dar
    mal an den seligen Waldemar.

EINE FRAGE

Da stehn die Werkmeister – Mann für Mann.
Der Direktor spricht und sieht sie an:
»Was heißt hier Gewerkschaft! Was heißt hier Beschwerden!
Es muß viel mehr gearbeitet werden!
Produktionssteigerung! Daß die Räder sich drehn!«
    Eine einzige kleine Frage:
        Für wen?

Ihr sagt: die Maschinen müssen laufen.
Wer soll sich eure Waren denn kaufen?
Eure Angestellten? Denen habt ihr bis jetzt
das Gehalt, wo ihr konntet, heruntergesetzt.
Und die Waren sind im Süden und Norden
deshalb auch nicht billiger geworden.
    Und immer noch sollen die Räder sich drehn ...
        Für wen?

Für wen die Plakate und die Reklamen?
Für wen die Autos und Bilderrahmen?
Für wen die Krawatten? die gläsernen Schalen?
Eure Arbeiter können das nicht bezahlen.
Etwa die der andern? Für solche Fälle
habt ihr doch eure Trusts und Kartelle!
   Ihr sagt: die Wirtschaft müsse bestehn.
      Eine schöne Wirtschaft!
        Für wen? Für wen?

Das laufende Band, das sich weiterschiebt,
liefert Waren für Kunden, die es nicht gibt.
Ihr habt durch Entlassung und Lohnabzug sacht
eure eigne Kundschaft kaputt gemacht.
Denn Deutschland besteht – Millionäre sind selten –
aus Arbeitern und aus Angestellten!
Und eure Bilanz zeigt mit einem Male
   einen Saldo mortale.

Während Millionen stempeln gehn.
   Die wissen, für wen.

HERZ MIT EINEM SPRUNG

Im Gesicht und auch in Sachsen,
wo die Meise piepst,
laß ich den Bart mir wachsen,
weil du mich nicht mehr liebst.
   Susala und dusala –
weil du mich nicht mehr liebst.

Dein Teint, der war wie Bronze,
wie keine Frau ihn hat.
Die schriebst mir auf Annonce
im Leipziger Tageblatt.
   Susala und dusala –
im Leipziger Tageblatt.

Wir waren beide einsam;
auch ich als Woll-Agent.
Die Herzen waren gemeinsam,
die Kassen waren getrennt.
    Susala und dusala –
Da bin ich konsequent.

Du sagst, du wärst im Training
wohl für ein Fecht-Turnier.
Du aßest gar nicht wening
und hattst nie Geld bei dir ...
    Susala und dusala –
Man ist ja Kavalier.

Du aßest frisch und munter
nicht ohne jeden Charme
die Karte rauf und runter,
die Küche kalt und warm.
    Susala und dusala –
dem Kellner schmerzt der Arm.

Ich fand das übertrieben
und sah dich zornig an.
Ein Mann will gratis lieben,
sonst ist er gar kein Mann!

Ich kann dich nicht vergessen.
Noch heut könnt ich dich maln.
Du hast zuviel gegessen ...
Wer kann denn das bezahln!
    Susala und dusala –
Wer kann denn das bezahln!

Ums Kinn starrn mir die Stoppeln.
Mein Vollbart ist noch jung.
So fahr ich nun nach Oppeln
zu ner Versteigerung ...
    Doch mein Herz,
      doch mein Herz,
doch mein Herz
              hat einen Sprung –!

GESTOSSENER SEUFZER

Kreuzt mir die Lustjacht in der Badewanne?
Knirscht mir das Auto auf dem gelben Kies?
Bräunt mir das Roßbüff in der Kupferpfanne?
Blitzt mir am Hemd der Diamant-Türkis?
    Hin hauch ich einen Seufzer des Verzichts:
        ich brings zu nichts.

Ich weiß nicht, was das ist und wie ichs treibe …
Ich spare manchen vordatierten Scheck.
Und dann naht Lottchen mit dem Lotterleibe,
und dann ist alles wieder weg.
    Infolge ihres Liebesunterrichts …
        Ich brings zu nichts.

Die andern häufen so Vermögen auf Vermögen.
Die andern wandeln durch das Goldportal.
Ich aber kann mir nichts nach hinten legen;
ich hab noch nie – und möchte auch einmal.
    Der Reichtum ist der Lohn des Bösewichts.
        Ich brings zu nichts.

So lern doch endlich von den andern Knaben
die einzig brauchbare Philosophie:
Es g'nügt nicht nur, Verhältnisse zu haben –
sie leben alle über sie.
    Trink aus der Nachbarin Champagnerglas!
    Bleib schuldig Miete, Liebe, Arzt und Gas!
    Bezahl den Apfel – friß die Ananas!
        Wer also handelt, bringts zu was.

JOEBBELS

Wat wärst du ohne deine Möbelpacker!
Die stehn, bezahlt un treu, so um dir rum.
Dahinter du: een arma Lauseknacker,
een Baritong fort Jachtenpublikum.
    Die Weiber – hach – die bibbern dir entjejen
    un möchten sich am liebsten uffn Boden lejen!
    Du machst un tust und jippst da an …
        Josef, du bist 'n kleener Mann.

Mit dein Klumpfuß – seh mal, bein andern
da sacht ick nischt; det kann ja jeda ham.
Du wißt als Recke durch de Jejend wandern
un paßt in keen Schützenjrahm?
    In Sportpalast sowie in deine Presse,
    da haste eine mächtich jroße Fresse.
    Riskierst du wat? – De Schnauze vornean.
        Josef, du bist 'n kleener Mann.

Du bist mit irgendwat zu kurz gekomm.
Nu rächste dir, nu lechste los.
Dir hamm se woll zu früh aus Nest jenomm!
Du bist keen Heros, det markierste bloß.
    Du hast 'n Buckel, Mensch – du bist nich richtich!
    Du bist bloß laut – sonst biste jahnich wichtig!
    Keen Schütze – een Porzellanzerschmeißer,
    keen Führer biste – bloß 'n Reißer,
        Josef,
            du bist een jroßer Mann –!

RUSSLAND

1919

Es brodelt, es brabbelt, es raunt in der Welt:
  Rußland! Rußland!
Sie morden! Sie plündern! sie rauben das Geld!
  Rußland! Rußland!
 Wie sie die Fürsten durch Gossen schleifen –
 das wird auf den Nachbarn übergreifen!
 Sie arbeiten nicht! Alles bleibt stehn!
 Das Chaos! So kann das nicht weitergehn ...!
  Sperrt die Grenzen ab! Der Prolet wird begehrlich!
  Rußland –
      Rußland ist gefährlich.

1931

Es brodelt, es brabbelt, es raunt in der Welt:
  Rußland? Rußland?
Der Fünfjahresplan glückt! Das System, es hält!
  Rußland? Rußland?
 Wie sie arbeiten! Wie ihre Pläne reifen!
 Das kann auf die Nachbarn übergreifen!
 Es geht ihnen besser ... Was wird da geschehn?
 Wenn sie exportieren? Das kann nicht gehn.
  Nieder mit Rußland! Die Kerls sind nicht ehrlich!
  Rußland –
      Rußland ist gefährlich.

 Sie toben, vom wilden Affen gebissen.
 Rußland ist ihr schlechtes Gewissen.
  Propaganda glüht.
  Und sogar den Papst haben sie bemüht.
 Ist etwas auf Erden schief und krumm,
 dann riecht es bestimmt nach Petroleum.

SCHEPPLIN

Du latscht uff deine jroßen Botten
in Kino durch de janze Welt.
Bei Weiße und bei Hottentotten …
wat hast du alles anjestellt!
     Du kommst so an … Der jreeste Recke
     valiert trotz seine Niedertracht.
     Du kiekst bloß eenmal um de Ecke,
          un alles lacht.

Du schmierst se Flammri in Zylinder,
loofst durch de Beene von Pochtier;
du bist so nett zu kleene Kinder,
schmeißt Damens Eis ins Dekollteh.
     Denn jehste hin un feifst ein Liedchen,
     als hättste weita nischt jemacht.
     Und wer dir sieht mit dein Hietchen –:
          der lacht.

Vor dir hat jeda schon jesessen.
Trotz Koppweh, Ärja, Not un Schmerz …
Vor dir hat jeda det vajessn.
Ick wer da sahrn: du hast Herz!
     Du machst, det die vanimftjen Knaben,
     bloß, weil du da bist, Unrecht haben.
          Und tragen se dir mit Jebimmel
          (noch lange nich!) in dunkle Nacht –:
          denn sieht dir Jott in sein Himmel
          steht uff
                    un lacht.

ROSEN AUF DEN WEG GESTREUT

Ihr müßt sie lieb und nett behandeln,
erschreckt sie nicht – sie sind so zart!
 Ihr müßt mit Palmen sie umwandeln,
 getreulich ihrer Eigenart!
  Pfeift euerm Hunde, wenn er kläfft –:
  Küßt die Faschisten, wo ihr sie trefft!

Wenn sie in ihren Sälen hetzen,
sagt: »Ja und Amen – aber gern!
Hier habt ihr mich – schlagt mich in Fetzen!«
Und prügeln sie, so lobt den Herrn.
  Denn Prügeln ist doch ihr Geschäft!
  Küßt die Faschisten, wo ihr sie trefft.

Und schießen sie –: du lieber Himmel,
schätzt ihr das Leben so hoch ein?
Das ist ein Pazifisten-Fimmel!
Wer möchte nicht gern Opfer sein?
  Nennt sie: die süßen Schnuckerchen,
  gebt ihnen Bonbons und Zuckerchen ...
Und verspürt ihr auch
in euerm Bauch
  den Hitler-Dolch, tief, bis zum Heft –:
  Küßt die Faschisten, küßt die Faschisten,
  küßt die Faschisten, wo ihr sie trefft –!

DIE GEFANGENEN

Hörst du sie schlucken, Herrgott?
Sie sitzen muffig riechend und essen ein muffiges Essen,
holen es mit dem Blechlöffel aus den amtlichen Gefäßen
und führen es in ihren privaten Mund.

                       Der Körper verdaut es,
und es ist ganz sinnlos, was sie da tun.
     Hörst du sie schlucken, Herrgott?

     Siehst du sie im Hof trotten, Herrgott?
Man bewegt sie wie die Pferde, damit sie nicht frühzeitig
          sterben –
sie sollen leidensfähig erhalten werden,
und im Schubkasten des Gefängnispastors liegt eine Bibel.
Daraus liest er ihnen von Zeit zu Zeit etwas vor und glaubt
          wirklich,
er sei besser als sie.
     Siehst du sie in ihrer Kirche sitzen, Herrgott?

     Fühlst du sie leiden?
Nachts bedrängen sie wüste Träume;
ihre innere Sekretion ist nicht in Ordnung,
sie sehen riesige Geschlechtsteile auf Beinen
und zupfen an sich herum …
     Fühlst du sie leiden?

Ja, sie haben gefehlt – das ist wahr.
Doch kann kein Mensch den andern bestrafen, er kann ihn nur
          quälen.
Denn Schuld und Strafe kommen niemals zusammen.
Ja, sie haben gefehlt, das ist wahr.
     Da sitzen sie und leiden:
         Weil sie gestohlen haben;
             weil ihre Eltern nur einen verwüsteten Körper zeugen
                 konnten;
             weil sie in Spanien eine Republik haben wollten;
                weil sie Stalins Politik nicht billigen;
                  weil sie den Duce nicht lieben;
                    weil sie in Amerika Gewerkschaften gründen
                    wollten …

Sie sind Späne des irdischen Sägewerks.
Die Gerechten können nicht sein, wenn die Ungerechten nicht
      wären.
  Ja, sie haben gefehlt – das ist wahr.

Und so ist es eingeteilt:
  Sie haben gesündigt.
  Andere haben sie verurteilt.
  Wieder andre vollstrecken das Urteil.
  Was haben diese drei Dinge miteinander zu tun?

  Gott, du siehst es –!
  Erbarme, erbarme dich der Gefangenen!
  Der Mensch, der da richtet, erbarmt sich nicht.
  Man müßte ihn quälen, wiederum,
  und wiederum wäre nichts damit getan.
Hörst du sie, siehst du sie, fühlst du sie,
        die Gefangenen –?

PARTEIMARSCH DER PARTEILOSEN
Alle Rechte vorbehalten

Da streiten sich die Leute rum:
die Jejner wären imma dumm –
  Is ja jahnich wahr!
Un wie se alle brülln un schrein,
und jeda sacht, det muß so sein –
  Is ja jahnich wahr!
  Nu sieh ma unsereinen an,
  vaehrtet Publikum!
  Wir treten vor dich Mann fier Mann
  als Individium.
  Es tönt die Straßen lang
  der herrliche Jesang:
    Wir brauchen keine Innung,
    wir brauchn kein Vaein!
    Wir machn uns – wir machn uns
    unsan Dreck allein!

Wir ham doch die Jesinnung
un ooch die Stänkerein –
drum brauchn wa keene Innung
und brauchn auch keen Vaein –!

Dem eenen weht die Fahne rot –
un wer nich mitmacht, isn Idiot ...
Is ja kaum ze jlohm!
Der annre hat 'n braunet Hemd;
det heest: det hat a sich jeklemmt
aus Rom.
Der dritte, der sitzt mittenmang,
die Hosn mächtig voll.
Nur wir, wir wissen janz jenau,
wat jeda machn soll.
Wir ssiehn vajnücht vorbei.
Wir sinn die Nullpachtei ...!
Wir brauchen keine Innung,
wir brauchen kein Vaein!
Wir machn uns, wir machn uns
unsan Dreck allein!
Wir ham doch die Jesinnung
un ooch die Stänkerein –
drum brauchn wa keene Innung
und brauchn auch keen Vaein –!

SAUFLIED, GANZ ALLEIN

Manchmal denke ich an dich,
das bekommt mich aber nich,
denn am nächsten Tag bin ich so müde.
Du mein holdes Glasgespinst!
Ob du dich auf mich besinnst?
Morgens warst du immer etwas prüde.
Darum trink ich auf dein Wohl
dieses Gläschen Alkohol!
Braun und blond – rot und schwarz –
Ihr sollt leben!

Kind, der Wein der schmeckt nach Leim,
denn er stammt aus Rüdesheim –
  und sein Schein wird blaß und blasser.
Ich schenk mir noch ein Gläschen ein,
denn sie haben dort am Rhein
  so ein gut's, gesundes Wasser.
    Und darum trink ich auf dein Wohl
    dieses Fläschchen Alkohol!
    Braun und blond – rot und schwarz –
    ihr sollt leben!

Deine Augen sind so blau
ganz genau wie bei der Frau
  Erna Margot Glyn-Kaliski.
Rheinwein ist nicht stark genug,
darum nehm ich einen Schluck
  von dem guten, gelben Whisky.
    Und ich trinke auf dein Wohl
    dieses Fläschchen Alikol –
    Braun und blond – black and white …
Ihr sollt leben!

Tinte, Rotwein und Odol
sind drei Flüssigkeiten wohl –
  davon kann der Mensch schon leben.
So schön kannst du gar nicht sein,
wie in meinen Träumerein –
  so viel kannst du gar nicht geben.
    Allerschönste Frauenzier,
    ach, wie gut, daß du nicht hier!
    Oh, wie gerne man doch küßt,
    wenn die Frau wo anders ist …!
    Und darum trink ich auf dein Wohl!
    Nun ade, mein Land Tirol!
    Lebe wohl! Nur in den kleinen Räuschen
    lebe wohl, kann die Frau uns nicht enttäuschen!
    Lebe wohl! Lebe wohl!
    Lebe wohl, mein Land Tirol –!

LIED ANS GRAMMOPHON

Nobody's fault but your own
Brunswick A 8284

Nun komm, du kleine Nähmaschine,
und näh mir leise einen vor.
Ich denke dann an Clementine,
du säuselst sanft mir in das Ohr.
  Und am Klavier ohn Unterlaß
  führt rhythmisch einer seinen Baß.

Sie war so lieb. Kocht ich im Grimme,
weil jemand mich geärgert hat,
dann sang sie mit der Oberstimme
und strich mir alle Falten glatt.
  Und am Klavier ohn Unterlaß
  führt rhythmisch einer seinen Baß.
         pom-pom

Still sah sie immer nach dem Rechten
und stellte alles so nett hin.
Am Tage kühl. Doch in den Nächten
zerschmolz die süße Schaffnerin.
         pom-pom

O spiele weiter!
            Clementine
war ihrerseits aus Brandenburch.
Sie trog mich mit der Unschuldsmiene
und ging mit einem Dichter durch.

Bei dem ist sie bis heut geblieben.
Gewiß … der Mann hat keinen Bauch.
Und er hat alles klein geschrieben;
stefan george tut das auch;
  und im klavier ohn unterlaß
  führt rhythmisch einer seinen baß.

Du spielst. Ich muß mich still besaufen.
Voll ist das Glas und wieder leer.
He! Holla! Du bist abgelaufen …
Die Nadel knirscht. Du singst nicht mehr.
  In meinem Ohr ohn Unterlaß
  rauscht rhythmisch unser Schicksalsbaß:
    pom-pom

DAS PERSÖNLICHE

Schreib, schreib …
Schreib von der Unsterblichkeit der Seele,
vom Liebesleben der Nordsee-Makrele;
schreib von der neuen Hauszinssteuer,
vom letzten großen Schadenfeuer;
gib dir Mühe, arbeite alles gut aus,
schreib von dem alten Fuggerhaus;
von der Differenz zwischen Mann und Weib …
Schreib … schreib …

Schreib sachlich und schreib dir die Finger krumm:
kein Aas kümmert sich darum.

                Aber:
schreibst du einmal zwanzig Zeilen
mit Klatsch – die brauchst du gar nicht zu feilen.
Nenn nur zwei Namen, und es kommen in Haufen
Leser und Leserinnen gelaufen.
»Wie ist das mit Fräulein Meier gewesen?«
Das haben dann alle Leute gelesen.
»Hat Herr Streuselkuchen mit Emma geschlafen?«
Das lesen Portiers, und das lesen Grafen.
»Woher bezieht Stadtrat Mulps seine Gelder?«
Das schreib – und dein Ruhm hallt durch Felder und Wälder.

Die Sache? Interessiert in Paris und in Bentschen
            keinen Menschen.
Dieweil, lieber Freund, zu jeder Frist
die Hauptsache das Persönliche ist.

SIND SIE EINE PERSÖNLICHKEIT?
DER ANDERE AUCH! DER ANDERE AUCH!!
DER ANDERE AUCH!!!
Nachdenkliches Chanson

Nach einigen Schwedenpünschen
beginnen Sie zu wünschen:
Sie drehen ganz im stillen
die bunten Zuckerpillen:

»Ein Wochenendhäuschen ... und dann einen Beruf, der einem
Spaß macht ... nein, überhaupt keinen Beruf ... eine anständige
Rente ... weißt du, so eine, die nicht zu sehr beschwert ... also
sagen wir: 500 Mark im Monat, na, ich wär' schon mit 800 zufrie-
den – also die Rente ... dann würd' ich studieren ... und angeln ...
und radiobasteln ... irgendwo im Grünen, im Stillen ... eine nette
Frau ... Kinder ... und nichts von der Welt hören und sehen – aber
das sind so meine Privatwünsche ... das kann man keinem Men-
schen sagen – das versteht ja keiner ...«

Ach!
Damit stehn Sie aber nicht vereinzelt da!
So was denkt man von Florenz bis Altona!
Was Sie da so treiben, das hat lange im Gebrauch
der andere auch!
der andere auch!
der andere auch!

Man schluckt voll Wut mitunter,
weil man muß, so manches runter.
In der Nacht, beim Mondenscheine,
nimmt man Rache – ganz alleine:

»Ich bin zu gut für diese Welt ... diese Kerls können mir alle nicht
das Wasser reichen ... die fühlen eben, daß ich mehr bin, als sie ...
daher die Wut ... laßt mich mal was werden, laßt mich bloß mal was
werden! – dann kenne ich die Brüder alle nicht mehr! – doch: ich
kenne sie ... Ich sage dann ganz freundlich, ganz freundlich sage
ich: Guten Tag! Na, wie geht's denn immer? Sind Sie noch im
Geschäft, ja? Ich? Ich reise so in der Welt umher ... im Winter war
ich in der Schweiz, ja, Skisport ... im Sommer geh' ich auf meine
Besitzung in Dänemark ... Gott, man muß zufrieden sein –«

Ach!
Damit stehn Sie aber nicht vereinzelt da!
So was denkt man von Florenz bis Altona!
Was Sie da so treiben, das hat lange im Gebrauch
der andere auch!
    der andere auch!
    der andere auch!

Sie sagen im Theater:
Diese Menschen ... heiliger Vater!
Jeder einzelne ein Hund, ein krummer –
da bin *ich* doch eine andere Nummer ...

»Nu sieh dir mal die Gesichter hier an! Ein dämliches Pack! Nicht
wert, daß man ihnen das Stück hier vorführt ... verstehn's ja doch
nicht! – Ich habe heute nachmittag Kirchengeschichte des frühen
Mittelalters gelesen, ich beschäftige mich jetzt damit ein bißchen ...
glaubst du, daß hier ein Mensch höhere Interessen hat? Nicht zehn
im ganzen Theater, das sag' ich dir! – Hübsche Frau da vorn in der
Loge ... wenn man an die ran könnte ... glatt sagte die: ja ... sie
kennt mich bloß nicht ... aber wenn sie mich kennen würde ...
eigentlich sieht man mir ja schon an, daß ich was Besseres bin, nicht
so wie die andern ...«

Ach!
Damit stehn Sie aber nicht vereinzelt da!
So was denkt man von Florenz bis Altona!
Was Sie da so treiben, das hat lange im Gebrauch
der andere auch!
    der andere auch!
    der andere auch –!

AN DAS PUBLIKUM

O hochverehrtes Publikum,
sag mal: bist du wirklich so dumm,
wie uns das an allen Tagen
alle Unternehmer sagen?

Jeder Direktor mit dickem Popo
spricht: »Das Publikum will es so!«
Jeder Filmfritze sagt: »Was soll ich machen?
Das Publikum wünscht diese zuckrigen Sachen!«
Jeder Verleger zuckt die Achseln und spricht:
»Gute Bücher gehn eben nicht!«
　　Sag mal, verehrtes Publikum:
　　bist du wirklich so dumm?

So dumm, daß in Zeitungen, früh und spät,
immer weniger zu lesen steht?
Aus lauter Furcht, du könntest verletzt sein;
aus lauter Angst, es soll niemand verhetzt sein;
aus lauter Besorgnis, Müller und Cohn
könnten mit Abbestellung drohn?
Aus Bangigkeit, es käme am Ende
einer der zahllosen Reichsverbände
und protestierte und denunzierte
und demonstrierte und prozessierte …
　　Sag mal, verehrtes Publikum:
　　bist du wirklich so dumm?

Ja, dann …
　　　　　　Es lastet auf dieser Zeit
der Fluch der Mittelmäßigkeit.
Hast du so einen schwachen Magen?
Kannst du keine Wahrheit vertragen?
Bist also nur ein Grießbrei-Fresser –?
Ja, dann …
　　Ja, dann verdienst dus nicht besser.

DER MITESSER
Denen, die sich nicht getroffen fühlen

Er wohnt am Rand der reichen Leute,
verkehrt mit Adel und heißt Schmidt.
Den Schlips von morgen trägt er heute
und fährt in fremden Autos mit.
    Er lebt in einem ihm fremden Stile –
            Fauler Kopp!
            Fauler Snob!
    Aber davon gibts viele.

Er selbst hat nur ein kleines Zimmer,
als Untermieter bei Frau Schay.
Doch geht er aus, dann tut er immer,
als wär er aufgewachsen bei.
    Von der Socke bis zum gescheitelten Haar:
    es ist alles nicht wahr – es ist alles nicht wahr!

Er ist so gerne eingeladen:
er zeckt an Kaufmann und Bankier.
Er weiß, am Lido muß man baden,
er grüßt im Ritz den Herrn Portier.
    Er nassauert elegant und beflissen
        vor fremden Kulissen.

Was er auch hat, das hat er gratis.
Er läuft mit der Society.
Er kennt die feinsten Cocktail-Parties.
Nur seine Lage kennt er nie.
    Bald kunstgewerblicher Friseur,
    bald Redakteur ...
    so sehn wir ihn gestern, morgen und heute:
    ein Affe.
            Ein Affe der reichen Leute.

AUTARKIE

Im Juni hat noch keiner gewußt,
was Autarkie bedeutet;
heut hebt sich jede deutsche Brust,
wenn das Schlagwort herunterläutet:
        Autarkie!
Wir schließen einfach die Grenzen zu.
Dann hat die liebe Seele Ruh.
Appelsinen, jroße un kleene,
die machen wir uns alleene.

Kohlrüben wachsen bei uns zu Hauf.
Für uns ist nichts zu schade.
Wir rauchen still unser Sofa auf,
mit Maikäfer-Marmelade.
        Autarkie! Autarkie!
Wir schuften für Zins und für Zinseszins,
und wir bleiben eine kleine Provinz.
Paris is ja so jemeene!
Wir machen uns allens alleene.

Dann halten wir fest das Proletenpack:
beherrscht von Bürokraten,
von Banken und Knüppel aus dem Sack,
von Polizei und Soldaten.
Kräht der Adler auf dem Mist:
        Autarkie!
Ändert sichs Wetter, oder es bleibt wie es ist –
        Autarkie!
Für Pleite, Not und Kirchhofsruh –
brauchen wir etwa das Ausland dazu?
    Diese Wirtschaftskapitäne,
    die machen det janz alleene.

DIE LÖSUNG

Wenn was nicht klappt, wenn was nicht klappt,
dann wird vor allem mal nicht berappt.
Wir setzen frisch und munter
die Löhne, die Löhne herunter –
immer runter!
Wir haben bis über die Ohren
bei unsern Geschäften verloren ...
Unser Geld ist in allen Welten:
Kapital und Zinsen und Zubehör.
So lassen wir denn unser großes Malheur
nur einen, nur einen entgelten:
Den, der sich nicht mehr wehren kann.
Den Angestellten, den Arbeitsmann;
den Hund, den Moskau verhetzte,
dem nehmen wir nun das Letzte.
Arbeiterblut muß man keltern.
Wir sparen an den Gehältern –
immer runter!
Unsre Inserate sind nur noch ein Hohn.
Was braucht denn auch die deutsche Nation
sich Hemden und Stiefel zu kaufen?
Soll sie doch barfuß laufen!
Wir haben im Schädel nur ein Wort:
Export! Export!

Was braucht ihr eignen Hausstand?
Unsre Kunden wohnen im Ausland!
Für euch gibts keine Waren.
Für euch heißts: sparen! sparen!
Nicht wahr, ein richtiger Kapitalist
hat verdient, als es gut gegangen ist.
Er hat einen guten Magen.
Wir mußten das Risiko tragen ...
Wir geben das Risiko traurig und schlapp
inzwischen in der Garderobe ab.
Was macht man mit Arbeitermassen?
Entlassen! Entlassen! Entlassen!
Wir haben die Lösung gefunden:
Krieg den eignen Kunden!
Dieweil der deutsche Kapitalist
Gemüt hat und Exportkaufmann ist.
Wußten Sie das nicht schon früher –?
Gott segne die Wirtschaftsverführer!

ALSO WAT NU — JA ODER JA?

Wie ick noch 'n kleena Junge wah,
da hattn wa auffe Schule
een Lehra, den nannten wa bloß: Papa –
een jewissen Doktor Kuhle.
    Un frachte der wat, un der Schieler war dumm,
    un der quatschte und klönte bloß so rum,
    denn sachte Kuhle feierlich:
        »Also – du weeßt et nich!«

So nachn Essen, da rooch ick jern
in stillen meine Sßijarre.
Da denk ick so, inwieso un wiefern
un wie se so looft, die Karre.
    Wer weeß det … Heute wähln wa noch rot,
    un morjen sind wa valleicht alle tot.
    Also ick ja nich, denkt jeda. Immahin …
    man denkt sich so manchet in seinen Sinn.
Ick bin, ick werde, ich wah jewesen …
Da haak nu so ville Bicher jelesen.

Und da steht die Wissenschaft uff de Kommode.
Wie wird det mit uns so nachn Tode?
Die Kürche kommt jleich eilich jeloofn,
da jibt et 'n Waschkorb voll Phillesophen …
Det lies man. Un haste det hinta dir,
dreihundert Pfund bedrucktet Papier,
    denn leechste die Weisen
    beit alte Eisen
un sachst dir, wie Kuhle, innalich:
    Sie wissen et nich. Sie wissen et nich.

DER PRIEM
Unter vielem Spucken zu singen

Es haben die Matrosen
wohl auf dem blauen Meer
nicht nur die weiten Hosen –
sie haben noch viel mehr.
  Denn gibt es nichts zu rauchen,
  weißt du, was sie da brauchen
  bei Nacht und auch bei Tag?
    Den Kautabak – den Kautabak –
    ein kleines Stückchen Kautabak
    von der Firma Eckenbrecht
      aus Kiel.

Es heulen die Sirenen.
Die Braut in Tränen schwimmt.
Es schwimmt die Braut in Tränen,
wenn der Seemann Abschied nimmt.
  Sie drücken sich die Hände;
  dann gibt sie ihm am Ende
  verschämt ein kleines Pack
    mit Kautabak – mit Kautabak –
    mit nem halben Pfündchen Kautabak
    von der Firma Eckenbrecht
      aus Kiel.

Da hinten liegt sein Kutter,
da hinten liegt sein Kahn.
Sie sagt, sie fühlt sich Mutter,
er sieht sie blöde an.
  Er läßt sich von ihr kosen,
  die Hände in den Hosen,
  dann nimmt er einen Schlag
    vom Kautabak – vom Kautabak –
    ein kleines Stückchen Kautabak
    von der Firma Eckenbrecht
      aus Kiel.

Das Schiff fährt in den Hafen
wohl in Batavia.
Mit den Mädchen muß man schlafen,
wozu sind sie sonst da!
   Die er geliebkost hatte,
   liegt nackt auf einer Matte;
   er holt aus seinem Pack
      den Kautabak – den Kautabak –
      ein kleines Stückchen Kautabak
      von der Firma Eckenbrecht
         aus Kiel.

Das Schiff tät nicht versaufen,
in Hamburg legt es an.
Marie mußt sich verkaufen
nachts auf der Reeperbahn.
   Nun spürt der arme Junge
   grad unter seiner Zunge
   den bitteren Geschmack
      vom Kautabak – vom Kautabak –
      vom kleinen Stückchen Kautabak
      von der Firma Eckenbrecht
         aus Kiel.

Wie dem Seemann mit den Frauen,
uns gehts genau wie ihm.
Das Leben muß man kauen,
das Dasein ist ein Priem.
   Es schmeckt dem Knecht und Ritter
   mal süß und auch mal bitter …
   Spuck ihn aus, wer ihn nicht mag!
      Den Kautabak – den Kautabak –
      das kleine Stückchen Kautabak
      von der Firma Eckenbrecht
         aus Kiel!

GOETHE-JAHR 1932

Nächstes Jahr, da werden wir was erleben!
So im März, April und Mai:
Goethe hundert Jahre tot! Das wird was geben!
Wär es schon vorbei –!

Richtig, Joethe!
Hundert Philologen wälzen
Briefe, Werke, Bilder im Archiv.
Und schon seh ich Wolfgang Goetzen stelzen
durch die Fölljetöner lang und tief.

Richtig, Joethe!
Spitzen der Behörden
weihen ölig quasselnd etwas ein.
Und die Spitzen der Behörden wörden
alle voll von Faust-Zitaten sein –
richtig, Joethe!

Und es wimmelt von Bezüglichkeiten:
»Goethe und …« so tönt es immerzu.
Auf den bunten Marken muß er schreiten,
und dann sagen alle zu ihm Du!

Böte, Kröte, Nöte, Röte, Flöte …
wochenlang reimt alles sich auf Goethe.
Dann verstummen Prosa und Sonett.
Von den deutschen Angestellten-Massen
hat man keinen weniger entlassen.
Klassiker sind nur fürs Bücherbrett.

Nächstes Jahr, da kannst du was erleben!
So im März, April und Mai …
Lieben Freunde, das wird etwas geben!
Wär es schon vorbei –!

IMMA MIT DIE RUHE!

Wenn ick det sehe, wat se so machn,
wie se bei de jeringsten Sachn
sich uffpustn, det man denkt, se platzen –
wie se rot anlaufn, bis an die Jlatzen,
    ahms spät un morjens um achte –:
      sachte! sachte!
Warum denn so furchtbar uffjerecht?
Wir wern mal alle inn Kasten gelecht.

Wissen Se, ick wah mal dabei –
da hattn se uff de Polessei
eenen Selbstmörda, jänzlich nackt,
in eenen murksijen Sarch jepackt.
    Die hatten det eilich! Un ick dachte:
      Sachte! Sachte!
Un der Anblick hat sich mir injeprecht:
Wir wern mal alle inn Kasten jelecht.

Janich rellejöhs.
              Wie soll ick det sahrn …?
Ick kann det Jefuchtel nich vatrahrn.
Wir komm bei Muttan raus mit Jeschrei,
un manche bleihm denn auch dabei.
    Wenn ick mir det so allens betrachte:
      Imma sachte!
Mal liechste still. Denn wird ausjefecht.
Un wir wern alle inn Kasten jelecht.

BEIT FRIEHSTICK

Wenn ick in meine Stulln beiße,
denn kuck ick in de Sseitung rin.
Die liejn nämlich inne Sseitung,
da wickelt se mir Mutta in.
    Ick streiche det Papier scheen jlatt
    und seh, wats so jejehm hat.

Ick lese von drei Zwillingsschwestern
und vonne Feiersbrunst in Wald ...
Mal is die Sseitung noch von jestern,
mal isse füchzehn Tahre alt.
    Wat mir det Friehstick nich vamiest.
    Et is ja bloß, det man wat liest.

Da ha ick nu so rausjefunden:
Erscht kommt die Sseitung in Vakehr,
un schon nach vierundzwanssich Stunden,
da stimmt det allens jahnich mehr!
    Denn sind se reine wie blamiert.
    Ick ha dadrieba simmeliert ...

Ick sach ma so:
                    Wat die so sahrn
un wat die allens proffezein,
det stimmt schon nich mehr nach acht Tahrn –
det kann nie wahr jewesen sein!
    Nu ham die Brieda mächtjet Jlick:
    et blättert ja keen Mensch zerrick!
    Man schmeißt et wech. Und kooft sich brav und bieda
    'n neuet Blatt un jloobt et imma wieda.
        Un willste wissen wat det is jewesen,
        denn mußte alte Sseitungsnumman lesen.
        Un siehste denn, wie die vakehrt sind –:
        denn weeste, wat die neien wert sind.

AN DAS BABY

Alle stehn um dich herum:
Photograph und Mutti
und ein Kasten, schwarz und stumm,
Felix, Tante Putti ...
    Sie wackeln mit dem Schlüsselbund,
    fröhlich quietscht ein Gummihund.
    »Baby, lach mal!« ruft Mama.
    »Guck«, ruft Tante, »eiala!«
Aber du, mein kleiner Mann,
siehst dir die Gesellschaft an ...
Na, und dann – was meinste?
                                        Weinste.

Später stehn um dich herum
Vaterland und Fahnen;
Kirche, Ministerium,
Welsche und Germanen.
    Jeder stiert nur unverwandt
    auf das eigne kleine Land.
    Jeder kräht auf seinem Mist,
    weiß genau, was Wahrheit ist.
Aber du, mein guter Mann,
siehst dir die Gesellschaft an ...
Na, und dann – was machste?
                                        Lachste.

EISENBAHNER

Im Stellwerk wachen in der Nacht –
Marsch-Marsch! Zehn Stunden Dienst gemacht!
Die schweren Hebel an der Hand,
Hitze und Zugwind am Führerstand.
Im Bauch kalten Kaffee, im Kopf das Signal,
die Strecke abgehen, hundertmal –:
    das macht das Unterpersonal.

        Hingegen:
Verfügungen schmieren, wie die dienstlichen Mützen
auf dem Proletenkopf sollen sitzen;
nur die eigene Behörde kennen;
sich gegenseitig zum Geheimrat ernennen;
vom grünen Tisch den gemeinen Haufen
regieren, daß alle in Akten versaufen;
auf Wersalljes schimpfen, aufs Material –:
    das tut das Oberpersonal.

    Den Kopf hinhalten vor Gericht;
Maul halten, wenn der Richter spricht;
die Brust hinhalten, wenn es sprüht,
undichtes Rohr … der Dampf verbrüht …
ein heißer Strahl … weg, ins Spital …
So fünfzig-, hundert-, tausendmal –:
    das macht das Unterpersonal.

        Hingegen:
Intrigieren und organisieren –
paragraphieren und reglementieren.
Geht es bei Katastrophen ans Leben,
sich »persönlich auf den Schauplatz begeben«;
an Vorschriften und Verfügungen polken,
(wie ein Mond leuchtet Dorpmüller aus den Wolken).

Für die andern: Kommiß. Für sich selber: sozial.
Das macht das Oberpersonal.
Wir rufen ihm zu, so wie es da ist,
ein Signal, das kein Proletarier vergißt:
Abfahren! Abfahren! Abfahren –!

TREUE

Sei man dankbar, wenn se dir wat jehm!
Sei man treu!
　　Da kannste wat alehm!
Mach man fummßehn Jahre deinen Stiebel,
setzte einmal aus, denn nehm se iebel.
Wenn se denn ooch noch 'n jüngern sehn,
fliechste raus – denn kannste stempeln jehn.
　　Treue lohnt nich.

Wolln se wat, denn komm se anjeloofen –
for den Schmus da kannste dir nischt koofn.
Wenn de dir nich hast den Rebbach rausjefischt:
fors Jewesne jibt der Jude nischt.
Sei man treu –
　　die wolln dir ja bloß duckn,
und denn kannste durch de Röhre kuckn.
　　　Treue lohnt nich.

Denn wer nämlich treu is, endt im Dalles.
Ja, det sachste so … Ick weß det alles.
Mancher kann nich anders, als er kann –
Jeh man imma wieda ran!
Ohne Dußligkeit und ohne Kompromiß,
weil det ehm Stärke is.
　　Trotz der kalten Fressen von die Brieda –
　　Mensch, Vatraun kommt imma wieda!
　　Wenn de dir nich inn Betrieb zerreibst,
　　wenn de richtig bei de Stange bleibst,
　　wenn de eene Sache treu bist, kuckste nie in Mond –
　　　Treue lohnt.

BETRIEBSUNFALL

Hat eine Katze Ellenbogen?
Nein.
Hat jemals ein Bankier betrogen?
Nein.
Und wenn er mal und hat er mal und fällt er schon mal rein:
dann kann das kein Bankier gewesen sein.

Liest du das gern, nachmittags aufm Sofa?
Nein.
Entschädigt einer Schultheiß-Patzenhofa?
Nein.
Und setzt auch dem der Staatsanwalt in seinen Pelz ne Laus:
dann holn ihn die Verteidiger wieder raus.

Ist das nun für die Börse sehr betrüblich?
Nein.
Ist das auch bei den andern üblich?
Ja.
Ich lese still den Handelsteil, und seh ich so den Mist:
man weiß nie, was noch Tüchtigkeit und was schon Schiebung ist.

SIE, ZU IHM

Ich hab dir alles hingegeben:
mich, meine Seele, Zeit und Geld.
  Du bist ein Mann – du bist mein Leben,
  du meine kleine Unterwelt.
    Doch habe ich mein Glück gefunden,
    seh ich dir manchmal ins Gesicht:
    Ich kenn dich in so vielen Stunden
    nein, zärtlich bist du nicht.

Du küßt recht gut. Auf manche Weise
zeigst du mir, was das ist: Genuß.
Du hörst gern Klatsch. Du sagst mir leise,
wann ich die Lippen nachziehn muß.
  Du bleibst sogar vor andern Frauen
  in gut gespieltem Gleichgewicht;
  man kann dir manchmal sogar trauen …
  aber zärtlich bist du nicht.

O wärst du zärtlich!
        Meinetwegen
kannst du sogar gefühlvoll sein.
Mensch, wie ein warmer Frühlingsregen
so hüllte Zärtlichkeit mich ein!
  Wärst du der Weiche von uns beiden,
  wärst du der Dumme. Bube sticht.
  Denn wer mehr liebt, der muß mehr leiden.
  Nein, zärtlich bist du nicht.

MEDIA IN VITA

Die läuft rum, die mir die Augen zudrückt:
    eine Krankenpflegerin.
Ordnet noch die Fläschchen auf dem Nachttisch,
wenn ich schon hinüber bin.
    Leise kreuzt sie meine Hände übern Bauch.
    Das ist ein Beruf wie andre auch.

Jeden Morgen, wenn ich mich rasiere,
denk ich in dem Glanz des Lampenscheins,
während ich mich voller Seife schmiere:
jetzt sinds nur noch x-mal minus eins.
    Und da steh ich voller Schaum und Frömmigkeit,
    und ich tu mir außerordentlich leid.

Da, wo sich die Parallelen
schneiden, fliege ich dann hin.
Ach, ich werde mir doch mächtig fehlen,
wenn ich einst gestorben bin.
    Andern auch –? Wer seine Augen aufmacht, sieht:
    Sterben ist, wie wenn man einen Löffel aus dem Kleister
    zieht.

WARTE NICHT!

Du, Frau an der Falzmaschine,
sieh in den Himmel hinauf!
du nähst am Fenster, Mädchen –
sieh in den Steinhof hinab!

    Denkt ihr über das Schicksal nach?
    über gestern, heute und morgen?
    Kopf hoch! Es gibt einen Spruch,
    der strahlt über allen Sorgen:
        Warte nicht zu lange,
        warte nicht zu lang!
        Lausch deinem innern Klange,
        die Zeit geht ihren Gang.
            Jeder hat im Leben
            eine Melodie …
        Und was du dir nicht selber nimmst,
        das erreichst du nie –!

Du, junge Arbeiterin,
liebst einen, der dich liebt.
Sollst du ihn nehmen? Ist er ein Gewinn?
Hat er zu geben, wenn er gibt?

    Mach reinen Tisch und entscheide dich –
    Süden oder Norden!
    Ja oder Nein! – aber bleib nicht stehn,
    noch keine ist jünger geworden …
        Warte nicht zu lange,
        warte nicht zu lang –!
        Lausch deinem innern Klange,
        die Zeit geht ihren Gang.
            Jeder hat im Leben
            eine Melodie …
        Und was du dir nicht selber nimmst,
        das erreichst du nie –!

Du, Kämpfer für die Freiheit deiner Klasse!
laß dich nicht einschläfern!
Von den Reden der Wichtigtuer,
der Schreiberseelen, der falschen Führer!

    Manches Jahr ging ungenützt hin,
    laß dir nichts prophezein!
    Deine Klasse wartet auf dich –
    hilf sie vom Joch befreien!

Warte nicht zu lange!
warte nicht zu lang –!
Lausch dem Weltenklange –
die Zeit geht ihren Gang.
Jeder hat im Leben
eine Melodie …
Und wenn du dir vom Lebensbaum
die Früchte nicht einmal an dich reißt –
bekommst du sie nie –!

DIE SERIÖSEN

Wenn dir ein ernster Kaufmann spricht:
so hör ihn nicht! so hör ihn nicht!
Er spricht dir von den schweren Zeiten,
von Wirtschaft und Notwendigkeiten …
Erst wird er fachlich. Und dann krötig.
Der hats nötig –!

Ja, mit gepumptem Auslandsgeld,
da war sie schön, die deutsche Welt.
Da rauchten wirbelnd alle Essen,
da hatten sie die großen Fressen.
Das Land war ihnen sehr erbötig …
Die habens nötig.

Das Geld ist hin. Die Arbeit knapp.
Die Konjunktur sank tief herab …
Wer sich und uns derart verwirrt hat;
wer dauernd sich so oft geirrt hat;
wer sich in allen schweren Tagen
nur Pleiten holt und Niederlagen,
ein Heros der Finanz-Etappe –:
der erzähle uns nichts, sondern halte die Klappe!
1, 2, 3 –
am Zuchthaus glatt vorbei!
3, 2, 1 –
Was du dir nimmst, ist deins!
Von Tag zu Tag wird stets defekter
der Ruf vom Generaldirekter.
Was der uns predigt, darauf flöt ich.
Der hats nötig.

ÜBER DEN DÄCHERN

Über den Dächern
schwebt Rauch
und ein sanftes Gebimmel
klingt von den Türmen der Stadt.
Meine Sehnsucht fliegt in den Himmel.
    Wie es durch das Fenster zieht …!

Wozu arbeiten?
Wozu tätig sein?
Wozu in die Versammlungen gehn?
Ich habe nur meine beiden Hände.
Was steht am Ende –?
Das habe ich an Vater gesehen.
    Wie es durch das Fenster zieht …!

Diese Dachkammer hat der alte Mann.
Dafür fünfundfünfzig Jahre
Arbeit, keinen Tag Urlaub,
Sorgen und graue Haare.
    Meine Gedanken hängen am Horizont –

Wo ist unser Glück …?
Und da kommen plötzlich alle meine Gedanken zurück.
Gleich springe ich auf die Beine
und werfe die Arme um den Leib,
weil mich friert …
    Ich bin nicht mehr alleine.

Wir sind stark, wenn wir zusammenhalten:
die Starken und Schwachen, die Jungen und Alten.
Wenn nur der Wille fest bleibt und unsere Partei.
Da bin ich dabei.
Noch einmal sehe ich über die Stadt
und die Dächer …
Schon mancher hat mit trocken Brot und armseligem Essen
in so einer zugigen Dachkammer gesessen.
    Mancher, der nachher ein Reich erobert hat.

Uff dein Traumkahn n kleenet Stick
fahr ick mit Dir so lang …
Du ruderst vorwärts – ick ruder zurück
un Liebe is ooch mitmang.
    Un wenn 'ck och sahre: »Ich liebe Dich –«
    ALSO DU WEESST ET NICH –!

1932

DAS LIED VON DER GLEICHGÜLTIGKEIT

Eine Hur steht unter der Laterne,
des abends um halb neun.
Und sie sieht am Himmel Mond und Sterne –
was kann denn da schon sein?
    Sie wartet auf die Kunden,
    sie wartet auf den Mann,
    und hat sie den gefunden,
    fängt das Theater an.
Ja, glauben Sie, daß das sie überrasche?
Und sie wackelt mit der Tasche – mit der Tasche,
    mit der Tasche,
    mit der Tasche –
Na, womit denn sonst.

Und es gehen mit der Frau Studenten,
und auch Herr Zahnarzt Schmidt.
Redakteure, Superintendenten,
die nimmt sie alle mit.
    Der eine will die Rute,
    der andre will sie bleun.
    Sie steht auf die Minute
    an der Ecke um halb neun.
Und sie klebt am Strumpf mit Spucke eine Masche …
und sie wackelt mit der Tasche – mit der Tasche,
    mit der Tasche,
    mit der Tasche –
Na, womit denn sonst.

Und es ziehn mit Fahnen und Standarten
viel Trupps die Straßen lang.
Und sie singen Lieder aller Arten
in dröhnendem Gesang.
    Da kommen sie mit Musike,
    sie sieht sich das so an.
    Von wegen Politike …
    sie weiß doch: Mann ist Mann.

Und sie sagt: »Ach, laßt mich doch in Ruhe –«
und sie wackelt mit der Tasche – mit der Tasche –
   mit der Tasche –
   mit der Tasche …
Und sie tut strichen gehn.
   Diese Gleichgültigkeit,
   diese Gleichgültigkeit –
die kann man schließlich verstehn.

EUROPA

Am Rhein, da wächst ein süffiger Wein –
der darf aber nicht nach England hinein –
   Buy British!
In Wien gibt es herrliche Torten und Kuchen,
die haben in Schweden nichts zu suchen –
   Köp svenska varor!
In Italien verfaulen die Apfelsinen –
laßt die deutsche Landwirtschaft verdienen!
   Deutsche, kauft deutsche Zitronen!
Und auf jedem Quadratkilometer Raum
träumt einer seinen völkischen Traum.
Und leise flüstert der Wind durch die Bäume …
   Räume sind Schäume.

Da liegt Europa. Wie sieht es aus?
Wie ein bunt angestrichnes Irrenhaus.
Die Nationen schuften auf Rekord:
   Export! Export!
Die andern! Die andern sollen kaufen!
Die andern sollen die Weine saufen!
Die andern sollen die Schiffe heuern!
Die andern sollen die Kohlen verfeuern!
Wir?
   Zollhaus, Grenzpfahl und Einfuhrschein:
wir lassen nicht das geringste herein.
Wir nicht. Wir haben ein Ideal:
Wir hungern. Aber streng national.

Fahnen und Hymnen an allen Ecken.
Europa? Europa soll doch verrecken!
Und wenn alles der Pleite entgegentreibt:
daß nur die Nation erhalten bleibt!
Menschen braucht es nicht mehr zu geben.
England! Polen! Italien muß leben!
Der Staat frißt uns auf. Ein Gespenst. Ein Begriff.
Der Staat, das ist ein Ding mitm Pfiff.
Das Ding ragt auf bis zu den Sternen –
von dem kann noch die Kirche was lernen.
Jeder soll kaufen. Niemand kann kaufen.
Es rauchen die völkischen Scheiterhaufen.
Es lodern die völkischen Opferfeuer:
Der Sinn des Lebens ist die Steuer!
Der Himmel sei unser Konkursverwalter!
Die Neuzeit tanzt als Mittelalter.

Die Nation ist das achte Sakrament –!
Gott segne diesen Kontinent.

ZOOLOGIE

Ein Borvaselinchen lief, von Gott gesandt,
durch deutsches Land.

Es glänzte fettig-hell im Sonnenscheine
und rührte emsig seine kleinen Beine.

Doch gestern morgen in der Abendstunde,
verschwand es still in Adolf Hitlers Munde.

Dieweil der Junge alle Welt befehdet,
hat er sich nämlich einen Wolf geredet.

Jetzt aber geht es schon bedeutend glatter.
Es kritzeln emsig die Berichterstatter.

Und einer lauscht, und er notiert:
»Der Tschörmen redet wie geschmiert.«

Da hat er recht. Uns bleibt nur dies Problem:
Geschmiert?
            Von wem?

NA ALSO — !

Der alte Kahl, ordensbesternt,
Geheimrat und so, hat umgelernt.
Er hat einen ganzen Hinrichtungsakt
gesehn – der Kopf wurde abgehackt.
Und Geheimrat Kahl schrieb juristisch und kühl:
»Das ist gut für das Gerechtigkeitsgefühl.
Allemal.«
(gez.) Kahl

Dann hat der Mann an Einsicht gewonnen,
hat nachgedacht und sich besonnen.
Und er sprach und schrieb, wo es auch sei:
eine Hinrichtung ist eine Barbarei.
Ein zweiter Mord. Zu gar nichts nütze.
Justiz gedeiht nicht in blutiger Pfütze.
Ein braver Mann sprach im Reichstagssaal.
Kahl.

Darauf haben die Nazis ihn angegriffen.
Darauf haben die Stammtische auf ihn gepfiffen.
Und jetzt auf einmal, ein neuer Ton
ertönt in der Reichstagskommission:
»Wir brauchen die Todesstrafe, zur Zeit!
Insonderheit im politischen Streit!
Humanität in allen Ehren –
wir können den Hackklotz nicht entbehren.«
(Wir verurteilen bekanntlich nach dieser Methode
alle Nazi-Mörder zum Tode.)
»Heraus mit dem Beil! Die Waage bleibt drin.
Richtet sie nicht! Richtet sie hin!«
Na also –! Da hat in bewegten Stunden
ein deutscher Professor heimgefunden.
Christus säte. Es wuchs nicht viel.
Rode aus die Pflänzchen mit Stumpf und Stiel!
Das christliche Feld bleibt allemal
kahl.

DREH DICH HIN, DREH DICH HER —
KLEINE WETTERFAHNE — !

Der Zeitungsverleger Mülvoß, als welcher ein krummer Jid,
sprach: »Wissen Se – ich bin nämlich Antisemit!
Sie haben eben keinen Sinn für Wehrhaftigkeit!
Ich und mein Blatt, wir gehen mit unsrer Zeit!
        Mit der Zeit muß man mitgehn!«

Und es erhob sich ein Wispern im Blätterwalde.
Und jeder Mitarbeiter fühlte: Warte nur, balde …!
Und die Redakteure bildeten sich im Kunstfliegen aus,
und je jüdischer einer hieß, desto raußerer flog er raus,
        Mit der Zeit muß man mitgehn.

Und siehe, es entdeckten manche Spitzen der Verlegerei,
daß es mit dem Militarismus gar nicht so böse sei.
Denn wer nicht reiten kann, der ist entweder Pazifist,
oder er bewundert alles, was ein Kommißknopp ist.
        Mit der Zeit muß man stramm stehn.

Aber denkt denn der Druckereibesitzer von solchem Blatt,
daß der Adolf Hitler so ein kurzes Gedächtnis hat?
        Und nimmt nichts mehr krumm?
        Dumm ist er ja. Aber so dumm …!
Und das ist das Beschämende an diesem Gesindel, das den
        Faschismus stützt:
daß ihm der Umfall auch nicht das geringste nützt.
        Mit der Zeit werden sie eingehn.

RECHT MUSS RECHT BLEIBEN — !

»Wir können nicht zahlen! Wir werden nichts zahlen!
Die Gläubiger sollen uns was malen!«
Das geht gegen Welschland und gegen New York.
Verträge nehmen wir leicht wie Kork.
Nur nicht gegen die, die uns beherrschten:
        Wie steht denn die Sache mit unsern Ferschten —?

Sagt da einer: Groß ist die deutsche Not?
Sagt da einer: Sparen heißt das Gebot?
Ruft da der Nazi: Tyrannei?
Rundfunkt da der Groener: Ein Volk sei frei?
Stehn da die Bürger auf wie ein Mann,
weil keiner zahlen will und kann?
Kriegen die Fürsten, was andre suchen?
   Brot –? Ja, Kuchen.

Die bekommen Millionen und Millionen.
Die dürfen in weiten Schlössern wohnen.
Die kassieren für Kind und Kindeskind,
weil wir brave Untertanen sind.
Der in Doorn, der den Haß einer Welt gesammelt,
der hat noch nie so viel Geld gesammelt.
Die Burschen können in Dollars baden,
ihre Konten sind von Gottes Gnaden.
   Wirft die einer zum Tempel hinaus?
     So sehn wir aus.

Kein Geld für Krüppel. Kein Geld für Proleten.
Kein Geld für die, die der Krieg zertreten.
Der Wind pfeift durch den Hosenriß.
Der Dank des Vaterlands ist euch gewiß.

Die leiden. Die hungern. Und die dürsten.
Aber immer feste für die Fürsten!
Sie zapfen an deutschem Gut und Blute.
Da heißt es nicht: Tribute! Tribute!
Da zahlt der Deutsche, getreu seinem Eid,
an die gottgewollte Obrigkeit.

Aber der kleine Mann, der in Land und Stadt
seine Kriegsanleihe gezeichnet hat,
der kann sich sein Geld in den Schornstein schreiben.
   Recht muß Recht bleiben.

§§§§

In der Großstadt, auf dem Lande, in den Städtchen
gibt es schöne, aber tugendhafte Mädchen.
    Still! Still!
    Man kann nicht alles sagen, was man will.
Denen gleich das Herze schmilzt, die haben keinen.
Die du gern erobern willst, die haben schon einen …
    Kommt ne leere Droschke an,
    ist sie meist besetzt.
    Hat die Frau einen andern Mann,
    dann flüsterst du zuletzt:
    Soll ich dir mal sagen,
    wie mein Herz tanzt?
    Soll ich dir mal sagen,
    was du mir kannst?
    Wenn ich dich seh, gibts mir nen Stich,
    mein ganzes Sehnen kreist um dich –
    Könnt ich dir doch sagen:
       O küsse mich   !

Schau ich mich so um in unsrer lieben Runde:
jedem Deutschen hängt ein § am Munde …
    Still! Still!
    Man kann nicht alles sagen, was man will.
Schreibst du: »Dieser Bursche ist total besoffen«,
gleich fühlt irgend ein Minister sich getroffen.
    Seh ich mir die Gegner an,
    wie kommen die mir vor!
    Ich ginge gern zu jedem ran
    und flüstert ihm ins Ohr:
    Soll ich dir mal sagen,
    wie mein Herz tanzt?
    Soll ich dir mal sagen,
    was du mir kannst?
    Wenn ich dich seh, gibts mir nen Stich,
    mein ganzes Sehnen kreist um dich:
    Könnt ich dir doch sagen:
       O küsse mich –!

Und so sei es denn hiermit gesagt.

WIE MANS MACHT ...

a) Trost für den Ehemann

Und wenn sie dich so recht gelangweilt hat,
dann wandern die Gedanken in die Stadt ...
Du stellst dir vor, wie eine dir,
und wie du ihr, das denkst du dir ...
     Aber so schön ist es ja gar nicht!

Mensch, in den Bars, da gähnt die Langeweile.
Die Margot, die bezog von Rudolf Keile.
Was flüstert nachher deine Bajadere?
Sie quatscht von einer Filmkarriere,
und von dem Lunapark und Feuerwerk,
und daß sie Reinhardt kennt und Pallenberg ...
     Und eine Frau mit Seele? Merk dies wichtige:
     die klebt ja noch viel fester als die richtige.

Du träumst von Orgien und von Liebesfesten.
Ach, Mensch, und immer diese selben Gesten,
derselbe Zimt, dieselben Schweinerein –
was kann denn da schon auf die Dauer sein!
Und hinterher, dann trittst du an
mit einem positiven Wassermann,
     so schön ist das ja gar nicht.

Sei klug. Verfluch nicht deine Frau, nicht deine Klause.
Bleib wo du bist.
                    Bleib ruhig zu Hause.

b) Trost für den Junggesellen

Du hast es satt. Wer will, der kann.
Du gehst jetzt häufiger zu Höhnemann.
Der hat mit Gott zwei Nichten. Zart wie Rehe.
Da gehst du ran. Du lauerst auf die Ehe.

Bild dir nichts ein. Du schüttelst mit dem Kopf?
Ach, alle Tage Huhn im Topf
und Gans im Bett – man kriegt es satt,
man kennt den kleinen Fleck am linken Schulterblatt ...
     So schön ist es ja gar nicht!

Sie zählt die Laken. Sagt, wann man großreinemachen soll.
Du weißt es alles, und du hast die Nase voll.
Erst warst du auf die Heirat wie versessen;
daß deine Frau auch Frau ist, hast du bald vergessen.

Sei klug. Verfluch nicht deine Freiheit, deine Klause.
Bleib wo du bist.
     Bleib ruhig zu Hause.

c) Moral

Lebst du mit ihr gemeinsam – dann fühlst du dich recht einsam.
Bist du aber alleine – dann frieren dir die Beine.
Lebst du zu zweit? Lebst du allein?
Der Mittelweg wird wohl das richtige sein.

DER ZERSTREUTE

Mein Blinddarm, der ruht in Palmnicken;
ein Backenzahn und überdies
ein Milchzahn liegen in Saarbrücken.
Die Mandeln ruhen in Paris.

So streu ich mich trotz hohen Zöllen
weit durch Europa hin durchs Land.
Auch hat die Klinik in Neukölln
noch etwas Nasenscheidewand.

Ein guter Arzt will operieren.
Es freut ihn, und es bringt auch Geld.
Viel ist nicht mehr zu amputieren.
Ich bin zu gut für diese Welt.

Was soll ich armes Luder machen,
wenn die Posaune blasen mag?
Wie tret ich an mit meinen sieben Sachen
am heiligen Auferstehungstag?

Der liebe Gott macht nicht viel Federlesen.
»Herr Tiger!« ruft er. »Komm hervor!
Wie siehst du aus, lädiertes Wesen?
Und wo – wo hast du den Humor?«

»Ich las« – sag ich dann ohne Bangen –
»einst den Etat der deutschen Generalität.
Da ist mir der Humor vergangen.«
Und Gott versteht.
            Und Gott versteht.

BESCHLAGNAHMEFREIES GEDICHT

          Ich bin klein.
            Mein Herz ist rein.
Soll niemand drin wohnen als nach Belieben auszufüllen allein.
Lieb Vaterland, magst ruhig sein,
fest steht, daß Ponds Creme das beste für die Haut ist.
          Hipp.
Wer seine Obrigkeit läßt walten,
der bleibet immer wohlbehalten.
          Hipp, hipp.
Wenn ich nur meinen Adolf hab,
bis an mein schwarz-weiß-rotes Grab.
          Hurra.
Ein Veilchen stund an Baches Ranft,
so preußisch-blau, so lind und sanft;
da kam ein kleines Schaf daher,
jetzt steht da gar kein Veilchen mehr.
          Hurra.
Ein Richter steht im Walde,
so still und stumm.
Er war republikanisch bis zuletzt,
drum haben sie ihn in den Wald versetzt,
und da steht nun der Richter,
auf seinem linken Bein,
          ganz allein.

Lieb Vaterland (siehe oben).
Siehst du die Brigg dort auf den Wellen?
»Rechts müßt ihr steuern!« hallt der Schrei.
Die Republik kann nicht zerschellen,
Frau Wirtin hatte auch ein Ei.
Die Zeiten werden schön und schöner.
Ich denk an Männer, kühn und barsch:
An Noske, Geßler und auch Groener.
Lieb Vaterland (siehe oben).

SINGT EENER UFFN HOF

Ick hab ma so mit dir jeschunden,
ick hab ma so mit dir jeplacht.
Ick ha in sießen Liebesstunden
zu dir »Mein Pummelchen« jesacht.
    Du wahst in meines Lehms Auf un Ab
    die Rasenbank am Elternjrab.

Mein Auhre sah den Hümmel offen,
ick nahm dir sachte uffn Schoß.
An nächsten Tach wahst du besoffen
un jingst mit fremde Kerle los.
    Un bist retuhr jekomm, bleich un schlapp –
    von wejen: Rasenbank am Elternjrab!

Du wahst mein schönstet Jlück auf Erden,
nur du – von hinten und von vorn.
Mit uns zwee hätt et können werden,
et is man leider nischt jeworn.
    Der Blumentopp vor deinen Fensta
    der duftet in dein Zimmer rein …
    Leb wohl, mein liebes Kind, und wennsta
    mal dreckich jeht, denn denke mein –!

DIE HERREN ELTERN

Ist ein Schullehrer Pazifist
und sagt, wie es in Wahrheit im Kriege ist —:
daß Generale Kriegsinteressenten sind,
ganz gleich, wer verliert; ganz gleich, wer gewinnt …
dann — sollte man meinen — freun sich die Eltern für ihr Kind?
          Jawoll!

Dann erhebt sich ein ungeheures Elterngeschrei:
»Raus mit dem Kerl! Das ist Giftmischerei!
Unser Junge soll lernen, wie schön die Kriege sind!
Wir warten schon drauf, wann wieder ein neuer beginnt —
und dazu liefern wir gratis und franko 1 Kind!
          Jawoll!«

Die Elternbegeisterung ist ganz enorm.
Die Mütter: aus Liebe zur Uniform.
Die Väter, die Lieferanten für den Schützengraben,
denken: warum sollen denn diese Knaben
es besser als unsereiner haben?
          Nicht wahr?

Die Fabrikation eines Kindes ist nicht sehr teuer.

Aber erhöh mal ein bißchen die Umsatzsteuer —:
dann kreischen die Herren Eltern, daß der Ziegel vom Dache fällt.
Man trennt sich leicht vom Kind.
                              Aber schwer vom Geld.
Bekommt das Kind einen Bauchschuß? Das macht ihnen keine
     Schmerzen.
Doch ihr Geld — das lieben die Herren Eltern von Herzen.
          Jawoll!

Mitleid mit den Opfern, die da fallen für Petroleum, für Fahnen,
     für Gold —?
     Die Herren Eltern haben es so gewollt.

ALTES LIED 1794

Wenn in des Abends letztem Scheine
dir eine lächelnde Gestalt
am Rasensitz im Eichenhaine
mit Wink und Gruß vorüberwallt –:
Das ist des Freundes treuer Geist,
der Freud' und Frieden dir verheißt.

Wenn bei des Vollmonds Dämmerlichte,
das zagend durch die Zweige sieht,
durch dunkeln Hain von Tann' und Fichte
ein fauliges Gerüchlein zieht –:
Das ist, was da so grauslich riecht,
Herr Goebbels, der vorüberfliecht.

Wenn bei dem Silberglanz der Sterne,
wenn schwarze Nacht herniederweint,
gleich Aeolsharfen aus der Ferne …
wenn dir dann gar kein Geist erscheint –·
Dies Phänomen, damit dus weißt,
das ist Herrn Adolf Hitlers Geist.

WENN EENA DOT IS

Für Paul Graetz

Wenn eena dot is, kriste 'n Schreck.
Denn denkste: Ick bin da, un der is weg.
Un hastn jern jehabt, dein Freund, den Schmidt,
denn stirbste 'n kleenet Sticksken mit.

Der Rest is Quatsch.
                    Der Pfaffe, schwarz wien Rabe,
un det Jemache an den offnen Jrabe …
Die Kränze …! Schade um det Jeld.
Und denn die Reden – hach du liebe Welt –!

Da helfen keine hümmlische Jewalten:
die Rede muß der Dümmste halten.
Un der bepredicht sich die schwarze Weste
un hält sich an Zylinder feste.
Wat macht der kleene Mann, wenn eena sanft vablich?
Er is nich hülflos – er ist feialich.

Leer is de Wohnung. Trauer, die macht dumm.
Denn kram se so in seine Sachen rum.
Der Tod bestärkt die edelsten Jefühle,
un denn jibs Krach, von wejn die Lederstühle.

Der Zeitvesuv speit seine Lava.
Denn sacht mal eena: »Ja, wie der noch da wah –!«
Denn ween se noch 'n bisken hinterher,
und denn, denn wissen se jahnischt mehr.

Wenn eena dot is, brummts in dir:
Nu is a wech. Wat soll ickn denn noch hier?
Man keene Bange,
det denkste nämlich jahnich lange;
ne kleine Sseit,
denn is soweit:
Denn lebst du wieda wie nach Noten!

Keener wandert schneller wie die Toten.

HEUTE ZWISCHEN GESTERN UND MORGEN

Wie Gestern und Morgen
sich mächtig vermischen!
Hier ein Stuhl – da ein Stuhl –
und wir immer dazwischen!
 Liebliche Veilchen im März –
  Nicht mehr.
 Proletarier-Staat mit Herz –
  Noch nicht.
Noch ist es nicht so weit.
 Denn wir leben –
  denn wir leben
   in einer Übergangszeit –!

Geplappertes A–B–C
bei den alten Semestern.
Fraternité – Liberté –
ist das von gestern?
 Festgefügtes Gebot?
  Nicht mehr.
 Flattert die Fahne rot?
  Noch nicht.
Noch ist es nicht so weit.
 Denn wir leben –
  denn wir leben
   in einer Übergangszeit –!

Antwort auf Fragen
wollen alle dir geben.
Du mußt es tragen:
ungesichertes Leben.
 Kreuz und rasselnder Ruhm –
  Nicht mehr.
 Befreiendes Menschentum –
  Noch nicht.
Noch ist es nicht so weit.
 Denn wir leben –
  denn wir leben
   in einer Übergangszeit –!

WENN EENA JEBORN WIRD
Allemal für Paulchen

Nu liechste da, du kleene Kröte!
Siehst aus wie ne jebadte Maus.
Na laß man, do – der olle Joethe,
der sah als Kind nich scheena aus.
    Und hier – ick bring da ooch wat mit!
        Tittittittittitt –!

Die Neese haste ja von Vatan.
Det Mäulchen, wo de dir drin wühlst,
da sachste denn den Jrang im Schkat an.
Wolln hoffen, dette bessa spielst
    als wie der Olle, dein Papa!
        Allallallalla –!

Un seh mah! Hast ja richtich Haare!
Die hat dir Mutta mitjejehm.
Du, Mensch, det is ne wunderbare
un liebe Frau – nur etwas unbequem.
    Dein Olla, der macht vor ihr Kusch …
        Puschpuschpuschpuschpusch –!

Sieht man dir durch de Neese schnauhm
un wie du mit die Beenchen tanzt –:
denn sollte man det jahnich jlauhm,
wie jemeine du mal wern kannst.
        Wa –?

Ach, Menschenskind, ick wer da sahrn:
Schlach du nach Vatan! Hör ma an!
Du kannst ja ooch nach andre schlahrn …
Na, wirste denn als junga Mann
    jenau so doof wie Onkel Fritz?
        Zizzizzizzizzizz –?

Da liechste nu in deine Wieje
un fängst noch mah von vorne an.
Na, Mensch, ob ick mah Kinda krieje?
Man jloobt ja imma wieda dran.

Du machst dir nu die Windeln voll
und weeßt nich, wat det heißen soll,
wenn eena dir mit Puda fecht,
dir abwischt un dir trocken lecht …
   Denn loofste rum,
   klug oda dumm …
   Un machst den janzen Lebensskandal
alles nochmal, alles nochmal –!

INSELN

Wie eine Insel ragt
     nein …
     Inseln
Es ragt der dicke Bauch vom Leonhard
aus blauen Wellen auf wie eine Insel.
Die Sonne brüllt vor Hitze. Jenner paddelt zart –
es überstreicht das Firmament der Pinsel
des weißen Haarschopfs … Möwen winseln,
die Strandgeräusche einen sich zu Lautgerinseln,
zu einem großen Schrei:
     »O Zoff!«
Nun weiß ich weiter keinen Reim auf Inseln.

                 Hochachtungsvoll
                 Der andere Meistersinger

1933

Chez Aline – à Marseille –
C'est une merveille!
On y voit les ingénues
Sur l'écran,

baisant, suçant,
toutes nues!
Klever dit: »Je n'en veux pas,
Je suis moi-même le cinéma!«
Il travaille comme un' machine
A Marseille – Chez Aline!
                    Edgar à Max

Frau Wirtin hatte auch ein Pferd,
das war 200 Thaler wert.
Sein Name war Erasmus.
Und setzt' sich eine Dame drauf,
dann kam sie in Orgasmus.

Es schwebt um meinen Haus-Altar
Der Engel mit dem Lokken-Haar.
Die Bäckchen unter ihrem Rokk
sind von frischem Alt-Barock.
Das sieht man, zieht sie ab das Kleid.
Drum sey ihr dieses Buch geweiht.
        Nunan ihr getreuer Schäffer Peterli.

1934

Kein Schwyzer Weib und auch kein Thuner
fühl ich so lieb wie meine Nuna
denk ich der edlen Stunden,
die wo wir sich verlebt
und Mund an Herz gefunden
und auch die Parze webt.

Frau Wirtin hat ein Grammophon,
das singt am frühen Morgen schon
die hundsgemeinsten Verse.
Frau Wirtin küßt[x] den Piccolo,   [x) pickt
bald sie ihn und bald er se.

Nachgelassene Gedichte

[1896]

DIENSTMÄDCHEN

Ein Stich durchs Herz und drei Ketten davor
Und hör ich sie reden, so klingt mirs durchs Ohr
Elisabeth, Elisabeth, Du bist mein ganzes Herz!
Elisabeth, Elisabeth, Du bist mein Liebesschmerz.

O wie ist es doch so schön ein Kind noch zu sein!
Und wir Kinder haben meistens das Herz noch so rein,
Und sie freuen sich über ihre Jugendzeit,
Und der liebe Gott gibt ihnen das Geleit.
Wenn sie in der Schule artig sind
Und so sitzen, wie ein artig Kind,
Wird ein Engel bei ihnen bleiben:
Lehrt sie Rechnen, Lesen, Schreiben,
Und der liebe Gott hat Freud an ihnen,
Wenn sie gut und fromm ihm dienen.

Ich gratuliere Dir wohl auf der Stelle hier.
In diesem Deutschen Reich ist gar kein andrer gleich,
Der so nett ist, wie Du.
Und Küsse schick ich zu.
Drum bleib ich gut und treu,
Bis ich zu Erde sei.

Es ist gewiß sehr schlecht, so krank zu sein
Und dann noch trinken Wasser mit dem Wein.
Doch hab ich ja ziemlich gute Nächte
Und nur die Langeweile, das ist das Schlechte.
Ich bin auch rausgepurzelt aus dem Bett
Das findest Du gewiß auch gar nicht nett,
Doch kriege ich ja sehr viel geschenkt
Ich bin auch darum garnicht so gekränkt.
Die Medizin, die schmeckt natürlich wieder süß
Und ebenso die Langeweile, die bleibt gleich mies.
Ich würde drum mich freuen, wenn ich könnt sein doch wieder auf
Ich käme dann auch gleich zu Dir wieder rauf.
Und dann erzähln wir uns wieder von dem Fritze
Und retten wieder bei dem Feuer meine Hohenzollernmütze.
Und dann erzählen wir uns von Ellen und von Schummeldebum
Und schmeißen wieder alle Reiter um.
Und die Kanonenpferde haben wieder große Not,
Weil wir sie insgesamt ja alle schießen mausetot.
Deiner Mutter wünsch ich noch von Herzen die Gesundheit,
Da wäre wohl die Freude weit und breit.
Und nun mein lieber Freund, send noch ich besten Gruß
Ich mache mit dem Dichten endlich Schluß.

PAPA KRANK

Lieb Väterchen so höre doch, wie mir das Herze lacht,
Ich gehe wegen Krankheit schon auf Spitzen leis und sacht.
Das Glücksschiff auch, das bringe Dir ne ganze Masse Glück.
Ich denk an Deine Jugendzeit wohl oft noch recht zurück.
Nun Väterchen, jetzt höre noch, das Glück, das ist doch schön:
Da lieg ich schon die ganze Woch', hab keinen mehr gesehn.

Im Walde saß ein Mädchen und spann
Sie nahm sich auch das Fädchen, daß sie den Flachs gewann.
Da kam etwas gegangen durch den Wald,
Das hat sie gleich gefangen aber bald.
Und wollt ihr raten, wer es war,
Ich sags euch offenbar:
Es war der kleine Hase
Mit seiner kleinen Base.
Die Base die lief fort
An einen andern Ort.
Der Hase aber tat dies nicht
Drum ward er jetzt gefangen.

Erstes Kind:
Oh, goldne Abendsonne,
Du bringst uns Glück und Wonne.
Wir freuen uns darüber sehr
Und kommen alle auch hierher.
Zweites Kind:
Und wenn die Sonn dann untergeht
Und uns der kühle Wind beweht,
Dann gehn von hier wir alle weg
Und spielen auch ein bißchen noch Versteck.
Drittes Kind:
Und wenn wir alle die Straß' verlassen
So sind im Hause wieder Insassen.

DER MOND

Was fliehst Du denn, Du heller Mond, jetzt weg?
Und suchst in Wolken Dir Versteck?
Hab jetzt doch Mut und halte doch jetzt an
Und hab Courage wir Klabautermann.

DIE LANDPARTIE

Er hat ein gutes Zeugnis, ein Zeugnis wie noch nie,
Er strahlt in seiner Glorie, mit seiner Landpartie.
Er hatte schönes Wetter, der Sohn von Hauptmann Lech,
Er hatte viel Kameraden, er hatte gar kein Pech.
Er hatte gelbe Stiefel und einen neuen Hut
Und einen dünnen Anzug, das war ja alles gut.
Er hatte viel Fourage und eine Flasche Wein,
Und auch noch eine Semmel, das nannt er alles sein.
Und aus den Augen strahlte, ein Glanz wie wohl noch nie,
Und er, umstrahlt in Glorie, er strahlte, wie noch nie.

KUNSTAUSSTELLUNG 1899
DIE JAGD NACH DEM GLÜCK

Die Jagd nach dem Glück ist jetzt gekommen,
Den Leuten ist das Geld genommen.
Jetzt wollen sie vom Glück noch gar Geld,
O weh, mit der Zeit ist es schlimm bestellt.
Ein Jeder drängt den Anderen fort,
Ein Jeder muß stehen auf seinem Ort.
Da im Gedränge jetzt kommt das Glück,
Die Alten und Jungen müssen zurück.
Die Andern dagegen drängen sich empor,
Es wälzt sich ein leuter, ein schreiender Chor
Am Berge hinauf.
O weh, O weh, Das Glück verschwunden ists von der Höh!
In ihrer Wut gehn sie nach Haus
Und mit der Jagd nach dem Glück wars aus.

MEINE FREIHEIT

Das freie frohe Leben behagt mir jetzt gar sehr.
Ich stehe kühn dem Streben als wie ein fester Speer.
Wie ists so froh in mir, wenn ich frei leben kann.
Die Leut sich wundern schier, daß ich ein kleiner Mann
So frei, froh leben kann.   (2 mal zu singen)
Drum ist nicht viel zu machen bei der Freiheit goldnem Stern,
Nur gute fromme Sachen hat Freiheits Glanz gar gern.

DAS DEUTSCHE REICH

Hoch lebe Deutschlands Kaiser, hoch lebe Volk und Land,
Hoch lebe Deutschlands Fürsten, und mit ihm Volk und Land.
O, Gott bewahr mein Vaterland
Das liebe Deutsche Reich,
Das einst zu Ehren aufgebaut
Und von sich stößt auch keinen Laut
Des Schmerzes aus.
Wenn die Fransmänner kommen,
Dann haut in seiner Wucht,
Der Deutsche ihm den Leib entzwei
Und jagt sie in die Flucht.

                                    (2 mal zu singen.)

Sie lagen auf dem Rasen
Bei Sedan in der Schlacht,
Die andern liefen wie Hasen
Und wurden ausgelacht.
Der alte Herr von Blücher
Sehr tapfer auch er war,
Er kannt die alten Bücher von den Franzosen ja.
Bei Leipzig auf dem Plane,
Da ist manch Kriegespaar
Und auch der Herr von Blücher,
Mit seinem greisen Haar.
Da nahn, die Schwerter in der Hand,
Und schwur in Zorn bei Gott:
Die Franzmänner sollen liegen,
Das ist der Dank für Spott.
Er schlug sie wie ein Löwe,
So tapfer und so gut,
Doch bald nachher da starb er
Und mit sein Edelblut.
Das Deutsche Reich soll leben,
Ein ewiges Leben lang,
Drum klingt aus deutschem Munde,
Der deutsche frohe Klang·
Deutschland lebe hoch   (2 mal zu singen.)
Kein Land ist diesem Lande gleich,
Das ist das Deutsche Reich.

ABEND

Über die Felder weht zitternd die Luft,
Am grünlichen Himmel weiße Sterne,
Der kraftvollen, schwarzbraunen Erde Duft,
Ein verhallender Glockenschlag in der Ferne.
Weit hinten glitzert gespenstisch das Meer,
Mir ist, als lockt es, um mich zu fangen,
Eine Möwe fliegt kreischend hin und her –
Mehr kann man doch wirklich nicht verlangen.
Und verzweiflungsvoll stehe ich an der Küste,
Wenn ich doch bloß eine Pointe wüßte.

AN EINE KLEINE SCHAUSPIELERIN

Colombinchen streicht die Löckchen,
rasch den Puder, dort die Schminke –
leise, leise pang ti plinke
tönt ein Glöckchen.

~

Greller Glanz der weißen Lampen,
tausend Hände, Stimmgebrause,
und sie knixt dem [voll]en Hause
vor den Rampen.

~

Singt. Und denkt, was sie nicht wissen.
Pierrot kann sie nicht entwischen,
und er wird sie küssen: »Liebste!« grade zwischen
zwei Koulissen ...

KINO

Halloh! hier drinnen sehn sie unsern Maxe Linder!
Auch Fritzchen Abailard und Moritz Prince nicht minder –
und auch das Lasta
die süße Asta
und mancher süßen Liebe Lust – und vieles Leid …
Da oben brausen laut die Niagarafälle,
und unten concertiert die große Hauskapelle,
und schließlich liefern
wir Duft von Kiefern,
und manches Stephan Hullers Eid …
   Refr.
   Komm' Sie rein!
   Bei uns ist alles Schein!
   Und nur das Reale ist nett –
   im Kintopp, im dunklen Parkett! –
   Komm' Sie rein –
   bei uns ist alles Schein!
   Da schlängelt die Jungfrau sich auf den Mann
   immer näher ran! –

Der Geiger streicht mit Schmalz die Violine –
Da oben stirbt die Braut mit trauriger Miene –
sie nahm ein wenig
nur vom Arsenik,
weil sie die Unschuld in zwei Akten ganz verlor …
Die kleine Mieze pufft mich schelmisch in die Seite,
damit ich niemals ihr dergleichen Schand bereite –
doch mich geniers nicht,
denn die verliers nicht,
ich küß sie leise hinters Ohr …
   Refr.

Ein andermal da geben sie das Stück Atlantis –
»Na, aber Menschenskind, wo wieder deine Hand is –«
sie flüstert: »Fritze!
mach keine Witze!
benimm Dich fein, wir sind doch schließlich nicht zu Haus –!«
Doch meiner Ansicht nach ist das kein wichtiger Einwand –
die andern Leute sehen schließlich auf die Leinwand,
es spielt auf Schiffen,
man ist ergriffen –
und schließlich heißts: Das Spiel ist aus …!
   Refr.

LENZESHOFFNUNG
Für Maximilian Harden

Weißt du, wieviel Sternlein stehen
an dem hohen Himmelszelt?
Weißt du, wieviel Lügen gehen
von der Etsch bis an den Belt?
    Dabei kann es doch nicht schwer sein,
    deutscher Markschein-Millionär sein!
    Notenpresse dreht die Räder ...
    Wird ja jeder!
            Wird ja jeder!

Weißt du, wieviel Mädchen gehen
in der grauen Pankestadt?
Sahst du einen Knaben stehen,
der noch kein Verhältnis hat?
    Bei der Filmmaid willst dus werden:
    Prinz im Paradies auf Erden?
    Schenk ihr ein Jacket aus Leder.
    Wird ja jeder.
            Wird ja jeder.

Weißt du, wieviel Kanzler jagen
in das Wilhelmstraßenhaus?
Warum willst du schon verzagen?
Alles ist ja noch nicht aus.
    Du als teutscher Angestammter,
    wirst schon höhrer Staatsbeamter.
    Da gibts kein enten und kein weder
    Wird ja jeder.
            Wird ja jeder.

ABSCHIED

Du gingst. Und nahmst mit Dir das Licht.
Es war, als wenn ein feines Porzellan zerbricht.
Als wenn ein schmaler Schatten fällt.
Und müde von dem Kampf mit dieser Welt
vergrubst Du Dich in feuchte schwarze Erde.
Kein »war«, kein »werde«.
Verschlossen ist das Tor, das zu Dir führt.
Im Dunkel lehne ich davor. Mich friert.

DER SUCHER

Such – such
suche immer nach dem Geld.
Dann kommt es an.
Such – such
such es auf der ganzen Welt!
Denk immer dran!
  Krieche ihm nach.
  Leck auf seine Spur!
  Sei nicht schwach –
  denk immer nur:
Verdienen! Verdienen! Verdienen!
Verdienen! Verdienen! Verdienen!
  Ernst ist die Spekulation.
  Aber lieben – aber lieben –
  aber lieben mußt du es schon.

Such – such
suche immer den Erfolg.
Dann kommt er an.
Pfeif – pfeif –
pfeife auf das ganze Volk!
Tritt auf den Vordermann!
  Schmeichle der Macht!
  Sag immer Ja.
  Bei Tag und bei Nacht
  Halleluja – Hurra!

Nach oben! Nach oben! Nach oben!
Nach oben! Nach oben! Nach oben!
        Geld winkt dir als Lohn.
        Aber lieben – aber lieben –
        aber lieben mußt du es schon.

Such – such
suche immer nach dem Glück.
Dann kommt es – wenn es will.
Dein Herz
ist ein Serienstück;
einmal steht es still.
        Wenn du dich dann
        nach dem goldnen Tanz
        präsentierst
        zur großen Bilanz:
»Ich hoffe, man wird mich hier loben!
Da unten lag ich immer oben!«
        Kann sein, daß DIE STIMME spricht:
        Mensch, dein Leben –
                        Mensch, dein Leben –
        Ja, ein Leben war das nicht.

VÖLKISCHES LAUTENLIED

Ich bin der kleine Hitlerknabe –
ich bin kein Mann – nur Vordermann.
Mit allen Gliedern, die ich habe,
tret ich stets in zwei Gliedern an.
        Und der Mohn, und der Mohn blüht so rot!
        Schlagt die Juden tot –!
        Es klappt mit Lyrik und Verdauung,
        und unser Fähnlein flattert frech …
        Vorn trag ich eine Weltanschauung
        und hinten einen Topf aus Blech.
                Blaues Veilchen, blühst du mir?
                Blaues Veilchen, blühst du dir?
                Oder blühst du einem Reichswehroffizier –?
                        Ruck-zuck,
                        Nepomuck!
                        Ruck-Zuck!

Wenn wir so durch die Dörfer ziehen,
dann bellen uns die Hunde an.
Die Hunde sind wohl aus Berliehen –
sie mögen keinen deutschen Mann.
 Und der Mohn, und der Mohn blüht so blau!
 Schlagt tot die Judensau –!
  Wir kommen unserm Ziele näher,
  marschiern in gleichem Schritt und Tritt …
  Wir sind die richtigen Europäer.
  Wenn eine Fahne weht: wir laufen mit.
   Blaues Veilchen, blühst du mir?
   Blaues Veilchen, blühst du dir?
   Oder einem ganz legalen Offizier –?
    Ruck-zuck,
    Nepomuck!
    Ruck-Zuck!

Zum Brüllen sind wir auserkoren.
Als Schreichor ist auf uns Verlaß.
Dem Hitler haben wirs geschworen,
wir wissen leider bloß nicht: was.
 Und der Mohn, und der Mohn blüht changeang.
  Wir sind immer, immer, immer mittenmang!
  Wir geben uns als Börsen-Würger.
  Wir haben, wenn wir mehr sind, mächtigen Mut.
  Wir sind die wildgewordenen kleinen Bürger.
  Wenns Deutschland schlecht geht, gehts uns gut!
   Blaues Veilchen, blühst du mir?
   Blaues Veilchen, blühst du dir?
   Oder einem Fridericus-Offizier –?
   Wenn die Partei von Futterkrippe spricht –:
    Ruck-Zuck!
   Blaues Veilchen, o vergiß mein nicht –!

AUS EINER KLEINEN STADT
Krähwinkel

Am Abend ist die Kleinstadt müd.
Neun Uhr ist das Signal.
Ein blauer Rauch die Luft durchzieht –
der Mond scheint in das Tal.
      Und welche gehn zur Eisenbahn,
      die sehn sich da den D-Zug an –
      was der so spät noch macht –
      Gute Nacht! Gute Nacht! Gute Nacht! –

Und am Stammtisch sitzen, ist die Uhr auch spat –
der Herr Oberförster,
der Herr Apotheker
Und ein Ganz Geheimer Studienrat
beim Dauerskat – beim Dauerskat –
beim Dauer – Dauer – Dauer – Dauer – Dauer-Skat!
      Gesprochen: »Grand ouvert!«

Es kommt die Nacht. Die Kater schrein.
Die Bürger gehn ins Bett.
Ein Schreiber steht am Spiegulein
und stiert aufs Chemisett.
      Und Liebespaare siehst du gehn,
      dahin, wo nicht Laternen stehn.
      Da teilt Herr Joseph Schmidt
      dem Fräulein Braut was mit …

Und am Stammtisch sitzen …
      (»Hier wird nicht gemogelt!«)

Ein junger Mann verließ die Stadt,
ging nach Amerika.
Und bis er Frau und Kinder hat –
solange blieb er da.
Doch plötzlich ihn das Heimweh zieht –
daß er sein Städtchen wiedersieht –
Fährt übern Ocean –
und was trifft er da an …?

Am Stammtisch sitzen, wenn die Uhr auch spat –
der Herr Oberförster,
der Herr Apotheker
Und ein Ganz Geheimer Obervicesupernumerar
beim Dauerskat – beim Dauerskat –
beim Dauer – Dauer – Dauer – Dauer – Dauer-Skat …!
(Wer gibt?) –

VOR DEM HAUSTOR

Luise, die Amme, ist heute mit »ihrem« mal wieder auf den Aus-
gang gewesen, tanzen von achte bis elf Uhr. – –
Und nun ist sie ganz heiß auf dem Heimweg, noch von der letzten
Tour …
Die dauerte so lang und er hatte sie so an sich gedrückt, daß ihr
die Luft ausging …
Nun schlendern sie nach Hause, er hat immer noch den Arm um
ihre Taille gelegt und er spielt mit ihrer Hand und ihrem
Fingerring …
Ihre Schritte klappen auf dem Asphalt, das Echo an den Häusern
klappt wieder schon? … da sind sie an ihrem Haus –
traurig zieht sie den großen schweren Schlüssel heraus …
Und schließt auf, aber er drängt sie erst noch in die dunkle Ecke
des Tores und gibt ihr einen langen Abschiedskuß,
in ihrem schweren, unbeholfenen Ammenkleid wackelt sie hin
und her, hat keinen rechten Halt, weil sie noch ihren Schirm und
ihre
Tasche festhalten muß …
Und er flüstert so allerhand Sachen, die sie nicht recht versteht,
und lastet auf ihr wie ein schwerer Block …
und auf einmal greift er ihr unter'n Rock – –.
Soll sie schreien? Ach! sie läßt schon alles mit sich geschehen – –
Es ist so dunkel, hier kommt jetzt kein Mensch, und dann kann er
ja auch nicht sehen …
Die Knie schmerzen ihr, ach! das tut ja weh! er grunzt und
plötzlich preßt er sie gegen die kalte Wand –
der Schirm fällt, die Tasche fällt, sie läßt sie und packt ihn kramp-
fend bei der Hand …
Er zieht sich zurück, sie glättet sich den Rock und schlüpft ganz
schnell durch die Tür – – schließt ab …
und träumt oben in der Kammer im Bett noch lange von ihm –
süß und wohlig – und von dem schönen Lied von der Rasenbank
am Elterngrab …

IM THEATER
Für X.Y.

Da ist der lange Gang aus Stein, Schritte hallen schon, wenn
                                        jemand kommt, es ist aber ganz still – –
sie wuschelt ein wenig in ihren Röcken, hebt sie, – und so-
                                                geschieht was will …
Ah, wie ist das warm! Sie lehnt mit halbgeschlossenen Augen an
                                        der langen Wand, stöhnt leise –
drinnen ist Carmen, wir kennen jede Weise.
Die Geigen wühlen, da klettert die Frauenstimme voller Angst
                                                        himmelan,
gehetzt, die Bässe dröhnen, und jetzt singt voller Grimm und Haß
                                                der Mann,
            dem, sagen wir, plötzlich übel wird, und der hinaus muß.
Wenn uns jemand erwischt, so setzt es einen Skandal, so schnell
                                        kann man sich nicht rangieren …
höre –! wie der Dirigent nun das Orchester *hetzt*, vorwärts treibt,
        weiter! weiter! wie sich die Menschenstimmen darin verlieren –!
Der Schluß, der Schluß! – Wirbel, Rasendes Orchester Heller
                                                        Schrei – – –
sie lehnt erschöpft an der Wand – –
                            müde …
                                        vorbei. –

            DIE SCHENKEL RAN –!

Durch die Wälder – durch die grünen Auen –
    Eene ming-mang – eene ming-mang –
hört der Wanderbursch in allen Gauen,
    was der Fink sang – Is 'n Ding mang –
        Bis kein Paß mehr dringlich ist,
        bis ein Schlips erschwinglich ist:
        Jungeken, da wart mal 'n Momang –
        Immer uff de Landstraße lang –!
Und unterdes geht von manchem sein Geld zur Erholung in die Schweiz.

    Und höre ich in das Gewühl –
    in euch wacht heut nur *ein* Gefühl:
        (Valleicht nich?)

Wir sind doch alle scharf auf helle Tage!
Wir wolln doch alle blauen Himmel sehn!
  Von Licht und Liebe einen Happen –
  ohne 'n Braunen zu berappen –
Denk mal nach, für wen Jupons im Fenster stehn!
Steig auf, du Herzenswunsch! Und ruft das Leben
uns sein Kommando zu: Die Schenkel ran!
  Wenn der Foxtrott geigt,
  wenn die Börse steigt –:
Vorne liegt, wers richtig kann –!

In den Städten – auf den Handelsplätzen –
  Eene ming-mang – eene ming-mang –
witterst du ein Loch in den Gesetzen:
  steigste flink mang – machst 'n Ding mang!
  Bis kein Amt beschwerlich ist,
  bis ein Schieber ehrlich ist:
  Jungeken, da wart mal 'n Momang –
  Immer uff de Landstraße lang!
Na Mensch, wir werden schon feste regiert – aber frag mich nur nicht wie!

Doch weil ein Lachen richtiger ist,
ein Sonnenstrahl viel wichtiger ist
    (als der ganze Klamauk)

Wir sind doch alle scharf auf helle Tage!
Wir wolln doch alle blauen Himmel sehn!
  Von Licht und Liebe einen Happen,
  und nicht bloß auf Schusters Rappen –
Denk mal nach, für wen die blanken Autos gehn!
Steig auf, du Herzenswunsch! Und ruft das Leben
uns sein Kommando zu: Die Schenkel ran –!
  Wenn der Mixer mischt,
  wenn die Nese zischt –
Vorne liegt – wers richtig kann!

Wo ich auch an alle Läden klopfe –
  Eene ming-mang – eene ming-mang
Jeder hat ein Brett vor seinem Kopfe
  eene ming-mang – mit 'n Kling-klang –
  Bis er fühlt, wohin er pufft –

bis er weiß, wofür er schuft'
Jungeken, da wart mal 'n Momang –
Immer uff de Landstraße lang –
Na Karl, wir werden älter und grau – aber schöner leider nicht.
Und dennoch – auf Pupille, du –!
Was ruft dir jede Stille zu:
(Hier hats geschnakelt!)

Wir sind doch alle scharf auf helle Tage –!
Wir wolln doch alle blauen Himmel sehn!
Der Funke sprüht in Leitungsdrähten –
Hoch den Kopf und kurz getreten –
Denk mal nach, für wen am Meer die Winde wehn!
Steig auf, du Herzenswunsch! Und ruft das Leben
Die Schenkel ran! Nu los – mit aller Kraft!
Wenn ein Volk erwacht,
wenn vorbei die Nacht –:
Stehn wir oben – und habens geschafft –!

[BUBI, SEI STILL]

Berlin hat viele Operetten
die netten und die weniger netten –
Stets im zweiten Akt
dich die Rührung packt –
denn da will er – und kann er nicht.
Und da singen die Verliebten meist ein schmalziges Lied –
das Publikum sein Schnupftuch zieht –
und trotz Spiel und Tanz wird alles nun auf eine Mal
ganz sentimental – sentimental – – –

Laß dich einmal ins treue Auge sehn –
Was meinst du wohl, was wird darinnen stehn?
Sieh tief hinein und guck nur zu –
Nur immer du! Nur immer du!
Des Menschen Auge ist ein Spiegelbild –
von seinem Herzen, rein und wundermild –
So weiß ich nun in meinen Sinn,
daß ich in deinem Herzen bin!

Wir haben officielle Schnüffler
und Mucker und auch Sittenrüffler –
So ein Polizist,
schreibt, was Anstand ist –
das heißt: das will er – und kann er doch nicht.
Jeder Schutzmann geht so lang zum Brunner, bis er bricht –
dem armen Censor hilft das nicht –
Und so geht er zu 'ner Dame in ein Nachtlokal
und sagt zu ihr ganz sentimental – sentimental – –

Laß dir einmal ins treue Auge sehn –
Was meinst du wohl, was wird darinnen stehn – –?
Sieh tief hinein – sieh tief hinein –
Ein altes Schwein bleibt stets ein Schwein – –
Des Menschen Auge ist ein Spiegelbild
von seinem Herzen rein und wundermild –
So weiß ich tief in meinen Sinn,
daß ich im alten Ballhaus bin!

  Bubi sei still, das verstehst du nicht –
   dazu bist du noch viel zu klein …
   dazu muß schon älter sein – –

DAS WAISENKIND DER KONFEKTION

Einleitende Prosa

(In die Kulisse) Friedrich! Legen Sie die Sachen zurecht! Aber dalli!
Dalli! Nicht so trödeln! Wir sind hier nicht im Auswärtigen
Amt –! – – Ach, man hat es nicht leicht …! Was hier so den ganzen
Tag an mir vorüberbraust! Und alle wissen warum: Der Chef weiß,
warum er arbeitet – der Hausdiener tuts für den Tarif – die Kund-
schaft trägt die schönsten Kleider – da frage ich mich so manchmal
am Tage –
 (Stichwort für das Orchester) *Wo bleib ich –?*

I.

Ich armes Ding hab Hochsaison.
Ich leite den Empfangssalon
in einem ersten Hause.
Die Firma ruht auf meiner Brust.
Ich arbeit voller Lieb und Lust –
und selten mit 'ner Pause.
 Frau Kriegsgewinnler braucht mich sehr.
 Wo blieb sie wohl, wenn ich nicht wär?
 Ich zeige ihr, was chic ist,
 wenn sie auch noch so dick ist.
Mein Lager hab ich stets parat.
Die Tür geht auf. Die Kundschaft naht …

Refr. Zuerst kommt eine alte Klafte,
  'ne Frau von dem, der viel erraffte.
  Und dann kommt eine Dollarmiss,
  die so sehr bedenklich is.
  Erst sucht sie mal bei uns fünf Stunden –
  und dann: dann hat sie nischt gefunden …
  Ich kenn die ganzen Typen schon –
  ich Waisenkind der Konfektion.

III.

Ich höre allen Liebesklatsch,
ich höre den Verwandtschaftstratsch –
das alles schlägt in mein Fach.
Und kommt die schlimmste Fettigkeit,
ich sage ihr 'ne Nettigkeit –
die Sache ist nicht einfach.
 Weil ichs der Firma schuldig bin,
 ich immer hübsch geduldig bin –
 und nach dem Erdgewimmel
 komm ich drum in den Himmel.
Und oben bei Sankt Petrus dann
treff ich sie alle wieder an:

Refr. Voran fliegt eine alte Klafte,
  'ne Frau von dem, der viel erraffte.
  Und hinterher die Dollarmiss,
  weils im Himmel gratis is – –

> Mit Flügelchen an den Gelenken –
> Da oben kann sie sich bedenken …
> Und lächelnd steht an Gottes Thron
> das Waisenkind der Konfektion –!

[JUNGER MANN AUS TEHERAN]

Sie:	Eines mir verrate, bräunlicher Asiate, wo ist deine ferne Heimatstadt? Hast du für das Pflaster auch genügend Zaster, den man hier so dringend nötig hat?
Er:	Ich komm grad aus Bagdad, einer großen Bac-Stadt! Gib der Liebe Macht mir tausendeine Nacht hier!
Sie:	Ja, das wolln die Knaben, drauf sind sie ganz erpicht, tausend kannst du haben – nur die eine kriegst du nicht!

– – – – – – – – – – – – – –

[Er:]	Komm mir bloß nicht damit Ich bring dich dem Schah mit Na – was sagste nu –?
Sie:	Junger Mann aus Teheran, komm mal 'n bißchen näher ran!
Er:	Reizende Berlinerin, ach, du machst mich gänzlich hin!
Beide:	Tanz mit mir, dann stepp ich fein (…) Darf dein Perser Teppich sein! (Darfst mein …) Darauf stellst du Süße (stell ich Süße) meine kleinen Füße (deine kleinen Füße) und ich wickel dich drin ein. (und du wickelst mich)

DIE LIEBESORGEL

Vor einer Orgel mit sichtbaren Pfeifen sitzt eine nackte Frau mit
einer Larve vor dem Gesicht und spielt. Im Refrain öffnen sich
oben die Orgelpfeifen und aus den geöffneten Klappen kommen
Männerköpfe, die die drei betonten Töne mitsingen. Verteilung des
Textes im Refrain zwischen Männerköpfen und der Frau nach Be-
lieben. In der zweiten Strophe verschwinden die Köpfe wieder und
erscheinen erst zu Beginn des Refrains noch einmal.

Die Dame singt:
Ich sitz am Piano-Piano-Piano-Piano-Forte
und spiele Liederchen, Liederchen, Liederchen ohne Worte.
Es schwirrn im Kasten
die ganzen Tasten,
wie sie alle heißen,
die schwarzen und die weißen,
und ich schlag sie alle, alle an bis auf zum hohen …
    A – A – A!
    Die Männer, die sind da!
    Ich drücke nur aufs Knöpfchen,
    dann zeigen sie die Köpfen!
    A – A – A!
    Die Männer, die sind da!
    Und nicken, nicken mit dem Kopf zu meiner Musika!

Ist denn ein Liebesspielchen, spielchen uns verboten?
Ich lasse sie pfeifen, pfeifen, pfeifen wohl nach Noten.
Lehr sie als Schöne
die Flötentöne.
Und sie müssen fühlen,
wie meine Hände spielen –
und es singt die Weltenorgel presto, presto –
    C – C – C!
    Tu uns noch einmal weh!
    Wir singen süße Lieder –
    ach, spiel uns immer wieder!
    A – A – A!
    Die Männer, die sind da.
    Und nicken, nicken mit dem Kopf
    zu meiner Musika!

DIE LIEBESORGEL

Ich spiele piano-piano-piano – forte –
und spiele Liederchen, Liederchen, Liederchen ohne Worte.
Es schwirrn im Kasten
die ganzen Tasten –
wie sie alle heißen –
die schwarzen und die weißen –
und ich schlag sie alle, alle an bis auf zum hohen – –
    A – A – A!
    Die Männer, die sind da!
    Ich lehre sie als Schöne
    mit Kunst die Flötentöne …
    A – A – A –!
    Die Männer, die sind da!
    Und nicken, nicken mit dem Kopf zu meiner Musika!
Ich bin mein eigener – eigener – eigener Küster!
Und ziehe mein Lebelang – Lebelang – Lebelang – die Register:
Ich will gefallen,
spiel drum auf allen.
Kaum rührt sie mein Duft an,
halten sie die Luft an –
und es singt die Weltenorgel presto, presto – –

    C – C – C!
    Tu uns noch einmal weh!
    Wir singen deine Lieder –
    ach, spiel uns immer wieder!
    A – A – A!
    Die Männer, die sind da.
    Und nicken, nicken mit dem Kopf
    zu meiner Musika!

Ich bin die jagende, jagende, jagende Frau Diana!
Jetzt zieh ich die himmlische, himmlische, himmlische Vox humana
Und sing Choräle –
nur mit der Seele –
Könnt doch einer mein sein,
und dabei ganz rein sein –
Kommt und liebt mein Herz nur keusch und rein platonisch …
              (Pause)

A – A – A!
Jetzt sind sie gar nicht da!
Denn können sie nicht küssen,
dann wollen sies nicht wissen!
A – A – A!
Die Männer sind nicht da!
O kommt doch bitte, bitte her zu solcher Musika –!
(Die Männerköpfe erscheinen und verneinen griesgrämig)

DER GASSENHAUER

Wenn wir an der Ecke, Ecke stehn,
nischt wie Pferdedecke, decke sehn –
hörn wir zwischen 12 und 2
so manch Berliner Ei.
Abends vorm Theater um halb zehn,
siehste all die leeren Droschken stehn.
Draußen warten wir, und drin
hopst die Sängerin.
    Da hebt sie ihren Silberrock.
    Wir träumen auf'n kalten Bock.
    Und sie – und sie –
    sie singt die Melodie:

Wir gebrauchen – wir gebrauchen –
keine Schwiegermamama –
wir gebrauchen – wir gebrauchen –
keine Schwiegermamama!
Was sind wir stets zu dritt gesellt!
Die hab ich doch nicht mitbestellt!
Nimm sie weg, Schatz, nimm sie weg, Schatz,
und mach mir 'n bißchen Platz!

Leise zieht durch unser Biergemüt
so ein kleines, doofes Schlagerlied.
Droschkenkutscher pfeifen nie
die Neunte Symphonie.
Dennoch wohnt in unsrer Mannesbrust

alte echte deutsche Sangeslust.
Singt es auch das Publikum,
dann ist die Sache rum.
    Und komm' wir blau und stille raus,
    aus unsrer Stammdestille raus –
    dinn-dinn – dinn-dinn –
    dann sing' wir vor uns hin:
        Refrain

Und der Lümmel, der das Lied erdacht,
hat sich damit ville Geld gemacht.
Jeder singt es mit Genuß –
und wer nicht will, der muß!
Morgens singt's der Makler im Büro
beim Termingeschäft am Ultimo.
Jede Zeile kennt genau
selbst die Garderobenfrau.
    Wenn Lieder ihr wie diese habt,
    wenn unsre olle Liese trabt –
    im Schritt – im Schritt –
    dann singen wir leise mit:
        Refrain

»BALLETT!«

Der Conférencier Meine Herrschaften! Wir haben jetzt vor, Ihnen eine illustrierte tiefe Lebenswahrheit zu zeigen. Welche Situation es auch immer sein mag, ich welche Lagen wir auch immer – Mann oder Frau oder beide zusammen – kommen mögen –: alles im Leben endet mit einem Arrangement –!«
(Es wird dunkel. Während der folgenden Scenen zu allem eine leise Musik. May, da kannst Du ja die Schlager spielen, die Du mit mir nic machst ...)

                    I
(Große Oper. Kitschkulissen und Soffiten. Vorn Lampen mit Cylindern. Kleiner Bumsvorhang. Falsche italienische Opernmusik.)
    Der Held Ich bin ein Held – wie schlägt mir das Herz!
    Die Heldin Er ist ein Held – wie schlägt ihm das Herz!
    Er Komm, sei mein eigen!

Sie Willst du doch schweigen!

Er Kann es nicht!

Sie Willst es nicht!

Er Kann es nicht!

Sie Willst es nicht!

Beide Kannst du gebieten dem glücklichen Mund?
Selige – selige – selige – selige – selige Stund'!!!!!!

Der Räuber (schwarzer Bort, Larve, Trichterpixtole) Ha! Elende
Brut! Euch treff ich gut! (Droht mit Lasso, Revolver und Dolch)

Der Held Dich will ich retten!

Sie Hilf mir aus Ketten!

Alle drei Haaaah!

Die Stimme des Konférenciers Ballet!

Tanz

Es wird dunkel. In diesen Zwischenpausen besonders schöne
Musik – Umbau)

II

Freie Natur, Wiese. Der Bauer, eine Kuh aus Pappe, der Städter.
Die Städterin. Die junge Städterin.

Bauer Han?

Städter Milch! Eier! Butter!

Bauer Wi hebbt nix!

Städterin Milch! Eier! Butter!

Bauer Wi gebben nix!

Städter Zahle alles!

Bauer Wi brauchen nix!

Kl. Städterin Mama! Milch! Onkel, gib Milch!

Bauer (hebt der Kuh den Schwanz hoch, zieht ein Glas Milch
hervor und trinkt es selbst. Kind weint.)

Städter Zahle Dollars! Zahle Pfunde!

Städterin Franken, Peseten, Cents, Centesimi!

Bauer Kisten und Kasten voll!

Städter Holen Gendarm!

Bauer Hohohoho!

Städter Lasse zum Pfand! Butter! Butter!

Bauer (fühlt Frau prüfend an – schüttet den Kopf)

Städter und Städterin Gegensatz zwischen Stadt und Land! Wie
ausgleichen?

Conférencier Ballet!

III

(Studentenbude. Student erst allein – in Hemdsärmeln, bunter Mütze Rapier an der Wand.) Dann nacheinander

Der Vater Ich bin der Vater. Herr!

Student (Hacken zusammen) Sehr angenehm

Der Onkel Ich bin der Onkel! Herr!

Student (wie oben)

Der Großvater Ich bin der Großvater! Herrrr!

Student (wie oben)

Der Bruder Ich bin der Bruder. Herr!

Student (wie oben)

Alle vier Sie haben die Anna verführt?

Student Welche Anna?

Die vier Unsere Anna!

Student Verführt?

Der Bruder Nehmen Sie das eventuell zurück?

Student Bedaure. Vom Umtausch ausgeschlossen!

Die vier Welche Schande! Unsere gute Anna

Der Großvater Entehrt!

Der Onkel Entjungfert!

Der Vater Verführt!

Der Bruder Betrogen!

Student Stehe zur Verfügung

Der Großvater Heiraten!

Der Onkel Alimentieren!

Der Vater Examen machen!

Der Bruder Duell!

Der Student Prekäre Lage! Anna, Mädchen unter dem Torbogen! Was nun?

Conférencier Ballet!

IV

(Tresor. Geldschrank. Sehr dunkel. Dieb mit Blendlaterne. Einbrecher. Knackt auf.)

Dieb Er alles – ich nichts. Habe auch meinen Lombroso gelesen! Verdammter Klassenunterschied! Expropriation! Ran an die Bouletten! Da drinnen sicherlich viele Pinke Pinke!

Detektiv Halt! Hände hoch!

Dieb Selber Hände hoch! (Beide Hände hoch – beide mit Revolver)

Beide Na? – – (Pause) Na?

Beide Hände runter!

Beide Nu?

Dieb Schlage vor: Teilung!

Detektiv Lümmel!

Dieb Sachlich, sachlich! Was bekommen Sie Gehalt?

Detektiv Einen halben Dollar monatlich!

Dieb Also – praktischer so – (knackt auf – raschelt in den Schei-
nen. Teilt mit Detektiv)

Bankdirektor (erscheint. Dicker Bauch. Glatze) Ha! Sie hier? Hielt
sie für Detektiv?

Detektiv Liquidiert. Zur Haussepartei übergegangen.

Direktor Lasse euch beide verhaften!

Dieb Beschluß abgelehnt – Sie verdienen legitim – wir kurzer-
hand. Sie machen Plus – wir ein Plüschen.

Direktor Polizei! Minister! Hilfe!

Beide (wollen ihm die Kehle zuhalten) Schweigen – sonst Mord!
Schweigen! Oder …

Conférencier Ballet!

DIE STERNGUCKER

Scene: Auf der Straße Gruppen um ein kleines Standfernrohr.
Nachher am Himmel Figuren und Phantasie-Landschaften – im-
mer im hellen Fernrohrkreis. Singende: Er und Sie.
Abends auf den Berliner-liner-liner Plätzen
stehen mit ihren süßen – süßen Schätzen
manche um einen Mann rum,
weil er was kann, rum
und stieren ohne End
in das abendliche abendliche abendliche Firmament.
Du siehst im blauen Dunkeln
die ersten Lichter funkeln.
Der stellt schief
sein Objektiv,
bis einer leise rief:

Ach, ich möcht mit dir so gerne gehn
abends mal die kleinen Sterne sehn –
Und dann guckst du süße Jöhre
durch die Röhre! durch die Röhre!
Denn da steht was Wunderbars:
ein Komet, ein Saturn und ein Mars –!

II

Niemals macht ich eine Marsbekanntschaft – Marsbekanntschaft
Sag mal, wie ist wohl die Landschaft – da die Landschaft
laufen die Leut da nackend –
ich fänd das packend –
Gott, das wäre grad
wie im Wansee, wie am Wansee – im Familienbad.
Auf dem Mars die kleinsten Tröpfe
die haben vier, fünf, sechs, sieben Köpfe –
und wer grad
keinen hat,
Gott, der wird Diplomat – wie bei uns – –

Refrain.

III

Eins ist am Himmel gut und teuer – gut und teuer
einer – hat einen Ring aus Feuer – Ring aus Feuer –
leuchtend – siehst du ihn schweben
rundherum daneben –
auf glänzendem Kothurn –
so wars bis gestern wars bis gestern – beim Saturn.
Heut blick ich trüb nach oben:
Der Ring ist längst verschoben –
schau schau – und schau – schau –
Frau Venus lacht sich blau – –

Refrain.

GESPRÄCH DER GÖTZEN

– »Axolotl –?«
                              – »Popocatepetl –!«
– »Hast du ein kleines Wihwihchen?«
                                                        – »Nein.«
– »Auch nicht unten an deinem Kniechen?«
                                                        – »Nein.«
– »Verzähl was!«

– »Ich komme aus dem Feuerland
und halte den Bauch in meiner Hand.
Und ich denke oft an die heiligen Stätten,
an die Medizinmänner mit den Rasselketten,
an die blutigen Opfer, die man uns gebracht,
an das Holz, das aufglühte in der Nacht –
an die braunen, ölig-glänzenden Leiber,
an die Trommeln und die tanzenden Weiber –
an das brüllende Vieh – an das Totengebein …
Und jetzt stehn wir hier bei Kommerzienrat Stein –!«

– »Popocatepetl –?«
                              – »Axolotl –!«
– »Hast du ein klein Wihwihchen –?«
                                                        – »Nein.«
– »Möchtst du ein kleines Siechen –?«
                                                        – »Nein.«
– »Verzähl was –!«

– »Wir stehen hier auf der Kokosmatte
und abends legen sie uns in Watte;
wir sind echt. Und teuer. Und kosten viel Geld …
Sie glauben, wir kämen aus der Neuen Welt …
Wir und Feuerland –? Das wäre sauber.
Das ist ja alles fauler Zauber!
Uns haben sie doch in dunkler Nacht
in München-Schwabing zur Welt gebracht:
geschnitzt, geformt, bemalt und lackiert
und als völlig authentisch präsentiert.
Wir sind doch niemals Götzen gewesen!
nicht in Afrika, nicht bei den Chirokesen –
wir sind, als Clou jeder Kunstauktion:
eine echte Original-Imitation –!«

— »Axolotl – ?«

— »Popocatepetl – !«

— »Hast du ein kleines Wihwihchen – ?«

— »Nein.«

— »Bist du auch made in Germanychen – ?«

— »Ja.«

— »Ich gehe heute nacht hier raus aus dem Haus – –«

— »Der Kommerzienrat kommt! Sieh exotisch aus!
Und schweig still, Popocatepetl – !«

— »Bin ja schon still, Axolotl – !«

(Sie schweigen. Der Fuß des Kommerzienrats wird sichtbar.)

GONDEL-SERENADE

Gestern abend auf dem Lido
schoß ins Herze mich Cupido –
es kam so sacht.
War das die Nacht …
war das Venedigs Nacht?
Denn ein Mädchen sah ich schreiten
und ein Täschchen ihr entgleiten …
Ich bracht es an,
sie sah mich an –
ja, wer so danken kann!
Weil ich so etwas Süßes gesehen,
muß ich hier am Palazzo jetzt stehen –
Komm herab! Laß Venedig zurück!
In der Gondel – in der Gondel – in der Gondel da
schwimmt das Glück!

Eine kleine Signorina
ist ein kleines Paradies.
Wie Orangen aus Messina
außen rund und innen süß.
Wenn die reifen Früchte winken
gib mir alles, alles hin –
Laß mich endlich einmal trinken,
weil ich dein Bambino bin.

Selbst am Markusplatz die Tauben
wollen dir ein Küßchen rauben
   sie gurrn dir zu
   gurru – gurru –
   und geben keine Ruh.
Und sie schütteln ihr Gefieder
und sie schnäbeln immer wieder –
   du gib! du gib!
   o sei doch lieb!
   zu ihnen bist du lieb …
Warum willst du mit zärtlichen Händen
deine Liebe an Tiere verschwenden –
Komm herab und sieh mich an –
in der Gondel – in der Gondel – in der Gondel da
                            wartet ein Mann!

   Eine kleine Signorina
   ist ein kleines Paradies.
   Wie Orangen aus Messina
   außen rund und innen süß.
   Wenn die reifen Früchte winken,
   gib mir alles, alles hin!
   Laß mich endlich einmal trinken,
   weil ich dein Bambino bin!

[MESCHUGGE 1923]

Die liebliche Frau Agda
wird wöchentlich kompakter
drum macht sie 'ne Entfettungskur.
Auch er wird fett und fetter
drum frißt er grüne Blätter
von früh bis spät
da leben sie streng Diät
doch abends in der Bar da stoppen beide rin, was geht …

Meschugge der Papa –
meschugge die Mama –
meschugge die ganze Familie – –!
Es tanzen ja doch heute
die ganzen jungen Leute
den Fox, den Shimmy und den Jazz.
Es grünt am alten Stamme
beim Tate und der Mamme –
sie lernen zu dritt
den neusten Jimmyschritt
und wenn sich alle wiegen, na, da wiegen sie nebbich mit

Refr.

Es steht bei Rudolf Mosse
von einer großen Hausse –
Papa kauft Gelsenkirchen ein.
Mamachen kriegt das Laufen
will heimlich sie verkaufen –
Der Sohn ist ein Tyrann
der fixt sie momentan
die Tochter holt sie und vergißt sie leider in der Bahn …

Refr.

Ihr Leute im Theater
auf Muttern und auf Vater
da habt ihr oft mit Recht geschimpft.
In 25 Jahren
kommt ihr mit grauen Haaren
zu uns herein
und trinkt 'ne Pulle Wein –
da werdt ihr was erleben, wie die eigenen Kinder schrein …

Refr.

DIE DORFSCHÖNE/IMMER ANGELEHNT

Wehn im Winde meine blauen Röcke, meine Röcke, meine Röcke –
sind die Jungens alle wie die Böcke –
wie die Böcke – meck – meck.
Wenn im heißen Heu sie mich nur wittern, nur wittern, nur wittern –
dann beginnen alle gleich zu zittern –
und dann – sind sie ganz weg.
Doch, wenn sich alles immer nach mir sehnt –:
Ich steh angelehnt – immer angelehnt –
immer angelehnt an der Wand!

Wenn am Sonntag sie so richtig – saufen – so saufen – so saufen –
ja, dann sind sie gleich dabei, zu raufen – zu raufen – Messer raus!
Und sie stampfen, und es klirren die Scheiben – die Scheiben – die
Scheiben –
ohne Beule kann da keiner bleiben –
und es kracht das ganze Haus.
Doch eine steht dabei und lacht und gähnt –
immer angelehnt – immer angelehnt –
immer angelehnt an der Wand.

Neulich nahm ich mal ein Bad im Teiche – im Teiche – im Teiche –
und sie standen hinter einer Eiche –
und sie stieren auf mein Bein.
Doch ich narrte alle diese Böcke – die Böcke – die Böcke –
Ich trug siebenunzwanzig Unterröcke –
immer noch ein' – und noch ein' – und noch ein' – und noch ein'!
Vor Gier und Hitze manches Auge tränt –.
Doch ich stand angelehnt – immer angelehnt –
immer angelehnt an der Wand.

Gestern abend, als die Vöglein sangen – sangen – sangen –
kam ein Mann die Straße lang gegangen –
ein junger kräftiger Mann.
In den braunen Augen lag ein Winken – ein Winken – ein Winken –
und ich ließ die beiden Arme sinken –
und ich sah ihn nur an.
Wie zum Sprung sich alles in mir dehnt …
nicht mehr angelehnt – nicht mehr angelehnt –
Gib mir deine Hand –!
Gib mir deine Hand –!

DIE WARTENDE/SCHIFF AHOI
Für Kate Kühl

Hier stieg er ein am Strand –
Schiff ahoi! Schiff ahoi!
Winkte noch mit der Hand –
Bleib mir treu! Bleib mir treu!
Dein Name steht am Schiff –
weil ich jetzt von dir fahre …
Seitdem steh ich am Riff –
zehn lange Jahre!

Tief auf dem Meeresgrund –
Schiff ahoi! Schiff ahoi!
schwimmt Fisch in seinem Mund –
Bleib mir treu! Bleib mir treu!
Da liegt er weich und warm –
mitten unter Strandgutwaren.
Manchmal nur winkt sein Arm
in zehn langen Jahren.

Jan und Veronika –
Schiff ahoi! Schiff ahoi!
tanzen zur Harmonika:
Bleib mir treu! Bleib mir treu!
Schwer fließt die Luft wie Wein
durch die Nacht, die wunderbare …
Es konnt kein anderer sein
zehn lange Jahre –!

Andre zur Kirche gehn –
Schiff ahoi! Schiff ahoi!
Mich sieht man draußen stehn
Bleib mir treu! Bleib mir treu!
Denn was der Pfaff da jorrt,
das ist nur faule Ware.
Ich pfeif auf Gottes Wort
zehn lange Jahre!

Warte, wer warten mag.
Schiff ahoi! Schiff ahoi!
Ich erwart den jüngsten Tag –
Bleib mir treu! Bleib mir treu!
Vor Gott im Himmelssaal
schrei ich: Sieh meine Haare!
Du! Jetzt wart du einmal
hunderttausend Jahre –!

DIE OKARINA

Auf flachem Kahn – tagaus, tagein die Heide –
Kein Vogel singt im Ried,
Wie still das Wasser zieht –
Mein Mann und ich, am Steuer stehn wir beide,
Und übern Fluß her zieht ein traurig Lied –
die Okarina, die Okarina

Am Halteplatz, da fragt uns ein Geselle,
So jung und stark und frei,
Ob bei uns Arbeit sei.
Wir sagten ja, und fuhren nie so schnelle
… …
Die Okarina, die Okarina.

Spät in der Nacht klopft er an meine Kammer,
Ich hab nicht aufgetan – ich hatte doch den Mann.
Da drang er ein, umwickelt einen Hammer,
Die Welle klatscht – nun konnt er sich mir nahn –
Die Okarina, die Okarina.
… …
… …
… …
Da schwimmt ein Kopf und sieht mich klagend an,
Die Okarina, die Okarina.

DAS LEIBREGIMENT

Der einst dem Feind die Hosen klopfte,
Der hieß wohl Gustav der Verstopfte.
Die Soldaten
Ja, die taten
Für den Ferschten alles ganz umsunst.
Und sie trugen bunte Fahnen und Gewehre,
Aber vorneweg marschiert vorm ganzen Heere
Eine Trommel, eine Trommel, eine Trommel
Radibimmel, radibammel, radibommel
Beim Leibregiment – beim Leibregiment,
Das sich nach König Gustav nennt.

Der Hauptmann, einer von den Fetten,
Liegt gern bis mittags in den Betten,
Doch alleine,
Denn voll Weine
Da verleiht er ungern seine Gunst.
Und er hält im Dienst die glasigen Augen offen,
Aber innerlich ist er total besoffen.
Und er trägt den dicken Bauch wie eine Trommel,
Radibimmel, radibammel, radibommel
Beim Leibregiment – beim Leibregiment,
Das sich nach König Gustav nennt.

Der brave Landsknecht braucht nichts tragen,
Denn dazu hat er seinen Wagen,
Hinterm Rosse
Im Trosse
Da fährt die Marketenderin.
Und sie kennt vom Regiment die ganze Mannschaft,
Denn mit jedem hatte sie schon 'ne Bekanntschaft
Auf der Trommel, auf der Trommel, auf der Trommel
Radibimmel, radibammel, radibommel
Beim Leibregiment – beim Leibregiment,
Das sich nach König Gustav nennt.

Und so marschiert die ganze Bande
Jahraus, jahrein durch fremde Lande.
In den Städtchen

Die Mädchen
Die kommen abends spät nach Haus.
Der Soldat braucht niemals eine Wiegen,
Immer sieht er zwanzig Kinderköpfchen liegen
In der Trommel, in der Trommel, in der Trommel
Radibimmel, radibammel, radibommel
Beim Leibregiment – beim Leibregiment,
Das sich nach König Gustav nennt.

Es sterben auch mal Generale,
Die Trommel ruht im Arsenale.
Im Gehäuse
Die Mäuse
Die führ'n das alte Leben fort.
Und sie fressen, und sie lieben, und sie saufen,
Machen Junge, und sie streiten, und sie raufen
In der Trommel, in der Trommel, in der Trommel
Radibimmel, radibammel, radibommel
Wie das Leibregiment – wie das Leibregiment,
Das sich nach König Gustav nennt.

IN PARIS BIN ICH GEWESEN

In Paris bin ich gewesen,
in Paris, der schönen Stadt.
In Paris bin ich gewesen,
das so viele Türme hat.
Schöne Mädchen sind gekommen,
neigten sich mit Gruß und Kuß.
Doch ich hab sie nicht genommen,
weil man das bezahlen muß.
Und ich dachte an die Heimat,
an die Heimat schön und gut,
an die schöne deutsche Heimat,
wo man das aus Liebe tut.

MAÑANA

Reisest du im Lande Spanien,
fragst du nach der Eisenbahn,
läßt du rösten die Kastanien,
stehst du bei –
stehst du bei –
stehst du bei dem Stierkampf an,
die machen sich keine Sorgen,
die sagen immer: morgen,
              morgen,
                  morgen
so heißt's auf jeden Fall
und das, das hörst du überall:
    Manjana, mein Täubchen, Manjana, mein Kind,
    das Leben ist doch keine Kuckucksuhr,
    manjana, mein Täubchen, manjana, mein Kind
    ich will dir geben, aber wart doch nur.
    Alles gibt sich,
    alles macht sich
    zähl bis 70,
    zähl bis 80,
    zähl bis 100
    dann ist's da.
        Manjana,
           manjana,
              manjana.

Küßt in Frankreich ein Senator
mal ein Mädchen zart und jung und dumm,
erst da nähert er sich wie ein Vater
aber dann
aber dann,
dann nähert er sich anders rum.
Das Mädchen hat nach vielen Stunden
ein Haar darin gefunden,
und fragt ihn, ob das lang noch geht,
da sagt er mit gekränkter Majestät:
    Manjana, mein Täubchen, manjana, mein Kind,
    das Leben ist doch keine Kuckucksuhr,
    manjana, mein Täubchen, manjana, mein Kind,

ich will dir geben, aber wart doch nur.
Alles gibt sich,
alles macht sich,
zähl bis 70,
zähl bis 80,
zähl bis 100,
dann ist's da.
        Manjana!
            manjana!
                manjana!

DIE HERREN MÄNNER

Wenn sie früh schon so dastehn in den Unterhosen –
        Ach, die Kerle!
wenn sie mit den dicken Stiefeln durch die Zimmer tosen –
        Ach, die Kerle!
    Und dann putzen sie sich die Zähne,
    und dann finden sie nischt alleene –
    Und dann stören sie uns und machen morgens Krach …
        Ach – –
Ach, die Kerle – ach, die Kerle – ach, die Kerle!

Refr.   Jeder Mann denkt: er hat allein 'nen Finger –
            jeder Mann denkt: er hat ein Monopol.
            Dabei gibt es doch Millionen solcher Dinger –
            was sie von uns Frauen wissen, ist ja Kohl!
    Mit dem Monopol, das kommt
                    noch
                        sehr
                            drauf
                                an –
    aber schließlich: Kerl ist Kerl, und Mann ist Mann –!

Und dann ziehn sie sich vorm Spiegel – denn sie sind doch eitel –
        Ach, die Kerle!
auf dem glattrasierten Kopp 'nen kleinen Kinderscheitel –
        Ach, die Kerle!
    Elejant sind sie zum Quiken;
    doch du darfst sie nicht bekieken

nackt im Badezimmer – denn dann wird dir schwach …
    Ach – –
Ach, die Kerle! ach, die Kerle! ach, die Kerle! – –

    Jeder Mann denkt: er hat allein 'nen Finger;
    jeder Mann denkt: er hat ein Monopol.
    Dabei gibt es doch Millionen solcher Dinger –
    was sie von uns Frauen wissen, ist ja Kohl …
  Mit dem Monopol, das kommt
               noch
                  sehr
                     drauf
                      an
aber schließlich: Kerl ist Kerl, und Mann ist Mann!

Wenn sie schon so ankomm' und sie wolln uns lieblich necken –
    Ach, die Kerle!
na, dann weiß ich schon: dann ham sie meistens Dreck am Stecken
    Ach, die Kerle!
    Wenn sie wie ein Gockel wandern,
    gehn sie grade zu 'ner andern –
und die muß man sehn, das Stückchen Ungemach – –
    Ach – –
Ach, die Kerle! ach, die Kerle! ach, die Kerle!

    Jeder Mann denkt: er hat allein 'nen Finger –
    jeder Mann denkt: er hat ein Monopol.
    Dabei gibt es doch Millionen solcher Dinger –
    gegen Ehescheidung hilft allein Odol.
  Mit dem Monopol, das kommt
               noch
                  sehr
                     drauf
                     an –
aber schließlich: Kerl ist Kerl, und Mann bleibt Mann!

Wenn sie schon mal zu uns kommen nach Bier und Rauchen –
    Ach, die Kerle!
kann man sicher sein, man kann sie nicht gebrauchen –
    Ach, die Kerle!
    Lieber Gott, willst dich bequemen?

Kannst sie nicht zum Umtausch nehmen ...?
Willste nich? Dann hau ihnen einen aufs Dach!
　　Ach – –
Ach, die Kerle! ach, die Kerle! ach, die Kerle!

　　　　Jeder Mann denkt: er hat allein 'nen Finger!
　　　　jeder Mann denkt: er hat das Monopol.
　　　Dabei gibt es doch Millionen solcher Dinger –
　　　immer wieder sagt man einem Lebewohl.
　　Doch, was müssen meine Augen da erblicken!
　　Ach, der nächste macht genau dieselben Zicken!
　　Ob du deinen nimmst – oder den von nebenan:
　　Lieben Schwestern!
　　　　　　　Kerl bleibt Kerl, und Mann bleibt Mann.

　　LÄCHLE, BERLINER – !

　　　Wenn ich mal wütend bin
　　　auf meinen Theo –
　　　wenn er mir Scenen macht,
　　　weil ich mit Leo ...
　　　　wenn er dann »Dürne –!« schreit
　　　　und wer weiß was spricht;
　　　　wenn er mich gar bespeit,
　　　　weil er so naß spricht – –
　　　　　Dann schelt ich nicht,
　　　　　dann schrei ich nicht,
　　　　　dann zank ich nicht,
　　　　　dann brüll ich nicht –:
dann bin ich liebenswürdig, liebenswürdig, liebenswürdig,
　　　　　　　　　　　　　　　　liebenswürdig –
　　　　Ich hab Kultur.
　　　　Ich sage nur:

Refr.　　　»Ach, lege deine Wange
　　　　doch mal an meine Wange
　　　　und bleibe da recht lange
　　　　mit deiner Wange!
　　　　　Du süßer Herzensclown!
　　　　　Man könnt dir stundenlang –
　　　　　　　　　　　　stundenlang –
　　　　in die Augen schaun –!«

Tritt mir im Omnibus
wer auf die Beine;
wenn ich mal rausgehn muß
und da ist schon eine;
   sitz ich am Steuerrad –
   Gott soll bewahren! –
   und ruft der Schupo: »Wat?
Könn Sie nicht fahren –?«
   dann schelt ich nicht,
   dann brüll ich nicht,
   dann zank ich nicht,
   dann schrei ich nicht –
dann bin ich liebenswürdig, liebenswürdig, liebenswürdig,
                           liebenswürdig …
   Das ist meine Tour,
   ich sag dann nur:

   »O lege deine Wange
   doch mal an meine Wange –
   und bleibe da recht lange
   mit deiner Wange!
      Du süßer Herzensclown!
      Man könnt dir stundenlang –
                   stundenlang –
      in die Augen schaun –!«

Vergangenen Dienstag fuhr
ich hin zu Haller;
da spielen sie jetzt Revue,
'nen richtigen Knaller.
   Da fragt ich einen Mann:
   »Wer wird heut singen –?«
   Und da fuhr der mich an!
   und kam ganz dichte ran –
   und sagte was von Götz von Berlichingen …
      Da sagt ich zu mir
      sagt ich,
      sagt ich: »Trude!« sagt ich,
      »Ruhig Blut!« sagt ich,
      »Du hast Kultur!«
Nu sei mal liebenswürdig, liebenswürdig, liebenswürdig,
                           liebenswürdig –

Bös? Keine Spur.
Ich sagte nur:

Ach, lege deine Wange
doch mal an meine Wange –
und bleibe da recht lange
mit deiner Wange!
    Du süßer Herzensclown!
Man könnt dir stundenlang –

                                    stundenlang –

    in die Augen schaun –!«

HAWA-I

Einmal fuhr ein Gent aus Mailand
    zu Schiffe um die Welt.
Und er hielt an jedem Eiland,
    denn er hatte sehr viel Geld.
Und er kam im Monat Ma-i
auch nach Hawa-i
    im Ocean;
und er sprach dort in der Ba-i
eine braune Jungfrau an:

Refr.   »A-i!
    Hawa-i! Wir wolln mal beide sehn –
A-i!
    Hawa-i! wie unsere Aktien stehn!
    Willst du bei mir mal kuscheln:
    kriegste eine Kaurimuschel –
    kriegste noch 'ne Kaurimuschel,
    kriegste 'n ganzen Korb voll Muscheln –!«

Und sie lebten froh zusammen
    in dem Bananenhain.
Aus der Jungfrau schlugen Flammen.
    heiß wie Feuerschein.
    Überfiel sie süß ein Ahnen
    bei den Bananen,
        hat er gemahnt:

»Kind, jetzt laß doch die Schikanen –
es hat sich ausbanant – –
(Refrain)

Doch es kamen Kriegsmarinen,
Kapitän und Leutnant;
und für süße Apfelsinen
brachten sie Geld an Land.
Als der Gent nun auf den Kissen
wie stets wollt küssen
ihr weiches Haar,
sprach sie: »Sie scheinen nicht zu wissen,
ich lieb nur gegen bar – –

»A-i!
Hawa-i! jetzt wolln wir doch mal sehn –
A-i!
Hawa-i! wie unsere Aktien stehn!
Du darfst bei mir nicht kuscheln:
nicht für eine Kaurimuschel –
nicht für noch 'ne Kaurimuschel
nicht für'n ganzen Korb voll Muscheln!«

Daher fuhr der Gent aus Mailand
durch Brandung und durch Gischt,
wieder ab von jenem Eiland –
denn zahlen wollt er nischt.
Und er fuhr dann über Passau
nach Hessen-Nassau,
wo's Mädchen gibt …
Und er hat in Hessen-Nassau
immer umsonst geliebt …

A-i!
Hawa-i! Wir beide wolln mal sehn –
A-i!
Hawa-i! wie unsere Aktien stehn!
Willst du bei ihr mal kuscheln –
zahl ihr eine Kaurimuschel –
zahl ihr noch 'ne Kaurimuschel –
(platzt sie, platzt sie!)
zahl ihr 'n ganzen Korb voll Muscheln –!

DIE ZIEHHARMONIKA

Da wolln wir denn mal singen
von der Ziehharmonika;
das soll so lieblich klingen
von der Ziehharmonika!
Es ist nicht zu beschreiben,
wie es die Mädchen treiben
    mit der Ziehharmonika –
    Trioli und triola.

Erst packt sie sich den Knaben
mit der Ziehharmonika;
und tut sie ihn mal haben
mit der Ziehharmonika:
dann wird sie frech, die Jöhre,
und er guckt durch die Röhre
    mit der Ziehharmonika
    trioli und triola.

Die Liebe hat ein Zentrum
mit der Ziehharmonika;
so mancher Kerl, der rennt rum
mit der Ziehharmonika.
Er hat nichts zu vermelden
und schreit nach Vandervelden
    mit Ziehharmonika
    trioli und triola.

Vandervelde ist das wahre
mit der Ziehharmonika;
für junge Ehepaare
mit der Ziehharmonika.
Da stehn als Liebespfänder
am Bett zwei Notenständer
    mit der Ziehharmonika
    trioli und triola.

Der eine nimmt 'nen Lehrer
für die Ziehharmonika;
der andere lernt es schwerer

mit der Ziehharmonika.
Der dritte, der ist tranig,
und mancher lernt es gar nich
    mit der Ziehharmonika
    trioli und triola.

Die Welt, die tut sich drehen
um die Ziehharmonika.
Wo nur zwei Leute stehen
ist die Ziehharmonika.
Es läuft das Erdgetriebe
durch Hunger und durch Liebe
    und die Ziehharmonika
    trioli und triola –!

RADIESCHEN!
Den Agitproptruppen gewidmet

Es stehn in unserm Garten,
          ja Garten,
              ja Garten
der Blumen hundert Arten,
         ja Arten,
            ja Arten –
   Und soll ich eine wählen,
   muß ich mich mächtig quälen.
Die Vorwärts-Pflanzen stehn ums Haus …
wie sehn denn die wohl aus –?

Außen sind sie rot und innen sind sie weiß:
   Radieschen! Radieschen!
Sie wachsen so gemütlich – ein Groschen ist ihr Preis –
   Radieschen! Radieschen!
     Klassenkampf, ade! ade!
     Tritt man keinem auf den Zeh!
    Radieschen! Radieschen!
     Die ganze SPD –!

Stehn die in der Regierung,
                         Regierung,
                                    Regierung:
dann sind sie bloß Verzierung,
                         Verzierung,
                                    Verzierung.
        Kuhhandeln wie die Kälber,
        die Ochsen sind sie selber.
Und ziehen sie die Straßen lang,
ertönt der Spottgesang:

Außen sind sie rot und innen sind sie weiß:
        Radieschen! Radieschen!
Sie wachsen so gemütlich – ein Groschen ist ihr Preis –
        Radieschen! Radieschen!
            Klassenkampf, ade! ade!
            Tritt man keinem auf den Zeh!
                Radieschen! Radieschen!
                Die ganze SPD –!

LA GOULUE

Aus einem Zirkuszelt, wo halb verhungert
ein alter Dachs in einem Käfig lungert,
da trägt man eine Tote durch die Avenue ...
Und fragst du: »Wer ist das gewesen –?«
dann kannst du in Pariser Blättern lesen:
        C'est la Goulue ... c'est la Goulue ...

Vor langer Zeit
lief ganz Paris
nach Moulin-la-Galette;
Plakat, das schreit,
Reklame blies –
denn dort tanzt ein Ballett.
Hopla, hopla, mit den Beinen – hopla, hopla ...
hopla, hopla ... mit den Beinen in der Luft!
Und eine war dabei, die hieß: La Goulue!
und wo die war, da weht Pariser Luft ...

Ja, da – da traten sie zum Cancan an,
und da stand jeder Mann
auf seiner Bank ...
So konnt er La Goulue, die fesche, sehn
und ihre Wäsche sehn,
die ganze Wäsche sehn –
Hallo! Geschrei! Champagner und Gesang!

Dick war sie früh,
denn »La Goulue«
heißt: Fressack – *die* ging ran!
Und ihre Bank
war der Wäscheschrank,
die rupfte jeden Mann.
Und sie tanzte mit den hübschen Beinen hopla,
hopla hopla mit den Beinen in der Luft ...
und ein großer Kerl hat sie gemalt
mit der Wäsche und den Spitzen und dem Duft ...

Ja, da – da traten sie zum Cancan an
und da sah jeder Mann
ihr ins Korsett.
So konnt er La Goulue die fesche sehn,
und ihre Wäsche sehn,
die ganze Wäsche sehn –
Wer geht denn heut zu Bett – auf Moulin-la-Galette!

Ihr Ruhm welkt bald.
Nun ist sie alt.
Der Cancan macht dem Foxtrott Platz.
Ihre Bilder stehn
in den Museen,
und sie selber auf dem Rummelplatz.
Mit den dicken Beinen tanzt sie nicht mehr hopla –
hopla – hopla – käm ihr selber komisch vor ...
aber manchmal – wie ein Tongespenst
wehn bunte Takte an das alte Ohr ...

(Musik des Refrains – Cancan, ganz leise –)

Musik
wie am
Anfang

Das Zelt ist fort. Ein Karussel steht jetzt daneben.
's war keine Heilige – die ... La Goulue ...
Manchmal gehts komisch zu – im Leben ...
Viele Menschen gehn durch die Avenue ...

DAS IST BEI MIR SO

Warum freust du dich auf die Sommerreise?
Warum, pourquoi, perché, why?
Träumst schon im März nur noch von Bahngeleise.
Parsque, because, darum, weil:
Man fiebert halt nach Wiese, Feld und Bäumen,
nach Kuhstallduft, nach Heu, nach Blumenblühn.
Einmal nur unter blauem Himmel träumen
und nicht bloß immer Geldverdienen.
    Das ist bei mir so, das ist bei dir so,
    das ist bei ihm so, das ist bei ihr so.
    Das ist überall egal, das ist international.

Warum sehn wir so dumm aus, wenn wir lieben,
warum, pourquoi, perché, why?
Es ist nicht viel Verstand in uns geblieben.
Parsque, because, darum, weil:
Es bricht der Mann der Keuschheit letztes Siegel.
Und sagt zu ihr: Ach du, ach du, ach du:
Doch plötzlich sieht die Dame ihn im Spiegel
und schleunigst macht sie beide Augen zu.
    Das ist bei mir so, das ist bei dir so,
    das ist bei ihm so, das ist bei ihr so.
    Das ist überall egal, das ist international.

Warum spricht jedes Land mit anderm Schnabel,
warum, pourquoi, perché, why?
Der Sinn ist gleich, warum nicht die Vokabel?
Parsque, because, darum, weil:
Dans ce moment, this moment, in momento heißt:
Ich brauch Geld, wenn's geht, per Telegramm.
Die Antwort lautet: Leider, im Moment, oh, so gern ich
möchte, stop, bin selber klamm.
    Das ist bei mir so, das ist bei dir so,
    das ist bei ihm so, das ist bei ihr so.
    Das ist überall egal, das ist international.

Warum gehn soviel Ehen auseinander?
Warum gnä' Frau, pourquoi, perché, why?
Warum vom Freund zur Freundin das Gewander?

Parsque, because, darum, weil:
Hast du ne Schwarze, bist du scharf auf Blonde,
ist deine dünn, fällst du auf vollschlank rein.
Was kann an einer andern Frau schon anders,
was kann am andern Manne anders sein?
Das ist bei mir so, ganz wie bei dir so,
das ist bei ihm so, das ist bei ihr so.
Das ist überall egal, das ist international.

Warum muß überall die Bosheit kochen?
Warum, pourquoi, perché, why?
Warum zerschlagen Völker sich die Knochen?
Parsque, because, darum weil:
Gewiß, die Menschen wollen alle essen,
gewiß, die Menschen, die regiert der Bauch.
Ja, Kinder, hab'n wir wirklich ganz vergessen,
nicht wahr, im Guten gehts ja auch.
Das ist bei mir so, das ist bei dir so,
das ist dort so und auch hier so.
Das ist überall egal,
aber die Dummheit, die menschliche Dummheit,
die ist international.

DIE PUDELNÄRRISCHE

Man nennt mich pudelnärrisch
und ganz und gar hysterisch –
das hat seinen Grund.
Ich schlief mit 16 Jahren
mit Wickeln in den Haaren
und süßem Kindermund.
Draußen blinzeln müde Sterne.
Auf blitzt eine Blendlaterne –
da steht ein Mann!
Und fordert – und fordert,
was ich nicht sagen kann.
Und ich – und ich – und ich
ich sagte:

»Ja ... Nein ... Vielleicht ... Doch – –
Sowas weiß ich nicht genau –
Kindlich   ich bin nur eine kleine Frau –
Nein ... Ja ... Vielleicht ... *Ach* –«
Kleine Wetterfahne – dreh dich auf dem Dach!
Dreh dich auf dem Dach!

Als ich in England reiste,
stieg ins total vereiste
Coupé ein Jüngling ein.
Und auf den weichen Kissen,
da wollt ers von mir wissen –
ich mußt gefällig sein.
Als er küßt am Strand der Themse,
fiel mein Blick auf eine Bremse –
ich zog am Griff –
in der Kälte – da gellte
der Polizistenpfiff.
Und vor Gericht – und vor Gericht
da sagt ich:

Verhör   Refrain

Ich wurde sein Verhängnis.
Man warf ihn ins Gefängnis –
das ist mir einerlei.
So taumle ich durchs Leben –
will Glück und Unglück geben
bei jeder Liebelei.
Scheide ich von dieser Erde,
spricht der Engel mit dem Schwerte:
»Sünderin!
Ins Getümmel – vom Himmel
ja, willst du zu uns hin?« –
Und dann sag ich:

Choral   Refrain
Falsch fromm

(So was weiß doch nicht genau – Hallelujah – eine Frau)

DAS TRAUMBILD

Mancher ist ein kleiner Schreiber,
sonnabends kümmerliche Weiber –
und das Leben läuft so monoton ...
Vom Bureau in die zwei Zimmer –
– »Na, Herr Schulz, wie gehts denn immer?«
jeden Tag dieselbe Arbeitsfron.
   Etwas hat jeder Mensch allein.
   Einmal will jeder König sein.
   Furcht hat er ... wegen ... lächerlich ...
   Das sagt er *nur* zu sich:

Du bist mein tiefster Traum, Viktoria!
Wie eine Göttin stehst du leuchtend da –
Du tust mit mir, was ich will und mag.
Was ich mich nicht getrau – bei Tag ...
Du bist mein Lebenstraum, Viktoria!
Dir sing ich Preis und sing ich Gloria ...
Ich bet dich an mit deiner Macht –
   Viktoria – komm zu mir in der Nacht –!

Horch, Millionen Füße gehen ...
Wie sie ernst zur Arbeit stehen –
wohlgefesselt ruhn die Triebe still.
Manchmal muß sich jeder ducken,
Bitteres herunterschlucken ...
Keiner kann so, wie er gerne will.
   Abends im stillen Kämmerlein
   starrn sie in den Laternenschein –
   schweigend – – und um sie schwebt
   ein Leben, das sie nie gelebt ...

Du bist mein tiefster Traum, Viktoria –
du bist mir fern und bist mir doch so nah.
Du ziehst mich tief in deinen Bann,
was ein anderer mir nicht geben kann –
Du bist mein Lebenstraum, Viktoria!
Dir sing ich Preis und sing ich Gloria –
Ich bet dich an und deine Macht –
   Viktoria – bleib bei mir in der Nacht –!

Solche Träume muß es geben.
Ohne sie könnt niemand leben,
auch, wenn er am Tage sie verlacht.
Jeder unter Großstadtdächern,
in den engen Menschenfächern,
lebt ein zweites Leben in der Nacht.
Einmal sich von dem Zwang befrein;
einmal nur ganz man selber sein!
einmal – einmal nur wirklich frei …
Auf steigt ein Herzensschrei:

Du bist mein tiefster Traum, Viktoria!
Sieh – meine Nerven sind ein einziges Ja!
Schlag zu! schlag zu! mit deinem Schlag –
was wäre ohne dich mein Tag!
Du bist mein Lebenstraum, Viktoria –
dir sing ich Preis und sing ich Gloria –
Ein solches Bild braucht jedermann …
Viktoria … du bist: was nicht sein kann:

GASSENHAUER

Mein Gustav ist ein braver Mann …
nur mit dem Charakteehr –
    son Stiesel!
Weil er sich nie entschließen kann –
er wackelt hin und her …
    son Stiesel!
Er weeß nich, wat er will und mag,
er quängeliert ja bloß!
Und jeden Sonntachnachmittach
jeht det Theater los …
    Wo er mit mir hinjehn soll …
    denn sag ick liebevoll:

Refrain   Int Kino jehn, det willste nich –
               det is dir viel zu dumm!
               Konditorei, det willste nich –
               da sitzte ja bloß rum!

        Spaziernjehn – det sag ick nich,
        weil du denn jleich so brüllst ...
        Wat willste denn –
        wat willste denn –
           Ick weeß schon, watte willst –!

'n anderer Mann klebt Marken ein
oder läßt den Radio an –
    son Stiesel ...
oder löst de Kreuzworträtseln uff –
det tut 'n *anderer* Mann!
    Son Stiesel ...

(lyrisch)   Mein Justav sieht den Joldfisch zu
        und zieht die Jacke aus –
        »Na, Meechen«, sacht er, »jehn wa nu
        oder ... bleiben wa zu Haus ...?«
           Ick weeß, wie er det meint ...
           und sahre: »Lieber Freund – –«

    Refrain

    Man kann den Mann nich böse sein,
    es schreit ja ausn raues –
        die Liebe.
    Und wenn er auch aus Jummi is,
    ick schmeiß 'n doch nich raus ...
        aus Liebe –
    In die Natur jibbs ne Saisong
    mit Blietenlaub in Haar ...
    der *Mensch*, der hat et mächtich bong:
    der blieht det janze Jahr ...
        Ick weiß et janz jenau:
        Wat sacht mal jede Frau –?

    Refrain

BERLINER MARGUERITENKRANZ I

Auftritt: Eine Margueritte in der Hand, sie langsam und verson-
nen zerzupfend. Nicht aufsehen. Vor sich hin, wie wenn jedes
Wort ein Blatt bedeutete:»Berliner – Margueritenkranz – Text –
von – Theobald – Tiger – Musik – von … – Er liebt mich – von
Herzen – mit Schmerzen – ein klein wenig – fast gar nicht – er
liebt mich –
»Er liebt mich!« –

I.

Wenn ick in Jeschäfte an 'n denke
– det is Liebe – det is Liebe –
wenn ick ihn 'n neuen Zwetter schenke
– det is Liebe – det is Liebe –
Von de Aufsicht kriej ick nischt wie Schimpfe:
ick verkaufe lauter linke Strümpfe …
Det is jahnich wichtig,
ick bin janz un jar nich richtig,
weil die Liebe in mir wühlt …

Refrain   Adolf –
mir wird so brühwarm um die Brust!
Adolf –
ick hab ja früher nich jewußt,
wie det is mit die Liebe –
det macht mir so froh …!
Du bist auch mein Bester –!
(Handbewegung: knorke …)
gekrümmter Arm, Faust, mit einem *Ruck*)
aber *so* –!

Wenn ick träume an die Kochmaschine
– det is Liebe – det is Liebe –
wenn ick Mostrich nehm statt Marjarine
– det is Liebe – det is Liebe –
Wie ick wickel meinen kleenen Bruda,
brüllt die halbe Nacht det arme Luda …
Mutta kommt mal lang
und findet in die Windeln mang
den janzen Lokalanzeijer drin …

Refrain
Wenn ers uffn Sonntach mit mir vorhat
    – det is Liebe – det is Liebe –
Sitz ick hinten drauf auf sein Motorrad
    – det is Liebe – det is Liebe –
    Wenn wa denn so um de Ecken stuckern,
    fühl ick alles mächtich an mir puckern,
        platzen mal die Naben:
        Na, denn liejen wir in'n Jraben
        und wir sind in Jlück vaeint …

Adolf –
    mir wird so brühwarm um die Brust!
Adolf –
    ick hab ja früher nich jewußt,
        wie det is mit die Liebe –
        det macht mir so froh …
            Mein kleener Malzbobong …
(Bewegung)
        aber *so* –!

BERLINER MARGUERITENKRANZ II

(gesprochen): »Er liebt mich – nicht – liebt mich – *ich lieb ihn* – lieb
ihn nicht – von Herzen – mit Schmerzen – ein klein wenig – –

»Fast gar nicht!«

Ob die Menschen vor Liebe wimmern,
läßt mich kalt – läßt mich kalt.
Ob sie sich um die Liebe bekümmern,
läßt mich kalt – läßt mich kalt.
Erst soll sie bei ihm uffn Schoß sein ...
un denn will er sie wieder los sein ...
　　Det Jemache mit die Meechen, det hat ja keen Zweck!
　　Man schmeißt sie ja doch balde wieder weg.

Mir nimmt keener wat von de Stulle –
mich läßts kalt – mich läßts kalt.
Un jlupscht er mit die Oogen wie son Bulle –
läßt mich kalt – läßt mich kalt.
Er trägt von sein Sophiechen
mit sich rum die Photographiechen ...
　　Nachher is diß der reine Dreck ...
　　da schmeißt er sie ja alle wieder weg!

Er macht sich fein wien Schneemann –
von vorn – von vorn –
und tut sich als Gentleehmann –
von vorn – ja, von vorn!
Er will ihr imponieren
mit seinen fein Manieren ...
　　Nachher verschwindet der Heck-Meck ...
　　da schmeißt er sie ja alle wieder weg!

Wenn eena glaubt, und er müßte ...
aba nich jetzt! – aba nich jetzt!
Ick finde: die janze Kiste
wird überschätzt – stark überschätzt!
Nu sing man keene Arien:
det Scheenste sind die Präliminarien ...!
　　Wat danach kommt, det hat keenen Zweck –
　　det schmeißt man ja doch balde wieder weg!

BERLINER MARGUERITENKRANZ III

(Stimme hinter der Scene):

»Mit Schmerzen ...«
Auftritt: Zerraufte Haare, zerbeulter Hut, alles weint: Nase,
Augen, Kleider, Taschentuch pitschnaß ... Einige Takte der Musik,
unruhig auf und abgehend. Sieht aus nach allen Seiten: Wo bleibt
er? Nichts ...
Im Vortrag alle Möglichkeiten des Heulens: das Geplärr; das
leise Geschlucks; das kleine verheulte Kinderstimmchen einer
Frau, die sich selbst unendlich leid tut, Rotz und Wasser und den
Rest.

¾ Takt Ick stehe an de Ecke alleine,
die Jeschäfte ham alle schon zu ...
ick steh mir den Leib in die Beine –
Hu – hu – huhu –   (genau im Takt heulen)
Mal muß der Rüpel doch kommen,
det dachte ick mir bis jetzt ...
Ick hab mir n Auto jenommen
un nu hat det Aas mir vasetzt –!

4/4 Takt Man is reineweg der Dumme in der Liebe:
Vor die Säue wirft man seine Perln!
Jeder Mann verdient doch wirklich nischt wie Hiebe ...
Man is viel zu nett –
man is viel zu nett –
zu den Kerlen, zu denen Kerlen, zu den Kerln –!

Sicher is er mit die Meta,
dieser verschrumpelten Kuh!
Nu schmust er mit ihr – det vastcht a –
Hu – hu – huhu – –
Au, wenn ick *die* morjn krieje!
Mit der wer ick aba intim ...!
Hoffentlich kricht diese Zieje
Zwillinge, nee: Drillinge von ihm!

Refrain

Da steht dran: BÜRSTEN UND BESEN –
det Schild les ick nu immazu …
Ick kann det schon jahnich mehr lesen!
Hu – hu – huhu – –
Weiberverführer, Aufputscher …
        Da –!
                Ob er diß woll wird sein …?
Diß war bloß 'n Müllwagenkutscher …
un ick steh nu wieda allein – –

                Refrain

Läßt er mir nu aba laufen,
denn weeß ick, wat ick tu!
Ick wer mirn Messa kaufen –
Hu – hu – huhu – –
Die solln ihr Jlick nich jenießen!
Ick bin doch ooch uffn Kien …
Ick will se alle aschießen –:
erst mich – und denn sie un denn ihn –!
                (Kein Refrain mehr –
                        unter großem Geheul ab)

EINE FEINE DAME

Auftritt und Spiel: mit zwei Handschuhen. Beim ersten Wort beginnen, sie ganz langsam anzuziehen – so, daß mit dem letzten Takt beide Handschuhe *sitzen*. Es muß, neben dem Text, ein hübsches Fingerspiel sein, möglichst eine etwas snobistische Karikatur einer Dame, die mit ihren Handschuhen etwas reichlich viel angibt. – In der dritten Strophe liegt folgende Möglichkeit:

Es gibt eine kleine Bewegung, mit der die einzelnen Handschuhfinger an der Hand noch einmal heruntergestrift werden ... das *kann* man hier machen; es ist eine Frage der künstlerischen Delikatesse, des Charmes und der Diskretion, diese Bewegung zwar zweideutig, aber nicht als Zote wirken zu lassen. Der Zuschauer muß nicht ganz klar sein: ist das Absicht? Die Schweine sitzen immer im Parkett.

> Ich bin eine lady-like Dame
> Eveline ist mein Name.
> Papa ist ein Dollarmillionär, Gottlob –
> ich bin ein bißchen snob ...
> Moden solln sich ändern
> nach den Saisons und Ländern –
> Farben kommen, und Hüte gehn,
> aber *eines* bleibt bestehn:

>> Ob ich Auto fahr
>> oder Pullmancar;
>> ob ich lenk die Jacht,
>> daß das Ruder kracht;
>> ob ich reit wien Blitz,
>> im Herrensitz –:
>>> Steuer oder Ruder oder Kantschu –
>>> alles mitm Handschuh – mitm Handschuh –
>>> alles mitm Handschuh – mitm Handschuh –
>> ohne Handschuh hats keinen Sinn.
>> Weil ich eine feine Dame bin!

> Vormittags, da geh ich gern flanieren
> zu großen Juwelieren.
> Ach, da packt mich oft ein tiefes Weh,
> wenn ich so shopping geh!

Lieber Gott, schon Muttis Ahnen
waren große Kleptomanen ...
Gefällt mir mal ein Ringelein:
ja, das rutscht in den Handschuh rein!

Ob ich Auto fahr,
oder Pullmancar;
ob ich lenk die Jacht,
daß das Ruder kracht;
ob ich reit wien Blitz,
im Herrensitz ...
 Steuer oder Shopping oder Kantschu,
 alles mitm Handschuh – mitm Handschuh –
 alles mitm Handschuh – mitm Handschuh –
 ohne Handschuh hats keinen Sinn –
 weil ich eine feine Dame bin –!

Ihr seid in Europa animalisch.
Wir sind viel mehr moralisch.
Shocking dies Paris mit den Hotels,
und shocking der Kuppelpelz!
Wenn *wir* mal flirten gehn,
bleibt das Auto mit uns stehn.
(schwer Mond scheint auf die Karosserie ...
lyrisch) aber eins vergeß ich nie – –

Ob ich Auto fahr
oder Pullmancar;
ob ich lenk die Jacht,
daß das Ruder kracht;
ob ich reit wien Blitz
im Herrensitz ...
Shopping oder Liebe oder Kantschu –
 alles mitm Handschuh – mitm Handschuh –
 alles mitm Handschuh – mitm Handschuh –
Ohne Handschuh hats keinen Sinn.
Weil ich eine feine Dame bin!

An den Handschuhn bleibt der Dreck –
aber nehme ich die Handschuh weg –
steh ich in den U. S. A.
als eine Lady – als eine Lady –
als eine ladylike Dame da –!

EINE MODERNE PYTHIA

Die Schauspielerin sitzt, in altgriechischem Gewand, auf einem Dreibein. Links und rechts je eine Opferschale; dahinter, links und rechts, je ein griechischer Soldat (die Kostümierung kann ganz einfach und parodistisch sein). Beide Soldaten müssen aber deutlich als solche erkennbar sein. Sie rauchen große Zigarren – am Schluß des Refrains blasen sie den Zigarrenrauch um die Opferbecken und um die Pythia herum. – Den Refrain singt die Pythia mit hintenüber gelehntem Kopf, geschlossenen Augen, ganz in Trance …

Macht die Kostümierung der Soldaten Schwierigkeiten, kann man auch Priester nehmen (weißer Umhang).

Alle kommen zu mir, aus dem ganzen Land;
jeder wünscht mit mir ein Rendez-vous.
Die Zukunft les ich allen, aus dem Fuß und aus der Hand,
von neun bis vier, und Sonntags bin ich zu.
Alle packen hier ihr Leben aus:
Ihre Liebe, ihr Geschäft und ihr Elternhaus –
Weil ich was unter mir lassen muß,
was auf alle passen muß …

Ich hab hier im Gestühl
son Gefühl – sohn Gefühl – –
Mir wird ganz ahnungsvoll im Sinn,
weil ich nebbich eine Pythia bin.
Mir wird bald kalt, bald schwül,
im Gefühl, aufm Stühl –
(Rauch) In meinen Ohren singts und klingts –
ich weiß: hier stinkts!

Konsultiert mich ein Börsianer, in Unruh und in Eil –
dunkel sei der Rede Sinn!
Da lese ich ganz einfach vorher den Handelsteil:
denn da steht auch nischt drin!
So schön, wie die da quakeln,
kann ich alle Tage orakeln –
Das mach ich wie son Phonograph …
Pythia, sprich mal ausm Schlaf!
(Kopf mit einen Ruck hintenüber)

Ich hab hier im Gestühl
son Gefühl – son Gefühl – –
Mir wird ganz ahnungsvoll im Sinn,
weil ich nebbich hoch im Debet bin!
Mir wird bald kalt, bald schwül
vor dem Bilanzkalkül …
In meinen Ohren singts und klingts …
Ich weiß: da stinkts!

Ich habe 'ne große Kundschaft, Mädchen, Frau und Mann;
alle wolln sies wissen, na und ob!
Prophezeien ist gar nicht schwierig – nimm nur immer an:
der Junge, der hat Butter aufm Kopp.
Sie hoffen auf das Morgen,
Spaß, haben die alle Sorgen …
Lieben Leute, laßt die Zukunft gehn –
was werd Ihr da schon sehn?

Ich hab hier im Gestühl
son Gefühl – sohn Gefühl – –
Ein Kinderhemd ist selten rein:
Wie, meinen Sie, wird die Zukunft sein?
Mir wird bald kalt, bald schwül
im irdischen Gewühl …
In meinen Ohren singts und klingts –
Ich weiß: hier stinkts –!

LIED FÜR PIANOFORTE

Ansager: »Frau Oberforstrat Wernicke wird sich erlauben,
den Herrschaften nach dem Abendessen eine
künstlerische Darbietung darzubieten.«
Schauspielerin: heraus. Unmögliches Provinzkostüm, dekolle-
tiert, falsche Bumseleganz aus Bielefeld. Pose
am Klavier.
Ansager: »Die Begleitung auf dem Pianino hat freundli-
cherweise Herr Forstadjunkt Kleiber übernom-
men.«
Worauf sich der Pianist ein grünes Jägerhütchen aufsetzt –:

Die Gräfin Hulda,
Freifrau zu Fulda,
die lehnte träumerisch auf dem Altan.
Der Graf von Wahlern,
zu Courths- und Mahlern,
der lehnte gleichfalls … und sie sah ihn an – –
»Fluch meinem Gatten!
Auf grünen Matten
hat er mit einer Dienstmagd was getan …

Seit ich ihn *so* gesehn,
da zerbrach was in mir!
da zerbrach was in mir!
Warum mußt ich mir diesen Anblick gönnen?
   Ich weiß,
   ich weiß:
ich weiß – nun werd ich nie mehr lachen können –!«

Dies Wort von Hulda,
Freifrau zu Fulda,
das will mir nimmer, nimmer aus dem Sinn.
Mich trieb ein Drang raus
jüngst in mein Bankhaus,
einmal zu sehn, wie reich ich eigentlich bin.
   Ein bärt'ger Alter
   dort hinterm Schalter
der reicht mir stumm den Kontoauszug hin …

Und als ich *das* gesehn –:
da zerbrach was in mir,
da zerbrach was in mir!
Warum mußt ich mir diesen leeren Anblick gönnen?
Ich weiß – ich weiß –
ich weiß: nun werd ich nie mehr lachen können –!

Die Herrn Tenöre
mit ihrer Röhre,
die fangen leicht die Frauenherzen ein – (ach! –)
Mich lud solch Fant, o –
Held vom Belcanto
mit seinem Schiff zu einem Freibad ein.
Aus der Kajüte,
du große Güte!
da kam er raus wie'n weißes Zuckerschwein …

Refrain

Jüngst betrat ich kühne
die Reichstagstribüne
mit meinem Freund, der macht da die Kritik.
Zwei lasen in Briefen,
die andern schliefen,
und einer schimpfte auf die Republik.
Ich fragte meinen:
»Was tun die Kleinen?«
Er sagt: »Die machen deutsche Politik …«

Und als ich *das* gesehen,
da zerbrach nischt in mir,
da zerbrach nischt in mir –
der Anblick war direkt ein Talisman.
Ich weiß,
ich weiß,
worüber ich jetzt lachen kann –!«

(Musik im Stil von: ›Lied des klagenden Mädchens‹, für zweihändi-
ges Pianoforte, arrangiert von Otto Lindemann.)

EINE WELTSPRACHE

Tisch mit 2 Stühlen auf der Bühne.
(Die im Refrain eingeklammerten Worte dienen nur dazu, die
Situation zu erläutern; sie dürfen *keinesfalls* gesprochen werden,
dann ist die Wirkung hin. Es darf *nur* pantomomisch gearbeitet
werden. – Eine Ausnahme bilden die im letzten Refrain unterstri-
chenen Worte – die müssen gesprochen werden).

Es ist seit je der Menschheit altes Ideal
Esperanto – Esperanto –
eine Sprache für die ganze Welt mit einem Mal ...
Esperanto – Esperanto –
Ich find das nett – doch halt ichs für Allotria ...
　　denn ich weiß nicht, was das soll – –
Wir haben das ja! wir haben das ja!
　　Zum Beispiel kommen Sie glatt durch jeden Zoll – –
　　　　womit? – womit? –

Wenn die *so* machen ... (»Haben Sie nichts zu verzollen?«)
dann müssen Sie *so* machen ... (»Ich? I ...!«)
und wenn die *so* machen ... (»Na, und was ist das hier?«)
　　da machen Sie *so* – (»Ja, das muß hier reingeschneit sein ...«)
Sie können auch *so* machen ... (Weglaufen)
oder Sie können auch *so* machen (Bestechungsversuch)
aber das beste ist schon: (Damenstrümpfe aus der Tasche)
Sie machen *so* –! (lange Nase)

Ist einer fremd, dann ist ihm der Berliner Klatsch
Esperanto – Esperanto –
Da sitzt er beim Diner und redet nichts wie Quatsch
Esperanto – Esperanto –
Und fragt dann einen schwer gekränkten Ehemann
　　nach dem Freund von seiner Frau ...
Und Sie – Sie sitzen nebenan –
　　was tun Sie da? ich weiß es ganz genau ...
　　　　Na, was? na, was? ...

(dies sitzend am Tisch)
Wenn der so macht (feines Geplauder)
dann müssen Sie *so* machen (Blick: Halt Schnauze!)

und wenn der so macht (plaudert noch immer)
dann machen Sie *so* (Ochse! Augengeroll)
    Sie können auch *so* machen … (Am Ärmel zupfen)
    oder Sie können auch *so* machen (Stups)
    aber das beste ist schon: Sie machen *so*! (Fußtritt)

Redt oben auf dem Podium ein Würdegreis
Esperanto – Esperanto –
und du sitzt in der ersten Reihe, eng und heiß
Esperanto! Esperanto –   (als Ausruf wie Sche…)
    Raus kannst du nicht, doch möchtest du ihn informieren:
    »Herr, wir gehn nicht konform …!«   (sehr hochdeutsch)
    Dann brauchst du nur zu esperantisieren …
    das freut den Redner sicher ganz enorm …
            Und wie? und wie?

Wenn der so macht … (große Vollbartrede)
dann mußt Du *so* machen … (Na, sahren Sie mah, Ihnen piekt er woll?)
Und wenn der *so* macht … (haranguiert ein ganzes Volk)
dann machst Du *so* – (Lütiti)
    Du kannst auch so machen … (Augen zur Decke, Daumendrehen)
    oder du kannst *so* machen … (Schlaf)
    aber das beste ist schon: das machst du *so*! (Pfiff)

Es spricht das Herz, und was damit zusammenhängt
Experanto – Esperanto –
Noch jedes findige Liebespaar, das notbedrängt
(kann) Esperanto – Esperanto –
    Sitzt dir 'ne schöne Frau am Abend vis-à-vis
    und ist sie nicht allein;
    Geh ran, mein Sohn – erobere sie –
    es muß ja nicht auf hindostanisch sein …
            Na wie – na wie …?

(Dame wird am Tisch oder an einem
2. Tisch sitzend angenommen)
(Vortragender sitzend)
    Wenn die so macht (großer Augenaufschlag)
mußt Du *so* machen … (Na …?)
und wenn sie *so* macht (Ich kann doch nicht, hier der Seege –)
dann machst Du *so* (Natürlich, Wird schon gehn)

Du kannst auch *so* machen ... (Fingersignal 3 Uhr)
oder du kannst auch *so* machen (Draußen treffen?)
aber das beste ist schon, das machst du so ...
      (Zettel abgeben. Hinterher: Tralala, ich habe doch nichts
getan ...!)

Es ist die Sprache einer guten Boxerfaust
Esperanto – Esperanto –
es boxt der Maxe, der nach drüben abgesaust,
Esperanto – Esperanto –
      Wir warten auf das Glück, das er nun später hat
      sein Gegner sei, wer er sei;
      wenn der nichts versteht, *das* versteht er glatt –
      au, Maxe – bring ihm deine Sprache bei!
      Womit? Womit?

Wenn der *so* macht, dann mußt Du so machen ...
und wenn der *so* macht, dann machst du *so* –
      Du wirsts schon richtig machen –
      und da werden wir alle lachen ...
      und der Schiedsrichter
            (am Klavier mitklopfen, auszählen:»*8-9-10-Aus!« Handhoch*)
            der macht dann *so* –!

STOSSEUFZER EINER DAME, IN BEWEGTER NACHT

Der Teufel hol den schwarzen Kaffee – wieviel Uhr mags denn sein –?
Ich kann ja nicht – kann ja nicht schlafen!
Und neben mir der Alte schläft immer gleich ein –
und ich kann nicht – ich kann nicht schlafen!
    Ich bin ja noch munter und plage mich
    und guck an mir runter und frage mich:
Sind das meine Beine – oder sind das deine Beine – oder sind das unsre
                    Beine – oder wie …?
Mensch, schlaf bloß nicht – schlaf bloß nicht – in Kompagnie!

Da liegen viele Zeitungsnummern und ein Buch übern Tanz …
was nützt es denn, wenn ich noch lese?
Kann einer nämlich nicht entschlummern, und der andre, der kanns –:
dann wird man, dann wird man so beese …
    Seh ich ihn so schlafen, dann will ich das auch.
    Und er stößt mir die Beine in meinen Bauch …
Sind das meine Beine – oder sind das seine Beine – oder sind das unsere
                    Beine oder wie …?
Mensch, schlaf bloß nicht – schlaf bloß nicht – in Kompagnie!

Das ist die Hölle wie von Dante – der Mann ist so roh!
Die Decke, die ist immer seine …
Ich kipple ängstlich auf der Kante – mal so und mal so –
man denkt, man hat siebenhundert Beine.
    Seh ich mir so an, welcher Haarwuchs ihn ziert:
    es wär Zeit, daß er sich mal die Beine rasiert …
Sind das meine Beine – oder sind das seine Beine – oder sind das unsre
                    Beine – oder wie …?
Mensch, schlaf bloß nicht – schlaf bloß nicht – in Kompagnie!

Als kleine Mädchen, bunt bebändert – hatten wir einen Wunsch:
für die Nacht einen leiblichen Grafen!
Inzwischen hat sich das geändert – ich zieh einen Flunsch –
ich kann ja zu Zwein doch nicht schlafen!
    Ich wünsch mir nur eines, aber das wünsch ich sehr:
    ich möcht mal allein sein – dann fragt ich nicht mehr:
Wem gehört denn – wem gehört denn – wem gehört denn das Bein!
    Lieben: ja.
        Aber schlafen? Allein …!

DAS WORT DER TANTE

Wenns fein ist – wenns fein ist,
dann sitzt da an der Wand
die Freifrau Ritz von Riegelstein
mit einem Leutenant.
Die Nichte – die Nichte –
die tanzt im Silberschuh.
Die Tante, die hebt das Lorgnon
und sieht dem Tanze zu.
    Hier sieht es gar nicht nach Kommiß aus …
    der Tante fällt fast das Gebiß raus …
Na, Gottseidank, die Jugend hier – gehört zur Haute volée –
drum sage ich als Tante nur, wenn ich hier das so seh':
    »Es ist ja reizend, wie die jungen Leute miteinander verkehrn!«

Wenns laut ist – wenns laut ist,
dann zieht da durch die Stadt
ein Sportverein und noch ein Verein –
wer grad 'ne Fahne hat
Sie kommen – sie kommen
aus Werkstatt und Büro.
Das Licht geht aus – das Messer raus –
und dann, dann geht es los.
    Und alle hauen immer wieder,
    und brüllen dabei Hoch und Nieder!
Sechs Straßen weit ist ein Gebell im Baß und im Falsett …
und manchem looft det Auge schnell noch übers Schemisett …
    – Ist ja reizend, wie die jungen Leute miteinander verkehrn!

Wenn's heiß ist – wenn's heiß ist –
dann fahre ich aufs Land.
Mein Onkel steht bei der Gendarmerie
und ist ein Herr Scherschant.
Er sagt zur mir:
    »Die Jugend –
    die jeht heut mächtig ran –
Nu komm man gleich heut abend mit
und sieh dir das mit an!«
    Da steht ein Busch von weißem Flieder
    und schwankt ein bißchen auf und nieder …

Dahinter pflückt ein junges Paar der Liebe süße Beer'n …
Und der Gendarm packt mich am Arm: »Was sagst du zu den Jöhrn?«

(stummes Spiel)

– – – – – – »Ferkels –!«

DIE WARENHAUSDIEBIN

Ich schlendere – ich schlendere –
durch die Warenhäuser hin.
Ich frage nichts – und sage nichts –
nichts zu kaufen ist mein Sinn.
    Doch zieh ich mich zu Hause aus,
      wenn ich alleine bin:
dann hol ich alles aus mir raus …
eine Uniform und ein Puppenhaus …
und ein Pfund Anis – und ein Teeservice –
und ein Opernglas –
ja, wie kommt denn das? …

Refr.   Ich bin so kleptomanisch – so manisch – so manisch –
bei mir ist das organisch – organisch – organisch –
    Kaum sehn sie mich bei Tietz,
      da rufen sie schon: Hier ziehts!
Ich bin eine nette Frau.
Aber ich klau – ich klau – ich klau!

Komm ich in diese Läden rein,
dann bin ich dünn und leer.
Doch geh ich raus, dann seh ich aus,
wie wenns bald so weit wär.
    Ich trag nicht unter meinem Kleid,
      das, was die Leute glauben …
Da trag ich fest vier Puppenhauben …
Ein Ragout vom Frosch seinen Schenkeln,
und 'n Nachttopf mit drei Henkeln …
und 'ne Ananas – ja, wie kommt denn das –?
    Refr.

Doch hab ich Pech – und nen schlechten Tag –
daß mich die Aufsicht sieht:
dann klappt man mich – und dann schnappt man mich –
und dann muß ich nach Moabit.
    Der Sachverständige quatscht mich frei –
    ich kenn den ganzen Tanz …
Zu Haus mach ich dann Schlußbilanz –
und seh mal nach, was in mir war …
ein Spazierstock und ein Samttalar –
und ein Samtbarett, schon etwas alt …
und die goldene Uhr von meinem Rechtsanwalt –
und ein Tintenfaß … ja, wie kommt denn das –?
Refrain.

DER NEUE HUT

Der Willi ist ein netter Mann,
er hat nur einen Tick:
er schafft sich so viel Sachen an,
dann hält er sich für schick.
Und jeden Sonntag hat er was,
daß er die Braut erfreu.
Dann geht die um den Jungen rum –
an dem ist doch was neu …?
Willi! dein neuer Hut –
der steht dir so gut – der steht dir so gut!
Willi, dein neuer Hut –
der reizt mich bis aufs Blut!
Du siehst drin aus wie'n Feuerwehrmann,
der nicht mehr richtig spritzen kann …
Willi – dein neuer Hut –
der reizt mich bis aufs Blut –!

Und so ein Lied verbreitet sich
und wird gar rasch bekannt.
Und so ein Lied verwandelt sich
bis hin zum Donaustrand.
Da steht ein kleines Schubert-Haus,
berankt ganz mit Jasmin …
In Grinzing sieht das anders aus –
so schluchzt man das in Wien:

(Walzer)
Willi – Willi – dein neuer Hut –
Willi – Willi – wie steht der dir gut!
(Blaue Donau)
Du siehst darin aus wie'n Feuerwehrmann!
Der nicht mehr richtig spritzen kann!
Willi – du reizt mich bis aufs Blut ...
mit deinem neuen Hut –!

Und wenns Europa singen kann,
und ist der Song vorbei:
dann kommt Amerika heran
bis hin nach Uruguay.
Das Lied, das läuft die Berge lang –
es singen er und sie.
Und traurig tönt der Hirtensang
des Nachts auf der Prairie ...
(Tango)
Ach, du mein Willi –
seh ich den kühn geschwungenen Hut dein –
da könnt ich dir drin gut sein –
mein Willi!
Sei du die Feuerwehr in meinem Flammenherzen –
caracho, nein! caracho, nein! Du kannst das nicht!
Ach, du mein Willi –
der neue Hut, der ist zum Heulen –
gleich hau ich ihm zwei Beulen –
mein Willi!
Seh auf den Pampas ich leuchten deinen Hut –
dann brennt mein Blut –!

Das Lied, das läuft in schnellem Trab
und kommt zu uns zurück.
Gar mancher der schreibt auf und ab –
und macht damit sein Glück.
Denn was dem einen billig ist,
das ist dem andern recht.
Dieweil die Kunst so willig ist.
Und so heißt das bei Brecht:
(Dreigroschen-Oper, 1. Bild.
»Und der Haifisch der hat Zähne ...«)

Mackie Wilhelm trägt ein Hütchen,
und er trägt es im Gesicht.
Aber leider ists nicht seiner –
doch das merkt ja keiner nicht.
  Morgenstunde hat Gold im Munde!
Und er sitzt auf hohem Sitze –
denn er ist bei der Feuerwehr.
Doch kaputt ist seine Spritze,
Mackie Wilhelm spritzt nicht mehr ...
  Morgenstunde hat Gold im Munde!

2. Teil der Vorstrophe:
  ... Seh ich mir so die Lieder an
  der Männer und der Fraun –:
  dann komm ich mit der *ersten* an
  die Gassen lang gehaun!

  Willi – dein neuer Hut –
  der steht dir so gut – der steht dir so gut!
  Willi, dein neuer Hut –
  der reizt mich bis aufs Blut!
    Du siehst drin aus wie'n Feuerwehrmann,
    der nicht mehr richtig spritzen kann –
  Willi – der älteste Hut –
  für Songs ist er immer gut –!

DIE FREMDENFÜHRERIN

All die reichen Fremden
mit den seidnen Hemden
in den Straßen von Sevilla –
  führ ich herum und sie lieben mich sehr.
Gallier, Yankees, Briten,
Griechen und inmitten
Deutsche, die wollns immer billiger ...
  Segne der Himmel den Fremdenverkehr !
Duften aber die Kastanien
abends an Englands Konsulat –:
  dann ists genug
  mit der Rotte von Cook –
denn dann kommt *mein* Spanien – Spanien – Spanien –
  Spanien privat –!

Wenn sie mir gefallen,
fahre ich mit allen
wöchentlich nach Barcelona –
    Straßen und Kirchen, die sehn wir uns an.
(Zur) rechten und zur linken
seh ich alle trinken
Malaga und Taragona –
    manche, die lächeln … doch ein Herr ist kein Mann.
Im Haar blühn mir die Geranien,
wenn mir mal einer leidenschaftlich tat,
    dacht ich bei mir:
    Na … aber nicht mit dir …
denn das spar ich für Spanien – Spanien – Spanien –
    Spanien privat –!

All die Fabrikanten
und die alten Tanten
lieben sehr die Castagnetten –
    und unsere Mädels, die tanzen so gut!
Abends – o wie schaurig! –
kriechen sie dann traurig
in das Gasthaus in die Betten,
    träumend vom Süden und von seiner Glut.
Mein Schatz ist aus Catalanien –
ich bin ja nur ein Eisenbahnplakat …
    Das Grand Hotel schweigt.
    Ich hab euch alles gezeigt –
alles.
Nur nicht mein Spanien – Spanien – Spanien –
    Spanien privat –!

FLAPPERCOUPLET

Sie sagen, wir können nicht lieben
sie sagen, wir wären so kühl.
Das halt ich für stark übertrieben
denn wir sind ja nicht ohne Gefühl.
    Wir machen nur nicht so viel Wesen
    und nicht so viel Federlesen
aber lieben können wir schon …
    Nur anders
    nur anders
als die vorige Generation

[ALLE MÄDCHEN]

Alle Mädchen – sind mal nicht bei Laune –
schmolle nicht / /
Das tun alle – Blonde wie auch Braune –
grolle nicht! / /
Ich will das Herz dir stärken –
denn ich kann das gleich bemerken.
Und öffne ich die Türe bloß,
sag ich: Hier ist doch was los …?

    Ein Tränchen
                in deinen Augen
    in Fältchen
                um deinen Mund.
    Wenn wer dich kennt, wie ich dich kenn –
    na, was hast du denn? / /
    Ich küss dich auf deine Augen –
    ich küss dich auf deinen Mund.
    Wenn einer das mit Liebe tut,
    dann ist alles wieder gut.

DIE BARFRAU

Ich lächle alle Gäste an,
ich mix schon sieben Jahr in der Bar …
Mit Cocktails ist mein Herz gefärbt,
mit Wasserstoff mein Haar in der Bar.
Sind die Büros geschlossen,
graut den Herren vor zu Haus:
dann hab'n sie noch 'ne »Konferenz«
und quatschen sich hier aus!
Na, ist doch wahr … na, ist doch wahr …
immer rüber, immer rüber über die Bar …
Sei doch nicht so dumm, Schatz,
ein Cognac schadet nie!
Zehn Prozent vom Umsatz …
und acht Mark Garantie!
Manhattan für den Herrn! (gesprochen)
'n Manhattan kannste kriegen, aber wollt' ich unterliegen:
müßt ich keine Barfrau sein!

Da hockt der Kavalier und gähnt
auf seinem hohen Sitz in der Bar;
von einer Barfrau wünscht der Gent
'nen unanständigen Witz in der Bar.
Ich erzähl ihm klar und deutlich
die Pointe vorne an;
Damit so 'n abgehetzter Mann
ihn auch verstehen kann!
Na, ist doch wahr … na, ist doch wahr …
immer rüber, immer rüber über die Bar …
Sei doch nicht so dumm,. Schatz,
ein Cognac schadet nie!
Zehn Prozent vom Umsatz …
was heißt denn hier Esprit!
Ein Portwein für den Herrn! (gesprochen)

Mal komm' sie auch mit ihren Frau'n
– das kann ich gut verstehn – in die Bar.
Was die sich nämlich nicht getrau'n,
das woll'n sie bei uns sehn in der Bar.
Da hab'n sie nun die Frauen,

und manche sind so süß …
Jenne zieh'n mit ei'm Gezumpel rum,
da wird ei'm aber mies!
Na, ist doch wahr … na, ist doch wahr …
immer rüber, immer rüber über die Bar …
Sei doch nicht so dumm,. Schatz,
ein Cognac schadet nie!
Heb du man den Umsatz der Liebesindustrie!
Ein Glas Wasser für den Herrn!
Der Herr ist nicht wohl …! (gesprochen)

Manchmal spritzt aus den Kerlen raus
die reine Poesie … Schon jebongt!
Da heißt es dann:»Hier sitzen Sie
nu na, so 'ne Frau wie Sie!«Schon jebongt.
Lieber Freund, es ist die Wahrheit,
und wenn du dran erstickst:
Ich mixe Flips und Eiergrogs,
aber mit mir wird nicht gemixt!
Na, ist doch wahr … na, ist doch wahr …
sei doch nicht so dumm, Schatz,
ein Flip ist auch ganz fein!
'n Manhattan kannste kriegen, aber wollt' ich unterliegen:
müßt ich keine Barfrau sein!

Über kleine Schwächen
soll der Mann nicht sprechen –
was auch vor sich geht,
immer diskret! immer diskret!
Über kleine Schwächen
soll der Mann nicht sprechen –
wem die Liebe was gezeigt,
genießt und schweigt.

Anhang

Kurt Tucholsky
(Peter Panther, Theobald Tiger, Ignaz Wrobel, Kaspar Hauser)

haßt:	*liebt:*
das Militär	Knut Hamsun
die Vereinsmeierei	jeden tapferen Friedenssoldaten
Rosenkohl	schön gespitzte Bleistifte
den Mann, der immer in der Bahn die Zeitung mitliest	Kampf
	die Haarfarbe der Frau, die
Lärm und Geräusch	er gerade liebt
»Deutschland«	Deutschland

Kurt Tucholsky, Voss 1.1.1928

Editorische Notiz

Diese Ausgabe ist die bis jetzt umfassendste Einzelausgabe der Gedichte von Tucholsky, einschließlich der sehr frühen, aus Briefen, aus dem Nachlaß – auch anonym erschienene Verse sind dabei.

Den Auftakt bilden »Fromme Gesänge«, die einzige von Kurt Tucholsky selbst zusammengestellte Gedichtauswahl von 1919. Dann folgen die Gedichte nach dem erstmaligen Erscheinungsjahr. Geänderte Titel sind im Register berücksichtigt, bei Variationen im Text sind beide Versionen aufgenommen. Gedichte aus den Briefen sind am Ende des jeweiligen Jahres, die aus dem Nachlaß am Schluss des Bandes erfaßt.

Hamburg, am 10. März 2015   P. P. & T. T.

ERICH KÄSTNER

Begegnung mit Tucho

Sehr oft bin ich ihm nicht begegnet. Denn als ich 1927 nach Berlin kam, um das Fürchten zu lernen, hieß sein Wohnort schon: Europa. Bald hauste er in Frankreich, bald in Schweden, bald in der Schweiz. Und nur selten hörte man:»Tucho ist für ein paar Tage in Berlin!« Dann wurden wir eilig in der Douglasstraße zusammengetrommelt.»Wir«, das waren die Mitarbeiter der»Weltbühne«: Carl von Ossietzky, Arnold Zweig, Alfred Polgar, Rudolf Arnheim, Morus, Werner Hegemann, Hermann Kesten und einige andere. Tucholsky saß dann zwischen uns, keineswegs als sei er aus Paris oder Gripsholm, sondern höchstens aus Steglitz oder Schöneberg auf einen Sprung in den Grunewald herübergekommen; und kam er gerade aus der Schweiz, so dachte man, während man ihm belustigt zuhorte, nicht ganz ohne Besorgnis: Da werden nun also alle Eidgenossen berlinern!

An solchen Abenden ging es hoch her. Da wurden das Weltall und die umliegenden Ortschaften auseinandergenommen. Emmi Sachs und das Dienstmädchen reichten kleine Brötchen und große Cocktails herum. Und Edith Jacobsohn, die Verlegerin, blickte wohlgefällig durch ihr Monokel. Einmal, weiß ich noch, war meine Mutter, die mir aus Dresden frische Wäsche gebracht hatte, dabei. Sie saß leicht benommen inmitten der lauten Männer, die sie nicht kannte, und hörte von Büchern und Menschen reden, die sie noch weniger kannte. Da rückte Tucholsky seinen Stuhl neben den ihren und unterhielt sich mit ihr über mich. Er lobte ihren »Jungen« über den grünen Klee, und das verstand sie nun freilich. Das war ihr Spezialgebiet. Er aber sah mich lächelnd an und nickte mir zu, als wollte er sagen: So hat jeder seine Interessen – man muß sie nur herauskriegen!

Ein einziges Mal, 1931 oder 1932, war ich länger mit ihm zusammen. Vierzehn Tage lang, und das war purer Zufall. Am Ende einer Schweizer Urlaubsreise war ich in Brissago gelandet. Am Lago Maggiore, nicht weit von Locarno. In Brissago lag ein schönes, großes, bequemes Hotel mit einem alten Park, einem sandigen Badestrand und anderen Vorzügen. Hier gedachte ich ein neues Buch anzufangen, mietete außer einem Balkonzimmer noch einen zweiten Balkon und zog jeden Tag mit der Sonne und

einem Schreibblock von einer Hotelseite zur anderen, ließ mich braun-
brennen, blickte auf den See hinunter und malte zögernd kariertes Papier
mit Wörtern voll. Als ich eines Abends – ich war schon mehrere Tage
da – beim Portier nach Post fragte, sah ich einen großen Stapel Postpakete
liegen. Das konnten nur Bücher sein! Und auf jedem der Pakete stand:»An
Herrn Dr. Kurt Tucholsky. Absender: die Redaktion der Weltbühne.«

Wir waren einander noch nicht begegnet, weil er dauernd in seinem
Dachzimmer gehockt und auf der Reiseschreibmaschine klaviergespielt
hatte. Denn Ossietzky brauchte Artikel. – Am Abend saßen wir miteinan-
der in der Veranda, tranken eine Flasche Asti spumante und freuten uns
wie die Kinder, wenn sie eine Gelegenheit entdeckt haben, sich vor den
Schularbeiten zu drücken. Wir blickten auf den See, und es war, als führen
wir auf einem großen langsamen Dampfer durch die gestirnte Nacht.
Beim Mokka wurden wir dann wieder erwachsen und organisierten die
neue Situation. Tagsüber, schworen wir, wollten wir uns nicht stören,
sondern tun, als ob der andere überhaupt nicht da wäre. Einander flüchtig
zu grüßen, wurde einstimmig konzediert. Abends wollten wir uns dann
regelmäßig zum Essen treffen und hinterdrein ein paar Stunden zusam-
men sein.

So geschah es auch. Während ich tagsüber am Strand lag oder von
einem Balkon zum anderen zog, damit in meinem Reich die Sonne nicht
untergehen möge, klapperte Tucholskys Schreibmaschine unermüdlich,
der schönen Stunden und Tage nicht achtend. Der Mann, der da im Dach-
stübchen schwitzte, tippte und Pfeife rauchte, schuftete ja für fünf – für
Peter Panter, Theobald Tiger, Ignaz Wrobel, Kaspar Hauser und Kurt
Tucholsky in einer Person! Er teilte an der kleinen Schreibmaschine
Florettstiche aus, Säbelhiebe, Faustschläge. Die Männer des Dritten
Reiches, Arm in Arm mit den Herren der Reichswehr und der Schwer-
industrie, klopften ja damals schon recht vernehmlich an Deutschlands
Tür. Er zupfte sie an der Nase, er trat sie gegen das Schienbein, einzelne
schlug er k. o. – ein kleiner dicker Berliner wollte mit der Schreibmaschine
eine Katastrophe aufhalten.

Abends kam er, frisch und munter, zum Essen an unseren Verandatisch
herunter. Wir sprachen über den Parteienwirrwarr, über die wachsende
Arbeitslosigkeit, über die düstere Zukunft Europas, über die ›Weltbühne‹
natürlich, über neue Bücher, über seine Reisen. Und wenn wir später am
See und im Park spazierengingen, gerieten wir meistens ins Fachsimpeln.
Dann war vom Satzbau die Rede, von Chansonpointen, von der »Über-
pointe« in der letzten Strophe und ähnlichem Rotwelsch. In einer ent-
legenen Ecke des Parks stand, in einer kleinen, von Oleanderbüschen
umgebenen Orchestermuschel, ein altes, verlassenes Klavier. Manchmal
setzte er sich an den ziemlich verstimmten Kasten und sang mir Chansons

vor, die er für »Schall und Rauch«, für Gussy Holl, für Trude Hesterberg und andere geschrieben hatte. Diese Vortragsabende für einen einzigen Zuhörer, am abendlichen See und wahrhaftig unter Palmen, werde ich nicht vergessen.

Oft war er niedergeschlagen. Ein Gedanke quälte und verfolgte ihn. Der Gedanke, was aus dem freien Schriftsteller, aus dem Individuum im Zeitalter der Volksherrschaft werden solle. Er war bereit, dem arbeitenden Volk und dem Sozialismus von Herzen alles hinzugeben, nur eines niemals: die eigene Meinung! Und dann marterte ihn damals schon, was ihn immer mehr und immer unerträglicher heimsuchen sollte – mit keinem Mittel zu heilende, durch keine Kur zu lindernde Schmerzen in der Stirnhöhle.

Als wir uns trennten, wußten wir nicht, daß es für immer sein werde. Ich fuhr nach Deutschland zurück. Bald darauf schlug die Tür zum Ausland zu. Eines Tages hörten seine Freunde und Feinde, daß er aus freien Stücken noch einmal emigriert war. Dorthin, von wo man nicht wieder zurückkehren kann.

Zuerst in: »Gruß nach vorn«, eine Tucholsky-Auswahl von Erich Kästner
im Rowohlt Verlag, 1946.
Abdruck mit freundlicher Genehmigung des Atrium Verlags aus: »Der tägliche Kram«
© 1948 Atrium Verlag Zürich und Thomas Kästner.

KURT TUCHOLSKY

Eigenhändige Vita zur Erlangung der schwedischen Staatsbürgerschaft im Januar 1934

Antrag auf Fremdenpaß.
An das Königl. Auswärtige Amt.

Unter Berufung auf untenstehende Angaben wird um Ausstellung eines Fremdenpasses für mich und folgende Kinder unter 16 Jahren nachgesucht.

Zur Bekräftigung der Angaben sind folgende Dokumente beigefügt; sämtliche im Original und mit der Bitte, sie zurückzuerhalten: 1) Der früher gültige deutsche Paß, 2) englische Identitätskarte, 3) französische Dito, 4) deutscher Militärpaß, 5) Ernennung zum deutschen Feldpolizeikommissar, 6) Diplom zum preußischen Militärverdienstkreuz, 7) Beschluß der Kreisverwaltung im Älvsborgs Län vom 26.8.1933 betreffs weiterer Eintragung in das Personenstandregister der Kommune Björketorp auf eigenes Begehren und das der Kommune, 8) Mietvertrag betr. die Villa Nedsjölund in Hindås in der obenerwähnten Gemeinde, sowie 9) Deutscher Reichsanzeiger vom 25.8.1933, Nr. 198.

Außerdem sind zwei Paßfotos und ein Lebenslauf beigefügt.

Göteborg/Stockholm, den 29.Januar 1934.

Name: Kurt Tucholsky
Adresse: Advokat Arne Kullgren, V. Hamngatan 10, Göteborg
 Tel. 70655

1. *Zuname:* Tucholsky
2. *Vorname:* Kurt
3. *Geburtsdatum:* 9. Januar 1890
4. *Geburtsort:* Berlin
5. *Jetzige Nationalität:* keine
6. *Vorherige Nationalität:* deutsch
7. *Wann und wie Verlust der Nationalität?* Gemäß offizieller Bekanntmachung vom 33. August 1933, veröffentlicht am 25.8.1933 im Deutschen Reichsanzeiger, Nr. 198.
8. *Nachname des Vaters:* Tucholsky
9. *Familienname der Mutter:* Tucholski.

10. Nationalität des Vaters: deutsch

11. Beruf des Antragstellers (Titel): Schriftsteller, Doktor der Jurisprudenz.

12. Haben Sie eine Anstellung in Schweden? Nein.
    Bei wem und welcher Art? Keine.

13. Vorheriger Wohnsitz: Seit Januar 1930 Hindås, vorher Paris.

14. Jetziger Aufenthaltsort: Hindås, Gemeinde Björketorp, Provinz Älvsborg.

15. Seit wann halten Sie sich in Schweden auf? Eine kürzere Zeit 1928, fünf Monate 1929, nachher – mit Ausnahme dringender, durch Gesundheitsgründe veranlaßter Reisen in ausländische Spezialkurorte – ab Januar 1930.

16. Welches ist der Zweck Ihres Aufenthaltes in Schweden? Eine nach den ersten Besuchen entstandene Vorliebe für die Natur des Landes samt dem Wunsche nach einem gesunden und friedlichen Wohnsitz im Kontrast zu dem bisherigen lärmenden und hektischen Großstadtleben. Siehe Näheres in dem beigefügten Lebenslauf.

17. Schwedische Referenzen: Frau Ida Widegren, S. Vägen 1 B, Gbg., als Besitzerin des von mir in Hindås gemieteten Hauses, *Doktor* Karl Frumerie, Avenyen 37, Gbg.; *Jurist* Anwalt Arne Kullgren; Bank Skand. Kreditgesell.

18. Aus welchen besonderen Gründen usw. Aus pol. Gründen. Siehe Näheres in dem beigefügten Lebenslauf.

19. Angaben betreffend Kinder unter 16 Jahren: bin kinderlos

Nachdem der Antragsteller während seiner Schwedenreise im Sommer 1929 an Hindås Gefallen gefunden und dort mit Vertrag vom 7.8.1929 die von ihm nach wie vor bewohnte Villa Nedsjölund gemietet hatte, übersiedelte er im Januar 1930 mit allen seinen Möbeln und Büchern samt den in Schweden neu angeschafften Einrichtungsgegenständen usw. Während seines Aufenthaltes hat er das Land und das Klima schätzen gelernt und sich wohlgefühlt. Der Antragsteller wünscht zu betonen, daß die von ihm in der gemieteten Villa ausgeführten kostspieligen und für einen längeren Aufenthalt berechneten Einrichtungsarbeiten, die zu einer Zeit vorgenommen wurden, als eine Ausbürgerungsgefahr noch nicht vorstellbar war, nebst dem die ganze Zeit laufenden Mietkontrakt als Beweis dafür gelten sollten, daß der jetzige Aufenthalt des Antragstellers in Schweden nicht auf einem Zufall beruht. Als wohnhaft in Hindås, hat der Antragsteller auch die jährlichen Staats- und Kommunalsteuern vorgeschrieben bekommen und gezahlt. – Die hauptsächlichen, jetzigen, disponiblen Geldmittel des Antragstellers sind in der Schweiz placiert, und wird ein Auszug aus dem betreffenden Bankkonto nachgereicht werden, sobald dieser eingetroffen ist.

Falls das Königl. Auswärtige Amt sich veranlaßt sehen sollte, bei den heutigen deutschen Behörden oder ihrer Vertretung in Schweden Erkundigungen über die von mir angeführten Umstände einzuziehen, stelle ich ergebenst anheim, daß mein Aufenthaltsort nicht bekanntgegeben werde, da gewisse, keine verantwortliche Stellung bekleidenden Anhänger der von diesen Instanzen verfochtenen politischen Anschauungen sich diese Information in einer für mich unbehaglichen Weise zunutze machen könnten. Was bedeutendere ausgebürgerte Persönlichkeiten betrifft. – Namen brauchen wohl nicht genannt zu werden – so scheinen Vorkommnisse ernsthaftester Art anzudeuten, daß eine solche Vorsichtsmaßnahme vielleicht wertvoll gewesen wäre.

Hindås; 22-1-34

Kurt Tucholsky wurde am 9. Januar 1890 als Sohn des Kaufmanns Alex Tucholsky und seiner Ehefrau, Doris, geborene Tucholski, in Berlin geboren. Er besuchte Gymnasien in Stettin und in Berlin und bestand im Jahre 1909 die Reifeprüfung. Er studierte in Berlin und in Genf Jura und promovierte im Jahre 1914 in Jena cum laude mit einer Arbeit über Hypothekenrecht.

Im April 1915 wurde T. zum Heeresdienst eingezogen; er war 3½ Jahre Soldat. Zuletzt ist T. Feldpolizeikommissar bei der Politischen Polizei in Rumänien gewesen.

Nach dem Kriege war T. unter Theodor Wolff, dem Chefredakteur des *Berliner Tageblatt*, Leiter der humoristischen Beilage dieses Blattes, des *Ulk*, vom Dezember 1918 bis zum April 1920.

Während der Inflation, als ein schriftstellerischer Verdienst in Deutschland nicht möglich gewesen ist, nahm T. eine Anstellung als Privatsekretär des früheren Finanzministers Hugo Simon an (in der Bank Bett, Simon & Co. in Berlin).

Im Jahre 1924 ging T. als fester Mitarbeiter der Berliner Wochenschrift *Die Weltbühne* und der *Vossischen Zeitung* nach Paris, wo er sich bis zum Jahre 19129 aufhielt. Er ist dort Mitglied der »Association Syndicale de le Presse étrangère« gewesen. Seine Carte d'identité liegt bei.

Nachdem T. bereits als Tourist längere Sommeraufenthalte in Schweden genommen hatte (1928 in Kivik, Skåne, und fünf Monate im Jahre 1929 bei Mariefred), mietete er im Sommer 1929 eine Villa in Hindås, um sich ständig in Schweden niederzulassen. (Der Mietvertrag liegt bei.) Er bezog das Haus, das er ab 1. Oktober 1929 gemietet hat, im Januar 1930 und wohnt dort ununterbrochen bis heute. Er hat sich in Schweden schriftstellerisch oder politisch niemals betätigt. Zahlreiche Reisen, die zu seiner Information und zur Behebung eines hartnäckigen Halsleidens dienten, führten ihn nach Frankreich, nach England (Papier anliegend), nach Österreich und nach der Schweiz. Sein fester Wohnsitz ist seit Januar 1930

Hindås gewesen, wo er seinen gesamten Hausstand und seine Bibliothek hat.

T. hat im Jahre 1920 in Berlin Fräulein Dr. med. Else Weil geheiratet; die Ehe ist am 14. Februar 1924 rechtskräftig geschieden. Am 30. August 1924 hat T. Fräulein Mary Gerold geheiratet; die Ehe ist am 21.August 1933 rechtskräftig geschieden. T. hat keine Kinder sowie keine unterstützungsberechtigten Verwandten, die seinen Aufenthalt in Schweden gesetzlich teilen könnten.

Tucholsky hat zu den bestbezahlten deutschen Journalisten gehört. Seit dem Jahre 1931 hat er so gut wie nichts publiciert. Seine in Deutschland befindlichen Vermögenswerte sind laut Bekanntmachung im Deutschen Reichsanzeiger vom 25. August 1933 beschlagnahmt worden (Verlagsrechte, Honorare pp.). T. hat ein Konto bei der Skandinaviska Kredit A. B. in Göteborg, seit er in Schweden ist, und ein Konto bei der Schweizerischen Kredit-Anstalt in Zürich, um über Geld auf Reisen verfügen zu können. Er hat keinerlei Schuldverpflichtungen, wie auch die Göteborger Firmen bezeugen können, bei denen er die Einrichtung seiner Wohnung vorgenommen hat und bei denen er seinen Hausbedarf deckt.

Dass T. Angebote von Verlagen und Zeitschriften zur Zeit abgewiesen hat, hängt mit seiner literarischen Entwicklung zusammen.

Tucholsky hat seine literarische Tätigkeit mit einer kleinen Geschichte »Rheinsberg – ein Bilderbuch für Verliebte« begonnen, das im Jahre 1912 in Berlin erschienen ist und heute im 120. Tausend vorliegt. An Büchern hat er bis heute ferner erscheinen lassen:

»Der Zeitsparer« 1913 Vergriffen

»Fromme Gesänge« 1920 Vergriffen

»Träumereien an preußischen Kaminen« 1920 Vergriffen

»Ein Pyrenäenbuch« 1927 11. Auflage

»Mit 5 PS« 1925 26. Auflage

»Das Lächeln der Mona Lisa« 1928 26. Auflage

»Deutschland, Deutschland über alles« 1929 50. Auflage

»Schloß Gripsholm. Eine Sommergeschichte« 1931 50. Auflage

»Lerne lachen ohne zu weinen« 1931 20. Auflage

Das »Deutschland-Buch« ist im Neuen Deutschen Verlag in Berlin erschienen; »Rheinsberg« bei der Singer A.G. in Berlin – alle anderen Werke bei Ernst Rowohlt in Berlin.

Im Jahre 1913 hat Tucholsky seine feste Mitarbeit an der Berliner Wochenschrift *Die Weltbühne* begonnen, die damals noch *Die Schaubühne* hieß; diese Mitarbeit erstreckte sich bis zum Jahre 1931. Dem im Jahre 1926 verstorbenen Herausgeber des Blattes, Siegfried Jacobsohn, verdankt Tucholsky alles, was er geworden ist. Nach dem Tode Jacobsohns hat er das Blatt kurze Zeit selber herausgegeben, um es dann seinem Gesinnungsfreunde Carl von Ossietzky abzutreten.

T. hat sich ferner als freier Mitarbeiter für den socialdemokratischen Vorwärts in Berlin, für die socialdemokratische *Freiheit*, den *Simplicissimus* und die *Arbeiter-Illustrierte Zeitung* betätigt; er hat gelegentlich im Verlage Ullstein am *Uhu*, an der Berliner Illustrierten Zeitung und an der *Dame* mitgearbeitet.

Neben der literarischen Arbeit hat sich T. vom Jahre 1913 bis zum Jahre 1930 als Pacifist schärfster Richtung in Deutschland betätigt. Seine Betätigung in dieser Richtung bewegte sich im Rahmen der Gesetze – er ist nicht bestraft. T. hat in Deutschland und in Frankreich durch zahlreiche Vorträge für die deutsch-französische Verständigung zu wirken versucht; er hat gegen die Kriegshetzerei gearbeitet, wo er nur konnte: mit feinen und leisen Mitteln in der Kunst und mit den gröbsten für die Massen. In diesem Kampfe ist es ihm um die Wirkung zu tun gewesen, und diese Wirkung ist bei Freund und Feind gleich stark gewesen. Da die öffentliche Meinung, wenn die Geschäfte nicht gut gehen, gern alles, was ihr nicht passt, als »bolschewistisch« ansieht, so wurde T. mitunter als Kommunist bezeichnet. Das ist unrichtig: er war nach dem Kriege Mitglied der unabhängigen socialdemokratischen Partei, und nach deren Verschmelzung mit der socialdemokratischen Partei Mitglied der SPD. Andern Parteien hat er nicht angehört.

Solange sich T. an Deutschland gebunden fühlte, hat er als Deutscher und in Deutschland das, was er dort für nicht gut hielt, kritisiert. Seine publizistische Tätigkeit hat im Jahre 1931, also lange vor der Machtergreifung der Nationalsocialisten, ihr vorläufiges Ende gefunden. Trotzdem wurde ihm 2 Jahre später die deutsche Staatsangehörigkeit aberkannt. Die Aberkennung erfolgte wegen der pacifistischen Tätigkeit Tucholskys; sie hat ihren Grund ferner in einem Angriff, den T. im Jahre 1931 in Versen gegen einen der Führer der Nationalsozialisten gerichtet hat. Die Aberkennung geschah unter Angriffen des deutschen Propagandaministeriums auf Tucholsky, die jenes Maß, das unter civilisierten Menschen üblich ist, überschritten haben. Eine Antwort auf diese Angriffe ist von Seiten Tucholskys nicht erfolgt.

Die Aberkennung der Staatsangehörigkeit beruft sich auf ein Reichsgesetz vom 14. Juli 1933. T. hat sich weder seit diesem Tage noch überhaupt zur Machtergreifung durch die Nationalsozialisten öffentlich geäußert. Die Aberkennung der Staatsangehörigkeit, die als Strafe gedacht ist, stellt also einen Rechtsbruch dar, einen Bruch des obersten Grundsatzes aller Strafjustiz: nulla poena sine lege.

Dr. Tucholsky ist im Begriff, seine schwedischen Sprachkenntnisse zu vervollkommnen. Er hat den Wunsch, die schwedische Staatsangehörigkeit zu erwerben, falls dies zulässig ist.

Kleine
Tucholsky-Chronik

1890

Kaiser Wilhelm II. entläßt Bismarck als Reichskanzler. Die Sozialistische Arbeiterpartei formiert sich unter August Bebel als Sozialdemokratische Partei Deutschlands. Knut Hamsun: »Hunger«. Gottfried Keller und Vincent van Gogh sterben. Agatha Christie wird geboren. Im Jahr zuvor, 1889, waren Charlie Chaplin und Adolf Hitler geboren worden.

Am 9. Januar wird Kurt Tucholsky als erstes Kind des Ehepaars Alex Tucholsky und Doris Tucholsky, geb. Tucholski, in Berlin-Moabit, Lübecker Straße 13, geboren. Der Vater ist ein erfolgreicher Bankkaufmann, Direktor der Berliner Handelsgesellschaft (BHG) und der Firma Lenz & Co.

1892

Maximilian Harden gründet »Die Zukunft«.
Gerhart Hauptmann: »Die Weber«; Conan Doyle: »Die Abenteuer des Sherlock Holmes«; James A. Whistler: »Die feine Art sich Feinde zu machen«; Oscar Wilde: »Das Bild des Dorian Gray«.

Umzug ins Hansaviertel, Holsteiner Ufer 46.

1893

Guy de Maupassant stirbt; George Grosz und Dorothy Parker werden geboren. Arthur Schnitzler: »Anatol«; Gerhart Hauptmann: »Der Biberpelz«.

Umzug nach Stettin, Kronprinzenstraße 29. Der Vater vertritt die BHG in der Filiale der Eisenbahnbaufirma Lenz & Co.

1895

Dreyfus-Prozeß in Paris. Erstes Automobil.
H. G. Wells: »Die Zeitmaschine«; Fontane: »Effi Briest«.

Am 8. Mai wird Bruder Fritz (genannt »Kohn«) geboren.

1896

Th. Th. Heine und Albert Langen gründen das Satiremagazin »Simplicissimus«. Erstmals wieder Olympische Spiele in Athen. Edmond de Goncourt und Paul Verlaine sterben. Puccini:»La Bohème«.

Einschulung in Stettin.

1897

Erster Zionistenkongreß in Basel. Jacob Burckhardt und Johannes Brahms sterben. Albert Jarry:»Ubu der König«.

Am 23. Juni wird die Schwester Ella-Ida (Ellen, genannt »Hippel«) geboren.

1899

Karl Kraus gründet »Die Fackel«. Burenkrieg in Südafrika. Erich Kästner wird geboren. Ernst Haeckel:»Die Welträtsel«; Joseph Conrad:»Herz der Finsternis«.

Rückkehr nach Berlin. Wohnung im 4. Stock der väterlichen Firma in der Dorotheenstraße 11. Im April Aufnahme ins Französische Gymnasium in Berlin. Französisch ist Unterrichtssprache.

1900–1901

Friedrich Nietzsche, Oscar Wilde und Queen Victoria sterben. Louis Armstrong wird geboren. Sigmund Freud:»Traumdeutung«; Thomas Mann: »Buddenbrooks«; Ludwig Thoma:»Grobheiten. Simplicissimus-Gedichte«. Joseph Conrad:»Lord Jim«.

1903

George Orwell und Evelyn Waugh werden geboren. Heinrich Mann:»Die Göttinnen«; G. B. Shaw:»Mensch und Übermensch«.

Als Obertertianer Wechsel zum Königlichen Wilhelms-Gymnasium in Berlin.

1904

Am 16. Juni »Bloomsday«.

1905

»Die Schaubühne« Nummer 1 erscheint: Wochenschrift für Politik·Kunst· Wirtschaft, begründet und herausgegeben von Siegfried Jacobsohn.
Heinrich Mann:»Professer Unrat«; Christian Morgenstern:»Galgenlieder«; Rainer Maria Rilke:»Stundenbuch«; Ludwig Thoma:»Lausbubengeschichten«

Am 1. November stirbt Alex Tucholsky und wird am 5. November auf dem jüdischen Friedhof Weißensee begraben. Die Mutter schickt KT außer Haus in eine Pension. Dem Sohn fällt bei seiner Volljährigkeit das väterliche Erbe zu.

1906

Freispruch für Alfred Dreyfus.

1907

Nobelpreis für Rudyard Kipling. Stefan George:»Der siebente Ring«; Heinrich Mann:»Zwischen den Rassen«; Gustav Meyrink:»Wachsfigurenkabinett«.

Am 22. November erscheint»Märchen« als erste Veröffentlichung anonym in der Satire-Zeitschrift»Ulk«.

KTs Bildunterschrift auf einem Portraitphoto für seine Tante:
»Außen jüdisch und genialisch,
innen etwas unmoralisch.
nie alleine, stets à deux: – der neveu.«

1909

James Joyce eröffnet das erste Kino in Dublin. Wilhelm Raabe stirbt. Heinz Erhardt wird geboren. Gustav Mahler:»9. Symphonie«.

Am 21. September Abitur im zweiten Anlauf als Externer nach privater Vorbereitung. Beginn des Jura-Studiums in Berlin.

1910

Leo Graf Tolstoi stirbt. Freud:»Über Psychoanalyse«; Karl May·»Winnetou IV«; Jack London:»Lockruf des Goldes«.

Auslandssemester in Genf und Wien. Besuch in Prag, Begegnung mit Franz Kafka und Max Brod.

1911

Amundsen erreicht vor Scott als Erster den Südpol. Max Frisch wird geboren. Ambrose Bierce:»Das Wörterbuch des Zynikers«; Hugo von Hofmannsthal: »Jedermann«.

Veröffentlichungen im sozialdemokratischen»Vorwärts«.
Drei Tage mit Else Weil in Rheinsberg. In den anschließenden drei Wochen an der Ostsee entsteht die erste Fassung von»Rheinsberg.« Erste eigene Wohnung in der Nachodstraße 12 – bis 1920.

1912

Untergang der»Titanic«. August Strindberg stirbt. Anatole France:»Die Götter dürsten«; Gottfried Benn:»Morgue«; Waldemar Bonsels:»Die Biene Maja«.

»Rheinsberg – Ein Bilderbuch für Verliebte« erscheint im Verlag Axel Juncker in Berlin mit Illustrationen von Kurt Szafranski als erste Buchveröffentlichung und wird ein großer Erfolg. Verlobung mit Kitty Frankfurther. Eröffnung einer»Bücherbar« mit Kurt Szafranski auf dem Kurfürstendamm – Aufgabe nach Weihnachten.

1913

Suffragetten-Bewegung unter Emerline Pankhurst in England. Albert Camus wird geboren. Franz Kafka:»Der Heizer«; Thomas Mann:»Der Tod in Venedig«; Ludwig Thoma:»Münchner Karneval. Lustige Verse«; D. H. Lawrence:»Söhne und Liebhaber«.

Veröffentlichungen und Redaktionsarbeit in der»Schaubühne« (später»Weltbühne«). Freundschaft mit dem Herausgeber Siegfried Jacobsohn. KT wird Mitglied des Schutzverbandes deutscher Schriftsteller.

1914

– 1918: Erster Weltkrieg. Christian Morgenstern stirbt. Arno Schmidt und Alfred Andersch werden geboren. André Gide:»Die Verliese des Vatikan«; James Joyce:»Dubliners«.

Am 29. November erscheint»Der Zeitsparer«, ein Bändchen mit Grotesken. Austritt aus der Jüdischen Gemeinde Berlin. KT besteht die mündliche Doktorprüfung.

1915

Somerset Maugham:»Des Menschen Hörigkeit«; Ford Madox Ford:»Die allertraurigste Geschichte«.

Am 12. Februar Promotion cum laude zum Dr. jur. der Universität Jena mit der Inaugural-Dissertation»Die Vormerkung aus § 1179 BGB und ihre Wirkungen«. Im April Musterung und Einberufung als Armierungssoldat. Kompanieschreiber an der Ostfront.

1916

Osteraufstand in Dublin. DaDa-Bewegung im Café Voltaire in der Spiegelgasse Zürich gegründet. Wolfgang Hildesheimer geboren. Kafka:»Die Verwandlung«; Gottfried Benn:»Gehirne«.

Beginn einer lebenslangen Freundschaft mit den Kameraden Dr. Erich Danehl (»Karlchen«) und Hans Fritsch (»Jakopp«).

1917

Russische Revolution unter Lenin in Moskau und St. Petersburg (später Leningrad), vorher Spiegelgasse Zürich. Kriegseintritt der U.S.A. Gottfried Benn:»Fleisch«.

Auf der Fliegerschule in Groß-Autz/Alt-Autz im Kurland. Leiter der Leihbücherei und Herausgeber der Feldzeitschrift»Der Flieger«. Beförderung zum Unteroffizier. Bekanntschaft mit Mary Gerold.

1918

Die Matrosen in Kiel meutern. Novemberrevolution. Am 9. November ruft Philipp Scheidemann die Deutsche Republik aus. Der Kaiser geht nach Doorn ins Exil. Ende des Osmanischen Reiches. Die Türkei wird Republik unter Kemal Atatürk. Heinrich Mann: »Der Untertan«; Oswald Spengler: »Der Untergang des Abendlandes«; Bertolt Brecht: »Baal«. Siegfried Jacobsohn ändert seine »Schaubühne« in »Die Weltbühne«.

KT erhält das Verdienstkreuz für Kriegshilfe. Beförderung zum Vizefeldwebel und Feldpolizeikommissar in Rumänien. Auflösung der Verlobung mit Kitty Frankfurther. Übertritt zur protestantischen Kirche. Beförderung zum Offiziers-Anwärter. Studium der Philosophie Arthur Schopenhauers. Rückkehr über Budapest, Wien, München nach Berlin. Im Dezember Übernahme der Chefredaktion des »Ulk«. Ständiger Mitarbeiter der »Weltbühne« (vormals »Schaubühne«). Beliefert unfreiwillig honorarfrei diverse Berliner Kabaretts mit Sketchen und Chansons.

1919

Versailler Vertrag: Auslieferung der deutschen Flotte an Großbritannien, der deutschen Kolonien an Frankreich und Großbritannien. Das Rheinland wird entmilitarisierte Zone. Verfassung von Weimar. In den U.S.A. beginnt die Prohibitionszeit, die 1933 endet. Irland wird vom Vereinigten Königreich unabhängige Republik mit Ausnahme der Provinz Ulster. Karl Kraus: »Die letzten Tage der Menschheit«; Bertolt Brecht: »Trommeln in der Nacht«.

Entlassung aus der Reichswehr. »Wir Negativen« erscheint als Manifest in der »Weltbühne«. »Fromme Gesänge«, KTs erste und einzige Gedichtsammlung zu Lebzeiten erscheint im Felix Lehmann Verlag, Berlin, und ist »Karlchen und Jakopp zur Erinnerung an Rumänien« gewidmet. Wiedersehen mit Mary Gerold. Schreibt für Max Reinhardts Kabarett »Schall und Rauch«.

1920

Völkerbund in Genf. Wirtschaftsdauerkrise in Deutschland. Joachim Ringelnatz: »Kuttel Daddeldu oder Das Schlüpfrige Leid«.

Im Februar Aufführung im Großen Schauspielhaus von Nestroys »Judith und Holofernes« in einer parodistischen Neufassung von KT. Am 3. Mai Heirat mit der Ärztin Else Weil. Wohnung in Friedenau in der Kaiser Allee 79. Schwierige finanzielle Lage. Einsatz für verschiedene Parteien links von der SPD, außer der KPD. Mitarbeit bei der Revue »Bitte zahlen«. Durchgängig diverse Prozesse wegen Beleidigung der Reichswehr, der Justiz u. a. rechtsgerichteter Institutionen.

1922

Bürgerkrieg in Irland. Mussolinis Marsch auf Rom: Italien wird faschistisch. James Joyce: »Ulysses«; T. S. Eliot: »Das wüste Land«; Hermann Hesse: »Siddharta«; Charlie Chaplin: »The Kid«.

Rede zum Thema »Mordhetze, Nationalsozialismus und Erziehung« auf einer Protestkundgebung nach der Ermordung Walther Rathenaus unter dem Vorsitz von Harry Graf Kessler. Schreibt alle Texte für die Revue »Wir steh'n verkehrt«. Briefe an Mary Gerold.

1923

Französische Truppen besetzen das Ruhrgebiet. Passiver Widerstand und Hyperinflation in Deutschland. Fritz Mauthner stirbt. Rilke: »Duineser Elegien«.

Aus Geldmangel Eintritt als Privatsekretär von Hugo Simon ins Bankhaus Bett, Simon & Co. Nach der Inflation wieder fester freier Mitarbeiter bei der »Weltbühne«, der »Vossischen Zeitung« und gelegentlich dem »Prager Tagblatt«. Urlaub mit Mary Gerold in Schwerin. Auszug bei Else Tucholsky, geborene Weil, Umzug in eine eigene Wohnung Windscheidstraße 34.

1924

Lenin stirbt. Beginn der Stalin-Herrschaft in der Sowjetunion. Franz Kafka stirbt. Thomas Mann: »Der Zauberberg«.

Am 20. März Scheidung von Else Weil. Am 30. August Heirat mit Mary Gerold. Ab April als Korrespondent der »Weltbühne« und der »Vossischen Zeitung« in Frankreich. Hauptwohnsitz in Paris, dort verschiedene Umzüge. Nur noch besuchsweise in Deutschland. Reise durch die Provence bis an die Riviera.

1925

Nobelpreis an G. B. Shaw. Franz Kafka: »Der Prozeß«; Adolf Hitler: »Mein Kampf«; F. Scott Fitzgerald: »Der große Gatsby«.

Zahlreiche Vorträge in Frankreich in Freimaurer-Logen und pazifistischen Vereinigungen. Im August Pyrenäenreise mit Mary. Revue-Pläne mit Alfred Polgar zerschlagen sich.

1926

Rilke stirbt. Ernest Hemingway: »Fiesta«.

Wohnung in Fontainebleau, Rue Béranger 11. Am 3. Dezember stirbt Siegfried Jacobsohn. Am 7. Dezember übernimmt KT für zehn Monate die Herausgeberschaft der »Weltbühne« (im XXII Jahr der »Schaubühne«). Aufgabe der Wohnung in Fontainebleau.

1927

Günter Grass und Martin Walser werden geboren. Hermann Hesse: »Der Steppenwolf«; Bert Brecht: »Aufstieg und Fall der Stadt Mahagony«; Egon Friedell: »Kulturgeschichte der Neuzeit«; James Joyce: »Ulysses«, deutsch von Georg Goyert.

Am 12. November erscheint KTs »Ulysses«-Besprechung in der WB. Theaterpläne mit Brecht, Mehring und Zuckmayer. »Ein Pyrenäenbuch« erscheint bei Rowohlt. KT übergibt die Herausgeberschaft der »Weltbühne« an Carl von Ossietzky. Aufenthalt in Dänemark. Besuch bei Hans Christian Andersen in Odense. Bekanntschaft mit Lisa Matthias, dem späteren »Lottchen« von Schloß Gripsholm. Umzug der »Weltbühne« in die Kantstraße 152. Im September Spessartwanderung mit Jakopp und Karlchen. »Mit 5 PS« (meint: KT und seine PSeudonyme: Peter Panter, Theobald Tiger, Ignaz Wrobel, Kaspar Hauser) erscheint im Rowohlt Verlag.

1928

Bert Brecht & Kurt Weill: »Die Dreigroschenoper«; D. H. Lawrence: »Lady Chatterley's Lover«; Erich Kästner: »Herz auf Taille« und »Emil und die Detektive«.

Im Sommer Reisen nach England, Schweden und in die Schweiz. Mary Gerold verlässt Paris und kehrt nach Berlin zurück. Trennung von KT.

1929

Am 24. Oktober: Schwarzer Freitag. Ausbruch der Weltwirtschaftskrise. Peter Rühmkorf und Hans Magnus Enzensberger werden geboren. Erich Maria Remarque: »Im Westen nichts Neues«; Alfred Döblin: »Berlin Alexanderplatz«; Erich Kästner: »Lärm im Spiegel«; William Faulkner: »Schall und Wahn«; G. K. Chesterton: »Father Brown Stories«.

Niederlassung in Hindås bei Göteborg in Schweden, wo KT bis zu seinem Tod bleibt. »Das Lächeln der Mona Lisa« erscheint bei Rowohlt. Im Sommer mit dem »Lottchen« Lisa Matthias auf Schloß Gripsholm. »Deutschland, Deutschland« erscheint mit Illustrationen von John Heartfield nicht bei Rowohlt.

1930

Die Aufführung der »Im Westen nichts Neues«-Verfilmung von Lewis Milestone wird von den Nationalsozialisten erfolgreich verhindert. Ortega y Gasset: »Aufstand der Massen«; Dashiell Hammett: »Der Malteser Falke«; Carl Zuckmayer: »Der Hauptmann von Köpenick«.

Ab 14. August Aufenthalt mit Erich Kästner im Grand Hotel auf Brissago im Tessin. Gertrude Meyer wir KTs Sekretärin und Dolmetscherin.

1931

Charlie Chaplin in Berlin gefeiert. Albert Einstein unterstützt die Internationale der Kriegsdienstverweigerer. Deutsche Industrielle unterstützen Adolf Hitler. Harzburger Front zwischen der NSDAP, Stahlhelm und Deutschnationaler Volkspartei. Erich Kästner:»Fabian«; Ernst Jünger:»Die totale Mobilmachung«; Joachim Ringelnatz:»Kinder-Verwirr-Buch«; Bert Brecht:»Drei Paragraphen der Weimarer Verfassung«. Weltbühne-Prozeß vor dem Reichsgericht Leipzig. Carl von Ossietzky wird wegen Verrats militärischer Geheimnisse zu eineinhalbjahren Gefängnis verurteilt.

»Schloß Gripsholm« mit dem einleitenden Briefwechsel mit Ernst Rowohlt erscheint am 1. Mai bei Rowohlt und wird ein Riesenerfolg. KT und Lisa»Lottchen« Matthias trennen sich.

1932

Im Mai Antritt der Haftstrafe Carl von Ossietzkys im Gefängnis Tegel. Im Dezember vorzeitige Entlassung. Über 6 Millionen Arbeitslose in Deutschland. Kürzung des Arbeitslosengeldes. Fallada:»Kleiner Mann – was nun?«; Aldous Huxley:»Schöne neue Welt«; Erich Kästner:»Gesang zwischen den Stühlen«.

Nasenoperation in Kopenhagen. »Lerne lachen, ohne zu weinen« erscheint bei Rowohlt. Das gemeinsam mit Walter Hasenclever verfaßte Theaterstück»Christoph Kolumbus oder Die Entdeckung Amerikas«fällt bei der Uraufführung in Leipzig durch. Im April letzte Arbeiten für die»Weltbühne«. Wohnt in Zürich im Hotel Florhof. Bekanntschaft mit der Zürcher Ärztin Dr. Hedwig Müller (»Nuuna«), mit der er bis zu seinem Tod in Verbindung bleibt.

1933

Am 31. Januar wird Adolf Hitler vom Reichspräsidenten Hindenburg zum Reichskanzler ernannt. Die NSDAP ist mit 288 Sitzen stärkste Partei im demokratisch gewählten Reichstag. (SPD 120, Zentrum 73, KPD 81). Am 7. März erscheint die letzte Ausgabe der»Weltbühne«. Am 23. März hält Otto Wels die letzte freie Reichstagsrede, mit der die SPD als einzige Partei gegen Hitlers Ermächtigungsgesetz stimmt. Im Februar wird Carl von Ossietzky wieder verhaftet und im KZ Esterwegen im Emsland interniert und gefoltert. 1936 wird ihm der Friedensnobelpreis 1935 verliehen.

Am 21. August Scheidung von Mary, für die es gefährlich geworden ist, unter dem Namen Tucholsky in Deutschland zu leben. Am 23. August werden die Bücher KTs in Deutschland verboten und verbrannt. Der Autor wird ausgebürgert.

1934

Hindenburg stirbt. Hitler wird»Führer und Reichskanzler des Deutschen Reiches«. Eine Volksabstimmung ergibt offiziell 90% Zustimmung. Einsetzung des »Volksgerichtshofs« in Deutschland. Ricarda Huch: »Im alten Reich«; Fallada: »Wer einmal aus dem Blechnapf frißt«.

Antrag beim Auswärtigen Amt in Stockholm zur Ausstellung eines Fremdenpasses. Letzte Reise im Mai über Genf nach Zürich. Am 2. Juli Rückkehr nach Hindås. Im Dezember Beginn mehrerer Nasenoperationen bis Mai 1935.

1935

Am 15. September treten die »Nürnberger Gesetze zum Schutz des deutschen Blutes und der deutschen Ehre« in Kraft. Die Hakenkreuzflagge wird deutsche Reichsflagge.

Werner Bergengruen: »Der Großtyrann und das Gericht«; Elias Canetti: »Die Blendung«; George Gershwin: »Porgy and Bess«.

In den letzten Jahren seines Lebens reist KT wie ein Getriebener pausenlos und kreuz und quer durch Europa, einerseits wegen der politischen Zustände besonders in Deutschland, aber auch wegen dauernder Plagen und Schmerzen: KT kann praktisch nichts mehr riechen und schmecken. Die zahlreichen Behandlungen, Medikamente und Operationen bringen kaum und nur kurz Linderung, schwächen aber die bereits angeschlagene Gesundheit. Dazu kommen finanzielle Nöte nach dem Publikationsverbot von 1933. Am 19. Dezember nimmt KT eine hinreichende Menge Schlaftabletten, die am 21. Dezember seinem Leben ein Ende setzen. Am 27. Einäscherung. Die aus der Schweiz nach Schweden gereiste Gertrude Meyer bringt KTs Abschiedsbrief & Testament zur Universalerbin Mary Gerold nach Berlin.

Seine Urne wird am 31.7.1936 auf dem Friedhof Mariefred bei Schloß Gripsholm beigesetzt.

Verzeichnis der *Titel & *Gedichtanfänge